环境损害司法鉴定理论与实务

张后虎　张　成　俞学如　等　编著

科学出版社
北　京

内 容 简 介

本书围绕我国生态环境损害评估技术及损害赔偿制度发展进程，结合环境损害司法鉴定8大类别的实践经验，梳理了我国环境损害司法鉴定领域的最新动态；根据国内外环境科学、生态学、经济学和法学等理论基础，结合我国环境管理、环境执法、环境审判及生态环境损害赔偿等咨询服务实践，整合了我国环境损害司法鉴定的理论背景、管理制度及实施程序要求，并对污染物性质鉴定、生态环境损害确认、因果关系评定、应急处置与公私财产损失、恢复或修复方案制定、环境损害价值量化等鉴定内容进行了简要介绍，明确了开展鉴定评估工作的基本需求与直接依据。最后通过案例剖析，不仅能发现现有制度在实践运用中的效果与存在的问题，也能促进各参与方集思广益，积极推进环境损害司法鉴定制度与技术规范体系建设。

本书可供从事环境资源审判、环境执法、环境管理的工作人员、环境损害鉴定评估从业者及研究人员等查阅参考。

图书在版编目(CIP)数据

环境损害司法鉴定理论与实务 / 张后虎等编著. 北京 : 科学出版社, 2024. 11. -- ISBN 978-7-03-080090-9

Ⅰ. D922.683.4

中国国家版本馆CIP数据核字第2024AG1934号

责任编辑：谭宏宇 / 责任校对：王　瑞
责任印制：黄晓鸣 / 封面设计：殷　靓

科学出版社 出版
北京东黄城根北街16号
邮政编码：100717
http://www.sciencep.com
南京展望文化发展有限公司排版
上海锦佳印刷有限公司印刷
科学出版社发行　各地新华书店经销

*

2024年11月第　一　版　开本：787×1092　1/16
2024年11月第一次印刷　印张：26 3/4
字数：567 000

定价：180.00元

（如有印装质量问题，我社负责调换）

《环境损害司法鉴定理论与实务》编写委员会

主　编

张后虎　张　成　俞学如

副主编

赵泽华　王　逸　许元顺　申秀芳

编　委

（按姓氏拼音排序）

曹　洁　池　婷　丁新姝　李成艳

梁丽琛　林佳宁　刘景龙　吕　阳

苗　蕊　苏珊珊　孙孜菲　童文君

涂海峰　王　丹　吴超越　吴颖莹

杨小娴　原　野　张　威　张大鹏

赵　伟　郑凡瑶

《环境损害司法鉴定理论与实务》主编简介

张后虎，工学博士/研究员/博士生导师，现任生态环境部南京环境科学研究所固体废物污染防治技术研究中心主任/司法鉴定所技术负责人，先后兼任国际汞废物阈值小组技术专家、国家危险废物鉴别专家委员会副主任委员、国家公安和检察机关生态环境公益诉讼技术专家、国家司法鉴定污染物性质鉴定专业组专家、江苏省司法鉴定协会环境损害专业委员会主任委员。

主要从事固废管理与污染防治、环境损害司法鉴定与评估研究，现已完成危废鉴别项目 8 大行业 100 余项，固危废应急处置及填埋场污染控制工作 50 余项，司法鉴定及环境损害评估项目 80 余项，含生态环境部、公安部、最高人民检察院等典型案例 20 余项。主持/参与国家重点研发计划、国家自然科学基金、国家科技攻关课题、环境部事业费、中科院科技专项等课题 40 余项，主持参与制定了 50 多项国家标准、技术规范与指南等。国内外核心期刊发表论文 150 余篇（含 80 篇 SCI）；申请专利 90 余项（授权发明专利 60 项），出版专著 3 部，获环境保护科学技术奖一等奖等 5 项，入选 2011 年江苏省第四期“333 工程”第三层次培养对象、南京市政法系统首批“专家型人才”。

前言 | Foreword

环境损害司法鉴定是伴随环境司法发展需要而诞生出的一门新兴学科，是综合环境学与法学而开展的一类提供鉴定意见的技术活动。与传统的法医鉴定、物证鉴定和声像资料鉴定等传统三大类鉴定相比，环境损害司法鉴定是我国司法管理部门近十年来面对新型司法问题首次正式扩充的司法鉴定类别，对推进环境司法审判、落实生态环境损害赔偿制度和环境公益诉讼制度意义重大。

"环境污染损害鉴定评估""环境损害鉴定评估""生态环境损害鉴定评估""环境损害司法鉴定"这几个专业名词的变化，也在一定程度反映出我国环境损害司法鉴定的发展进程和演变，逐步由解决污染问题扩充为实现一定地域自然物质系统、生物资源和生物多样性的保护，并由管理支撑活动逐步司法化。在管理政策层面，我国关于环境损害司法鉴定的相关概念，最早出现在原环境保护部（现生态环境部）发布的《关于开展环境污染损害鉴定评估工作的若干意见》（环发〔2011〕60 号）中。直到 2015 年环境保护部与司法部联合印发《关于规范环境损害司法鉴定管理工作的通知》等文件，环境损害司法鉴定被正式纳入司法鉴定进行统一登记管理，这才第一次正式明确其司法范畴的基本概念。

自 2014 年新《环境保护法》颁布以来，我国进入了最严格环境法时代，生态文明得到前所未有的关注，生态环境损害赔偿制度成为一项重要的改革举措。自 2018 年 1 月 1 日起，我国生态环境损害赔偿制度由改革试点阶段进入全国试行阶段，《生态环境损害赔偿制度改革方案》中明确了为诉讼提供鉴定意见的鉴定评估机构应当遵守司法行政机关等的相关规定规范，司法部负责指导有关生态环境损害司法鉴定管理工作，国家建立健全统一的生态环境损害鉴定评估技术标准体系。环境保护部负责制定完善生态环境损害鉴定评估技术标准体系框架和技术总纲；会同相关部门出台或修订生态环境损害鉴定评估的专项技术规范；会同相关部门建立服务于生态环境损害鉴定评估的数据平台。现有规定显示，当前我国环境损害司法鉴定管理方向趋于构建完全的司法鉴定管理模式，但现阶段允许司法鉴定管理与行政部门管理并行的二元制模式存在，以满足司法实践的需要。

随着环境资源案件数的增长和环境资源审判的专业化，越来越需要通过外部专业力量提供的意见作为人民法院依法裁判的证据来源、定案根据及生态环境损害赔偿磋商等的赔偿依据。近十年来，在已裁判的环境损害相关案件中，涉及鉴定意见或专家意见等辅助办理的案件数量约占总案件数的40%,且有逐年增加趋势。由于我国当前的环境损害司法鉴定理论研究和实践仍处于初级阶段,仅初步建立环境损害司法鉴定机构和司法鉴定人的相关准入要求,大多管理规定仍限于司法鉴定的宏观管理层面,还未形成环境损害领域的具体工作机制。实践中,环境民事、行政、刑事法律责任往往是相互关联的,对鉴定内容及人员能力提出复合性要求,作为鉴定人或专家也十分有必要去了解各类法律责任对证据的不同要求,以提供满足法律基本要求的技术支撑材料。但是,目前在面对各类诉讼活动的不同需求时,还缺乏基于证据效力的有效衔接,在委托主体、鉴定主体、鉴定技术、鉴定程序等方面仍缺乏系统性规定,相关人员由于知识局限而导致的鉴定形式或程序不符要求以至于证据不被采信的现象时有发生。此外,由于各类法律法规及技术规范的分散性,无论是委托主体还是鉴定主体,往往缺乏对环境损害司法鉴定的全面认识,也易导致法律问题与专业问题认识的不统一,而无法满足"应赔尽赔"的损害担责要求。传统的鉴定能力不足、鉴定周期长、鉴定费用高等问题,在一定程度上与环境损害鉴定本身的复杂性和专业性有关,但另一方面,也与鉴定制度的不健全、相关规定的不集中不透明有关。因此,在当前环境资源审判与生态环境损害赔偿的新形势要求下,越来越需要相关办案人员、管理人员、技术人员和研究人员等,充分了解法律法规依据与彼此的需求,共同探索,建立对环境损害专业性问题的共同认识基础,以达到高效衔接,扭转"懂技术不懂法,懂法不懂技术"的局面,提高行政执法和司法审判的效率。

本书的特色在于围绕环境相关法律法规及环境法律责任体系的发展进程,梳理了我国环境损害司法鉴定领域的最新动态;根据国内外环境科学、生态学、经济学和法学等理论基础,结合我国环境管理、环境执法、环境审判及生态环境损害赔偿等咨询服务实践,整合了我国环境损害司法鉴定的理论背景、管理制度及实施程序要求,并对污染物性质鉴定、生态环境损害确认、因果关系评定、污染治理与运行成本、应急处置与公私财产损失、恢复或修复方案制定、环境损害价值量化等鉴定内容进行了简要介绍,明确了开展鉴定评估工作的基本需求与直接依据。

另外,本书还基于司法鉴定的管理线和鉴定评估的技术线,重点说明了环境损害司法鉴定工作的开展路线与要求,重点分析了实践中易混淆的几对概念,并对《中华人民共和国民法典》及生态环境损害赔偿制度下的环境法律责任等进行了区分;特别采用流程图、示意图表等形式阐述了各种诉讼赔偿制度下的技术流程及衔接要求等;对污染场地风险管理理念下的环境损害鉴定评估内容进行了探讨,针对完善非讼和诉讼活动中证据衔接要求、污染物性质鉴定体系建设等内容提出了相应的建议。

案例是制度落地的直接体现,案例分析则是完善制度建设的基础性工作,通过案例剖析不仅能发现现有制度在实践运用中的效果与存在的问题,也能促进各参与方集思广益,积极推进环境损害司法鉴定制度与技术规范体系建设。本书还在技术篇的部分章节中增加了案例分析,相关案例主要来源于环境损害鉴定评估实务工作经验探索、中国裁判文书网和中国法律服务网司法行政法律服务案例库及文献资料,在此也向这些作者及工作人员表示感谢。需要说明的是,本书已对案例相关敏感信息做模糊处理,最终结论不代表原鉴定意见结论,仅供技术交流分析,不具备法律效力,请读者勿过度解读引用。案例中采用的技术依据和方法大多为事发时的有效文件,随着技术文件的不断更新,可能会碰撞出更多新的想法,但本书在此不作过多讨论,仅抛砖引玉以供交流。

本书由张后虎、张成、俞学如负责全书结构的总体设计,由张后虎、张成负责组织、审校和定稿工作,各章节主要编写人员如下:

第 1 章　张后虎、张成、原野
第 2 章　俞学如、张成、张后虎
第 3 章　张成、吕阳、俞学如
第 4 章　赵泽华、原野、张后虎
第 5 章　王逸、原野、张后虎
第 6 章　原野、张成、俞学如
第 7 章　张成、黄柳青、俞学如
第 8 章　申秀芳、张琴、张后虎
第 9 章　张琴、申秀芳、赵泽华
第 10 章　梁丽琛、许元顺、张后虎
第 11 章　涂海峰、林佳宁、张威
第 12 章　池婷、童文君
第 13 章　吴超越、俞学如、张后虎

本书出版得到司法部国家法治与法学理论研究部级科研项目(课题编号 18SFB5018)和中央级公益性科研院所基本科研业务费专项项目(课题编号 GYZX180109)的大力支持,在编写和出版过程中,也得到了来自各方的大力支持和帮助,在此一并表示衷心的感谢。

环境损害司法鉴定涉及我国生态文明建设的山水林田湖草沙等各个方面,鉴于这是一门正在蓬勃发展中的新兴学科,加之编著时间较短及编著者水平有限,因而仍有一些进展和应用未收录于本书中。各案例又由许多不同的作者整理编写,难免有疏漏与不足之处,恳请广大读者批评指正,以便再版时修正。希望本书能对环境资源审判、环境执法、环境管理的工作人员、环境损害鉴定评估从业者及研究人员在理论与实践上起到一定的参考作用。

编 者

2024 年 3 月

目录 | Contents

基 础 篇

流　程　篇

技　术　篇

基 础 篇

第1章　环境与环境司法

1.1　基本概念

党中央在十八大第一次把生态文明建设纳入“五位一体”的总体布局，将环境保护融入生态文明建设背景中，生态环境保护自此在制度领域发生了重大变革。2013 年 11 月 15 日，《中共中央关于全面深化改革若干重大问题的决定》正式发布，文件指出“建设生态文明，必须建立系统完整的生态文明制度体系，实行最严格的源头保护制度、损害赔偿制度、责任追究制度，完善环境治理和生态修复制度，用制度保护生态环境”。2018 年 3 月，十三届全国人大一次会议表决通过了《关于国务院机构改革方案的决定》，批准成立中华人民共和国生态环境部，自此，生态环境保护的工作在国家层面得到集中统一领导。当前阶段，我国在环境方面已有《环境保护法》统领下的各相关法律、法规、规章、地方性法规和地方政府规章、国家和地方标准等，一个完整的法律制度体系正在逐步形成。

纵观环境立法与政策性文件，“生态环境”一词包含广义的环境和生态系统①。要实现环境损害司法鉴定工作的有效开展，必须准确把握并认识相关概念的内涵与外延。由于研究领域的差异，不同专业学者对相关概念的界定也不相同，但最终都会随着制度化的发展形成较为稳定、统一的认识。本节主要梳理当前关于“环境”以及生态环境等概念的基础认识，并结合其生态文明建设背景下的发展现状进行区分释义。

1.1.1　环境、资源、生态

环境、自然资源以及生态系统这几个概念及其内容相对独立但又紧密联系。从《环境保护法》的规定来看，其环境的概念涵括自然资源在内。从我国《宪法》的规定来看，自然资源是环境的组成要素，生态系统是生态环境的基础。随着我国现代环境科学研究和环境法学不断地发展，对环境、自然资源以及生态系统等问题的认识也越来越系统全面，在我国生态文明建设进程中更需要系统与整体地去理解把握。

1. 环境

关于“环境”的概念，有人将环境定义为“人们赖以生存的自然环境和社会环境的

① 汪劲. 环境法学[M]. 4 版. 北京：北京大学出版社，2018：4-5.

总体”[①];还有人将其定义为:“人类进行生产和生活活动的场所,是人类生存和发展的物质基础。”无论是用自然环境和社会环境来定义环境,还是把环境简单理解为空间和物质,都显然不够准确不够全面。在我国环境科学及环境法学研究领域,可以发现一些共性认识,即环境的一般定义,是以某物为中心,其他与该物有关系的各个因素都是该物的环境。中心事物不同,环境的含义和范围也就不同,它随中心事物的变化而变化,这反映了一定时期、一定状态下人类对环境概念内涵和外延的主观认识[②③]。

从环境科学角度出发,环境是指人群周围的境况及其中可以直接、间接影响人类生活和发展的各种自然因素和社会因素的总体,包括自然因素的各种物质、现象和过程及在人类历史中的社会、经济成分[④]。这种概念反映出环境是以人类为中心,既包含了自然因素,又包含了社会和经济等因素。

我国 2014 年修订通过的《环境保护法》采用概括加列举式的方法在第二条明确指出,“环境是指影响人类生存和发展的各种天然的和经过人工改造的自然因素的总体,包括大气、水、海洋、土地、矿藏、森林、草原、湿地、野生生物、自然遗迹、人文遗迹、自然保护区、风景名胜区、城市和乡村等。”这里提到的自然因素并不包括人类周围所有的自然因素,而主要是指那些对人类生存和发展有明显影响的,各种天然的和经过人工改造的自然因素。法律界定的环境,只是把整个环境中应当保护的要素或者对象界定为环境的一种工作定义,目的是从实际工作需要出发,对环境一词的法律适用对象或适用范围作出规定,以保证法律的准确实施[⑤]。

2. *资源、自然资源与自然保护*

由于研究领域的不同,关于资源的相关概念也存在多种认识。经济学中将资源定义为有限的具有使用价值的要素,分为自然资源和社会资源,其中自然资源包括土地资源、气候资源、水资源、矿产资源及生物资源[⑥](如林地资源、草地资源、渔业资源)等;而社会资源则包括人力资源、技术资源、信息与管理资源等。生态学中对资源的界定不仅包括森林、草地、土壤、野生动植物、矿物、阳光、空气、水等物质资源,还包括这些物质资源的功能过程[⑦],如森林资源不仅包括林木、野生动植物等物质性资源,也包括其涵养水源、调节气候等功能过程及其环境状况,还有自然循环和食物链等过程。

1972 年联合国环境规划署对资源的定义是:“所谓资源,特别是自然资源,是指在一

---

① 刘培桐. 环境学概论[M]. 北京: 高等教育出版社,1995: 1.

② 汪劲. 环境法学[M]. 4 版. 北京: 北京大学出版社,2018: 1.

③ 韩德培. 环境保护法教程[M]. 8 版. 北京: 法律出版社,2018: 1.

④ 解振华. 中国大百科全书 · 环境科学(修订版)[M]. 北京: 中国大百科全书出版社,2002: 134.

⑤ 郭怀成,刘永. 环境科学基础教程[M]. 北京: 中国环境出版社,2015: 1.

⑥ 《生物多样性公约》生物资源是指对人类具有实际或潜在用途或价值的遗传资源、生物体或其部分、生物群体,或生态系统中任何其他生物组成部分。

⑦ 刘桂环,王夏晖,田仁生. 生态环境补偿: 方法与实践[M]. 北京: 中国环境出版社,2017: 1-4.

定时间、地点条件下能产生经济价值,以提高人类当前和将来福利的自然环境因素和条件”[①]。我国《宪法》第九条“矿藏、水流、森林、山岭、草原、荒地、滩涂等自然资源,都属于国家所有,即全民所有;由法律规定属于集体所有的森林和山岭、草原、荒地、滩涂除外。国家保障自然资源的合理利用,保护珍贵的动物和植物。禁止任何组织或者个人用任何手段侵占或者破坏自然资源。”可以看出,其中所指出的自然资源是与环境融为一体、天然存在的具有经济价值的环境要素[②]。从宏观角度来看,自然资源概念强调使用价值、可开发利用性,环境概念则因其整体性和生态联系性在某种程度上涵括了自然资源,或者说自然资源与环境是密不可分的。

3. 生态、生态系统与生态系统服务

在自然科学层面,**生态**是指一切生物的生存状态,以及它们之间和它们与环境之间的环环相扣的关系,这种关系涉及生物之间的生存平衡以及生态环境保护、自然社会可持续发展等方面。在社会科学层面上,生态可以用来修饰一切可以维护资源永续利用及社会、经济可持续发展的事物、生活方式及理念[③]。

自 1935 年 Tansley 提出“生态系统(ecosystem)”这个概念以来,人们从不同角度、不同层次针对生态系统开展了大量的研究[④]。随着生态学的发展,关于生态系统的认识也逐步得到了统一,《生物多样性公约》第二条对**生态系统**[⑤]的定义是:“生态系统是指植物、动物和微生物群落和它们无生命环境交互作用形成的、作为一个功能单位的动态复合体”[⑥]。学界也有其他的相关表述,但都有一个共同认识,那就是生态系统是自然界的基本功能单元,它最基本的特征就是其整体性,它是以整个地球上的生物及其环境等客观存在为中心。

在环境损害鉴定评估工作中,与生态相关的概念还有“生态系统服务(ecosystem services)”一词,其概念很容易与“生态系统功能(ecosystem functions)”“生态服务功能(ecological functions)”混淆。国际上有关生态系统服务的概念影响最为广泛的是由 Daily[⑦]、Costanza[⑧] 以及联合国环境规划署(UNEP)提出的。他们分别将生态系统服务定义为“自然生态系统及其物种所提供的能够满足和维持人类生活需要的条件和过

---

① 蔡守秋. 环境资源法教程[M]. 3 版. 北京: 高等教育出版社,2017: 5.

② 汪劲. 环境法学[M]. 4 版. 北京: 北京大学出版社,2018: 3.

③ 蔡守秋. 环境资源法教程[M]. 3 版. 北京: 高等教育出版社,2017: 7 - 10.

④ 冯剑丰,李宇,朱琳. 生态系统功能与生态系统服务的概念辨析[J]. 生态环境学报,2009,18(4): 1599 - 1603.

⑤ 《环境信息术语》(HJ/T 416—2007):“生态系统指特定地段中的全部生物和物理环境的统一体,即生态系统是一定空间内生物和非生物成分通过物质循环、能量流动和信息交换而相互作用、相互依存所构成的一个生态学功能单位。”

⑥ 同上②.

⑦ Daily G C. Nature's Services: Societal Dependence on Natural Ecosystem[M]. Washington DC: Island Press, 1997a.

⑧ Costanza R, Arge, Groot R D, et al. The value of the world's ecosystem services and natural capital[J]. Nature, 1997, 387(15): 253 - 260.

程”“人类直接或间接从生态系统获得的利益”以及“生态系统为人类提供的诸如支持服务、供给服务、调节服务等各种服务的总称”①，具体的功能分类分别见图 1-1、表 1-1 和图 1-2。

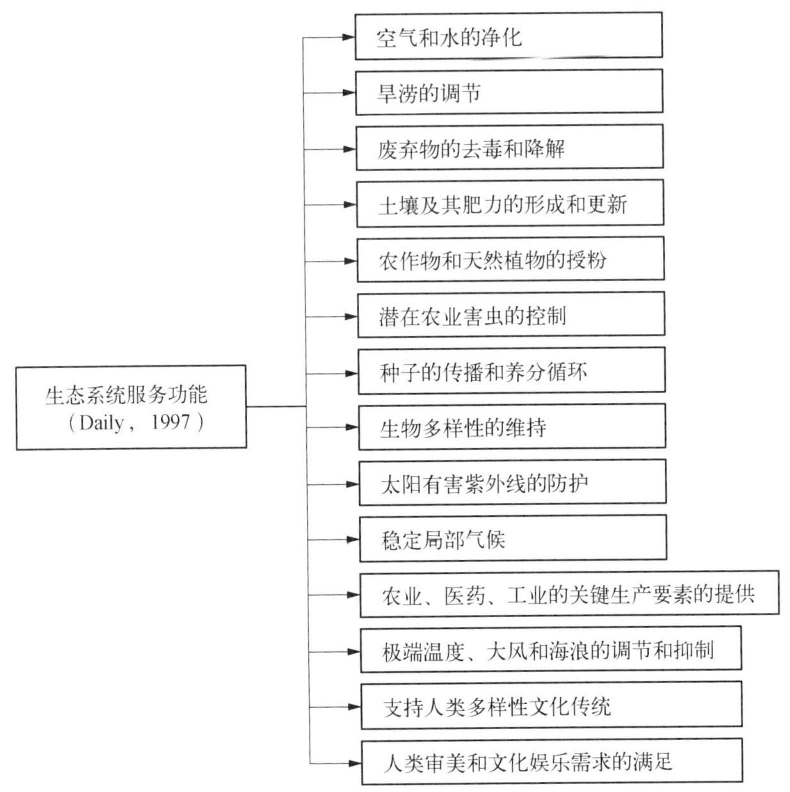

图 1-1　Daily 于 1997 年提出的生态系统服务功能类型

表 1-1　Costanza 于 1997 年提出的生态系统服务功能类型

序号	生态系统服务*	功能内涵	举例
1	气体调节	大气化学成分调节	CO_2/O_2 平衡、O_3 防护和 SO_x 水平
2	气候调节	全球温度、降水及其他由生物媒介的气候调节	温室气体调节，影响云形成的产物生成
3	干扰调节	对环境波动的容量，衰减和整合能力	风暴防止，洪水控制，干旱恢复等生境对主要受植被结构控制的环境变化的反应
4	水调节	水文循环的调节	为农业、工业或运输提供用水
5	水供给	水的贮存和保持	向集水区、水库和含水层供水

① 刘桂环，王夏晖，田仁生. 生态环境补偿：方法与实践[M]. 北京：中国环境出版社，2017：5-8.

续　表

序号	生态系统服务*	功能内涵	举例
6	侵蚀控制和沉积保持	生态系统内的土壤保持	防止土壤被风、水侵蚀，以及在湖泊和湿地中的积累
7	土壤形成	土壤形成过程	岩石风化和有机质积累
8	养分循环	养分的贮存、循环和获取	固 C、N、P 和其他元素及养分循环
9	废物处理	易流失养分的再获取，过多或外来养分、化合物的去除或降解	废物处理，污染控制，毒物降解
10	授粉	有花植物配子的运动	提供传粉者
11	生物控制	生物种类的营养动力学控制	关键捕食者控制猎物种类，高级捕食者使食草动物减少
12	庇护所	为定居和迁徙种类提供栖息地	育雏地、迁徙动物栖息地，当地收获物种栖息地或越冬场所
13	食品生产	总初级生长中可用为食物的部分	通过渔、猎、采集和农耕收获的鱼、鸟兽、作物、坚果和水果等
14	原材料生产	初级生产中可用为原材料的部分	木材、燃料和饲料的生产
15	基因资源	特有的生物和产品的资源	医药、材料科学产品，用于农作物抗病和抗植物感染的基因，家养物种
16	休闲娱乐	提高休闲娱乐活动机会、场所	生态旅游、体育、钓鱼运动及其他户外游乐活动
17	文化	提供非商业性用途的机会、场所	生态美学、艺术、教育、精神及科学价值

* 生态系统产品与生态系统服务一起被包括在内。

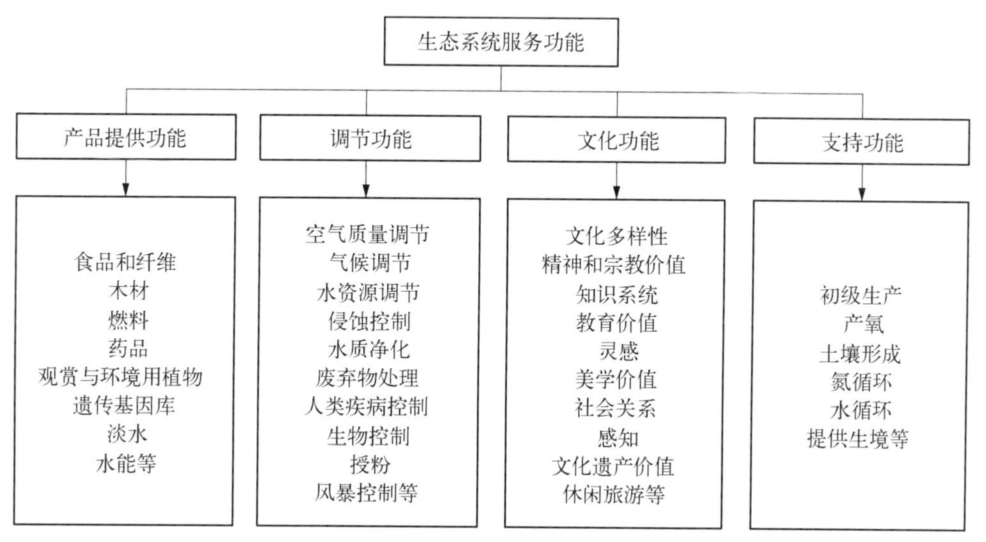

图 1－2　UNEP 于 2005 年提出的生态系统服务功能类型

【生态系统功能与生态系统服务的区别与联系】

生态系统功能是不同生境、生物学及其系统性质或过程①,反映的是生态系统的自然属性,即使没有人类的需求,仍会独立存在,它们有时被认为是生态系统的"支持服务"②。生态系统服务则是"以人为本",是指人们从自然或其生态系统中获得的好处,而具体服务类型则是根据特定的人类需要、利用和偏好进行定义的,反映了人类对生态系统功能的利用,如果没有人类的需求,就没有生态系统服务可言。生态系统功能是维持生态系统服务的基础,既有内在价值也有潜在的人类中心价值,其生物多样性对于持续地提供生态系统服务至关重要③,决定了生态系统服务的数量与质量。生态系统服务与生态系统功能不是简单的一一对应关系,一种生态系统服务可以由两种或两种以上功能而产生;同时,一种功能可以作为多种生态系统服务的基础,如图 1-3 所示。

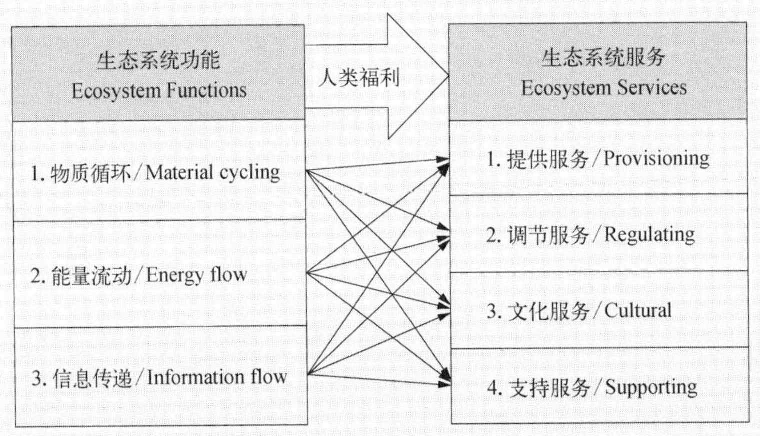

图 1-3 生态系统功能与生态系统服务的关系

2011 年 5 月,生态环境部(原环境保护部)发布《关于开展环境污染损害鉴定评估工作的若干意见》,同时首次发布环境损害鉴定评估技术指导文件《环境污染损害数额计算推荐方法(第Ⅰ版)》,其中提到的"生态环境服务功能"是指"某种生态环境和自然资源对其他生态环境、自然资源和公众利益所发挥的作用"。2014 年 10 月经过修订后发布的《环境损害鉴定评估推荐方法(第Ⅱ版)》中使用的"生态系统服务"一词是对相关概念的进一步明确,"生态系统服务"是"指人类或其他生态系统直接或间接地从生态系统获取的收益。生态系统的物理、化学或生物特性是生态系统服务的基础"。2016 年 6 月颁布的《生态环境损害鉴定评估技术指南 总纲》作为我国环境损害鉴定评估技术体系的纲

---

① Costanza R, Arge, Groot R D, et al. The value of the world's ecosystem services and natural capital[J]. Nature, 1997, 387(15): 253-260.

② 冯剑丰,李宇,朱琳. 生态系统功能与生态系统服务的概念辨析[J]. 生态环境学报,2009,18(4):1599-1603.

③ 李奇,朱建华,肖文发. 生物多样性与生态系统服务——关系、权衡与管理[J]. 生态学报,2019,39(8):2655-2666.

领性文件，对生态环境损害鉴定评估的术语定义进行了界定，并明确“**生态系统服务(ecosystem service)”是指“生态系统直接或间接为人类提供的惠益”**，该定义来源于美国自然资源损害评估相关法规中对“服务(service)”的定义，以及联合国千年生态系统评估报告中对生态系统服务的定义①。2020 年 12 月发布的《生态环境损害鉴定评估技术指南　总纲和关键环节　第 1 部分：总纲》(GB/T 39791.1—2020)，则采用了生态服务功能(ecological functions)一词，综合考虑了生态系统的各种服务与功能，强调生态系统对于人类社会和经济发展的重要性，可以理解为生态系统服务和生态系统功能的结合。目前，我国关于“生态”还没有一个基础性法律定义，这是一个有待解决的问题，在适当的时候，应该通过立法对“生态环境”做出规范性解释。

1.1.2　环境问题相关概念

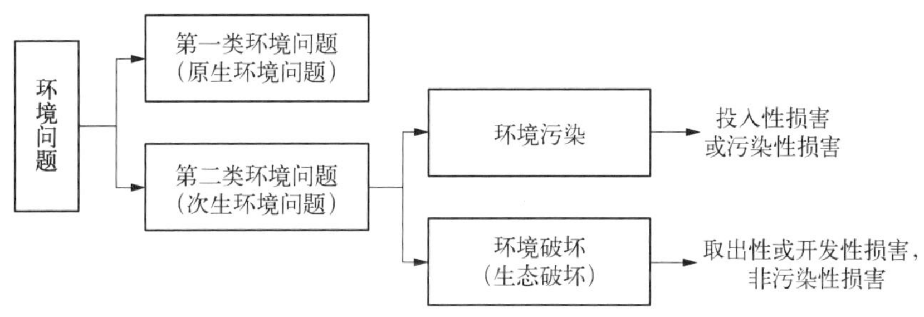

图 1－4　环境问题分类

环境问题是指由于人类活动或自然原因使环境条件发生不利于人类的变化，以致影响人类的生产和生活，给人类带来灾害的现象。一般分为两类，一类是指由自然原因引起的自然灾害，称为第一类环境问题或原生环境问题；另一类是指由人为原因引起的环境污染或环境破坏(又称生态破坏)，被称为第二类环境问题或次生环境问题(图 1－4)。**在我国当前的环境损害赔偿与诉讼制度下，环境损害司法鉴定或环境损害鉴定评估技术主要服务对象多是指此类次生环境问题**。

1. 环境污染

(1) 概念

环境化学理论认为，环境污染是由于人为因素使环境的构成或状态发生变化，环境质量下降，从而扰乱和破坏了生态系统和人类的正常生产和生活条件的现象。具体是指有害物质对大气、水质、土壤和动植物的污染，并达到致害的程度，生物界的生态系统遭到不适当的干扰和破坏，不可再生资源被滥采滥用，以及固体废弃物、噪声、振动、恶臭、放射性

---

① 生态环境部. 关于征求《环境损害鉴定评估技术指南　总纲(征求意见稿)》等两项国家环境保护标准意见的函：《环境损害鉴定评估技术指南　总纲(征求意见稿)》编制说明[EB/OL]. (2016－02－04). http://www.mee.gov.cn/gkml/hbb/bgth/201602/t20160205_329937.htm.

等造成对环境的损害①。

环境法学理论将环境问题进行分类，环境污染被视为“由于人类在工业生产、生活活动等过程中，将大量污染物质以及未能完全利用的能源（能量，energy）排放到环境之中，致使环境质量发生明显不利变化的现象”②。也有人认为，环境污染是由于人类任意排放污染物和有害物质所引起的环境质量下降，有害于人类及其他生物正常生存和发展的现象，主要表现为各种环境要素遭受污染③。《环境污染类别代码》（GB/T 16705—1996）明确规定，环境污染是指环境的物理、化学、生物等条件的变化，使环境系统的结构与功能产生有害于人类及其他生物的正常生存和发展的现象。我国现行的不少法律文件中都有提到过“环境污染”或“污染环境”等术语，但暂时缺乏法律具体规定。根据现有环境法规范目的和基本制度外在表现分类，环境法可分为污染控制法和生态保护法两大类，污染控制法是针对污染因子④的法律控制，生态保护法是针对环境要素⑤的法律保护，但这两大类并不能囊括所有不同立法目的的各单项环境保护法律，关于各类环境污染的具体定义在单项保护法⑥中各自加以明确。不论是何种表述，其共同点在于环境污染更加关注的是污染性损害，其**环境污染的途径主要是由污染源到环境介质（污染受体）**⑦。污染环境行为的特征是直接或间接地向环境排放的物质或能量超出了环境的自净能力或生物的承受限度，可能对生态环境原有的健康、安宁的状态造成损害⑧。

（2）环境污染分类

面对诸多环境问题，人们从各方面开始关注和研究环境，也产生了解决环境问题的需求。并且，由于环境问题的复杂性以及交叉性，无论是环境科学、环境工程，或是生态学、经济学、行政管理以及法学等领域，都从各自专业研究视角对环境问题展开精细化研究。

为方便环境信息管理，《环境污染类别代码》（GB/T 16705—1996）中根据环境科学发展和我国环境保护管理现状，从污染主体（代码 11 ~ 19）、污染性质（21 ~ 29）、污染对象

---

① 戴树桂. 环境化学[M]. 2 版. 北京：高等教育出版社，2006：1 - 2.

② 汪劲. 环境法学[M]. 4 版. 北京：北京大学出版社，2018：5.

③ 吕忠梅. 环境法学概要[M]. 北京：法律出版社，2016：6.

④ 污染因子是指引起污染的物质的化学指标。

⑤ 环境要素是指构成环境整体的各个独立的、性质各异而又服从总体演化规律的基本物质组分（《生态环境损害赔偿制度改革方案》中特指大气、地表水、地下水、土壤、森林等）。

⑥ 《水污染防治法》第一百零二条明确“水污染，是指水体因某种物质的介入，而导致其化学、物理、生物或者放射性等方面特性的改变，从而影响水的有效利用，危害人体健康或者破坏生态环境，造成水质恶化的现象”。《土壤污染防治法》第二条明确“土壤污染，是指因人为因素导致某种物质进入陆地表层土壤，引起土壤化学、物理、生物等方面特性的改变，影响土壤功能和有效利用，危害公众健康或者破坏生态环境的现象”。《噪声污染防治法》第二条明确“噪声污染，是指超过噪声排放标准或者未依法采取防控措施产生噪声，并干扰他人正常生活、工作和学习的现象”。《海洋环境保护法》第九十四条明确“海洋环境污染损害，是指直接或者间接地把物质或者能量引入海洋环境，产生损害海洋生物资源、危害人体健康、妨害渔业和海上其他合法活动、损害海水使用素质和减损环境质量等有害影响”。

⑦ 环境介质是指自然环境中各个独立组成部分中所具有的物质（《环境损害鉴定评估推荐方法〈第Ⅱ版〉》中特指空气、地表水、土壤、地下水等）。

⑧ 吕忠梅. 以生态恢复论重构环境侵权救济体系[J]. 中国社会科学，2020，2：121.

(31～49)、污染影响范围(51～59)、污染方式(61～69)、其他方面(91～99)共六个不同的方面对环境污染进行分类：

表 1－2　环境污染类别划分代码表

代　码	类 别 名 称	说　明
10	环境污染主体	
11	天然污染	
13	人为污染	
19	其他环境污染主体	
20	环境污染性质	
21	物理污染	
23	化学污染	
25	生物污染	如细菌、病毒污染等
29	其他环境污染性质	
30/40	环境污染对象	
31	大气环境	
32	地表水体环境	不包括海洋环境
33	地下水体环境	
34	海洋环境	
35	土壤环境	
36	外层空间环境	
37	声环境	如噪声对声环境的污染
38	震动环境	
41	放射性环境	
42	电磁环境	
43	光环境	
44	热环境	
45	嗅觉环境	如恶臭污染
49	其他环境污染对象	
50	环境污染影响范围	
51	全球性污染	
53	区域性污染	

续 表

代 码	类 别 名 称	说 明
55	局部性污染	
59	其他环境污染影响范围	
60	环境污染方式	
61	直接污染	
63	间接污染	
65	潜在污染	
69	其他环境污染方式	
90	其他环境污染类别①	
99	其他环境污染类别的环境污染	

注：以十位数字区分类别，个位数是“0”则表示分类面的名称，个位数是“9”则表示“其他”。

2. 环境（生态）破坏

环境破坏是指由于人类不合理开发、利用自然资源，以及从事大规模建设活动或其他对环境有影响的活动而给环境带来显著不利变化的现象。环境破坏主要表现为水土流失、森林覆盖率下降、草原退化、土壤贫瘠化、矿藏资源遭破坏、水源枯竭、野生动植物资源和渔业资源日益减少，气候异常或物种灭绝等②。环境破坏包括对生活环境和生态环境的破坏，但主要是后者，因而也将环境破坏称为生态破坏③。破坏生态行为的特征是向环境过度索取物质和能量，不合理地使用自然环境，导致环境要素的数量或质量改变，可能造成生态失衡、资源枯竭而危及人类和其他生物生存与发展等损害④。

人类活动引起的环境污染和环境破坏这两类问题是密切联系相互影响的。这两种行为所引起的损害是环境污染、生态破坏以及生态系统服务功能的减损，并且各种损害之间可能相互转化⑤。当环境污染行为发生时，可能会使生态系统内的物种发生种群数量、结构等变化，导致生态破坏和生态系统服务功能减损；当生态破坏行为发生时，可能导致环境介质中污染物浓度上升或系统纳污能力下降而加重污染程度；等等。

① 其他环境污染分类方式：按照暴露属性分类，分为显性环境污染和隐性环境污染；按照地球表面特点分类，分为海洋污染和陆地污染；按照引起环境污染的污染源性质分类，分为化学污染、生物污染、物理污染（噪声污染、放射性污染、电磁波污染等）；按照人类活动分类，分为工业环境污染、城市环境污染、农业环境污染等；按照污染物状态分类，分为固体废物污染、液体废物污染、能源污染等；按照环境要素分类，分为大气污染、水体污染、土壤污染、噪（音）声污染、农药污染、辐射污染、热污染等。

② 吕忠梅. 环境法学概要［M］. 北京：法律出版社，2016：7.

③ 韩德培. 环境保护法教程［M］. 8 版. 北京：法律出版社，2018：3－4.

④ 吕忠梅，窦海阳. 以“生态恢复论”重构环境侵权救济体系［J］. 中国社会科学，2020，2：121.

⑤ 吕忠梅. “生态环境损害赔偿”的法律辨析［J］. 法学论坛，2017，32(3)：5－13.

1.1.3 环境损害相关概念

环境损害的概念往往可反映这一活动关注的主要内容、对象及其范围,直接影响着环境法律责任的确定,我国现行法律文件中尚未对环境损害的基本概念进行明确定义。

虽然人类一切的活动或环境利用行为都有可能会造成环境损害,但并不是所有的行为都要受到处罚或被量化,在当前环境法的规范体系下,政府已通过行政管制措施许可、环境税、生态补偿等多种方式,允许人类在一定限度内从事相关活动或进行合理补偿。从国内外“污染者付费原则”到“损害担责原则”的演进历程来看,环境责任承担者也不再只有污染者,生态破坏者也被纳入法律约束范畴,反映了环境损害责任由“原因行为类型化责任”到“损害后果概括性责任”的转变①。因此,环境损害司法鉴定关注的环境问题主要应指违反环境法律规定的问题,对于鉴定评估主体而言,可依据是否违反现有法律规定为基础,决定是否启动鉴定评估。

1. 环境损害

美国《综合环境反应、赔偿与责任法》(CERCLA)中将“损害(damages)”定义为:CERCLA 第 9607(a)或 9611(b)条所述的自然资源的损害或损失②。1994 年,在其内政部发布的《自然资源损害评估规章》中,将“损害”定义为“由于直接或间接暴露于溢油或有害物质(hazardous substance)释放及其反应产物,导致自然资源化学、物理性质或活性长期的或短期的可测量的负面的变化”③,这一内容包括“伤害(injury)”“破坏(destruction)”和“损失(loss)”。在美国国家海洋和大气管理局 1996 年发布的《油污法规章》(OPAR)中,则将“损害(injury)”定义为自然资源中可观察到的或可测量的不利变化或自然资源服务的减损,这一损害可能直接或间接发生在自然资源和/或服务上,包括“破坏(destruction)”“损失(loss)”和“使用价值损失(loss of use)”④。

欧盟 2004 年发布的《预防和补救环境损害的环境责任指令》,将“损害(damage)”定义为“可能直接或间接发生的自然资源可衡量的不利变化或自然资源服务可衡量的减损”,将“环境损害(environmental damage)”明确定义为:对受保护物种和自然栖息地的损害、对水(2000/60/EC 号指令涵盖的所有类型的水)和土地的损害⑤。可以看出,美国自然

---

① 王江. 环境法“损害担责原则”的解读与反思——以法律原则的结构性功能为主线[J]. 法学评论,2018,36(3):163-170.

② Chapter 103 — COMPREHENSIVE ENVIRONMENTAL RESPONSE, COMPENSATION, AND LIABILITY, § 9601. [EB/OL]. https://www.govinfo.gov/content/pkg/USCODE-2018-title42/pdf/USCODE-2018-title42-chap103.pdf.

③ PART 11 — NATURAL RESOURCE DAMAGE ASSESSMENTS, § 11.14(v). [EB/OL]. https://darrp.noaa.gov/sites/default/files/CERCLA_CFR-2004-title43-vol1-part11.pdf.

④ SUBCHAPTER E — OIL POLLUTION ACT REGULATIONS, § 990.30. [EB/OL]. https://darrp.noaa.gov/sites/default/files/OPA_CFR-1999-title15-vol3-part990.pdf.

⑤ Directive 2004/35/CE of the European Parliament and of the Council of 21 April 2004 on environmental liability with regard to the prevention and remedying of environmental damage. [EB/OL]. (2004-04-30). https://eur-lex.europa.eu/legal-content/EN/TXT/?qid=1594001754998&uri=CELEX:32004L0035#.

资源损害评估和欧盟环境损害评估相关文件对"损害"的定义对象基本一致,都不适用于人身伤害和对私有财产造成的损害,仅适用于对生态(环境)本身及其生态系统服务的损害[①]。

在我国已出台的相关技术文件中,《环境污染损害数额计算推荐方法(第Ⅰ版)》中将环境污染损害定义为:"环境污染事故和事件造成的各类损害,包括环境污染行为直接造成的区域生态环境功能和自然资源破坏、人身伤亡和财产损毁及其减少的实际价值,也包括为防止污染扩大、污染修复和/或恢复受损生态环境而采取的必要的、合理的措施而发生的费用,在正常情况下可以获得利益的丧失,污染环境部分或完全恢复前生态环境服务功能的期间损害"。**从这一定义看,环境污染损害涵盖了环境污染对人身、财产和生态(环境)的损害**。

在总结国内外环境损害鉴定评估方法和实践经验的基础上,原国家环境保护部于2014年对《环境污染损害数额计算推荐方法(第Ⅰ版)》进行修订并印发了《环境损害鉴定评估推荐方法(第Ⅱ版)》(以下简称为"《推荐方法Ⅱ》")。《推荐方法Ⅱ》将环境损害解释为:"因污染环境或破坏生态行为导致人体健康、财产价值和生态环境及其生态系统服务的可观察的或可测量的不利改变。"该解释强调了污染环境或破坏生态行为对人身、财产和生态环境所造成的损害的可观察性或可测量性。此外,《推荐方法Ⅱ》明确按照损害的受体不同,将环境损害划分为人身损害、财产损害和生态环境损害三大类[②]。即可以理解为环境损害是污染环境、破坏生态的环境侵权行为所造成的损害,这种损害包括"一是受害人因接触被污染的环境而受到的人身伤害、死亡以及财产损失等后果,这属于传统民法保护的对象;二是环境权利的损害,即对人们开发利用环境的不利影响,包括对环境私权和环境公权的侵害"[③]。**因此,环境损害也可以看作是环境污染损害或生态破坏损害的上位概念**。

目前,国内学者对环境损害的定义尚未达成共识。但从以上"环境污染"和"环境破坏"两大类环境问题来看,不管是"环境的原有品质的改变",还是"自然环境原有状态的破坏",其共同的本质是自然环境的不利变化,我们可以把环境的各种不利变化抽象为环境损害[④]。

2. 生态环境损害

《推荐方法Ⅱ》中首次提到"生态环境损害"的概念,它是指"由于污染环境或破坏生态行为直接或间接地导致生态环境的物理、化学或生物特性的可观察的或可测量的不利改变,以及提供生态系统服务能力的破坏或损伤。"2015年12月,为逐步建立生态环境损

---

① 生态环境部.关于征求《环境损害鉴定评估技术指南 总纲(征求意见稿)》等两项国家环境保护标准意见的函:《环境损害鉴定评估技术指南 总纲(征求意见稿)》编制说明[EB/OL].(2016-02-04).http://www.mee.gov.cn/gkml/hbb/bgth/201602/t20160205_329937.htm.

② PART 11 — NATURAL RESOURCE DAMAGE ASSESSMENTS, §11.14(v).[EB/OL].https://darrp.noaa.gov/sites/default/files/CERCLA_CFR-2004-title43-vol1-part11.pdf.

③ 邹雄,蓝华生.环境污染责任适用范围辨析——《侵权责任法》第八章解读之一[J].海峡法学,2011,13(1):10-15.

④ 徐祥民,刘卫先.环境损害:环境法学的逻辑起点[J].现代法学,2010,32(4):41-49.

害赔偿制度，中共中央办公厅和国务院办公厅印发了《生态环境损害赔偿制度改革试点方案》（下称《试点方案》），明确试点方案所称生态环境损害，是指“因污染环境、破坏生态造成大气、地表水、地下水、土壤等环境要素和植物、动物、微生物等生物要素的不利改变，及上述要素构成的生态系统功能的退化”，在时隔半年后发布的《生态环境损害鉴定评估总纲》（下称《总纲》）中沿用了这一概念。生态环境部（原环境保护部）环境规划院环境风险与损害鉴定评估研究中心张衍燊博士曾在《总纲》解读时提到，**《总纲》聚焦于污染环境、破坏生态行为导致生态环境损害的鉴定评估，不涉及污染环境或破坏生态导致人身和财产损害的鉴定评估**[①]，这也与《推荐方法Ⅱ》中环境损害的概念进行了明确区分，与《推荐方法Ⅱ》中生态环境损害的概念具有统一性。从规范的概念体系上看，生态环境损害是“环境损害”的下位概念。将环境侵权行为所造成的损害区分为“人身财产损害”和“生态环境损害”，为建立生态损害赔偿制度提供了前提[②]。2017 年 12 月，中共中央办公厅和国务院办公厅又印发了《生态环境损害赔偿制度改革方案》，其中的生态环境损害概念与《试点方案》中的基本保持一致，仅仅是在“等环境要素”之前增加列举了“森林”两个字。

有学者认为，当前人们在对生态环境损害科学概念功能的局限进行检视的同时，有必

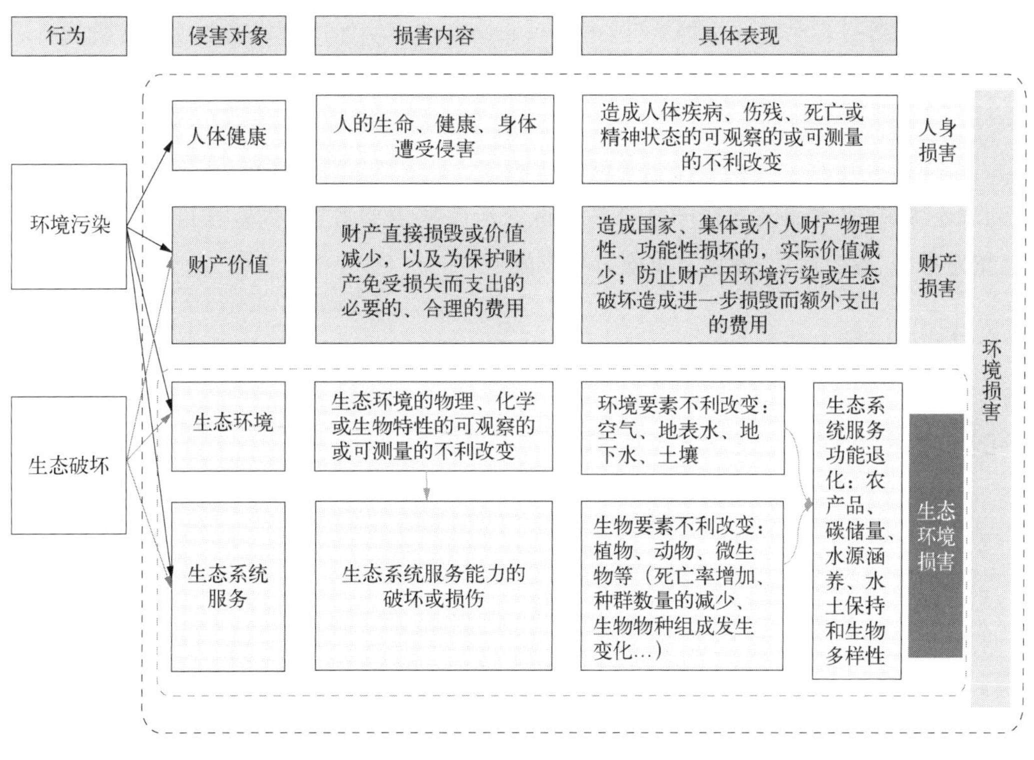

图 1－5　环境损害与生态环境损害评估内容区分示意图

① 中国环境报.《生态环境损害鉴定评估技术指南　损害调查》有何突破？迈出评估标准统一化关键一步[EB/OL].(2016－07－20).http://epaper.cenews.com.cn/html/2016-07/20/content_47307.htm.

② 吕忠梅.“生态环境损害赔偿”的法律辨析[J].法学论坛，2017，32(3)：5－13.

要对生态环境损害的法律概念进行研究，同时明确我国生态环境损害赔偿制度与民事法律制度等之间的关系，为环境损害的法律责任追究提供法律依据，并建议生态环境损害的法律概念是指“法人、社会组织和个人污染环境或者破坏生态，导致生态失衡或者生态系统功能退化，应当承担生态环境修复或者生态环境损害赔偿的环境违法行为”[①]。

1.1.4 环境损害司法鉴定

1. 鉴定的一般概念

鉴定一般指鉴定人利用专门知识对案件中某些专门性问题作出鉴别和判断，既包含对现有证据的进一步科学检查、勘验或分析的过程，也包括对已有的分析确定为鉴定意见的过程。

一般来说，根据服务的活动对象不同，鉴定可分为科学鉴定、技术鉴定和司法鉴定。科学鉴定主要用于科研成果的评价和鉴定；技术鉴定主要为行政执法和行政管理服务；司法鉴定主要为诉讼活动提供证据[②]。按照应用领域的不同，又可把鉴定分为刑事诉讼鉴定、民事诉讼鉴定、行政诉讼鉴定和非讼鉴定，前三者由于都是出现在诉讼过程中，也可以称为司法鉴定，对应于没有进入到司法程序中的社会鉴定，比如存在于仲裁、公证、行政执法、行政监察等过程中的鉴定等等，即可纳入非讼鉴定。例如进口货物的固体废物属性鉴别、危险废物鉴别等活动，当服务于行政执法或行政管理时，即属于技术鉴定或非讼鉴定，一旦进入到诉讼案件中由办案机关委托开展的即属于司法鉴定，对应称之为固体废物属性鉴定、危险废物鉴定。**在我国当前法律体系下，从分类完整性考虑，主要可分为司法鉴定和非讼鉴定，其本质区别在于是否是为诉讼活动提供服务，具体差异可表现在鉴定主体、鉴定对象、鉴定启动、鉴定意见效力等方面**。

【环境领域实务释义】

鉴别：由适格机构和人员对环境管理活动中涉及的专门性问题进行分析判断的活动。主要分为进口物质、物品的固体废物属性鉴别和危险废物鉴别两大类，前者委托主体主要是海关、生态环境主管部门等，实施主体则是固体废物属性鉴别推荐机构（环土壤函〔2017〕287 号）；后者委托主体可以为环保主管部门、危废产生单位、危废经营单位、个人、其他单位等，其实施主体为经信息平台登记的鉴别单位，相关规定见《关于加强危险废物鉴别工作的通知》（环办固体函〔2021〕419 号）。

鉴定：由司法鉴定人对环境诉讼活动中涉及的专门性问题进行分析判断并出具鉴定意见的活动。主要可开展七大类环境损害司法鉴定，委托主体一般为办案机

---

① 南景毓. 生态环境损害：从科学概念到法律概念[J]. 河北法学，2018，36(11)：98－110.

② 霍宪丹. 司法鉴定学[M]. 2 版. 北京：中国政法大学出版社，2016：2.

关[1],实施主体为具有司法鉴定资质的机构和鉴定人。

评估:由适格机构和人员通过合理操作流程,运用科学的技术方法,参考已有的标准,对损害做量化评估的过程。一般为环境非讼活动提供依据,委托主体为环保主管部门、污染产生或受污染单位、个人,实施主体则为环境损害鉴定评估推荐机构。

监测:环境监测是为保护环境和保障人群健康,运用化学、生物学、物理学和公共卫生学等方法间断或连续地测定环境中污染物的浓度,观察、分析其变化和对环境影响的过程。其目的是准确、及时、全面地反映环境质量现状及发展趋势,为环境管理、污染源控制、环境规划等提供科学依据。一般由环保主管部门组织监测,监测工作的实施由国家计量认证标志(CMA)的监测机构完成。

检测:用指定的方法检验测试某种物体(气体、液体、固体)指定的技术性能指标。可作为鉴别、鉴定、评估、监测等活动的数据支撑来源,其实施主体需经过检验检测机构计量认证。

检验:对检验项目中的性能进行量测、检查、试验等,并将结果与标准规定要求进行比较,以确定每项性能是否合格所进行的活动。

2. 司法鉴定的概念

司法鉴定的概念,有广义与狭义两种理解方式,前者主要是服务于争议解决,涉及范围广,例如诉讼、仲裁、调解、和解等形式,后者则将司法鉴定的范围限于诉讼活动。我国司法鉴定的现行立法采用了狭义的概念。2005 年 2 月 28 日第十届全国人民代表大会常务委员会第十四次会议通过的《全国人民代表大会常务委员会关于司法鉴定管理问题的决定》第一条规定:“司法鉴定是指在诉讼活动中鉴定人运用科学技术或者专门知识对**诉讼**涉及的**专门性问题**[2]进行鉴别和判断并提供鉴定意见的活动。”这里的诉讼活动,既包括刑事诉讼中的侦查、起诉、审判、执行等相关活动,也包括民事诉讼和行政诉讼中的审判、执行等相关活动。其定义随着社会进步和发展,有可能采用广义的界定来满足国家和社会对司法鉴定的需求[3]。

3. 环境损害司法鉴定的概念

2015 年 12 月,最高法、最高检、司法部联合发布《关于将环境损害司法鉴定纳入统一登记管理范围的通知》(司发通〔2015〕117 号),明确将环境损害司法鉴定工作进行统一登记管理。为规范管理环境损害司法鉴定工作,同日,司法部、环境保护部发布《关于规范

① 《司法鉴定程序通则》第四十八条:本通则所称办案机关,是指办理诉讼案件的侦查机关、审查起诉机关和审判机关。

② 专门性问题:是指诉讼中仅凭侦查、检察、审判人员的直观、直觉或逻辑推理,无法作出肯定或否定的判断的问题。

③ 霍宪丹. 司法鉴定学[M]. 2 版. 北京:中国政法大学出版社,2016:3-6.

环境损害司法鉴定管理工作的通知》（司发通〔2015〕118号），将“**环境损害司法鉴定**”定义为“**在诉讼活动中鉴定人运用环境科学的技术或者专门知识，采用监测、检测、现场勘察、实验模拟或者综合分析的技术方法，对环境污染或者生态破坏诉讼涉及的专门性问题进行鉴别和判断并提供鉴定意见的活动**”。

在当前的司法鉴定体系下，环境损害司法鉴定涉及的诉讼活动应当同上述司法鉴定中的活动范围一致，仅限于狭义的环境污染或生态破坏诉讼，至于自然开发利用、气候变化应对等诉讼活动暂未纳入；对于非讼类环境损害鉴定，司法部发布的《司法鉴定程序通则》第四十九条规定“在诉讼活动之外，司法鉴定机构和司法鉴定人依法开展相关鉴定业务的，参照本通则规定执行。”

【环境损害司法鉴定和环境损害鉴定评估】

从上述的鉴定分类来看，环境损害司法鉴定和环境损害鉴定评估应当分别属于司法鉴定和非讼鉴定。自2011年我国开展环境损害鉴定评估工作以来，就一直在环境部主导的技术鉴定模式和司法部主导的司法鉴定模式下进行探索。对于从业机构而言，环境损害司法鉴定和环境损害鉴定评估都是解决环境类专门性问题的活动，都需要根据环境损害事实作出相关结论，但是二者因委托主体差异、体现的司法价值不同而存在差别，其区别主要表现在服务范围、机构主体、工作内容、意见效力等方面，如表1-3所示。

表1-3　环境损害司法鉴定和环境损害鉴定评估比较

对比要点	环境损害司法鉴定	环境损害鉴定评估	存在问题
服务范围	诉讼活动（包括刑事诉讼、行政诉讼和民事诉讼，以及刑事附带民事、行政附带民事等侦查和诉讼）	环境行政管理、生态环境损害赔偿磋商	在当前“磋商优先，磋商不成诉讼”的模式下，非司法鉴定机构出具的意见能否作为诉讼证据，尚且不清
委托主体	办案机关	赔偿权利人、环保主管部门、生产单位、个人等	委托主体适格性对证据效力影响暂不明确
鉴定主体	司法鉴定机构——经省级司法行政部门审核登记； 司法鉴定人——省级司法行政机关授予《司法鉴定人执业证》	生态环境部实行部门推荐行政管理，至今三批共42家单位	司法鉴定实行司法鉴定人负责制，推荐机构是以机构为主体缺乏人员管理约束
工作内容	除环境损害鉴定评估基本内容，还包括污染物性质鉴定、污染治理与运行成本评定、违法所得以及公私财产损失	环境损害鉴定评估基本内容	二者以环境损害鉴定评估的技术指南等为依据，与司法解释等要求内容衔接不够明确

续 表

对比要点	环境损害司法鉴定	环境损害鉴定评估	存在问题
意见效力	符合证据要求的环境损害司法鉴定意见具有法律效力,并且往往需要接受法庭质证。各鉴定机构之间没有隶属关系,在鉴定意见没有效力上的差异①	需要听取相关行政主管部门以及当事人的意见,同行评审、上级机关设立的鉴定评估机构对下级鉴定评估机构的评估报告进行审核或者复核,并根据复核结论进行修改②	缺少对环境损害类鉴定意见或相关报告等证据的审查规则,无法明确质量或效力标准

在当前实践中,环境损害司法鉴定和环境损害鉴定评估两种模式的客观存在也容易在司法审判中引起质疑。例如,在环境损害鉴定机构发展初期,一般以环境部的推荐机构为鉴定主体开展工作,但无论是安徽海德化工案③、山东某倾倒化工废物致死案④,还是湖南某工业油水混合物倾倒案⑤,不少案例中辩护人都会对鉴定主体资格适格性提出质证。

另外,在当前的生态环境损害赔偿制度下,政府或其环保等职能部门为主体的委托方常常也不清楚自己要委托进行"环境损害鉴定评估"还是"环境损害司法鉴定"。《生态环境损害赔偿制度改革方案》要求"生态环境损害发生后,赔偿权利人组织开展生态环境损害调查、鉴定评估、修复方案编制等工作,与赔偿义务人磋商,磋商未达成一致,赔偿权利人可依法提起诉讼。为磋商提供鉴定意见的鉴定评估机构应当符合国家有关要求;为诉讼提供鉴定意见的鉴定评估机构应当遵守司法行政机关等的相关规定规范。"但这样一来,在实践中往往容易造成委托主体或鉴定主体的困扰:当发生环境污染或生态破坏的情况时,由于无法判断损害纠纷最终是否会进入到诉讼程序中,究竟该由什么主体提起鉴定委托,以及由什么机构开展鉴定?若选择的主体不合适,便会造成重新鉴定的时间和费用成本浪费。

例如环保部门接到老百姓投诉废水偷排坑塘的举报,往往需要确定坑塘是否有废水偷排的事实并结合鉴定以确认其环境损害情况,才能做进一步处理或移送等工作,此时如果委托非司法鉴定机构以技术鉴定模式开展非讼鉴定,最后发现构成刑事案件,到了刑事诉讼中,该鉴定意见是否能用?另外,在生态资源破坏类案件中,同一家鉴定机构在一起刑事案件⑥中出具的生态环境损害评估专家意见,被法庭认为具有真

① 霍宪丹. 司法鉴定学[M]. 2版. 北京:中国政法大学出版社,2016:383.

② 同①

③ (2018)苏民终1316号。

④ (2017)鲁01民初1467号。

⑤ (2019)湘0381刑初197号。

⑥ (2019)皖0825刑初214号。

实性、合法性及关联性,应予以采纳;而在另一起刑事案件[①]中出具的生态环境损害评估专家意见,却被法庭认为没有生态环境损害司法鉴定资质,出具的鉴定意见不具有法律效力,不能作为定案的依据。

由于我国当前环境损害鉴定评估制度仍在建设中,同时缺少专门的意见审查规则,非讼鉴定与司法鉴定得出的鉴定意见究竟有什么区别,二者如何有效适用、如何有效衔接等证据规则问题仍需在实践中得到合理解决。

鉴定机构的实务工作显示,环境损害的技术鉴定和司法鉴定两种模式的最大差别在于机构准入要求、机构管理制度,以及开展活动的程序性要求不同。从技术角度而言,可采用的都是国家统一建立的生态环境损害鉴定评估技术标准体系,目前主要表现为环境部负责制定的生态环境损害鉴定评估总纲及指南标准,以及海洋、林业、农业等国家或行业技术标准规范等。因此,在涉及环境损害鉴定评估的工作中,为完善非讼和诉讼活动中证据的衔接要求,对于委托方而言,建议可以在明确赔偿权利人主体责任时,对生态环境损害鉴定评估可以联合办案机关进行多主体联合委托,以满足司法程序的要求,或针对生态环境损害鉴定委托主体提出具体的专门性规定。对于鉴定机构而言,在当前实践中,建议按照最严管理要求实施,即无论是司法部的管理要求还是环境部的管理要求,“谁严按谁来”,在实际调查、技术操作中“依法依规”进行;为区分开展相应活动,在接受委托时,一定需要明确委托方是否为办案机关,另外明确案件所处阶段。另外,建议关于鉴定主体资格问题可以加强庭前审查和机构、鉴定人名录公示,以提高庭审效率。对不同类型的“意见”进行审查时,也可分级对待或明确其证据标准。

1.2 环境法基本制度

我国环境法的基本制度对环境损害司法鉴定工作提出了客观需求。20 世纪 70 年代末以来,我国逐步走出一条符合本国国情的环境保护之路。1979 年,《环境保护法(试行)》首先建立了环境影响评价制度、“三同时”制度和征收排污费制度。80 年代末,又发展了限期治理制度、排污许可证制度、污染物集中控制、环境保护目标责任制、城市环境综合整治定量考核制度[②]。1989 年 4 月,国务院第三次全国环境保护会议确立了上述八大制度作为环境保护基本制度。

由于我国环境法学主要是依托和服务于国家环境保护行政而形成的,因此环境法基

① (2019)皖 0824 刑初 198 号。

② 李挚萍. 我国环境法基本制度的总体评价和未来走向[J]. 现代法学,1998(1):81-84.

本制度的理论构筑也深受来自环境政策和行政管理思路的决定和影响[①]。可以说,环境法的基本制度是国家法律、法规与国务院环保部门在重要环境保护政策、措施以及对环境保护法律进行类型化解释的结果,具有浓厚的环保部门解释色彩[②]。

20 世纪 90 年代中后期,新生代环境法学者逐步淡化对环境法八大基本制度的讨论,转而关注环境法学之污染防治与自然资源保护这两大应有之义,并发展出更多的制度类型。吕忠梅认为环境法律制度包括环境监督管理制度(包括环境标准、环境监测、环境影响评价和现场检查等)、保护和改善环境的法律制度(包含政府环境质量负责制以及自然保护和自然资源保护制度等)、防治环境污染和其他公害的法律制度(包含单位环境保护责任制、"三同时"、排污申报登记、排污费、限期治理、应急措施与禁止污染非法转移等)等三大类[③];汪劲将环境法基本制度分为事前预防类(含环境标准、环境计划、环境影响评价等)、行为管制类(含申报许可、环境监察与环境监测)、影响与诱导类(含环境费、排污权交易以及环境协议、优惠、环境标志与 ISO14000 系列环境管理标准的认证与环境行政指导与提供情报等)和事后补救类(含突发环境事件报告处理以及治理、恢复与补救)等四大类[④]。由此可见,环境法学界内部对于环境法基本制度的定义与解释并不统一。

我国环境法的基本制度是在工业化社会发展过程中,随着其伴生的环境问题而产生、发展、革新的,旨在保护公共利益,以行政规制为主。然而,当前环境法实施存在诸多问题,如行政机制僵化、管理成本过高、覆盖范围不足等,难以有效解决环境问题[⑤]。因此,需要完善立法技术,使环境法制度能为司法和执法提供有效依据和可操作的指引[⑥]。

近十年来,上述制度革新的需求得到了法律上的回应。2014 年《环境保护法》的修订引发了学界对生态文明环境法治建设、生态环境损害赔偿、生态补偿以及环境行政管制与环境行政法律责任、按日连续处罚、公众参与和信息公开、政府环境责任、环境保护税、环境司法专门化、环境公益诉讼、环境保护党政同责与督察制度等热点问题的研究[⑦]。这些问题的讨论反映了我国环境法基本制度的发展,呈现出由环境管理向环境治理发展的趋势,强调市场机制和多元共治,逐步确立了排污收费、生态补偿、排污权交易、环境税、绿色核算、生态责任审计等经济措施。与此同时,改革了"命令—控制"型单纯依赖行政机关

---

① 汪劲. 对我国环境法基本制度由来的回顾与反思[J]. 郑州大学学报(哲学社会科学版),2017,50(5):25－28.

② 胡保林. 中国环境保护法的基本制度[M]. 北京:中国环境科学出版社,1994. 载于汪劲. 对我国环境法基本制度由来的回顾与反思[J]. 郑州大学学报(哲学社会科学版),2017,50(5):25－28.

③ 吕忠梅. 环境法[M]. 北京:法律出版社,1997:257－281.

④ 汪劲. 环境法学[M]. 北京:北京大学出版社,2006:111－146.

⑤ 吕忠梅. 中国民法典的"绿色"需求及功能实现[J]. 法律科学(西北政法大学学报),2018,36(6):106－115.

⑥ 吕忠梅. 环境法回归路在何方?——关于环境法与传统部门法关系的再思考[J]. 清华法学,2018,12(5):6－23.

⑦ 柯坚,刘志坚. 我国环境法学研究十年(2008—2017 年):热议题与冷思考[J]. 南京工业大学学报(社会科学版),2018,17(1):52－70.

的管理方式,完善公众参与制度,鼓励企业和社会公众参与生态环境保护;修订相关法律,完善诉讼制度,充分发挥司法机关在生态环境保护中的功能与作用。总的来说,我国建立了行政约束、市场激励、法律规范和技术支撑并举的环境治理新体制[①]。

要理解我国《环境保护法》所确立的基本制度体系,首先要从总体上把握以下特征:现有的环境保护法律法规(见图1-6)是在先进的生态文明理念指引下,与可持续发展理念相适应的,其是以宪法为基础,以《环境保护法》为核心,以《大气污染防治法》《水污染防治法》《海洋环境保护法》《环境噪声污染防治法》《固体废物污染防治法》《放射性污染防治法》《环境影响评价法》等防治污染单行法和《野生动物保护法》《森林法》《草原法》《水法》等自然资源、生态保护单行法为支撑,以民法刑法等相关部门法、行政法规、地方性法规和地方政府规章为保障,以我国已经加入的国际公约中环境法律规范为补充,形成的一个闭合式的完整系统。

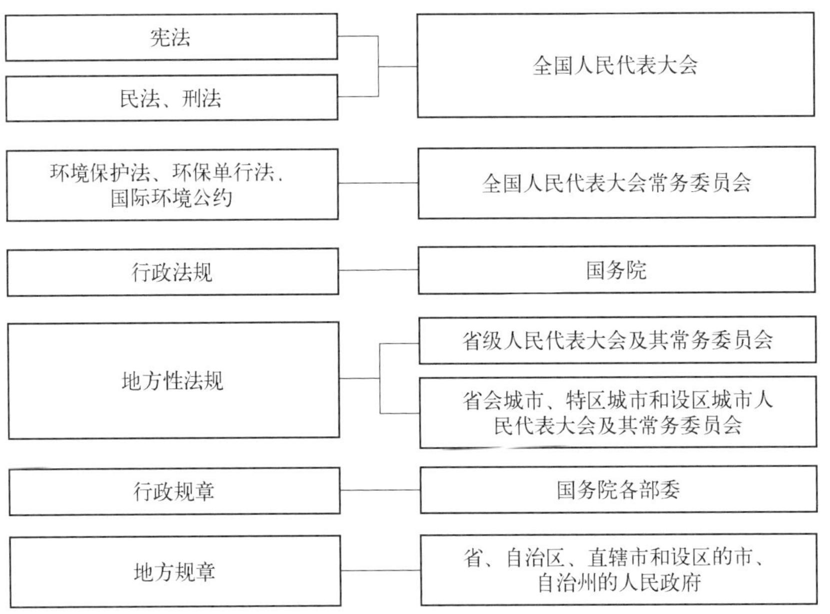

图1-6 我国的环境保护法律法规体系

其次,具体而言,修订后的《环境保护法》立足于解决理念、原则、基本制度等共性问题,并针对中国目前严重的生态环境状况,在总结国内外立法与实践经验的基础上,对我国的环境保护体制、治理模式、基本制度、法律后果等重大问题作出规定,为相关单行立法提供了法律依据。该法共七章七十条,涵盖四大类环境法律制度,即环境监督管理类法律制度,保护和改善环境类法律制度、防治污染和其他公害类法律制度,信息公开和公众参与类法律制度。

---

① 吕忠梅,吴一冉.中国环境法治七十年:从历史走向未来[J].中国法律评论,2019(5):102-123.

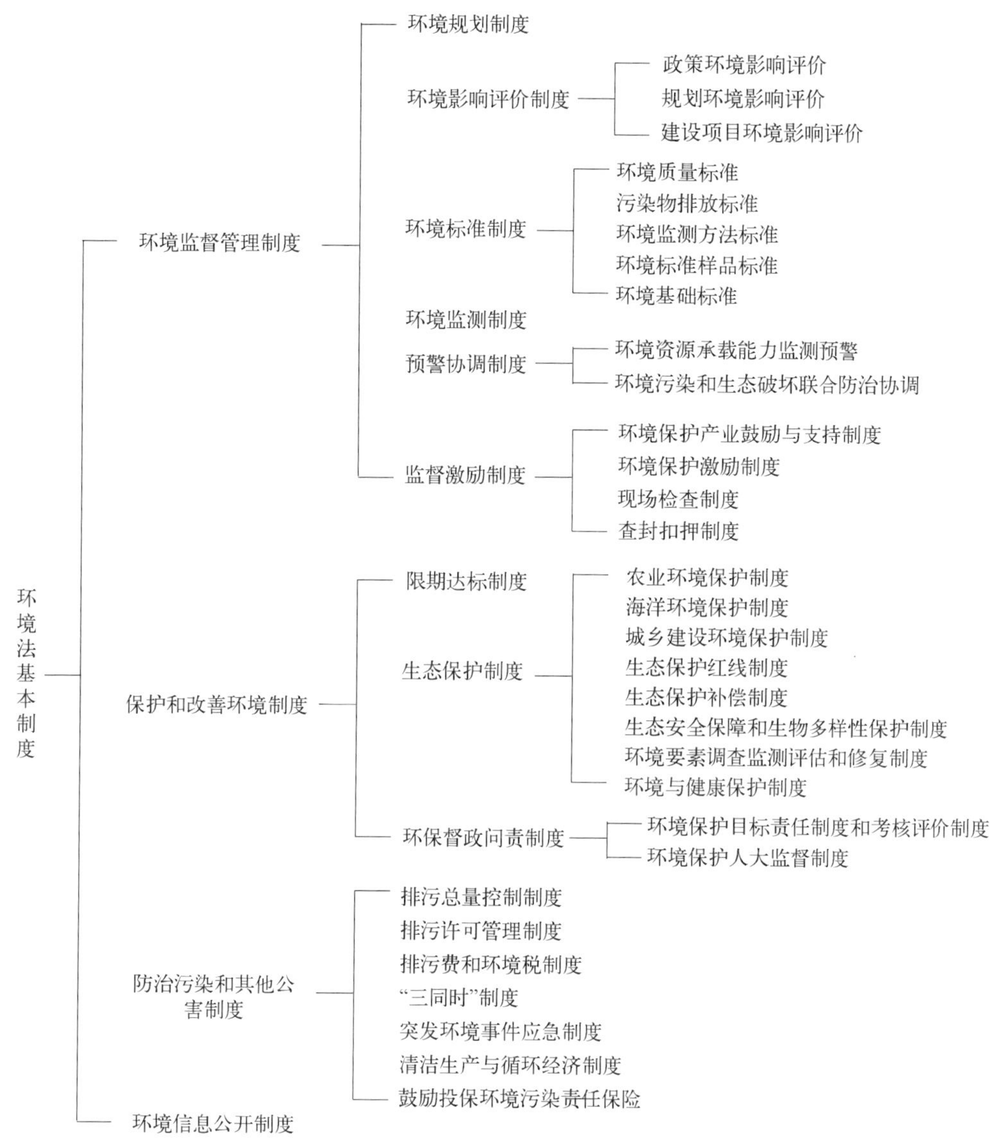

图 1-7　我国的环境法基本制度

1.3　环境法律责任

环境法律责任是针对环境权受到侵犯时的法律救济方式①，不同形式的环境法律责任对环境损害司法鉴定提出不同的要求。本节将首先从概念上厘清环境法律责任与环境责任的区别，接着介绍我国环境法律责任体系的发展趋势，最后重点分析三种主要环境法

① 常纪文. 环境法律责任的实现方式、原则和内容[J]. 环境资源法论丛，2002(00)：298-340.

律责任类型：环境民事责任、环境行政责任及环境刑事责任。

1.3.1 区分环境法律责任与环境责任

法律责任是指因违法、违约行为或者法律规定应承担的不利法律后果，是国家强制责任人做出或不做出一定行为，以补偿和救济受到侵害或损害的合法利益和法定权利，恢复被破坏的法律关系和法律秩序的手段，其最终依据是法律规范[①]。法律责任制度是法律制度不可或缺的重要部分，是立法能否得到实施，最终能否实现其目标的关键因素[②]。环境法律责任是指违反环境法义务或其他相关法律规定，对所造成的生态环境以及他人人身、财产权益损害所承担的否定性后果[③]，是实现规制社会、保护环境的关键环节，也是实现环境法预期作用的必要手段[④]。

环境法律责任源于环境纠纷，即因环境资源的开发、利用、保护、管理等而产生的各种矛盾和纠纷，主要包括因环境污染和生态破坏引起的行政纠纷、民事纠纷和刑事纠纷，从而产生相应的环境行政责任、环境民事责任、环境刑事责任。

与之相对，环境责任的存在不仅基于法律规范，更基于人类整体利益所面临的客观环境威胁。只要环境危机存在，环境责任就存在，即使有些人对此认识不足。在现代汉语中，“责任”一词包含“应尽义务”和“未尽义务后果”两层含义，环境责任属于前者，而环境法律责任则属于后者[⑤]。

总之，法律责任作为法治实现的保障和违法行为的矫正机制，其合理性决定了法治的

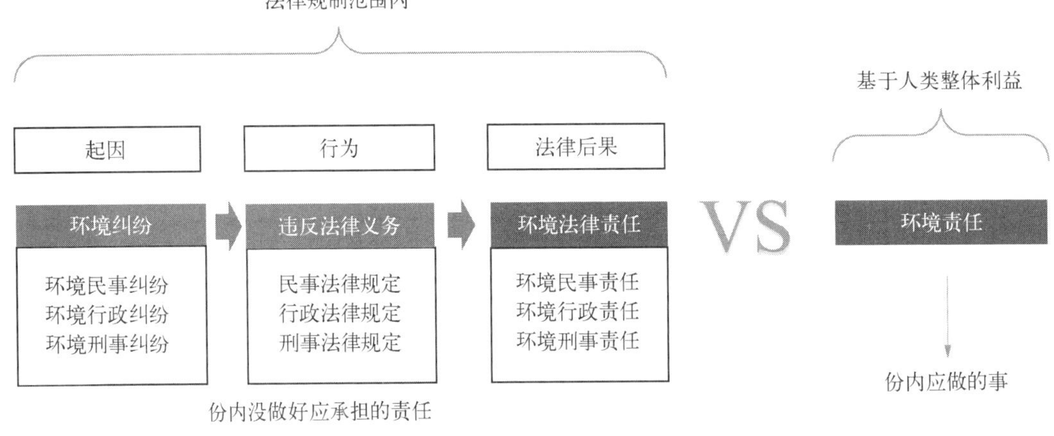

图1-8 环境法律责任与环境责任的区分

---

① 葛洪义. 法理学[M]. 北京：中国政法大学出版社，1999.

② 徐以祥，刘海波. 生态文明与我国环境法律责任立法的完善[J]. 法学杂志，2014，35(7)：30-37.

③ 吕忠梅. 环境法学概要[M]. 北京：法律出版社，2016：195.

④ 刘超，林亚真. 试论专门环境法律责任的理论基础与具体构建[J]. 昆明理工大学学报(社会科学版)，2008(3)：5-9.

⑤ 陈晨. 对环境责任的几点思考——从“权利—义务”到群体利益[J]. 法学论坛，2006(4)：53-56.

实现程度。因此，了解我国环境法律责任体系的发展，有助于把握环境管理、生态治理和司法鉴定评估的最新实践要求。

1.3.2　环境法律责任体系的发展

为满足我国环境法治现代化的需求，环境法律责任体系正朝着责任主体广泛、责任承担方式多元、责任内容合理的方向发展。环境司法理念亦在这一进程中不断重塑，以适应环境保护的新需求。

以生态环境修复责任为例，该责任已跨越单一法律部门的界限，在环境民事、行政、刑事责任领域均得到体现。环境民事侵权领域中，生态破坏和环境污染等新型损害的认定与矫正面临技术鉴定的复杂性①。环境公益诉讼中，生态环境修复已成为一种重要的责任方式，然而在私益诉讼中，环境修复的理念尚未得到充分实施②。在环境行政责任领域，如《水污染防治法》(2017 年修订)第二十九条所示，政府在流域生态环境功能保护方面承担着修复责任。而在环境刑事责任领域，罚金刑被用于支持环境修复资金，且实践中出现了如“复植补绿”等创新的修复责任形式。

在实践中，环境民事、行政、刑事责任相互交织，同一行为可能触发多种环境纠纷和责任。因此，建立行政与司法相互协作的法律机制显得尤为关键，这不仅能够降低环境纠纷处理的社会成本，还能提升行政执法和司法审判的效率③。

随着环境纠纷的增加和复杂化，环境司法逐渐步入专门化阶段，这有助于纠正过去依赖单一环境资源行政部门处理环境纠纷的弊端。环境侵权行为与传统侵权行为存在本质差异，其价值判断具有复杂性。一方面，这些行为受到道德谴责；另一方面，它们往往是社会必需的经济活动或生活“副产品”④。若对这些行为进行禁止或严格限制，将对社会的正常发展和进步产生负面影响⑤。因此，在构建环境民事责任时，必须平衡保护受害人利益与避免企业陷入困境的需求，体现“利益协调原则”⑥。

当前，学界对环境司法的理性回归给予了更多关注，如检视污染者责任总量、反思过高赔偿金额，以及探索环境协商治理机制等。此外，鉴于环境法律系统的开放性、协同性以及环境权的复合性，环境法律责任呈现出综合性特点。传统法律责任体系已难以应对日益多样化的环境纠纷，环境法学界因此发展出专门化的环境法律责任类型，旨在通过多

---

① 刘超，林亚真. 试论专门环境法律责任的理论基础与具体构建[J]. 昆明理工大学学报(社会科学版)，2008(3)：5－9.

② 刘超. 环境修复审视下我国环境法律责任形式之利弊检讨——基于条文解析与判例研读[J]. 中国地质大学学报(社会科学版)，2016，16(2)：1－13.

③ 蔡守秋. 关于处理环境纠纷和追究环境责任的政策框架[J]. 科技与法律，2005(1)：111－118.

④ 王泽鉴. 民法学说与判例研究(2)[M]. 北京：中国政法大学出版社，1998：162.

⑤ 吴一冉. 环境民事侵权归责原则的价值选择——兼评《环境保护法》第六十四条[EB/OL]. (2016－08－03). https://www.chinacourt.org/article/detail/2016/08/id/2048519.shtml.

⑥ 常纪文. 环境法律责任的实现方式、原则和内容[J]. 环境资源法论丛，2002(00)：298－340.

样化的救济手段实现环境相关权利的救济①。这种专门化的环境法律责任特指“违法者对其环境违法行为所应承担的,由特定的环境法律规范所规定的不利的法律后果”,即法律责任来源于特定的环境法律义务,代表了环境法律对环境违法行为的否定性评价,具有不可替代性②,如污染者生态环境损害赔偿责任、生产者产品延伸责任、党政机关环保行政问责制等。虽然上述责任类型可以被传统的法律责任体系所涵盖,但这些新型责任具有其独特的内涵和价值。总体而言,我国环境法律责任体系正朝着“人与自然和谐共生”的目标不断完善,针对人类活动超出传统调整范围的生态影响,特别是生态环境自身损害,催生出新的生态环境损害责任等形态③(表1-4)。

表1-4 我国环境法律责任体系

环境法律责任	保护目标	法律依据
环境民事责任	环境私益	《民法典》《环境保护法》《环境侵权纠纷司法解释》
	环境公益	《民法典》《环境民事公益诉讼司法解释》《关于审理生态环境损害赔偿案件的若干规定》
环境行政责任	环境公共管理秩序	《环境保护法》《大气污染防治法》《水污染防治法》《固废污染防治法》《土壤污染防治法》
环境刑事责任	生态环境与自然资源	《刑法》《刑事诉讼法》《最高人民法院最高人民检察院办理环境污染刑事案件司法解释》

1.3.3 环境法律责任类型

环境民事责任在法律体系中占据核心地位,其核心在于对环境侵权行为进行规制。它不仅涵盖因污染环境、破坏生态造成人身、财产损害而由侵权人承担的私益侵权责任,也包括因违反国家规定造成生态环境损害而由侵权人承担的生态修复和损害赔偿责任。这些责任体现了对环境损害后果的补偿和修复,旨在恢复环境的原有状态,同时对侵权者形成有效的法律约束。环境行政责任,是指行政法律关系主体因违反环境资源法律规定而应该承受的不利后果,不仅包括行政主体因未履行环境监管职责而需承担的法律责任,也包括行政相对人因违反环境法规而需面对的法律后果。环境刑事责任,则聚焦于对严重环境破坏行为的惩处,当行为人因污染或破坏环境资源,或通过此类行为导致人身伤亡和重大财产损失,构成犯罪时,便需承担相应的刑事责任。这种责任通过罚金、监禁等刑事制裁手段,对犯罪行为人进行惩罚,同时起到震慑潜在违法者、保护生态环境和公共利

---

① 常纪文.环境法律责任的实现方式、原则和内容[J].环境资源法论丛,2002(00):298-340.

② 刘超,林亚真.试论专门环境法律责任的理论基础与具体构建[J].昆明理工大学学报(社会科学版),2008(3):5-9.

③ 吕忠梅.环境法典视角下的生态环境法律责任[J].环球法律评论,2022,44(6):5-22.

益的作用①。

1. 环境污染和生态破坏民事侵权责任

2021 年 1 月 1 日《中华人民共和国民法典》(以下简称《民法典》)正式施行,标志着我国环境民事责任法律体系迈入了一个新的阶段。《民法典》在总则编中引入了"绿色原则",并在第七编第七章对"环境污染和生态破坏责任"进行了全面规范。相较于 2009 年的《中华人民共和国侵权责任法》(以下简称《侵权责任法》),《民法典》不仅扩展了责任范围,更在法律层面上对环境污染和生态破坏的责任进行了系统化构建。

(1) 环境私益损害侵权责任

环境侵权行为通过环境媒介而间接对受害人造成侵权后果,呈现"人—自然—人"的侵权模式②。在这一模式中,侵权行为首先对环境造成直接侵害,随后,由于环境的综合复杂作用机制,导致对个体权利的侵害。需要明确的是,环境污染本身并非损害结果,而是造成人身或财产损害的诱因。环境侵权纠纷中的权利人一般是指因环境污染遭受损害的自然人,其受损利益仅限于该自然人的人身或财产权利,相应地,义务主体是引发环境污染并造成损害的自然人或单位。

本部分写作时间正值《民法典》正式通过但尚未生效之际,因此,对环境侵权责任的整理和讨论,是基于对现有法律和司法解释的理解基础上,兼论《民法典》新规。《环境保护法》第六十四条规定:"因污染环境和破坏生态造成损害的,应当依照《侵权责任法》的有关规定承担侵权责任"。环境侵权责任的具体承担方式依据《侵权责任法》第十五条和《最高人民法院关于审理环境侵权责任纠纷案件适用法律若干问题的解释》第十三条规定,包括以预防为原则的停止侵害、排除妨碍、消除危险,以损害担责为原则的恢复原状和赔偿损失,和以对违法者施加道德谴责和对受害方给予精神安抚为目标的赔礼道歉。"**恢复原状**"主要是要求损害者承担治理污染和修复生态的责任,包括原地恢复与异地恢复,和拒绝或无力治理、修复时支付第三方替代履行的费用。"**赔偿损失**"包括被侵权人因污染行为而造成的财产损失、人身损失以及为防止污染扩大、消除污染而采取的必要合理措施所发生的费用③。上述多种责任方式的单独或综合适用,对于强化损害预防、保护被侵权人利益、制裁环境污染行为、遏制环境恶化、恢复环境质量具有十分重要的意义④。

在对《关于审理生态环境损害赔偿案件的若干规定(试行)》(法释〔2019〕8 号,以下简称《若干规定》)第二条的解读中,我们注意到其与《民法典》中关于环境私益侵权的规定存在紧密联系。《民法典》第一千二百二十九条规定:"因污染环境、破坏生态造成他人

---

① 蔡守秋. 关于处理环境纠纷和追究环境责任的政策框架[J]. 科技与法律,2005(1): 111-118.

② 吴一冉. 环境民事侵权归责原则的价值选择——兼评《环境保护法》第六十四条[EB/OL]. (2016-08-03). https://www.chinacourt.org/article/detail/2016/08/id/2048519.shtml.

③ 最高人民法院关于审理环境侵权责任纠纷案件适用法律若干问题的解释[N]. 人民法院报,2015-06-02(003).

④ 张新宝,庄超. 扩张与强化: 环境侵权责任的综合适用[J]. 中国社会科学,2014(3): 125-141+207.

损害的,侵权人应当承担侵权责任。”侵权责任的具体承担方式在《民法典》第一千一百六十七条中得到进一步阐释,侵权行为危及他人人身、财产安全时,被侵权人有权请求侵权人停止侵害、排除妨碍、消除危险等。《民法典》在环境私益侵权责任承担方式上,与《侵权责任法》的规定保持一致性,同时引入了三项关键的立法变革。

首先,《民法典》第一千二百三十二条引入了对污染环境行为的惩罚性赔偿责任。该条款规定,侵权人故意违反法律规定污染环境、破坏生态造成严重后果时,被侵权人有权请求相应的惩罚性赔偿。然而,惩罚性赔偿责任的适用条件相对严格,包括请求权主体的限定、责任人的故意性、法律违反的具体性以及损害后果的严重性。对于“严重”这一概念的具体界定,有待进一步的细化与明确[①]。其次,《民法典》第一千二百三十四条对生态环境修复责任进行了明确规定,这在一定程度上扩展了恢复原状责任的范畴。当被侵权人就与其人身权、财产权密切相关的生态环境修复提出主张时,这将引发私益修复与公益修复责任之间的协调问题。最后,《民法典》第一千二百三十四条还扩充了原有的损害赔偿责任范围,通过法律形式增加了生态环境损害赔偿责任的内容。这一变革不仅丰富了环境侵权责任的内涵,也为生态环境损害赔偿案件的审理提供了更为明确的法律依据。通过这些变革,我们可以看到《民法典》在环境私益侵权领域的立法进步,旨在更有效地保护公民的环境权益,促进生态环境的可持续发展。

除《侵权责任法》外,我国环境保护单行法对于环境污染侵权责任也有所规定。《水污染防治法》(2017 年修正)第九十六条明确指出,因水污染受到损害的当事人,有权要求排污方排除危害并赔偿损失。《大气污染防治法》(2018 年修正)第一百二十五条亦规定,排放大气污染物造成损害的,应当依法承担侵权责任。《土壤污染防治法》(2019 年修正)第九十六条进一步细化了土壤污染责任,指出污染土壤造成他人人身或财产损害的,应当依法承担侵权责任。特别地,当土壤污染责任人无法认定时,土地使用权人若未履行土壤污染风险管控和修复义务,同样应当依法承担侵权责任。在土壤污染纠纷中,污染者作为第一顺位责任人,而土地使用权人则位于第二顺位。《海洋环境保护法》(2017 年修正)第八十九条对海洋环境污染损害责任的承担进行了规定,指出责任者或第三者应当承担排除危害和赔偿损失的责任。对于海洋生态、水产资源、海洋保护区造成的重大损失,海洋环境监管部门代表国家对责任者提出损害赔偿要求。《环境噪声污染防治法》(2018 年修正)第六十一条赋予受到环境噪声污染危害的单位和个人,要求加害人排除危害并依法赔偿损失的权利。该法第二条对“环境噪声污染”进行了概念界定,定义为“超过国家规定的环境噪声排放标准,并干扰他人正常生活、工作和学习的现象”。这一定义表明,与一般环境侵权适用的无过错责任原则不同,环境噪声侵权行为人的主观过错及其行为的违法性是判断其是否承担噪声污染侵权责任的关键。因此,是否超过国家规定的环境噪声排

---

① 吴青,周悦霖,赖金明,等.《民法典》中生态环境损害惩罚性赔偿制度、修复和赔偿规则实践中如何应用?[J/OL].(2020-7-30).https://www.chinalawinsight.com/.

放标准,成为判定排放行为是否构成噪声污染侵权的重要依据①。

《固体废物污染环境防治法》(2020 年修订)第一百二十一条规定了固体废物污染环境、破坏生态,损害国家利益、社会公共利益的情形下,有关机关和组织可向法院提起诉讼。第一百二十二条规定了固体废物生态环境损害赔偿磋商制度,且磋商是作为诉讼的前置程序。据此,赔偿权利人是"设区的市级以上地方人民政府或者其指定的部门、机构组织",而赔偿义务人是"造成环境污染和生态破坏的单位和其他生产经营者",排除了不从事生产经营活动的自然人。第一百二十三条规定,违反本法规定,造成人身、财产损害的,依法承担民事责任。因此,《固体废物污染环境防治法》在法律责任的设计上,体现了对私益和环境公益的双重保护。它通过对传统民法规则的扩展、充实和细化,将环境内容纳入其中,以实现对环境民事权益的确认和保障,为环境权的上升提供了一条可行的通道②。

另外,财产权保护的绝对化是近代民法的显著特征,物权被视为绝对权,具有可以对抗一切人的绝对性,法律上给予绝对保护③。这种绝对性在为权利人带来最大程度自由的同时也助长任性、放纵,产生环境危机。我国物权法理论中的相邻关系制度要求不动产权利人不得实施不可量物的侵害,这对于实现维护环境④,保护公民私法权利也大有裨益,如《民法典》第二百九十四条规定:"不动产权利人不得违反国家规定弃置固体废物,排放大气污染物、水污染物、土壤污染物、噪声、光辐射、电磁辐射等有害物质。"

(2)环境公益损害侵权责任

环境污染和生态破坏行为具有私益与公益损害二元性特征⑤。因此,法律除应解决个人之间的权利纠纷,更要维护社会公共利益,保障生态安全,维护环境资源的可持续发展⑥。环境公益诉讼作为一种法律手段,其最终目的是维护国家和社会环境公益⑦。它借实体法将环境权益扩大解读之际,在程序法上对诉权主体范围也予以扩充⑧。我国环境公益诉讼制度的建立,是学界长期动员和准备、民诉法和环境法的立法革新,并在司法实践配合下共同完成的。

侵害公共环境权益的行为可能对个体权益造成损害或存在侵害风险,但其诉讼目的与私益诉讼有本质区别⑦。我国环境民事公益诉讼制度旨在针对已经或可能损害社会公共利益的环境污染和生态破坏行为。环境损害具有长期性、潜伏性和不可逆性,损害后果

---

① 沈海俊诉机械工业第一设计研究院噪声污染责任纠纷案//最高人民法院. 最高人民法院发布 10 起环境侵权典型案例[R/OL]. (2015-12-29). http://www.pkulaw.cn/fulltext_form.aspx?Db=chl&Gid=b8e452a00b1a65ebbdfb.

② 巩固. 民法典物权编"绿色化"构想[J]. 法律科学(西北政法大学学报),2018,36(6):116-130.

③ 梁慧星. 从近代民法到现代民法——二十世纪民法回顾[J]. 中外法学,1997(2):19-30.

④ 王利明.《物权法》与环境保护[J]. 河南省政法管理干部学院学报,2008(4):9-12.

⑤ 吕忠梅. 论环境侵权的二元性[N]. 人民法院报,2014-10-29(008).

⑥ 吕忠梅. 环境司法理性不能止于"天价"赔偿:泰州环境公益诉讼案评析[J]. 中国法学,2016(3):244-264.

⑦ 王曦. 论环境公益诉讼制度的立法顺序[J]. 清华法学,2016,10(6):101-114.

⑧ 叶勇飞. 论环境民事公益诉讼[J]. 中国法学,2004(5):107-113.

可能在长时间后显现，一旦发生则可能导致严重的环境破坏，且难以恢复。因此，通过公益诉讼制度实现环境法的预防原则是十分必要的。

《中华人民共和国民事诉讼法》第五十五条和《环境保护法》第五十八条明确规定了污染环境、破坏生态，损害社会公共利益的民事行为的公益诉讼起诉主体资格。《侵权责任法》及《民法典》对民事责任和责任分配方式进行了规定。《环境民事公益诉讼司法解释》进一步明确了环境公益诉讼制度的法律依据、起诉条件、原告主体资格条件、管辖、被告的责任承担形式、公益诉讼与行政执法的衔接、公益诉讼与私益诉讼的协调以及人民法院职权的行使等问题。这些规定使得环保公益组织和检察院能够通过司法程序追究污染者的法律责任，有效补充环境行政监管的不足，为保护环境公共利益提供了有力支持①。

《环境民事公益诉讼司法解释》第十八条明确了原告在面对污染环境、破坏生态行为时，可以请求被告承担包括停止侵害、排除妨碍、消除危险、恢复原状、赔偿损失、赔礼道歉等在内的民事责任。其中，预防性责任方式如停止侵害、排除妨碍、消除危险被赋予优先地位，旨在预防和控制生态环境损害的进一步发生和扩散。当生态环境损害已经实际发生时，恢复原状成为适用的责任方式。根据第二十条的规定，原告请求恢复原状时，人民法院有权依法判决被告将生态环境修复至损害发生前的状态和功能。在无法完全恢复的情况下，法院可以允许采用替代性修复方式。生态恢复作为一个高度技术性的系统工程，传统的"恢复原状"救济方式并不总是适用于环境污染损害，而生态恢复法律责任的认定在法律上缺乏明确依据②，这为环境司法提供了创新的机会。法院倾向于判决被告承担环境修复行为责任或支付环境修复成本，如在泰州市环保联合会诉6家公司案中，法院判决被告赔偿约1.6亿元的环境修复费用；在自然之友等诉谢某等4人案中，法院判令被告补种林木并恢复林地功能，否则需共同赔偿110余万元用于生态环境修复。在原地恢复存在困难时，法院创新性地采用"异地恢复"责任方式，如在中华环保联合会诉无锡蠡管委案中，法院选择异地补植作为赔偿方式，将"恢复原状"理解为恢复环境的生态容量。这些责任方式的创新适用，不仅体现了环境司法对生态环境侵权案件裁判目的的深刻理解，也展示了法院在处理环境公益损害侵权责任时的灵活性和创新性，有助于更有效地实现环境修复和保护环境公共利益的目标。

《民法典》第一千二百三十四条对生态修复责任进行了明确规定，指出违反国家规定造成生态环境损害时，若生态环境可修复，相关国家机关或法定组织有权要求侵权人在合理期限内承担修复责任。若侵权人未能在规定期限内履行修复义务，相关机关或组织可自行或委托他人进行修复，相关费用由侵权人承担。此规定不仅明确了恢复原状责任的

---

① 王明远. 论我国环境公益诉讼的发展方向：基于行政权与司法权关系理论的分析[J]. 中国法学，2016(1)：49－68.

② 徐本鑫. 论生态恢复法律责任的实践创新与制度跟进[J]. 大连理工大学学报(社会科学版)，2017，38(2)：158－163.

司法解释,同时确认了环境监管机关或法定组织对代履行修复费用的返还请求权。其合理性在于生态环境恢复工作的长期性、技术复杂性及后期管理的繁重性,这往往超出了司法权的直接管辖范围,而更多依赖于具有专业技术能力的行政机关的组织与参与。

2014 年 12 月 26 日,最高人民法院、民政部、环境保护部联合发布的《关于贯彻实施环境民事公益诉讼制度的通知》进一步明确了人民法院在必要时可与环境保护主管部门共同组织修复生态环境,并在必要时请求其协助审查修复结果。这一规定为民法典第一千二百三十四条的实施提供了操作性指导,确保了行政机关或组织在生态修复中的法律保障。然而,生态修复责任的具体实施仍需立法进一步细化,尤其是在修复费用难以计算或鉴定成本过高时。在确定修复费用时,人民法院可综合考虑污染和破坏的范围与程度、生态环境的价值、恢复难度、防治污染设备的运行成本、侵权人因侵害行为所获得的利益以及过错程度等因素,并参考环境保护监督管理部门的意见和专家意见,合理确定修复费用。

环境民事公益诉讼中的民事责任还包括赔礼道歉。该责任方式无法针对特定人履行,其主要目的在于具有主观违法性的生产经营者施加道德谴责,通过对企业声誉的负面评价以提高其社会责任感,并对受到环境污染、生态破坏行为影响的社会公众进行精神抚慰。

(3)生态环境损害赔偿责任

生态环境损害赔偿制度是生态文明建设的关键组成部分,旨在确保受损生态环境得到及时有效的修复。根据《生态环境损害赔偿制度改革方案》(中办发〔2017〕68 号),生态环境损害指的是由污染环境、破坏生态行为导致的大气、水体、土壤、森林等环境要素和生物要素的不利变化,以及生态系统功能的退化。自 2015 年试行以来,各级人民法院已受理多起由省级、市地级人民政府提起的生态环境损害赔偿案件,其中部分案件已审结。最高人民法院在总结试点经验的基础上,出台《关于审理生态环境损害赔偿案件的若干规定(试行)》(法释〔2019〕8 号),以探索政府索赔的法律途径,保护国有自然资源,履行政府环境保护职责,改善人民生活环境①。

《若干规定》第十一条明确了人民法院在审理生态环境损害案件时,应根据原告请求和案情,判决被告承担修复生态环境、赔偿损失等民事责任。《民法典》第一千二百三十五条进一步规定了国家机关或法定组织在生态环境损害发生时的赔偿请求权,包括服务功能丧失导致的损失、永久性损害造成的损失、调查鉴定费用、清除污染和修复费用,以及防止损害扩大的合理费用。

生态环境损害赔偿责任具有特殊性,不同于传统民法上的损害赔偿责任。该责任体系以过错责任原则为基础,要求被告行为具有违法性。在责任内容上,以直接修复为首要责任承担方式,强调恢复环境资源的生态系统服务功能。修复生态环境责任具体化了"恢复原状"的概念,涵盖了制定和实施修复方案、监测监管、验收评估以及服务功能损失等费用。在无法修复的情况下,可采取赔偿损失的方式予以弥补,这主要是指生态环境功能永

---

① 张宝. 生态环境损害政府索赔制度的性质与定位[J]. 现代法学,2020,42(2):78-93.

久性损害所造成的损失。生态环境修复责任与传统的恢复原状民事责任在救济对象、修复标准、修复方式上具有明显差异[①]，其目的在于恢复环境资源的生态系统服务功能。

总而言之，公民提起环境侵权诉讼，是为了维护个人的人身权或财产权益。社会组织提起环境公益诉讼是以实现环境公共利益为直接目的，同时是公众参与环境保护的具体方式。人民检察院提起环境公益诉讼是其履行法律监督职能的体现。省级、市地级政府提起生态环境损害赔偿诉讼，是政府基于环境公共信托、为保护公民环境权而享有了诉讼资格[②]。环境侵权制度在行为认定、救济对象和救济方式上均呈现多元化，从单一环境污染转向环境污染与生态破坏的双重认定，从单一私益转向私益与公益的双重保护，从传统民事救济转向以生态综合救济为主。这一转变背后体现了损害理论的重大发展，即从传统侵权损害论分化出环境侵权的专业救济理论——生态恢复论，该理论以整体主义环境哲学为基础，强调生态环境整体的调整和修复[③]。

2. 环境行政责任

环境行政责任涉及环境行政法律关系主体，包括环境行政管理主体和行政相对人，在违反环境行政法规或不履行义务时依法应承担的法律后果。该责任旨在矫正违法行为，强制履行义务，保障环境公益，是环境保护法律体系中的关键组成部分。环境行政法律责任的实现途径主要有两种：一是责任主体的自动履行，如自动缴纳行政罚款；二是通过国家机关的强制执行，如采取强制措施确保义务履行。

为切实落实环境行政机关的环境监管职责，党政系统内部在强化领导干部和公务员的环境行政责任上多有举措[④]。2015 年，中共中央办公厅与国务院办公厅（简称“两办”）发布《党政领导干部生态环境损害责任追究办法（试行）》，将 2006 年 2 月 20 日起公布施行的《环境保护违法违纪行为处分暂行规定》所确立的环境保护问责制的责任主体从“具有环境保护职权的各级政府及其公务员”延伸至“县级以上地方各级党委和政府及其有关工作部门的领导成员”。通过政治责任、行政责任、法律责任和道德责任的约束，限制和规范政府权力和官员行为，使其公共权力的行使最终达到保障公民环境权、实现环境目标的目的。

我国行政相对人的环境行政法律责任包括惩罚性行政责任与补救性行政责任，具体体现于各环境与资源保护单行法中。《草原法》《水法》《土地管理法》《森林法》《渔业法》《矿产资源法》《野生动物保护法》等，均规定了环境行政管理机关有权对相对人采取责令恢复植被，限期改正，责令停止违法行为，责令停止破坏行为，采取补救措施，恢复土地原状，补种树种，限期拆除，责令停止开荒，恢复植被，没收矿产品或违法所得，吊销采矿许可证，限期恢复原状，吊销狩猎证或捕捞许可证，没收猎获物、猎捕工具等措施[⑤]；《固体废物

① 吴一冉. 生态环境损害赔偿诉讼中修复生态环境责任及其承担[J]. 法律适用，2019(21)：34－43.

② 吕忠梅. 环境法学概要[M]. 北京：法律出版社，2016：200－204.

③ 吕忠梅，窦海阳. 以“生态恢复论”重构环境侵权救济体系[J]. 中国社会科学，2020(2)：118－140，206－207.

④ 刘志坚. 环境行政法律责任实现论[J]. 昆明理工大学学报(社会科学版)，2009，9(9)：9－14.

⑤ 杨留强，王彦昕. 试论我国环境责任的重构[J]. 广州环境科学，2008(1)：45－48.

污染环境防治法》规定行政机关有权对责任方处以罚款，对于直接责任人给予行政处分，责令消除污染、决定停业或关闭；《环境保护法》《水污染防治法》《空气污染防治法》还规定了连日处罚责任方式。在自然资源类环保法领域中，法律责任尤其强调恢复原状和损害赔偿。《森林法》规定了侵权责任和限期原地或异地补种责任，《草原法》规定了限期恢复植被和赔偿责任。实践中，由侵害者治理污染，恢复生态的并不多，一般限于对特定环境区域物理性状破坏的治理，以及一些污染源单一、污染程度不高、容易恢复的环境侵害；对于大规模污染，需要综合治理的，则由污染者缴纳相当于治理所需的治理费，由地方政府和环保部门统一使用、综合治理，"谁污染谁治理"基本表现为"污染者付费"①。

一直以来，环境民事责任与行政责任在语义表达上具有融合性和趋同性，如恢复原状与恢复土地原状，补种树种，恢复植被，限期恢复原状；排除危害与责令停止违法行为，责令停止破坏行为，责令停止开荒等；赔偿损失与责令赔偿损失。以环境修复行为为例，应将其以不同程度、不同方式被民事侵权责任、环境行政责任、环境刑事责任所表达和贯彻②。在此之际，程度与方式的选择至关重要。目前，不同种责任在规范层面的划分之简陋和法律责任重叠问题逐渐暴露出来。

根据《土壤污染防治法》第九十四条，主管部门有权责令土壤污染责任人或土地使用权人采取污染调查、风险评估、风险管控、修复和修复后评估等措施，拒不改正的，主管部门可启动代履行机制，所需费用由土地污染责任人或土地使用权人承担。而第九十七条再行规定，污染土壤损害国家利益、社会公共利益的，有关机关和组织可以依照《环境保护法》《民事诉讼法》《行政诉讼法》等法律，向人民法院提起诉讼。这种立法设计，一方面有其合理性，公法责任难以适用不具有修复可能性的损害情形，且难以涵盖生态环境期间损害以及鉴定评估等合理费用，在公法责任未能贯彻"损害担责"原则的情况下，是需要进行民事索赔的③；另一方面，这也会引发行政职权的行使与民事责任的实现发生重叠或冲突的问题：同一行为人的同一违法行为被追究民事责任之时已受过公法制裁，责任人的责任总量负担难免过重，不利于社会经济的可持续发展④；而冲突在于，赋予政府及行政部门的"责令+代履行"职权，并同时赋予其提起生态环境损害赔偿诉讼的权利，这将有悖行政职权法定原理，削弱政府履行行政职责的动力，并让司法权过多地干预行政执法领地。因此，有必要对现行公法和私法责任体系进行细致梳理。

3. 环境刑事责任

环境刑事责任的承担是因为环境犯罪的存在。环境犯罪，是指自然人或法人，基于主观过错的行为，所实施的污染大气、水、土壤或破坏土地、矿藏、森林、草原以及其他生活环

---

① 蔡守秋. 环境资源法教程[M]. 北京：高等教育出版社，2004：410－411.

② 刘超. 环境修复审视下我国环境法律责任形式之利弊检讨——基于条文解析与判例研读[J]. 中国地质大学学报(社会科学版)，2016，16(2)：1－13.

③ 张宝. 生态环境损害政府索赔制度的性质与定位[J]. 现代法学，2020，42(2)：78－93.

④ 龚学德. 论公法制裁后环境民事公益诉讼中的重复责任[J]. 行政法学研究，2019(5)：106－118.

境和生态环境,并产生危害后果的行为[①]。其侵犯的客体有学者认为是环境利益[②],有学者认为是"双重客体",即不仅侵犯了人与人之间的社会关系,还侵犯了人与自然之间的生态关系[③],也有学者提出,污染环境罪侵害的客体是国家环境管理制度[④],莫衷一是。

1979 年《刑法》将部分严重破坏环境的行为纳入刑事处罚,在"破坏社会主义市场经济秩序罪"一章中的第一百二十八条规定了盗伐、滥伐林木罪,第一百二十九条规定了非法捕捞水产品罪,第一百三十条规定了非法狩猎罪,这标志着环境犯罪入刑的发端阶段。1997 年《刑法》在"妨害社会管理秩序罪"一章的第六节中专门规定了破坏环境保护罪,共 9 个条文,包含了重大环境污染事故罪、非法处置进口固体废物罪、擅自进口固体废物罪等三个罪名在内的 14 个罪名。2011 年 2 月,《刑法修正案(八)》第四十六条将刑法第三百三十八条规定的重大环境污染事故罪修改为污染环境罪,降低了入罪要求。2013 年 6 月 19 日,最高人民法院和最高人民检察院联合出台《关于办理环境污染刑事案件适用法律若干问题的解释》,专门界定了"严重污染环境"的 14 项认定标准,有效解决此类案件办理中取证难、鉴定难和认定难的实际问题[⑤]。

我国《刑法》中有关环境犯罪的罪名主要包括《刑法》分则第六章第六节"破坏环境资源保护罪"下所设置的 15 种罪名,还有一些派生性罪名分散于刑法分则其他章节中,如《刑法》第二章危害公共安全罪中的非法制造、买卖、运输、储存危险物质罪,第三章第二节走私罪中的走私珍贵动物、珍贵动物制品罪、走私国家禁止进出口的货物、物品罪、走私废物罪,第九章渎职罪中的违法发放林木采伐许可证罪、环境监管失职罪、非法批准征用、占用土地罪、动植物检疫徇私舞弊罪、动植物检疫失职罪[⑥],以及第六章第四节妨害文物管理罪中的盗掘具有历史、艺术、科学价值的古文化遗址、古墓葬罪,等等。这种分散式的环境犯罪立法体例有淡化环境犯罪的客体特征,对环境犯罪的集中治理产生负面影响之虞[⑦]。

相应的环境刑事责任主要由主刑和附加刑构成:主刑包括管制、拘役和有期徒刑,不包括无期徒刑和死刑,附加刑主要是罚金刑,还包括依法没收、销毁作案工具,违法所得上缴国库以及禁止从事生产有毒害物质行为等。环境刑事责任的落实主要目的在于惩罚严重环境违法行为、剥夺或限制进一步实施环境违法行为的能力以及预防环境犯罪[⑧]。

环境犯罪案件中,较为隐蔽的排污手段为调查取证造成难度。另外,污染环境犯罪具有行政评价前置性。环境刑事法律责任承担以犯罪行为违反国家规定为前提,这意味着只有

---

① 金晶. 我国环境保护刑事立法的完善[D]. 上海:华东政法大学,2013.

② 周峨春,苏韫菡. 环境利益视阈下环境犯罪构成之重构[J]. 河南财经政法大学学报,2019,34(2):116-122.

③ 同②.

④ 刘宪权. 污染环境的刑事责任问题[J]. 环境保护,1993(10):19,28.

⑤ 金晶. 我国环境保护刑事立法的完善[D]. 上海:华东政法大学,2013.

⑥ 付立庆. 中国《刑法》中的环境犯罪:梳理、评价与展望[J]. 法学杂志,2018,39(4):54-62.

⑦ 赵秉志,陈璐. 当代中国环境犯罪刑法立法及其完善研究[J]. 现代法学,2011,33(6):90-98.

⑧ 刘超. 环境修复审视下我国环境法律责任形式之利弊检讨——基于条文解析与判例研读[J]. 中国地质大学学报(社会科学版),2016,16(2):1-13.

环境保护行政执法人员发现该案件涉嫌犯罪才会移交公安机关，这就容易延误立案侦查、取证的最佳时期，再加上因刑事证据要求和标准高于行政证据，环保机关收集到的证据许多达不到刑事诉讼的标准[①]。所以，污染环境违法行为进入侦查视野的比例仍然很低[②]。因此，在环境法益刑事保护提前化行政执法与刑事司法衔接的取证方式中，环境数据的测定是关键，司法者审查的重点也应是环境数据的取样检测和条件分析过程[③]，这样就有必要借助第三方鉴定机构规范鉴定报告制作行为，从法律上认可鉴定机构之鉴定意见的证据效力，从而提高鉴定意见的说服力和公信度[④]，以抚平两法衔接过程中的证据障碍。

环境刑事责任与环境民事责任的关系主要表现为：第一，环境犯罪遵循罪刑法定原则，损害行为具有违法性，违反了环境管理秩序。环境侵权责任没有违法性的要求，基于填补功能，只要造成了损害，就要承担责任；对于较为严重的生态损害行为和重大环境事件，2019 年 6 月最高人民法院发布的《关于审理生态环境损害赔偿案件的若干规定（试行）》第十一条规定被告违反法律法规污染环境、破坏生态的，人民法院应当判决被告承担修复生态环境、赔偿损失、停止侵害、排除妨碍、消除危险、赔礼道歉等民事责任，该条规定则为生态环境损害赔偿责任设置了违法性要件。

第二，环境污染导致的财产损害以及生态环境损害结果为某些环境资源犯罪的构成要件之一。如刑法第三百三十八条污染环境罪构成要件之一是导致“严重污染环境”结果，最高人民法院、最高人民检察院 2016 年修订的《关于办理环境污染刑事案件适用法律若干问题的解释》（以下简称《解释》）列举了若干“严重污染环境”的情形，包括“致使公私财产损失三十万元以上的”“造成生态环境严重损害的”。

第三，环境民事责任的履行为某些环境资源犯罪的量刑情节之一。如《解释》第五条规定“实施刑法第三百三十八条、第三百三十九条规定的犯罪行为，刚达到应当追究刑事责任的标准，但行为人及时采取措施，防止损失扩大、消除污染，全部赔偿损失，积极修复生态环境，且系初犯，确有悔罪表现的，可以认定为情节轻微，不起诉或者免予刑事处罚；确有必要判处刑罚的，应当从宽处罚。”

第四，民事程序与刑事诉讼程序之间存在关联。《刑事诉讼法》及相关司法解释规定了刑事犯罪立案、侦查、审查起诉、审判等程序。在侦查阶段的环境损害鉴定评估结论可同时作为启动生态环境损害索赔的证据，此时要求公安机关与生态环境损害赔偿权利人之间建立协作机制；在审判阶段，赔偿权利人提起生态环境损害赔偿或受害者要求承担侵权责任的，按照《刑事诉讼法》规定，可提起附带民事诉讼，或者待刑事诉讼审结后，单独提起民事诉讼。

---

① 杨安，刘春德. 污染环境犯罪案件有关司法实务问题——以某地 2013 年 1 月—2018 年 1 月生效判决案件为例[J]. 天津法学，2018，34(4)：65－70.

② 闫爱萍，陈碧. 环境污染犯罪侦查取证的难点与对策分析[J]. 江西警察学院学报，2015(4)：187.

③ 侯艳芳. 环境法益刑事保护的提前化研究[J]. 政治与法律，2019(3)：111－120.

④ 同①。

1.4 环境司法对鉴定的客观需求

生态文明的建设是当前人类文明发展的重要课题,它要求经济社会的持续发展必须建立在良好的自然环境和丰富的自然资源基础之上。生态文明建设的核心在于解决环境与发展的矛盾,确保环境的可持续性。环境法治作为解决环境问题的关键手段,通过法律规范人类行为,解决环境纠纷,实现环境正义[①]。自 1979 年《环境保护法(试行)》颁布至今,我国已制定逾三十部环境保护、污染防治及自然资源保护方面的法律,另有数以百计的环境行政法规和部门规章,以及地方性环境法规对整个法律体系进行扩充。虽然环境污染、生态破坏和资源浪费问题仍然严峻,但这些法律法规的出台和完善正体现了国家及社会层面对相关问题的重视和努力。对于法律法规在实施过程中存在问题的,也仍需多方努力以不断加强环境司法力量,提高环境法律的执行效率,以确保环境保护法规得到有效贯彻落实。

环境司法是实施环境法律制度和追究环境法律责任最为正式也是最终的法律机制[②]。2007 年,贵州省清镇市人民法院环保法庭的成立标志着我国环境资源审判专业化的开始。2014 年 6 月,最高人民法院设立环境资源审判庭,7 月,发布《关于全面加强环境资源审判工作为推进生态文明建设提供有力司法保障的意见》,确立环境资源审判专门化总体工作思路。

1.4.1 我国环境司法发展状况

1. 机构建设

最高人民法院于 2018 年 6 月以来,将以生态环境、自然资源、林业和草原主管部门为被告的环境资源行政案件调整由环境资源审判庭审理,进一步扩大环境资源民事、行政案件“二合一”归口审理的范围。2019 年底,全国共有环境资源专门审判机构 1 353 个,其中环境资源审判庭 513 个,合议庭 749 个,人民法庭 91 个。当前,全国法院系统环境资源审判机构设置从高速增长趋向平稳,江苏省与甘肃省探索建立专门法庭,在省域范围内打破行政区划限制。2019 年 1 月,最高人民检察院第八检察厅正式成立,已有 25 个省级检察院设立了公益诉讼检察机构[③]。截至 2023 年 12 月,全国 31 个省、自治区、直辖市共有环境资源审判专门机构(组织)2 800 余个,对重点区域和流域全覆盖[④],全国已有 1 200 余家

---

① 王树义. 论生态文明建设与环境司法改革[J]. 中国法学,2014(3): 54 - 71.

② 吕忠梅. 环境法学概要[M]. 北京: 法律出版社,2016: 234.

③ 最高人民法院.《中国环境资源审判(2019)》暨年度典型案例《中国环境司法发展报告(2019)》新闻发布会[EB/OL]. (2020 - 5 - 8). http://www.court.gov.cn/zixun-xiangqing-228351.html.

④ 中国法院网. 最高人民法院发布《中国环境资源审判(2023)》[EB/OL]. (2024 - 6 - 5). https://www.chinacourt.org/article/detail/2024/06/id/7973530.shtml.

法院落实环境资源审判“三合一”归口审理模式。

2. 规范体系

自 2013 年以来，先后出台的《关于办理环境污染刑事案件适用法律若干问题的解释》《关于审理环境民事公益诉讼案件适用法律若干问题的解释》《关于审理环境侵权责任纠纷案件适用法律若干问题的解释》和《最高人民法院关于审理生态环境损害赔偿案件的若干规定（试行）》等，对于环境诉讼的实体和程序规则有了更明确的规定，也对开展环境损害鉴定评估工作提出了客观需求。

2017 年 5 月，最高人民法院印发了《关于审理环境公益诉讼案件的工作规范（试行）》，环境审判工作的可操作性不断得到增强。2017 年 7 月以来，最高人民法院发布了《关于全面加强长江流域生态文明建设与绿色发展司法保护的意见》《关于深入学习贯彻习近平生态文明思想为新时代生态环境保护提供司法服务和保障的意见》，并就进一步健全完善环境资源审判体制机制做出部署，指导环境污染事件司法程序的开展。为了有效指导具体案件审理工作，最高人民法院发布了《关于审理矿业权纠纷案件适用法律若干问题的解释》《关于审理海洋自然资源与生态环境损害赔偿纠纷案件若干问题的规定》。

2018 年，通过顶层设计、法律授权、试点先行、立法保障、全面推进五个阶段，最高人民法院与最高人民检察院联合发布了《关于检察公益诉讼案件适用法律若干问题的解释》，开创了具有中国特色的公益司法保护的新局面。在过去的工作中，环境资源审判理念不断强化。以习近平生态文明思想为指引，牢固树立以人民为中心的根本理念，准确把握发展与保护协同共生的辩证关系，切实强化最严格制度最严密法治的红线意识，严格遵循山水林田湖草系统保护的科学路径，推动实现人与自然和谐共生的美丽愿景①。

为加强环境公益诉讼，维护国家利益和社会公共利益，最高人民法院 2019 年 6 月制定出台《关于审理生态环境损害赔偿案件的若干规定（试行）》。同期，于 2019 年 3 月、6 月先后发布 15 个典型案例，完善审判程序，统一裁判标准。依法妥善审理社会组织、检察机关提起的环境公益诉讼和省、市地级政府及其指定的部门、机构提起的生态环境损害赔偿诉讼。坚持恢复性司法理念，探索创新审判执行方式，完善资金管理、技术辅助等各项配套保障机制，确保生态环境得到及时有效修复②。2022 年，生态环境部、最高人民法院、最高人民检察院等多个部门联合印发《生态环境损害赔偿管理规定》，统一案件线索筛查、损害调查、赔偿磋商、修复效果评估等赔偿工作程序，进一步促进生态环境损害赔偿制度的完善③。

---

① 最高人民法院.《中国环境资源审判 2017—2018》《中国环境司法发展报告 2017—2018》及生态环境保护典型案例新闻发布会[EB/OL].（2019－03－02）. https://www.chinacourt.org/chat/fulltext/listId/51171/template/courtfbh20190302.shtml.

② 最高人民法院.《中国环境资源审判（2019）》暨年度典型案例《中国环境司法发展报告（2019）》新闻发布会[EB/OL].（2020－5－8）. http://www.court.gov.cn/zixun-xiangqing-228351.html.

③ 最高人民检察院. 关于印发《生态环境损害赔偿管理规定》的通知[EB/OL].（2022－05－17）.

3. 管辖制度

各地方法院根据《中共中央关于全面深化改革重大问题的决定》和最高人民法院《关于全面加强环境资源审判工作为推进生态文明建设提供有力司法保障的意见》提出的"探索建立与行政区域划适当分离的环境资源环境案件管辖制度"的要求,进行了跨区域管辖的创新探索。

建立环境资源案件跨行政区划集中管辖体制,河南、福建、湖南、四川等省高级人民法院探索以流域等生态系统或生态功能区为单位集中管辖环境资源案件。区域司法协作工作取得重要进展,最高人民法院指导长江经济带 11 省、市高级人民法院和青海省高级人民法院签订《长江经济带 11+1 省市高级人民法院环境资源审判协作框架协议》,建立长江经济带区域司法协作。经最高人民法院指定,北京市第四中级人民法院自 2017 年 10 月 26 日起,受理天津法院审理的环境保护行政二审案件,推动了环境资源案件跨省级行政区划集中管辖工作的改革与创新。当前,专门化环境资源审判机构已逐步向非集中管辖地区延伸。拟全面推开并细化《关于规范管理环境资源类案件的实施办法(试行)》的基本规定,加强环境资源案源线索、案件性质以及管辖范围的甄别筛选,做好诉讼引导,提高立案效率。进一步加大生态功能区集中管辖力度,提高集中管辖的规范化程度,建设形成以"跨行政区域集中管辖实施方案"为依托的常态化制度保障机制。积极探索环境资源案件提级管辖、移送管辖新模式,健全立案管辖常态化沟通机制①。

4. 案件数量

各级人民法院、检察院坚持绿色司法理念,通过相应的诉讼机制依法严格追究环境损害责任方的民事责任,依法监督和督促行政主管机关履行职权,依法严厉惩治环境资源犯罪。在民事案件中,坚持"损害担责"原则的全面实现;在行政案件中,坚持司法的谦抑性原则;在刑事案件中,坚持罪刑法定原则,贯彻宽严相济刑事政策,加大对污染环境、破坏生态犯罪行为的惩治力度。从最高人民法院历年发布的有关环境资源审判公报来看,环境侵权与生态损害类案件数量呈现逐年增长趋势。

2023 年,全国各级人民法院坚持狠抓执法办案第一要务,依法公正审理各类环境资源案件,共受理环境资源一审案件 258 555 件,审结 231 830 件,同比分别下降 5. 4%和 5. 8%。其中受理行政一审案件 58 061 件,审结 49 431 件;受理环境公益诉讼一审案件 6 219 件,审结 5 403 件②。

在环境刑事案件方面,2013 年,最高人民法院与最高人民检察院联合发布《关于办理环境污染刑事案件适用法律若干问题的解释》,对于加强环境刑事司法功能发挥了积极作用,2013 年至 2016 年,全国法院受理相关环境案件 4 636 件。2016 年 11 月,最高人民法

① 中国法院网.《中国环境司法发展报告(2022)》[EB/OL].(2023 - 6 - 5).https://img.chinacourt.org/mup/uploadfile/2023/06/05/20/9df309be1cfc09e971baa9a85ac2a588.pdf.

② 中国法院网.最高人民法院发布《中国环境资源审判(2023)》[EB/OL].(2024 - 6 - 5).https://www.chinacourt.org/article/detail/2024/06/id/7973530.shtml.

院、最高人民检察院对《关于办理环境污染刑事案件适用法律若干问题的解释》进行了完善，仅半年时间，单“污染环境罪”案件增至 608 件，2017 年，受理数增至 22 729 件。2023 年，全国法院共受理环境资源受理刑事一审案件 30 970 件，审结 28 315 件，同比 2017 年分别上升 36.3%、25.1%。在生态环境损害赔偿诉讼案件方面，2017～2018 年，是生态环境损害赔偿改革由试点转向全面推行的第一年。截至 2018 年底，全国法院共受理省、市级政府提起的生态环境损害赔偿诉讼案件 20 件，审结 8 件；2023 年，全国法院共受理生态环境损害赔偿案件 255 件，审结 233 件，同比 2018 年分别增长 11 倍、28 倍。

表 1－5　近年来全国各级人民法院受理各类环境案件数量　（单位：件）

年份	环境刑事案件		环境民事案件		环境行政案件		环境公益诉讼案件		生态环境损害赔偿案件	
	收案量	结案量	收案量	结案量	收案量	结案量	收案量	结案量	收案量	结案量
2018	26 481	25 623	192 008	182 691	42 235	41 725	1 802	/	20	8
2019	39 957	36 733	202 671	189 120	47 588	42 078	2 488	1 953	49	36
2020	38 000	/	162 000	/	53 000	/	4 181	3 557	62	/
2021	39 023	35 460	185 468	167 055	73 001	62 826	5 917	4 943	169	137
2022	/	/	/	/	3 091	/	5 885	4 582	221	153
2023	30 970	28 315	169 569	154 084	58 061	49 431	6 219	5 403	255	233

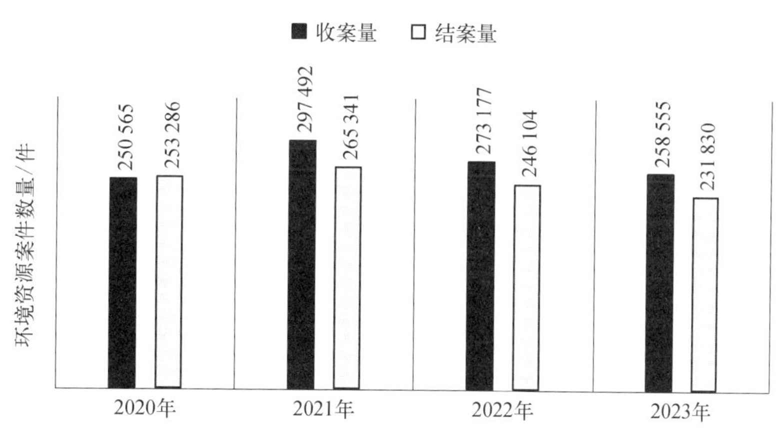

图 1－9　近 4 年全国各级人民法院受理环境案件数量

1.4.2　环境损害司法鉴定的必要性

2019 年 7 月，中共中央办公厅、国务院办公厅联合发布《关于加快推进公共法律服务体系建设的意见》，围绕污染防治，提出要进一步规范环境损害司法鉴定管理，提高鉴定质量和公信力，充分发挥司法鉴定在生态环境损害赔偿磋商和环境行政执法、环境资源审判等方面的证据支持作用。行政机关和司法部门对于环境危害程度与损害事实的认识，通常需要环境损害司法鉴定机构提供鉴定评估意见。

1. 环境损害司法鉴定对环境行政的矫正功能

我国正处于工业化、城镇化加速发展时期，各种自然灾害和人为活动带来的环境风险不断加剧，突发环境事件造成的损失巨大。环境损害司法鉴定评估意见可以促使环境主管机关采取及时有效的措施，预防环境事故风险，也能够修正环境行政执法中对违法者一罚了之、缺乏后续监督的情况。然而，在环境损害评估覆盖率不高时，环境行政执法行为常常忽略计算土壤、水域、空气污染、生态环境破坏等公共环境价值的损失，行政部门认定的污染损害范围或生态破坏程度与实际损害不相符，污染者负担原则很难被有效落实①。以重庆市千丈岩水库公益诉讼案为例②，主管部门依据某损害鉴定评估研究中心的《千丈岩水库突发环境事件环境损害评估报告》意见，作出责令停止生产、限期治理、消除污染，并处罚款 1 000 000 元的行政处罚决定。但该行政处罚未能全面消除饮用水污染风险。

该案后被原告提起环境公益诉讼，原告另行委托××大学对环境污染事件的生态修复及其费用予以鉴定。本次鉴定意见肯定了前述环境损害评估报告认定的事实，但提出，土壤污染物将对千丈岩水库及周边生态环境带来潜在污染风险，需采取人工干预方式进行生态修复，遂根据《突发环境事件应急处置阶段环境损害评估推荐方法》(环办〔2014〕118号)，采用虚拟治理成本法计算洼地土壤生态修复费用约需 991 000 元，并提供生态修复方案，建议开展事故区域生态环境损害的修复，做好后期监管工作。在案件审理过程中，鉴定人出庭作证，提出就饮用水安全而言，洼地土壤中的 Fe 高于饮用水安全标准，被告所处位置地下暗河众多，地区降水量大，污染饮用水的风险较高。法官采纳原告方鉴定意见，判决被告承担生态修复，逾期不履行的支付修复费用。

本案中，司法鉴定结论内容不同，违法者的法律责任范围就大相径庭。主管部门的行政处罚对于污染责任人的违法行为起到纠错和惩罚的目的，而环境公益诉讼中原告提出的生态修复民事责任又可对违法行为造成的生态损害起到补偿和恢复的作用，并对于之前行政机关所忽视的生态修复予以补充。这对于提高环境违法成本、促进环境风险控制，进而从根本上避免污染事故的发生具有重要意义③。

2. 环境损害司法鉴定对环境审判的辅助功能

环境损害司法鉴定在环境审判中扮演着至关重要的角色，它不仅提升环境司法的专业化水平，还对诉讼进程、事实认定及法律责任的判定产生深远影响。环境损害鉴定评估

---

① 宋宇. 国外环境污染损害评估模式借鉴与启示[J]. 环境保护与循环经济，2014，34(4)：61－64.

② 最高人民法院. 指导案例 134 号：重庆市绿色志愿者联合会诉恩施自治州建始磺厂坪矿业有限责任公司水污染责任民事公益诉讼案(EB/OL). (2020－01－14). http://www.court.gov.cn/fabu-xiangqing-216961.html.

③ 同①。

活动以其高度的客观性，成为法官查明复杂专业事实的关键辅助手段[①]。鉴定评估意见通过量化分析因果关系与损害后果，明确修复或赔偿的界限，在环境诉讼中起到核心证据的作用，具有显著的程序价值。

为了对环境损害事实形成认定，《环境民事公益诉讼司法解释》第十四条赋予法院依职权调查收集证据或者委托鉴定的权力，第十五条则赋予当事人要求专家出庭就鉴定意见和专门性问题发表意见的权利。在事实认定之后，法官需要对于原告的诉求予以审查。在环境民事公益诉讼案件中，求偿范围包括：对已发生并尚在继续的损害，或未发生但可能发生的损害[②]的预防性损失、生态服务期间损失、修复性损失。以损害预防性费用为例，其确定和合理与否，有赖于对损害本身的科学计算[③]。生态环境服务期间损失，是指受损害的生态环境服务于人类或者服务于其他生态环境的功能损失，即环境使用价值的损失。因生态环境受损，给工业和生活带来的损失或物种无法继续生活而遭受的损失，均应纳入服务期间损失的计算范畴之中。然而，《民法典》尚未提供明确的计算指引，需借助司法鉴定来支持和阐释。修复性损失的费用计算则涵盖修复方案的制定、实施及相关监测监管费用。

《总纲》提出生态环境恢复的定义，即采取必要措施恢复生态环境及其服务至基线水平，并补偿期间损害。但环境损害的不可逆性使得恢复至原状几乎不可能，执行困难且不符合司法最终解决原则。法官难以判断修复成果是否达到“原状”或“基线”，需要借助鉴定部门的评估。在某些情况下，恢复原状的经济效益难以实现，因此“环境主导模式”逐渐向“效益主导模式”转变，通过调整土地规划实现生态、经济和社会价值的统一[④]更为可行。

生态环境损害赔偿权利人与义务人在诉前磋商是法定前置程序，磋商基于调查、鉴定评估和修复方案编制等工作，考虑技术可行性、成本效益、赔偿能力等因素，达成赔偿协议，促进及时修复。诉前磋商提高了行政机关履行职责的积极性，推动赔偿义务人修复受损环境。环境损害司法鉴定机构出具的生态修复报告结论在此过程中至关重要[⑤]。在生态环境损害赔偿诉讼中，原告需提供生态修复费用和损害赔偿数额的证据，通常需要专业鉴定机构评估和计算损害事实和修复成本。政府部门在此类诉讼中的举证难度和成本相对较低。

因此，程序方面，环境损害司法鉴定可支持当事人的诉讼请求[⑥]，包括公民个体、环保组织、赔偿权利人等，在起诉前应进行目的预测性评估，并准备生态修复费用和损害赔偿

① 李乾，陆建泉．诉讼视角下的环境司法鉴定程序相关问题之探讨［J］．行政与法，2017(11)：74－82.

② 张梓太，王岚．我国自然资源生态损害私法救济的不足及对策［J］．法学杂志，2012，33(2)：56－62.

③ 徐以祥，王宏．论我国环境民事公益诉讼赔偿数额的确定［J］．法学杂志，2017，38(3)：115－124.

④ 王天颖，陈惠滨．环境修复法律责任问题研究——以国务院《土壤污染防治行动计划》为分析视角［J］．人民检察，2018(10)：10－14.

⑤ 孙佑海，闫妍．如何建立生态环境损害赔偿磋商协议的司法确认制度［J］．环境保护，2018，46(5)：31－34.

⑥ 朱德宏．环境损害鉴定的程序价值及其制度完善［J］．江西社会科学，2016，36(6)：165－171.

数额的证明文件，这些均需环境司法鉴定的证据支持。

此外，环境损害司法鉴定还可帮助法官科学行使司法裁判权。法官鉴于专业知识的局限性，难以独立对于生态环境损害的过程、后果，以及货币等进行专业调查。由第三方机构出具的环境损害专业技术鉴定报告可帮助法官判断诉讼请求的合理与合法性。但是，在很多情形下，环境法律责任如生态环境修复费用难以确定，或者确定具体数额所需鉴定费用明显过高，从而导致客观不能确定的，《环境民事公益诉讼司法解释》第二十三条规定，法院可以结合污染环境、破坏生态的范围和程度、生态环境的稀缺性、生态环境恢复的难易程度、防治污染设备的运行成本、被告因侵害行为所获得的利益以及过错程度等因素，并可以参考环保监管部门的意见、专家意见等，予以合理确定。

该规定无疑增大了环境审判同案不同判的可能性。因此，**定量的计算标准无疑是环境污染案件司法公正的重要保障**[①]。例如，在江苏省泰州市环保联合会诉常隆农化等六公司环境污染侵权赔偿纠纷一案中，江苏省高级人民法院采纳虚拟治理成本法，判决常隆农化等六家企业赔付 1.6 亿余元的环境修复费用。虚拟治理成本法是目前我国环境损害评估中较为常用的方法，即通过计算对环境污染的虚拟治理成本来估计环境退化价值，该方法常被各级法院用以确定污染者法律责任[②]。但法学界对此多有忌惮，只有满足特殊情形才可适用虚拟治理成本法，如大多水环境污染类问题往往存在现场灭失情形，或污染物已排入自然水体当中，或生态环境不能通过工程完全恢复，或生态环境恢复工程的成本大于预期收益时，方可适用，这无疑对审判人员的综合素质提出了较高要求。

3. 小结

随着环境污染事件的频发和环境侵权纠纷的增加，传统单一的行政处罚手段显得单薄无力，直接经济损失赔偿乏善可陈，无法满足损害预防和损害担责的客观需要。同时，环境立法已经立足于以环境权为基础的私益与社会公共利益的双元性价值保障层面。环境损害救济对于间接经济损失的关注成为完善环境损害赔偿法律责任体系的要义[③]，鉴定评估活动为法律责任的内容和范围确定提供科学意见。由此，环境损害司法鉴定对于环境案件的审判具有非常重大的影响。而环境司法鉴定制度本身也为适应环境行政需要和环境司法的发展而不断向着规范化方向发展。

---

① 孙洪坤，胡杉杉. 环境公益诉讼中虚拟治理成本法律适用的认定[J]. 浙江工业大学学报（社会科学版），2017，16(4)：376－382.

② 关鑫，王树堂，郭昕，等. 关于环境损害评估与跨界环境治理的思考[J]. 环境保护，2016，44(6)：56－58.

③ 於方，刘倩，齐霁，等. 借他山之石完善我国环境污染损害鉴定评估与赔偿制度[J]. 环境经济，2013(11)：38－47.

第2章　环境损害司法鉴定概述

环境损害司法鉴定是解决环境纠纷的关键性技术支撑，是保障环境审判公正权威的科学基础，对其定义理解必须在诉讼体制与科学理论的双语境下进行解读。尽管目前环境损害司法鉴定工作正处于全面推进阶段，还没有形成较为成熟完备的环境损害司法鉴定制度，但其在鉴定理念、原则、程序及管理制度等方面与其他几大司法类鉴定存在一定的共通性，仍应在我国现有的司法鉴定管理制度体系下开展环境损害司法鉴定实践工作。本章内容主要介绍环境损害司法鉴定的发展历程和基本内容。

2.1　历史发展

与传统的法医鉴定、物证鉴定和声像资料鉴定等传统三大类鉴定相比，环境损害司法鉴定更具综合性与复杂性，它是伴随环境法律责任体系而出现的鉴定类型，与生态环境损害赔偿制度、环境行政执法、环境资源诉讼相辅相成。环境损害司法鉴定为后三者提供技术支撑，后三者在实践中不断出现的新的需求反过来又推动了环境损害司法鉴定的发展。本节将以各类政策文件和技术规范为主线，回顾环境损害司法鉴定的发展历史，总的来说可以划分成起步、初级发展、强化发展三个阶段。

2.1.1　起步阶段（2005—2010年）

从司法管理规定来看，2005年，全国人大常委会颁布了司法鉴定管理体制改革的纲领性文件——《关于司法鉴定管理问题的决定》，要求对从事法医鉴定、物证鉴定和声像资料鉴定三大类鉴定业务的鉴定人和鉴定机构实行登记管理。三大类鉴定事项之外的鉴定类别则根据诉讼需要由国务院司法行政部门商最高人民法院、最高人民检察院确定是否实行登记管理，这为环境损害司法鉴定纳入统一登记管理留下空间。2006年，最高人民法院发布《关于审理环境污染刑事案件具体应用法律若干问题的解释》（法释〔2006〕4号），对环境污染犯罪的定罪量刑标准和有关法律适用问题做出规定。其中涉及公私财产损失、土地功能破坏等问题则需要具有专门知识的人提供专业意见，为环境损害司法鉴定的初步发展奠定了基础。

从技术层面来看，我国的环境损害司法鉴定技术体系发展得益于国际上自然资源损害评估、环境损害评估的相关经验，和早期农业、渔业、海洋等污染损害积累的经验及研究成果。我国是世界第二大石油进口国，据统计，1973～2007 年，我国沿海共发生大小船舶溢油事故 2 742 起，总溢油量达到 3.8 万 t，海洋环境受到相应威胁①，为此，原农业部、原国家海洋局先后发布了《渔业水域污染事故调查处理规定》《水域污染事故渔业损失计算方法规定》《渔业污染事故经济损失计算方法》《海洋溢油生态损害评估技术导则》等文件，不仅为当时此类问题的损害评估赔偿机制提供有效技术支撑，也为我国环境损害司法鉴定评估技术体系的构建提供了基石(图 2－1)。

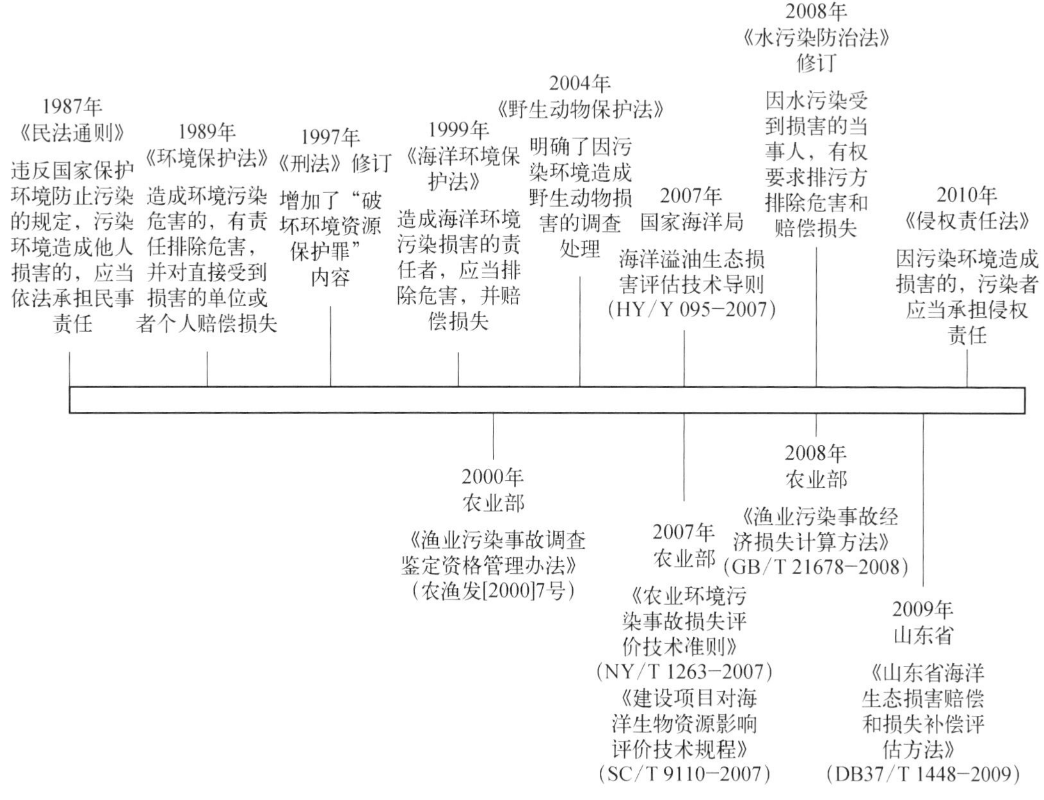

图 2－1 起步阶段(2005～2010 年)②

2.1.2 初级发展阶段(2011～2015 年)

2011 年 5 月 1 日起施行的《刑法修正案(八)》将 1997 年《刑法》第三百三十八条"重大环境污染事故罪"的罪名修改为"污染环境罪"后，在办理环境污染刑事案件中普遍存在的取证难、鉴定难、认定难等问题也随之更加突出。

---

① 刘敏燕，沈新强. 船舶溢油事故污染损害评估技术[M]. 北京：中国环境科学出版社，2014：1.

② 张红振，曹东，於方，等. 环境损害评估：国际制度及对中国的启示[J]. 环境科学，2013，34(5)：1653－1666.

2011 年 5 月 25 日，为更好地服务于环境管理和环境司法活动，原环境保护部印发《关于开展环境污染损害鉴定评估工作的若干意见》（环发〔2011〕60 号）（下称《若干意见》），从此开始环境损害鉴定评估体系的建立和相关技术方法的探索。《若干意见》将环境污染损害鉴定评估界定为“综合运用经济、法律、技术等手段，对环境污染导致的损害范围、程度等进行合理鉴定、测算，出具鉴定意见和评估报告”①。这是我国第一次在管理与技术层面将环境损害鉴定评估与环境司法活动联系在一起，同时发布的《环境污染损害数额计算推荐方法（第Ⅰ版）》也为环境司法审判与赔偿提供了强有力的技术支撑。同年 12 月，为推进“十二五”期间环境保护事业的科学发展，国务院印发《国家环境保护“十二五”规划》（国发〔2011〕42 号），提出“推进环境污染损害鉴定评估机构建设，建立鉴定评估工作机制，完善损害赔偿制度”的要求。2013 年，十八届三中全会审议通过《中共中央关于全面深化改革若干重大问题的决定》，提出“要实行最严格的损害赔偿制度、责任追究制度”，环境损害司法鉴定逐渐进入公众视野②。

为保障环境损害鉴定评估的实施，国家相关职能部门在实践中不断探索。2014 年 1 月，环境保护部办公厅关于印发《环境损害鉴定评估推荐机构名录（第一批）》（环办〔2014〕3 号），向社会公开推荐了第一批 12 家具备为环境鉴定管理和环境司法提供技术支撑能力的环境损害鉴定评估机构。2014 年 10 月，针对《环境污染损害数额计算推荐方法（第Ⅰ版）》存在的问题与不足，在借鉴国内外环境损害鉴定评估方法并总结实践经验的基础上③，原环境保护部又印发了《环境损害鉴定评估推荐方法（第Ⅱ版）》。2015 年 12 月，《生态环境损害赔偿制度改革试点方案》发布，在山东、吉林等 7 个省（市）部署开展改革试点，对构建生态环境损害赔偿制度设定了时间表，对生态环境损害鉴定评估提出了规范化要求。此外，《最高人民法院　最高人民检察院关于办理环境污染刑事案件适用法律若干问题的解释》（法释〔2013〕15 号）、《最高人民法院关于审理环境民事公益诉讼案件适用法律若干问题的解释》（法释〔2015〕1 号）、《最高人民法院关于审理环境侵权责任纠纷案件适用法律若干问题的解释》（法释〔2015〕12 号）等司法解释陆续出台，审判中对环境损害事实、因果关系的判断等专业性较强的事务，对环境损害司法鉴定提出了客观而迫切的需求。

生态环境损害赔偿制度的改革、环境行政执法的加强以及环境资源诉讼的深化，共同促成了环境损害司法鉴定作为一项重要事项的确立和发展。在《全国人民代表大会常务委员会关于司法鉴定管理问题的决定》颁布十年之际，环境损害司法鉴定成为首个通过最

---

① 生态环境部. 关于开展环境污染损害鉴定评估工作的若干意见[EB/OL].（2011-05-25）. http://www.mee.gov.cn/gkml/hbb/bwj/201105/t20110530_211357.htm.

② 孙来晶. 环境损害司法鉴定的发展与困境[J]. 法制与社会，2019（17）：100-101.

③ 生态环境部. 关于征求《环境损害鉴定评估技术指南　总纲（征求意见稿）》等两项国家环境保护标准意见的函[EB/OL]（2016-02-04）. http://www.mee.gov.cn/gkml/hbb/bgth/201602/t20160205_329937.htm.

高人民法院、最高人民检察院、司法部商议程序，实行统一登记管理的鉴定领域[①]。2015年12月，最高人民法院、最高人民检察院、司法部联合发布《关于将环境损害司法鉴定纳入统一登记管理范围的通知》(司发通〔2015〕117号)，标志着环境损害司法鉴定正式纳入统一登记管理体系。同日，司法部和原环境保护部联合发布《关于规范环境损害司法鉴定管理工作的通知》(司发通〔2015〕118号)，对环境损害司法鉴定机构审核登记、鉴定事项确定、监督管理以及与司法机关的衔接配合机制等方面提出具体要求。至此，环境损害司法鉴定形成了司法鉴定行政管理部门和行业主管部门牵头联合规范管理的新模式(图2-2)。

根据《最高人民法院关于审理生态环境损害赔偿案件的若干规定(试行)》第十条，“当事人在诉前委托具备环境司法鉴定资质的鉴定机构出具的鉴定意见，以及委托国务院环境资源保护监督管理相关主管部门推荐的机构出具的检验报告、检测报告、评估报告、监测数据等，经当事人质证并符合证据标准的，可以作为认定案件事实的根据。”根据《关于办理环境污染刑事案件适用法律若干问题的解释》规定，“案件所涉的环境污染专门性问题难以确定的，由司法鉴定机构出具鉴定意见，或者由国务院环境保护部门指定的机构出具检验报告。”《环境侵权责任司法解释》第八条规定，“对查明环境污染案件事实的专

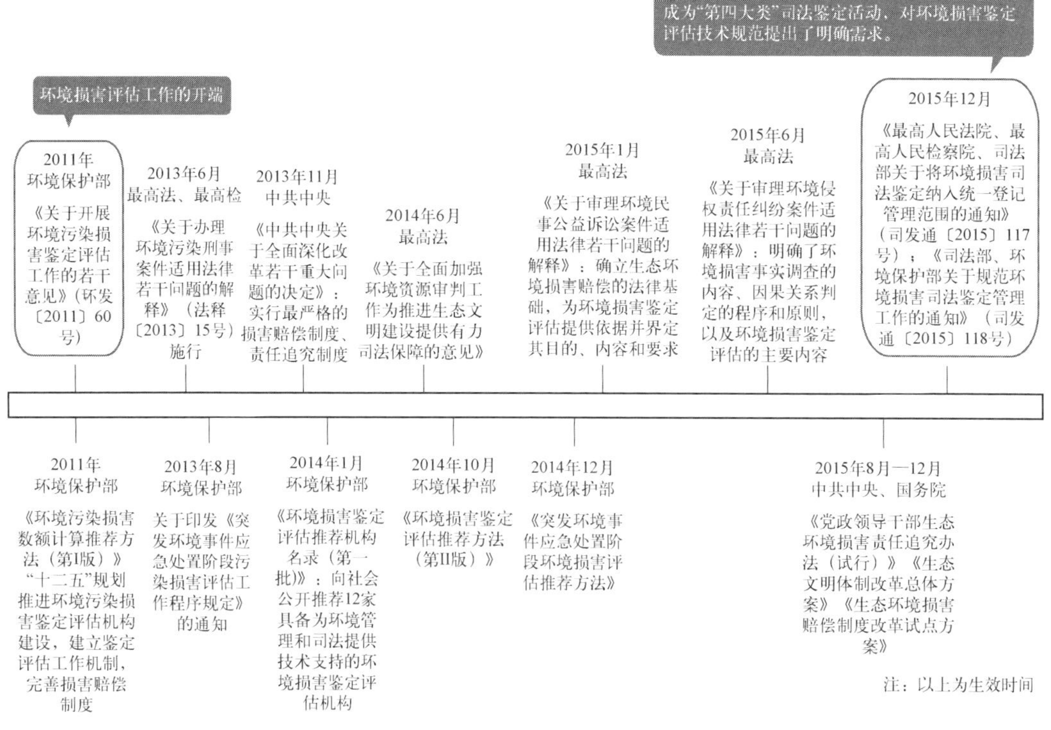

图2-2 初步发展阶段(2011~2015年)

① 司法部. 环境损害司法鉴定实行统一登记管理[EB/OL]. (2016-01-14). http://www.moj.gov.cn/organization/content/2016-01/14/573_7082.html.

门性问题，可以委托具备相关资格的司法鉴定机构出具鉴定意见或者由国务院环境保护主管部门推荐的机构出具检验报告、检测报告、评估报告或者监测数据。”这表明，两类机构出具的鉴定意见在上述三类案件审判中具有同等法律效力。在环境司法鉴定机构资质审核工作尚未完成之前，国务院环境资源主管部门推荐的机构出具的上述报告经过质证并符合证据标准的，可以作为认定案件事实的根据[①]。

2.1.3　强化发展阶段(2016~　)

2016年，国务院发布《“十三五”生态环境保护规划》，其中提出“建立健全生态环境损害评估和赔偿制度。推进生态环境损害鉴定评估规范化管理，完善鉴定评估技术方法”，定下了环境损害司法鉴定在这一阶段的发展基调。2016年至今，环境损害司法鉴定不论是在管理制度建设方面还是技术规范层面都有了长足发展。

1. *管理层面*

为切实规范环境损害司法鉴定管理工作，司法鉴定行政管理部门和行业主管部门先后制定出台一系列政策文件，全面提高环境损害司法鉴定管理的制度化、规范化水平。

2016年12月，司法部与原环境保护部印发《环境损害司法鉴定机构登记评审办法》《环境损害司法鉴定机构登记评审专家库管理办法》，文件进一步明确环境损害司法鉴定机构的审核登记程序规定。司法系统与环保系统“双结合”的环境损害司法鉴定管理模式正式启动[②]。同年11月，两部门发布《关于公开遴选全国环境损害司法鉴定机构登记评审专家库专家的通知》《关于环境损害司法鉴定机构登记评审专家库建设有关事项的通知》，经过严格筛选后有298人进入国家专家库，并启用国家专家库信息平台，通知中也明确要求了各地建库标准和专家库的使用办法。

2018年6月，司法部、生态环境部发布《环境损害司法鉴定机构登记评审细则》，对鉴定机构登记评审程序、专业能力要求、具体评分标准和实验室及仪器设备等硬件配置标准进行了详细规定，严格界定了鉴定机构准入标准和鉴定人资格要求，以保障司法鉴定质量的提升。2019年5月，司法部、生态环境部又联合印发《环境损害司法鉴定执业分类规定》，共八章五十一条，细化了环境损害司法鉴定活动的执业分类。随后为充分发挥司法鉴定在环境公益诉讼和环境污染刑事案件办理中的功能作用，司法部办公厅发布《关于进一步做好环境损害司法鉴定管理有关工作的通知》。

2. *技术层面*

最高人民法院统计结果表明，环境损害赔偿案件近年来以年均25%的速度递增，但环境损害赔偿还远不到位，环境损害鉴定评估技术规范缺失是其重要原因[③]，建立健全环境

---

① 王旭光，魏文超，刘小飞，等.《关于审理生态环境损害赔偿案件的若干规定(试行)》的理解与适用[J].人民司法(应用)，2019，34：31.

② 田超，张衍燊，於方.环境损害司法鉴定：打开环境执法与环境司法新局面[J].环境保护，2016(5)：62－64.

③ 於方，张衍燊，徐伟攀.《生态环境损害鉴定评估技术指南总纲》解读[J].环境保护，2016，44(20)：9－11.

损害鉴定评估技术体系迫在眉睫。

2016 年 6 月,原环境保护部发布了开展生态环境损害鉴定评估的纲领性文件——《生态环境损害鉴定评估技术指南　总纲》,该指南涵盖了环境损害评估的工作程序和技术方法等有关生态环境损害鉴定评估的全过程,其内容包括：适用范围、规范性引用文件、术语和定义、总则(包括鉴定评估原则、内容、程序和鉴定评估报告书的编制要求)、生态环境损害调查确认、因果关系分析、生态环境损害实物量化、生态环境损害恢复方案筛选与价值量化、生态环境恢复效果评估等内容。随后又发布了《生态环境损害鉴定评估技术指南　损害调查》《生态环境损害鉴定评估技术指南　土壤与地下水》《生态环境损害鉴定评估技术指南　地表水与沉积物》等专项技术导则。2020 年 12 月,生态环境部联合国家市场监督管理总局发布《生态环境损害鉴定评估技术指南　总纲和关键环节　第 1 部分：总纲》等六项标准,进一步规范了该领域工作。

此外,根据《生态环境损害赔偿制度改革方案》部署,生态环境部还将进一步完善生态环境损害鉴定评估技术体系,包括生态环境损害鉴定评估总纲和关键环节标准、环境要素类生态环境损害鉴定评估标准、生态系统类生态环境损害鉴定评估标准、基础方法类生态环境损害鉴定评估标准、污染物性质鉴别标准等五类。其中,前四类属于生态环境质量状况评价与管理类标准,污染物性质鉴别标准可以纳入现行固体标准体系中的固废鉴别与污染控制标准①。这将为环境管理和环境司法提供更专业、更有力的技术支撑,成为行业发展方向。

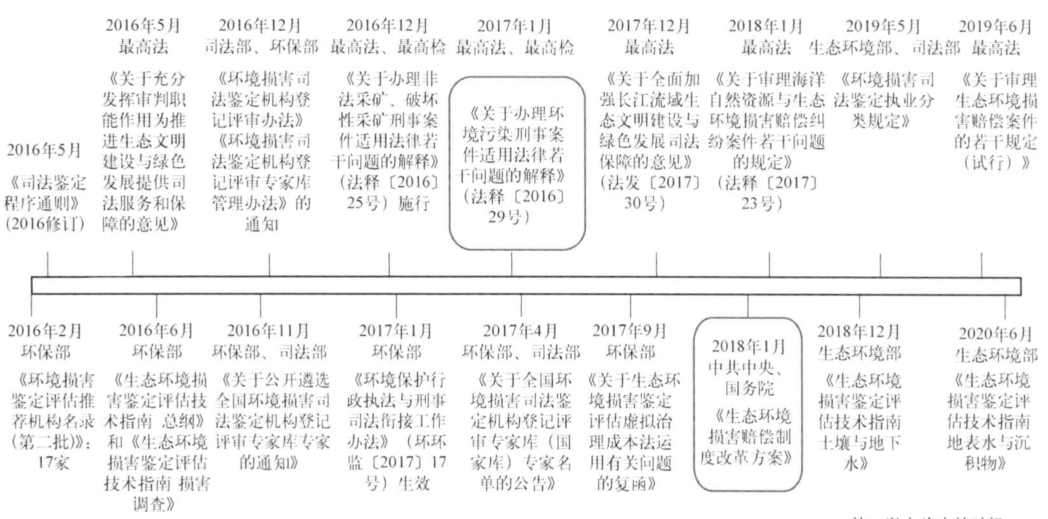

图 2－3　强化发展阶段(2016~2020 年)

① 生态环境部. 关于征求《生态环境损害鉴定评估技术指南　总纲和关键环节　第 1 部分：总纲(征求意见稿)》等七项国家环境保护标准意见的函[EB/OL]. (2020－09－30). https://www.mee.gov.cn/xxgk2018/xxgk/xxgk06/202009/t20200930_801878.html.

2.1.4　环境损害司法鉴定规范化发展进程总结

2015 年底,司法部发布《关于将环境损害司法鉴定纳入统一登记管理范围的通知》(司发通〔2015〕117 号)与《关于规范环境损害司法鉴定管理工作的通知》(司发通〔2015〕118 号),就环境损害司法鉴定实行统一登记和规范管理作出明确规定,标志着环境损害司法鉴定成为我国第四大类司法鉴定项目。2016 年底,司法部联合最高人民法院出台了《关于建立司法鉴定管理与使用衔接机制的意见》,中央深化体制改革领导小组审议通过了《关于健全统一司法鉴定管理体制的实施意见》。2017 年底司法部印发《关于严格准入严格监管提高司法鉴定质量和公信力的意见》,将司法鉴定管理纳入严格规范的轨道,并于 2017 至 2019 年注销了一批鉴定机构。与此同时,大量有关司法鉴定管理的地方法规在这一阶段出台,有效地解决各地审判工作中遇到的专门化问题,为案件事实查明和纠纷解决提供了制度支撑①。

2018 年 6 月 14 日,司法部和生态环境部关于印发《环境损害司法鉴定机构登记评审细则》的通知(司发通〔2018〕54 号),提出鉴定机构和人员登记准入的具体要求和条件,确保环境损害司法鉴定高资质、高水平,对推进环境损害司法鉴定管理规范化具有重要意义。2019 年,《环境损害司法鉴定执业分类规定》将七大类鉴定事项细化为四十三个执业类别,进一步明确了环境损害司法鉴定机构的执业范围。

环境损害司法鉴定在环境司法案件审理中的作用日益明显。2017 年全国经司法行政机关登记管理的鉴定机构完成环境损害鉴定业务约 3 600 件②。2018 年 9 月,经省级司法行政机关登记的司法鉴定机构中专门从事环境损害司法鉴定业务的司法鉴定机构 78 家,只有 17 个省(区、市)有专门从事环境损害司法鉴定业务的司法鉴定机构,有近半数省份还未准入环境损害司法鉴定机构或者未按要求对个别与环境损害司法鉴定业务相关的鉴定机构开展重新审核登记。截至 2019 年 2 月底,全国经省级司法行政机关审核登记的环境损害司法鉴定机构达 111 家、司法鉴定人 2 135 名,基本实现省域全覆盖③。截至 2023 年底,全国经司法行政机关登记的环境损害司法鉴定机构 287 家,鉴定人 5 098 名,自 2015 年环境损害司法鉴定纳入统一登记管理范围以来办理案件 10 万余件,为生态环境和资源保护执法司法活动提供了重要证据支撑④。

---

① 潘溪. 回顾与展望:我国司法鉴定制度变迁与实践[J]. 中国司法鉴定,2020(2):10 - 16.

② 党凌云,张效礼. 2017 年度全国司法鉴定情况统计分析[J]. 中国司法鉴定,2018(3):100 - 104.

③ 司法部. 新时代司法行政工作踏上新征程[EB/OL]. (2019 - 03 - 22)[2019 - 09 - 20]. http://www.moj.gov.cn/news/content/2019-03/22/xxtt_231131.html.

④ 中央人民政府. 我国环境损害司法鉴定机构达 287 家[EB/OL]. (2024 - 02 - 07). https://www.gov.cn/lianbo/bumen/202402/content_6930785.htm.

2.2 鉴定目的

环境问题涉及环境科学、环境工程、水文地质、物理化学、生态学、林学、农学、气象、海洋、经济学等多个复杂领域，对于裁判者而言，涉及对象十分丰富并往往超出其认知范围，司法鉴定可助其获悉与案件事实有关的专业知识。鉴定形成的证据材料可与其他证据形成信息互补，揭示蕴含于物证、书证等证据材料中的事实信息，并最终以鉴定意见展示，为法庭查明事实提供帮助①。如判断经营对象是否在经营范围内；分析是否存在非法排污；结合检测分析，判断是否存在非法处置等；对于环境事件中堆置于地面储罐中的废液，判定是否达到环境管理上的危险废物标准，是否构成非法处置或造成土壤污染等，这些都需要通过专业的检验、检测、鉴定、评估活动形成综合判断意见。此外，环境技术层出不穷，新的术语和行业规则也在不断发展，亟待规范与释义。

可见，环境损害司法鉴定旨在采用科学手段发现事实真相，为正确适用法律提供确实充分的证据支持。因此，对于鉴定机构或鉴定人而言，无论是环境损害司法鉴定工作的启动、实施、管理，或是鉴定意见的形成、采纳，都应始终围绕该目的展开。需要强调的是，司法鉴定只提供专业信息，具有一定主观性，仍需一套程序规则对其进行充分合理的审查。

2.3 鉴定原则

根据《司法鉴定程序通则》和《生态环境损害鉴定评估技术指南 总纲》，环境损害司法鉴定应遵循合法合规、独立鉴定、客观鉴定、公正鉴定等基本原则，贯穿于鉴定全过程，对参与其中的各方（鉴定机构、鉴定人、鉴定委托方以及其他相关主体）具有普遍的指导意义。

2.3.1 合法合规原则

合法合规原则，是指参与环境损害司法鉴定活动的各方主体，必须严格遵守国家有关法律、法规和技术规范的各项规定，包括程序法和实体法要求。这是其他原则的前提基础，贯穿于全部环境损害司法鉴定活动。

2.3.2 独立鉴定原则

由于司法鉴定实行鉴定人负责制度，独立鉴定原则即指司法鉴定人在鉴定过程中独

① 汪建成. 司法鉴定基础理论研究[J]. 法学家，2009(4)：1－27.

立自主地对鉴定事项作出专业科学判断，并对所作鉴定意见负责，不受委托方及其他方面的影响。多人参加的鉴定，对鉴定意见有不同意见的，应当注明。

2.3.3　客观鉴定原则

客观鉴定原则是指司法鉴定活动必须遵循客观规律，反映案件事实，摒弃主观臆断。客观鉴定原则是司法鉴定活动的根本目的，也是鉴定活动的生命，具体体现在数据材料的真实，禁止伪造数据和弄虚作假；鉴定评估方案科学、合理、可操作性强，包含严格的质量控制和质量保证措施，用到的科学技术方法是先进的而不是落后的；对鉴定结果的评价分析是基于案件事实，按照科学基本原理而不是主观随意地进行分析、判断。

2.3.4　公正鉴定原则

公正鉴定原则是指应以公平、正义为价值追求，以事实为依据，以法律为准绳，在司法鉴定活动中不得专私、偏袒，这一原则是司法鉴定公信力的直接体现，也是司法鉴定活动的最高准则和核心原则。

2.4　鉴 定 依 据

环境损害司法鉴定以环境违法事实及损害事实为前提，贯穿于环境损害事件的调查、立案、磋商、诉讼、赔偿、恢复等各环节，其活动的开展应以我国现行有效的法律法规和技术文件为准绳。

2.4.1　法律依据

环境损害司法鉴定工作主要服务于生态环境执法监管和司法救济，涉及宪法、民法、刑法、环境保护基本法与单行法等实体权利法律体系。对于环境污染和生态破坏行为导致的环境本身损害的救济，一直以来未有国家法律进行系统规定[①]，直至 2020 年 5 月《民法典》通过，生态环境损害修复与赔偿责任被立法规制。环境损害司法鉴定工作所涉及的程序规范主要包括《行政诉讼法》、《民事诉讼法》、《刑事诉讼法》，以及相关的证据规则等。**在环境损害司法鉴定实务中，法律、行政法规、地方性法规以及政府规章均被纳入“合法合规原则”中的“法”与“规”的范畴**。

在开展鉴定时，鉴定机构与鉴定人应根据专业问题类型和程度，对相关法律法规的适用进行预判，确保所形成的鉴定评估意见符合相应的程序要求，再依法依规开展相关的调查工作。涉及的主要法律文件如表 2－1 所示。

---

① 刘倩，季林云，於方，等. 环境损害鉴定评估与赔偿法律体系研究[M]. 北京：中国环境出版社，2016：132.

表 2-1 环境损害司法鉴定相关法律文件汇总

序号	名称	初次公布期	最新修正施行期	相关主要内容
1	中华人民共和国刑法	1997.10.01	2024.03.01	第六章第六节 破坏环境资源保护罪;《修正案八》自2011.5.1起施行,取消原"重大环境污染事故罪"罪名,改为"污染环境罪"
2	中华人民共和国民事诉讼法	1991.04.09	2024.01.01	第五十八条 对污染环境、侵害众多消费者合法权益等损害社会公共利益的行为,法律规定的机关和有关组织可以向人民法院提起诉讼。第六十六条证据包括:(七)鉴定意见
3	中华人民共和国海洋环境保护法	2000.04.01	2024.01.01	第三条\第四条\第九十条\第一百一十四条\第一百二十条
4	中华人民共和国青藏高原生态保护法	2023.04.26	2023.09.01	第四十八条\第五十四条\第五十九条
5	中华人民共和国野生动物保护法	2017.01.01	2023.05.01	第三十六条\第四十一条\第六十三条
6	中华人民共和国黄河保护法	2022.10.30	2023.04.01	第一百一十九条
7	中华人民共和国畜牧法	2006.07.01	2023.03.01	第四十六条 畜禽养殖场应当保证畜禽粪污无害化处理和资源化利用设施的正常运转,保证畜禽粪污综合利用或者达标排放,防止污染环境。违法排放或者因管理不当污染环境的,应当排除危害,依法赔偿损失
8	中华人民共和国黑土地保护法	2022.06.24	2022.08.01	第三十一条\第三十五条\第三十六条
9	中华人民共和国湿地保护法	2021.12.14	2022.06.01	第六十一条
10	中华人民共和国噪声污染防治法	2021.12.24	2022.06.05	第二条\第八十六条
11	中华人民共和国行政处罚法	1996.10.01	2021.07.15	第八条\第二十一条\第四十六条
12	中华人民共和国动物防疫法	1998.01.01	2021.05.01	第二条\第一百零九条 违反本法规定,构成犯罪的,依法追究刑事责任。违反本法规定,导致动物疫病传播、流行等,给他人人身、财产造成损害的,依法承担民事责任
13	中华人民共和国草原法	2003.03.01	2021.04.29	第六十一条至第七十三条
14	中华人民共和国长江保护法	2020.12.26	2021.03.01	第七十九条\第九十二条\第九十三条
15	中华人民共和国民法典	2021.01.01	2021.01.01	第七章 环境污染和生态破坏责任对"因果关系,污染物的种类、浓度、排放量,破坏生态的方式、范围、程度,以及生态环境受到损害至修复完成期间服务功能丧失导致的损失,生态环境功能永久性损害造成的损失,生态环境损害调查、鉴定评估等费用,清除污染、修复生态环境费用,和防止损害的发生和扩大所支出的合理费用"提出需求

续　表

序号	名　　称	初次公布期	最新修正施行期	相关主要内容
16	中华人民共和国民法通则	1987.01.01	2021.01.01 起废止	第一百二十四条　违反国家保护环境防止污染的规定,污染环境造成他人损害的,应当依法承担民事责任
17	中华人民共和国侵权责任法	2010.07.01	2021.01.01 起废止	第六十五条　因污染环境造成损害的,污染者应当承担侵权责任
18	中华人民共和国固体废物污染环境防治法	2005.04.01	2020.09.01	第五条\第二十五条\第七十五条\第一百二十一条\第一百二十二条\第一百二十三条
19	中华人民共和国森林法	1985.01.01	2020.07.01	第六十八条
20	中华人民共和国土地管理法	1999.01.01	2020.01.01	第七十九条　非法批准征收、使用土地,对当事人造成损失的,依法应当承担赔偿责任
21	中华人民共和国行政许可法	2004.07.01	2019.04.23	第三十九条
22	中华人民共和国城乡规划法	2008.01.01	2019.04.23	第四条\第十七条
23	中华人民共和国土壤污染防治法	2019.01.01	2019.01.01	第九十六条\第九十七条
24	中华人民共和国环境影响评价法	2003.09.01	2018.12.29	第二十八条
25	中华人民共和国刑事诉讼法	1980.01.01	2018.10.26	第五十条　可以用于证明案件事实的材料,都是证据。证据包括:(六) 鉴定意见
26	中华人民共和国大气污染防治法	2016.01.01	2018.10.26	第二十八条\第一百二十五条\第一百二十七条
27	中华人民共和国防沙治沙法	2002.01.01	2018.10.26	第十二条\第十四条\第二十一条
28	中华人民共和国循环经济促进法	2009.01.01	2018.10.26	第十九条\第五十一条
29	中华人民共和国宪法	1982.12.04	2018.03.11	第九条　矿藏、水流、森林、山岭、草原、荒地、滩涂等自然资源,都属于国家所有,即全民所有;由法律规定属于集体所有的森林和山岭、草原、荒地、滩涂除外。国家保障自然资源的合理利用,保护珍贵的动物和植物。禁止任何组织或者个人用任何手段侵占或者破坏自然资源
30	中华人民共和国核安全法	2018.01.01	2018.01.01	第二条\第四十三条至第九十三条
31	中华人民共和国水污染防治法	2008.06.01	2018.01.01	第七十八条\第九十六条\第九十七条\第九十八条\第九十九条
32	中华人民共和国环境保护税法	2018.01.01	2018.01.01	第五条\第二十六条
33	中华人民共和国行政诉讼法	1990.10.01	2017.07.01	第三十三条　证据包括:(七) 鉴定意见\第二十五条

续 表

序号	名　称	初次公布期	最新修正施行期	相关主要内容
34	中华人民共和国气象法	2000.01.01	2016.11.07	第十三条\第十四条\第三十四条
35	中华人民共和国煤炭法	1996.12.01	2016.11.07	第十一条
36	中华人民共和国水法	1988.01.21	2016.07.02	第七十六条
37	中华人民共和国防洪法	1998.01.01	2016.07.02	第十七条\第二十二条
38	中华人民共和国环境保护法	2015.01.01	2015.01.01	第四十一条　造成环境污染危害的，有责任排除危害，并对直接受到损害的单位或者个人赔偿损失。第五条\第四十七条\第五十八条\第六十四条\第六十六条
39	中华人民共和国渔业法	1986.07.01	2013.12.28	第三十六条\第四十七条
40	中华人民共和国传染病防治法	2004.12.01	2013.06.29	第三条\第七十七条
41	中华人民共和国农业法	2003.03.01	2013.01.01	第六十六条　县级以上人民政府应当采取措施，督促有关单位进行治理，防治废水、废气和固体废物对农业生态环境的污染。排放废水、废气和固体废物造成农业生态环境污染事故的，由环境保护行政主管部门或者农业主管部门依法调查处理；给农民和农业生产经营组织造成损失的，有关责任者应当依法赔偿。第九十条
42	中华人民共和国清洁生产促进法	2003.01.01	2012.07.01	第二条\第十七条\第十九条\第二十二条\第二十七条\第三十六条
43	中华人民共和国行政强制法	2012.01.01	2012.01.01	第十七条\第十八条\第二十五条
44	中华人民共和国水土保持法	2011.03.01	2011.03.01	第五十八条
45	中华人民共和国矿产资源法	1986.10.01	2009.08.27	第三十二条
46	中华人民共和国防震减灾法	1998.03.01	2009.05.01	第五十条\第六十二条\第六十六条\第六十七条\第六十九条\第七十条
47	中华人民共和国突发事件应对法	2007.11.01	2007.11.01	第五十九条\第六十七条
48	中华人民共和国放射性污染防治法	2003.10.01	2003.10.01	第十四条\第三十三条\第六十二条
49	中华人民共和国海域使用管理法	2002.01.01	2002.01.01	第四条　国家实行海洋功能区划制度。海域使用必须符合海洋功能区划。国家严格管理填海、围海等改变海域自然属性的用海活动。第二十九条

注：以上不代表全部。

2.4.2 行政法规

根据《中华人民共和国立法法》(以下简称《立法法》)第六十五条,行政法规是国务院根据宪法和法律或者全国人大常委会的授权决定,依照法定权限和程序,制定颁布的有关行政管理的规范性文件。行政法规在我国立法体制中具有重要地位,是仅次于法律的重要立法层次①。行政法规的效力低于法律,功能在于执行并解释法律、细化法律规定并确立执法程序,还在一定程度上起到确定权利义务关系的作用,同时为立法奠定了实践基础。可以说,行政法规兼具了法律实现、法律执行、法律实施、法律补充和法律授权五大功能②。目前我国已制定的环境保护相关行政法规如表2-2。

表2-2　环境损害司法鉴定相关行政法规文件汇总

序号	名　称	初次公布期	最新修正施行期	相关主要内容
1	碳排放权交易管理暂行条例	2024.01.25	2024.05.01	第二十八条
2	消耗臭氧层物质管理条例	2010.06.01	2024.03.01	涉及臭氧层污染的鉴定时可参考此法规
3	长江河道采砂管理条例	2001.10.25	2023.07.20	第十条\第十七条
4	农药管理条例	2017.06.01	2022.05.01	第六十条
5	中华人民共和国土地管理法实施条例	1999.01.01	2021.09.01	第十二条\第十四条
6	地下水管理条例	2021.10.21	2021.12.01	第三十九~四十五条
7	生猪屠宰管理条例	2021.06.25	2021.08.01	第十一条
8	排污许可管理条例	2021.01.24	2021.03.01	第二条\第四十四条
9	行政执法机关移送涉嫌犯罪案件的规定	2001.07.09	2020.08.07	第六条
10	报废机动车回收管理办法	2019.04.22	2019.06.01	第十四条　报废汽车回收企业拆解报废汽车,应当遵守国家环境保护法律、法规,采取有效措施,防治污染
11	中华人民共和国政府信息公开条例	2007.04.05	2019.05.15	第二十条
12	生产安全事故应急条例	2019.02.17	2019.04.01	第十八条
13	中华人民共和国濒危野生动植物进出口管理条例	2006.04.29	2019.03.02	第二十六条

① 中国人大网.《立法法》第三章行政法规[J/OL].(2020-8-5).http://www.npc.gov.cn/zgrdw/npc/flsyywd/xianfa/2001-08/01/content_140408.htm.

② 张淑芳.论行政法规与行政法律的界限[J].比较法研究,2012(2):10-26.

续 表

序号	名　称	初次公布期	最新修正施行期	相关主要内容
14	废弃电器电子产品回收处理管理条例	2009. 02. 25	2019. 03. 02	第三十条
15	民用核安全设备监督管理条例	2007. 07. 11	2019. 03. 02	第五条
16	中华人民共和国濒危野生动植物进出口管理条例	2006. 04. 29	2019. 03. 02	第八条\第九条\第十六条
17	放射性同位素与射线装置安全和防护条例	2005. 09. 14	2019. 03. 02	第四十条\第六十一条
18	中华人民共和国防治海岸工程建设项目污染损害海洋环境管理条例	1990. 08. 01	2018. 03. 19	第十七~二十一条
19	中华人民共和国河道管理条例	1988. 06. 10	2018. 03. 19	第四十五条\第四十六条\第四十七条
20	防治船舶污染海洋环境管理条例	2009. 09. 09	2018. 03. 19	第四十一条\第四十八~五十五条
21	防治海洋工程建设项目污染损害海洋环境管理条例	2006. 09. 19	2018. 03. 19	第五十条\第五十二~五十四条\第五十六条
22	中华人民共和国森林法实施条例	2000. 01. 29	2018. 03. 19	第四十一条
23	中华人民共和国环境保护税法实施条例	2017. 12. 25	2018. 01. 01	鉴定中涉及计算环境保护税时参考此法规
24	重大动物疫情应急条例	2005. 11. 18	2017. 10. 07	涉及重大动物疫情监测、采集病料等活动时可参考此法规
25	中华人民共和国野生植物保护条例	1996. 09. 30	2017. 10. 07	第十四条
26	中华人民共和国自然保护区条例	1994. 10. 09	2017. 10. 07	第三十二条\第三十五条\第三十八条\第四十条
27	建设项目环境保护管理条例	1998. 11. 29	2017. 10. 01	第二十三条　造成重大环境污染或者生态破坏的,责令停止生产或者使用,或者报经有批准权的人民政府批准,责令关闭
28	国内水路运输管理条例	2013. 01. 01	2017. 03. 01	第三条
29	中华人民共和国水文条例	2007. 04. 25	2017. 03. 01	涉及水文监测等活动时可参考此法规
30	防止拆船污染环境管理条例	1988. 06. 01	2017. 03. 01	第二十三条\第二十四条\第二十五条
31	中华人民共和国海洋倾废管理条例	1985. 04. 01	2017. 03. 01	第十五条\第十七条\第十八条\第十九条
32	农田水利条例	2016. 05. 17	2016. 07. 01	第四十三条\第四十四条
33	风景名胜区条例	2006. 09. 19	2016. 02. 06	第四十六条\第五十条
34	危险废物经营许可证管理办法	2004. 05. 30	2016. 02. 06	涉及危险废物收集、贮存、处置活动时可参考此法规

续　表

序号	名　　称	初次公布期	最新修正施行期	相关主要内容
35	中华人民共和国陆生野生动物保护实施条例	1992.02.12	2016.02.06	第三十五条\第四十一条
36	气象设施和气象探测环境保护条例	2012.12.01	2016.02.06	第二十四条\第二十五条
37	畜禽规模养殖污染防治条例	2013.11.11	2014.01.01	第四十条
38	城镇排水与污水处理条例	2013.10.02	2014.01.01	第四十八~五十三条
39	企业信息公示暂行条例	2014.08.07	2014.10.01	应该公示环境行政许可取得、变更、延续信息,受到环境行政处罚信息
40	中华人民共和国水生野生动物保护实施条例	1993.10.05	2013.12.07	第二十七条
41	危险化学品安全管理条例	2002.01.26	2013.12.07	第七十二条\第九十四条
42	放射性废物安全管理条例	2011.12.20	2012.03.01	第十七条\第三十八条
43	太湖流域管理条例	2011.09.07	2011.11.01	涉及太湖流域的损害鉴定可参考此法规
44	土地复垦条例	2011.03.05	2011.03.05	第十六条\第四十条
45	医疗废物管理条例	2003.06.16	2011.01.08	第四十条\第五十四条
46	突发公共卫生事件应急条例	2003.05.09	2011.01.08	第二十六条　突发事件发生后,卫生行政主管部门应当组织专家对突发事件进行综合评估,初步判断突发事件的类型,提出是否启动突发事件应急预案的建议
47	基本农田保护条例	1994.08.18	2011.01.08	第二十六条\第三十三条
48	淮河流域水污染防治暂行条例	1995.08.08	2011.01.08	涉及淮河流域水污染损害鉴定时可参考此法规
49	核电厂核事故应急管理条例	1993.08.04	2011.01.08	第二十一条
50	中华人民共和国水土保持法实施条例	1993.08.01	2011.01.08	第三十二条
51	放射性物品运输安全管理条例	2009.09.14	2010.01.01	第六十五条
52	规划环境影响评价条例	2009.08.17	2009.10.01	第三十条
53	中华人民共和国畜禽遗传资源进出境和对外合作研究利用审批办法	2008.08.28	2008.10.01	第四条\第八条\第十七条

注：以上不代表全部。

2.4.3　部门规章及其他规范性文件

除了以上法律和行政法规,还有地方性法规(在此不作列举)或地方政府规章、国务院部门规章。其中,地方性法规的效力高于本级和下级地方政府规章,而省级人民政府制定的规章效力高于本行政区域内的设区的市、自治州的人民政府制定的规章。本节主要归纳与生态环境损害鉴定评估工作相关的部门规章和地方政府规章。

1. 部门规章及规范性文件

国务院部门规章也称行政规章,是国务院所属的各部门依据法律和行政法规在本部门的权限范围内单独或联合其他部门制定的部门规章。部门规章之间、部门规章与地方政府规章之间具有同等效力,在各自的权限范围内施行。在环境损害鉴定技术层面出具的指导性文件如表 2-3,具体的技术标准见 4.3 节。

表 2-3　环境损害司法鉴定相关部门规章及规范性文件汇总

序号	类　别	名　　称	生效期
1	部门规章	生态环境行政处罚办法(部令　第 30 号)	2023. 07. 01
2	部门规章	重点管控新污染物清单(2023 年版)(部令　第 28 号)	2023. 12. 29
3	部门规章	环境监管重点单位名录管理办法(部令　第 27 号)	2023. 01. 01
4	规范性文件	生态环境损害鉴定评估技术指南　森林(试行)(环法规〔2022〕48 号)	2022. 07. 26
5	部门规章	危险废物转移管理办法(部令　第 23 号)	2022. 01. 01
6	部门规章	生态环境损害赔偿管理规定(环法规〔2022〕31 号)	2022. 04. 28
7	部门规章	建设项目环境影响评价分类管理名录(2021 年版)(部令　第 16 号)	2021. 01. 01
8	部门规章	国家危险废物名录(2021 年版)(部令　第 15 号)	2021. 01. 01
9	规范性文件	突发生态环境事件应急处置阶段直接经济损失评估工作程序规定(环应急〔2020〕28 号)	2020. 06. 04
10	部门规章	突发生态环境事件应急处置阶段直接经济损失核定细则(环应急〔2020〕28 号)	2020. 06. 04
11	规范性文件	生态环境损害鉴定评估技术指南　地表水与沉积物(环办法规函〔2020〕290 号)	已失效
12	规范性文件	生态环境损害鉴定评估推荐机构名录(第三批)(环办法规函〔2020〕211 号)	2020. 04. 29
13	规范性文件	生态环境损害赔偿资金管理办法(试行)(财资环〔2020〕6 号)	2020. 03. 11
14	部门规章	生活垃圾焚烧发电厂自动监测数据应用管理规定(部令　第 10 号)	2020. 01. 01
15	部门规章	固定污染源排污许可分类管理名录(2019 年版)(部令　第 11 号)	2019. 07. 11
16	规范性文件	生态环境损害鉴定评估技术指南　土壤与地下水(环办法规〔2018〕46 号)	已失效

续　表

序号	类　别	名　　　称	生效期
17	规范性文件	关于生态环境损害鉴定评估虚拟治理成本法运用有关问题的复函(环办政法函〔2017〕1488 号)	2017.09.15
18	规范性文件	生态环境损害鉴定评估技术指南　损害调查(环办政法〔2016〕67 号)	已失效
19	规范性文件	生态环境损害鉴定评估技术指南　总纲(环办政法〔2016〕67 号)	已失效
20	部门规章	突发环境事件调查处理办法(环境保护部令第 32 号)	2015.03.01
21	部门规章	突发环境事件应急管理办法(环境保护部令第 34 号)	2015.06.05
22	规范性文件	突发环境事件应急处置阶段环境损害评估推荐方法(环办〔2014〕118 号)	2014.12.31
23	规范性文件	环境损害鉴定评估推荐方法(第Ⅱ版)(环办〔2014〕90 号)	2014.10.24
24	规范性文件	海洋生态损害评估技术指南(试行)(国海环字〔2013〕583 号)	2013.08.21
25	规范性文件	突发环境事件应急处置阶段污染损害评估工作程序规定(环发〔2013〕85 号)	已失效
26	规范性文件	关于开展环境污染损害鉴定评估工作的若干意见(环发〔2011〕60 号)	2011.05.25
27	规范性文件	环境污染损害数额计算推荐方法(第Ⅰ版)(环发〔2011〕60 号)	已失效
28	规范性文件	环境行政处罚证据指南(环办〔2011〕66 号)	2011.05.30
29	规范性文件	渔业污染事故调查鉴定资格管理办法(农渔发〔2000〕7 号)	已失效
30	部门规章	渔业水域污染事故调查处理程序规定(农业部令第 13 号)	1997.03.26
31	规范性文件	水域污染事故渔业损失计算方法规定(农渔发〔1996〕14 号)	已失效

注：以上不代表全部。

2. 地方政府规章

随着我国生态环境损害赔偿制度改革方案的推进落地，我国已有 31 个省(自治区、直辖市)和新疆生产建设兵团印发了本地区的生态环境损害赔偿改革实施方案，各地还制定发布了涉及生态环境赔偿的磋商程序，调查程序、赔偿资金的管理、修复方案的监督等相关配套文件 150 余件，所有省份都将生态环境损害赔偿纳入了地方的污染防治攻坚战考核，还有 24 个省纳入了省级生态环保督察的范围①。环境损害司法鉴定也需要结合地方环境资源诉讼和生态环境损害赔偿制度改革的需要，有针对性地开展相应工作，解决专门性问题，主要文件如表 2－4 所示。

① 生态环境部. 生态环境部召开 11 月例行新闻发布会[EB/OL].(2023－12－01). https://www.mee.gov.cn/ywdt/xwfb/202312/t20231201_1057778.shtml.

表 2-4　环境损害司法鉴定相关地方规章及规范性文件汇总

序号	省 份	名　　称	生效期
1	河北	河北省省级生态环境损害赔偿专家库专家名单(2021 年版)	2021.12.28
2		河北省省级生态环境损害赔偿专家库管理办法(试行)	2021.09.29
3		河北省生态环境损害赔偿资金管理办法(试行)	2020.03.01
4		河北省生态环境损害赔偿制度改革实施方案	2018.07.20
5	山西	山西省生态环境损害赔偿制度改革实施方案	2018.11.05
6		生态环境损害赔偿专家库管理办法(试行)	2023.11.24
7		生态环境损害赔偿案件线索筛查及调查办法(试行)	2023.02.09
8		生态环境损害赔偿磋商办法(试行)	2023.02.09
9		生态环境损害修复评估办法(试行)	2023.02.09
10	吉林	吉林省生态环境损害评估专家库人员名单	2022.08.23
11		吉林省生态环境损害赔偿制度改革工作实施方案	2018.08.10
12		吉林省生态环境损害赔偿资金管理暂行办法	2017.11.20
13		吉林省生态环境损害鉴定评估管理办法(试行)	2017.10.30
14	黑龙江	黑龙江省生态环境损害评估评审专家库专家名单	2024.03.15
15		黑龙江省生态环境损害赔偿工作规定	2022.08.05
16		黑龙江省关于推进生态环境损害赔偿制度改革若干具体问题的实施意见	2022.01.18
17		黑龙江省生态环境损害鉴定评估专家库专家名单	2021.10.27
18	江苏	江苏省生态环境损害鉴定评估与修复效果评估评审专家库管理办法	2023.04.17
19		江苏省生态环境损害鉴定评估与修复效果评估评审专家库名单	2023.09.08
20		江苏省生态环境损害赔偿制度改革实施方案	2018.10.04
21		江苏省生态环境损害鉴定评估管理办法(试行)	2018.10.04
22		江苏省生态环境损害事件报告办法(试行)	2018.10.04
23		江苏省生态环境损害赔偿磋商办法(试行)	2018.10.04
24		江苏省生态环境损害赔偿起诉规则(试行)	2018.10.04
25		江苏省生态环境损害赔偿资金管理办法(试行)	2018.10.04
26		江苏省生态环境损害修复管理办法(试行)	2018.10.04
27		江苏省生态环境损害赔偿信息公开办法(试行)	2018.10.04
28		江苏省突发环境事件环境损害评估规程	2017.05.01

续　表

序号	省　份	名　　称	生效期
29	江苏	江苏省环境污染犯罪案件危险废物初步认定技术指南	2017.04.07
30		江苏省高级人民法院关于生态环境损害赔偿诉讼案件的审理指南(一)	2018.07.18
31		江苏省高级人民法院关于环境污染刑事案件的审理指南(一)	2018.07.18
32		江苏省高级人民法院江苏省人民检察院关于依法办理环境保护案件若干问题的实施意见	2013.11.01
33	浙江	浙江省生态环境损害赔偿管理办法	2023.05.01
34		浙江省生态环境损害赔偿鉴定评估办法	2022.02.01
35		浙江省生态环境损害赔偿制度改革实施方案	2018.10.12
36		浙江省生态环境损害赔偿资金管理办法(试行)	2018.11.01
37		浙江省生态环境损害赔偿磋商管理办法(试行)	2018.12.01
38		浙江省生态环境损害修复管理办法(试行)	2018.12.01
39		浙江省生态环境损害鉴定评估办法(试行)	2018.12.01
40		关于办理环境污染刑事案件若干问题的会议纪要	2014.05.16
41		关于办理环境污染刑事案件若干问题的会议纪要(二)	2015.01.30
42		关于办理环境污染刑事案件若干问题的会议纪要(三)	2018.03.27
43	安徽	安徽省生态环境损害赔偿实施办法(试行)	2021.09.18
44		安徽省生态环境损害赔偿资金管理办法(试行)	2021.09.18
45		安徽省生态环境损害赔偿制度改革实施方案	2018.09.11
46	福建	福建省生态环境损害赔偿信息公开管理办法(试行)	2020.01.09
47		福建省生态环境损害赔偿磋商管理办法(试行)	2020.01.14
48		福建省生态环境损害修复评估管理办法(试行)	2020.01.09
49		福建省生态环境损害修复第三方机构管理办法(试行)	2019.12.27
50		福建省省级生态环境损害赔偿调查启动管理办法(试行)	2019.02.01
51		福建省生态环境损害赔偿制度改革实施方案	2018.09
52		福建省生态环境损害赔偿资金管理办法(试行)	2019.12.16
53	江西	江西省生态环境损害鉴定评估与修复效果评估专家库专家名单	2023.11.06
54		江西省生态环境损害赔偿与刑事犯罪侦查工作衔接实施办法	2023.09.08
55		关于加强生态环境损害赔偿与检察公益诉讼衔接的办法	2022.04.15
56		江西省生态环境损害赔偿制度改革实施方案	2018.05.09

续 表

序号	省 份	名 称	生效期
57	江西	江西省生态环境损害调查办法(试行)	2018.12.18
58		江西省生态环境损害赔偿磋商办法(试行)	2018.12.18
59		江西省生态环境损害修复监督管理办法(试行)	2018.12.18
60		江西省生态环境损害赔偿资金管理办法	2018.12.18
61		江西省湿地生态环境损害调查和评估办法(试行)	2019.12.31
62	山东	关于印发山东省实施《生态环境损害赔偿管理规定》细则的通知	2024.03.04
63		山东省生态环境损害评估专家库专家名单	2023.12.13
64		山东省生态环境损害赔偿制度改革实施方案	2018.06.20
65		山东省生态环境损害赔偿磋商工作办法	已失效
66		山东省生态环境损害修复效果后评估工作办法	已失效
67		山东省生态环境损害赔偿资金管理办法	已失效
68		山东省高级人民法院关于印发办理生态环境损害赔偿协议司法确认案件若干意见(试行)	2019.05.29
69		山东省环境损害司法鉴定实验室及仪器设备配置标准(试行)	已失效
70	河南	河南省生态环境损害赔偿修复管理办法(试行)	2023.08.04
71		河南省生态环境损害赔偿制度改革实施方案	2018.07.16
72		河南省生态环境损害鉴定评估机构发展指导意见	2017.10.23
73		河南省生态环境损害鉴定评估专家库管理制度	2017.10.23
74	湖北	湖北省生态环境损害赔偿调查管理办法(试行)	2022.01.26
75		湖北省生态环境损害赔偿信息公开办法(试行)	2022.01.26
76		湖北省生态环境损害赔偿典型案例评选办法(试行)	2022.01.26
77		湖北省生态环境损害赔偿磋商办法(试行)	2019.09.12
78		湖北省生态环境损害赔偿制度改革实施方案	2018.10.30
79	湖南	湖南省生态环境损害赔偿信息公开办法(试行)	2021.04.14
80		湖南省生态环境损害修复监督管理办法	2021.04.14
81		湖南省生态环境损害赔偿磋商管理办法	2021.04.14
82		湖南省生态环境损害赔偿资金管理办法	2021.04.14
83		湖南省生态环境损害调查办法	2021.04.14
84		湖南省生态环境损害事件报告办法(试行)	2021.04.14

续　表

序号	省　份	名　　　称	生效期
85	湖南	湖南省高级人民法院关于办理省政府提起生态环境损害赔偿民事案件的若干意见(试行)	2017.12.28
86		湖南省生态环境损害赔偿制度改革试点工作实施方案	2016.11.28
87	广东	广东省生态环境损害赔偿工作办法(试行)	2020.08.17
88		广东省环境损害司法鉴定机构登记评审专家库专家名单	2017.06.09
89		广东省生态环境损害鉴定评估方法	2017.05.04
90	海南	海南省生态环境损害赔偿启动和磋商工作规则	2020.04.15
91		海南省生态环境损害赔偿信息公开办法(试行)	2020.04.15
92		海南省生态环境损害赔偿制度改革实施方案	2019.02.19
93	四川	四川省生态环境损害赔偿工作程序规定	2023.10.30
94		四川省生态环境损害赔偿磋商办法	2023.10.30
95		四川省生态环境损害修复管理办法	2023.10.30
96		四川省生态环境损害赔偿资金管理办法	2023.10.30
97		四川省环境损害司法鉴定机构登记评审实施办法	2023.10.30
98		四川省生态环境损害赔偿制度改革实施方案	2018.09.06
99	贵州	贵州省生态环境损害赔偿案件办理规程(试行)	2021.02.09
100		贵州省生态环境损害修复办法(试行)	2019.10.18
101		贵州省生态环境损害赔偿制度改革实施方案	2018.01.01
102		贵州省生态环境损害赔偿磋商办法(试行)	2017.12.07
103	云南	云南省生态环境损害赔偿资金管理办法(试行)	2021.10.01
104		生态环境损害赔偿制度改革实施方案	2018.08.23
105		云南省生态环境损害鉴定评估专家委员会名单	2017.03.08
106	陕西	陕西省生态环境损害修复管理办法	2023.12.29
107		陕西省生态环境损害赔偿磋商办法	2022.09.01
108		陕西省生态环境损害鉴定评估办法	2022.09.01
109		陕西省生态环境损害赔偿资金管理实施办法	2020.01.06
110		陕西省生态环境损害赔偿制度改革方案	2018.09.20
111	甘肃	甘肃省生态环境损害赔偿工作实施细则	2023.04.11
112		省级生态环境保护督察公益诉讼案件线索移送交办督办工作办法(试行)	2022.12
113		甘肃省生态环境损害赔偿制度改革实施方案	2018.08.20

续 表

序号	省 份	名 称	生效期
114	青海	青海省生态环境损害赔偿磋商办法和修复监督管理办法	2019.12.19
115		青海省生态环境损害赔偿制度改革实施方案	2018.08.13
116	内蒙古	内蒙古自治区生态环境损害赔偿工作规定(试行)	2022.04.28
117		内蒙古自治区生态环境损害赔偿制度改革实施方案	2018.12.17
118	广西	广西壮族自治区污染环境类违法案件生态环境损害显著轻微认定细则	2024.01.10
119		广西壮族自治区污染环境类小型生态环境损害案件调查评估与磋商规定	2023.12.08
120		第一批广西污染环境类小型生态环境损害评估专家库成员名单	2022.01.21
121		广西壮族自治区生态环境损害赔偿资金管理实施细则(试行)	2021.03.26
122		广西壮族自治区生态环境损害赔偿制度改革实施方案	2018.06.14
123	宁夏	关于落实生态环境损害赔偿制度职责分工的通知	2022.09.26
124		宁夏回族自治区生态环境损害赔偿制度改革实施方案	2018.12.17
125		宁夏回族自治区生态环境损害事件调查办法(试行)	2019.11.10
126		宁夏回族自治区生态环境损害赔偿磋商办法(试行)	2019.11.10
127		宁夏回族自治区生态环境损害事件报告办法(试行)	2019.11.10
128		宁夏回族自治区生态环境损害鉴定评估管理办法(试行)	2019.11.10
129		宁夏回族自治区生态环境损害修复管理办法(试行)	2019.11.10
130		宁夏回族自治区生态环境损害赔偿起诉规则(试行)	2019.11.10
131		宁夏回族自治区生态环境损害赔偿资金管理办法(试行)	2022.08.01
132		宁夏回族自治区生态环境损害赔偿信息公开办法(试行)	2019.11.10
133	天津	天津市生态环境损害赔偿制度改革实施方案	2019.02.27
134		天津市生态环境损害鉴定评估管理办法(试行)	2019.02.27
135		天津市生态环境损害赔偿磋商办法(试行)	2019.02.27
136		天津市生态环境损害赔偿资金管理办法(试行)	2019.02.27
137		天津市生态环境损害赔偿信息公开办法(试行)	2019.02.27
138		天津市高级人民法院关于审理生态环境损害赔偿案件若干问题的审判委员会纪要	2019.05.09
139	北京	北京市生态环境损害赔偿制度改革工作实施方案	2018.06.28
140	上海	上海市生态环境损害调查管理办法	2021.02.01
141		上海市生态环境损害赔偿磋商管理办法	2021.02.01

续　表

序号	省　份	名　　　称	生效期
142	上海	上海市生态环境损害修复评估管理办法	2021.02.01
143		上海市生态环境损害赔偿信息公开办法	2021.02.01
144		上海市高级人民法院关于审理政府提起生态环境损害赔偿民事案件的若干意见(试行)	2019.02.21
145		上海市生态环境损害赔偿制度改革实施方案	2018.11.22
146	重庆	重庆市生态环境损害赔偿鉴定评估管理办法	2020.01.01
147		重庆市生态环境损害修复管理办法	2019.10.26
148		重庆市生态环境损害赔偿磋商办法	2018.10.19
149		重庆市生态环境损害赔偿资金管理办法	2018.10.15
150		重庆市生态环境损害赔偿制度改革实施方案	2018.09.11

注：以上不代表全部。

2.4.4　司法解释

司法解释是指国家最高司法机关在适用法律过程中对具体应用法律问题所作的解释，包括审判解释和检察解释两种。我国当前环境损害司法鉴定技术类文件与刑事法律适用缺乏有效衔接，待鉴定事项及认定标准主要以法律和司法解释为准则，部分环境损害司法鉴定相关司法解释文件见表 2-5。最高人民法院、最高人民检察院《关于适用刑事司法解释时间效力问题的规定》中明确规定，“对于新的司法解释实施前发生的行为，行为时已有相关司法解释，依照行为时的司法解释办理，但适用新的司法解释对犯罪嫌疑人、被告人有利的，适用新的司法解释”，**即对行为时已经有相关司法解释的，适用从旧兼从轻原则**。

表 2-5　环境损害司法鉴定相关司法解释文件汇总

序号	名　　　称	生效期	相　关　内　容
1	最高人民法院关于审理破坏森林资源刑事案件适用法律若干问题的解释(法释〔2023〕8 号)	2023.08.15	明确盗伐林木罪、滥伐林木罪的行为方式和定罪量刑标准
2	最高人民法院、最高人民检察院关于办理环境污染刑事案件适用法律若干问题的解释(法释〔2023〕7 号)	2023.08.15	调整污染环境罪的定罪量刑标准，明确环境数据造假行为的处理规则，明确办理环境污染刑事案件的宽严相济规则
3	最高人民法院关于生态环境侵权民事诉讼证据的若干规定(法释〔2023〕6 号)	2023.09.01	明确举证责任、证据的调查收集和保全、证据共通原则、专家证据、书证提出命令、损失费用的酌定等内容

续 表

序号	名 称	生效期	相 关 内 容
4	最高人民法院关于审理生态环境侵权责任纠纷案件适用法律若干问题的解释(法释〔2023〕5号)	2023.09.01	规定生态环境侵权案件范围、归责原则、数人侵权、责任主体、责任承担、诉讼时效等内容
5	最高人民法院关于具有专门知识的人民陪审员参加环境资源案件审理的若干规定(法释〔2023〕4号)	2023.08.01	就具有专门知识的人民陪审员参审案件范围、在具体案件中的确定,以及合议庭组成、职责履行等问题予以规范
6	最高人民法院关于审理森林资源民事纠纷案件适用法律若干问题的解释(法释〔2022〕16号)	2022.06.15	就森林资源民事案件受理、林地林木交易、森林生态环境损害修复和赔偿等问题予以规范
7	最高人民法院 最高人民检察院关于办理海洋自然资源与生态环境公益诉讼案件若干问题的规定(法释〔2022〕15号)	2022.05.15	规定了有权提起诉讼的主体
8	最高人民法院、最高人民检察院关于办理破坏野生动物资源刑事案件适用法律若干问题的解释(法释〔2022〕12号)	2022.04.09	对破坏野生动物资源犯罪的定罪量刑标准和相关法律适用问题作了全面、系统的规定
9	最高人民法院关于审理生态环境侵权纠纷案件适用惩罚性赔偿的解释(法释〔2022〕1号)	2022.01.20	规定了惩罚性赔偿的适用条件
10	最高人民法院关于生态环境侵权案件适用禁止令保全措施的若干规定(法释〔2021〕22号)	2022.01.01	规定了法律依据、申请主体和程序、审查需考量的因素、效力期间、文书形式、提前解除、不履行的法律责任等相关内容
11	最高人民法院关于审理生态环境损害赔偿案件的若干规定(试行)(2020年修正)	2021.01.01	依据《民法典》进行相应修正
12	最高人民法院关于审理环境侵权责任纠纷案件适用法律若干问题的解释(2020年修正)	2021.01.01	依据《民法典》进行相应修正
13	最高人民法院、最高人民检察院关于检察公益诉讼案件适用法律若干问题的解释(2020年修正)	2021.01.01	依据《民法典》进行相应修正
14	最高人民法院关于审理环境民事公益诉讼案件适用法律若干问题的解释(2020年修正)	2021.01.01	依据《民法典》进行相应修正
15	最高人民法院关于审理生态环境损害赔偿案件的若干规定(试行)(法释〔2019〕8号)	2019.06.05	明确了生态环境损害赔偿诉讼案件的受理条件、司法确认规则
16	最高人民法院关于审理海洋自然资源与生态环境损害赔偿纠纷案件若干问题的规定(法释〔2017〕23号)	2018.01.15	明确海洋自然资源与生态环境损害赔偿范围等
17	最高人民法院、最高人民检察院关于办理环境污染刑事案件适用法律若干问题的解释(法释〔2016〕29号)	2017.01.01	已废止,对刑法第三百三十八、三百三十九条的具体规定
18	最高人民法院关于审理发生在我国管辖海域相关案件若干问题的规定(一)(法释〔2016〕16号)	2016.08.02	明确我国管辖海域的司法管辖与法律适用

续　表

序号	名　　称	生效期	相 关 内 容
19	最高人民法院关于审理发生在我国管辖海域相关案件若干问题的规定(二)(法释〔2016〕17 号)	2016. 08. 02	明确刑法第三百四十、三百四十一条规定的“情节严重”
20	最高人民法院、最高人民检察院关于办理非法采矿、破坏性采矿刑事案件适用法律若干问题的解释(法释〔2016〕25 号)	2016. 12. 01	惩处非法采矿、破坏性采矿犯罪活动,明确刑法第三百四十三条情形
21	最高人民法院关于审理环境侵权责任纠纷案件适用法律若干问题的解释(法释〔2015〕12 号)	2015. 06. 03	已废止,明确污染担责及证据适用问题
22	最高人民法院关于审理环境民事公益诉讼案件适用法律若干问题的解释(法释〔2015〕1 号)	2015. 01. 07	已废止,明确诉讼主体、请求内容,对因果关系、生态环境修复方式、生态环境修复费用以及生态环境受到损害至恢复原状期间服务功能的损失等专门性问题提出鉴定需求
23	最高人民法院、最高人民检察院关于办理走私刑事案件适用法律若干问题的解释(法释〔2014〕10 号)	2014. 09. 10	第四、九、十、十一、十二、十四、十五、二十一条明确废物、珍贵动物走私
24	最高人民法院关于审理破坏草原资源刑事案件应用法律若干问题的解释(法释〔2012〕15 号)	2012. 11. 22	惩处破坏草原资源犯罪活动,明确刑法第三百四十二、四百一十条情形
25	最高人民法院关于审理破坏林地资源刑事案件具体应用法律若干问题的解释(法释〔2005〕15 号)	2005. 12. 30	已废止,惩治破坏林地资源犯罪活动,明确刑法第四百一十条情形
26	最高人民法院、最高人民检察院关于办理妨害预防、控制突发传染病疫情等灾害的刑事案件具体应用法律若干问题的解释(法释〔2003〕8 号)	2003. 05. 13	第十三条造成突发传染病传播等重大环境污染事故
27	最高人民法院关于审理破坏野生动物资源刑事案件具体应用法律若干问题的解释(法释〔2000〕37 号)	2000. 12. 11	已废止,惩处破坏野生动物资源的犯罪活动,明确“情节严重”“情节特别严重”数量认定标准
28	最高人民法院关于审理破坏森林资源刑事案件具体应用法律若干问题的解释(法释〔2000〕36 号)	2000. 12. 11	已废止,惩处破坏森林资源的犯罪活动,明确刑法第三百四十四、三百四十五条情形
29	最高人民法院关于审理破坏土地资源刑事案件具体应用法律若干问题的解释(法释〔2000〕14 号)	2000. 06. 22	惩处破坏土地资源犯罪活动

注:以上不代表全部。

2.4.5　法律和相关规定的适用

环境损害司法鉴定工作的意义在于通过专业技术活动,帮助委托方识别鉴定事项涉及的行为或物质是否具备违法性或损害性。因此,在取证阶段,鉴定机构虽不具备认定全部法律事实并预估违法后果的权能,但也需要基于自身的专业知识,借助技术手段,对涉案行为或物质进行定量与定性分析,并根据自身对法律规范的认识和理解,为追究涉案行为法律责任作证据准备。

因此,**鉴定机构应该掌握法律适用原则**。我国《立法法》第五章对此已有规定:首先,在法律渊源效力层级方面,应坚持从高到低原则,依次为宪法、法律、行政法规,而地方性法规的效力高于本级和下级地方政府规章,上级政府规章高于下级政府规章,部门规章之间、部门规章与地方政府规章之间具有同等效力。其次,对于鉴定中存在规则冲突的情形,根据《立法法》第一百零三条规定,按以下原则适用:同一机关制定的法律、行政法规、地方性法规、自治条例和单行条例、规章,特别规定与一般规定不一致的,适用特别规定,简言之"特别法优于普通法"①;新的规定与旧的规定不一致的,适用新的规定,以新法生效实施时间点为标志,新法生效实施以后准用新法,新法实施以前包括新法公布以后尚未实施这段时间,仍沿用旧法。同时,法律、行政法规、地方性法规、自治条例和单行条例、规章坚持不溯及既往原则,但为了更好地保护公民、法人和其他组织的权利和利益而作的特别规定除外。

2.5 鉴定基本特征

环境损害司法鉴定在本质上是司法鉴定的一种,该活动产生的鉴定意见属于法定证据,具有司法鉴定的专属性、中立性、独特性和非终结性的基本属性。在我国环境损害司法鉴定已实行统一登记管理的现状下,相应鉴定机构和鉴定人接受司法行政机关的统一监督和管理,只有具有司法部门颁发的司法鉴定许可证的机构、具有对应机构司法鉴定执业证的鉴定人才能在规定的执业范围内提供鉴定服务。与一般科学鉴定不同,司法鉴定活动是以诉讼中涉及的专门性问题为对象,必须严格依照法定的程序进行②,从委托到最终出具鉴定意见的全过程,都必须在法律法规或政策层面找到相应依据,并且其实施过程必须满足程序合法。

由于司法鉴定机构是作为第三方独立于公检法系统之外的鉴定单位,各鉴定机构之间没有等级高低之分,具有较强中立性。另外,我国实行的是司法鉴定人负责制,在一定程度上具有主观性,鉴定意见是由鉴定人根据科学的调查方法结合自身的经验知识形成的分析而得出的结论,因此,只有经法官审查后才能作为定案根据。同时,鉴定依据的评断标准有的不仅根据科学原理,还有根据法律规定来确定,如污染物性质、公私财产损失等,这也反映出它的独特性。鉴定并不是一次性活动,当事人对鉴定意见有异议的,可以申请补充鉴定或重新鉴定。

---

① 特别法优于一般法是指,对于同一位阶的一般法(指适用于全国,对所有主体均具有法律效力并对一般事项均有效的法律)和特别法(指适用于特别的法律关系主体、特别时间、特别地区的法律)在对同一问题都有规定的情形下,特别法优先一般法适用。因此,只有在同位阶的法中才能适用特别法优于一般法。当两部法律是不同位阶的时候,适用上位法优于下位法。

② 卞建林,郭志媛. 司法鉴定的基本属性与制度定位[J]. 中国司法鉴定,2003(4):5-6.

第3章 环境损害司法鉴定的主要内容

3.1 基本要求

2015年司法部、原环境保护部《关于规范环境损害司法鉴定管理工作的通知》(司发通〔2015〕118号)规定环境损害司法鉴定的主要领域包括七类:

1) 污染物性质鉴定,主要包括危险废物鉴定、有毒物质鉴定,以及污染物其他物理、化学等性质的鉴定。

2) 地表水和沉积物环境损害鉴定,主要包括因环境污染或生态破坏造成河流、湖泊、水库等地表水资源和沉积物生态环境损害的鉴定。

3) 空气污染环境损害鉴定,主要包括因污染物质排放或泄露造成环境空气或室内环境损害的鉴定。

4) 土壤与地下水环境损害鉴定,主要包括因环境污染或生态破坏造成农田、矿区、居住和工矿企业用地等土壤与地下水资源及生态环境损害的鉴定。

5) 近海海洋与海岸带环境损害鉴定,主要包括因近海海域环境污染或生态破坏造成的海岸、潮间带、水下岸坡等近海海洋环境资源及生态环境损害的鉴定。

6) 生态系统环境损害鉴定,主要对动物、植物等生物资源和森林、草原、湿地等生态系统,以及因生态破坏而造成的生物资源与生态系统功能损害的鉴定。

7) 其他环境损害鉴定,主要包括由于噪声、振动、光、热、电磁辐射、核辐射等污染造成的环境损害鉴定。

司法鉴定机构和鉴定人须在登记的执业类别和范围内进行鉴定工作,不得受理超出其执业范围的鉴定事项。

除了鉴定事项的划分,《关于规范环境损害司法鉴定管理工作的通知》中还规定了环境诉讼中需要解决的专门性问题包括:确定污染物的性质;确定生态环境遭受损害的性质、范围和程度;评定因果关系;评定污染治理与运行成本以及防止损害扩大、修复生态环境的措施或方案等。环境损害司法鉴定的主要工作内容和工作程序则围绕上述专门性问题展开。根据我国民法典、相关司法解释及环境损害鉴定评估技术指南等文件,本节概括介绍环境损害司法鉴定内容(如图3-1和表3-1),第7~13章将有针对性地作具体阐释。

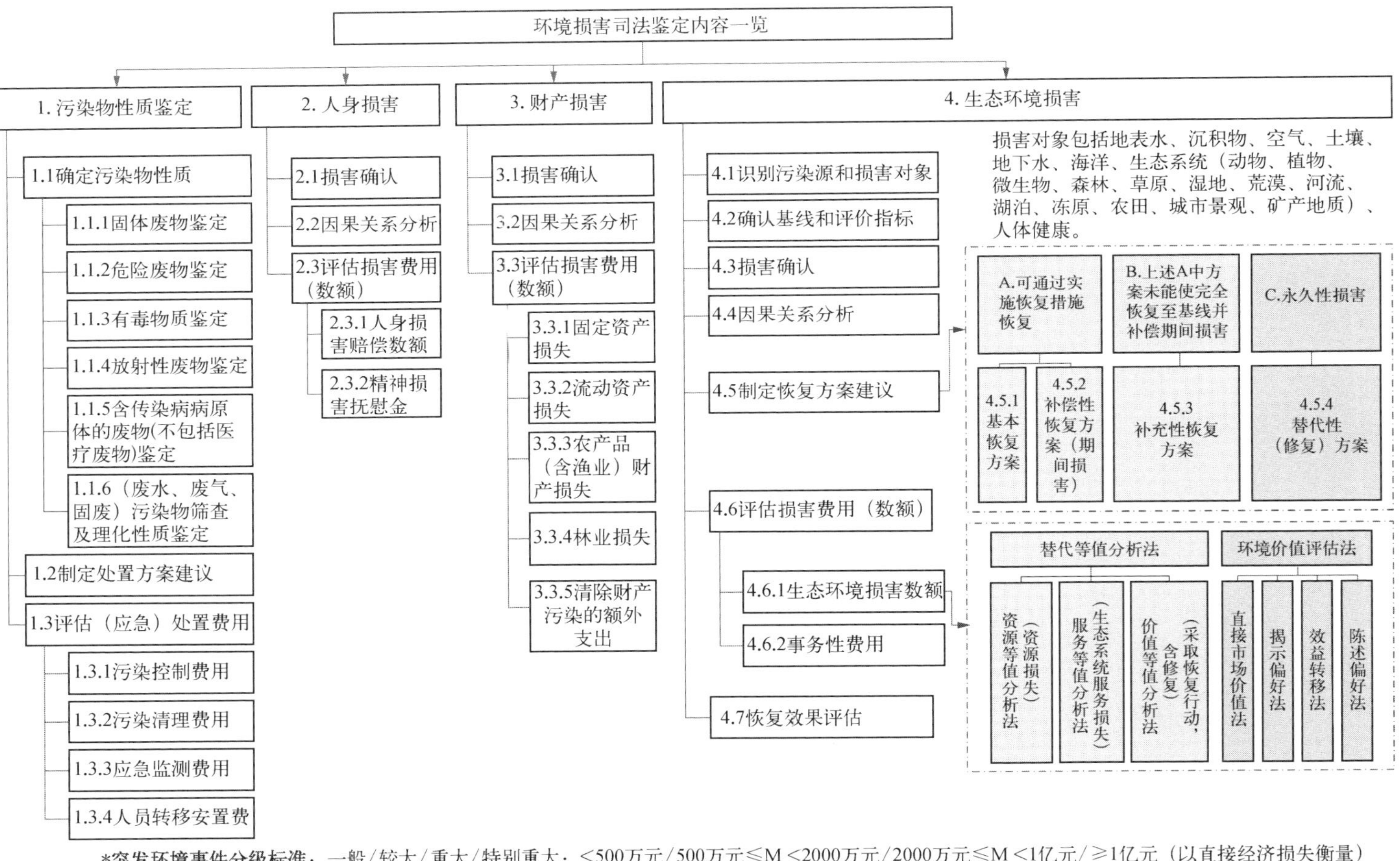

图 3-1　环境损害司法鉴定内容一览

表 3－1　环境损害司法鉴定需求及对应内容要点

序号	文　件	污染物性质	生态环境损害确定	因果关系	环境损害数额（价值量化）			生态环境恢复方案				应急处置方案	污染治理与运行成本	人身损害	财产损害	防止损害扩大费用	应急监测费用	其他费用
					环境修复费用[a]	期间损害费用[b]	永久性损害费用[c]	修复方案（基本恢复方案）	补偿性恢复方案（期间损害恢复方案）	补充性恢复方案	永久性损害							
1	中华人民共和国民法典	√	√	√	√	√	√	0	0	0	0	0	√	√	√	1）防止损害的发生和扩大所支出的合理费用；2）清除污染的费用	0	生态环境损害调查、鉴定评估等费用
2	最高人民法院关于生态环境侵权民事诉讼证据的若干规定（法释〔2023〕6号）	√	√	√	√	生态环境受到损害至修复完成期间服务功能丧失导致的损失	生态环境功能永久性损害造成的损失	生态环境修复方案	0	0	0	0	0	√	√	0	0	0
3	最高人民法院关于审理生态环境侵权责任纠纷案件适用法律若干问题的解释（法释〔2023〕5号）	√	0	0	0	0	0	0	0	0	0	0	0	√	√	0	0	0

续 表

序号	文 件	污染物性质	生态环境损害确定	因果关系	环境损害数额（价值量化）			生态环境恢复方案				应急处置方案	污染治理与运行成本	人身损害	财产损害	防止损害扩大费用	应急监测费用	其他费用
					环境修复费用[a]	期间损害费用[b]	永久性损害费用[c]	修复方案（基本恢复方案）	补偿性恢复方案（期间损害恢复方案）	补充性恢复方案	永久性损害							
4	关于办理环境污染刑事案件适用法律若干问题的解释（法释〔2023〕7号）	√	√	√	√	√	√	0	0	0	0	0	防治污染设施运行支出	√	实施刑法第三百三十八、三百三十九条规定的行为直接造成财产损毁、减少的实际价值	防止污染扩大、消除污染而采取必要合理措施所产生的费用	√	违法所得
5	关于审理环境民事公益诉讼案件适用法律若干问题的解释（法释〔2015〕1号－2020修正）	√	√	√	包括制定、实施修复方案的费用，修复期间的监测、监管费用，以及修复完成后的验收费用、修复效果后评估费用等	生态环境受到损害至**修复完成**期间服务功能损失	生态环境功能永久性损害造成的损失	√	√	0	无法完全修复的，可以准许采用替代性修复方式	0	防治污染设备的运行成本	0	0	为停止侵害、排除妨碍、消除危险采取合理预防、处置措施而发生的费用	0	生态环境损害调查、鉴定评估等费用；合理的律师费以及为诉讼支出的其他合理费用；调查取证、专家咨询、检验、鉴定等必要费用

续 表

序号	文件	污染物性质	生态环境损害确定	因果关系	环境损害数额（价值量化）			生态环境恢复方案				应急处置方案	污染治理与运行成本	人身损害	财产损害	防止损害扩大费用	应急监测费用	其他费用
					环境修复费用[a]	期间损害费用[b]	永久性损害费用[c]	修复方案（基本恢复方案）	补偿性恢复方案（期间损害恢复方案）	补充性恢复方案	永久性损害							
6	关于审理环境侵权责任纠纷案件适用法律若干问题的解释（法释〔2015〕12号-2020修正）	√	√	√	√	0	0	0	0	0	0	0	0	√	√	为防止损害发生和扩大、清除污染而采取必要措施所支出的合理费用的	0	0
7	关于审理海洋自然资源与生态环境损害赔偿纠纷案件若干问题的规定（法释〔2017〕23号）	0	√	√	**恢复费用**，即采取或者将要采取措施**恢复或者部分恢复**受损害海洋自然资源与生态环境功能所需费用	恢复期间损失，即受损害的海洋自然资源与生态环境功能部分或者完全恢复前的海洋自然资源损失、生态环境服务功能损失	0	√	0	0	0	0	因损害行为所减少支付的污染防治费用	0	0	预防措施费用，即为减轻或者防止海洋环境污染、生态恶化、自然资源减少所采取合理应急处置措施而发生的费用	0	1）调查评估费用，即调查、勘查、监测污染区域和评估污染等损害风险与实际损害所发生的费用；2）因损害行为所获得的收益

续 表

序号	文件	污染物性质	生态环境损害确定	因果关系	环境损害数额(价值量化)			生态环境恢复方案				应急处置方案	污染治理与运行成本	人身损害	财产损害	防止损害扩大费用	应急监测费用	其他费用
					环境修复费用[a]	期间损害费用[b]	永久性损害费用[c]	修复方案(基本恢复方案)	补偿性恢复方案(期间损害恢复方案)	补充性恢复方案	永久性损害							
8	关于审理生态环境损害赔偿案件的若干规定(试行)(法释〔2019〕8号-2020修正)	√	√	√	包括制定、实施修复方案的费用,修复期间的监测、监管费用,以及修复完成后的验收费用、修复效果后评估费用等	生态环境受到损害至修复完成期间服务功能损失/生态环境服务功能损失赔偿资金	生态环境功能永久性损害造成的损失/生态环境功能永久性损害造成的损失赔偿资金	0	0	0	0	√	0	0	0	实施应急方案、清除污染以及为防止损害的发生和扩大所支出的合理费用;应急处置费用	0	为生态环境损害赔偿磋商和诉讼支出的调查、检验、鉴定、评估等费用;合理的律师费以及其他为诉讼支出的合理费用
9	生态环境损害赔偿管理规定(环法规〔2022〕31号)	0	√	0	修复生态环境费用	生态环境受到损害至修复完成期间服务功能丧失导致的损失	生态环境功能永久性损害造成的损失	√	0	0	在符合有关生态环境修复法规政策和规划的前提下,开展替代修复,实现生态环境及其服务功能等量恢复	0	0	0	0	清除污染费用;防止损害的发生和扩大所支出的合理费用	0	0

续　表

序号	文　件	污染物性质	生态环境损害确定	因果关系	环境损害数额（价值量化）			生态环境恢复方案				应急处置方案	污染治理与运行成本	人身损害	财产损害	防止损害扩大费用	应急监测费用	其他费用
					环境修复费用[a]	期间损害费用[b]	永久性损害费用[c]	修复方案（基本恢复方案）	补偿性恢复方案（期间损害恢复方案）	补充性恢复方案	永久性损害							
10	生态环境损害赔偿制度改革方案	0	√	√	√	√	√	√	0	0	替代修复	0	0	0	0	清除污染费用	0	生态环境损害赔偿调查、鉴定评估等合理费用
11	关于规范环境损害司法鉴定管理工作的通知（司法通〔2015〕118号）	√	√	√	0	0	0	√	0	0	0	防止损害扩大的措施或方案	0	0	0	0	0	0
12	环境损害鉴定评估推荐方法（第Ⅱ版）（环办〔2014〕90号）	污染物属性鉴别	√	√	环境损害数额（基本恢复费用、补偿性恢复费用、补充性恢复费用或永久性损害费用）			√	√	√	0	0	0	√	√	应急处置费用	0	事务性费用：包括环境监测、信息公开、现场调查、执行监督等费用

续 表

序号	文 件	污染物性质	生态环境损害确定	因果关系	环境损害数额(价值量化)			生态环境恢复方案				应急处置方案	污染治理与运行成本	人身损害	财产损害	防止损害扩大费用	应急监测费用	其他费用
					环境修复费用[a]	期间损害费用[b]	永久性损害费用[c]	修复方案(基本恢复方案)	补偿性恢复方案(期间损害恢复方案)	补充性恢复方案	永久性损害							
13	生态环境损害鉴定评估技术指南总纲(2016)	√	√	√	生态环境损害数额			√	√	√	0	0	0	0	0	为减轻或消除污染对生态环境的危害而发生的阻断、去除、转移、处理和处置污染物的污染清理费用	0	0
14	生态环境损害鉴定评估技术指南总纲和关键环节 第1部分:总纲(GB/T 39791.1—2020)	污染源分布,特征污染物	√	√	生态环境损害价值量化			√	√	√	替代性恢复方案	0	0	0	0	为减轻或消除污染或破坏对生态环境的危害而发生的污染清除费用	0	0

注:目前技术术语与法律术语缺乏统一性,特作此表以建立联系。"√"表示包括该内容,相应文字描述为原文表述,"0"表示未提及;a——一般指生态环境修复费用;b——一般指生态环境受到损害至修复完成期间服务功能丧失导致的损失;c——一般指生态环境功能永久性损害造成的损失。

3.2 污染物性质鉴定

污染物性质鉴定是随着我国环境行政执法和环境资源诉讼发展而逐渐形成的一项鉴定活动，其鉴定内容主要包括危险废物鉴定、有毒物质鉴定，以及污染物其他物理、化学等性质的鉴定①。

我国学理上一般将环境问题区分为环境污染和生态破坏两大类，针对前者造成的损害，无论是调查还是处置工作，首要步骤是识别污染源、确定污染物性质，以便针对性地提出控制污染源或切断污染源的途径或措施，防止环境损害的进一步扩散。对于后者，如果是因为污染引起的生态破坏，明确污染源与生态破坏之间的因果关系会直接影响到证据的有效性，因而也需要对相关污染物进行性质鉴定。实践中，污染物性质鉴定在环境诉讼、进出口货物监督管理、建设项目环境影响评价、污染场地治理与修复、固体废物处理处置、环保尽职调查、环境污染责任保险评估以及环境信访等多个领域发挥着关键作用。

从污染防控角度来看，不同类型的废物，如生活垃圾、工业固体废物和危险废物，对应着不同的管理要求。污染物性质鉴定为环境健康风险物质的监管流程提供"身份认证"，确保废物在产生、运输、收集、利用、处置、贮存等环节符合相应的环境管理标准。从环境司法角度来看，则是为环境污染或者生态破坏诉讼涉及的污染物属性等专门性问题进行鉴别和判断并提供鉴定意见，这也是污染物性质鉴定目前最主要的应用领域，例如环境污染罪的构成要件中客体要件行为对象的认定，即判断涉案对象是否属于"有放射性的废物、含传染病病原体的废物、有毒物质或其他有害物质"等。污染物的性质不仅决定了其处置方式及处置费用，还关系到环境污染行为与损害之间的因果关系认定，进而影响"污染环境罪""非法处置进口的固体废物罪"等相关罪名的成立，对责任人的刑事责任判定具有决定性作用（图 3－2）。

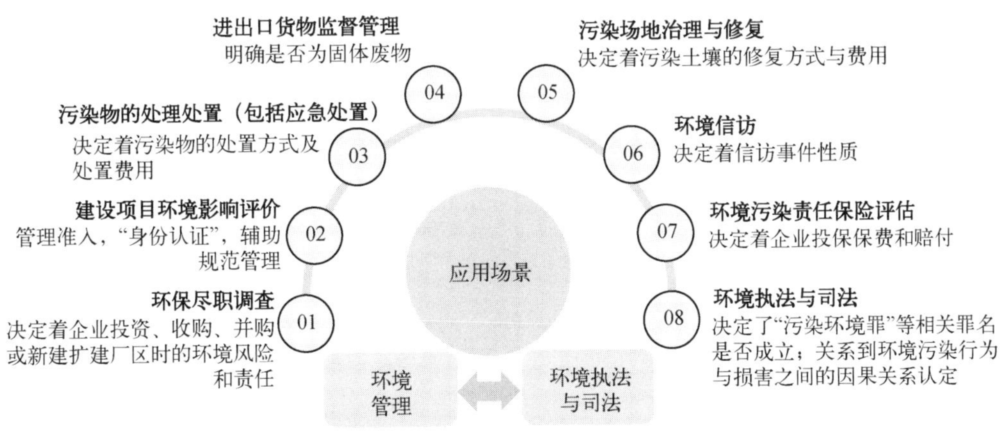

图 3－2　污染物性质鉴定的基本作用

① 张成，原野，张琴，等. 中国污染物性质鉴定技术体系现状及展望[J]. 环境污染与防治，2021，43(5)：649－658.

3.2.1 形成和发展过程

1. 进口固体废物的鉴定需求

20 世纪 80 年代以来,为缓解原料不足的现象,我国开始从境外进口可用作原料的固体废物。在当时的国际废物大循环并严格控制危险废物越境转移大背景下[①],为遏止越境转移危险废料,特别是向发展中国家出口和转移危险废料,1989 年 3 月 22 日,在联合国环境规划署于瑞士巴塞尔召开的世界环境保护会议上通过《控制危险废料越境转移及其处置巴塞尔公约》(简称《巴塞尔公约》),中国于 1990 年 3 月 22 日在该公约上签字,1992 年 5 月正式生效。

我国签署《巴塞尔公约》之后,加强了对有害废物越境转移的管理。同时,为防范进口固体废物环境风险,我国逐步建立了较为完善的固体废物进口管理制度体系。1991 年,原国家环保局、海关总署发布《关于严格控制境外有害废物转移到中国的通知》,列出了严格控制转移到中国的 23 类有害废物和垃圾,首次以废物清单的方式列出禁止进口的废物种类,同时也首次提出了我国进口废物需要审批的政策。1994 年,原国家环保局发布《关于严格控制从欧共体进口废物的暂行规定》,再次明确了《欧盟固体废物目录》中哪些废物在中国允许进口、哪些废物在中国禁止进口。1995 年 10 月通过的《中华人民共和国固体废物污染环境防治法》(以下简称《固废法》)明确规定:"禁止中国境外的固体废物进境倾倒、堆放、处置";"国家禁止进口不能用作原料的固体废物;限值进口可以用作原料的固体废物";"国务院环境保护行政主管部门应当会同国务院有关部门制定国家危险废物名录,规定统一的危险废物鉴别标准、鉴别方法和识别标志"。2004 年 12 月修订的《固废法》进一步明确:禁止进口不能用作原料或者不能以无害化方式利用的固体废物;对可以用作原料的固体废物实行限制进口和自动许可分类管理。这一期间发布的危险废物鉴别标准(GB 5085.1—1996)、《危险废物鉴别标准　急性毒性初筛》(GB 5085.2—1996)、《危险废物鉴别标准　浸出毒性鉴别》(GB 5085.3—1996)和《国家危险废物名录》等技术文件,初步形成了我国危险废物鉴别制度的雏形。

2006 年 2 月,为加强固体废物管理工作,原国家环保总局办公厅成立国家环境保护总局固体废物管理中心,并于同年 4 月联合海关总署、国家质量监督检验检疫总局等五部门发布了《固体废物鉴别导则(试行)》,成为固体废物属性鉴别的判断依据,并为一段时期以来掌握国内废物来源特性、污染特性和分类管理提供支撑。在固体废物属性鉴别活动中积累的大量经验也为《固体废物鉴别标准　通则》的编制提供了方法和依据,更是为污染环境罪涉及的固体类污染物的性质鉴定乃至危险特性鉴定提供了基础。2007 年后发布的《危险废物鉴别技术规范》《危险废物鉴别标准》《国家危险废物名录》等一系列标准,则借鉴美国和欧盟等发达国家危险废物鉴别、危险废物名录制度和豁免管理的经验,

① 周炳炎,王琪,于泓锦.固体废物鉴别原理与方法[M].北京:中国环境出版社,2016:94-97.

形成我国危险废物鉴别技术体系，不仅在日常环境管理中起到重要作用，也逐步应用于环境司法领域的取证定性。

表 3－2　固体废物鉴别发展历程

阶　段	法律、规范等文件
"十五"计划前（　—2000 年）	1995 年，《固体废物污染环境防治法》第二十五条进口的固体废物的分类管理制度，第四十三条危险废物鉴别制度； 1996 年，《危险废物鉴别标准　腐蚀性鉴别》（GB 5085. 1—1996），《危险废物鉴别标准　急性毒性初筛》（GB 5085. 2—1996），《危险废物鉴别标准　浸出毒性鉴别》（GB 5085. 3—1996）； 1998 年，《工业固体废物采样制样技术规范》（HJ/T 20—1998），《国家危险废物名录》
"十五"计划（2000—2005 年）	2001 年，《一般工业固体废物贮存、处置场污染控制标准》（GB 18599—2001），提出"第Ⅰ类一般工业固体废物"和"第Ⅱ类一般工业固体废物"； 2003 年，《医疗废物管理条例》
"十一五"规划（2006—2010 年）	2006 年，《关于成立国家环境保护总局固体废物管理中心的通知》《固体废物鉴别导则（试行）》； 2007 年，《危险废物鉴别技术规范》（HJ/T 298—2007），《危险废物鉴别标准　通则》（GB 5085. 7—2007）《危险废物鉴别标准》（GB 5085. 1—6）； 2008 年，《关于发布固体废物属性鉴别机构名单及鉴别程序的通知》； 2009 年，《进口可用作原料的固体废物检验检疫监督管理办法》《生活垃圾采样和分析方法》（CJ/T 313—2009）； 2010 年，《关于发布部分进口固体废物分类规范申报有关规定》《农业固体废物污染控制技术导则》
"十二五"规划（2011—2015 年）	2011 年《固体废物进口管理办法》
"十三五"规划（2016—2020 年）	2016 年，《国家危险废物名录》（2016 版）； 2017 年，《固体废物鉴别标准　通则》；《进口可用作原料的固体废物检验检疫监督管理办法》；《关于推荐固体废物属性鉴别机构的通知》； 2018 年，《进口可用作原料的固体废物检验检疫监督管理办法》（2018 修正）（2018 第二次修正）（2018 第三次修正），《进口货物的固体废物属性鉴别程序》； 2019 年，《危险废物鉴别技术规范》（HJ 298—2019），《危险废物鉴别标准　通则》（GB 5085. 7—2019）； 2020 年，《固体废物污染环境防治法》二次修订，第二十四条逐步实现固体废物零进口，第十四条、第二十五条、第七十五条鉴别标准、鉴别程序及鉴别单位管理要求

2. 污染环境罪的鉴定需求

1997 年，我国刑法修改之际，将《水污染防治法》《大气污染防治法》《固体废物污染环境防治法》等法律中涉及的环境刑事责任进行整合，增设了重大环境污染事故罪①，罪名规定"违反国家规定，向土地、水体、大气排放、倾倒或者处置有放射性的废物、含传染病病原体的废物、有毒物质或者其他危险废物，造成重大环境污染事故，致使公私财产损失遭受重大损失或者人身伤亡的严重后果的，处三年以下有期徒刑或者拘役，并处或者单处罚金；后果特别严重的，处三年以上七年以下有期徒刑，并处罚金。"

2011 年 2 月 25 日第十一届全国人民代表大会常务委员会第十九次会议通过《刑法

① 李元姝. 污染环境罪研究[D]. 大连：大连海事大学，2013.

修正案(八)》,将刑法第三百三十八条修改为“污染环境罪”,即“违反国家规定,排放、倾倒或者处置有放射性的废物、含传染病病原体的废物、有毒物质或者其他有害物质,严重污染环境的,处三年以下有期徒刑或者拘役,并处或者单处罚金;后果特别严重的,处三年以上以下有期徒刑,并处罚金。”这一次的修改将“危险废物”修改为“有害物质”,将原刑法的打击范围进一步扩大,可以理解为违反国家规定,排放、倾倒或者处置具有危害物性,但不是“废物”物质的行为也纳入刑法惩治的范围,这种扩张进一步加大了污染环境犯罪的打击和惩罚力度①。污染环境罪的构成要件之一是行为人实施排放、倾倒或者处置有放射性的废物、含传染病病原体的废物、有毒物质以及其他有害物质。如何认定这几种物质,是司法实务必须考虑的问题(图 3-3)。

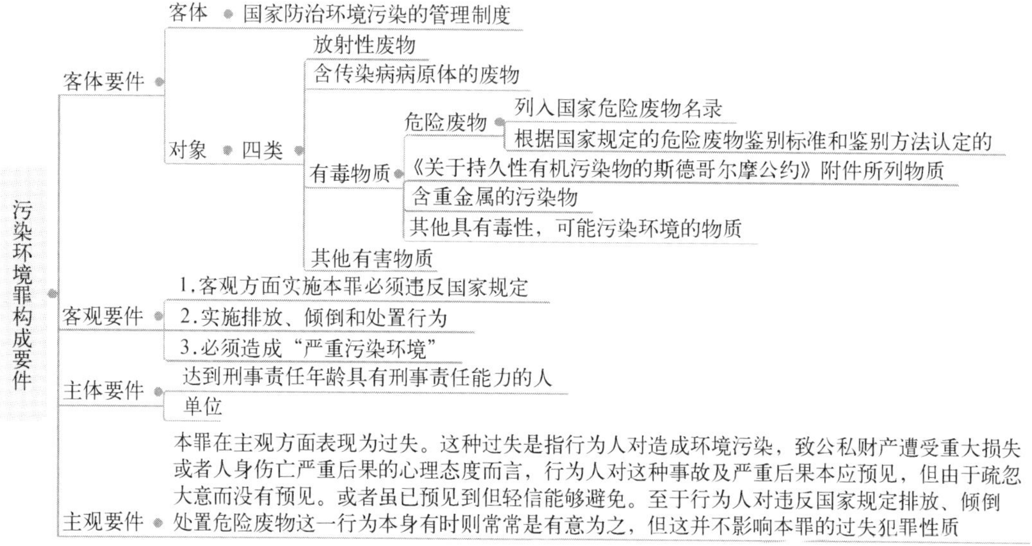

图 3-3 污染环境罪构成要件

2013 年 6 月最高人民法院、最高人民检察院发布的《关于办理环境污染刑事案件适用法律若干问题的解释》(法释〔2013〕15 号)直接推动了固体废物违法排污、违法处置案件的处理,在案件处理中应对违法对象进行危险废物鉴别,由此也带动危险废物日常管理得到加强,因此,2014~2015 年全国各地要求进行危险废物鉴别的情况显著增加。2016 年 12 月,最高人民法院、最高人民检察院发布《关于办理环境污染刑事案件适用法律若干问题的解释》(法释〔2016〕29 号),该解释结合当时环境污染犯罪的特点和司法实践反映的问题,依照刑法、刑事诉讼法相关规定,用 18 个条文对相关犯罪定罪量刑标准的具体把握等问题作了全面、系统的规定②。例如,明确了非法处置进口的固体废物罪、擅自进口

---

① 姜磊. 浅议环境污染罪的立法意义及制度完善[J]. 法制博览,2014(7Z):243.

② 最高人民检察院. 两高:篡改环境监测数据可认定为“严重污染环境”[EB/OL]. (2016-12-27)[2019-12-16]. http://www.spp.gov.cn/spp/tt/201612/t20161227_176814.shtml.

固体废物罪、环境监管失职罪定罪量刑的具体标准；明确了“有毒物质”的范围和认定问题。这一文件发布后，在污染环境罪的14种入罪标准中，重金属与危险废物等的超标排放是最重要的入罪方式，2018年度两者合计达74.31%，在2018年度审结的954件污染环境刑事案件中，具有“鉴定意见”证据类型的案件数量占比达到86.16%①。

2021年，随着《刑法修正案（十一）》的颁布实施，对《刑法》第三百三十八条所规定的污染环境罪进行了关键性修订。此次法律修订特别强调了对生态环境中的特定区域的保护，涵盖了依法划定的饮用水水源保护区、自然保护地核心保护区等重点保护区域，以及国家认定的重要河流、湖泊水域和基本农田区域。同时，加重了对污染环境罪的打击力度，增加了“处七年以上有期徒刑，并处罚金”这一档法定刑。我国现行的《刑法》中，涉及“毒害性”“放射性”“传染病病原体”等物质属性表述的条款如表3-3所示，目前仅有涉及第一百五十二条、第三百三十八条、第三百三十九条的污染物性质鉴定是在环境损害司法鉴定制度体系下开展的。

表3-3　刑法中与污染物性质鉴定相关的条款

罪　名	条　　款	内　　容	变　动
危害公共安全罪	第一百一十四条【放火罪、决水罪、爆炸罪、投放危险物质罪、以危险方法危害公共安全罪之一】	放火、决水、爆炸以及投放毒害性、放射性、传染病病原体等物质或者以其他危险方法危害公共安全，尚未造成严重后果的，处三年以上十年以下有期徒刑	《刑法修正案》（三），2001年12月29日修改
	第一百一十五条【放火罪、决水罪、爆炸罪、投放危险物质罪、以危险方法危害公共安全罪之二】	放火、决水、爆炸以及投放毒害性、放射性、传染病病原体等物质或者以其他危险方法致人重伤、死亡或者使公私财产遭受重大损失的，处十年以上有期徒刑、无期徒刑或者死刑。 过失犯前款罪的，处三年以上七年以下有期徒刑；情节较轻的，处三年以下有期徒刑或者拘役	《刑法修正案》（三），2001年12月29日修改
	第一百二十五条【非法制造、买卖、运输、邮寄、储存枪支、弹药、爆炸物罪、非法制造、买卖、运输、储存危险物质罪】	非法制造、买卖、运输、邮寄、储存枪支、弹药、爆炸物的，处三年以上十年以下有期徒刑；情节严重的，处十年以上有期徒刑、无期徒刑或者死刑。 非法制造、买卖、运输、储存毒害性、放射性、传染病病原体等物质，危害公共安全的，依照前款的规定处罚。 单位犯前两款罪的，对单位判处罚金，并对其直接负责的主管人员和其他直接责任人员，依照第一款的规定处罚	《刑法修正案》（三），2001年12月29日修改
	第一百二十七条【盗窃、抢夺枪支、弹药、爆炸物、危险物质罪、抢劫枪支、弹药、爆炸物、危险物质罪】	盗窃、抢夺枪支、弹药、爆炸物的，或者盗窃、抢夺毒害性、放射性、传染病病原体等物质，危害公共安全的，处三年以上十年以下有期徒刑；情节严重的，处十年以上有期徒刑、无期徒刑或者死刑。 抢劫枪支、弹药、爆炸物的，或者抢劫毒害性、放射性、传染病病原体等物质，危害公共安全的，或者盗窃、抢夺国家机关、军警人员、民兵的枪支、弹药、爆炸物的，处十年以上有期徒刑、无期徒刑或者死刑	《刑法修正案》（三），2001年12月29日修改

① 焦艳鹏. 我国污染环境犯罪刑法惩治全景透视[J]. 环境保护，2019，47(6)：43-52.

续 表

罪 名	条 款	内 容	变 动
危害公共安全罪	第一百三十条 【非法携带枪支、弹药、管制刀具、危险物品危及公共安全罪】	非法携带枪支、弹药、管制刀具或者爆炸性、易燃性、放射性、毒害性、腐蚀性物品，进入公共场所或者公共交通工具，危及公共安全，情节严重的，处三年以下有期徒刑、拘役或者管制	
	第一百三十六条 【危险物品肇事罪】	违反爆炸性、易燃性、放射性、毒害性、腐蚀性物品的管理规定，在生产、储存、运输、使用中发生重大事故，造成严重后果的，处三年以下有期徒刑或者拘役；后果特别严重的，处三年以上七年以下有期徒刑	
	第一百五十二条 【走私淫秽物品罪；走私废物罪】	以牟利或者传播为目的，走私淫秽的影片、录像带、录音带、图片、书刊或者其他淫秽物品的，处三年以上十年以下有期徒刑，并处罚金；情节严重的，处十年以上有期徒刑或者无期徒刑，并处罚金或者没收财产；情节较轻的，处三年以下有期徒刑、拘役或者管制，并处罚金。 逃避海关监管将境外固体废物、液态废物和气态废物运输进境，情节严重的，处五年以下有期徒刑，并处或者单处罚金；情节特别严重的，处五年以上有期徒刑，并处罚金。 单位犯前两款罪的，对单位判处罚金，并对其直接负责的主管人员和其他直接责任人员，依照前两款的规定处罚	《刑法修正案》（四），2002 年 12 月 28 日修改增加
破坏环境资源保护罪	第三百三十八条 【污染环境罪】	违反国家规定，排放、倾倒或者处置有放射性的废物、含传染病病原体的废物、有毒物质或者其他有害物质，严重污染环境的，处三年以下有期徒刑或者拘役，并处或者单处罚金；情节严重的，处三年以上七年以下有期徒刑，并处罚金；有下列情形之一的，处七年以上有期徒刑，并处罚金	《刑法修正案》（十一），2020 年 12 月 26 日修改
	第三百三十九条 【非法处置进口的固体废物罪；擅自进口固体废物罪；走私固体废物罪】	违反国家规定，将境外的固体废物进境倾倒、堆放、处置的，处五年以下有期徒刑或者拘役，并处罚金；造成重大环境污染事故，致使公私财产遭受重大损失或者严重危害人体健康的，处五年以上十年以下有期徒刑，并处罚金；后果特别严重的，处十年以上有期徒州，并处罚金。 未经国务院有关主管部门许可，擅自进口固体废物用作原料，造成重大环境污染事故，致使公私财产遭受重大损失或者严重危害人体健康的，处五年以下有期徒刑或者拘役，并处罚金；后果特别严重的，处五年以上十年以下有期徒刑，并处罚金。 以原料利用为名，进口不能用作原料的固体废物、液态废物和气态废物的，依照本法第一百五十二条第二款、第三款的规定定罪处罚	《刑法修正案》（四），2002 年 12 月 28 日修改

3. 环境损害诉讼及赔偿的鉴定需求

2009 年 12 月 26 日，第十一届全国人民代表大会常务委员会第十二次会议通过《中华人民共和国侵权责任法》，第六十五条规定到“因污染环境造成损害的，污染者应当承担侵权责任。”第六十七条“两个以上污染者污染环境，污染者承担责任的大小，根据**污染物的种类**、**排放量**等因素确定。”这一规定对环境污染事件中的污染物性质调查提出了需求。

“污染物性质鉴定”这一概念在技术文件中的首次出现是在 2014 年 10 月，原环保部发布的《环境损害鉴定评估推荐方法（第Ⅱ版）》中。该文件 5.2 节内容提到“环境损害鉴定评估的主要工作内容包括**污染物属性鉴别**、损害确认、因果关系判定和损害数额量化。”在环境污染事件发生后，需要技术人员判断污染物从哪里来（污染产生来源），污染物及其次生污染物是什么（污染物组成），它会去哪儿（污染对象、程度及空间分布），它是怎么去的（污染物的传输路径）……这些问题都直接关系到污染环境责任的认定。而后续的污染物由谁来处置，怎么处置（污染物的处置方式及处置费用也与其管理分类有关系，而非环境介质的）等问题则直接关系到直接经济损失的核定。由此看来，污染物属性的判断成为环境损害鉴定评估乃至生态环境损害赔偿工作中的一项必不可少的内容。

2015 年 6 月，最高人民法院公布《关于审理环境侵权责任纠纷案件适用法律若干问题的解释》，其中第四条规定“两个以上污染者污染环境，对污染者承担责任的大小，人民法院应当根据**污染物的种类**、**排放量**、**危害性**以及有无排污许可证、是否超过污染物排放标准、是否超过重点污染物排放总量控制指标等因素确定”。第六条规定“被侵权人根据侵权责任法第六十五条规定请求赔偿的，应当提供证明以下事实的证据材料：（一）污染者排放了污染物；（二）被侵权人的损害；（三）污染者排放的污染物或者其次生污染物与损害之间具有关联性”。第九条规定“当事人申请通知一至两名具有专门知识的人出庭，就鉴定意见或者**污染物认定**、损害结果、因果关系等专业问题提出意见的，人民法院可以准许”。

为适应环境损害诉讼需要，2015 年 12 月司法部和环境保护部发布的《关于规范环境损害司法鉴定管理工作的通知》（司发通〔2015〕118 号）中第一次明确了环境诉讼中需要解决的专门性问题包括“确定污染物的性质”，自此，相关的危险废物鉴定、有毒物质鉴定，以及污染物其他物理、化学等性质的鉴定工作都需要在司法鉴定制度体系下开展。

3.2.2　方法学基础

我国当前污染物性质鉴定的工作基础主要起源于国内的化学品管理、进口固体废物鉴别、危险废物鉴别和微量物证鉴定工作，其鉴定理论基础则从物理、化学、生物等自然学科发展而来，而理化性质、生物生态毒理、流行病学等领域的分析测试发展，则为当前的有毒有害物质鉴定提供了大量的技术支撑。

1. *污染物风险评估*

环境污染物是指进入环境后使环境的正常组成和性质发生直接或间接有害于人类的变化的物质①。环境污染物来源多样，种类丰富。有些物质是本身就广泛分布于自然界中的，但大部分是由人类活动产生。有些物质原本是生产中的有用物质，甚至是人和生物必需的营养元素，由于未充分利用而大量排放，就可能成为环境污染物。有的污染物进入环境后，通过物理或化学反应或在生物作用下会转变成危害更大的新污染物（二次污染

---

① 戴树桂. 环境化学［M］. 2 版. 北京：高等教育出版社，2006：11－12.

物),也可能降解成无害物质。不同污染物同时存在时,可因拮抗或协同作用使毒性降低或增大。

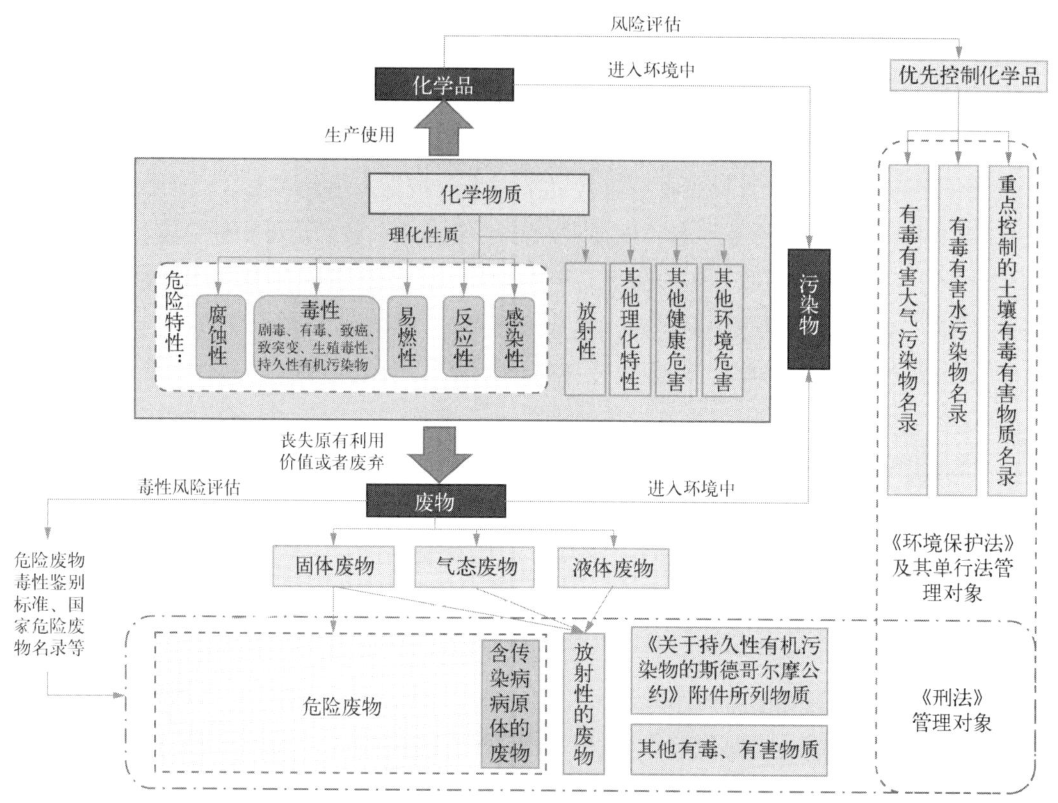

图 3-4　物质生命周期管理示意图①

自 20 世纪 50 年代有学者首次提出健康风险评定安全系数法②,便开启了通过动物模拟实验来获取毒性数据的研究。人们后来结合数字模型,预测得到患癌的超额危险度上限,对化学物质危害由定性评定转向定量评定等等。1983 年,美国国家科学院和国家研究委员会提出了人类健康风险评估(Health Risk Assessment, HRA)的四步法:危害识别、剂量-反应评估(毒性评估)、暴露评估和风险表征③,随后,美国国家研究委员会对人类健康风险评估规范进行了修改,并适用于生态风险评估(Ecological Risk Assessment, ERA)④。美国环保署使用风险评估来表征可能存在于人类体内的化学污染物和其他影

---

① 张成,原野,张琴,等.中国污染物性质鉴定技术体系现状及展望[J].环境污染与防治,2021,43(5):649-658.

② 钱光人.危险废物管理[M].北京:化学工业出版社,2004:35.

③ 陈梦舫,韩璐,罗飞.污染场地土壤与地下水风险评估方法学[M].北京:科学出版社,2017:5.

④ Burger J. Environmental Management: Integrating Ecological Evaluation, remediation, restoration, natural Resource Damage Assessment And Long-term Stewardship On Contaminated Lands[J]. Science of the Total Environment, 2008, 400(1-3): 6-19.

响源对人类(如居民,工人,休闲游客)和生态受体(如鸟类,鱼类,野生生物)健康风险的性质和严重性。由于该方法是基于当前知识基础和数据进行的计算和判断,所有风险评估在某种程度上都具有不确定性,但所有合理的风险评估的关键部分是公平的,并公开说明计算中的不确定性,以表征所得出的风险评估结论有多可靠(或不可靠)。

一般而言,风险取决于以下三个因素:环境介质(例如:土壤,水,空气)中存在多少化学物质;人或生态受体与被污染的环境介质接触(暴露)的程度,以及化学物质的固有毒性①。当前风险评估方法已广泛应用于我国化学品管理②、危险废物管理、有毒有害大气或水污染管理③、土壤风险管理等方面的健康风险评定,并发布《新化学物质危害评估导则》(HJ/T 154—2004)、《化学品毒性鉴定技术规范》、《风险管理　风险评估技术》(GB/T 27921—2011)、《环境污染物人群暴露评估技术指南》(HJ 875—2017)、《环境与健康现场调查技术规范　横断面调查》(HJ 839—2017)、《建设用地土壤污染风险评估技术导则》(HJ 25.3—2019)、《化学物质环境风险评估技术方法框架性指南(试行)》、《生态环境健康风险评估技术指南　总纲》(HJ 1111—2020)等相关技术规范。

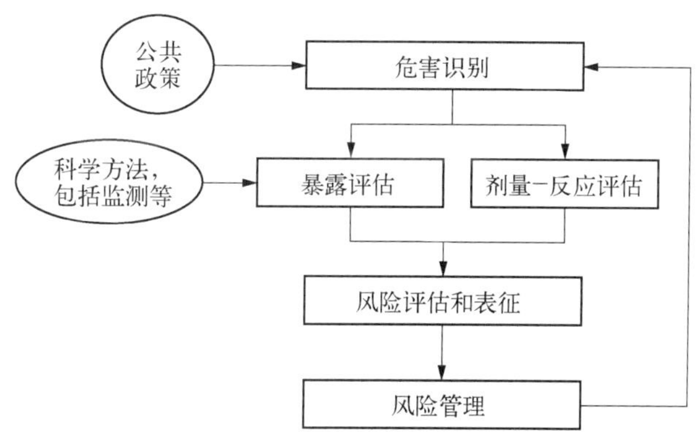

图3-5　风险评估基本步骤

(1) 危害识别(风险识别)

在环境污染事件中,危害识别主要是确定污染现场可能对生态环境或人体健康产生不利影响的污染源,并对主要污染物进行识别确认的过程。主要通过前期调查发现、列举和描述相关污染物及污染暴露信息,例如污染物种类、形态、浓度等,区域的水文、地质信息和数据、敏感人群等,建立该污染物的理化性质和构效关系(包括生态毒理学和健康毒理学危害)资料。根据流行病学调查、体内试验、体外试验以及(定量)构效关系等科学数据和文献信息,识别目标污染物的毒性效应及其作用模式或机制。但是,流行病学研究本

---

① United States Environmental Protection Agency. Risk Assessment [EB/OL] https://www.epa.gov/risk/about-risk-assessment.

② 王蕾,刘济宁,石利利,等.PBT物质危害评估与环境管理发展概况[J].环境科学与管理,2012,37(2):11-18.

③ 张衍燊,徐伟攀,只艳,等.我国环境健康风险评估技术规范体系初探[J].环境与可持续发展,2019,44(5):15-17.

身存在一些局限性,在相关研究资料缺乏或难以获得的情形下,往往采用动物实验研究获取相关数据,而这部分内容主要依赖于毒代动力学和毒物动力学研究,以解释污染物危害特性、致癌性、致畸性等不利影响的作用机制。

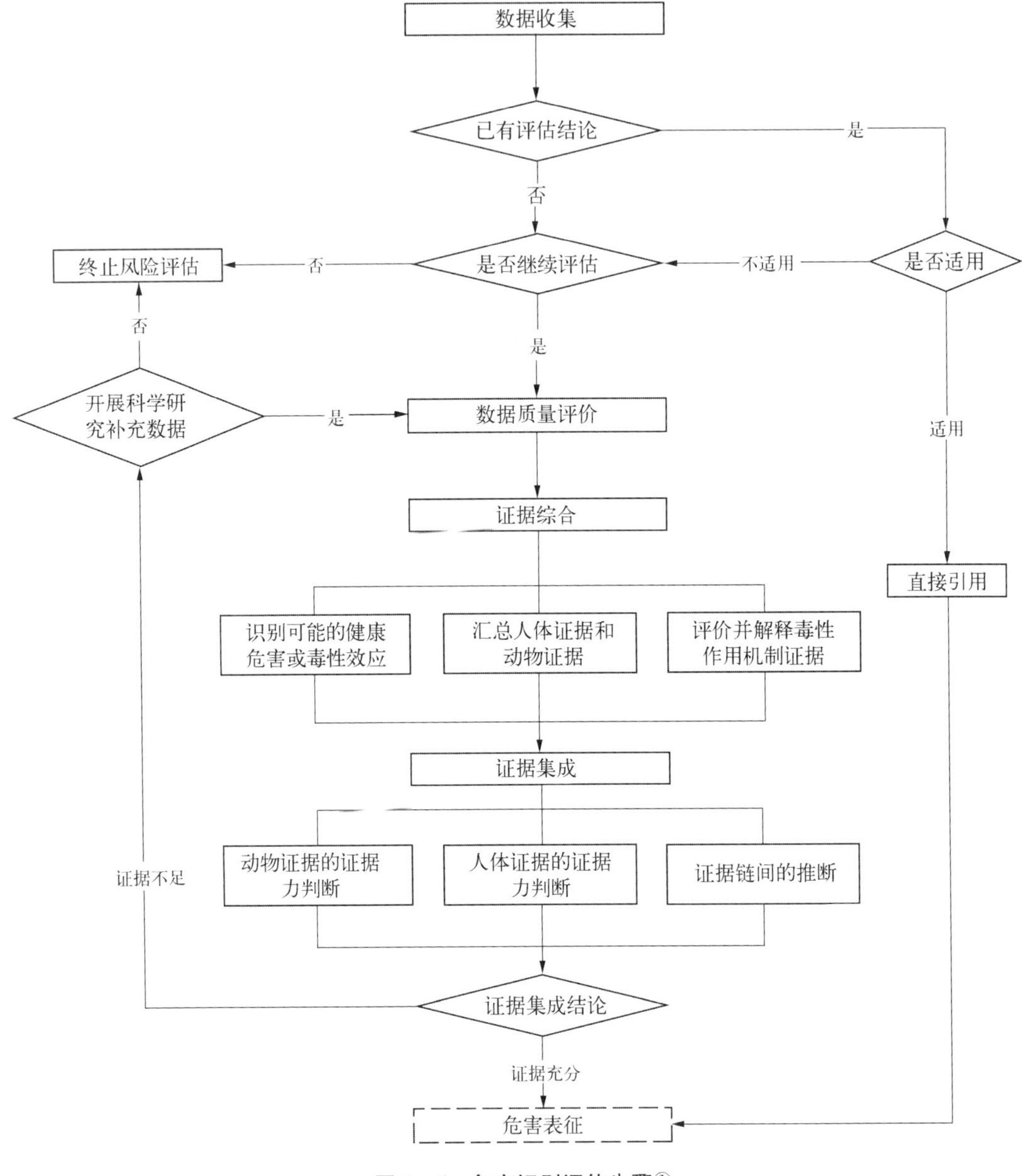

图 3-6 危害识别评估步骤①

(2) 危害表征(剂量-反应评估)

剂量-反应关系主要描述的是污染物与其造成的不良生态环境效应或人体健康效应

① 参见《生态环境健康风险评估技术指南 总纲》(HJ 1111—2020)。

之间的关系。通过毒性试验方法和模型外推等方法以推导毒性参数，定性描述目标污染物危害等级。其评估方法包括非线性剂量-反应评估和线性剂量-反应评估两种，前者基于阈值假设，认为有机体可以耐受从零到某个有限值的一系列暴露，而基本上没有机会表达毒性作用，而毒性阈值就是作用开始出现的量值。如果上述"作用方式"信息表明毒性没有阈值，则该评估类型被称为"线性"剂量-反应评估。对于致癌物，如果"作用方式"信息不足，则通常将线性外推法用作剂量-反应评估的默认方法。

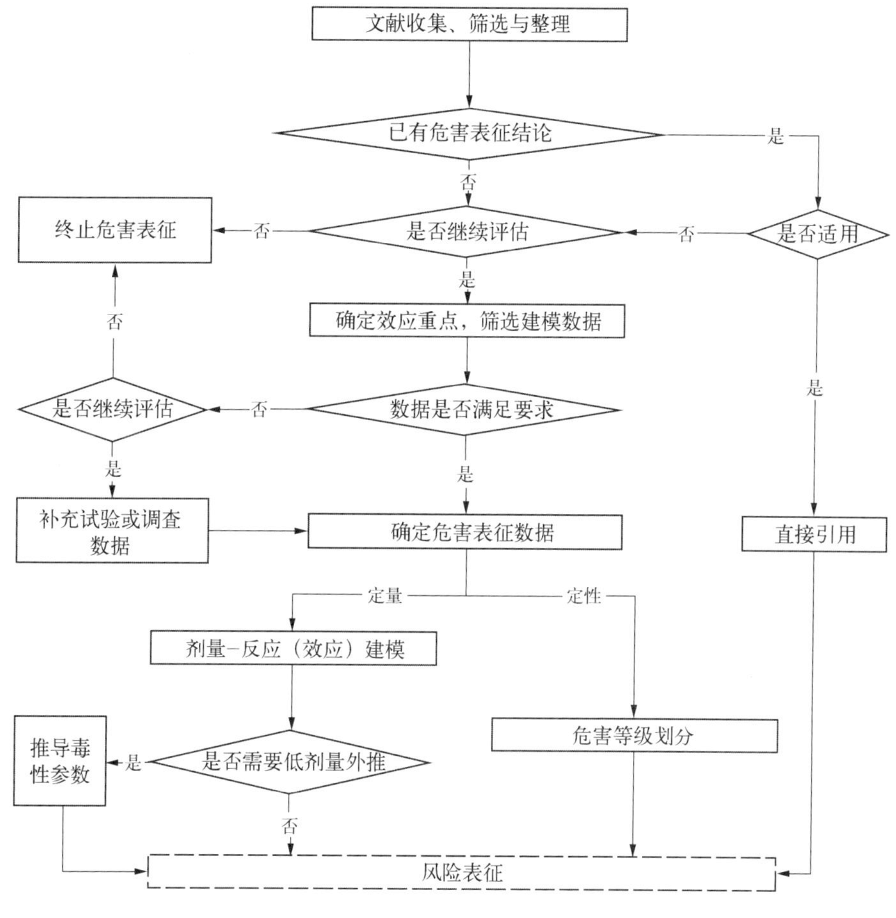

图3-7　危害表征评估步骤①

（3）暴露评估

暴露评估是估算污染物对生态环境或人体的暴露程度，主要是确定暴露的来源、类型、程度和持续时间，或估算尚未释放的试剂未来暴露的过程，定性或定量估计特定情景下生态环境或人群经不同路径和途径暴露于目标污染物的外暴露量。环境风险评估中，通常以环境中化学物质的浓度表示；健康风险评估中，通常以人体的化学物质总暴露量表示。

① 参见《生态环境健康风险评估技术指南　总纲》（HJ 1111—2020）。

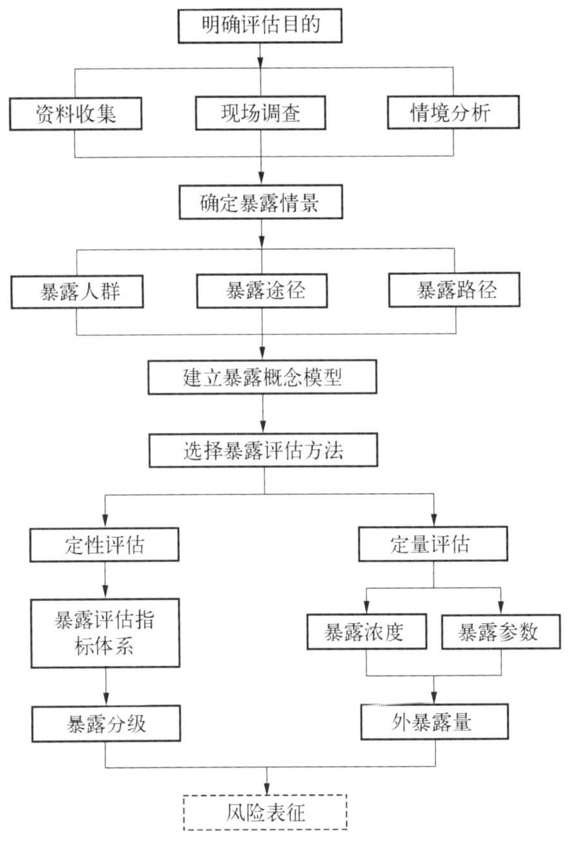

图 3-8　暴露评估步骤①

(4) 风险表征

风险表征是风险评估的最后一步，它通过综合危害识别、危害表征和暴露评估结果，定性或定量描述污染物不良影响发生的可能性大小及其不确定性。当数据、信息资料充足时，通常进行定量评价，定量风险评估结果，给出化学物质的风险具体数值；当数据、信息资料不够充足时，通常进行定性评价，定性风险表征结果，给出化学物质属于环境高风险、中风险和低风险的评估结论。定量风险评估更加准确，且评价结果具有重现性，在实际风险评估中广泛应用，定量风险表征方法主要包括商值法和概率法②。

(5) 不确定性及敏感性

在风险评估中会涉及与危害识别、危害表征、暴露评估和风险表征时所用数据、方法及模型的不确定性因素，应对此进行相应说明，以充分阐述风险评估的完整性及准确度。其中，定量不确定性分析参照 GB/T 27921—2023 中规定的蒙特卡罗模拟方法。

① 参见《生态环境健康风险评估技术指南　总纲》(HJ 1111—2020)。

② 李素珍，闫振飞，付卫强，等. 生态风险评估技术框架及其在环境管理中的应用[J]. 环境工程，2019，37(3)：186-191.

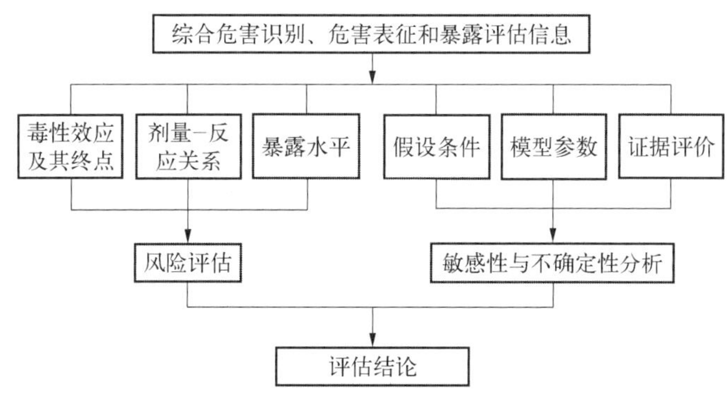

图3-9　风险表征评估步骤①

敏感性分析时确定某个参数输入的变化对风险等级的影响，可用来识别哪些数据对结果影响较大②，模型参数敏感性分析参照 HJ 875 中规定的方法。

2. 环境污染物管理

对于化学污染物而言，无论是无机污染物或有机污染物，其本质都是具有特殊分子组成的化学物质。目前，全球大约有 10 亿种化学物质，市场流通的化学品大约有 10 万种，这些化学物质在生产、储存、使用、运输等全生命周期的各个环节均有可能产生环境风险和造成损害。鉴于污染物种类繁多，其物理化学性质、污染途径及环境效应的多样性，为环境管理带来了显著挑战。

面对种类繁多的污染物，世界各国均致力于筛选出毒性强、难降解、残留时间长、在环境中分布广的污染物优先进行控制，称为优先污染物。美国环保局（USEPA）于 1976 年率先公布了 129 种优先污染物。借鉴国际经验和研究成果，我国于 1989 年 4 月发布了“水中优先控制污染物黑名单”，涵盖 14 类 68 种有毒化学污染物，其中有机污染物 58 种，无机污染物 10 种③。

随着中国经济的快速发展，环境问题也日益凸显。在“十五”和“十一五”环境保护计划期间，我国出台了一系列法律法规和政策，旨在加强对大气污染防治④、化学品环境管理和环境风险防控⑤、固体废物及危险废物的管理和污染防控⑥以及重金属污染综合防治⑦等

① 参见《生态环境健康风险评估技术指南　总纲》（HJ 1111—2020）。

② 参见《风险管理　风险评估技术》（GB/T 27921—2011）。

③ 周文敏，傅德黔，孙宗光. 水中优先控制污染物黑名单[J]. 中国环境监测，1990(4)：3-5.

④ 生态环境部. 关于印发《重点区域大气污染防治“十二五”规划》的通知[EB/OL]. (2012-10-29). http://www.mee.gov.cn/gkml/hbb/bwj/201212/t20121205_243271.htm.

⑤ 生态环境部. 关于印发《化学品环境风险防控“十二五”规划》的通知[EB/OL]. (2013-02-07). http://www.mee.gov.cn/gkml/hbb/bwj/201302/t20130220_248271.htm.

⑥ 生态环境部. 关于印发《“十二五”危险废物污染防治规划》的通知[EB/OL]. (2012-10-08). http://www.mee.gov.cn/gkml/hbb/bwj/201210/t20121023_240228.htm.

⑦ 生态环境部《重金属污染综合防治“十二五”规划》提出重点防控的重金属污染物是铅（Pb）、汞（Hg）、镉（Cd）、铬（Cr）和类金属砷（As）等，兼顾镍（Ni）、铜（Cu）、锌（Zn）、银（Ag）、钒（V）、锰（Mn）、钴（Co）、铊（Tl）、锑（Sb）等其他重金属污染物。

新任务的管控。这些措施共同构成了中国当前对有毒有害物质的综合管理模式,体现了我国对环境风险管理和污染物控制的重视和努力。

相对于人类已认知的化学品种类总数而言,目前纳入环境监管对象的物质种类十分有限。我国于1997年修订的《刑法》中新增设“破坏环境资源保护罪”,对涉及环境污染犯罪客观方面的行为对象进行了明确,但关于“放射性的废物、含传染病病原体的废物、有毒物质或者其他危险废物”的认定标准一直缺乏。我国现有的有毒有害大气污染物、有毒有害水污染物、重点控制的土壤有毒有害物质及优先控制化学品等名录,以及《国家危险废物名录》《危险废物鉴别标准　浸出毒性鉴别》(GB 5085.3)、《危险废物鉴别标准　毒性物质含量鉴别》(GB 5085.6)和《危险废物鉴别标准　急性毒性初筛》(GB 5085.2)[①]等标准,实质上都是基于风险评估方法(图3-5),考虑化学物质固有的环境和健康危害以及暴露情况,筛选出存在或者可能存在较高环境与健康风险的化学物质进行“优先”管理[②],或确定风险分级浓度标准[③]。其中,优先控制化学品名录主要体现“该管”的原则,重点筛选应当优先管控的化学物质;有毒有害大气污染物名录、有毒有害水污染物名录等则是本着“能管”的原则,从优先控制化学品名录中,筛选出具有国家排放标准和监测方法的,且可以实施有效管控的固定源排放的化学物质[④]。但是以上各名录较为分散且涵括物质种类有限、缺乏量值限制,对于当前刑法规制下的污染物“身份认定”存在较大局限性,采用列举式或名录式认定方式与通过检测、评估计算等方式认定的属性对象之间不能形成有效衔接。

在污染物性质鉴定中,最受关注的除了物质本身的物理化学组成要素外,就是其“污染风险”,而这一特点主要体现在物质的毒理学性质上,即对人体健康或环境健康的危害。毒理学家 Paracelsus 曾指出“化学物质只有在一定的剂量下才具有毒性,毒物和药物的区别仅在于剂量。[⑤]”因此,也十分有必要结合各种毒理学实验数据或数据库,对重点关注物质或环境问题多发的物质建立“名录与风险分级浓度标准相结合”的管理清单或信息数据库,对未纳入的物质但具有潜在风险的可调研国内外数据或开展毒理学研究。

自20世纪60年代以来,美国通过《清洁水法》《安全饮用水法》《联邦杀虫剂、杀真菌剂和杀鼠剂法》等具体法律对有毒有害物质的污染防治进行相应规定,通过《有毒物质控

---

① 黄启飞,段华波,张丽颖,等.危险废物毒性鉴别指标体系研究[J].能源环境保护,2006,20(1):2-5,41.

② 生态环境部.关于征求《优先控制化学品名录(第二批)(征求意见稿)》意见的通知[EB/OL].(2020-05-07).http://www.mee.gov.cn/xxgk2018/xxgk/xxgk06/202005/t20200507_778051.html.

③ 杨玉飞,黄泽春,黄启飞,等.国外危险废物优先管理理论与实践研究[J].环境工程技术学报,2013,3(1):10-17.

④ 生态环境部.专家解读《有毒有害大气污染物名录(第一批)(征求意见稿)》[EB/OL].(2018-12-14).http://www.gov.cn/xinwen/2018-12/15/content_5349089.htm.

⑤ Gary, F, Bennett. Daniel A. Vallero, Environmental Contaminants: Assessment and Control (2004) Elsevier Academic Press, Burlington, MA 0-12-710057-1[J]. Journal of Hazardous Materials, 2005.

制法》(Toxic Substances Control Act)、《联邦危险品法》(Federal Hazardous Substance Act)对有毒有害物质的化学成分进行控制,并在1976年颁布的《资源保护回收法》(Resource Conservation and Recovery Act)实现以危害分类的方式管理具有不同危害特性(如腐蚀性、易燃性、反应性和毒性)的危险废物,在1980年的《综合环境反应、赔偿和责任法》(Comprenhensive Enviromental Response Compensation and Liability Act, CERCLA)中则实现了危险废物和有毒物质引起的损害赔偿追责,从而达到有毒有害物质"从摇篮到坟墓"的全过程管理。随着我国《土壤污染防治法》《固体废物污染环境防治法》及生态环境损害赔偿等法律法规的不断完善,未来可以考虑将分散于农药、化学品、危险废物管理等多方面的有毒有害物质进行系统性管理,建立基于毒性致害机理或剂量的毒性分级标准,匹配危害数据信息库,统一认定程序、认定标准。

3.2.3 鉴定要求

在环境损害司法鉴定中确定污染物性质,既要在技术层面通过现场快速检测、实验室仪器检测和化学分析技术对污染物进行定性和定量分析,也要兼顾法律法规技术规范等对污染物属性进行界定。综合环境管理与环境司法审判的实践需要,可以看出,确定污染物性质实质是对物质自然科学特点及其管理属性与法律属性进行综合判别的证据形成活动,其核心在于分析物质的物理、化学、生物特性或毒理学机理,判断它们是否满足相应的管理要求或法律要求,并塑造证据形式。

当然,在当前的刑法设置下,并不是所有的污染物都可以作为污染环境罪的客观构成要件,正如有言道"司法解释是对刑法规定的解释,司法适用中应当对刑法、司法解释相关规定一体适用,而不能脱离刑法规定适用司法解释。"故而在相关污染物性质鉴定过程中,也一定要结合当前的刑法规定对鉴定对象进行分析判断,具体内容见第七章。

3.3 生态环境损害确定

生态环境损害不同于环境污染或生态破坏导致的人身、财产损害,是指污染环境或破坏生态行为引发区域环境因素和生物因素的不利改变,及各要素构成生态系统功能的退化[①],关注的是对环境本身造成的损害。确定生态环境是否遭受损害以及确认生态环境的损害范围和程度,不仅仅是环境污染刑事案件中认定生态环境损害事实、区分入罪标准的关键所在,更是环境侵权确定赔偿方式、赔偿数额的依据和支撑。

确定生态环境损害的基本程序有:

---

① 刘倩.生态环境损害赔偿:概念界定、理论基础与制度框架[J].中国环境管理,2017,9(1):98-103.

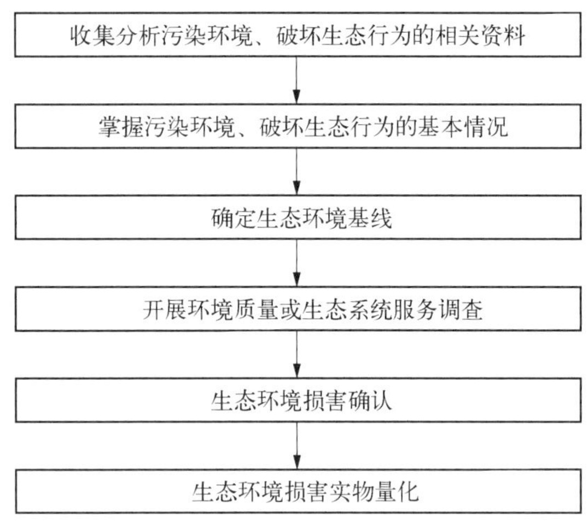

图 3－10　生态环境损害确认基本程序

3. 3. 1　基线确定

生态环境基线是指污染环境、破坏生态行为未发生时，评估区域内生态环境及其生态系统服务的状态，它是确定生态环境损害的开端，也是确定生态环境损害是否发生的必要条件，直接影响到生态环境损害范围和程度的确定。

《生态环境损害鉴定评估技术指南　总纲》"第 10 节附则"中明确到，在《环境损害鉴定评估推荐方法》与《生态环境损害鉴定评估技术指南　总纲》相关规定和要求不一致的，以《生态环境损害鉴定评估技术指南　总纲》为准①。根据《生态环境损害鉴定评估技术指南　总纲和关键环节　第 1 部分：总纲》（GB T 39791. 1—2020），基线的确定方法②总原则按以下顺序进行选择，具体包括：

1）历史数据：优先利用评估区污染环境或破坏生态行为发生前的历史数据确定基线，可以利用评估区既往开展的常规监测、专项调查、学术研究等历史数据。

2）对照数据：当缺乏评估区的历史数据或历史数据不满足要求时，可以利用未受污染环境或破坏生态行为影响的"对照区域"的历史或现状数据确定基线。应选择一个或多个与评估区具有可比性且未受污染环境或破坏生态行为影响的对照区域。

3）标准基准：当利用历史数据或对照数据确定基线不可行时，可参考适用的国家或地方环境质量标准或环境基准确定基线；当标准和基准同时存在时，优先适用环境质量标准；当缺乏适用的标准或基准时，可参考国外政府部门或国际组织发布的相关标准或基准。

4）专项研究：必要时应开展专项研究，按照相关环境基准制定技术指南，推导环境

---

① 中国环境报.《生态环境损害鉴定评估技术指南　总纲》用于何处？聚焦因污染或破坏导致的生态环境损害[EB/OL].（2016－07－20）. https://www.cenews.com.cn/legal/fgsy/201607/t20160720_807403.html.

② 生态环境部. 生态环境损害鉴定评估技术指南　总纲和关键环节　第 1 部分：总纲[EB/OL].（2021－01－01）. https://www.mee.gov.cn/ywgz/fgbz/bz/bzwb/other/qt/202012/t20201231_815714.shtml.

基准作为基线；也可以构建生态环境质量与生物体的毒性效应、种群密度、物种丰度、生物多样性等评价指标之间的剂量-反应关系确定基线。

上述确定基线的原理均是寻找时间或空间范围内未受到破坏的生态状态作为基准值或恢复目标值，再与现有生态状态进行比较，两者差值即作为损害程度①。通常而言，无论是突发性的环境损害还是累积性的环境损害，一般在损害发生前很少会有专门针对当前环境损害区域的背景研究，或有相关研究但不能满足当前环境损害基线要求，故评估区域的历史数据较难获取。因此，比较常见的是采用“对照数据”确定基线。

基线确定还有赖于获得相关方法、获取途径的科学性和合理性，例如通过现场采样确定“对照区域”这种方式，还需关注其采样原则、方法、程序及操作、评价指标等各附属环节的科学性和合理性。

3.3.2　损害确认

基线确定后，满足以下任一条件则可确认生态环境受到损害：

涉及环境要素的质量评价：

1）评估区环境空气、地表水、沉积物、土壤、地下水、海水中特征污染物浓度或相关理化指标超过基线②；

2）评估区环境空气、地表水、沉积物、土壤、地下水、海水中物质的浓度足以导致生物毒性反应；

涉及物种等资源或生态系统服务的评价：

3）评估区生物个体发生死亡、病变、行为异常、肿瘤、遗传突变、生理功能失常、畸形；

4）评估区生物种群特征（如种群密度、性别比例、年龄组成等）、群落特征（如多度、密度、盖度、频度、丰度等）或生态系统特征（如生物多样性）与基线相比发生不利改变；

5）与基线相比，评估区生态服务功能降低或丧失；

6）造成生态环境损害的其他情形。例如土壤与地下水或水生态系统等不再具备基线状态下的生态服务功能，如土壤的农产品生产功能、地下水的饮用功能、水生生物的食用功能，水生态系统的水产品养殖、饮用和灌溉用水供给、涵养水源、水体净化、气候调节等服务功能。

通过现场调查确定生态环境损害类型后，选择以上相应评估指标参数，确认生态环境损害的时空范围和损害程度，其中损害程度体现在上述指标超过基线的那部分当中。调查程序及要求可参照《生态环境损害鉴定评估技术指南　总纲和关键环节　第 2 部分：

---

① 李嘉珣，曹飞飞，汪铭一，等. 参照点位法下的参照状态在草原生态系统损害基线判定中的应用[J]. 生态学报，2019，39(19)：6966－6973.

② 《生态环境损害鉴定评估技术指南　总纲和关键环节　第 1 部分：总纲（征求意见稿）》删除了《生态环境损害鉴定评估技术指南　总纲》中关于“特征污染物浓度超过基线的 20%”的规定，强调生态环境现状与基线相比存在显著性差异，突出浓度范围的比较而非个别点位或平均水平的比较。

损害调查》(GB/T 39791.2—2020)进行,并在附录C中形成完整记录。

3.3.3 损害实物量化

生态环境损害实物量化的主要目的是在确认生态环境受损后,进一步通过统计分析、空间分析、模型模拟等方法明确受损的类型、范围和程度,这不仅仅是损害后果情节的区分依据,也是后续环境恢复方案设计和恢复费用(即损害价值量化)的直接依据。

实物量化时需综合考虑评估对象、目的、适用条件、资料完备程度等情况,选择适当的实物量化指标、方法和参数。主要从以下三方面进行量化:

1)对生态环境要素的损害,一般以特征污染物浓度为量化指标,比较污染环境行为发生前后空气、地表水、沉积物、土壤、地下水、海水等生态环境质量状况,确定生态环境中特征污染物浓度超过基线的时间、体积和程度等变量和因素。

2)对生物要素的损害,一般选择生物的种群特征、群落特征或生态系统特征等指标作为量化指标,确定评估区生物种群特征、群落特征或生态系统特征劣于基线的时间、面积、生物量或程度等。

3)对生态系统服务功能的损害,应明确受损生态服务功能类型,如提供栖息地、食物和其他生物资源、娱乐、地下水补给、防洪等,并根据功能或服务类型选择适合的量化指标,如栖息地面积、受损地表水资源量等,确定评估区生态服务功能劣于基线的时间、服务量或程度等。在量化生态服务功能时,应识别相互依赖的生态服务功能,确定生态系统的主导生态服务功能并针对主导生态服务功能选择适用的方法进行评估,以避免重复计算。

3.4 因果关系评定

3.4.1 评定的必要性

对环境损害行为与损害结果之间是否具有因果关系进行鉴定并形成鉴定意见,不仅是环境科学研究的问题,也是证据科学关注的焦点①。在环境污染刑事案件中,污染环境行为与损害后果之间的因果关系或联系直接影响到污染环境犯罪行为的定罪和量刑②。在环境侵权案件中,因果关系的认定则直接影响到侵权事实是否成立以及承担的责任范围。2009年通过的《中华人民共和国侵权责任法》第六十六条规定:“因环境污染发生纠纷,污染者应当就法律规定的不承担责任或者减轻责任的情形及其行为与损害之间不存在因果关系承担举证责任”,规定了污染者需要承担否定其行为与损害之间的因果关系的举证责任。而后2015年发布的《最高人民法院关于审理环境侵权责任纠纷案件适用法律

① 王伟.论环境污染因果关系鉴定证据[J].环境保护,2008,396(10):30-33.

② 杨继文.污染环境犯罪因果关系的证明[J].政治与法律,2017(12):77-88.

若干问题的解释》第六、七两条分别针对被侵权人和污染者进一步具体分配了因果关系的举证要素和内容，这些规定也被延续到了 2020 年 5 月发布的《中华人民共和国民法典》中。损害行为和损害结果之间的因果关系是否存在，是环境资源诉讼的核心内容，也是司法实践中法官认定事实的重要参考。

3.4.2 因果关系分析

技术层面的因果关系分析主要从以下几方面考虑：

1. 行为和损害事实

即存在明确的污染环境或破坏生态行为，生态环境损害事实明确，这是因果关系分析的前提。通常可以通过前期调查获取的直接或间接的证据说明相关问题，包括物证、书证、证人证言、笔录、视听资料等，或能反映问题的卫星或航拍影像等调查资料。但对于鉴定人而言，不可仅凭口供等材料便轻信为“事实”，仍需结合鉴定人的调查或亲自到现场进行踏勘检验的内容进行综合判断。

2. 时间先后顺序

污染环境或破坏生态行为与生态环境损害之间存在时间先后顺序，即污染环境或破坏生态行为的发生时间先于生态环境损害的发生。通常可以通过搜集的资料结合人员访谈等进行多方验证说明。

3. 同源性、关联性与合理性

(1) 污染环境行为引起的生态环境损害

首先需要分析受体端（环境介质或生物）和污染源之间的同源性，即空气、地表水、地下水、土壤等环境介质或生物中存在污染源排放的污染物，且与污染源产生或排放的污染物（或污染物的转化产物）具有一致性。通常可以通过采样检测，分析污染源、环境介质和生物中污染物的成分、浓度等，采用稳定同位素或放射性同位素和指纹图谱等技术，结合统计分析方法进行比较判断。

其次，需要判断污染物传输迁移路径的合理性或受体作用结果的合理性，即分析评估区域气候气象、地形地貌、水文地质等自然环境条件（往往是事发历史条件下的和当前现状结合分析），是否存在污染物从污染源迁移至环境介质最后到达生物的可能。识别受体作用结果的合理性，即分析受体暴露及发生损害的可能性，通常需要识别生物暴露于环境污染物的暴露介质、暴露途径和暴露方式，结合生物内暴露和外暴露测量，分析判断生物暴露于环境污染物的可能性，也可通过文献查阅、专家咨询和毒理实验等方法，分析污染物暴露与生态环境损害间的关联性，阐明污染物暴露与生态环境损害间可能的作用机理；建立污染物暴露与生态环境损害间的剂量-反应关系，分析判断生物暴露水平产生损害的可能性。

(2) 破坏生态行为引起的生态环境损害

破坏生态与生态环境损害间的因果关系分析，在行为和损害事实、时间先后顺序分析的基础上,仍需通过文献查阅、专家咨询、样方调查和生态实验等方法,分析破坏生态行为与生态环境损害之间的关联,阐明破坏生态行为导致生态环境损害的可能的作用机制,建立破坏生态行为导致生态环境损害的生态链条,分析破坏生态行为导致生态环境损害的可能性、关联性。

4. 排他因素

由于环境问题的复杂多样性,为明确因果关系,还需要在背景历史资料充分调研的情况下,排除其他可能因素的影响,并阐述因果关系分析的不确定性。

3.5 污染治理与运行成本

我国环境保护法及大气、水、固体废物等污染防治法中,均对污染防治主体责任提出了明确要求,污染防治设施在建设项目中,“应当与主体工程同时设计、同时施工、同时投产使用,应当符合经批准的环境影响评价文件的要求,不得擅自拆除或者闲置”,同时以禁令形式明确不得以“不正常运行大气污染防治设施等逃避监管的方式排放大气污染物”,对违反规定,“不正常使用水污染物处理设施,或者未经环境保护主管部门批准拆除、闲置水污染物处理设施的,由县级以上人民政府环境保护主管部门责令限期改正,处应缴纳排污费数额一倍以上三倍以下的罚款”。实践中,不少企业为了谋取不法利益,虽有配套建设污染防治设施,但闲置或不正常运行情形时常出现,如污水、废气不经处理或处理不达标直排环境等,给生态环境造成巨大危害。

为更有针对性惩治和预防犯罪,《最高人民法院、最高人民检察院关于办理环境污染刑事案件适用法律若干问题的解释》(法释〔2016〕29 号)中增设了“违法减少防治污染设施运行支出”的“严重污染环境”情形。在鉴定评估时,需要根据确定的污染排放行为,通过资料查阅(环评文件、购买试剂账目明细)、专家咨询、市场询价(相同或邻近地区、相同或相近生产工艺、产品类型、处理工艺的企业;处理相同或者相近污染物的污染物处理企业)等多种方式和方法,评估开展合法合规的污染防治措施时产生的治理与运行成本。但也要注意“排污单位提供技术革新等合法途径减少污染防治设施运行支出,符合清洁生产、循环经济的要求,应予鼓励”①。

在《关于办理环境污染刑事案件适用法律若干问题的解释》(法释〔2023〕7 号)起草过程中,有意见提出是否减少防治污染设施运行支出以及减少的数额与严重污染环境之间并无必然联系;对于违法减少防治污染设施运行支出的行为,完全可以通过加强行政监管解决,建议删去 2016 年文件中第一条“违法减少防治污染设施运行支出 100 万元以上

---

① 周加海,喻海松.《关于办理环境污染刑事案件适用法律若干问题的解释》的理解与适用[J]. 人民司法(应用),2017,771(4):25－31.

的”的规定[①]。经研究,考虑到实践中少有根据“违法减少防治污染设施运行支出 100 万元以上”入罪的情况,故在修订后的司法解释文件中删去了这一规定。

3.6　评定防止损害扩大的措施或方案

3.6.1　基本内容

环境损害行为发生后,应当立即采取措施防止损害继续扩大,此阶段主要关注的是“源头控制”,即对污染源或生态破坏行为的直接清理或控制,从环境中清除或移除污染源,相当于医学外伤流血急救中的“止血”阶段,我们在此暂且将该过程统一表述为“应急处置”。这些行动措施包括污染物释放威胁到环境时采取的相关必要监测、评估与评价,应急材料的处置,以及其他预防、减少或减轻对公众健康、福利或环境危害的行动。

而后文论述的恢复或修复阶段主要关注的是“受体控制”,即对受损的环境要素或生态系统服务等进行的复原性或补救性工作,相当于医学中的“疗伤和恢复”阶段,其行动措施是除应急处置行动以外采取的措施,防止或减少污染物释放以使它们不会迁移而对当前或未来公众健康、福利或环境造成重大危害(图 3－11)。

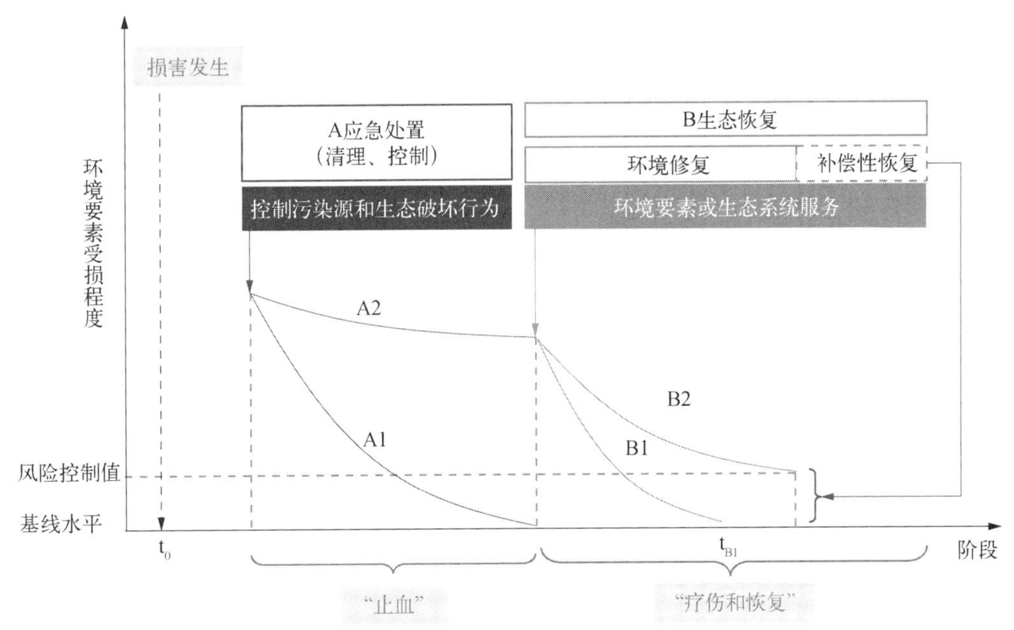

注：本示意图以环境要素受损,“风险控制值>基线水平”为例

图 3－11　基于环境损害的应对措施简单示意图

① 周加海,喻海松,李振华.《关于办理环境污染刑事案件适用法律若干问题的解释》的理解与适用[J]. 人民司法,2023(25):22－31.

1. “防止损害扩大的措施或方案”和“应急处置方案”的区别与联系

我国《民法典》《关于办理环境污染刑事案件适用法律若干问题的解释》《关于审理环境民事公益诉讼案件适用法律若干问题的解释》《关于审理生态环境损害赔偿案件的若干规定(试行)》和《生态环境损害赔偿制度改革方案》等文件中均提出了对“防止污染扩大”“消除污染”费用的评估需求,如前文表 3-1 所示。而对于环境损害司法鉴定内容规定的“防止损害扩大的措施或方案”,现有法律法规并未具体明确其适用情形和开展的工作内容。从我国其他领域的一系列法律法规的设置中可以看出,“防止损害扩大”主要表现出的是对于已发生问题采取的一种高度相关的应急性反应和动作,并将“防止损害扩大”作为工作目的。例如《医疗事故处理条例》第十五条“发生或者发现医疗过失行为,医疗机构及其医务人员应当立即采取有效措施,避免或者减轻对患者身体健康的损害,防止损害扩大。”

至于“应急处置”,则主要是指突发环境事件发生期间,开展的一系列措施和行动的总称,是应对环境问题的工作内容的具体体现,并且以“突发环境事件”为前提,一般由非人为主观因素引起。在《突发事件应对法》《环境保护法》的法律规定下,各级人民政府及其有关部门和企业事业单位,都有义务依照规定,做好突发环境事件的风险控制、应急准备、应急处置和事后恢复等工作。这其中基于应急处置方案或应急监测方案开展的一系列应急措施和行动,便可看作是“防止损害扩大的措施或方案”。

可以看出,**“防止损害扩大的措施或方案”与“应急处置方案”,二者的工作目的是一样的,都是为了立即止损以防扩大,“应急处置”则是防止损害扩大措施的具体体现**。因此,在环境损害司法鉴定实务工作中,我们也可以把握这一实质特征对具体内容进行分辨判断。

2. 应急处置方案与应急处置费用

应急处置方案的制定往往在环境损害行为发生后,根据事发现场实际情况进行紧急制定,由于我国突发环境事件实行的是应急预案管理,其应急处置内容也可以结合前期的应急预案综合确定。根据《企业事业单位突发环境事件应急预案备案管理办法(试行)》(环发〔2015〕4 号),企业事业单位可以自行或委托相关专业技术服务机构编制环境应急预案。对于非单位厂界内发生的或主体暂不明确的突发事件,往往还需要结合现场调查情况再进行应急处置方案编制。作为环境损害司法鉴定机构,**在评定防止损害扩大的措施或方案时,应围绕其科学性和合理性进行相关评价**。在应急处置工作中,首要目标是以人为本,迅速控制污染态势。在方案设计时,采用的工艺方法不一定是最先进的,而是在当时条件下最适合的、是实施条件和处置效果更有保障的。

一般而言,在开展应急处置方案评定与应急处置费用评估工作前,都需要首先明确事件的性质及相关工作开展的时间段。但需要明确的是,这一事件性质的认定和分级标准,由于突发性和不确定性,很难在事发之初进行准确判断,往往是在事件完结之后,根据定性和定量评估结果才能做出判断①,因此,需要鉴定人有较强的敏感性与判断力。

---

① 范娟,杨岚. 对“突发环境事件”概念的探讨[J]. 环境保护,2011(10):47-49.

根据《国家突发环境事件应急预案》(国办函〔2014〕119 号),突发环境事件是指“由于污染物排放或自然灾害、生产安全事故等因素,导致污染物或放射性物质等有毒有害物质进入大气、水体、土壤等环境介质,突然造成或可能造成环境质量下降,危及公众身体健康和财产安全,或造成生态环境破坏,或造成重大社会影响,需要采取紧急措施予以应对的事件,主要包括大气污染、水体污染、土壤污染等突发性环境污染事件和辐射污染事件。”对于环境损害类问题,无论是突发性的(之前不存在,突然发生的需要采取紧急措施予以应对)或是累积性的(之前就存在,但由于发现、监管滞后或历史遗留问题等原因需要采取紧急措施予以应对),往往都需要及时制定相应的应急处置方案,采取相关的应急措施和行动,立即抑制污染物的扩散迁移、降低环境中的污染物浓度、减轻或消除污染对生态环境的危害,而**这些措施也主要是围绕污染源的控制、污染物的清理及应急监测等方面展开**。因此,凡是存在污染源会进入环境受体(环境介质、生态系统),“突然造成”或“可能造成”环境损害的情形,并且“需要采取紧急措施予以应对”的,即同时满足以上三个条件时,应按照规定分级分类开展应对工作。

由于应急处置的行动效果直接关系到后续的环境恢复目标,在该阶段应主要围绕污染源的清理和控制,开展相关行动和评估。根据《突发环境事件应急处置阶段环境损害评估推荐方法》,应急处置费用包括应急处置阶段各级政府与相关单位为预防或者减少突发环境事件造成的各类损害支出的污染控制、污染清理、应急监测、人员转移安置等费用(图 3-12)。**在进行费用评估时,应时刻把握各部分费用与本次环境损害事件的直接相关性和必要性,以及产生费用的时间节点等,一般按实际支出计算**。

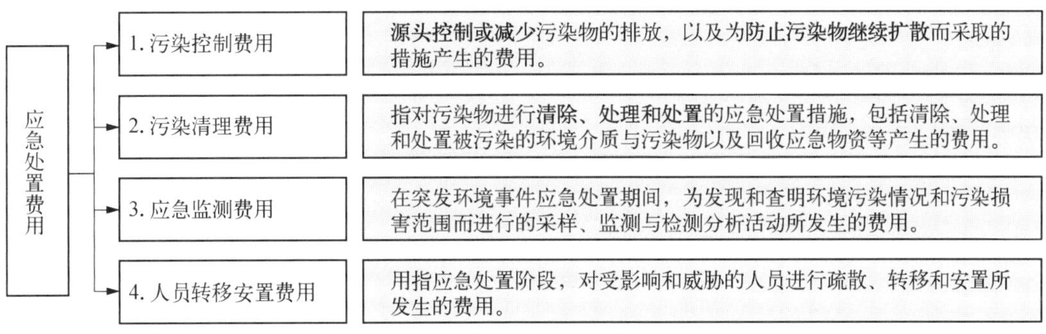

图 3-12　《突发环境事件应急处置阶段环境损害评估推荐方法》中的应急处置费用

目前,环境部门处理的突发环境事件主要包括三类:一类是由排污单位直接排污造成的;一类是由生产安全事故、交通事故、自然灾害及其他“非排污行为”次生的;还有一类是由长期累积的环境污染问题引发的群体性事件等①。对于固废倾倒或历史

① 范娟,杨岚. 对“突发环境事件”概念的探讨[J]. 环境保护,2011(10):47-49.

遗留固废堆存、填埋等环境问题,由于其隐蔽性,行政执法人员往往发现较晚,可能有的过去好几年才发现,从污染物暴露到发生损害的周期也长,可以视为长期累积性突发环境事件,虽然这一类事件在时间上并未表现出"突发性"的短暂、突然,但基于其发现到应对的过程的紧急性,根据《国家突发环境事件应急预案》的定义三要素,只要第一时间发现,可能造成环境质量下降或生态破坏,需要采取紧急措施应对的,建议按照突发环境事件进行应对。

3.6.2 公私财产损失

在环境损害案件中,公私财产损失数额的认定直接影响到定罪量刑。对评估人员来说,最困难的就是确定损害影响的具体内容和对象,以及如何量化和货币化这些影响。

最高人民法院、最高人民检察院《关于办理环境污染刑事案件适用法律若干问题的解释》(法释〔2023〕7 号)明确了"公私财产损失"的组成内容,即"包括实施刑法第三百三十八条、第三百三十九条规定的行为直接造成财产损毁、减少的实际价值,为防止污染扩大、消除污染而采取必要合理措施所产生的费用,以及处置突发环境事件的应急监测费用"(表 3-4)。该表述将财产损失分为二部分,较为笼统且缺乏具体指导性规定,并且与相关技术文件中(如表 3-1)的类似专业表述未形成统一,在实践中容易出现评估依据不充分,不同主体统计结果差异大的结果,为准确合理评估公私财产损失带来困难。并且在实践中常常成为庭审争议焦点,法院、检察院之间,一审、二审法院之间也常有不同意见[①]。

表 3-4 公私财产损失相关概念

文　件	内　容
最高人民法院关于审理环境污染刑事案件具体应用法律若干问题的解释(法释〔2006〕4 号)	第四条　本解释所称"公私财产损失",包括污染环境行为直接造成的财产损毁、减少的实际价值,为防止污染扩大以及消除污染而采取的必要的、合理的措施而发生的费用
最高人民法院最高人民检察院关于办理环境污染刑事案件适用法律若干问题的解释(法释〔2013〕15 号)	第九条　本解释所称"公私财产损失",包括污染环境行为直接造成财产损毁、减少的实际价值,以及为防止污染扩大、消除污染而采取必要合理措施所产生的费用
最高人民法院、最高人民检察院关于办理环境污染刑事案件适用法律若干问题的解释(法释〔2016〕29 号)	第十七条　本解释所称"公私财产损失",包括实施刑法第三百三十八条、第三百三十九条规定的行为直接造成财产损毁、减少的实际价值,为防止污染扩大、消除污染而采取必要合理措施所产生的费用,以及处置突发环境事件的应急监测费用

① 李丽鲜. 80 份裁判文书分析:污染环境案件中公私财产损失的认定规则[EB/OL](2019-10-11). http://www.jsjc.gov.cn/qingfengyuan/201910/t20191011_901677.shtml.

1. 直接损失与间接损失的区分

我国现行的《环境保护法》《大气污染防治法》等法律中均有提到“直接损失”或“直接经济损失”，从法律意义而言，一般指财产损失中的直接损失。财产损失主要由直接损失和间接损失两部分组成①。“直接损失”一般是指因遭受不法侵害而使现有财产的直接减少或消失，“间接损失”是指可得利益的减少，即受害时尚不存在，但如果不受侵害，受害人通常情况下应当或者能够得到该利益。也有学者在对二者进行区分时，明确到直接损失可认为是现有财产的损失，而间接损失可认为是未来可得利益的损失②。

虽然我国当前一系列环境法律文件中均对“直接损失”或“间接损失”提出了评估要求，但其具体内容一直未从法律层面进行明确。目前仅有《最高人民检察院关于渎职侵权犯罪案件立案标准的规定》（高检发释字〔2006〕2 号）中对二者进行了定义和区分，附则中明确到“直接经济损失和间接经济损失，是指立案时确已造成的经济损失”。“直接经济损失”，是指与行为有直接因果关系而造成的财产损毁、减少的实际价值；“间接经济损失”，是指由直接经济损失引起和牵连的其他损失，包括失去的在正常情况下可以获得的利益和为恢复正常的管理活动或者挽回所造成的损失所支付的各种开支、费用等。可以看出，这一规定与前述“直接损失”和“间接损失”的表述范围基本一致。

在环境污染导致的损失中，可认为直接损失是指受环境污染危害而导致法律所保护的现有财产减少或丧失的实际价值；而间接损失是由直接损失引起和牵连的其他损失，即在正常条件下可以得到，但因环境污染危害而未能得到的那部分合法收入。如渔民养殖的鱼虾因污染导致的死亡，属于直接损失，而由污染导致的鱼苗死亡不能获得成鱼的收入就属于间接损失③。

表 3－5　现行环保法律中涉及“直接损失”的相关内容

文　件	内　容
《环境保护法》（2014 年修订）	第五十九条　企业事业单位和其他生产经营者违法排放污染物，受到罚款处罚，被责令改正，拒不改正的，依法作出处罚决定的行政机关可以自责令改正之日的次日起，按照原处罚数额按日连续处罚。前款规定的罚款处罚，依照有关法律法规按照防治污染设施的运行成本、违法行为造成的**直接损失**或者违法所得等因素确定的规定执行
《固体废物污染环境防治法》（2020 年修订）	第一百一十八条　造成一般或者较大固体废物污染环境事故的，按照事故造成的**直接经济损失**的一倍以上三倍以下计算罚款；造成重大或者特大固体废物污染环境事故的，按照事故造成的直接经济损失的三倍以上五倍以下计算罚款，并对法定代表人、主要负责人、直接负责的主管人员和其他责任人员处上一年度从本单位取得的收入百分之五十以下的罚款

① 张新宝. 侵权责任法［M］. 4 版. 北京：中国人民大学出版社，2013：28.
② 管君. 论国家赔偿中的“直接损失”［J］. 甘肃政法学院学报，2015(1)：101－111.
③ 侯瑜，张天柱，温宗国，等. 突发性水污染事故的生态经济损失评估［J］. 环境经济，2006(11)：35－38.

续 表

文　件	内　容
《大气污染防治法》(2018 年修订)	第一百二十二条　对造成一般或者较大大气污染事故的,按照污染事故造成**直接损失**的一倍以上三倍以下计算罚款;对造成重大或者特大大气污染事故的,按照污染事故造成的直接损失的三倍以上五倍以下计算罚款
《水污染防治法》(2017 年修正)	第八十三条　对造成一般或者较大水污染事故的,按照水污染事故造成的**直接损失**的百分之二十计算罚款;对造成重大或者特大水污染事故的,按照水污染事故造成的直接损失的百分之三十计算罚款
《海洋环境保护法》(2017 年修正)	第九十条　对造成一般或者较大海洋环境污染事故的,按照**直接损失**的百分之二十计算罚款;对造成重大或者特大海洋环境污染事故的,按照直接损失的百分之三十计算罚款

2. 公私财产损失的具体内容

(1) 直接造成财产损毁、减少的实际价值

从文字表述来源来看,"直接造成财产损毁、减少的实际价值"的描述与《最高人民检察院关于渎职侵权犯罪案件立案标准的规定》(2006 年 7 月 26 日)中"直接经济损失"的表意较为一致。从司法解释规定溯源来看,在我国刑法中的"污染环境罪"更名以前,《最高人民法院关于审理环境污染刑事案件具体应用法律若干问题的解释》(法释〔2006〕4 号)明确了"重大环境污染事故罪"追究刑事责任必须具备三个前提,一是违反国家规定,二是排放、倾倒、处置的是危险废物,三是造成了重大环境污染事故,公私财产损失或者人身伤亡的数量达到了司法解释规定的标准,同时明确事故性质须是突发性事故[①]。从公私财产损失的范围规定来看,反映的环境污染行为及其"污染环境行为直接造成的财产损毁、减少的实际价值"即指直接经济损失,应属于财产损失范畴。该规定直接吸纳了当时以直接经济损失的数额作为突发环境事件分级区分标准的理念,无论是在《报告环境污染与破坏事故的暂行办法》(1987 年 9 月 10 日),还是《国家突发环境事件应急预案》(2005 年 5 月 24 日)、《环境保护行政主管部门突发环境事件信息报告办法(试行)》(2006 年 3 月 31 日)中,均有体现。

至于"为防止污染扩大以及消除污染而采取的必要的、合理的措施而发生的费用",一段时间以来,由于其名目多样复杂,一般交由审判人员自由裁量,直到 2014 年 12 月环境部发布《突发环境事件应急处置阶段环境损害评估推荐方法》,才与人身损害费用、财产损害费用、污染控制费用和污染清理费用等内容一并做出规定,并明确基本的计算原则。但是由于"公私财产损失"与"直接经济损失""应急处置费用"等名称及内容设置上的出入,当前阶段仍缺乏统一认识,导致不同机构对同一问题做出的损失评估差异巨大。

---

① 祝二军.《关于审理环境污染刑事案件具体应用法律若干问题的解释》的理解与适用[J]. 人民司法,2006(10):17-19.

根据 2020 年 6 月发布的《突发生态环境事件应急处置阶段直接经济损失核定细则》，财产损害费用是“指因环境污染或者采取污染处置措施导致的财产损毁、数量或价值减少的费用，包括固定资产、流动资产、农产品和林产品等损害的直接经济价值。”与《突发环境事件应急处置阶段环境损害评估推荐方法》中“财产损害”的概念相比，该细则删去了“以及为保护财产免受损失而支出的必要的、合理的费用”，进一步提高了该细则在环境公益诉讼、生态环境损害赔偿等领域的适用性，而不局限于突发事件的分级认定和行政处罚。但是仍需注意的是，该细则主要是为直接经济损失的计算提供依据，对于其中涉及的农产品、林产品、渔产品和畜牧产品等损失，还应结合《农业环境污染事故司法鉴定经济损失估算实施规范》（SF/Z JD0601001—2014）《渔业污染事故经济损失计算方法》（GB/T 21678—2018）等评定，并与“农业环境损失（农业环境损害数额）”“天然渔业资源恢复费用”区分。

综上，当前阶段，《最高人民法院　最高人民检察院关于办理环境污染刑事案件适用法律若干问题的解释》（法释〔2023〕7 号）中公私财产损失所指“直接造成财产损毁、减少的实际价值”，与《突发生态环境事件应急处置阶段直接经济损失核定细则》中的“财产损害费用”一致。

（2）为防止污染扩大、消除污染而采取必要合理措施所产生的费用

根据《国家突发环境事件应急预案》规定，“为防止污染扩大、消除污染而采取必要合理措施”（对应开展内容简化表述为“污染处置”）和“应急监测”都是应急响应的重要措施，由于二者在实施主体、实施内容和方法上均有不同，无论是在《环境损害鉴定评估推荐方法（第Ⅱ版）》《突发环境事件应急处置阶段环境损害评估推荐方法》，还是在《突发生态环境事件应急处置阶段直接经济损失核定细则》中，都作为独立内容进行说明。

其中“防止污染扩大而采取必要合理措施所产生的费用”即《突发环境事件应急处置阶段环境损害评估推荐方法》9. 1. 1 节所指“污染控制费用”，包括从源头控制或减少污染物的排放，以及为防止污染物继续扩散而采取的措施，如投加药剂、筑坝截污等。而“消除污染而采取必要合理措施所产生的费用”即《突发环境事件应急处置阶段环境损害评估推荐方法》9. 1. 2 节所指“污染清理费用”，是指对污染物进行清除、处理和处置的应急处置措施，包括清除、处理和处置被污染的环境介质与污染物以及回收应急物资等产生的费用。在《突发生态环境事件应急处置阶段直接经济损失核定细则》中，两部分内容合二为一表述为“污染处置费用”，主要包括投加药剂、筑坝拆坝、开挖导流、放水稀释、废弃物处置、污水或者污染土壤处置、设备洗消等产生的费用。

需要注意的是，这里所涉及的“废弃物处置、污水或者污染土壤处置”的处置对象仍然是针对污染源而言的，其本身可能是某一事件中的污染受体，但是一旦成为新事件的污染源，也是应急处置阶段应关注并立即采取措施应对的对象。尤其是对于污染土壤而言，往往指那些在污染地块修复、处理过程中产生的污染土壤而后又作为污染源的情形。若该土壤本身是作为其他污染源的受体而受到的污染，实际开展的应该是修复或

恢复活动。

(3) 处置突发环境事件的应急监测费用

应急监测费用是指应急处置期间,为发现和查明环境污染情况和污染范围而进行的采样、监测与检测分析活动所产生的费用。对于明显不在应急处置时间段内,以及与调查事件无关的采样或监测项目产生的费用,不应计入公私财产损失。另外,参考《突发生态环境事件应急处置阶段直接经济损失核定细则》的核算原则,应急处置结束后 48 小时以外的、观察被污染区域环境质量是否持续、平稳达标产生的监测费用,不应计入公私财产损失。

3. 评估要点

在《环境损害鉴定评估推荐方法(第Ⅱ版)》中,往往用“环境损害数额”作为上位概念包含一切的损失①。在环境污染刑事案件中,公私财产损失与生态环境损害费用等的计算方法有着明确区分,“公私财产损失”的计算方法主要参考《突发环境事件应急处置阶段环境损害评估推荐方法》。结合前文内容,可以看出,《最高人民法院、最高人民检察院关于办理环境污染刑事案件适用法律若干问题的解释》(法释〔2023〕7 号)中追溯的“公私财产损失”实质上是指实施刑法第三百三十八条、第三百三十九条规定的行为引起的财产损害和应急处置费用中的污染处置和应急监测这部分“直接经济损失”,但又不包括突发环境事件中追溯的“直接经济损失”所含内容的全部,如图 3－13 所示。包括应急处置费用在内的公私财产损失评估工作,**应把握相关行动或措施的开展目的,即与损害事实的“关联性”,是否直接相关,并结合实际发生费用的“必要性”“时效性”和“合理性”进行判断**。

在《关于审理生态环境损害赔偿案件的若干规定(试行)》和《民法典》中,涉及的赔偿范围除了包括以上“防止损害扩大、清除污染的费用”,还包括“防止损害发生所支出的合理费用”。需要明确的是,这些费用的产生节点应在应急处置阶段,如果是在损害发生前的预防性措施产生的费用,则不应纳入赔偿范围内。例如生态环境侵权人(即生态环境损害赔偿义务人)污染治理设施投资与运行费用、环境事故应急池和闸阀等环境风险预防设施的投资费用、环境管理人员的培训与应急演练等日常环境管理支出,是其自身环境污染风险防范与治理的正常且必需的投入(支出)②,不应列入“防止损害的发生和扩大所支出的合理费用”。

《突发生态环境事件应急处置阶段直接经济损失核定细则》和《突发生态环境事件应急处置阶段直接经济损失评估工作程序规定》中,对突发生态环境事件应急处置阶段的应急处置费用、人身损害、财产损害等费用的核定程序、原则和方法进行了说明。同时文件

① 胡泽霖. 污染环境罪公私财产损失与生态环境损害的区分适用研究[D]. 昆明:昆明理工大学,2019.

② 贺震. 不能混淆生态环境损害“谁赔偿给谁”的界限[N/OL]. 中国环境报,2020－06－18(8). http://epaper.cenews.com.cn/html/2020-06/18/content_95006.htm.

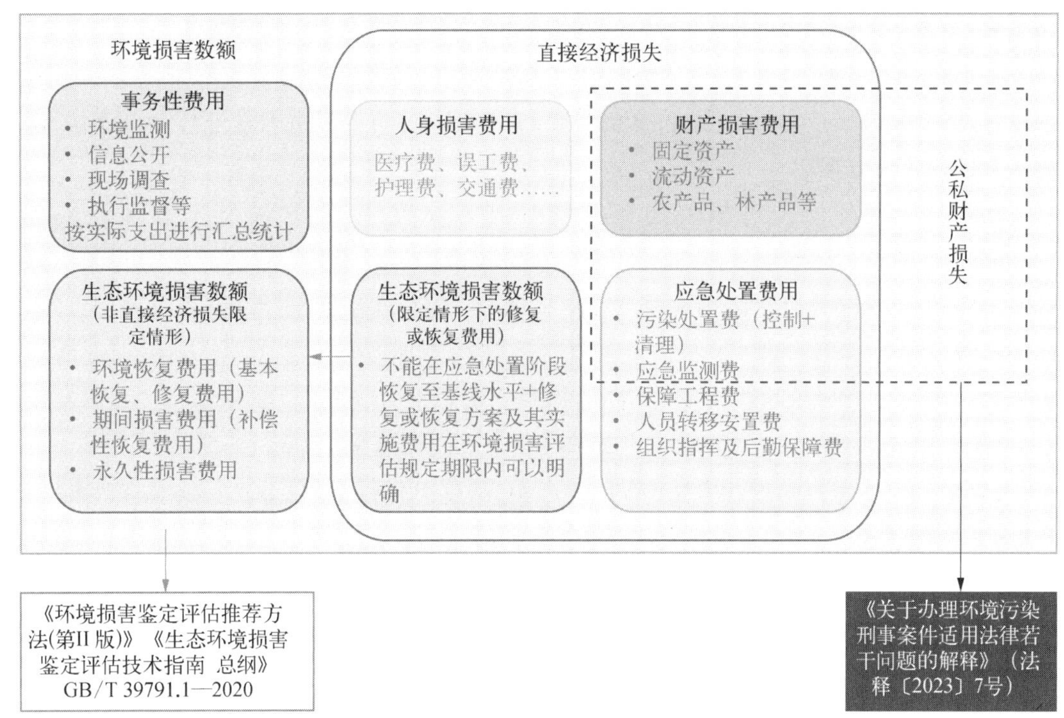

图 3-13　公私财产损失和直接经济损失、环境损害数额的评估内容区分示意

中也明确“突发生态环境事件**责任方**为保护公众健康、公私财产和生态环境，减轻或者消除危害**主动支出**的应急处置费用不计入直接经济损失”。综上来看，**事件责任方为应急处置主动发生的支出不纳入赔偿范围，故不应纳入应急处置费用中**。

鉴于目标和对象的差异，环境修复或生态恢复不同于应急处置，对应的修复费用或恢复费用与应急处置费用有明显区分。至于应急处置方案编制费用，既不属于环境损害事件直接造成的经济损失，也不属于完全必要的工程性费用，且主要根据市场行为进行招投标确定，建议可自行把握，切不可为了达到入罪标准而强行加入公私财产损失中，以免加重行为人刑责。至于处置坑回填费用等，则按“关联性”“必要性”“时效性”和“合理性”的原则进行判断即可。而对于以上法律或司法解释中诉诸鉴定技术解决的“公私财产损失”或“应急处置费用”等问题，也建议在应用层面对相关术语进行统一规定，并明确其具体含义。

3.7　评定修复生态环境的措施或方案

3.7.1　修复和恢复

无论是发生什么类型的环境损害问题，总有一系列的行动措施可以用来降低其对生态系统、生态受体和人类的伤害风险,这些措施包括修复、恢复和切断暴露途径(无论是身体上还是通过教育和咨询)等①。然而,在实际操作中,环境损害的补救和恢复并非无限制进行,而是需基于技术可行性、公众接受度、成本效益分析等多重因素进行综合评估,以制定合理的恢复方案。

在我国生态环境损害相关法律法规和技术文件中,常常涉及生态环境恢复(restoration)和生态环境修复(remediation/rehabilitating)两个概念,但现行规定并未明确区分这两者,实践中也存在混用现象。在生态环境损害赔偿制度、环境侵权诉讼以及环境民事公益诉讼中,频繁出现"生态环境修复费用""生态环境修复方式"等表述;而在海洋资源案件审理中,则有追偿"恢复费用"的提法。实际上,从国际制度及我国技术体系来看,这两个概念具有不同的内涵和应用范畴②。

《环境损害鉴定评估推荐方法(第Ⅱ版)》中,根据总体恢复目标对"生态恢复"和"环境修复"进行了区分。"生态恢复"定义为"生态环境损害发生后,为将生态环境的物理、化学或生物特性及其提供的生态系统服务恢复至基线状态,同时补偿期间损害而采取的各项必要的、合理的措施";而"环境修复"是"指生态环境损害发生后,为防止污染物扩散迁移、降低环境中污染物浓度,将环境污染导致的人体健康风险或生态风险降至可接受风险水平而开展的必要的、合理的行动或措施"。

由此可见,"恢复"着重于生态系统的原始状态,即当前的损害状态与环境污染或生态破坏发生之前的水平进行比较,其关注的对象是生态环境的物理、化学或生物特性体现出来的**环境质量**及**其提供的生态系统服务**,而"还原性"目标就是基线状态,即恢复生态系统的结构、功能和完整性。无论实现这一目标暂且在实际上可不可行。若可行,则通过各种方案比选确定最优的恢复方案,最后付诸行动实现这一目标;若不可行,则寻求"经济上"的补救。由于生态系统未受损害前的原始状态很难确定,大多数情况下的原始状态都是一种理想状态,很难达到,随着生态学发展,生态恢复的目标更强调生态系统结构和组成保持一定完整性、生态功能健康且可持续③。相比之下,"修复"关注的则是当前损害状态的风险问题,其关注的对象是环境质量,"还原性"目标是可接受风险水平,可采取的相关措施或行动是为了降低污染物浓度。

在自然生态领域,也有将生态修复理解为一系列旨在改善或恢复生态服务质量的人工措施的技术集合,包括"自然恢复""辅助再生""生态重建"等④。有些学者进一步阐释了"修复"的含义,包括在化学危害存在的情况下,通过移除、稳定化或固化等手段,达到

---

① Burger J. Environmental management: Integrating ecological evaluation, remediation, restoration, natural resource damage assessment and long-term stewardship on contaminated lands[J]. Science of the Total Environment, 2008, 400(1-3): 6-19.

② Mauseth G S, Parker H. Natural resource damage assessment[J]. Oil Spill Science and Technology, 2011: 1072.

③ 艾晓燕,徐广军. 基于生态恢复与生态修复及其相关概念的分析[J]. 黑龙江水利科技,2010,38(3):45-46.

④ 自然资源部.《山水林田湖草生态保护修复工程指南(试行)》印发[EB/OL]. (2020-08-26). https://mp.weixin.qq.com/s/oWYtghH6UIurbKswusTteA.

满足人类健康风险标准的要求①。而"恢复"则指重建或创建一个符合特定目标的生态系统。对于污染场地的处理,可能只需进行环境修复而无须生态恢复,场地可通过自然衰减②的方式实现环境的自我恢复③。在中国当前的土壤污染损害及修复工作中,这一点尤为明显。

在环境损害状态下,无论是"生态恢复"还是"环境修复",针对各自**"环境质量"**的"还原性"目标,都会采取减轻或降低不利影响或危害的措施。因此,在这种情形下"修复"可以看作是实现"恢复"目标而采取的众多措施中的一种,甚至在突发环境事件应急响应中,开展的污染清理行动也可以属于环境恢复的一部分④,通常这一清理处置效果将会直接影响后续环境修复或生态恢复的工作方案和工作量,如图3-11所示。尤其是在历史遗留固体废物污染类问题中,往往体现为责任人承担的刑事责任和民事赔偿责任之间的差异,因此,明确清理阶段的工作目标就十分重要。对于长时间维度或包括生态系统服务在内的还原性工作,建议可从以下特点来区分"应急处置"和"环境恢复(修复)"阶段:**对污染源的直接清理或控制可纳入应急处置阶段,对环境介质或生态系统服务的复原性或修复性工作可纳入修复或恢复阶段**。另外,由于可接受风险水平并不一定是基线水平,对于"修复"和"恢复"也不可轻易等同对待,明确工作目标才能更好确认恢复(修复)方案并进行全面合理的损害价值量化。

因此,在实务中,主要根据评估区域的损害特征、损害类型、生境条件和生态系统功能等,分阶段进行恢复方案制定,并根据所处阶段甚至结合当地规划、功能区划等多因素,科学合理地制定清理目标、修复目标或恢复目标。

3.7.2 确定恢复方案

生态环境受损后,针对环境介质、生物要素或生态系统的"还原性"工作应纳入恢复范畴。对于鉴定人和管理者来说,建立恢复目标是一项重要任务,不仅会决定场地未来用途,还决定了恢复方案和恢复成本。《总纲》按照恢复目标和阶段不同,将生态环境恢复分为三类:基本恢复(primary restoration)、补偿性恢复(compensatory restoration)和补充性恢复(complementary restoration)。根据确定的恢复技术,可以选择一种或多种恢复技术进行组合,制定备选的综合恢复方案。

---

① 生态环境部.《建设用地土壤污染风险管控和修复术语》(HJ 682-2019)[EB/OL].(2019-12-05).http://www.mee.gov.cn/ywgz/fgbz/bz/bzwb/jcffbz/201912/t20191224_749892.shtml.

② 对于受化学污染严重影响的生态系统很少采用自然衰减。

③ Burger J. Environmental Management: Integrating Ecological Evaluation, remediation, restoration, natural Resource Damage Assessment And Long-term Stewardship On Contaminated Lands[J]. Science of the Total Environment, 2008, 400(1-3): 6-19.

④ 生态环境部.关于征求《环境损害鉴定评估技术指南　总纲(征求意见稿)》等两项国家环境保护标准意见的函:《环境损害鉴定评估技术指南　总纲(征求意见稿)》编制说明[EB/OL].(2016-02-04).http://www.mee.gov.cn/gkml/hbb/bgth/201602/t20160205_329937.htm.

《环境损害鉴定评估推荐方法（第Ⅱ版）》对于生态恢复（修复或恢复，统一称为“恢复”）方案的选择与确定提出了一个多步骤的决策流程，包括基本恢复措施的选择、恢复方案的初步筛选、定性筛选、偏好筛选及成本效益分析。该流程旨在确定最优恢复方案后，进一步明确恢复行动的实施范围、规律和持续时间。而《生态环境损害鉴定评估技术指南　总纲和关键环节　第1部分：总纲》（GB/T 39791.1—2020）中则对此内容做了进一步优化，将定性筛选、偏好筛选及成本效益分析内容融合到方案筛选依据中。该指南强调根据受损生态环境特征、恢复目标和策略，从技术成熟度、恢复效果、时间、成本和环境影响等多个维度对现有技术进行比较分析，提出备选恢复技术清单。再同时制定多个备选的基本恢复方案及其相应的补偿性恢复方案，采用专家咨询、成本-效果分析、层次分析法等对备选恢复方案进行筛选，以确定最优恢复方案，具体考虑因素参阅《生态环境损害鉴定评估技术指南　损害调查》附录表C-15。然而，由于文件更新迭代，部分内容在系统性表述、筛选比选程序、方法适用和决策依据方面尚需进一步具体化。实践中，还需结合工程造价、经济核算等相关领域的经验，形成可靠的决策依据。若恢复方案以自然恢复为主要行动，可能会导致补偿性恢复行动范围扩大和费用增加。在多个可行方案中，应通过成本-效益分析进行最终决策。

至于期间损害，往往是针对涉及生态系统服务或资源损害的情形，即环境污染或生态破坏导致的生态环境损害持续时间超过一年的，有可行的恢复方案使受损环境及其生态服务功能在一年以上较长时间内恢复到基线水平的，需在基本恢复方案的基础上，选择合适的等值分析方法，提出补偿期间损害的恢复方案即补偿性恢复方案（compensatory restoration）。补偿性恢复方案①要求，恢复行动所带来的资源和所提供的生态服务应与损害发生前的质量或价值等量或相同，或好于损害发生前的基线状况。GB/T 39791.1—2020进一步将补偿性恢复方案进一步分为三类：恢复具有与评估区域类似生态服务功能水平区域的**异位恢复**、使受损的区域具有更高生态服务功能水平的**原位恢复**、达到类似生态服务功能水平的**替代性恢复**，具体选择应根据损害地实际情况确定，如当地区域规划、生态环境补偿需求及可行性等。补偿性恢复方案确定后，进行期间损害价值量化（compensable values/interim lost），具体方法参阅附录B上述基本恢复方案和补偿性恢复方案实施后，需进行恢复效果评估，以判断是否需要进行补充性恢复。

结合当前已发布的技术文件，总结出恢复方案启动与制定的流程如图3-14所示。其中涉及方案筛选时的定性分析和定量分析方法②，二者应结合使用，涉及污染场地的可参考《建设用地土壤修复技术导则》（HJ 25.4—2019）。

---

① 《生态环境损害鉴定评估技术指南　土壤与地下水》9.1.1节中将“补偿性恢复方案”表述为“替代性的恢复方案”，需注意此处的“替代性的恢复方案”。

② 具体方法可参考环境经济学及工程领域相关分析、计算方法，如《生态环境补偿：方法与实践》《现代咨询方法与实务》等。

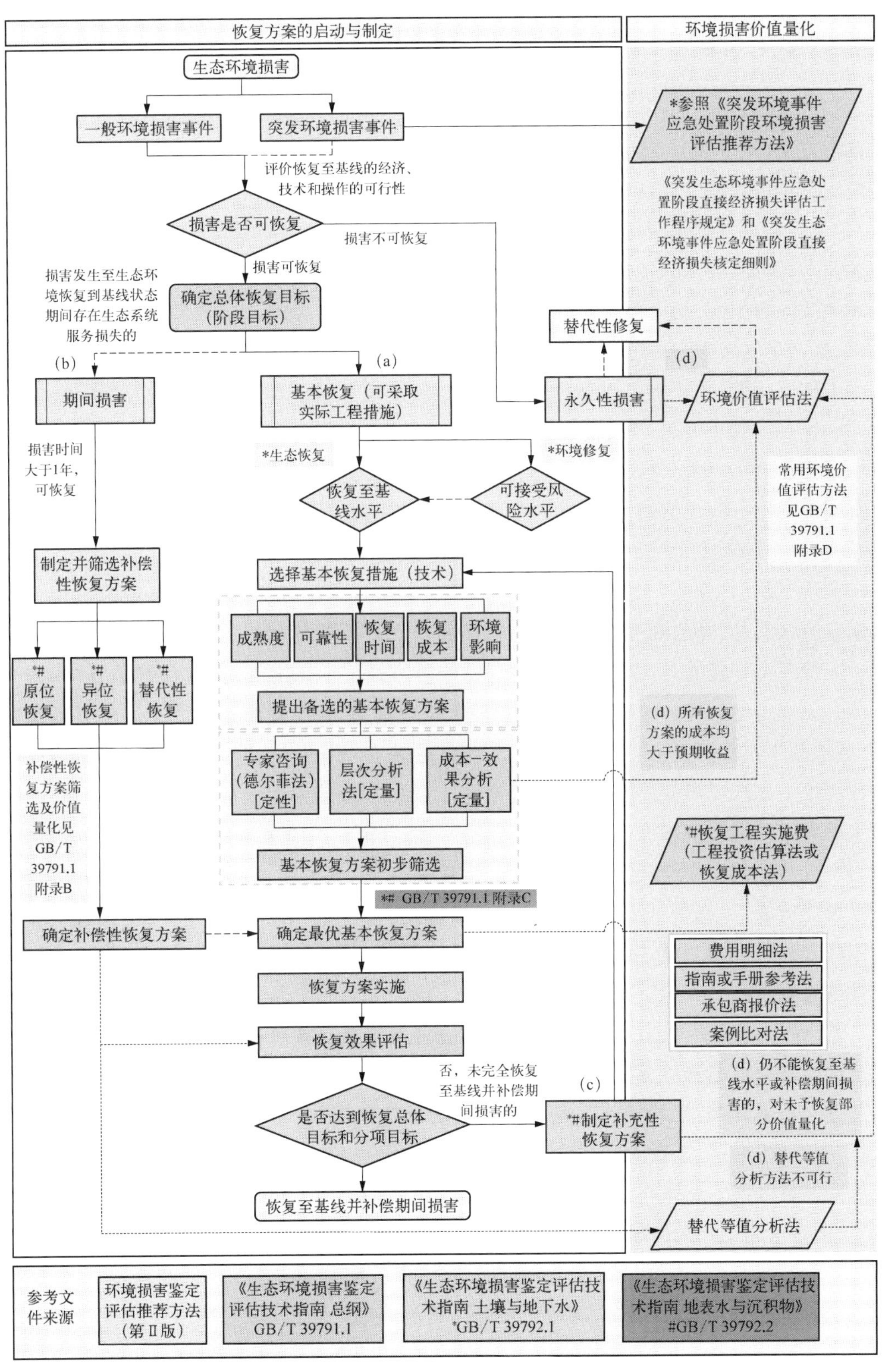

图 3–14　恢复方案启动与制定流程示意图

3.7.3 替代性修复

当然,实践中也存在一些无法恢复至基线或只能部分恢复的情形。《环境损害鉴定评估推荐方法(第Ⅱ版)》规定了可以采用环境价值评估方法对受损的环境或未得以恢复的环境进行价值评估,以给出相应的“环境损害数额”,但对于其“恢复方案”(替代性修复方案)的制定程序及要求,目前缺少规定。根据《生态环境损害赔偿制度改革方案》的工作内容要求,“赔偿义务人造成的生态环境损害无法修复的,其赔偿资金作为政府非税收入,全额上缴同级国库,纳入预算管理。赔偿权利人及其指定的部门或机构根据磋商或判决要求,结合本区域生态环境损害情况开展替代修复。”2020 年 9 月,生态环境部联合司法部等十部委印发《关于推进生态环境损害赔偿制度改革若干具体问题的意见》的通知,再次明确这一问题。因此,当生态恢复方案或修复技术方案无法达到上述恢复目标要求,或者由于修复费用巨大,导致生态修复责任主体无法承受时,则可以采用替代性的生态修复方案或是采用一些灵活的、创新性的判决方式来实现生态恢复或修复的目的,这一方式在 2022 年 4 月发布的《生态环境损害赔偿管理规定》中得到延承。

关于“替代性修复”,最早是在《环境民事公益诉讼司法解释》第二十条规定,“原告请求恢复原状的,人民法院可以依法判决被告将生态环境修复到损害发生之前的状态和功能。无法完全修复的,可以准许采用替代性修复方式。”但该文件对“替代性修复”内容及内涵并无规定性解释。随着恢复性司法理念深化落实,在受损生态环境无法修复的情况下,各地基于实践探索出的“替代性修复”方式主要有:基于水污染的,采用环境价值评估法计算出生态环境损害数额,其赔偿资金用于同损害地的人工湿地建设、污水治理,或原污水处理站的提升改造等;基于生态破坏的,采取异地补植树木、营造动物栖息地、增殖放流、护林护鸟、劳务代偿等方式,从形式上弥补相应资源量和生态服务功能;还有的将受损垃圾场建造成“生态警示园”,公园除了景观建设和休闲娱乐设施配置外,还建起生态警示围廊,起到警示教育作用;更有在破坏森林资源类案件中,通过认购碳汇的方式进行替代性生态修复①。

基于以上实践现状来看,**“替代性修复”往往是在进行损害价值量化之后,针对“部分或全部无法原地原样恢复的”情形即永久性生态环境损害情形的一种替代性“弥补方案”,是一种具体的“工程措施”,是修复义务的行动体现,并不作为环境损害价值量化的依据**。此种情形下,笔者认为上述所指“替代性修复”与补偿性恢复中的“替代性恢复”既有区别又有联系。总体上,二者开展的具体工程措施都属于环境恢复措施。但在适用情形上,前者适用于永久性损害,后者适用于期间损害。有学者提出,通过“虚拟治理成本法”等环境价值评估方法计算出来的生态环境损害赔偿额不宜称为“生态环境修复费用”,将这笔生态环境损害赔偿额用于环境污染治理的行为也不是《环境民事公益诉讼司

---

① 秦天宝,王亚琪.购买碳汇修复生态责任承担方式的司法适用[J].法律适用,2023(1):106-117.

法解释》第二十条中的“替代性修复”[①]，因此，当前也建议永久性损害情形下的“替代性修复”方案与价值量化，可以基于生态环境恢复目标，制定符合区域、资源或服务等值的替代性修复方案，将获取的工程费用，作为基于生态环境替代性修复成本的生态环境修复费用。对此，理论界与实务界观点不一，也有待细化相关配套解释指导实践需要。

3.8　环境损害价值量化

环境损害价值量化即基于经济属性对环境实物损害的费用化或货币化评价，对于可实施恢复工程进行恢复的，此部分量化出来的费用将直接用于恢复工程的实际开展；对于无法恢复或无修复必要的，则进行价值量化用以赔偿，赔偿金通常用于“替代性修复”以实现修复义务之举。根据损害类型不同，涉及生态环境质量、资源、生态系统服务等评价对象的费用评估方法和评估内容也有较大差异。

例如环境问题导致的鱼类、鸟类死亡等资源损失问题，主要通过历史调查资料、定点采捕、统计推算、调查统计、模拟实验、生产统计等方法确定相应物种总损害数量，即实物量，再根据资源恢复方案等值折现为对应的恢复费用。

对于造成的生态系统服务类的损害，我国相关研究起步于20世纪90年代，但大多以丰富的经济学内涵为基础，集中于生态系统服务价值和生态效益评估[②]，在生态补偿[③]、环境资产评估领域应用广泛，且表现在大尺度的各类生态系统上，如森林、水、草地、湿地等生态系统，通过遥感（RS）与地理信息系统（GIS）技术等获得区域生态价值时空变化[④]，以获得可量化的数据，但是该类方法对于造成环境损害的小区域尺度则难以精确计算，并且其服务价值相对无形，难以用实质的市场价格法进行计算，这也需要进一步加强该类方法在环境损害问题中的具体应用研究，以选取最实用的损害价值量化方法满足当前日益增长的损害量化需求。

对于生态环境质量类的损害，则根据能否复原、复原程度及恢复目标要求，其价值量化往往存在三种情形：① 可通过恢复措施或行动复原的，获取最优恢复方案的总预算即为损害数额；② 对于可接受风险水平与基线水平之间的，获取理论治理成本、虚拟治理成本或置换成本等方法计算损害数额；③ 对于无法恢复的或不能完全恢复的，则通过环境

---

① 王小钢. 生态环境修复和替代性修复的概念辨正——基于生态环境恢复的目标[J]. 南京工业大学学报（社会科学版），2019，18（1）：35－43，111.

② 张枝实. 基于资产评估理论的环境生态资源价值计量方法研究[D]. 杭州：浙江大学，2012.

③ 《环境信息术语》（HJ/T 416—2007）“生态补偿机制”：以保护生态环境、促进人与自然和谐为目的，根据生态系统服务价值、生态保护成本、发展机会成本，综合运用行政和市场手段，调整生态环境保护和建设相关各方之间利益关系的环境经济政策。

④ 刘影，杜小龙，邹萌萌，等. 各类生态系统功能与生态服务价值定量评估的理论与方法研究进展[J]. 天津农业科学，2017，23（11）：106－112.

价值评估法获取损害数额。

针对污染环境和破坏生态行为引起的环境损害,法律规定需进行价值量化的内容,既包括《民法典》或相关司法解释中提到的"环境修复费用(rehabilitating costs)",又包括"生态环境受到损害至修复完成期间服务功能丧失导致的损失(compensable values,期间损害费用)"和"生态环境功能永久性损害造成的损失(永久性损害费用)"。由于环境问题因果关系的复杂多样性,无论是基于起因类型的价值量化方法讨论,或单一的价值量化方法适用讨论,都会显得不够清晰或全面,因此,本部分内容主要基于上述三类损害价值量化需求,分别进行价值量化技术方法的适用说明。

3.8.1 方法学来源

我国当前的环境损害价值量化方法主要从美国的自然资源损害量化(natural resource damage assessment, NRDA)法①、欧盟环境损害评估②和环境经济学③理论发展而来。20世纪70~80年代,环境损害评估方法研究集中在传统的货币化评价方法。90年代后,生态环境损害评估方法逐渐发展为基于实物恢复的替代等值分析法④和无法开展实物恢复的环境价值评估法。这些方法建立在一定的社会学、经济学、生态学等理论基础上,在我国的自然资源、环境质量管理和生态环境补偿领域有着较为广泛的应用⑤,如表3-6所示。从价值量化方法应用现状来看,环境赔偿和环境补偿使用的评估方法较为相似,但二者从量化对象及范围上来说有明确区分,前者是由环境问题引起,必然对环境及环境周围使用者造成了损害,是对相关行为实施的强制性惩罚⑥,重在末端补救;而后者则是针对开发、建设等行为的激励措施,将外部性成本内部化,重在前端投入。

由于环境经济价值的特殊性,以及产权不明晰、市场经济制度等因素的限制,生态价值仍停留在研究阶段。对于现阶段的环境损害鉴定评估从业者而言,由于经济学知识或观念认识的不足,在进行损害价值量化时直接进行简单的加减乘除较为常见,易忽略"资金的时间价值"这一基本原则,而难以准确计量恢复工程成本和效益。另外,由于我国现有的环境损害鉴定评估技术文件中,针对价值量化方法,大多采用的是宏观笼统的原则性

---

① Douglas D Ofiara. Natural resource damage assessments in the United States: rules and procedures for compensation from spills of hazardous substances and oil in waterways under US jurisdiction[J]. Marine Pollution Bulletin, 2002, 44(2): 96-110.

② Directive 2004/35/CE of the European Parliament and of the Council of 21 April 2004 on environmental liability with regard to the prevention and remedying of environmental damage [EB/OL]. (2004-04-30). https://eur-lex.europa.eu/legal-content/EN/TXT/?qid=1594001754998&uri=CELEX: 32004L0035#.

③ 曹洪军.环境经济学[M].北京:经济科学出版社,2012: 71-122.

④ 於方,刘倩,齐霁,等.借他山之石完善我国环境污染损害鉴定评估与赔偿制度[J].环境经济,2013,119(11): 38-47.

⑤ 蒋洪强,程曦,周佳,等.环境政策的费用效益分析——理论方法与案例[M].北京:中国环境出版社,2018: 1-13.

⑥ 刘桂环,王夏晖,田仁生.生态环境补偿:方法与实践[M].北京:中国环境出版社,2017: 10-18.

表述,未能针对不同评价对象形成明晰的分类和步骤说明,无论是理论界还是实务界,对于各种评估、核算方法也暂未形成统一认识,不同方法导致的评估结果存在较大差异的现象仍普遍存在。在环境损害鉴定评估中,仍需加强相关价值评估方法在损害问题中的适用性研究,对不同行为应有区别地施加惩罚性或补偿性措施,并搭建相关量化理论基础,根据不同类别分别建立相应步骤说明,明确适用情形及原理,以免混合描述带来费解与误导,或扩大不必要的赔偿范围,以保证鉴定意见的科学性、可靠性和损害索赔的精确性。

表3-6 文献中的环境价值评估指标体系①

指标类别	具体指标	指标解释	指标评估方法
人体健康	医疗费用 误工损失 死亡损失 风险损失	环境污染带来的人体健康、劳动能力损失和在污染环境中患病的风险	市场价值法 人力资本法 条件价值法 支付意愿法等
对人类的其他直接影响	美学、能见度、噪声、臭味引起的不愉快	大气、水体、噪声引起的感官不适	享乐价格法 回避费用法 条件价值法等
农业	粮食、蔬菜、水果、经济作物	污灌、农药、大气污染造成的损失	市场价值法
工业	材料、建筑物 工业用水 工厂停、关、并、转	酸雨腐蚀增加费用 地表地下水处理费用 因水体污染、有毒气体造成	市场价值法 恢复费用法 机会成本法
林业	森林经济产品 森林生态功能	砍伐、酸雨污染	市场价值法 影子工程 恢复费用 替代费用等
渔业	淡水渔业 海洋渔业	酸雨淡水污染造成渔业损失 沿海污染造成渔业损失	市场价值法
牧业	畜牧家禽	污水造成死亡损失	市场价值法
交通运输	交通运输损失	浓雾造成能见度下降引起误工损失	机会成本
旅游业	旅游价值损失	大气、水、固体废物引起旅游价值功能损失	施行费用法
房地产业	房地产价值损失	大气污染、噪声造成房地产价格下跌	享乐价格法
土地资源	占地损失 土壤肥力损失	开采、固体废物、垃圾占地造成损失 水土流失、水污染造成的土壤肥力损失	机会成本法 恢复费用法
生态服务价值	娱乐价格 生态稳定、生物多样性	污染造成的娱乐功能受损 污染造成生物多样性非使用价值损失	支付意愿法 条件价值法

① 曾勇,蒲富永.环境价值评估方法综述[J].上海环境科学,2000(1):10-12.

续 表

指标类别	具 体 指 标	指 标 解 释	指标评估方法
环境投资	污染治理投资 环境建设投资 回避转移费用	为改善环境质量投入的治理费用 为改善其环境质量所投入建设费用 回避、转移、污染源费用	直接计算 直接计算 回避费用法
其他	城市家庭清洁 环境纠纷	大气飘尘增加清洁费用 因各种环境污染引起司法纠纷费用	回避费用法 直接计算

3.8.2 现行方法

根据我国已发布的环境损害鉴定评估系列技术文件可知,生态环境损害价值量化方法包括恢复费用法、替代等值分析法和环境价值评估法,恢复费用法和替代等值分析法的思路在于将受损的生态环境恢复到基线水平,环境价值评估法则是针对损害不可恢复情形将环境及其提供的资源和服务以货币的形式表现出来。各方法基本原理、适用情形等见表 3－7。

1. 恢复费用法

恢复费用法主要应用于损害可恢复情形下,用来确定实施基本恢复方案或补充性恢复方案的工程建设投资费用。《总纲》中明确该部分费用按照**国家工程投资估算**①的规定列出,包括: 工程费、设备及材料购置费、替代工程建设所需的土地、水域、海域等购置费用和工程建设费用及其他费用,采用概算定额法②、类比工程预算法③编制,具体见 GB/T 39791.1—2020 中 8.2 节。

《生态环境损害鉴定评估技术指南　环境要素　第 1 部分: 土壤和地下水》(GB/T 39792.1—2020)和《生态环境损害鉴定评估技术指南　环境要素　第 2 部分: 地表水和沉积物》(GB/T 39792.2—2020)根据事件进行阶段、工程方案和成本要素是否明确,工程措施是否具体等,设定恢复费用计算方法优先级: 费用明细法、指南或手册参考法、承包商报价法、案例比对法。

基于恢复技术或恢复方案明确的恢复费用,可直接、具体反映成本构成,依据市场经济行为获取的费用信息,也能较为客观反映一个项目方案的经济合理性。涉及完整工程内容的费用核算往往应根据工程要求,由造价工程师或相关专业人员根据国家要求完成。

---

① 可参考《建设项目投资估算编审规程　CECAGC1－2015》。

② 概算定额法又叫扩大单价法或者扩大结构定额法,它规定了完成一定计量单位的扩大结构构件或扩大分项工程的人工、材料、机械台班消耗量的数量标准,是初步设计阶段编制设计概算或技术设计阶段编制修正概算的依据,是确定建设项目投资额的依据,可用于进行设计方案的技术经济比较。一般只有初步设计达到一定深度,工程结构及内容比较明确时,可采用这种方法。

③ 类比工程预算法适用于工程设计对象目前无完整的初步设计图纸,或虽有初步设计图纸,但无适合的概算定额和概算指标,而设计对象与已建成或在建工程类似,结构特征也相同情形。

表3-7　环境损害价值量化方法适用目录

序号	类别	名称		适用情形	原理	方法或步骤	成熟程度或优缺点
1	恢复费用法	实际费用统计法、费用明细法、承包商报价法、指南或手册参考法、案例比对法		可通过恢复工程措施达到恢复目标	基于技术行动的定额概算或类比预算	按照国家工程投资估算列出费用构成指标及具体费用	可以比较准确反映费用构成,但数据材料难以获得
2	等值分析法(非货币化)	资源等值分析法(resources equivalency analysis, REA)		受损的环境以提供资源为主,且满足:a)恢复的环境及其生态系统服务与受损的环境及其生态系统服务具有同等或可比的类型和质量;b)恢复行动符合成本有效性原则	将环境的损益以资源量为单位来表征,通过建立环境污染或生态破坏所致资源损失的折现量和恢复行动所恢复资源的折现量之间的等量关系来确定生态恢复的规模	选择恢复项目、地点很重要。常用单位包括鱼或鸟的种群数量、水资源量等	应用广泛,但无法进行外部验证
3		服务等值分析法(service-to-service)		受损的生态环境以提供生态系统服务为主,或兼具资源与生态系统服务,且满足:a)恢复的环境及其生态系统服务与受损的环境及其生态系统服务具有同等或可比的类型和质量;b)恢复行动符合成本有效性原则	将环境的损益以生态系统服务为单位来表征,通过建立环境污染或生态破坏所致生态系统服务损失的折现量与恢复行动所恢复生态系统服务的折现量之间的等量关系来确定生态恢复的规模	采用调查法,选择恢复项目、服务指标和地点很重要。常用单位包括生境面积、服务恢复的百分比等	
4		价值等值分析法	价值-价值法(value-to-value)	不能满足资源等值分析方法和服务等值分析方法的基本条件,且恢复行动产生的单位效益可以货币化	将恢复行动所产生的环境价值贴现与受损环境的价值贴现建立等量关系	需要通过环境价值评估方法将恢复行动所产生的效益与受损环境的价值进行货币化	应用情况相对广泛,其他方法不可行时可尝试使用该方法
5			价值-成本法(value-to-cost)	不能满足资源等值分析方法和服务等值分析方法的基本条件,且恢复行动产生的单位效益的货币化不可行(耗时过长或成本过高)	恢复行动的总预算为受损环境的货币价值量	首先估算受损环境的货币价值,其次依据其确定恢复行动的最优规模	不适用于对人类的服务影响较大的情形,需确定环境受损范围和程度

续 表

序号	类别		名 称	适 用 情 形	原 理	方 法 或 步 骤	成熟程度或优缺点
6	环境价值评估法（货币化）	直接市场价值法	生产率变动法（changes in productivity approach，观察市场价值法，生产效应法 effect on production approach）	适用于衡量在市场上交易的资源使用价值，用资源的市场价格和数量信息来估算消费者剩余和生产者剩余	利用生产率的变动（环境质量变化引起的产值和利润的变化）来评价环境状况变动	总的效益或损失是消费者和生产者剩余之和。a）估计环境变化对受体造成影响的后果或范围；b）估计该影响对成本或产出造成的影响；c）估计产出或者成本变化的市场价值	直观、可信度高，但是只考察直接使用价值，而不能反映缺乏市场价格的间接使用价值和非使用价值
7			剂量－反应法（dose-response technique，生产率法或生产要素收入法）	a）环境变化直接导致销售的某种商品（或服务）的产量增加或减少，同时影响明确且能够观察或根据经验测试；b）市场功能完好，价格是经济价值的有效指标	将产出与生产要素（如土地、劳动力、资本、原材料）的不同投入水平联系起来	剂量-反应关系通常可以用科学实验、统计对比调查（与未被污染的地方或污染地被污染前进行比较）及已有的研究结论等途径获取	不适用于对非使用价值的评估
8			人力资本（human capital approach）和疾病成本法（cost of illness approach）	评估环境污染对健康的影响	通过环境属性对劳动力数量和质量的影响来评估环境属性的价值	a）确定污染物的量；b）确定污染下发病的增量；c）使用治疗成本、工资损失和生命损失估计患病和提早死亡的成本	计算简便，但不能度量精神损害及健康影响标准区间
9			影子工程法（shadow project，替代工程法）	将难以计算的生态价值转换为可计算的经济价值	采用某种实际效果相近但实际上并未进行的工程，以该工程的建造成本评估经济损失	设想建造一个替代工程来代替原来的环境功能，替代工程的投资费用即污染损失	不同的替代工程费用不同，评价结果不唯一；替代工程只是对原生态系统功能的近似代替，无法完全代替原生态系统的功能，评估结果存在一定偏差

续　表

序号	类别	名　称		适用情形	原　理	方法或步骤	成熟程度或优缺点
10	环境价值评估法（货币化）	揭示偏好法（revealed preference approach）	内涵资产定价法（享乐价格法 hedonic pricing approach，HPA）	用于估计影响市场商品的环境舒适度因素的价值	基本条件是某一财产的价值包含了它所处的环境质量的价值，根据人们为优质环境的享受所支付的价格来推算环境质量价值的一种估价方法	将享受某种产品由于环境的不同所产生的差价，作为环境差别的价值	不能估算非使用价值，因此会低估环境价值
11			避免损害成本法（防护支出法 prevention expenditure approach）	可用于评估净化的空气和水等非市场商品的价值	个人为减轻损害或防止环境退化引起的效用损失而需要为市场商品或服务支付的金额	a）识别生态环境改变对人们造成的损害；b）确定受影响的人群；c）通过调查确定人们的支付意愿	受所在区域、形态不同影响，危害程度不一，不具有通用性；给出的是对环境价值的最低估值；未考虑防护行为的次级效益，计算结果存在偏差
12			虚拟治理成本法	适用于环境污染所致生态环境损害无法通过恢复工程完全恢复、恢复成本远远大于其收益或缺乏生态环境损害恢复评价指标的情形	按照现行的治理技术和水平治理排放到环境中的污染物所需要的支出	虚拟治理成本由污染物排放量与单位污染物虚拟治理成本的乘积计算得出，环境损害数额在此基础上根据受污染影响区域的环境功能敏感程度，将虚拟治理成本分别乘以一定的倍数作为环境损害数额的上下限值	操作简单，应用广泛；以治理成本评估环境损害，忽视了环境要素的价值，且需要明确污染物的排放量
13			旅行费用法（travel cost method，TCM）	常用来评价没有市场价格的自然景点或环境资源提供的休闲娱乐、文化服务的损失	用旅行费用作为替代物衡量生态环境的价值	通常采用问卷调查的方式收集数据，使用计量经济学模型估算需求函数，然后计算消费者剩余来衡量旅游景点的价值	其结果只是游憩使用价值的一部分；定义和衡量旅行时间成本的争议很大；取样量大，易出现较大偏差

续　表

序号	类别	名　称		适用情形	原　理	方法或步骤	成熟程度或优缺点
14	环境价值评估法（货币化）	陈述偏好法（stated preference methods）	条件价值法（权变评价法/或然估计法/意愿调查法 contingent valuation method, CVM）	当缺乏真实的市场数据，甚至也无法通过间接的观察市场行为来赋予环境资源价值；适用于选择价值占有较大比重的独特景观、文物古迹等生态系统服务价值评估	构建一个虚拟市场，用调查技术直接询问人们的环境偏好	一般通过问卷或面对面询问的方式进行，直接询问调查对象的支付意愿或者接受赔偿意愿	唯一可以用来评估全部生态系统服务功能价值的比较成熟的方法；主观性较强，所得的价值依赖于假象或虚拟市场和调查方案所描述的物品或服务性质，容易产生较大偏差，需要大量样本
15			选择试验模型法（choice experiment）	解决环境和资源的多重生态属性之间的损益比较问题	基于效用最大化理论，采用问卷为被调查者提供由资源或环境物品的不同属性状态组合而成的选择集	为被调查者提供由不同属性状态组成的选择集，让其从每个选择集中选出自己最偏好的一种方案，研究者可以根据被调查者的偏好运用经济计量学模型分析出不同属性的价值以及由不同属性状态组合而成的各种方案的相对价值	不能避免误差，仍然处于探索、发展阶段
16		效益转移法（benefit transfer）		评估区非市场资源价值受时间、空间和费用等条件限制，可适用此方法，且需要满足：a）确定参照区的范围和规模，包括区域人口规模，评估中所需要的数据需求（如价值的类型：使用价值、非使用价值或总价值）；b）评估区的环境资源的质量（数量）及其变化与参照区的资源质量（数量）及其预期变化应相似	将已研究地区（参照区）的环境的货币价值通过市场化或非市场化的经济评估技术应用到待研究地区（评估区）	寻找已经进行环境与资源评价的地点，并且尽可能地多找一些研究地点；其次比较其与评估地点的类似程度，确定如何以及在多大程度上参照区的环境与资源效益或成本可以转移到评估区	节约时间和金钱成本，但是转移结果精度不高，取决于参照区结果的准确性

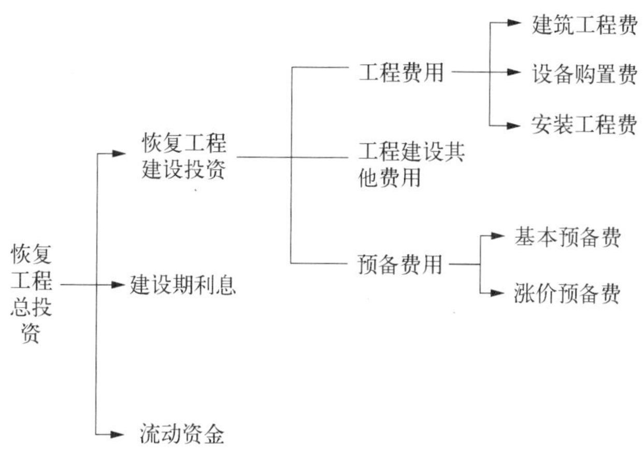

图3－15　恢复工程总费用构成

2. 等值分析法

（1）方法分类

等值分析法（equivalency analysis，EA）主要用来确定补偿性恢复措施的实施范围和规模，需要在统一度量单位下进行，度量单位可以是资源或服务单位形式，也可以是货币形式[①]。如果用资源单位形式表达，则称为资源等值法（resources equivalency analysis，REA）；如果用服务单位形式表达，则称为服务等值法，服务等值法中较多采用的是生境等值法（habit equivalency analysis，HEA）[②③]；如果用货币单位形式表达，则称为价值等值法，价值等值法又有两种形式，价值-价值法和价值-成本法。各方法的选择优先级一般根据受损生态环境的主体功能和费用效益分析进行判断。

（2）方法选择原则

在以上三种方法中，应优先采用资源等值法和服务对等法。补偿性恢复的资源和服务应与受损的自然资源和服务具有可比性，即保证实施补偿性恢复手段后，环境所拥有的资源和所提供的生态服务与污染或破坏发生前等量、或好于污染或破坏发生前的基线状况[④]。要优先选择与受损的自然资源的类型和质量相同的自然资源和服务进行补偿性恢复，若前者不可行，则要找与受损的自然资源和服务的类型和质量相似的自然资源和服务进行补偿性恢复，若两者均难以实现，则考虑采用价值等值法[⑤]。

---

① 牛坤玉，於方，张红振，等. 自然资源损害评估在美国：法律、程序以及评估思路[J]. 中国人口·资源与环境，2014，24(S1)：345－348.

② Desvousges W H，Gard N，Michael H J，et al. Habitat and resource equivalency analysis：A critical assessment[J]. Ecological Economics，2018，143：74－89.

③ Jones C A，Dipinto L. The role of ecosystem services in USA natural resource liability litigation[J]. Ecosystem Services，2017.

④ 於方，张衍燊，赵丹，等. 环境损害鉴定评估技术研究综述[J]. 中国司法鉴定，2017，94(5)：18－29.

⑤ 同①.

(3) 分析步骤

替代等值分析法主要基于一个等价的假设,通过建立受损环境服务、资源或生境与补偿性恢复工程措施的等价关系来计算补偿性恢复的规模和成本①,从而确定相应的"赔偿数额",其计算步骤为:

1) 损失的量化:基于生态系统服务期间损害情况,选择适用的替代等值分析方法,量化期间损害量;

2) 效益的量化:基于资金的时间价值原则,确定补偿性恢复措施产生的单位效益 E;

3) 规模的确定:补偿性恢复方案的规模 S 等于期间损失 H 除以单位效益 E,通常以恢复的资源量或恢复面积来计量;补偿性恢复方案的规模取决于恢复单位资源或服务所需时间、选取的现值系数、补偿性恢复产生的单位面积效益以及期间损害的大小。

4) 方案的确定:根据计算得出的恢复规模,提出备选恢复方案,如果恢复方案效果不确定,还需要利用实验或者模型模拟等方法开展必要的专项研究,提出备选恢复方案;利用《环境损害鉴定评估推荐方法(第Ⅱ版)》附录表 B-1 的筛选标准进行备选方案比选,最终确定补偿性恢复方案。

5) 损害的货币化:对确定的补偿性恢复方案的实施成本进行货币化。

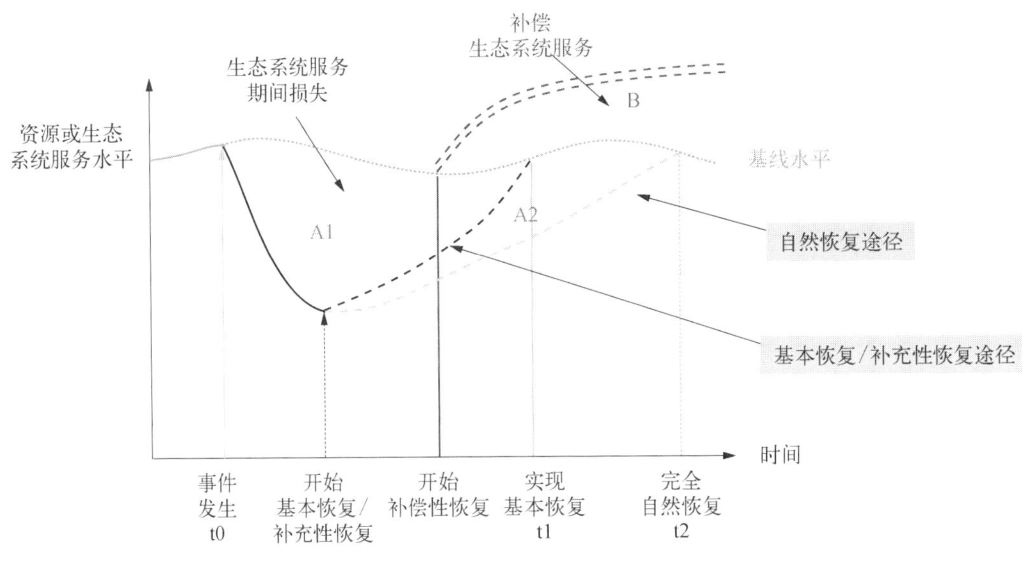

完整的损害赔偿费用包括(1)基本恢复成本(如果有)加上(2)期间损害的货币或资源补偿,期间损害的货币赔偿=PDV(A);资源补偿=实施[PDV(A)=PDV(B)]补偿性恢复工程的成本;如果实施基本恢复 A=A1,如果没有实施基本恢复即自然恢复 A=A1+A2,其中 PDV 指折现值。

图 3-16 基于生态系统服务的损害赔偿示意②

① 李京梅,李宜纯. 生境和资源等价分析法国外研究进展与应用[J]. 资源科学,2019,41(11):2059-2070.

② Jones C A, Dipinto L. The role of ecosystem services in USA natural resource liability litigation[J]. Ecosystem Services, 2018, 29: 333-351.

3. 环境价值评估法

（1）适用情形

环境价值评估法主要应用于损害不可恢复情形下，用来确定永久性损害的赔偿费用。另外，还有以下四种情形建议采用环境价值评估法进行价值量化：

1）针对实施基本恢复方案，在所有恢复方案的成本均大于预期收益的情形下，推荐采用环境价值评估方法；

2）针对制定了补充性恢复方案后，如果既无法将受损的环境恢复至基线，也没有可行的补偿性恢复方案弥补期间损害，或只能恢复部分受损的环境，应采用环境价值评估方法对受损环境或未得以恢复的环境进行价值评估；

3）针对补偿性恢复中替代等值分析方法不可行，则考虑采用环境价值评估方法；

4）当评估生物资源时，如果选择生物体内污染物浓度或对照区的发病率作为基线水平评价指标，由于在生态环境恢复过程中难以对其进行衡量，推荐采用环境价值评估方法。

（2）方法分类

环境价值评估法主要从环境经济学中的环境价值计量、核算发展而来，是众多工作内容的前提条件和基础，例如环境资产或自然资产的价值评估、计算环境污染、资源耗竭和生态破坏造成损失，分析防治环境污染、资源耗竭和生态破坏措施的费用和效益，实施建设项目环境影响评价的环境经济分析，以及实行环境核算纳入国民经济核算体系①②。该类价值评估方法依据的是福利经济学，认为当环境资源改善时，人们的经济福利增加，产生环境资源效益；相反当环境资源恶化时，则产生经济损失。环境价值评估法可分为直接市场价值法、揭示偏好法和陈述偏好法③，这些方法的具体内容详述于表 3－7 和《环境损害鉴定评估推荐方法（第Ⅱ版）》附录 A。

GB/T 39791. 1—2020 中建议根据方法的不确定性，从小到大依次采用直接市场价值法、揭示偏好法、陈述偏好法和效益转移法，条件允许时可以采用效益转移法。结合实务经验来看，笔者认为，应根据相应方法的适用条件和原理进行选择适用。

3.8.3　方法的选择

不论是恢复费用法、等值分析法还是环境价值评估法，不同的评估方法由于所依据的计算原理不同，其评估结果往往存在较大的差异。我国当前对于环境损害价值量化方法虽然建立了基本体系，但针对方法适用研究仍显不足。参照 GB/T 39791. 1—2020，梳理了各评估方法的选择顺序，如图 3－17。

---

① 国家环境保护总局，国家统计局. 2004 中国绿色国民经济核算研究报告［J］. 环境保护，2006（18）：22－29.

② 田春暖. 海洋生态系统环境价值评估方法实证研究［D］. 青岛：中国海洋大学，2008.

③ 张枝实. 基于资产评估理论的环境生态资源价值计量方法研究［D］. 杭州：浙江大学，2012.

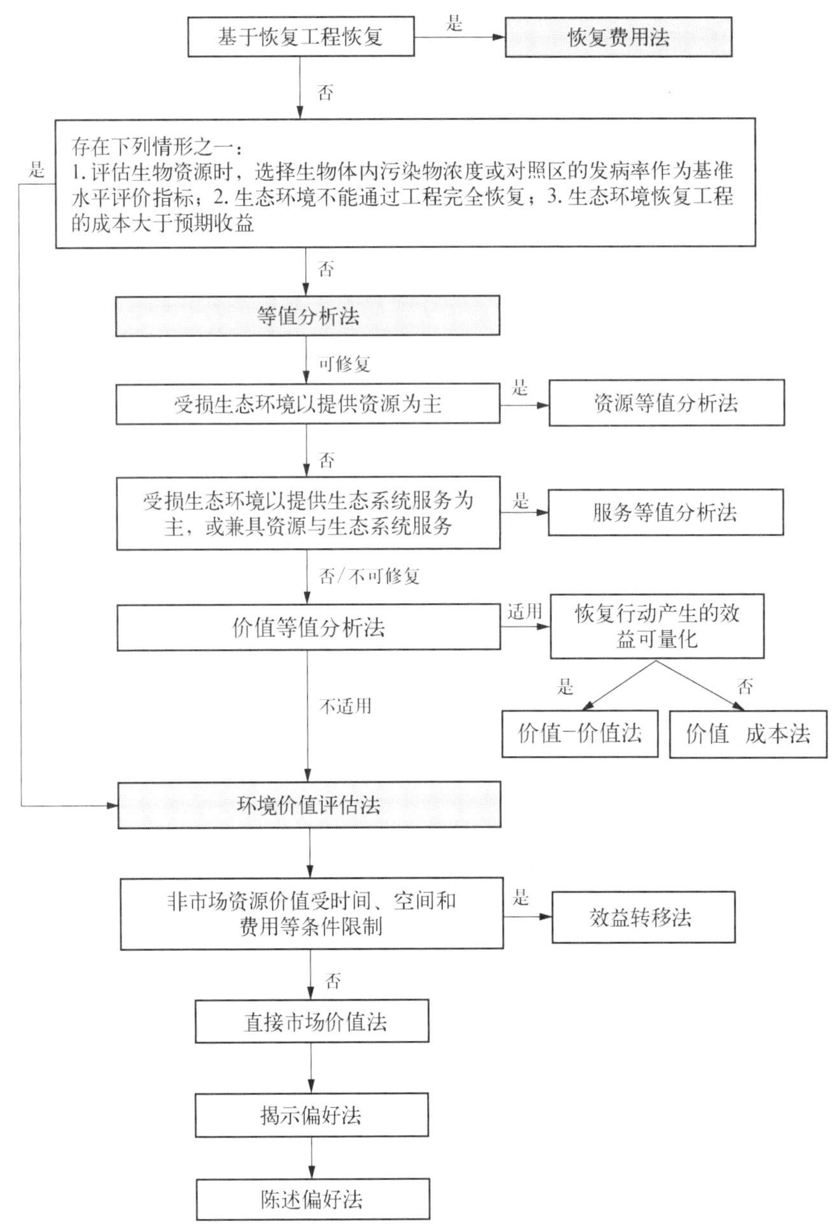

图 3－17　生态环境损害评估方法选择顺序

3.9　环境恢复效果评估

恢复效果评估不仅是对基本恢复工作的跟踪性评价，还是检验是否达到恢复目标的依据，也是补充性恢复方案的启动依据。

根据《生态环境损害鉴定评估技术指南　总纲和关键环节　第 3 部分：恢复效果评

估》(GB/T 39791.3—2024),恢复效果评估的内容主要包括：前期准备、恢复过程评估、恢复目标完成情况评估、效果评估报告编制。恢复效果评估标准即判断是否达到恢复目标要求,具体包括是否正确执行生态环境恢复方案,是否达到生态环境恢复总体目标和分项目标,恢复行动实施期间是否造成二次污染,是否需要开展补充性恢复等。可根据恢复工程特点和监测数据的情况,选择适用方法进行恢复目标完成情况分析。

第4章 环境损害司法鉴定的管理模式

按照司法鉴定执业活动的不同阶段，同时考虑司法鉴定工作的分类，司法鉴定管理制度内容主要包括登记管理、执业管理、实施活动管理和监督管理四个方面。我国当前的环境损害司法鉴定管理采用的是环保系统与司法系统"双结合"的管理模式，暂无专门的法律规定，《生态环境损害赔偿管理规定》中指出"生态环境部牵头指导实施生态环境损害赔偿制度，会同自然资源部、住房和城乡建设部、水利部、农业农村部、国家林草局等相关部门负责指导生态环境损害的调查、鉴定评估、修复方案编制、修复效果评估等业务工作。科技部负责指导有关生态环境损害鉴定评估技术研究工作。公安部负责指导公安机关依法办理涉及生态环境损害赔偿的刑事案件。司法部负责指导有关环境损害司法鉴定管理工作。财政部负责指导有关生态环境损害赔偿资金管理工作。国家卫生健康委会同生态环境部开展环境健康问题调查研究、环境与健康综合监测与风险评估。市场监管总局负责指导生态环境损害鉴定评估相关的计量和标准化工作。最高人民法院、最高人民检察院分别负责指导生态环境损害赔偿案件的审判和检察工作。"可见，环境损害司法鉴定的行政管理仍以司法部的管理为主。与常规司法鉴定管理制度相比，环境损害司法鉴定在登记管理、执业分类、监督管理等方面作出了特别要求，本章将就其内容分别做介绍。

4.1 管理依据

《全国人民代表大会常务委员会关于司法鉴定管理问题的决定》是专门调整司法鉴定管理的法律，目前在司法鉴定管理法律体系中具有"基本法"的地位。我国司法鉴定管理的法律依据并不局限于该法律，其他有关司法鉴定的规定散见在《刑法》《刑事诉讼法》《民事诉讼法》《行政诉讼法》等中，这些法律也是司法鉴定管理的法律依据。

其次，国务院制定的有关司法鉴定管理活动的行政法规如"司法鉴定人执业资格审批"和"司法鉴定机构审批"，司法解释、部门规章以及其他规范性文件也分别对司法鉴定及环境损害司法鉴定相关内容作出了规定，如表4－1所示。

表 4-1　环境损害司法鉴定管理依据汇总

序号	名　称	发布日期	最新施行日期
1	司法鉴定执业分类规定(试行)	2000.01.01	2000.01.01
2	全国人民代表大会常务委员会关于司法鉴定管理问题的决定(2015 年修正)	2005.02.28	2015.04.24
3	司法鉴定机构登记管理办法(司法部令第 95 号)	2005.09.29	2020.06.05
4	司法鉴定人登记管理办法(司法部令第 95 号)	2005.09.29	2020.06.05
5	司法鉴定教育培训规定(司法通〔2007〕72 号)	2007.11.01	已失效
6	司法鉴定职业道德基本规范(司发〔2009〕24 号)	2009.12.23	已失效
7	司法鉴定许可证和司法鉴定人执业证管理办法(司发通〔2010〕83 号)	2010.04.12	2010.04.12
8	司法鉴定人和司法鉴定机构名册管理办法(司发通〔2010〕84 号)	2010.04.12	2010.04.12
9	司法鉴定机构仪器设备配置标准(司发通〔2011〕323 号)	2011.12.27	已失效
10	司法鉴定机构资质认定评审准则(2012 年修订)	2012.09.14	2013.01.01
11	司法鉴定机构内部管理规范(司发通〔2014〕49 号)	2014.04.22	2014.04.22
12	司法部　环境保护部关于规范环境损害司法鉴定管理工作的通知(司法通〔2015〕118 号)	2015.12.21	2015.12.21
13	最高人民法院、最高人民检察院、司法部关于将环境损害司法鉴定纳入统一登记管理范围的通知(司法通〔2015〕117 号)	2016.01.08	2016.01.08
14	司法鉴定程序通则(司法部令第 132 号)	2016.03.02	2016.05.01
15	最高人民法院　司法部关于建立司法鉴定管理与使用衔接机制的意见(司发通〔2016〕98 号)	2016.10.09	2016.10.09
16	司法部　环境保护部关于印发《环境损害司法鉴定机构登记评审办法》《环境损害司法鉴定机构登记评审专家库管理办法》的通知(司发通〔2016〕101 号)	2016.10.12	2016.10.12
17	司法部关于印发司法鉴定文书格式的通知(司发通〔2016〕112 号)	2016.11.21	2017.03.01
18	司法部司法鉴定管理局印发《关于启用司法鉴定名册信息采集平台　加强司法鉴定名录网建设的通知》(司发通〔2016〕98 号)	2016.11.30	2016.11.30
19	环境保护部、司法部关于全国环境损害司法鉴定机构登记评审专家库(国家库)专家名单的公告	2017.04.24	2017.04.24
20	关于严格准入严格监管提高司法鉴定质量和公信力的意见(司发〔2017〕11 号)	2017.11.22	2017.11.22
21	司法部　生态环境部关于印发《环境损害司法鉴定机构登记评审细则》的通知	2018.06.14	2018.06.14
22	司法部关于全面推动长江经济带司法鉴定协同发展的实施意见	2018.06.13	2018.06.13
23	司法部　国家市场监管总局关于规范和推进司法鉴定认证认可工作的通知(司发通〔2018〕89 号)	2018.08.22	2018.08.22

续 表

序号	名　称	发布日期	最新施行日期
24	司法部办公厅关于进一步做好环境损害司法鉴定机构和司法鉴定人准入登记有关工作的通知	2018.09.25	2018.09.25
25	最高人民法院、最高人民检察院、公安部、司法部、生态环境部印发《关于办理环境污染刑事案件有关问题座谈会纪要》的通知	2019.02.20	2019.02.20
26	司法鉴定执业活动投诉处理办法(司法部令第144号)	2019.04.04	2019.06.01
27	司法部、生态环境部关于印发《环境损害司法鉴定执业分类规定》的通知(司发通〔2019〕56号)	2019.05.06	2019.05.06
28	司法部办公厅关于进一步做好环境损害司法鉴定管理有关工作的通知	2019.05.24	2019.05.24
29	司法部全面推行行政执法公示制度执法全过程记录制度重大执法决定法制审核制度实施办法	2019.12.31	2019.12.31
30	司法部办公厅关于开展司法鉴定机构和鉴定人清理整顿工作的通知(司办通〔2020〕27号)	2020.03.25	2020.04.01
31	司法部关于进一步规范和完善司法鉴定人出庭作证活动的指导意见(司规〔2020〕2号)	2020.05.14	2020.05.14
32	司法鉴定机构　鉴定人记录和报告干预司法鉴定活动的有关规定(司办通〔2020〕56号)	2020.06.08	2020.07.01
33	司法部关于进一步深化改革强化监管提高司法鉴定质量和公信力的意见(司发〔2020〕1号)	2020.11.02	2020.11.02
34	司法鉴定教育培训工作管理办法(司规〔2021〕1号)	2021.01.06	2021.01.06
35	司法鉴定机构诚信等级评估办法(试行)(司规〔2021〕4号)	2021.12.28	2021.12.28
36	司法鉴定机构和司法鉴定人退出管理办法(试行)(司规〔2021〕5号)	2021.12.28	2021.12.28
37	司法鉴定专家库管理办法(试行)(司办通〔2022〕66号)	2022.05.19	2022.05.19
38	司法部办公厅关于组建全国司法鉴定专家库的通知(司办通〔2022〕65号)	2022.05.19	2022.05.19
39	司法鉴定机构内部复核工作规定(试行)(司规〔2022〕3号)	2022.12.02	2022.12.02

4.2　登记管理制度

4.2.1　鉴定人和机构登记管理

1. 登记要求

2016年1月,《最高人民法院、最高人民检察院、司法部关于将环境损害司法鉴定纳入统一登记管理范围的通知》正式公布,该通知明确,对环境损害司法鉴定实行统一登记管理。与该通知相配套,《司法部　环境保护部关于规范环境损害司法鉴定管理工作的通知》也在同月公布，就环境损害司法鉴定实行统一登记和规范管理作出明确规定。2016 年 10 月，司法部和环境保护部又联合公布了《环境损害司法鉴定机构登记评审办法》和《环境损害司法鉴定机构登记评审专家库管理办法》。以上文件，对环境损害司法鉴定机构的发展规划、鉴定范围、登记审核以及机构和专家的评审等都作了明确规范。

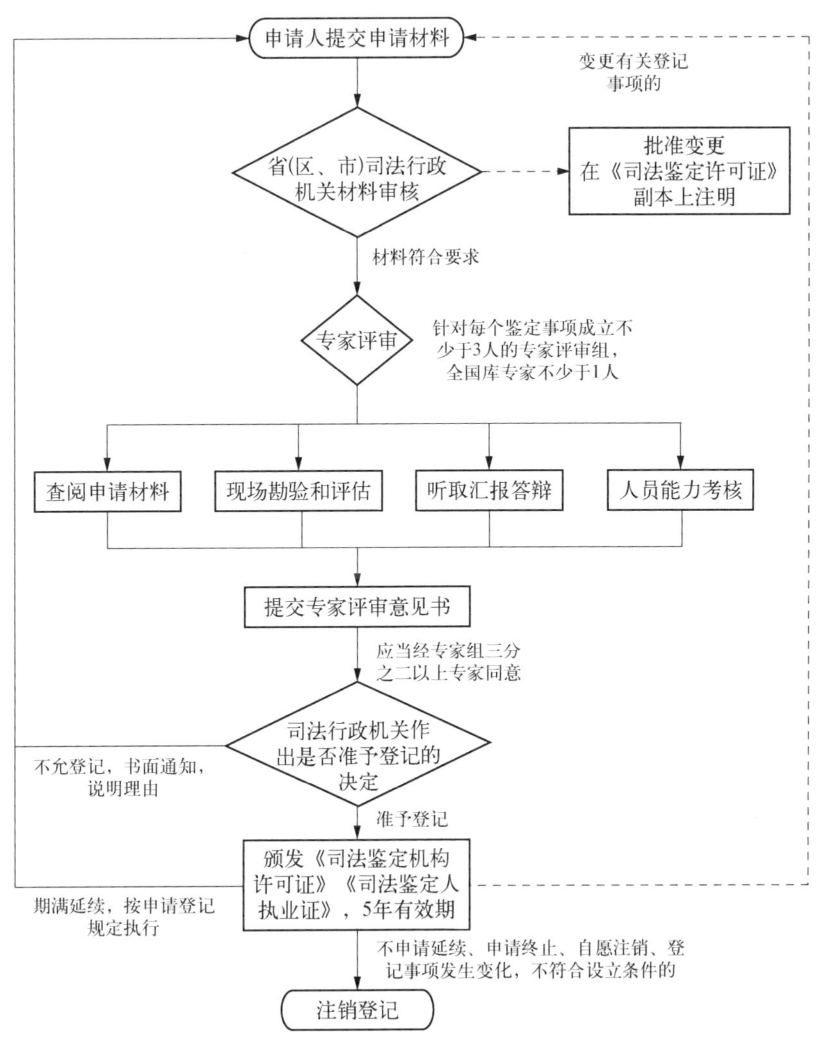

图 4－1　环境损害司法鉴定机构和鉴定人登记流程示意图

(1) 司法鉴定机构

根据《司法鉴定机构登记管理办法》，司法鉴定机构是司法鉴定人的执业机构，应当具备本办法规定的条件，经省级司法行政机关审核登记，取得《司法鉴定许可证》，在登记的司法鉴定业务范围内，开展司法鉴定活动。司法鉴定机构的登记事项包括：名称、住所、法定代表人或者鉴定机构负责人、资金数额、仪器设备和实验室、司法鉴定人、司法鉴定业务范围等。

1）申请条件

根据《司法鉴定机构登记管理办法》和《环境损害司法鉴定机构登记评审办法》的要求，法人或者其他组织申请从事环境损害司法鉴定业务的，应当具备下列条件：

① 有自己的名称、住所；

② **有不少于一百万元人民币的资金**；

③ 有明确的司法鉴定业务范围；

④ 有在业务范围内进行司法鉴定所必需的仪器、设备；

⑤ 有在业务范围内进行司法鉴定所必需的依法通过计量认证或者实验室认可的检测实验室；

⑥ 每项司法鉴定业务有三名以上司法鉴定人；**每项鉴定业务至少有2名具有相关专业高级专业技术职称的鉴定人**①。

有学者曾提出，"每项鉴定业务至少有2名具有相关专业高级专业技术职称的鉴定人"在实践中很难做到，一方面原有司法鉴定机构具有环境科学专业的人员不多，具有环境相关专业的高级专业技术职称更少；另一方面，由于环境损害鉴定范围广泛，对于一个鉴定机构而言，拥有大量高级技术职称的专职人员，但案源不足，也易形成人力的极大浪费。因此建议，在环境损害司法鉴定中，根据中共中央办公厅、国务院办公厅《关于实行以增加知识价值为导向分配政策的若干意见》中"允许科研人员和教师依法依规适度兼职兼薪"的规定，可以较多地采取兼职技术人员的方式加以解决②。

笔者认为，虽然兼职模式在短期内可以缓解人员不足的问题，但对于从业人员能力而言，不是所有具备高级专业技术职称人员、科研人员和教师都可以完全掌握环境损害司法鉴定的基本要求和技术要求，因此，从长期的科学发展而言，无论是出具鉴定鉴定意见的司法鉴定人，还是出具专家意见的专家，建议针对从业人员建立统一考核评价方式。无论是否具备高级专业技术职称，针对人员不足情形，可以采用职业资格考试形式准入，参考法律职业资格考试、咨询工程师（投资）职业资格考试、环境影响评价工程师资格考试或注册环保工程师考试等要求，统一考核鉴定人法律法规知识、专业及职业能力等，或直接以上述考试结果作为鉴定人准入条件，鼓励社会人员参与以扩充鉴定人队伍，并提高整体鉴定水平和能力。

有下列情形之一的，司法行政机关不予受理，并出具不予受理决定书：

① 法定代表人或者鉴定机构负责人受过刑事处罚或者开除公职处分的；

② 法律、法规规定的其他情形。

---

① 此条加粗内容为《环境损害司法鉴定机构登记评审办法》新增要求。

② 王灿发. 六处着手助力鉴定机构运营[EB/OL].（2017－02－20）. http://www.zhhjw.org/a/qkzz/zzml/20170102/fmbd/2017/0220/6307.html.

2）申请材料

申请人申请从事环境损害司法鉴定业务，应当向省（区、市）司法行政机关提交下列申请材料：

① 申请表；

② 证明申请者身份的相关文件；

③ 住所证明和资金证明；

④ 相关的行业资格、资质证明；

⑤ 仪器、设备说明及所有权凭证；

⑥ 检测实验室相关资料；

⑦ 司法鉴定人申请执业的相关材料；

⑧ 相关的内部管理制度材料；

⑨ 应当提交的其他材料。

申请设立具有独立法人资格的司法鉴定机构，除应当提交上述规定的申请材料外，还应当提交司法鉴定机构章程，按照司法鉴定机构名称管理的有关规定向司法行政机关报核其机构名称。

申请人应当对申请材料的真实性、完整性和可靠性负责。

3）执业凭证

经审核符合条件的，省级司法行政机关应当作出准予登记的决定，颁发《司法鉴定许可证》；不符合条件的，作出不予登记的决定，书面通知申请人并说明理由。

《司法鉴定许可证》是司法鉴定机构的执业凭证，司法鉴定机构必须持有省级司法行政机关准予登记的决定及《司法鉴定许可证》，方可依法开展司法鉴定活动。

《司法鉴定许可证》由司法部统一监制，分为正本和副本。《司法鉴定许可证》正本和副本具有同等的法律效力。

《司法鉴定许可证》使用期限为五年，自颁发之日起计算。

《司法鉴定许可证》应当载明下列内容：

① 机构名称；

② 机构住所；

③ 法定代表人或者鉴定机构负责人姓名；

④ 资金数额；

⑤ 业务范围；

⑥ 使用期限；

⑦ 颁证机关和颁证时间；

⑧ 证书号码。

司法鉴定资源不足的地区，司法行政机关可以采取招标的方式审核登记司法鉴定机构。招标的具体程序、时限按照有关法律、法规的规定执行。

4）变更、延续和注销

① 变更

司法鉴定机构要求变更有关登记事项的，应当及时向原负责登记的司法行政机关提交变更登记申请书和相关材料，经审核符合本办法规定的，司法行政机关应当依法办理变更登记手续。

司法鉴定机构变更后的登记事项，应当在《司法鉴定许可证》副本上注明。在《司法鉴定许可证》使用期限内获准变更的事项，使用期限应当与《司法鉴定许可证》的使用期限相一致。

② 延续

《司法鉴定许可证》使用期限届满后，需要延续的，司法鉴定机构应当在使用期限届满三十日前，向原负责登记的司法行政机关提出延续申请，司法行政机关依法审核办理。延续的条件和需要提交的申请材料按照最初申请登记的有关规定执行。

不申请延续的司法鉴定机构，《司法鉴定许可证》使用期限届满后，由原负责登记的司法行政机关办理注销登记手续。

③ 注销

司法鉴定机构有下列情形之一的，原负责登记的司法行政机关应当依法办理注销登记手续：

A. 依法申请终止司法鉴定活动的；

B. 自愿解散或者停业的；

C. 登记事项发生变化，不符合设立条件的；

D.《司法鉴定许可证》使用期限届满未申请延续的；

E. 法律、法规规定的其他情形。

【机构角色转变问题】

过去几年，生态环境部为了推动环境司法鉴定制度的建立，首先在部门内进行了一些环境损害鉴定评估的试点，并发文先后共推荐了三批环境损害鉴定评估机构。这些机构能否顺其自然地成为环境损害司法鉴定机构？从现有的司法鉴定机构管理办法看，答案是否定的。

因为环境损害司法鉴定机构的设立评审和登记有一套专门的管理规范，只有经过严格的评审程序，符合环境损害司法鉴定机构条件者，才能成为环境损害司法鉴定机构，也才能在司法审判中作为司法鉴定机构出现。因此，生态环境部推荐的三批环境损害鉴定评估机构还需要向司法行政部门提出申请，经评审合格后才能正式成为环境损害司法鉴定机构，承担环境损害司法鉴定工作。

同样的情况还有农业部门设立的渔业污染事故调查鉴定机构。为了解决渔业污染事故损害的因果关系鉴定和渔业污染损害的评估问题，农业部曾在2004年2月向

82 个单位和 1 070 人颁发了《渔业污染事故调查鉴定资格证书》及《渔业污染事故鉴定上岗证》。这些机构大多数是农业部门下属的渔业环境监测站或者渔业科研机构。2013 年,农业部废止了《渔业污染事故调查鉴定资格管理办法》,原有渔业污染事故调查鉴定资格证书的单位,如果要使其今后的鉴定报告能够在诉讼中被认可,就需要按照环境损害司法鉴定资质的要求,申请环境损害司法鉴定资质①。

【重新登记和检测实验室认证问题】

对于《环境损害司法鉴定机构登记评审办法》发布前已经审核登记从事环境损害类司法鉴定业务的司法鉴定机构,应当按照《司法部　环境保护部关于规范环境损害司法鉴定管理工作的通知》(司发通〔2015〕118 号)的规定申请重新登记。

2018 年 8 月 22 日,司法部、国家市场监督管理总局联合印发《关于规范和推进司法鉴定认证认可工作的通知》(司发通〔2018〕89 号),规定到 2019 年底,从事法医物证、法医毒物、微量物证、环境损害鉴定的司法鉴定机构,必须具备通过认证认可的检测实验室。对于已经审核登记的司法鉴定机构申请增加鉴定业务范围,所申请的鉴定业务范围包括环境损害鉴定的,其相应的检测实验室应当首先通过资质认定或者实验室认可。对到期未达到要求的司法鉴定机构限期整改,限期整改后仍不符合要求的,依法注销其相应的业务范围。

2019 年 12 月 31 日,司法部、国家市场监督管理总局联合印发《关于加快推进司法鉴定资质认定工作的指导意见》,对上述工作成效表示肯定,同时指出进一步规范工作程序的要求:从事法医物证、法医毒物、微量物证、环境损害司法鉴定业务的司法鉴定机构,已经司法行政机关审核登记的,其相应的检测实验室申请资质认定时,由设立该司法鉴定机构的法人或者其他组织向司法行政机关提出申请,经审核符合相关要求的,由司法行政机关推荐,向市场监督管理部门申请资质认定。根据工作实际,截至 2019 年 12 月 31 日前未通过相应的资质认定或实验室认可的,可延长至 2020 年 10 月 30 日。2020 年 10 月 30 日后仍未通过资质认定或实验室认可的,司法行政机关应当依法撤销其相应的司法鉴定业务类别。申请从事涉及法医物证、法医毒物、微量物证、环境损害司法鉴定业务的法人或者其他组织,未经司法行政机关登记的,应首先向市场监管部门申请对相应的检测实验室进行资质认定,待其通过资质认定后,再向司法行政机关申请登记。

(2)司法鉴定人

《全国人民代表大会常务委员会关于司法鉴定管理问题的决定》第十条明确"司法鉴

---

①　王灿发. 六处着手助力鉴定机构运营[EB/OL]. (2017 - 02 - 20). http://www.zhhjw.org/a/qkzz/zzml/20170102/fmbd/2017/0220/6307.html.

定实行鉴定人负责制度。鉴定人应当独立进行鉴定，对鉴定意见负责。”根据《司法鉴定人登记管理办法》，司法鉴定人是指运用科学技术或者专门知识对诉讼涉及的专门性问题进行鉴别和判断并提出鉴定意见的人员。司法鉴定人应当具备本办法规定的条件，经省级司法行政机关审核登记，取得《司法鉴定人执业证》，按照登记的司法鉴定执业类别，从事司法鉴定业务。司法鉴定人应当在一个司法鉴定机构中执业。司法鉴定人的登记事项包括：姓名、性别、出生年月、学历、专业技术职称或者行业资格、执业类别、执业机构等。

1）申请条件

个人申请从事司法鉴定业务，应当具备下列条件：

① 拥护中华人民共和国宪法，遵守法律、法规和社会公德，品行良好的公民；

② 具有相关的高级专业技术职称；或者具有相关的行业执业资格或者高等院校相关专业本科以上学历，从事相关工作 5 年以上；

③ 申请从事经验鉴定型或者技能鉴定型司法鉴定业务的，应当具备相关专业工作 10 年以上经历和较强的专业技能①；

④ 所申请从事的司法鉴定业务，行业有特殊规定的，应当符合行业规定；

⑤ 拟执业机构已经取得或者正在申请《司法鉴定许可证》；

⑥ 身体健康，能够适应司法鉴定工作需要。

对于环境损害司法鉴定机构的鉴定人员专业能力要求，依执业类别不同而有所区别，在登记评审时由评审专家组根据《环境损害司法鉴定机构登记评审细则》的“附件 1 申请从事环境损害司法鉴定人评分表”和“附件 2 环境损害司法鉴定机构和人员专业能力要求”进行考核评定。现在不少地方会针对拟申请环境损害司法鉴定人员，开展申请环境损害司法鉴定执业人员能力评估考核，作为申请环境损害司法鉴定人的必要条件。例如北京就对相关考核内容作了要求，分为公共基础知识考核和专业知识考核两项，公共基础知识考核为上机考试，满分为 100 分，70 分（含）以上为合格。公共基础知识考核成绩有效期一年。对于考核未通过人员，至少六个月后，方可再次申请能力评估考核。专业知识考核为面试答辩，内容主要包括相关鉴定业务领域的技术规范、标准、案例分析、专业提问、模拟办理鉴定业务等，面试考核时间一般为每人 10—20 分钟。专业知识考核成绩有效期一年。对于考核未通过人员，至少六个月后，方可再次申请能力评估考核。

有下列情形之一的，不得申请从事司法鉴定业务：

① 因故意犯罪或者职务过失犯罪受过刑事处罚的；

---

① 2019 年 8 月司法部发布的《司法鉴定人登记管理办法（修订征求意见稿）》在此基础上增加了一条并列条款“或者具有与所申请从事的司法鉴定业务相关工作十年以上经历，具有较强的专业技能。”

② 受过开除公职处分的；

③ 被司法行政机关撤销司法鉴定人登记的；

④ 所在的司法鉴定机构受到停业处罚，处罚期未满的；

⑤ 无民事行为能力或者限制行为能力的；

⑥ 法律、法规和规章规定的其他情形。

2）申请材料

个人申请从事司法鉴定业务，应当**由拟执业的司法鉴定机构**向司法行政机关提交下列材料：

① 申请表；

② 身份证、专业技术职称、行业执业资格、学历、符合特殊行业要求的相关资格、从事相关专业工作经历、专业技术水平评价及业务成果等证明材料；

③ 应当提交的其他材料。

个人兼职从事司法鉴定业务的，应当符合法律、法规的规定，并提供所在单位同意其兼职从事司法鉴定业务的书面意见。

3）执业凭证

经审核符合条件的，省级司法行政机关应当作出准予执业的决定，颁发《司法鉴定人执业证》；不符合条件的，作出不予登记的决定，书面通知其所在司法鉴定机构并说明理由。

《司法鉴定人执业证》由司法部统一监制。《司法鉴定人执业证》是司法鉴定人的执业凭证。

《司法鉴定人执业证》使用期限为五年，自颁发之日起计算。

《司法鉴定人执业证》应当载明下列内容：

① 姓名；

② 性别；

③ 身份证号码；

④ 专业技术职称；

⑤ 行业执业资格；

⑥ 执业类别；

⑦ 执业机构；

⑧ 使用期限；

⑨ 颁证机关和颁证时间；

⑩ 证书号码。

4）延续和注销

① 延续

《司法鉴定人执业证》使用期限届满后，需要继续执业的，司法鉴定人应当在使用期限届满三十日前通过所在司法鉴定机构,向原负责登记的司法行政机关提出延续申请,司法行政机关依法审核办理。延续申请的条件和需要提交的材料按照本办法最初申请登记的规定执行。

不申请延续的司法鉴定人,《司法鉴定人执业证》使用期限届满后,由原负责登记的司法行政机关办理注销登记手续。

② 注销

司法鉴定人有下列情形之一的,原负责登记的司法行政机关应当依法办理注销登记手续:

A. 依法申请终止司法鉴定活动的;

B. 所在司法鉴定机构注销或者被撤销的;

C.《司法鉴定人执业证》使用期限届满未申请延续的;

D. 法律、法规规定的其他情形。

5)权利和义务

① 权利

司法鉴定人享有下列权利:

A. 了解、查阅与鉴定事项有关的情况和资料,询问与鉴定事项有关的当事人、证人等;

B. 要求鉴定委托人无偿提供鉴定所需要的鉴材、样本;

C. 进行鉴定所必需的检验、检查和模拟实验;

D. 拒绝接受不合法、不具备鉴定条件或者超出登记的执业类别的鉴定委托;

E. 拒绝解决、回答与鉴定无关的问题;

F. 鉴定意见不一致时,保留不同意见;

G. 接受岗前培训和继续教育;

H. 获得合法报酬;

I. 法律、法规规定的其他权利。

② 义务

司法鉴定人应当履行下列义务:

A. 受所在司法鉴定机构指派按照规定时限独立完成鉴定工作,并出具鉴定意见;

B. 对鉴定意见负责;

C. 依法回避;

D. 妥善保管送鉴的鉴材、样本和资料;

E. 保守在执业活动中知悉的国家秘密、商业秘密和个人隐私;

F. 依法出庭作证,回答与鉴定有关的询问;

G. 自觉接受司法行政机关的管理和监督、检查;

H. 参加司法鉴定岗前培训和继续教育;

I. 法律、法规规定的其他义务。

（3）鉴定人助理

建立司法鉴定人助理队伍，是加强司法鉴定人队伍建设和司法鉴定机构发展的重要举措。通过推行鉴定人助理制度，有助于吸引更多的专业技术人员纳入司法鉴定人队伍，建立后备人才梯队。根据《司法鉴定机构内部管理规范》（司发通〔2014〕49 号）第七条，“司法鉴定机构可以根据鉴定业务需要聘用司法鉴定人助理，辅助司法鉴定人开展司法鉴定业务活动，但不得在鉴定意见书上签名。司法鉴定人助理应当经省级司法行政机关备案。”

据统计，截至 2023 年 12 月底，全国共有 10 余个省（区、市）司法厅先后制定了有关司法鉴定人助理管理的地方性文件，具体包括《甘肃省司法鉴定人助理管理办法（试行）》《上海市司法局关于加强和规范司法鉴定人助理管理工作的通知》《广西壮族自治区司法鉴定人助理管理办法（试行）》《安徽省司法鉴定人助理管理办法（试行）》《北京市司法鉴定人助理管理办法》《福建省司法鉴定人助理管理规定（试行）》《山东省司法鉴定人助理管理办法》《四川省司法鉴定行业鉴定人助理管理暂行办法》《吉林省司法鉴定人助理管理办法（试行）》《广东省司法厅司法鉴定助理管理办法》《浙江省司法鉴定人助理管理规定（试行）》《云南省司法鉴定人助理管理办法》等。

综合各地出台的司法鉴定人助理管理暂行条例，司法鉴定人助理的申请与职责一般归结为如下几个方面①：

1）申请条件

① 取得司法鉴定相关专业专科/本科以上学历，或取得司法鉴定相关职业资格；

② 品行良好，拥护中华人民共和国宪法，无刑事处罚或开除公职处分的经历；

③ 身体健康，能够适应司法鉴定辅助工作需要；

④ 受聘于司法鉴定机构从事辅助鉴定的工作。

2）主要职责

A. 负责收集与检验、检测司法鉴定相关的检案检材，或者检查一般活体；

B. 负责对检案检材的保管与使用情况进行记录，主要包括对检案检材的保存、检验、标识、接收等情况进行及时记录；

C. 为需要出庭的司法鉴定人准备相应的出庭资料；

D. 参与草拟司法鉴定文书；

E. 参与司法鉴定文书的校对；

F. 记录司法鉴定的全过程；

G. 负责司法鉴定文书的归档。

---

① 杨佳雯，黄惠结，李荣，等. 从人才培养角度论鉴定人助理制度的完善[J]. 南京医科大学学报（社会科学版），2019，19（5）：423－428.

2. 专家评审

（1）基本流程

1）申请人向省（区、市）司法行政机关提交申请材料。

2）司法行政机关对申请人的申请材料进行认真审查，根据审查情况，按照法定时限出具受理决定书或者不予受理决定书；决定受理的，省级司法行政机关于5个工作日内组织专家开展评审工作。

3）省级司法行政机关会同省级生态环境主管部门，按照《司法部　环境保护部关于印发〈环境损害司法鉴定机构登记评审办法〉〈环境损害司法鉴定机构登记评审专家库管理办法〉的通知》（司发通〔2016〕101号）和《环境损害司法鉴定机构登记评审细则》的规定，在环境损害司法鉴定机构登记评审专家库中随机抽取并确定评审专家，按鉴定事项组织建立专家评审组，每个鉴定事项的评审专家组人数不少于3人，其中国家库专家不少于1人。必要时，可以从其他省（区、市）地方库中选取评审专家。评审专家与申请人有利害关系的，应当回避。

4）专家评审组按照以下流程开展评审工作：

① 推选组长。采取专家自荐、组内推荐等方式，确定一名组长（若以上方式未能推选出组长，则由省级司法行政机关指定组长），负责召集专家、主持评审工作等。

② 制定工作方案。根据申请人拟从事鉴定事项的特点和要求制定有针对性的工作方案，明确评审的时限、组织方式、实施程序、主要内容、专家分工等，作为开展评审工作的指南和参考。

③ 开展评审工作。专家评审组按照工作方案确定的时间开展评审工作。评审的主要内容为查阅有关申请材料，听取汇报、答辩，对专业人员的专业技术能力进行考核，实地查看工作场所和环境，核查申请人的管理制度和运行情况，实验室的仪器设备配置和质量管理水平，现场进行勘验和评估，也可以根据需要增加其他评审内容。

评审专家应当遵守法律、法规和有关保密、回避等要求，严格按照本细则所列的各个考核评审项目，独立、客观、公正地进行评审，不受任何单位和个人干涉，并对评审意见负责。

多个申请人在同一时间段提出申请的，司法行政机关可以针对同一类鉴定事项组织集中评审，开展集中评审的专家评审组人数不少于5人。

④ 按项目进行评分。评审组的每名专家分别按照本细则确定的评分标准逐项进行打分，平均得出各项目最终评分结果，经求和后计算出专家评审总得分。

评审总得分为100分，其中人员条件、技术能力和设施设备情况占比为2∶5∶3。

⑤ 形成专家评审意见书。评审工作完成后，根据评审得分情况及评审专家意见认真填写《环境损害司法鉴定机构登记专家评审意见书》（以下简称《评审意见书》）。

专家评审得分为70分（含）以上，且人员条件、技术能力和设施设备分别不低于12分、30分和18分的申请人，应当给予“具备设立环境损害司法鉴定机构的技术条件和技术能力”的评审结论；专家评审得分为 70 分以下或人员条件、技术能力和设施设备得分中有一项未达到该项满分 60% 的申请人，应当给予“不具备设立环境损害司法鉴定机构的技术条件和技术能力”的评审结论。各省份可以根据本地环境损害司法鉴定行业发展实际对该分数适当进行调整，但上下幅度不得超过 10 分，即最低 60 分（含），最高 80 分（含）。

⑥《评审意见书》填写完成后，由每位评审专家签名，并送交省级司法行政机关。评审结论应当经专家组三分之二以上专家同意；评审专家对评审结论有不同意见的，应当记录在《评审意见书》中。

5）司法行政机关按照《司法鉴定机构登记管理办法》及有关规定，结合专家评审意见，作出是否准予登记的决定。

（2）业务变更及延续

环境损害司法鉴定机构申请变更业务范围的，司法行政机关应当组织专家评审；申请延续的，由司法行政机关根据实际需要决定是否组织专家评审。

（3）登记评审专家库

对提出申请的鉴定机构，要由专家进行评审；只有通过评审的鉴定机构，方可进行环境损害司法鉴定业务。因此，评审专家库是对环境损害司法鉴定主体资质审查的重要组织，在环境损害司法鉴定机构的评审中起着至关重要的作用。

为了规范对该类登记工作的专家评审工作，根据《司法鉴定机构登记管理办法》和司法部、环境保护部《关于规范环境损害司法鉴定管理工作的通知》，司法部和环境保护部（现生态环境部，下同）专门联合发布了《环境损害司法鉴定机构登记评审办法》，对如何规范专家评审工作，作出了以下明确规定：

1）专家库构成

环境损害司法鉴定机构评审专家库由国家库和地方库组成。

环境保护部会同司法部建立全国环境损害司法鉴定机构登记评审专家库，涵盖污染物性质鉴别、地表水和沉积物、环境大气、土壤与地下水、近岸海洋和海岸带、生态系统、环境经济、其他类（主要包括噪声、振动、光、热、电磁辐射、核辐射、环境法等）8 个领域；各省、自治区、直辖市环境保护主管部门会同同级司法行政机关根据当地实际设立本省（区、市）环境损害司法鉴定机构登记评审专家库。

2）入库条件

入选国家库的专家应具备以下条件：

① 具有高级专业技术职称或者从事审判、检察、公安等工作并熟悉相关鉴定业务；

② 从事或参与相关专业工作十年以上；

③ 了解环境保护工作的有关法律、法规和政策，熟悉国家和地方环境损害鉴定评估相关制度与技术规范；

④ 具有良好的科学道德和职业操守；

⑤ 健康状况良好,可以参加有关评审、评估和培训等活动。

3)工作内容

入库专家的工作内容包括:

① 为环境损害司法鉴定机构的评审提供专家意见;

② 参加相关技术培训;

③ 承担环境保护主管部门、司法行政机关委托的其他工作。

4)专家库管理

根据《环境损害司法鉴定机构登记评审专家库管理办法》第七条规定,"环境保护主管部门会同司法行政机关对专家库实行动态管理。专家人数不能满足工作需要的,适时启动遴选工作,增补专家数额。对不能履行职责的专家,及时调整出库。"

2016 年 11 月,司法部与环境保护部发布《关于公开遴选全国环境损害司法鉴定机构登记评审专家库专家的通知》《关于环境损害司法鉴定机构登记评审专家库建设有关事项的通知》,经过严格筛选后有 298 人[①]进入国家专家库,并同时启用国家专家库信息平台(网址:http://experts. cerda. org. cn),统一提供国家库、地方库专家名单查询。2022 年 5 月,司法部办公厅关于印发《司法鉴定专家库管理办法(试行)》,对国家库的专家入库条件、履行职责期间的权利与义务、工作职责及退出管理进行规定。

4.2.2 鉴定人和机构名册管理

根据《司法鉴定机构登记管理办法》,凡经司法行政机关审核登记的司法鉴定机构及司法鉴定人,必须统一编入司法鉴定人和司法鉴定机构名册并公告。司法鉴定人和司法鉴定机构名册分为电子版和纸质版。电子版由司法行政机关负责公告,纸质版由司法行政机关组织司法鉴定机构在有关媒体上公告并正式出版。

2016 年 10 月,司法部发布《最高人民法院　司法部关于建立司法鉴定管理与使用衔接机制的意见》(司发通〔2016〕98 号),进一步加强和改进国家司法鉴定人和司法鉴定机构名册编制工作。2016 年 12 月,司法部司法鉴定管理局印发《关于启用司法鉴定名册信息采集平台　加强司法鉴定名录网建设的通知》(司鉴〔2016〕24 号),决定启用国家司法鉴定名册信息采集平台,并建设全国司法鉴定名录网。司法鉴定名册信息采集统一使用国家司法鉴定名册信息采集平台(http://adm. sfjdml. com/login_sfml. jspx),对于已登记的和新审批的司法鉴定机构,需按照相同的流程,在信息采集平台录入相关信息,经省级司法行政机关审核后报部司鉴局,由部司鉴局在全国司法鉴定名录网上发布。司法机关和公民、组织可以委托列入司法鉴定人和司法鉴定机构名册的司法鉴定机构及司法鉴定人进行鉴定。

---

① 环境保护部,司法部. 环境保护部、司法部关于全国环境损害司法鉴定机构登记评审专家库(国家库)专家名单的公告[EB/OL]. (2017-04-27). http://www. mee. gov. cn/gkml/hbb/bgg/201704/t20170428_413186. htm.

图 4-2　国家司法鉴定人和司法鉴定机构名册信息采集平台

图 4-3　全国司法鉴定人和司法鉴定机构查询平台

4.2.3　执业活动分类管理

为进一步规范环境损害司法鉴定管理工作，2019 年 5 月，司法部、生态环境部联合印发《环境损害司法鉴定执业分类规定》（司发通〔2019〕56 号），该规定细化了环境损害司法鉴定的污染物性质鉴定、地表水与沉积物环境损害鉴定、空气污染环境损害鉴定、土壤与地下水环境损害鉴定、近岸海洋与海岸带环境损害鉴定、生态系统环境损害鉴定和其他环境损害鉴定等七大类鉴定事项，对于更加清晰准确地界定环境损害司法鉴定机构和鉴定人执业类别和范围，方便环境损害司法鉴定委托，切实提高环境损害司法鉴定管理工作的针对性、规范性和科学性具有重要意义。该文件同时要求各地要严格按照规定核定环境损害司法鉴定机构和鉴定人执业类别，切实加强执业监管。

2019 年 5 月 24 日，司法部办公厅发布《关于进一步做好环境损害司法鉴定管理有关工作的通知》，明确提出要“加强环境损害司法鉴定机构和鉴定人执业分类管理”。要组织司法鉴定管理干部和司法鉴定人认真学习《司法部　生态环境部关于印发〈环境损害司法鉴定执业分类规定〉的通知》（司发通〔2019〕65 号），全面准确理解七大鉴定事项细化后的 47 个执业类别的内涵和外延，为正确适用执业分类规定奠定良好基础。要督促各环境损害司法鉴定机构和鉴定人对照执业类别，主动评估执业能力，确保执业范围与能力水平相适应、相匹配。要加快完成执业类别重新核定工作，组织专家尽快对鉴定机构和鉴定人核报的执业类别进行评估，符合法定要求的，及时换发《司法鉴定许可证》和《司法鉴定人执业证》。现有明确的环境损害司法鉴定执业分类目录如表 4-2 所示。

表 4-2　环境损害司法鉴定执业分类目录及要求

序号	领　域	分领域及项目①
01	污染物性质鉴定	0101 固体废物鉴定
		0102 危险废物鉴定
		0103 有毒物质（不包括危险废物）鉴定
		0104 放射性废物鉴定
		0105 含传染病病原体的废物（不包括医疗废物）鉴定
		0106 污染物筛查及理化性质鉴定
		0107 有毒物质、放射性废物致植物损害鉴定
		0108 有毒物质、放射性废物致动物损害鉴定
02	地表水与沉积物环境损害鉴定	0201 污染环境行为致地表水与沉积物环境损害鉴定
		0202 污染环境行为致水生态系统损害鉴定
		0203 地表水和沉积物污染致植物损害鉴定
		0204 地表水和沉积物污染致动物损害鉴定
03	空气污染环境损害鉴定	0301 污染环境行为致环境空气损害鉴定
		0302 环境空气污染致植物损害鉴定

① 司法部，生态环境部.《司法部　生态环境部关于印发〈环境损害司法鉴定执业分类规定〉的通知》[EB/OL].（2019-05-15）. http://www.moj.gov.cn/government_public/content/2019-05/15/tzwj_234898.html.

续　表

序号	领　域	分领域及项目
03	空气污染环境损害鉴定	0303 环境空气污染致动物损害鉴定
		0304 室内空气污染损害鉴定
		0305 室内空气污染致人体健康损害鉴定
04	土壤与地下水环境损害鉴定	0401 污染环境行为致土壤环境损害鉴定
		0402 污染环境行为致地下水环境损害鉴定
		0403 污染环境行为致土壤生态系统损害鉴定
		0404 土壤污染致植物损害鉴定
		0405 地下水污染致植物损害鉴定
		0406 土壤污染致动物损害鉴定
		0407 地下水污染致动物损害鉴定
05	近海海洋与海岸带环境损害鉴定	0501 污染环境行为致近岸海洋与海岸带环境损害鉴定
		0502 污染环境行为致近岸海洋与海岸带生态系统损害鉴定
		0503 近岸海洋与海岸带环境污染致海洋植物损害鉴定
		0504 近岸海洋与海岸带环境污染致海洋动物损害鉴定
06	生态系统环境损害鉴定	0601 生态破坏行为致植物损害鉴定
		0602 生态破坏行为致动物损害鉴定
		0603 生态破坏行为致微生物损害鉴定
		0604 生态破坏行为致森林生态系统损害鉴定
		0605 生态破坏行为致草原生态系统损害鉴定
		0606 生态破坏行为致湿地生态系统损害鉴定
		0607 生态破坏行为致荒漠生态系统损害鉴定
		0608 生态破坏行为致海洋生态系统损害鉴定
		0609 生态破坏行为致河流、湖泊生态系统损害鉴定
		0610 生态破坏行为致冻原生态系统损害鉴定
		0611 生态破坏行为致农田生态系统损害鉴定
		0612 生态破坏行为致城市生态系统损害鉴定
		0613 矿产资源开采行为致矿山地质环境破坏、土地损毁及生态功能损害鉴定

续 表

序号	领 域	分领域及项目
07	其他环境损害鉴定	0701 噪声损害鉴定
		0702 震动损害鉴定
		0703 光损害鉴定
		0704 热损害鉴定
		0705 电磁辐射损害鉴定
		0706 电离辐射损害鉴定

4.3 执业管理制度

4.3.1 司法鉴定机构内部管理

司法鉴定机构内部管理是规范司法鉴定执业活动的重要基础。司法鉴定机构应当根据相关法律法规规章和规范，建立完善机构内部管理制度，加强专业化、职业化、规范化和科学化建设，提高从业人员的政治素质、业务素质和职业道德素质。

根据《司法鉴定机构登记管理办法》，法人或者其他组织申请从事司法鉴定业务的，在申请登记时就需要提供相关的内部管理制度材料。2014 年 4 月司法部印发《司法鉴定机构内部管理规范》，对鉴定机构内部运行机制作出明确的制度规定，进一步加强鉴定机构规范化建设，并从制定机构章程、执业手续及备案、执业场所、司法鉴定机构的仪器设备和标准物质、业务管理制度、质量管理体系、外部信息管理制度、内部讨论和复核制度、重大事项报告制度、专人文书监管、档案管理、出庭作证、财务管理制度、印章和证书管理制度、执业活动的监督管理、教育培训和业务考评制度、人事管理制度等多方面提出具体要求。各地出台的地方司法鉴定管理条例也指出要明确司法鉴定人和司法鉴定机构的权利义务和司法鉴定机构的内部管理职责。

4.3.2 司法鉴定质量管理

司法鉴定的质量直接关乎鉴定意见的证据效力，无论是司法鉴定机构还是司法鉴定人，都不容忽视。《司法鉴定机构内部管理规范》指出，司法鉴定机构应当建立完善质量管理体系，明确质量组织、管理体系和内部运转程序，加强质量管理，提高鉴定质量。

综合各方面的管理要求，为规范司法鉴定执业活动，指导司法鉴定机构建立并保持管理体系，有效实施司法鉴定机构资质认定评审，国家认监委联合司法部发布《司法鉴定机构资质认定评审准则》，主要从管理要求和技术要求两部分提出了相关要求：

1. 管理要求

（1）组织

司法鉴定机构应当明确其组织和管理结构，以及质量管理、技术运作和支持服务之间的关系，包括其与外部组织的关系。

司法鉴定机构的技术管理者、质量负责人及各部门主管应当有任命文件。机构负责人和技术管理者的变更需报资质认定发证机关备案。司法鉴定机构应当规定对鉴定质量有影响的所有管理、操作和核查人员的职责、权力和相互关系，并指定机构负责人、技术管理者、质量负责人的代理人。司法鉴定机构应当指定一名质量负责人，赋予其能够保证管理体系有效运行的职责和权力。

（2）管理体系

司法鉴定机构应当按照本准则建立和保持与其鉴定活动相适应的管理体系。管理体系应当形成文件，阐明与鉴定质量相关的政策，包括质量方针、目标和承诺，使所有相关人员理解并有效实施。

（3）文件控制

司法鉴定机构应当建立并保持文件编制、审核、批准、标识、发放、保管、修订和废止等的控制程序，包括描述如何更改和控制保存在计算机系统中文件的，确保在所有相关场所，相关人员均可以得到所需文件的有效版本。

（4）外部信息

司法鉴定机构应当独立完成司法鉴定协议书中要求的鉴定工作。司法鉴定机构应当有对外部信息的完整性和采用程度进行核查或者验证的程序。司法鉴定机构使用并作为鉴定依据的外部信息，应当由委托人提供或者同意。采用的外部信息应当在司法鉴定文书中注明。

（5）服务和供应品的采购

司法鉴定机构应当建立并保持对鉴定质量有影响的服务和供应品的选择、购买、验收和储存等的程序，以确保服务和供应品的质量。

（6）委托协议评审

司法鉴定机构应当建立并保持评审鉴定委托和司法鉴定协议书的程序。司法鉴定机构决定受理鉴定委托的，应当与委托人签订司法鉴定协议书，协议书内容除司法行政机关要求外，应当包括鉴定选用的方法、标准，鉴定时限，鉴定结束后需退还的鉴定材料及退还方式，以及鉴定过程中的风险告知等。修改已签订的司法鉴定协议书，应当重新进行评审；修改内容需双方书面确认，并通知本机构相关人员。

（7）投诉

司法鉴定机构应当建立完善的投诉处理程序，保存所有投诉及处理结果的记录。

（8）纠正措施、预防措施及改进

司法鉴定机构应当通过实施纠正措施、预防措施等持续改进其管理体系。司法鉴定机构对发现的不符合工作应当采取纠正措施,以防止类似不符合事项的再次发生;对潜在不符合事项应当采取预防措施,以减少不符合事项发生的可能性并改进。

(9) 记录控制

司法鉴定机构应当建立和保持记录控制程序。司法鉴定人员在鉴定过程中应当进行实时记录并签字。记录的内容应当真实、客观、准确、完整、清晰,有足够的信息以保证其能够再现或者对鉴定活动进行正确评价。司法鉴定机构的内部审核、管理评审、纠正措施、预防措施等质量记录,原始观测记录、导出数据、鉴定文书副本等技术记录应当归档并按规定期限保存。记录的文本或者音像载体、电子存储介质应当妥善保存,避免原始信息或者数据的丢失或改动,并为委托人保密。

(10) 内部审核

司法鉴定机构应当根据计划和程序,定期对其质量活动进行内部审核,以验证其运作持续符合管理体系和本准则的要求。内部审核每 12 个月不少于 1 次。在 12 个月内,内部审核活动应当覆盖到管理体系的全部要素、所有场所和所有活动,包括现场目击。内部审核人员应当经过培训并确认其资格,资源允许时,内部审核人员应当独立于被审核的鉴定活动。

(11) 管理评审

司法鉴定机构负责人应当根据预定的计划和程序,每 12 个月对管理体系和鉴定活动进行 1 次评审,以确保其持续适用和有效,并进行必要的改进。管理评审应当考虑到:总体目标,政策和程序的适应性;管理和监督人员的报告;近期内部审核的结果;纠正措施和预防措施;由外部机构进行的评审;司法鉴定机构间比对和能力验证、测量审核的结果;工作量和工作类型的变化;投诉及委托人反馈;改进的建议;质量控制活动、资源以及人员培训情况等。

2. 技术要求

(1) 人员

司法鉴定人员应当是在编人员或者与司法鉴定机构签署聘用合同或者劳动合同的人员。每项鉴定业务应当有 3 名以上司法鉴定人。司法鉴定人应当具备相应的资格、培训、经验,熟知所从事鉴定的规则和要求,并有做出专业判断和出具司法鉴定文书的能力。司法鉴定机构应当确保司法鉴定人员按照管理体系要求工作并受到监督,监督范围应当覆盖鉴定活动的关键环节。

鉴定活动需要外部专家提供技术支持时,司法鉴定机构应有评估与选择外部专家的程序,以确保外部专家有能力提供必要的咨询意见。

司法鉴定机构应当按照司法鉴定教育培训的规定,建立并保持人员培训程序和计划,保证司法鉴定人员经过与其承担的任务相适应的教育、培训,具有相应的专业知识和经验。

司法鉴定机构可以为司法鉴定人员制定必要的阶段性教育培训计划。其中可以包括:a) 入门阶段;b) 在资深司法鉴定人指导下工作的阶段;c) 在整个聘用期间的教育培训,以便与技术发展保持同步。

司法鉴定机构应当保存司法鉴定人员的资格、培训、技能和经历等证明材料。

司法鉴定机构技术管理者、授权签字人应当具有司法鉴定人资格并同时具有副高级以上本专业领域的技术职称，或者取得司法鉴定人资格后在本专业领域从业 5 年以上。

（2）设施和环境条件

司法鉴定机构的鉴定设施以及环境条件应当满足相关法律法规、技术规范或者标准的要求。设施和环境条件对鉴定结果的质量有影响时，司法鉴定机构应当监测、控制和记录环境条件。在非固定场所进行检测时应当特别注意环境条件的影响。

司法鉴定机构应当建立并保持安全作业管理程序，确保化学危险品、毒品、有害生物、电离辐射、高温、高电压、撞击，以及水、气、火、电等危及安全的因素和环境得到有效控制，并有相应的应急处理措施。

司法鉴定机构应当建立并保持环境保护程序，具备相应的设施、设备，确保鉴定产生的废液、废物等的处理符合环境和健康的要求，并有相应的应急处理措施。区域间的工作相互之间有不利影响时，应当采取有效的隔离措施。对影响鉴定质量和涉及安全的区域和设施应当有效控制并正确标识。

（3）鉴定方法

司法鉴定机构应当按照技术标准或者技术规范实施鉴定活动。司法鉴定机构应当优先选择国家标准、行业标准、地方标准或者司法部批准使用的技术规范；无上述标准时应当优先选择经省级以上司法行政机关指定的组织确认的方法。缺少作业指导书影响鉴定结果的，司法鉴定机构应当制定相应的作业指导书。司法鉴定机构应当证实能否正确使用所选用的标准方法。标准方法发生变化应当重新进行证实。

司法鉴定机构自行制订的非标准方法，经省级以上司法行政机关指定的组织确认后，可以作为资质认定项目。

司法鉴定机构使用的标准应当现行有效，便于工作人员使用。

鉴定方法的偏离应当有文件规定，经技术判断，获得机构负责人批准和委托人确认。

司法鉴定机构利用计算机或者自动设备对鉴定数据进行采集、处理、记录、报告、存储、检索时，应当建立并实施数据保护的程序，包括数据输入、采集、存储、转移和处理的完整性和保密性。

（4）仪器设备和标准物质

司法鉴定机构应当按照司法行政机关规定的仪器设备配置要求，配备鉴定所需仪器设备和标准物质，并对所有仪器设备进行维护。依靠借用或者租用仪器设备进行的司法鉴定事项不予资质认定，司法行政机关另有规定的除外。

仪器设备有过载或者错误操作，或者显示的结果可疑，或者通过其他方式表明有缺陷时，应当立即停止使用，并加以标识；修复的仪器设备应当经检定、校准等方式证明其功能指标已经恢复后才能继续使用。司法鉴定机构应当检查这种缺陷对之前的鉴定活动所造成的影响。

司法鉴定机构在使用司法行政机关规定的必备仪器设备之外的外部仪器设备前,应当验证其符合本准则的要求,保存验证和使用的记录。

设备应当由经过授权的人员操作。设备使用和维护的技术资料应当便于相关人员取用。

司法鉴定机构应当保存对鉴定结果具有直接影响的仪器设备及其软件的档案,至少应当包括:a)仪器设备及其软件的名称,并对其进行唯一性标识;b)制造商名称、型式标识、系列号;c)对仪器设备符合规范的核查记录;d)当前的位置;e)制造商的说明书,或者指明说明书存放地点;f)检定、校准报告或者证书;g)仪器设备接收或者启用日期和验收记录;h)仪器设备使用和维护记录;i)仪器设备的任何损坏、故障、改装或者修理记录。

所有仪器设备和标准物质应当有表明其状态的标识。仪器设备脱离司法鉴定机构直接控制,该机构应当确保仪器设备返回后,在使用前对其功能和校准状态进行核查并能显示满意结果。当需要利用期间核查以保持鉴定设备校准状态的可信度时,应当按照规定的程序进行。当校准产生了一组修正因子或者修正值时,司法鉴定机构应当确保其得到更新和备份。

(5)量值溯源

司法鉴定机构的量值溯源应当符合《中华人民共和国计量法》的规定,确保量值能够溯源至国家计量基标准。司法鉴定机构应当制定和实施仪器设备的校准、检定、验证、确认的总体要求。

检测量值不能溯源到国家计量基标准的,司法鉴定机构应当溯源到有证标准物质或者提供能力验证结果满意的证据。

司法鉴定机构应当制定设备检定或者校准的计划。在使用对量值的准确性产生影响的检测设备之前,应当按照国家相关技术规范或者标准对其进行检定或者校准,以保证其准确性。对于规定应当强制检定的计量器具应当定期检定,对于会明显影响鉴定结果的仪器设备需定期进行检定或者校准。

适用时,司法鉴定机构应当有参考标准的检定或者校准计划。参考标准在任何调整之前和之后均应当校准。司法鉴定机构持有的测量参考标准应当仅用于校准而不用于其他目的,除非能证明其作为参考标准的性能不会失效。司法鉴定机构应当使用有证标准物质(参考物质)。没有有证标准物质(参考物质)时,应当确保量值的准确性。司法鉴定机构应当根据规定的程序对参考标准和有证标准物质(参考物质)进行期间核查,以保持其校准状态的置信度。司法鉴定机构应当有程序来安全处置、运输、存储和使用参考标准和有证标准物质(参考物质),以防止污染或者损坏,确保其完好性。

(6)鉴定材料处置

司法鉴定机构应当制定鉴定材料的提取、运输、接收、处置、保护、存储、保留、清理的程序,确保鉴定材料的完整性。

司法鉴定机构应当记录接收鉴定材料的状态和相关信息,包括与正常或者规定条件的偏离。因鉴定需要耗尽或者可能损坏鉴定材料的,应当告知委托人并征得书面同意。司法鉴定机构应当具有鉴定材料的标识系统,避免鉴定材料或者其记录的混淆。司法鉴定机构应当具有适当的设备设施贮存、处理鉴定材料。对贮存鉴定材料的状态和条件进行定期检查并记录。司法鉴定机构应当保持鉴定材料的流转记录。

(7) 结果质量控制

司法鉴定机构应当具有质量控制程序和质量控制计划以监控鉴定结果的有效性,可以采用下列方式: a) 定期使用有证标准物质(参考物质)进行监控或者使用次级标准物质(参考物质)开展内部质量控制;b) 参加司法鉴定机构间的比对或者能力验证;c) 使用相同或者不同方法进行鉴定;d) 对存留鉴定材料进行再次鉴定;e) 分析同一个鉴定材料不同特性结果的相关性。

司法鉴定机构应当分析质量控制的数据,当发现质量控制数据可能超出预先确定的判断依据时,应当采取有计划的措施来纠正出现的问题,并防止报告错误结果。

(8) 司法鉴定文书

司法鉴定机构和司法鉴定人应当按照司法行政机关规定的要求和程序,及时出具司法鉴定文书,并保证其准确、客观、真实。

司法鉴定文书至少包含以下信息:

a) 标题;

b) 司法鉴定机构名称及许可证号;

c) 鉴定委托(鉴定要求与鉴定事项);

d) 唯一性编号;

e) 委托人;

f) 鉴定材料;

g) 检验检测过程;

h) 鉴定方法和依据;

i) 检验检测结果和鉴定意见。适用时,形成对检验检测结果和鉴定意见的分析说明;

j) 司法鉴定人执业证号。

司法鉴定文书的附件应当包括与鉴定意见、检验结果有关的关键图表、照片等,包括有关音像资料、参考文献的目录。

司法鉴定人应当在司法鉴定文书上签名;多人参加司法鉴定,对鉴定意见有不同意见的,应当注明。司法鉴定文书应当经授权签字人签发,并加盖司法鉴定专用章。

4.3.3 业务档案管理

司法鉴定业务档案是司法鉴定机构及鉴定人从事司法鉴定业务活动的历史记录,是国家重要的专业档案,主要包括司法鉴定机构、司法鉴定人从事司法鉴定业务活动而形成的文字、照片、图表、声像、电子数据等各种形式的具有查考保存价值的记录材料。司法鉴定机构应当根据《中华人民共和国档案法》和国家档案工作的有关规定以及司法鉴定业务要求，切实做好档案的制作、存储及管理工作。司法鉴定档案管理工作受司法行政机关的指导、监督和检查，档案业务工作受档案行政管理部门的指导、监督和检查。

目前国家层面尚未出台统一的司法鉴定档案管理规范，北京、天津、山东、浙江、四川、江苏、湖北、甘肃、重庆、河南、湖南等地已由司法行政部门或司法鉴定协会组织发布相关地方规范要求。司法鉴定档案管理通常包括但不限于：档案的收集归档、档案的保管期限、档案的保管和防护、档案的查阅和借调、档案的鉴定销毁和移交等。

一般地，司法鉴定业务档案根据鉴定材料的数量，应一案一卷或者一案数卷，不得数案一卷。需退还委托方或可能耗尽、损毁的鉴定材料，应当通过复印、拍照或者其他形式备份存档，如不便备份存档的，应当附加说明，并将附加说明归入司法鉴定业务档案。鉴定人应熟悉档案管理的各项要求，以便在前期开展受理及鉴定活动时准确收集相关材料，并与档案管理人员做好移交工作。

鉴定业务档案卷内文书材料要求各地均不相同，但应包含的基本内容有：

（一）案卷封面；

（二）卷内目录；

（三）司法鉴定委托书；

（四）司法鉴定协议书；

（五）送鉴材料（复印件）及接收记录；

（六）鉴定过程实时记录（包括检查记录、检测记录、鉴定组讨论记录、听证会记录、专家意见、关键图表等在鉴定过程中形成的记录）；

（七）司法鉴定文书底稿；

（八）司法鉴定文书正本；

（九）收费凭据（存根或复印件）；

（十）送达回证；

（十一）与鉴定有关的其他材料（包括受理审批表、外部信息核验记录、鉴定材料流转表、质量跟踪表、司法鉴定复核意见、延长鉴定时限告知书、终止鉴定告知书、司法鉴定意见补正书、出庭通知书等）；

（十二）卷内备考表；

（十三）案卷封底。

表 4-3　各地司法鉴定档案管理文件汇总

序号	名称
1	北京市司法局司法鉴定工作档案管理制度（试行）（京司办法〔2010〕85 号）
2	北京市司法局司法鉴定业务档案管理办法（试行）（京司发〔2011〕349 号）

续　表

序　号	名　称
3	天津市司法鉴定档案管理办法(试行)(2015)
4	河北省司法鉴定档案管理办法(冀司〔2012〕217 号,已失效)
5	辽宁省司法档案管理办法(辽司〔2013〕188 号)
6	山东省司法鉴定业务档案管理办法(鲁司〔2016〕132 号)
7	浙江省司法鉴定机构档案管理办法(浙司〔2022〕100 号)
8	浙江省司法鉴定机构档案管理办法(浙司〔2018〕85 号,已失效)
9	上海市司法鉴定业务档案管理办法(沪司行规〔2022〕4 号)
10	江苏省司法鉴定档案管理办法(苏司规字〔2022〕1 号)
11	江苏省司法鉴定业务档案管理办法(苏司通〔2007〕121 号,已失效)
12	安徽省司法鉴定业务档案管理办法(皖司通〔2011〕105 号)
13	河南省司法鉴定档案管理办法(试行)(豫司文〔2008〕223 号)
14	湖北省司法鉴定机构鉴定档案管理办法(暂行)
15	重庆市司法鉴定业务档案管理暂行办法(渝司办〔2006〕90 号)
16	四川省司法鉴定业务档案管理办法(川司法发〔2015〕49 号)
17	湖南省司法鉴定机构档案管理办法(试行)(湘司发〔2007〕116 号)
18	甘肃省司法鉴定机构鉴定档案管理办法(甘司办发〔2009〕128 号)
19	陕西省司法鉴定档案管理办法(试行)(陕司通〔2017〕66 号)
20	海南省司法鉴定机构业务档案管理暂行办法(琼司〔2006〕27 号)
21	宁夏回族自治区司法鉴定业务档案管理办法(宁司规〔2020〕2 号)
22	新疆维吾尔自治区司法鉴定业务档案管理办法(新司规〔2022〕1 号)

4.3.4　收费管理

司法鉴定收费,是指司法鉴定机构依法接受委托,在诉讼活动中运用科学技术或者专门知识对诉讼涉及的专门性问题进行鉴别和判断并提供鉴定意见,由司法鉴定机构向委托人收取服务费用的行为。收取鉴定费用,是司法鉴定机构开展鉴定活动的前提条件之一。为规范司法鉴定收费行为,维护委托人和司法鉴定机构的合法权益,2009 年 9 月国家发展改革委、司法部联合印发《司法鉴定收费管理办法》,对司法鉴定收费标准进行原则性规定,并明确司法鉴定收费标准,应当按照有利于司法鉴定事业可持续发展和兼顾社会承受能力的原则制定，法医、物证、声像资料类司法鉴定收费实行政府指导价或政府定价管理，对于环境损害司法鉴定类及收费暂无相关规定。但根据 2015 年 4 月 24 日修订的《全国人民代表大会常务委员会关于司法鉴定管理问题的决定》，以及 2016 年 3 月国家发改委专门下发的通知，自 2016 年 5 月 1 日起原全国统一的司法鉴定收费管理办法被废除，各省级价格主管部门会同同级司法行政部门应于 2016 年 5 月 1 日前制定出台本地区司法鉴定收费标准。

1. 收费现状

自 2016 年起，各地相继发布了比较明确的司法鉴定收费标准。梳理各地司法鉴定收费标准内容，发现大多要求仅限于传统“三大类”司法鉴定，针对环境损害司法鉴定工作收费暂无统一的国家标准，目前主要以委托方和鉴定机构之间协议收费为主。

为规范环境损害鉴定评估收费行为，促进环境损害鉴定评估工作有序开展，2016 年 3 月 9 日，生态环境部（原环境保护部）环境规划院组织召开了环境损害鉴定评估工作收费问题讨论会，环境保护部政策法规司、环境损害鉴定评估推荐机构和环境损害鉴定评估试点地方相关代表参加了会议，会议主要对环境损害鉴定评估委托收费目前存在的问题以及解决措施进行了讨论，并最终形成“环境损害鉴定评估服务参考收费标准”，如表 4－4 所示。但在实践中，由于该收费标准以会议纪要的形式提出，不具强制性，且各地工程成本和经济情况不同，大多在此基础上，以市场招投标或委托双方协商最终确定。

表 4－4　环境损害鉴定评估工作参考收费标准

<table>
<tr><th>收费项目</th><th colspan="4">收费标准</th><th>备注</th></tr>
<tr><td rowspan="12">基础费用*</td><td rowspan="4">突发环境事件损害评估收费标准</td><td>一般突发环境事件</td><td colspan="2">5 万元</td><td rowspan="12">根据项目具体情况可上下浮动</td></tr>
<tr><td>较大突发环境事件</td><td colspan="2">10 万元</td></tr>
<tr><td>重大突发环境事件</td><td colspan="2">20 万元</td></tr>
<tr><td>特别重大突发环境事件</td><td colspan="2">40 万元</td></tr>
<tr><td rowspan="8">其他环境损害鉴定评估服务收费标准</td><td>污染物性质鉴别</td><td colspan="2">3 万元</td></tr>
<tr><td>因果关系判定</td><td colspan="2">5 万元</td></tr>
<tr><td>损害范围与程度确定</td><td colspan="2">5 万元</td></tr>
<tr><td>损害量化</td><td colspan="2">5 万元</td></tr>
<tr><td rowspan="4">修复方案设计（依工程规模收费）</td><td><1 000 万元</td><td>10‰</td></tr>
<tr><td>1 000 万元~5 000 万元</td><td>8‰</td></tr>
<tr><td>5000 万元~1 亿元</td><td>5‰</td></tr>
<tr><td>>1 亿元</td><td>3‰</td></tr>
</table>

续　表

收费项目	收 费 标 准				备 注
基础费用*	其他环境损害鉴定评估服务收费标准	修复工程监理（依工程规模收费）	<1 000 万元	8‰	根据项目具体情况可上下浮动
			1 000 万元~5 000 万元	6‰	
			5000 万元~1 亿元	4‰	
			>1 亿元	2‰	
		环境修复后评估（依工程规模收费）	<1 000 万元	4‰	
			1 000 万元~5 000 万元	3‰	
			5 000 万元~1 亿元	2‰	
			>1 亿元	1‰	
劳务费	项目负责人		1 500 元/（人·天）		根据项目具体情况可上下浮动
	项目工作人员		800 元/（人·天）		
	项目助理人员		500 元/（人·天）		
项目支出	采样费		鉴定机构所属地主管部门相关文件，文件未涉及的按实际支出费用计算		应不超过国家和地方参考标准或实际价格
	检测分析费				
	资料收集费		按实际支出费用计算		
	试验研究费		按实际支出费用计算		
	会议费		按实际支出费用计算		
	专家咨询费		按实际支出费用计算		
	差旅交通费		按实际支出费用计算		

* 基础费用包括办公费、打印费、前期咨询费等鉴定机构接受委托必要的支出。

目前，国家及地方也正在积极探索制定环境损害司法鉴定收费标准。2018 年 6 月 13 日，司法部下发《关于全面推动长江经济带司法鉴定协同发展的实施意见》，明确提出要加快制定环境损害司法鉴定收费标准；即地方价格主管部门和司法行政部门要像法医、物证、声像资料等司法鉴定一样，对环境损害司法鉴定收费标准予以列明，同时向社会公示。江西省发展改革委江西省司法厅于 2017 年 6 月 30 日联合印发《江西省司法鉴定收费项目和收费标准基准价》，该文件规定了环境损害司法鉴定收费标准为："每例 1 000 元。涉及财产案件，标的额不超过 10 万元的，按照所列标准执行；超过 10 万元部分，可酌情增加收费，具体由委托双方协商确定。"但此基准暂未考虑环境损害司法鉴定的活动构成，对于现场踏勘产生的人员及差旅费用均未纳入进来，并且对涉及检测分析、地理勘探、模型分析等合理内容均未作说明，其合理性有待商榷。

2. 检察公益诉讼中不预收鉴定费的鉴定机构

由于环境损害司法鉴定存在收费标准缺失、个别案件收费过高等问题，为及时顺利办理检察机关委托的环境公益诉讼案件，2019 年 5 月，司法部下发的《关于做好司法鉴定收费标准制定相关工作的通知》，要求及时推出一批检察公益诉讼中不预收鉴定费的鉴定机构；2019 年 7 月底，司法部印发《检察公益诉讼中不预先收取鉴定费用的环境损害司法鉴定机构名单》（司办函〔2019〕993 号），确定了 58 家不预先收费的环境损害司法鉴定机构。2023 年，司法部对不预先收费的环境损害司法鉴定机构开展评估、调整、补充，确定了 141 家不预先收费的机构[①]。这些机构大多由高等院校、科研院所等单位发起设立，执业范围涵盖《环境损害司法鉴定执业分类规定》全部 7 大类 47 个鉴定分领域，分布于全国 29 个省（区、市），能够更好地为检察机关办理生态环境和资源保护公益诉讼案件提供鉴定服务。

4.3.5 教育培训

对司法鉴定人员队伍进行教育培训，不仅仅是为了提高司法鉴定人的政治素质、业务素质和职业道德，同时也是为了保障司法鉴定质量促进司法鉴定事业的健康发展。《司法鉴定机构登记管理办法》和《司法鉴定人登记管理办法》均对教育培训提出了要求，并明确司法鉴定人具有参加司法鉴定岗前培训和继续教育的义务，2007 年司法部制定了《司法鉴定教育培训规定》，对司法鉴定教育培训包括的岗位培训和继续教育两部分内容进行了具体规定，并明确指出基本要求是“先培训后上岗”和终身教育，坚持统筹规划、分级负责、按需组织、分类实施的原则。

对于司法鉴定人而言，只有接受岗位培训后，方可以司法鉴定人的名义独立进行执业活动；司法鉴定人完成规定的继续教育学时是申报评定司法鉴定专业技术职称任职资格的条件之一。对于司法鉴定机构而言，应当按照规定要求，组织本机构司法鉴定人参加教育培训。司法鉴定机构组织教育培训的情况，纳入对其进行资质评估、考核评价的内容。

2018 年 9 月，司法部办公厅发布关于进一步做好环境损害司法鉴定机构和司法鉴定人准入登记有关工作的通知，提出“拟申请从事环境损害司法鉴定业务的人员，应当积极参加司法鉴定专业培训交流，参加培训交流情况将作为专家评审考核打分项计入总分。开展岗前培训和考核是环境损害司法鉴定人准入的重要程序，有利于拟执业司法鉴定人全面熟悉司法鉴定工作基本要求以及环境损害司法鉴定相关专业要求，进一步提高其能力素质，更好地适应环境损害司法鉴定工作需要。各省级司法行政机关要加强与本省份生态环境主管部门的沟通联系，采用单独组织、联合组织等形式，及时开展对拟执业环境损害司法鉴定人的执业培训（或专业培训），并按要求进行结业考试，确保应训尽训。要

① 司法部. 生态环境保护检察公益诉讼中不预先收费的环境损害司法鉴定机构名册[EB/OL](2024-02-07). https://www.moj.gov.cn/pub/sfbgw/gwxw/xwyw/szywbnyw/202402/W020240207360438124129.pdf.

积极为拟执业环境损害司法鉴定人提供教育培训渠道和交流提高平台，不得限制其参加其他省级及以上司法行政机关或者生态环境主管部门组织的环境损害司法鉴定执业培训或者专业培训，只要其按要求参加培训并通过结业考试的，在评审时应当一并计入总分。”2021 年 1 月，司法部发布《司法鉴定教育培训工作管理办法》，对岗前培训、岗位培训、组织管理和考核评估等内容进行具体规定。

4.4　监督管理制度

2005 年，《全国人民代表大会常务委员会关于司法鉴定管理问题的决定》的颁布不仅对司法鉴定工作的开展作出了相关规定，同时也明确了鉴定机构和鉴定人的执业原则，“鉴定人和鉴定机构从事司法鉴定业务，应当遵守法律、法规，遵守职业道德和职业纪律，尊重科学，遵守技术操作规范”，并对部分违反规定行为明确了相应的法律责任。

当前司法部虽然出台一系列文件来规范司法鉴定活动的开展，如《司法鉴定程序通则》第四条指出“司法鉴定机构和司法鉴定人进行司法鉴定活动，应当遵守法律、法规、规章，遵守职业道德和执业纪律，尊重科学，遵守技术操作规范”，《司法鉴定机构内部管理规范》则指出“鉴定机构要加强对从业人员的政治素质、业务素质和职业道德素质的提升，并对本机构人员遵守职业道德、执业纪律等执业情况进行年度绩效评价、考核和奖惩”，这些要求的适用对象既包括鉴定机构也包括司法鉴定人和司法鉴定人助理，但在管理监督层面上来看缺乏一定的执行力，相关的法律责任也还不够全面、明确。

就惩戒机制而言，各地存在较大的差异，比如湖北省司法鉴定协会早在 2014 年就出台了《湖北省司法鉴定行业惩戒暂行办法》；上海市 2018 年出台了“史上最严”的《关于严格司法鉴定责任追究的实施办法》（沪司规〔2018〕7 号），在责任范围上，对司法鉴定机构或司法鉴定人应当承担的民事责任、刑事责任、行政责任、行业责任、党纪政纪责任的情形作了梳理和明确，但其他地区还存在空缺。

目前，对于环境司法鉴定的监管而言，国家层面虽然提出了指导性意见，但缺乏具体的惩戒细则。考虑到我国环境损害司法鉴定从登记管理到执业管理无不依据《全国人民代表大会常务委员会关于司法鉴定管理问题的决定》的原则进行，因此，作为环境损害司法鉴定的从业机构和鉴定人必须要严肃对待，严格遵守司法鉴定相关的职业道德和执业责任制度，这不仅是维护司法鉴定独立客观公正的原则所在，也是促进自身提高业务素质加强风险控制的关键所在。

近年来，为加强司法鉴定执业活动监督，司法部在征求地方司法行政机关和有关专家学者意见的基础上，对 2010 年出台的《司法鉴定执业活动投诉处理办法》（司法部令第 123 号）进行了修订，于 2019 年 4 月发布新的《司法鉴定执业活动投诉处理办法》，进一步加强了对投诉人权益的保障，同时提高了司法鉴定行业监管水平，通过监督倒逼了司法鉴

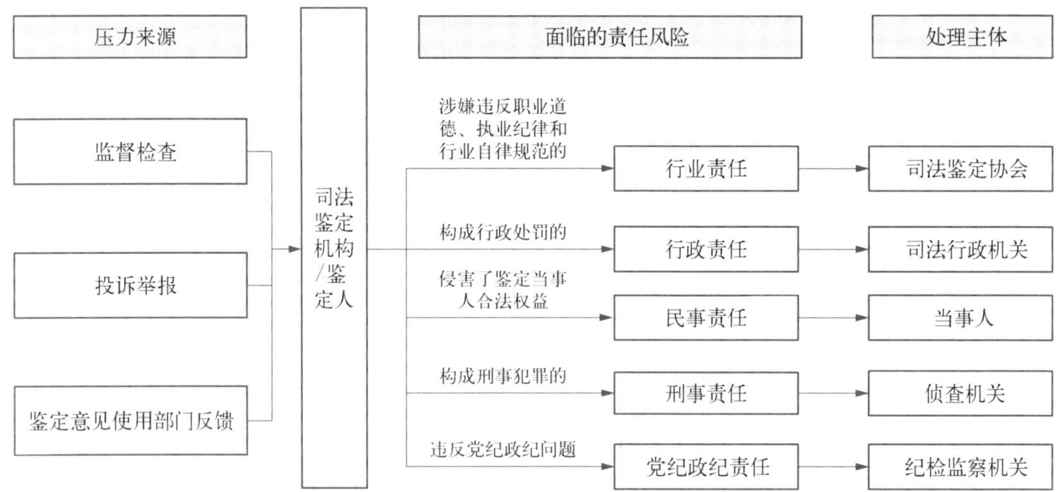

图 4-4　司法鉴定执业责任

定执业活动进一步规范化,促进了司法鉴定行业的健康发展。

4.4.1　司法鉴定职业道德

司法鉴定职业道德规范是司法鉴定人应当具备的基本职业素养和司法鉴定机构应当遵循的执业准则,是司法鉴定行业可持续发展的重要保障,具体是指从事司法鉴定工作的人员在履行其职责的活动中应该遵循的行为规范和应该具备的道德品质以及调整司法鉴定人员各种社会关系的道德规范的总和和核心价值的体现。司法鉴定人员只有正确理解并掌握职业道德规范,才能在司法鉴定活动中协调好各种关系,处理好各种矛盾,进而做好本职工作。

2009 年司法部印发《司法鉴定职业道德基本规范》(司发〔2009〕24 号),提出了以下六方面的基本准则:

1. 崇尚法治,尊重科学

基本要求:树立法律意识,培养法治精神,遵守诉讼程序和法律规定;遵循科学原理、科学方法和技术规范。

2. 服务大局,执业为民

基本要求:坚持以人为本,牢固树立社会主义法治理念;保障司法,服务诉讼,化解矛盾纠纷,维护公民合法权益。

3. 客观公正,探真求实

基本要求:尊重规律,实事求是,依法独立执业,促进司法公平,维护公平正义;对法律负责,对科学负责,对案件事实负责,对执业行为负责。

4. 严谨规范,讲求效率

基本要求:认真负责,严格细致,一丝不苟,正确适用技术标准;运行有序,保证质量,及时有效，严格遵守实施程序和执业行为规则。

5. 廉洁自律，诚信敬业

基本要求：品行良好，行为规范，举止文明，恪守司法鉴定职业伦理；遵守保密规定，注重职业修养，注重社会效益，维护职业声誉。

6. 相互尊重，持续发展

基本要求：尊重同行，交流合作，公平竞争，维护司法鉴定执业秩序；更新观念，提高能力，继续教育，促进司法鉴定行业可持续发展。

《司法鉴定程序通则》作为司法鉴定职业行为规则的主要载体，其诸多规定体现了司法鉴定的科学性要求。该通则对司法鉴定的委托与受理、司法鉴定的实施、司法鉴定文书的出具等问题进行了规定，涵盖了司法鉴定职业行为的主要方面。例如，《司法鉴定程序通则》第二十七条规定："司法鉴定人应当对鉴定过程进行实时记录并签名。记录可以采取笔记、录音、录像、拍照等方式。记录应当载明主要的鉴定方法和过程，检查、检验、检测结果，以及仪器设备使用情况等。记录的内容应当真实、客观、准确、完整、清晰，记录的文本资料、音像资料等应当存入鉴定档案。"这为司法鉴定活动的可复审性提供了基本的前提。然而，《司法鉴定程序通则》毕竟反映的仅仅是司法鉴定程序上的要求，对于司法鉴定人员与委托方的互动、对于整个职业的义务等都规定不足。因此，《司法鉴定职业道德基本规范》应发挥与《司法鉴定程序通则》的互补作用。

4.4.2　司法鉴定执业责任与风险

环境损害司法鉴定的本质是为环境资源诉讼活动提供证据支持，一切会影响鉴定意见证据效力的影响因素都可以构成鉴定机构和鉴定人的执业风险。环境损害鉴定机构及其人员从其职能看虽也属于法律共同体的一员，但是，刑法、行政法的适用并不豁免任何机构，只要司法鉴定机构或鉴定人存在违规经营、超范围鉴定、受贿、故意作出错误鉴定等行为，就可能招致司法行政机关、工商管理机关的行政处罚，甚至是被刑事司法机关追究刑事责任①。因此，相关从业人员需要加强对风险的识别，并在实务工作中建立强烈的法律责任意识。

1. 导致执业风险的情形

对于鉴定机构和鉴定人，其执业风险可能来源于委托人、鉴定机构和鉴定人自身、或鉴定意见的利益攸关方，具体情形可能涉及未按要求登记、不按规定执业、实施程序问题（如不按规定委托、受理，程序记录、使用技术方法不合要求）、鉴定意见质量、拒绝出庭作

① 穆伯祥. 环境损害鉴定业务的法律风险及其内部控制[J]. 凯里学院学报，2016，34(5)：41－44.

证、过期执业、违反保密和回避规定、弄虚作假等各方面。

2. 执业风险承担的责任类型

(1) 行政法律责任

司法鉴定活动中的行政法律责任是指“司法鉴定机构和鉴定人在执业活动中违反有关司法鉴定管理的行政法律、法规、部门规章,违反司法鉴定执业道德和执业纪律的规定,司法行政主管机关依法给予的行政处罚”①。

就我国立法现状来看,司法鉴定行政责任的承担主体主要包括机构与人员两类主体。相关情形均在《司法鉴定人登记管理办法》和《司法鉴定机构登记管理办法》有所规定。若司法鉴定机构和司法鉴定人对司法行政机关的行政许可和行政处罚有异议的,可依法申请行政复议。具体如下:

表 4-5 鉴定执业行政违法行为及处罚

<table>
<tr><th>对象</th><th>违 法 行 为</th><th>处 罚 依 据</th></tr>
<tr><td>一般人员</td><td>1. 未经登记的人员,从事司法鉴定业务的</td><td>省级司法行政机关应当责令其停止司法鉴定活动,并处以违法所得一至三倍的罚款,罚款总额最高不得超过三万元。
《司法鉴定人登记管理办法》第二十八条</td></tr>
<tr><td rowspan="12">司法鉴定人</td><td>2. 同时在两个以上司法鉴定机构执业的</td><td rowspan="6">由省级司法行政机关依法给予警告,并责令其改正。
《司法鉴定人登记管理办法》第二十九条</td></tr>
<tr><td>3. 超出登记的执业类别执业的</td></tr>
<tr><td>4. 私自接受司法鉴定委托的</td></tr>
<tr><td>5. 违反保密和回避规定的</td></tr>
<tr><td>6. 拒绝接受司法行政机关监督、检查或者向其提供虚假材料的</td></tr>
<tr><td>7. 法律、法规和规章规定的其他情形</td></tr>
<tr><td>8. 因严重不负责任给当事人合法权益造成重大损失的</td><td rowspan="6">由省级司法行政机关给予停止执业三个月以上一年以下的处罚;情节严重的,撤销登记;构成犯罪的,依法追究刑事责任。
《司法鉴定人登记管理办法》第三十条</td></tr>
<tr><td>9. 具有本办法第二十九条规定的情形之一并造成严重后果的</td></tr>
<tr><td>10. 提供虚假证明文件或者采取其他欺诈手段,骗取登记的</td></tr>
<tr><td>11. 经人民法院依法通知,非法定事由拒绝出庭作证的</td></tr>
<tr><td>12. 故意做虚假鉴定的</td></tr>
<tr><td>13. 法律、法规和规章规定的其他情形</td></tr>
</table>

① 霍先丹. 司法鉴定学[M]. 2 版. 北京:中国政法大学出版社,2016:173.

续　表

对象	违 法 行 为	处 罚 依 据
非司法鉴定机构	14. 法人或者其他组织未经登记，从事已纳入本办法调整范围司法鉴定业务的	省级司法行政机关应当责令其停止司法鉴定活动，并处以违法所得一至三倍的罚款，罚款总额最高不得超过三万元。《司法鉴定机构登记管理办法》第三十八条
司法鉴定机构	15. 超出登记的司法鉴定业务范围开展司法鉴定活动的	由省级司法行政机关依法给予警告，并责令其改正。《司法鉴定机构登记管理办法》第三十九条
	16. 未经依法登记擅自设立分支机构的	
	17. 未依法办理变更登记的	
	18. 出借《司法鉴定许可证》的	
	19. 组织未取得《司法鉴定人执业证》的人员从事司法鉴定业务的	
	20. 无正当理由拒绝接受司法鉴定委托的	
	21. 违反司法鉴定收费管理办法的	
	22. 支付回扣、介绍费，进行虚假宣传等不正当行为的	
	23. 拒绝接受司法行政机关监督、检查或者向其提供虚假材料的	
	24. 法律、法规和规章规定的其他情形	
	25. 因严重不负责任给当事人合法权益造成重大损失的	
	26. 具有本办法第三十九条规定的情形之一，并造成严重后果的	由省级司法行政机关依法给予停止从事司法鉴定业务三个月以上一年以下的处罚；情节严重的，撤销登记。《司法鉴定机构登记管理办法》第四十条
	27. 提供虚假证明文件或采取其他欺诈手段，骗取登记的	
	28. 法律、法规和规章规定的其他情形	

2020 年 3 月，为严格准入门槛，加强司法鉴定事中事后监管，进一步规范执业秩序，不断提高司法鉴定质量和公信力，司法部办公厅发布《关于开展司法鉴定机构和鉴定人清理整顿工作的通知》[①]，对准入、质量及执业三方面进行严查监管，重点包括但不限于以下内容：

（一）严格准入监管。全面核查司法鉴定机构和司法鉴定人准入条件是否合格，执业许可证是否齐全、有效，业务类别是否属于法定登记范围。

① 司法部办公厅. 司法部办公厅　关于开展司法鉴定机构和鉴定人清理整顿工作的通知[EB/OL]. (2020－03－25). https://www.gov.cn/zhengce/zhengceku/2020-04/03/content_5498723.htm.

1）对鉴定机构、鉴定人登记事项发生变化，不符合设立条件的，撤销登记并依法办理注销登记手续。

2）鉴定机构某一类别的在岗执业鉴定人实际少于 3 人的，依法撤销该执业类别。

3）仪器设备配置不符合相关要求的，停止执业并限期 3 个月内整改，整改后仍不符合要求的，依法撤销该执业类别。

4）《司法鉴定许可证》使用期限届满未申请延续的，依法办理注销登记手续。

5）设立司法鉴定机构的法人或者其他组织依法终止的，依法办理注销登记手续。

6）对明确属于从事“四类外”鉴定业务的鉴定机构和鉴定人，依法坚决注销登记；对已登记的“四类外”鉴定机构中所从事的鉴定业务确属“四大类”鉴定类别的，依法变更登记。

7）按照《公务员法》的规定，对没有经过有关机关批准在鉴定机构兼职的公务员，由所在鉴定机构进行清理和解聘；对辞职或退休的公务员，原系领导班子成员以及其他担任县处级以上职务的公务员辞去公职未满 3 年，其他公务员未满 2 年，在鉴定机构兼职的，由所在鉴定机构进行清理和解聘。

（二）严格质量监管。全面核查司法鉴定认证认可开展情况，近几年能力验证结果反馈情况，第三方能力评估、文书质量评查开展情况。

1）严格贯彻落实《司法部国家市场监管总局关于规范和推进司法鉴定认证认可工作的通知》（司发通〔2018〕89 号）、《司法部国家市场监督管理总局关于加快推进司法鉴定资质认定工作的指导意见》（司规〔2019〕4 号），建立工作台账，制定工作计划，认真推进司法鉴定认证认可工作。在业务范围内进行司法鉴定应当具备而不具备依法通过计量认证或者实验室认可的检测实验室的，停止执业并限期整改。2020 年 10 月 30 日后仍未通过的，依法注销其相应的司法鉴定业务类别。

2）严格贯彻落实中办、国办《关于健全统一司法鉴定管理体制的实施意见》，《司法部关于严格准入严格监管提高司法鉴定质量和公信力的意见》（司发〔2017〕11 号），全面核查第三方评价工作：对鉴定机构和鉴定人能力评估结果是否已经以适当的方式公开、通报；对司法鉴定机构同一鉴定事项连续两次能力验证结果为不合格的，停止执业并限期 6 个月内整改，整改后仍不能满足基本能力要求的，予以注销；通过文书质量评查发现鉴定人能力水平存在严重不足，停止执业并限期 6 个月内整改，整改后经省厅组织专家评审认为仍不能胜任司法鉴定工作的，予以注销。

（三）严格执业监管。全面核查有关司法鉴定投诉、举报、信访等处理情况。重点清理整顿但不限于以下司法鉴定机构和鉴定人违法违规行为：

1）无资质、超范围鉴定；

2）无正当理由拒绝接受委托；

3）鉴定人私自接受委托；

4）违反司法鉴定程序规则从事司法鉴定活动；

5）无正当理由拒绝出庭作证；

6）支付回扣、介绍费、进行虚假宣传、违规设立接案点等不正当行为；

7）违反鉴定人负责制，按照委托人的意图或者特定目的提供鉴定意见；

8）故意提高或降低伤残等级等虚假鉴定；

9）应当回避而未回避；

10）出租、出借、转让执业许可证；

11）违规收费等。

各地要严格对鉴定机构、鉴定人执业活动的监督，根据清理整顿有关情况，对违反《司法鉴定程序通则》等有关规定的，依法给予处罚；对“金钱鉴定、人情鉴定、虚假鉴定”或者鉴定意见存在严重质量问题，严重损害司法鉴定行业形象和公信力的行为，要坚决追究责任，严肃处理；发现鉴定机构、鉴定人存在严重违法违规行为的，依法撤销登记。

（2）民事法律责任

《司法鉴定人登记管理办法》第三十一条，司法鉴定人在执业活动中，因故意或者重大过失行为给当事人造成损失的，其所在的司法鉴定机构依法承担赔偿责任后，可以向有过错行为的司法鉴定人追偿。

《司法鉴定机构登记管理办法》第四十一条，司法鉴定机构在开展司法鉴定活动中因违法和过错行为应当承担民事责任的，按照民事法律的有关规定执行。

2020 年 5 月实施的新版《最高人民法院关于民事诉讼证据的若干规定》第三十三条，首次明确规定了“鉴定人故意作虚假鉴定的，人民法院应当责令其退还鉴定费用，并根据情节，依照《民事诉讼法》第一百一十一条的规定进行处罚。”与行政、刑事处罚相比，由人民法院依照《民事诉讼法》作出的惩罚措施程序简便，执行性较强。

（3）刑事法律责任

我国《刑法》第三百零五条规定，“在刑事诉讼中，证人、鉴定人、记录人、翻译人对案件有重要关系的情节，故意做虚假证明、鉴定、记录、翻译，意图陷害他人或者隐匿罪证的，处 3 年以下有期徒刑或拘役，情节严重的，处 3 年以上 7 年以下有期徒刑”。《全国人民代表大会常务委员会关于司法鉴定管理问题的决定》第十三条第三款也规定，鉴定人故意作虚假鉴定，构成犯罪的，依法追究刑事责任。2020 年，《刑法修正案（十一）》第二十五条将《刑法》第二百二十九条修改，将近年来频繁出现重大造假丑闻的四类中介组织（即上市保荐、安全评价、环境影响评价、环境监测）纳入刑事制裁范围。该修正案生效后，作为中介组织的环评机构、监测机构，在接受委托提供环评文件、监测报告的中介服务时，如果弄虚作假，将承担严厉的刑事制裁。《环境污染犯罪司法解释》（法释〔2023〕7 号）第九条对相关内容作了进一步说明，即承担环境影响评价、环境监测、温室气体排放检验检测、排放报告编制或者核查等职责的中介组织的人员故意提供虚假证明文件，具有下列情形之一的，应当认定为《刑法》第二百二十九条第一款规定的“情节严重”。就我国目前立法现状来看,针对司法鉴定人刑事诉讼案件中的违反义务的条款仅此一条,对很多基于司法鉴定工作特殊性而产生的问题并未做出具体规定,比如"拒绝出庭作证,致使当事人遭受损失的"或"泄露当事人个人隐私或者商业秘密,造成损害的"其明确程度远远无法满足司法实践需求。

(4) 行业责任

根据《司法鉴定人登记管理办法》和《司法鉴定机构登记管理办法》,司法鉴定管理实行行政管理与行业管理相结合的管理制度,司法行政机关对司法鉴定人及其执业活动进行指导、管理和监督、检查,司法鉴定行业协会依法进行自律管理。可见,司法鉴定行业协会是加强司法鉴定管理、规范司法鉴定活动的重要力量。

2017 年 10 月 3 日由中共中央办公厅、国务院办公厅正式印发《关于健全统一司法鉴定管理体制的实施意见》(以下简称《实施意见》),提出要加强司法鉴定行业协会建设,强化其行业自律和专业服务功能,充分发挥其对会员的行为引导、规则约束、教育培训、权益维护作用,促进司法鉴定行业在业务能力、鉴定质量和规范化水平上实现整体提升。目前,全国共有省级司法鉴定行业协会 29 个(甘肃、西藏暂未成立)(不含港澳台),150 余个地市级协会,全国司法鉴定行业协会正在积极筹建,司法鉴定行政管理与行业管理相结合的管理机制将不断健全完善。

司法鉴定行业协会依照协会章程开展活动,加强会员职业道德建设和行业自律管理,依法保护会员的合法权益,提高行业业务能力、鉴定质量和服务水平。司法鉴定协会在司法鉴定管理工作中充分发挥自我约束、自律发展、教育培训、对外发展的作用,其主要职能包括:宣传司法鉴定有关法律、法规、规章和政策,搞好为会员服务的工作,保障会员依法执业,维护行业利益,维护会员的合法权益;研究司法鉴定工作中的新情况、新问题,配合政府有关部门制定相关的规章制度;接受政府有关部门委托,制定司法鉴定人各类教育培训计划并组织实施;组织行业间各种交流活动;协调行业内、外部关系,向有关部门反映会员的意见和建议等。

不少地方司法鉴定协会都在《全国人民代表大会常务委员会关于司法鉴定管理问题的决定》《司法鉴定机构登记管理办法》《司法鉴定人登记管理办法》《司法鉴定程序通则》《司法鉴定执业活动投诉处理办法》等系列规定之下,补充了对协会会员的惩戒要求,分为"训诫""警告""通报批评""责令限期整改""书面检查""公开谴责""取消会员资格"等多种惩戒措施。例如上海司法鉴定协会甚至根据《关于严格司法鉴定责任追究的实施办法》(沪司规〔2018〕7 号)对鉴定机构和鉴定人下列二十项行为追究行业责任:

1) 采取不正当手段与同行进行竞争的;

2) 无正当理由,不受理办案机关鉴定委托的;

3) 向委托人或当事人作虚假宣传或不当承诺的,或承诺按特定要求出具鉴定意见的;

4）受理具有重大社会影响案件不及时报告司法行政机关及行业协会的；

5）将受理的委托鉴定事项全部委托给其他司法鉴定机构办理的；

6）应当进行现场勘验或其他鉴定调查，而未进行的；

7）违反有关规定仅一名鉴定人进行鉴定的；

8）鉴定活动无实时记录的；

9）鉴定文书出现文字差错，严重影响文书质量的；

10）超出本机构或者本人鉴定能力进行鉴定活动的；

11）在媒体、出庭质证或公开场合有不当言行，给同行或者行业造成不良影响的；

12）未完成年度继续教育培训的；

13）拒不执行协会决议的；

14）质量检查不合格的；

15）服务态度差，辱骂、诋毁当事人的；

16）违反司法鉴定收费管理规定，不按收费标准收取费用或提出收费标准之外的不合理要求或私自收费的；

17）拒不配合司法鉴定协会监督、检查的；

18）违反司法鉴定行业技术标准、技术规范的；

19）鉴定人年度考核不称职的；

20）违反职业道德、执业纪律的其他情形。

（5）党纪责任

司法行政机关或司法鉴定协会在工作中发现涉及鉴定机构负责人、鉴定人违反党纪政纪问题线索的，应当及时移送有关纪检监察机关调查处理；发现事业编制的鉴定机构、鉴定人违反事业单位纪律的，应当建议有权部门或单位给予相应纪律处分。

3. 如何规避执业风险

对于环境损害司法鉴定机构和鉴定人而言，规避以上执业风险最好的方式莫过于知法、守法。首先得不断加强自身学习，熟读熟练掌握相关的法律法规和政策规范要求等，依法依规开展司法鉴定业务。其次，不断提升鉴定业务质量，质量是司法鉴定生存和发展的生命线，把司法鉴定质量放在首要的位置来抓。另外，在实践中要不折不扣严格执行司法鉴定程序通则、新的技术标准，做到坚守底线、不越红线，杜绝人情鉴定、虚假鉴定、金钱鉴定。鉴定机构还要落实重大疑难案件集体讨论制度和鉴定意见复核制度，确保鉴定意见的准确性，不断提升案卷的规范化水平。针对司法鉴定机构和司法鉴定人执业活动中存在的风险点、内部管理中的异常点，以及影响司法鉴定质量的不足点，深入开展自检分析，列出问题清单，坚持问题导向，明确整改时限、责任人，做到立行立改求实效，逐项整改到位。

对于司法鉴定协会或司法行政机关而言，一方面可以汇编相关的法律法规和政策规范要求，发放到鉴定机构和鉴定人；另一方面可以严抓落实鉴定机构和鉴定人的培训考核,将新的政策有关规定要求、新的技术标准规范、政策性文件等都务必列入培训内容,让鉴定人吃透弄懂鉴定程序、提升专业水平,确保司法鉴定意见书科学、公正、准确,经得起实践的检验,深入推进司法鉴定机构革命化、正规化、专业化、职业化建设。

4.4.3 司法鉴定执业投诉查处

2010 年 4 月 8 日,司法部颁布《司法鉴定执业活动投诉处理办法》(司法部令第 123 号),全面确立了司法行政机关投诉处理机制和投诉人合法权益保障机制,对保障司法鉴定活动规范进行,维护司法公正具有积极作用。司法鉴定投诉处理制度通过建立投诉渠道可以维护投诉人合法权益,并且可以通过监督倒逼司法鉴定执业活动进一步规范化,促进司法鉴定行业的健康发展。为适应新形势、新任务的要求,《司法鉴定执业活动投诉处理办法》经修订后于 2019 年 6 月 1 日起施行。被投诉人应当配合调查工作,在司法行政机关要求的期限内如实陈述事实、提供有关材料,不得提供虚假、伪造的材料或者隐匿、毁损、涂改有关证据材料。被投诉人为司法鉴定人的,其所在的司法鉴定机构应当配合调查。

投诉受理情形:

(一)司法鉴定机构组织未取得《司法鉴定人执业证》的人员违规从事司法鉴定业务的;

(二)超出登记的业务范围或者执业类别从事司法鉴定活动的;

(三)司法鉴定机构无正当理由拒绝接受司法鉴定委托的;

(四)司法鉴定人私自接受司法鉴定委托的;

(五)违反司法鉴定收费管理规定的;

(六)违反司法鉴定程序规则从事司法鉴定活动的;

(七)支付回扣、介绍费以及进行虚假宣传等不正当行为的;

(八)因不负责任给当事人合法权益造成损失的;

(九)司法鉴定人经人民法院通知,无正当理由拒绝出庭作证的;

(十)司法鉴定人故意做虚假鉴定的;

(十一)其他违反司法鉴定管理规定的行为。

司法行政机关根据对投诉事项的调查结果,可以作出以下处理:

(一)被投诉人有应当给予行政处罚的违法违规行为的,依法给予行政处罚或者移送有处罚权的司法行政机关依法给予行政处罚;

(二)被投诉人违法违规情节轻微,没有造成危害后果,依法可以不予行政处罚的,应当给予批评教育、训诫、通报、责令限期整改等处理;

(三)投诉事项查证不实或者无法查实的,对被投诉人不作处理,并向投诉人说明情况。

涉嫌违反职业道德、执业纪律和行业自律规范的,移交有关司法鉴定协会调查处理;

涉嫌犯罪的，移送司法机关依法追究刑事责任。

截至 2023 年底，全国共有 14 个省（市）发布了相关规范性文件，详细见表 4－6。

表 4－6　地方投诉处理规范性文件汇总表

序　号	文　件　名　称
1	《浙江省司法行政机关司法鉴定投诉处理规定》（浙司〔2006〕38 号）
2	浙江省司法厅《司法鉴定执业活动投诉处理流程指南》（2015 年 12 月 18 日）
3	北京市司法局《司法鉴定投诉处理办法（试行）》（京司发〔2009〕90 号）
4	《关于进一步加强司法鉴定投诉处理工作的意见》的通知（湘司发〔2013〕67 号）
5	山东省司法厅《关于司法鉴定投诉处理工作的指导意见》（鲁司〔2016〕69 号）
6	山东省司法厅《司法鉴定执业活动投诉处理工作细则》（鲁司〔2020〕21 号）
7	《江苏省司法鉴定投诉处理办法》（苏司规〔2017〕1 号）
8	《处理司法鉴定投诉工作办法（试行）》（桂司鉴通〔2017〕20 号）
9	广东省司法鉴定协会《关于处理涉诉鉴定投诉的通知》（粤鉴协〔2018〕9 号）
10	《关于严格司法鉴定责任追究的实施办法》（沪司规〔2018〕7 号）
11	《江苏省司法鉴定投诉处理办法》（苏司规〔2017〕1 号）
12	《重庆市司法鉴定执业活动投诉办理流程指南》（渝司发〔2019〕138 号）
13	《四川省司法鉴定执业活动投诉处理工作细则》（川司法发〔2021〕83 号）
14	《贵州省司法鉴定执业活动投诉处理流程指南》
15	《甘肃省司法鉴定执业活动投诉处理流程》（2020）
16	《青海省司法鉴定投诉处理工作细则》（青司发〔2019〕195 号）
17	新疆司法厅《关于进一步加强司法鉴定投诉处理工作的意见》（新司通〔2013〕93 号）

4.4.4　诚信等级评估

司法鉴定意见是鉴定人的认识及判断的结果，而诚信是鉴定人形成鉴定意见的主观基础，也是立身之本。如果鉴定人丧失诚信，则鉴定意见不可能反映客观事实。这不仅必然导致鉴定意见失去证据能力，还可能导致错案的发生，所以司法鉴定人的执业诚信是司法鉴定诚信体系建设的核心①。根据《司法鉴定人登记管理办法》，司法行政机关依法建

① 赵伟. 我国司法鉴定诚信体系建设研究［D］. 重庆：西南政法大学，2018.

立司法鉴定人诚信档案,对司法鉴定人进行诚信等级评估。评估结果向社会公开。司法行政机关应当将前款中的投诉处理结果记入被投诉人的司法鉴定执业诚信档案。

2016 年 12 月,司法部办公厅印发《司法部办公厅关于统一换发新版〈司法鉴定许可证〉和〈司法鉴定人执业证〉的通知》,新版的《司法鉴定许可证》《司法鉴定人执业证》增加司法鉴定机构社会信用代码、司法鉴定人诚信等级评估情况作为登记内容。辽宁、四川、天津、上海等地正在探索建立司法鉴定诚信等级评估机制,以进一步规范司法鉴定机构和鉴定人的执业活动。例如上海首次建立司法鉴定诚信第三方评估机制,评估结果将及时向社会公布并报送市信用信息平台。这些举措强化了对鉴定机构和鉴定人的监督管理,进一步促进了鉴定机构和鉴定人依法、诚信、公正执业。

2019 年 5 月 24 日,司法部印发《关于进一步做好环境损害司法鉴定管理有关工作的通知》(司办通〔2019〕58 号),明确全面建立环境损害司法鉴定黑名单制度。对环境损害司法鉴定机构和鉴定人失信情况进行记录、公示和预警,对于存在违规收取高额费用、无故拖延鉴定期限、无正当理由拒绝接受鉴定委托、与有关人员串通违规开展鉴定等不良执业行为,或其他违反司法鉴定管理规定行为的鉴定机构和鉴定人,纳入环境损害司法鉴定黑名单,及时向社会公开,并推送给委托人,在委托前进行警示。各级司法行政机关要对纳入黑名单的鉴定机构和鉴定人进行重点监管,及时督促其进行整改,整改合格且在半年内依法诚信执业、无违法违规行为的鉴定机构和鉴定人可以移出黑名单。

2021 年 12 月,司法部印发《司法鉴定机构诚信等级评估办法(试行)》(司规〔2021〕4 号),按照综合评估情况分为 A、B、C、D 四个等级对司法鉴定机构诚信分级管理,具体的:评估结果为 A 的司法鉴定机构,可优先被推荐参评表彰奖励、推送使用部门等;评估结果为 C 的司法鉴定机构,属地司法行政机关应当对其主要负责人、直接责任人进行约谈,强化日常巡视检查;评估结果为 D 的司法鉴定机构,司法行政机关应当责令其限期整改,并加强监管。整改完成后,司法行政机关应当对司法鉴定机构进行重新评估。经评估,司法鉴定机构评估结果仍然为 D,不再符合设立条件的,原负责登记的司法行政机关应当依法办理注销登记手续。

4.4.5 重大事项报告

根据《司法鉴定机构内部管理规范》第十五条,司法鉴定机构应当建立重大事项报告制度,受理具有重大社会影响案件委托后的 24 小时内,向所在地及省级司法行政机关报告相关信息。此举不仅能及时掌握司法鉴定执业活动中涉及的重大事项,主动把控重大、复杂、疑难和争议较大的司法鉴定案件,还能有效减少错鉴,防范执业风险,不断提高司法鉴定行业社会公信力。

江苏、山西、江西、湖北、四川、贵州等地建立了地方的司法鉴定重大事项报告制度,对报告事项范围、报告程序要求,及报告事项处理等内容进行了规定(表 4-7)。

表 4 – 7　地方诚信等级评估规范性文件汇总表

序号	省份/地方	文 件 名 称
1	江苏	《江苏省司法厅关于建立司法鉴定重大事项报告制度的通知》(苏司通〔2010〕172 号)
2	南通	《关于建立司法鉴定重大事项报告制度的通知》(司发通〔2010〕118 号)
3	广州	《关于建立司法鉴定机构和司法鉴定人诚信档案的通知》(穗鉴协〔2019〕7 号)
4	山西	《山西省司法厅司法鉴定重大事项报告制度》(晋司鉴〔2019〕11 号)
5	江西	《江西省司法鉴定重大事项报告制度》(赣司鉴字〔2015〕27 号)
6	吉安	《吉安市司法鉴定活动重大事项报告制度》(2015)
7	湖北	《关于进一步加强司法鉴定重大事项报告工作的通知》(鄂司办文〔2016〕39 号)
8		《宜昌市司法鉴定重大事项报告制度》(2009)
9	新疆	《新疆维吾尔自治区司法鉴定重大事项报告制度》(2007)
10	四川	《四川省司法厅关于建立司法鉴定重大事项报告制度和诫勉谈话制度的通知》(川司法办发〔2006〕224 号)

4.4.6　退出管理

近年来,司法部加强顶层设计,不断完善司法鉴定制度体系,建立实施鉴定机构和鉴定人准入专家评审和能力考核制度,先后出台“三大类”司法鉴定执业分类规定和准入评审细则等一系列规范性文件;强化监管力度,组织开展“双随机、一公开”监督抽查、文书质量评查、能力验证、专项治理、清理整顿等,严格准入、严格监管成为常态,司法鉴定行业呈现良性有序、健康发展局面。但由于法律规章等规定的鉴定机构和鉴定人退出情形较为原则且分散,退出机制不顺畅,退出实施存在制度障碍,部分地方对个别司法鉴定机构和司法鉴定人违法违规行为的认定、处理等还不到位,不利于形成行业有序竞争、优胜劣汰的发展格局。细化退出情形,完善退出机制,对于规范执业行为,不断提升司法鉴定质量和公信力具有重要意义。

为加强司法鉴定执业活动监督,规范司法鉴定机构和司法鉴定人退出管理工作,2021 年 12 月,司法部印发《司法鉴定机构和司法鉴定人退出管理办法(试行)》,规定了制定司法鉴定机构和司法鉴定人退出情形和程序,依法推动司法鉴定机构和司法鉴定人退出规范化、制度化,促进司法鉴定行业有序竞争、优胜劣汰。一是明确司法鉴定机构和司法鉴定人退出指经司法行政机关审核登记的司法鉴定机构和司法鉴定人因具有规定的退出情形,由原负责登记的司法行政机关依法办理注销登记手续。二是明确省级司法行政机关应当建立健全工作机制,依法推动司法鉴定机构和司法鉴定人退出规范化、制度化。三是明确撤销登记、注销登记的具体情形,并就加强监管的情形、与退出的衔接作出规定。四是明确退出程序和救济途径，司法行政机关撤销、注销登记的，应当作出书面决定，说明法律依据和理由；司法鉴定机构和司法鉴定人有异议的可以依法申请行政复议或者提起行政诉讼。五是明确司法行政机关的监管责任，省级司法行政机关应当及时公布相关退出信息，并通报有关单位；地市级司法行政机关应当履行属地监管职责，加强日常监督管理①。

① 司法部. 司法部关于印发《司法鉴定机构和司法鉴定人退出管理办法（试行）》的通知[EB/OL].（2022-01-10）. https://www.moj.gov.cn/pub/sfbgw/zwxxgk/fdzdgknr/fdzdgknrtzwj/202201/t20220110_446015.html.

流　程　篇

第5章　环境损害司法鉴定的实施程序

司法鉴定首要条件是必须在"程序合法"的状态下进行，整个过程中证据固定、鉴定委托、鉴定人资格、鉴定过程、鉴定结论等各个环节都必须符合法律规范，同时必须在"科学性"的基础上，采用现代理化分析仪器和各类检测分析手段，可能会涉及化学、物理、生物学、环境科学、医学、水文学、经济学等多重专业知识，来分析污染的源头、判断污染的范围、鉴定损害程度、鉴别污染与损害之间的因果关系、量化损失与赔偿、确定生态基线、估算修复生态的成本等，最终按照行业规范出具鉴定意见①。鉴定意见属于法定证据种类之一，只有经过查证属实后，方才具备证据能力，即具有程序证明的适格性。

为规范司法鉴定机构和鉴定人的鉴定活动，保障司法鉴定质量和诉讼活动的顺利进行，司法部制定了《司法鉴定程序通则》（以下简称《通则》）。根据《通则》要求，环境损害司法鉴定实施程序主要包括鉴定的委托、受理、实施以及鉴定意见书的出具等（图5-1）。

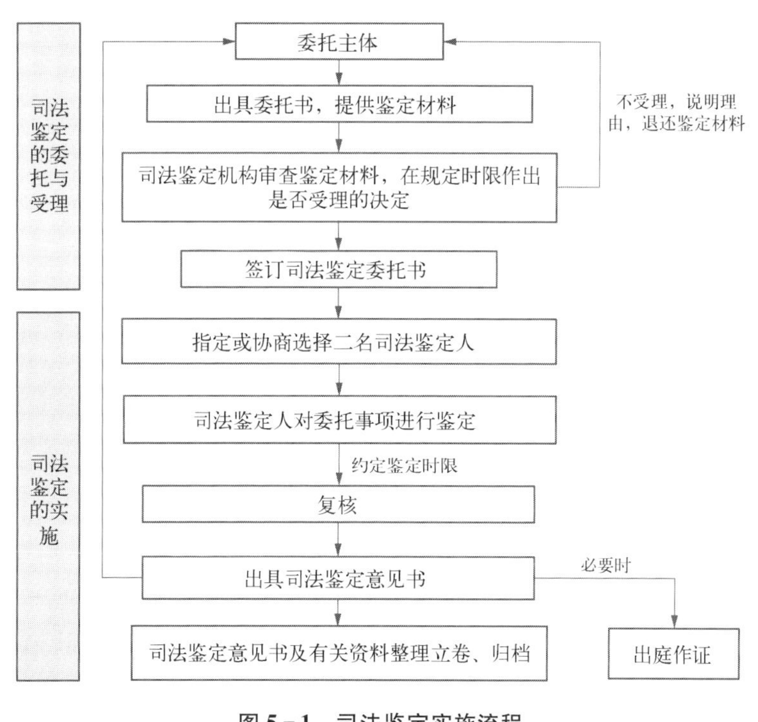

图5-1　司法鉴定实施流程

① 庄琳. 对环境损害司法鉴定的若干思考[J]. 环境保护，2018，46(17)：32-36.

鉴定的委托是司法鉴定程序的开端;鉴定的受理是司法鉴定实施的前提,具体是指司法鉴定机构或鉴定人对委托方的委托鉴定事项进行审查,对符合鉴定条件的委托予以接受;鉴定的实施则是司法鉴定程序的核心环节,是确保鉴定工作质量的关键,实施程序是否合法、规范,鉴定的技术方法、手段是否科学、先进、可靠,鉴定所适用的标准是否正确有效,鉴定意见所依据的数据是否准确、客观、科学等直接关系到鉴定意见的可靠性和最终可采性。本章在常规司法鉴定实施程序基础上,结合环境类案件特点,将详细介绍环境损害司法鉴定的实施程序内容,明确鉴定机构如何在相关规定下合理地运用技术文件中规定的原则和方法来完成委托的鉴定评估事项。

5.1 鉴定的委托

司法鉴定的委托具体是解决谁来委托、怎么委托的问题,这也是鉴定证据制度的核心内容。受诉讼制度的决定和影响,在不同的诉讼模式下司法鉴定及鉴定意见的法律定位有所不同[①],在关于鉴定的委托问题上各有各的特色,另外由于我国生态环境损害赔偿制度的不断深入及其特殊性,使其鉴定评估的委托主体也有特殊的要求。

结合当前环境损害司法鉴定的实践,启动环境损害司法鉴定的情形主要有以下四种:一是环境诉讼活动;二是环境行政管理;三是生态环境损害赔偿;四是突发环境事件。

5.1.1 委托依据

虽然我国从行政、民事、刑事法律等方面对环境损害行为的责任承担作出了原则性规定,《行政诉讼法》《民事诉讼法》和《刑事诉讼法》中也都专门规定了利用司法鉴定解决案件中专门性问题的条款,但对于环境损害类专门性问题的鉴定提起主体等内容缺乏专门的规定。

从司法鉴定机构从业角度来看,根据《司法鉴定程序通则》第十一条"司法鉴定机构应当统一受理办案机关的司法鉴定委托",而这里的办案机关[②]是指办理诉讼案件的侦查机关、审查起诉机关和审判机关。在环境类诉讼活动中来看,这类侦查机关往往是指公安机关、人民检察院、中国海警局、海关走私犯罪侦查机关等;审查起诉机关则是指人民检察院;审判机关则是指人民法院。似乎除上述以外的其他主体如个人或其他相关部门无法进行委托或委托鉴定不属于司法鉴定范畴,实际情况并非如此。《司法鉴定程序通则》第四十九条规定"在诉讼活动之外,司法鉴定机构和司法鉴定人依法开展相关鉴定业务的,

---

① 苏青. 司法鉴定启动条件研究 2016[J]. 证据科学,2016,24(4):422-431.

② 《司法鉴定机构登记管理办法(修订征求意见稿)》(2019)将司法鉴定的委托主体由"司法机关"改为"办案机关",包括监察、侦查、起诉、审判机关。

参照本通则规定执行。"可见《司法鉴定程序通则》对委托主体并未拘于前款规定的限制，但具体还应分情形而论其启动主体合理性，并根据适格委托主体来判断证据类型并进行鉴定意见审查，以充分体现鉴定意见的客观独立性。

刑事诉讼在侦查初期的鉴定一般由侦查机关直接指派或聘请鉴定机构或鉴定人进行鉴定。在侦查后期及诉讼中的鉴定则必须考虑申请方的意见。民事诉讼中进行鉴定委托要由人民法院与双方当事人共同决定。《最高人民法院关于民事诉讼证据的若干规定》中要求，当事人申请鉴定经人民法院同意后，由双方当事人协商确定有鉴定资格的鉴定机构、鉴定人员，协商不成的，由人民法院指定。司法鉴定的启动应当以鉴定事项具有"专门性"为必要条件，相关单位在决定启动司法鉴定程序之前，应当依据科学知识的范畴结合案件具体情形来判断待鉴事项是否属于"专门性问题"①。

表5-1　鉴定启动委托依据

情形	文　件	要　求
环境诉讼	《刑事诉讼法》(2018)	第一百四十六条　为了查明案情，需要解决案件中某些专门性问题的时候，应当指派、聘请有专门知识的人进行鉴定
	《民事诉讼法》(2023)	第六十六条　证据种类，证据包括：(七) 鉴定意见。证据必须查证属实，才能作为认定事实的根据。 第七十九条　当事人可以就查明事实的专门性问题向人民法院申请鉴定。当事人申请鉴定的，由**双方当事人协商确定**具备资格的鉴定人；**协商不成的，由人民法院指定**。当事人未申请鉴定，人民法院对专门性问题认为需要鉴定的，应当委托具备资格的鉴定人进行鉴定。 第一百九十九条　人民法院受理申请后，必要时应当对被请求认定为无民事行为能力或者限制民事行为能力的公民进行鉴定。申请人已提供鉴定意见的，应当对鉴定意见进行审查
	《最高人民法院关于民事诉讼证据的若干规定》(法释〔2019〕19号)	第三十条　人民法院在审理案件过程中认为待证事实需要通过鉴定意见证明的，应当向当事人释明，并指定提出鉴定申请的期间。 符合《最高人民法院关于适用〈中华人民共和国民事诉讼法〉的解释》第九十六条第一款规定情形的，人民法院应当依职权委托鉴定。 第三十一条　当事人申请鉴定，应当在人民法院指定期间内提出，并预交鉴定费用。逾期不提出申请或者不预交鉴定费用的，视为放弃申请。 对需要鉴定的待证事实负有举证责任的当事人，在人民法院指定期间内无正当理由不提出鉴定申请或者不预交鉴定费用，或者拒不提供相关材料，致使待证事实无法查明的，应当承担举证不能的法律后果。 第三十二条　人民法院准许鉴定申请的，应当组织双方当事人协商确定具备相应资格的鉴定人。当事人协商不成的，由人民法院指定。 人民法院依职权委托鉴定的，可以在询问当事人的意见后，指定具备相应资格的鉴定人。人民法院在确定鉴定人后应当出具委托书，委托书中应当载明鉴定事项、鉴定范围、鉴定目的和鉴定期限
	《最高人民法院关于审理环境民事公益诉讼案件适用法律若干问题的解释》(2020)	第十四条规定，对于应当由原告承担举证责任且为维护社会公共利益所必要的专门性问题，**人民法院**可以**委托**具备资格的鉴定人进行鉴定

① 苏青. 司法鉴定启动条件研究2016[J]. 证据科学，2016，24(4)：422－431.

续 表

情形	文 件	要 求
环境诉讼	《最高人民法院、最高人民检察院关于办理非法采矿、破坏性采矿刑事案件适用法律若干问题的解释》(法释〔2016〕25 号)	第十四条 对案件所涉的有关专门性问题难以确定的,依据下列机构出具的鉴定意见或者报告,结合其他证据作出认定:(一)司法鉴定机构就生态环境损害出具的鉴定意见;(二)省级以上人民政府国土资源主管部门就造成矿产资源破坏的价值、是否属于破坏性开采方法出具的报告;(三)省级以上人民政府水行政主管部门或者国务院水行政主管部门在国家确定的重要江河、湖泊设立的流域管理机构就是否危害防洪安全出具的报告;(四)省级以上人民政府海洋主管部门就是否造成海岸线严重破坏出具的报告
	《最高人民法院、最高人民检察院关于办理环境污染刑事案件适用法律若干问题的解释》(法释〔2023〕7 号)	第十六条规定,对案件所涉的环境污染专门性问题难以确定的,依据司法鉴定机构出具的鉴定意见,或者国务院环境保护主管部门、公安部门指定的机构出具的报告,结合其他证据作出认定
	《最高人民法院关于审理海洋自然资源与生态环境损害赔偿纠纷案件若干问题的规定》(法释〔2017〕23 号)	第八条 恢复费用,限于现实修复实际发生和未来修复必然发生的合理费用,包括制定和实施修复方案和监测、监管产生的费用。未来修复必然发生的合理费用和恢复期间损失,可以根据有资格的鉴定评估机构依据法律法规、国家主管部门颁布的鉴定评估技术规范作出的鉴定意见予以确定,但当事人有相反证据足以反驳的除外
	《最高人民法院关于审理生态环境损害赔偿案件的若干规定(试行)》(2019)	第十条规定,当事人在诉前委托具备环境司法鉴定资质的鉴定机构出具的鉴定意见,以及委托国务院环境资源保护监督管理相关主管部门推荐的机构出具的检验报告、检测报告、评估报告、监测数据等,经当事人质证并符合证据标准的,可以作为认定案件事实的根据
环境行政管理	《中华人民共和国行政处罚法》(2021)	第二十条 受委托组织必须符合以下条件:(三)对违法行为需要进行技术检查或者技术鉴定的,应当有条件组织进行相应的技术检查或者技术鉴定
	《生态环境行政处罚办法》(2023)	第二十六条 【证据类别】生态环境行政处罚证据,主要有书证、物证、视听资料、电子数据、证人证言、当事人的陈述、鉴定意见、勘察笔录、现场笔录。证据必须经查证属实,方可作为认定案件事实的根据。以非法手段取得的证据,不得作为认定案件事实的根据。 第三十三条 【登记保存措施与解除】对于先行登记保存的证据,应当在7 日内采取以下措施:(二)需要鉴定的,送交鉴定
生态环境损害赔偿	《生态环境损害赔偿制度改革方案》	生态环境损害发生后,赔偿权利人组织开展生态环境损害调查、鉴定评估、修复方案编制等工作,主动与赔偿义务人磋商。磋商未达成一致,赔偿权利人可依法提起诉讼
突发环境事件	《国家突发环境事件应急预案》	国务院工作组指导开展事件原因调查及损害评估工作
	《突发环境事件应急管理办法》	第三十一条 县级以上地方环境保护主管部门应当在本级人民政府的统一部署下,组织开展突发环境事件环境影响和损失等评估工作,并依法向有关人民政府报告
	《突发环境事件应急处置阶段污染损害评估工作程序规定》	第八条 县级以上环境保护主管部门可以委托有关司法鉴定机构或者环境污染损害鉴定评估机构开展污染损害评估工作,编制评估报告,并组织专家对评估报告进行技术审核

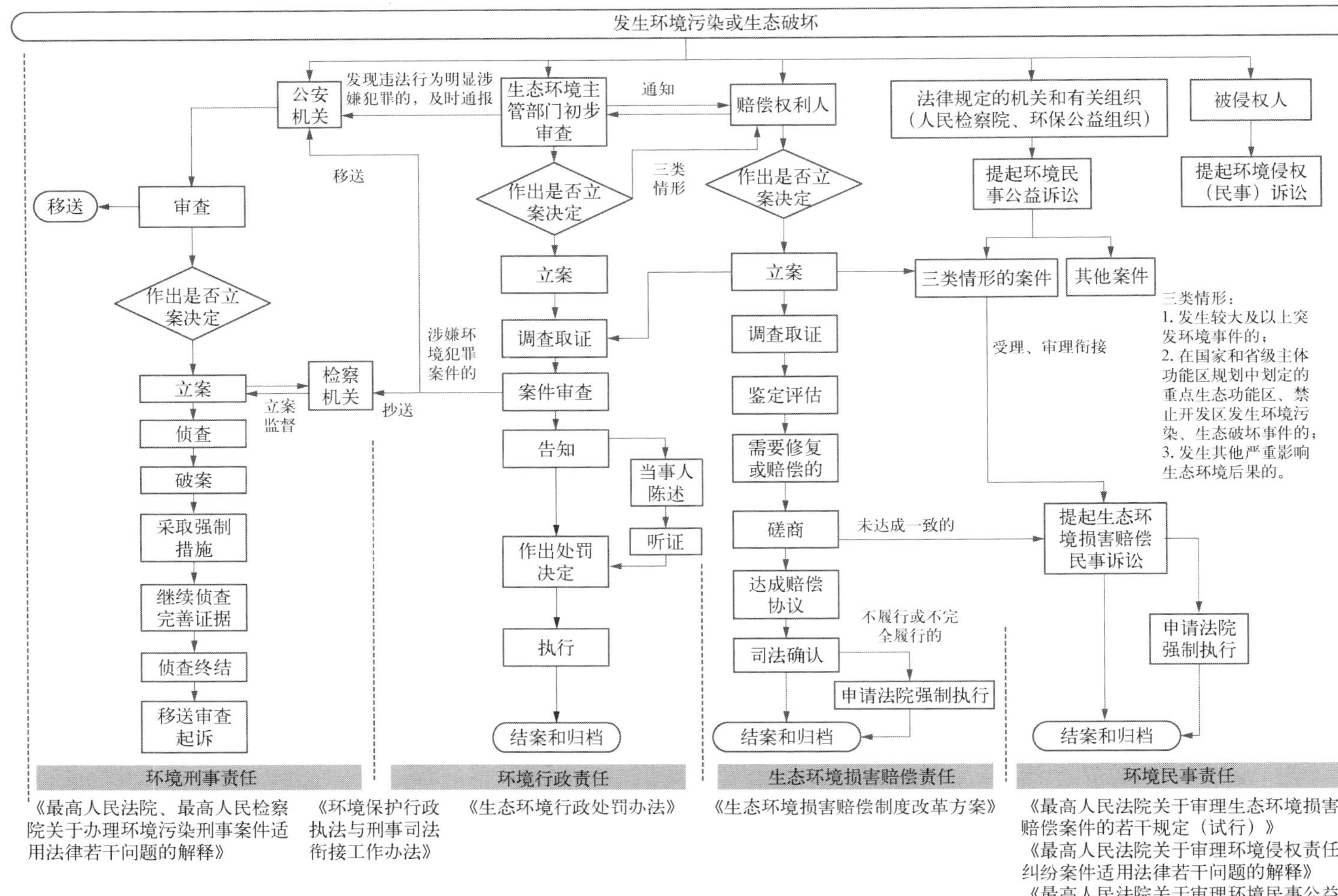

图 5－2　环境损害处理、处罚与赔偿、诉讼衔接示意

5.1.2 委托主体

司法鉴定的委托，是指司法鉴定的委托主体向司法鉴定的受理主体提出进行某项司法鉴定活动的要求。根据举证责任分配，民事诉讼领域，主要由当事人承担举证责任，仅特殊情形下，如当事人客观上不具有举证能力，而案件事实关系到国家利益、社会公共利益时，或者纠纷涉及专门性问题时，法院会依职权调查取证。行政和刑事诉讼领域，皆由国家机关承担主要举证责任。

目前可以明确环境损害司法鉴定的委托主体一般为以下几类：① 侦查机关——公安机关、中国海警局、海关走私犯罪侦查机关；② 检察院；③ 法院；④ 政府或相关部门（如环境部门、农业部门、林业部门、海洋部门等）；⑤ 社会组织；⑥ 利害关系人。

1. 侦查机关委托

对于启动主体为侦查机关的，一般发生在涉刑案件侦查阶段，依据《刑事诉讼法》第一百四十四条规定，侦查机关为了查明案情，需要解决案件中某些专门性问题，应当指派、聘请有专门知识的人进行鉴定。由此可知侦查阶段侦查机关是刑事诉讼中司法鉴定程序的启动机关，并依据案情的需要决定对哪些专门性的问题启动鉴定程序①。

2. 法院委托

法院具有通过委托鉴定方式，对涉及损害社会公共利益的事项和涉及查明事实的专门性问题，进行调查取证的法定职权。《民事诉讼法》第六十七条第二款规定，“当事人及其诉讼代理人因客观原因不能自行收集的证据，或者人民法院认为审理案件需要的证据，人民法院应当调查收集。”为此，根据《最高人民法院关于适用〈中华人民共和国民事诉讼法〉的解释》第九十六条第一款规定，“人民法院认为审理案件需要的证据”包括“涉及可能损害国家利益、社会公共利益的证据”，而生态环境利益的损害，当前正是关涉国家和社会公共利益的重要事项。《民事诉讼法》第七十九条第二款规定，“当事人未申请鉴定，人民法院对专门性问题认为需要鉴定的，应当委托具备资格的鉴定人进行鉴定。”《环境民事公益诉讼司法解释》第十四条规定，“对于审理环境民事公益诉讼案件需要的证据，人民法院认为必要的，应当调查收集。对于应当由原告承担举证责任且为维护社会公共利益所必要的专门性问题，人民法院可以委托具备资格的鉴定人进行鉴定”。2020 年 5 月开始施行的《民事证据规定》第三十条规定，“人民法院在审理案件过程中认为待证事实需要通过鉴定意见证明的，应当向当事人释明，并指定提出鉴定申请的期间。符合《最高人民法院关于适用〈中华人民共和国民事诉讼法〉的解释》第九十六条第一款规定情形的，人民法院应当依职权委托鉴定。”这一规定凸显了法官可以运用释明权促使当事人申请鉴定的立法意志，也总结了长期以来鉴定启动基于当事人申请或法院依职权启动两种方式。因此，无论是环境民事私益诉讼还是公益诉讼，法官都可依职权启动鉴定，但是有

① 刘道前，周莉. 刑事诉讼中司法鉴定启动程序之规范化探讨[J]. 中国司法鉴定，2019，102(1)：65－67.

情形要求,一般为实体争议涉及国家利益、社会公共利益的,或涉及专门性问题需要通过鉴定得出专业意见的。

3. 政府部门依职权委托

对于突发性的环境污染事故或重大环境污染事件所造成的环境、生态、资源等公共利益或国家利益损害的鉴定评估应该实行“政府依职权启动、社会团体补充的方式”①。根据《突发环境事件应急管理办法》,突发环境事件发生后,县级以上地方环境保护主管部门应当组织开展应急事件信息的分析、评估、应急监测,故以地方环境保护主管部门为委托主体可以较早及时介入环境损害调查评估工作中去。《生态环境损害赔偿制度改革方案》中将政府列为赔偿权利人,且省级、市地级政府可指定相关部门或机构负责生态环境损害赔偿具体工作,同时均有权提起诉讼,这也说明这些部门可以作为鉴定评估启动主体,能充分发挥政府在环境损害赔偿中的作用,保证鉴定评估工作的顺利进行。

4. 检察机关委托

根据《民事诉讼法》第五十五条第一款规定,“对污染环境、侵害众多消费者合法权益等损害社会公共利益的行为,法律规定的机关和有关组织可以向人民法院提起诉讼。人民检察院在履行职责中发现破坏生态环境和资源保护等损害社会公共利益的行为,在没有前款规定的机关和组织或者前款规定的机关和组织不提起诉讼的情况下,可以向人民法院提起诉讼。”检察机关可以依据《民事诉讼法》第五十五条第二款和第十一条规定,基于法律监督机关的身份,通过提供法律咨询、提交书面意见、协助调查取证等方式支持社会组织提起民事公益诉讼。此路径有利于节约立法资源,快速启动实践②。

5. 社会组织委托

《环境保护法》第五十八条进一步对《民事诉讼法》规定的“社会组织”做了限定:只有“依法在设区的市级以上人民政府民政部门登记”并“专门从事环境保护公益活动连续五年以上且无违法记录”且“不以诉讼牟利为目的”的社会组织可以向人民法院提起诉讼。《环境民事公益诉讼司法解释》第二至五条又对《环境保护法》第五十八条所规定的“社会组织”做了更为具体的限定,只有章程中明确注明其宗旨和主要业务范围是维护社会公共利益,且从事环境保护公益活动的,并在提起诉讼前五年内未因从事业务活动违反法律、法规而受过行政、刑事处罚的,并在设区的市,自治州、盟、地区,不设区的地级市,直辖市的区以上人民政府民政部门登记的社会团体、民办非企业单位以及基金会等,才可以是有权提起环境民事公益诉讼的社会组织。然而,社会组织作为原告,受经济的、人员的,或技术的条件限制,在证据收集方面主观意愿不足或客观能力欠缺,从而制约环境民事公

---

① 曹东,田超,於方,等. 解析环境污染损害鉴定评估工作流程[J]. 环境保护,2012,487(5):30-34.

② 巩固. 环境民事公益诉讼性质定位省思[J]. 法学研究,2019,41(3):127-147.

益诉讼立法目的和诉讼效果的实现[①]。

6. 利害关系人委托

对于启动主体为利害关系人的,往往以涉及私益的环境污染侵权案件为主,委托鉴定是属于当事人可以自由处分的民事权利范畴,是否委托鉴定应当由利害关系人自由选择。普通环境纠纷类事件一般采用这种方式,因为普通环境侵权纠纷事件大多不涉及公共环境利益,仅仅是当事人之间的私人权益纠纷[②]。在诉讼案件中,在当事人负有举证责任的情况下,司法鉴定机构也可以接受当事人的司法鉴定委托。当事人委托司法鉴定时一般通过律师事务所进行。

5.1.3 委托内容

委托的内容至少应当包括以下信息:委托人的基本信息(名称、住所、联系人、联系方式)、鉴定对象、鉴定事项、案件基本信息(案件的性质、所处诉讼阶段、案件发生的时间和地点)、委托鉴定的用途、鉴定时间要求、以前有无经过鉴定及鉴定形成的意见。

其中委托事项需在司法鉴定机构对应的司法鉴定业务范围内,在描述时应围绕环境损害司法鉴定解决的专门性问题进行表述,建议采用相关法律法规的原文表述,或在委托前与鉴定机构进行充分沟通,以确保委托事项所涉内容的准确性。

5.1.4 委托要求

委托人委托鉴定的,应当向司法鉴定机构提供真实、完整、充分的鉴定材料,并对鉴定材料的真实性、合法性负责;诉讼当事人对鉴定材料有异议的,应当向委托人提出。

此处所称的鉴定材料,包括生物检材和非生物检材、比对样本材料以及其他与鉴定事项有关的鉴定资料。环境损害类鉴定材料通常为固废、土壤或水溶液等样品及样品检测报告。

5.2 鉴定的受理

司法鉴定机构或鉴定人在受理委托时,须告知司法鉴定存在的相关风险及相关要求,由鉴定机构专业人员对委托鉴定事项和相关材料进行审查,对符合鉴定条件的委托予以接受并由双方签订司法鉴定委托书。司法鉴定的受理是司法鉴定实施的前提。

---

① 杜鸣晓.《环境民事公益诉讼司法解释》的证据学分析[J].河北科技大学学报(社会科学版),2016,16(3):59-66.

② 曹东,田超,於方,等.解析环境污染损害鉴定评估工作流程[J].环境保护,2012,487(5):30-34.

5.2.1　受理条件

司法鉴定机构应对委托鉴定事项、鉴定材料[①]等进行审查。对属于本机构司法鉴定业务范围,鉴定用途合法,提供的鉴定材料能够满足鉴定需要的,应当受理;若鉴定材料不完整、不充分,不能满足鉴定需要的,可以要求委托人补充,经补充后能够满足鉴定需要的,应当受理。

但具有下列情形之一的鉴定委托,司法鉴定机构不得受理:

① 委托鉴定事项超出本机构司法鉴定业务范围的;

② 发现鉴定材料不真实、不完整、不充分或者取得方式不合法的;

③ 鉴定用途不合法或者违背社会公德的;

④ 鉴定要求不符合司法鉴定执业规则或者相关鉴定技术规范的;

⑤ 鉴定要求超出本机构技术条件或者鉴定能力的;

⑥ 委托人就同一鉴定事项同时委托其他司法鉴定机构进行鉴定的;

⑦ 其他不符合法律、法规、规章规定的情形。

5.2.2　受理程序

1）司法鉴定机构应当自收到委托之日起七个工作日内作出是否受理的决定。对于复杂、疑难或者特殊鉴定事项的委托,司法鉴定机构可以与委托人协商决定受理的时间。

2）司法鉴定机构应对委托鉴定事项、鉴定材料等进行审查。对属于本机构司法鉴定业务范围,鉴定用途合法,提供的鉴定材料能够满足鉴定需要的,应当受理;若鉴定材料不完整、不充分,不能满足鉴定需要的,可以要求委托人补充,经补充后能够满足鉴定需要的,应当受理。

3）司法鉴定机构决定受理鉴定委托的,应与委托人签订司法鉴定委托书,司法鉴定委托书应当载明委托人名称、司法鉴定机构名称、委托鉴定事项、是否属于重新鉴定、鉴定用途、与鉴定有关的基本案情、鉴定材料的提供和退还、鉴定风险,以及双方商定的鉴定时限、鉴定费用及收取方式、双方权利义务等其他需要载明的事项。

决定不予受理鉴定委托的,应当向委托人说明理由,退还鉴定材料。

4）决定受理的鉴定委托,及时将案件信息录入“司法鉴定业务系统”平台。

针对鉴定机构在不签订司法鉴定委托书的情况下受理鉴定委托的情况,北京市司法局办公室印发《关于严格规范司法鉴定受理程序的通知》(京司办发〔2019〕41 号),特地明确“司法鉴定机构在受理鉴定委托后,未与委托人签订司法鉴定委托书的,司法行政机

---

① 《司法鉴定机构资质认定评审准则》鉴定材料：包括检材和鉴定资料。检材是指与鉴定事项有关的生物检材和非生物检材;鉴定资料是指存在于各种载体上与鉴定事项有关的记录。

关将依法依规予以处理。行业协会依据《北京司法鉴定业协会会员执业违规行为惩戒办法》予以办理”。

5.3 鉴定的实施

司法鉴定的实施,是指司法鉴定人具体进行司法鉴定的活动。司法鉴定的实施是司法鉴定程序的核心环节,是确保鉴定工作质量的关键。凡进入诉讼程序的环境损害司法鉴定都必须按司法鉴定程序的规定进行操作。诉前鉴定或非讼案件(事件)的鉴定,参照司法鉴定程序执行。鉴定人和鉴定机构应当在登记注册的业务范围内从事鉴定业务,具体实施步骤如下:

5.3.1 鉴定技术标准

对于司法鉴定机构和司法鉴定人而言,在开始正式的鉴定工作之前,首先需要结合案情对相应领域的经验与知识进行专业判断,并初步确定鉴定实施过程中应遵守和采用的该专业领域技术标准、技术规范和技术方法。《司法鉴定程序通则》第二十三条明确指出,司法鉴定人进行鉴定应当依下列顺序遵守和采用该专业领域的技术标准[①]、技术规范和技术方法:(一)国家标准;(二)行业标准和技术规范;(三)该专业领域多数专家认可的技术方法。

目前我国还没有形成一套十分完善的环境司法鉴定技术标准,根据环境损害司法鉴定执业分类,环境损害鉴定评估技术标准体系应主要包括:污染物性质鉴定、地表水与沉积物环境损害鉴定、空气污染环境损害鉴定、土壤与地下水环境损害鉴定、近岸海洋与海岸带环境损害鉴定、生态系统环境损害鉴定和其他(噪声、振动、光、热、电磁辐射、电离辐射等)环境损害鉴定等各方面。若参照传统的三大类司法鉴定,根据《司法鉴定机构登记管理办法》,应由司法部负责组织制定全国统一的司法鉴定实施程序、技术标准和技术操作规范等司法鉴定技术管理制度并指导实施;但在环境损害司法鉴定的发展初期,由于专业性问题的特殊性,主要是由环境部来研究建立环境损害鉴定评估技术规范和工作机制,为司法机关审理环境污染案件提供专业技术支持[②],这一方式也仍然体现在后续的《生态

---

① 按照标准的适用范围,我国的标准分为国家标准、行业标准、地方标准和企业标准四个级别。其中,国家标准是四级标准体系中的主体,行业标准是对国家标准的补充,是专业性、技术性较强的标准,而地方标准仅在本行政区域内适用。另外,2015 年 3 月国务院发布关于印发深化标准化工作改革方案的通知,提出在标准制定主体上,培育发展团体标准,因此在无明确国家行业标准规范时,也可参照团体标准进行。

② 生态环境部. 关于开展环境污染损害鉴定评估工作的若干意见[EB/OL]. (2011 - 05 - 25) [2020 - 04 - 03]. http://www.mee.gov.cn/gkml/hbb/bwj/201105/t20110530_211357.htm.

环境损害赔偿制度改革方案》①中。

对于在此规定前，由于环境损害类型的多样性，其涉及范围广、综合性强，需要的鉴定人员专业能力分布在环境科学、环境工程、环境经济、化学分析、物理、林业、动植物、海洋、生态、医疗卫生等多个领域，使得当前阶段相关的技术规范主要由环保、农业、国土、林业、海洋等环境资源行政管理部门负责制定发布，且各有侧重，因而在发布主体上未得到统一。截止到 2020 年 6 月，司法部先后 7 批颁布了 138 条司法鉴定技术规范（其中 10 条已经废止或更新），其中涉及环境损害司法鉴定的技术规范仅 5 条，主要为农业农村部主导编制的农业环境污染相关的损害评估技术规范、耕地和林地破坏司法鉴定技术规范和环境损害致人身伤害司法鉴定技术导则。由生态环境部负责起草发布的环境损害鉴定评估相关技术规范或指南已有 10 余条（见第二章第四节）②。

根据环境损害司法鉴定目前现状，实践中进行损害鉴定时多是采用各行业行政主管部门发布的技术标准。虽然各部门发布的技术指南等文件暂不具强制性，但可作为当前阶段的环境损害司法鉴定工作的基本技术依据。对于不同环境要素损害的鉴定评估还应当遵循适用的分类鉴定评估规范；使用各种仪器设备，应当按照相应仪器设备现行有效检验规程或作业指导书进行，测试分析方法应当遵循相关的国家、行业或地方标准。针对法律效力较低的技术类指导文件，建议后期可以围绕环境损害司法鉴定的分类，由相应行政主管部门负责起草对应的技术标准，由司法部对技术标准进行程序的司法化，或上升为行业标准或国家标准；另外，针对没有国家标准、行业标准和技术规范的鉴定项目，探索建立技术方法由专业领域多数专家认可的工作机制③，以发布统一、科学和规范的符合司法鉴定要求的环境损害司法鉴定技术规范和标准，提高其法律效力，减少或者消除鉴定上的分歧，从而使鉴定结果更加可信和可靠。

目前国内现有的环境损害鉴定评估相关技术标准如下：

1. 国家标准

国家标准分为两类：一类是强制性标准，其代号为“GB”（“国标”汉语拼音的第一个字母），另一类是推荐性国家标准，其代号为“GB/T”。国家标准在全国范围内适用，其他各级别标准不得与国家标准相抵触，相关技术要求不得低于强制性国家标准的相关技术

---

① 《生态环境损害赔偿制度改革方案》指出，司法部负责指导有关生态环境损害司法鉴定管理工作。至于环境损害司法鉴定的技术标准体系。环境保护部负责制定完善生态环境损害鉴定评估技术标准体系框架和技术总纲；会同相关部门出台或修订生态环境损害鉴定评估的专项技术规范；会同相关部门建立服务于生态环境损害鉴定评估的数据平台。相关部门针对基线确定、因果关系判定、损害数额量化等损害鉴定关键环节，组织加强关键技术与标准研究。

② 2020 年 9 月，由生态环境部启动《生态环境损害鉴定评估技术指南　总纲和关键环节　第 1 部分：总纲》、《生态环境损害鉴定评估技术指南　总纲和关键环节　第 2 部分：损害调查》、《生态环境损害鉴定评估技术指南　环境要素　第 1 部分：土壤和地下水》和《生态环境损害鉴定评估技术指南　环境要素　第 2 部分：地表水和沉积物》4 项技术文件的国家标准转化及生态环境损害鉴定评估技术标准体系建设工作。

③ 司法部. 司法部关于全面推动长江经济带司法鉴定协同发展的实施意见[EB/OL]. (2018-07-02). http://www.moj.gov.cn/government_public/content/2018-07/02/tzwj_21555.html.

要求。法律、行政法规和国务院决定对强制性标准的制定另有规定的，从其规定。

表 5-2　环境损害鉴定评估相关国家标准

序号	标 准 规 范
1	《海洋生态损害评估技术导则》(GB/T 34546. 2—2017)
2	《海面溢油鉴别系统规范》(GB/T 21247—2007)
3	《渔业污染事故经济损失计算方法》(GB/T 21678—2018)
4	《生态环境损害鉴定评估技术指南　总纲和关键环节　第 1 部分：总纲》(GB/T 39791. 1—2020)
5	《生态环境损害鉴定评估技术指南　总纲和关键环节　第 2 部分：损害调查》(GB/T 39791. 2—2020)
6	《生态环境损害鉴定评估技术指南　总纲和关键环节　第 3 部分：恢复效果评估》(GB/T 39791. 3—2024)
7	《生态环境损害鉴定评估技术指南　总纲和关键环节　第 4 部分：土壤生态环境基线调查与确定》(GB/T 39791. 4—2024)
8	《生态环境损害鉴定评估技术指南　环境要素　第 1 部分：土壤和地下水》(GB/T 39792. 1—2020)
9	《生态环境损害鉴定评估技术指南　环境要素　第 2 部分：地表水和沉积物》(GB/T 39792. 2—2020)
10	《生态环境损害鉴定评估技术指南　基础方法　第 1 部分：大气污染虚拟治理成本法》(GB/T 39793. 1—2020)
11	《生态环境损害鉴定评估技术指南　基础方法　第 2 部分：水污染虚拟治理成本法》(GB/T 39793. 2—2020)

2. 行业标准

《标准化法》规定："对没有推荐性国家标准、需要在全国某个行业范围内统一的技术要求，可以制定行业标准。行业标准由国务院有关行政主管部门制定，报国务院标准化行政主管部门备案。"

表 5-3　环境损害鉴定评估相关行业标准规范

发布部门	标 准 规 范
司法部	《农业环境污染损害司法鉴定操作技术规范》(SF/Z JD0606001—2018)
	《农业环境污染事故司法鉴定经济损失估算实施规范》(SF/Z JD0601001—2014)
	《农作物污染司法鉴定调查技术规范》(SF/Z JD0606002—2018)
	《环境损害致人身伤害司法鉴定技术导则》(SF/T 0068—2020)
	《耕地和林地破坏司法鉴定技术规范》(SF/T 0074—2020)
环境保护部	《突发环境事件应急监测技术规范》(HJ 589—2010)

续 表

发布部门	标 准 规 范
国家海洋局	《海洋溢油生态损害评估技术导则》(HY/T 095—2007)
农业部	《农业环境污染事故损失评价技术准则》(NY/T 1263—2007)
	《农业环境污染事故等级划分规范》(NY/T 1262—2007)
	《农业野生植物调查技术规范》(NY/T 1669—2008)
国家林业局	《森林资源资产评估技术规范》(LY/T 2407—2015)
	《自然资源(森林)资产评价技术规范》(LY/T 2735—2016)
	《湿地生态系统服务评估规范》(LY/T 2899—2017)

3. 地方标准

地方标准是根据地方自然条件、风俗习惯等特殊技术要求,在限定地区范围内需要统一的标准。地方标准由省、自治区、直辖市标准化行政主管部门制定;并报国务院标准化行政主管部门和国务院有关行政部门备案。地方标准编号由地方标准代号、标准顺序号和发布年号组成。根据《地方标准管理办法》的规定,地方标准代号由汉语拼音字母"DB"加上省、自治区、直辖市行政区划代码前两位数字再加斜线,组成强制性地方标准代号。

表5-4 环境损害鉴定评估相关地方标准

序 号	标 准 规 范
1	《福建省环境损害鉴定评估通用规范》(DB35/T 1725—2017)
2	《福建省地表水环境损害鉴定评估技术方法》(DB35/T 1726—2017)
3	《福建省大气环境损害鉴定评估技术方法》(DB35/T 1727—2017)
4	《福建省森林环境损害鉴定评估技术方法》(DB35/T 1729—2017)
5	《湖南省生态环境损害鉴定评估监测技术规范》(DB43/T 1545—2018)
6	《青海省生态环境损害鉴定评估通用规范》(DB63/T 2162—2023)

【技术规范、规程与标准的区别与联系】

技术规范和规程与标准的区别在于其是否经过制定标准的程序。但它们和标准又是有联系的:首先,标准中的一些技术要求可以引用技术规范或规程,这样规范或规程中的某些内容就成为标准的一部分。其次,当技术规范或规程经过了标准制定程序,由一个公认机构批准,它们就可以转化为标准。

5.3.2 鉴定过程

1. 指派鉴定人

（1）鉴定机构受理鉴定委托后，指定本机构具有该鉴定事项执业资格的司法鉴定人进行鉴定。

针对同一鉴定事项，司法鉴定机构应指定或者选择2名司法鉴定人进行鉴定；对复杂、疑难或者特殊鉴定事项，可以指定或者选择多名司法鉴定人进行鉴定；委托人有特殊要求的，经双方协商一致，也可以从本机构中选择符合条件的司法鉴定人进行鉴定。进行重新鉴定的司法鉴定人中，应当至少有1名具有相关专业高级技术职称。

（2）以下情形之一的，司法鉴定人应当回避：

1）鉴定人本人或者其近亲属[①]与诉讼当事人、鉴定事项涉及的案件有利害关系，可能影响其独立、客观、公正进行鉴定的；

2）鉴定人曾经参加过同一鉴定事项鉴定的，或者曾经作为专家提供过咨询意见的，或者曾被聘请为有专门知识的人参与过同一鉴定事项法庭质证的。

司法鉴定人自行提出回避的，由其所属的司法鉴定机构决定；委托人要求司法鉴定人回避的，应当向该司法鉴定人所属的司法鉴定机构提出，由司法鉴定机构决定。委托人对司法鉴定机构作出的司法鉴定人是否回避的决定有异议的，可以撤销鉴定委托。

2. 资料搜集与筛选

对搜集的资料和图件，应注明资料来源和时间，使用的资料应经过筛选和甄别，监测与调查资料应来自具备相应资质的单位，实施过程应按照调查技术规范中规定的资料处理方法和要求来执行。

3. 鉴定方案编制

鉴定方案应包括：鉴定目的、时间与人员安排、调查方案与调查内容、鉴定评估范围、鉴定评估对象及因子、鉴定评估方法、其他内容。

4. 现场调查

环境损害司法鉴定工作中的调查取证主要指在司法鉴定规定的程序要求下，采用科学、系统的调查方法，搜集信息和数据，调查污染环境、破坏生态行为与生态环境损害情况。其调查内容主要包括生态环境基线调查、污染源调查、环境质量调查、生物调查、生态系统服务调查、生态环境恢复措施与费用调查、生态环境恢复效果评估调查。调查方法包括资料收集、现场踏勘、定位测绘、人员访谈、问卷调查、样品采集、样品检测分析、数据分析等内容。调查阶段应制定调查工作方案，包括调查对象、调查内容、调查方法、调查方式和质量控制等内容。

经委托人同意，司法鉴定机构可派员到现场提取鉴定材料。现场提取鉴定材料应由至少2名机构工作人员进行，且其中至少1名为该鉴定事项的司法鉴定人。现场提取鉴定材

① 《中华人民共和国刑事诉讼法》第一百零八条："近亲属"是指夫、妻、父、母、子、女、同胞兄弟姊妹。

料时,应当有委托人或者委托人指派的人员到场见证,并在《现场踏勘记录表》上签名。在调查过程中,数据和资料的搜集、样品的采集与运输、样品的分析检测应当按照有关技术规范开展。工作程序及具体技术要求参照《生态环境损害鉴定评估　损害调查》进行,鉴定人员应根据生态环境损害具体情况和生态环境损害鉴定评估需求,选择必要的内容开展工作。

鉴定过程进行实时记录并签名。记录可以采取笔记、录音、录像、拍照等方式。记录应当载明主要的鉴定方法和过程,检查、检验、检测结果,以及仪器设备使用情况等。记录的内容应当真实、客观、准确、完整、清晰,记录的文本资料、音像资料等应当存入鉴定档案。

5. 分析说明

分析说明主要是鉴定人依据相关标准或规则,对鉴定材料,检查、检验、检测结果等进行综合分析、逻辑推理的过程,是鉴定人专业经验、知识的逻辑转化体现,主要包括对检测结果进行的统计分析,根据有关科学理论知识及鉴定标准对污染物属性进行的鉴别、判断,分析污染环境或破坏生态行为与生态环境损害间的因果关系,以及恢复目标及恢复方案的制定依据,最后针对鉴定委托事项得出鉴定意见。

在此过程中,需要鉴定人结合模型、实验、文献等各种方法对因果关系分析中的同源性、迁移路径合理性、暴露损害可能性等问题进行分析判断;对相关问题的必要性和合理性进行判断;对采用不同方法产生的不确定性进行分析,以尽可能体现鉴定过程的合法合规、科学合理、独立客观原则。

对于污染物性质确定,还需结合物质来源调查情况,根据法律法规和标准规范规定、文献资料、实验数据等进行属性判断。在有需要的情况下,确定合法、科学、合理的处置方式,制定处置方案建议,按照处理成本、收费标准等评估处置费用等,为评定"污染治理与运行成本以及防止损害扩大"等专门性问题提供依据。

5.3.3　鉴定文书编制

司法鉴定机构和司法鉴定人应当按照统一规定的文本格式制作司法鉴定意见书。司法鉴定意见书应当由司法鉴定人签名。多人参加的鉴定,对鉴定意见有不同意见的,应当注明。司法鉴定机构应当自司法鉴定委托书生效之日起 30 个工作日内完成鉴定;鉴定时限延长的,应当及时告知委托人,可出具《延长鉴定时限告知书》。与委托人对鉴定时限另有约定的,从其约定。在鉴定过程中补充或者重新提取鉴定材料所需的时间,不计入鉴定时限。

鉴定过程中,涉及复杂、疑难、特殊技术问题的,可以向本机构以外的相关专业领域的专家进行咨询,但最终的鉴定意见应当由本机构的司法鉴定人出具。

1. 编制依据

《司法鉴定程序通则》第三十六条规定"司法鉴定机构和司法鉴定人应当按照统一规定的文本格式制作司法鉴定意见书"。2016 年 11 月 21 日,司法部发布了《司法部关于印发司法鉴定文书格式的通知》(司发通〔2016〕112 号)(下称《司法鉴定文书格式》),规定了 7 种文书格式,包括《司法鉴定委托书》《司法鉴定意见书》《延长鉴定时限告知书》《终止鉴定告知书》《司法鉴定复核意见》《司法鉴定意见补正书》和《司法鉴定告知书》。

新版文书格式自2017年3月1日开始执行，并规定2007年发布的《司法部关于印发〈司法鉴定文书规范〉和〈司法鉴定协议书（示范文本）〉的通知》（司发通〔2007〕71号）同时废止，进一步规范了司法鉴定意见书格式，对提高司法鉴定意见书的质量和保持其作为证据的严肃性具有重要作用。环境损害司法鉴定作为我国四大鉴定类别之一，出具的鉴定意见书应遵从《司法鉴定意见书》的编制要求。

2. 编制要求

司法鉴定意见书由封面和正文构成，正文的基本内容包括基本情况、基本案情、资料摘要、鉴定过程、分析说明、鉴定意见和附件。司法鉴定机构也可以根据实际情况作合理增减。

（1）封面。司法鉴定意见书的封面须写明司法鉴定机构名称和司法鉴定许可证号，同时可以酌情写明委托方、文书编号和签发日期等基本信息；封二应当写明声明、司法鉴定机构的地址（附邮政编码）和联系电话。

（2）正文。正文由标题、文书编号和上述基本内容构成。标题统一为“司法鉴定机构名称+司法鉴定意见书”的格式；《司法鉴定文书规范》中规定编号需写明“司法鉴定机构缩略名、年份、专业缩略语、文书性质缩略语及序号”，2016年发布的《司法鉴定文书格式》没有对编号格式进行说明，可以沿用之前的规定。司法鉴定意见书基本内容分述如下：

1）基本情况：应当简要说明委托人、委托事项、受理日期、鉴定材料等情况。

2）基本案情：简要介绍案件的案发情况，此前侦查机关经调查获取的基本情况，责任人实施了何种环境损害行为、受到过何种行政处分、损害持续时长，委托鉴定事项等。

3）资料摘要：摘录与鉴定事项有关的鉴定资料，如污染企业的地理位置、区域概况，生产工艺及产污环节，执行的相关行业标准或者地方环境质量标准、污染物排放标准，案件已有的调查情况，是否对此前受到的行政处罚有所整改。

4）鉴定过程：应当根据委托事项客观、翔实、有条理地描述鉴定活动发生的过程，包括人员、时间、地点、内容、方法，鉴定材料的选取、使用，采用的法律法规、技术标准、技术规范或者技术方法等鉴定依据，所使用的仪器设备、方法和主要结果等。

5）分析说明：详细阐明围绕鉴定委托事项根据有关环境科学理论知识，通过监测、检测、现场勘察、实验室化学或仪器分析的技术方法，结合鉴定材料和鉴定标准，进行鉴别、判断、综合分析、逻辑推理，得出鉴定意见的过程，如污染物性质分析判定、环境损害确认、因果关系判定和环境损害量化等。要求有良好的科学性、逻辑性。

6）鉴定意见：对鉴定方法的选取、鉴定过程和鉴定结果进行总结，如污染物属性判定、损害量化的方法与计算过程及结果等。

7）附件：包括司法行政机关核发的《司法鉴定许可证》和《司法鉴定人执业证》复印件，以及与鉴定事项相关的其他材料。

最后由司法鉴定人亲笔签名，写明《司法鉴定人执业证》证号，同时加盖司法鉴定机构的司法鉴定专用章，并注明文书制作日期等。

司法鉴定意见书应使用 A4 纸,文内字体为 4 号仿宋,两端对齐,段首空两格,行间距一般为 1.5 倍。司法鉴定意见书各页之间应当加盖司法鉴定专用章红印,作为骑缝章。司法鉴定专用章制作规格为：直径 4 厘米,中央刊五角星,五角星上方刊司法鉴定机构名称,自左向右呈环行;五角星下方刊司法鉴定专用章字样,自左向右横排。印文中的汉字应当使用国务院公布的简化字,字体为宋体。民族自治地区司法鉴定机构的司法鉴定专用章印文应当并列刊汉字和当地通用的少数民族文字。司法鉴定机构的司法鉴定专用章应当经登记管理机关备案后启用。

2019 年年底,上海市司法局联合市高院、市检察院、市公安局和市国安局共同印发了《关于启用司法鉴定意见书二维码的通知》,规定从 2020 年 1 月 1 日起,经市司法局审核登记的各类法医类、物证类、声像资料类、环境损害类等司法鉴定机构出具的司法鉴定意见书,必须由“智慧司鉴”系统赋码,若司法鉴定机构出具的司法鉴定意见书中无“智慧司鉴”系统生成的二维码的,则视作虚假鉴定文书,委托单位(办案机关)不予采信[①]。基于该“智慧司鉴”系统,当事人只要扫描二维码,司法鉴定意见书的来龙去脉、前世今生,都可以轻松查询到。2021 年 5 月,司法部发布《关于加快推进司法鉴定信息化建设的通知》(司公通〔2021〕10 号),在全国层面实行鉴定意见书赋码和电子证照管理。

5.3.4　鉴定文书复核

司法鉴定机构内部复核指司法鉴定人完成鉴定后,正式出具司法鉴定意见书之前,司法鉴定机构内部指定具有相应资质的人员对鉴定程序和鉴定意见进行复核,并提出复核意见的活动[②]。涉及复杂、疑难、特殊技术问题或者重新鉴定的鉴定事项,可以组织三名以上的专家进行复核。有条件的司法鉴定机构可以组建内部复核部门,专责开展本机构内部复核工作。

司法鉴定机构内部复核一般包括确定复核人、复核鉴定程序、复核鉴定意见、形成复核意见等工作流程。复核人员完成复核后,应当提出复核意见并签名,存入鉴定档案。

复核人一般为本机构具有相应资质的鉴定人,必要时也可从专家库或者相关机构邀请相关专家等担任;其执业范围或专业特长应当涵盖复核鉴定事项对应的专业领域,但非本案鉴定人;其专业技术职称或者从事相关司法鉴定业务年限一般不低于本案鉴定人;符合法律、法规、规章关于回避的规定。

对鉴定程序的复核包括以下内容：

1）委托主体是否适当;

2）司法鉴定委托书等形式要件是否完整清晰;

---

① 上海市司法局,上海市高级人民法院,上海市人民检察院,等. 关于启用司法鉴定意见书二维码的通知[EB/OL]. (2019－12－07). https://sfj.sh.gov.cn/2020xxgkml_zdgkml/20201102/6739798ff53d40be9a99fdbdd23b8b70.html.

② 司法部. 司法部关于印发《司法鉴定机构内部复核工作规定(试行)》的通知[EB/OL]. (2022－12－02). https://www.moj.gov.cn/pub/sfbgw/zwxxgk/fdzdgknr/fdzdgknrtzwj/202303/t20230330_475392.html. https://www.mee.gov.cn/gkml/hbb/bh/201801/t20180111_429497.htm.

3）委托事项是否超出本机构司法鉴定业务范围，鉴定要求是否超出本机构技术条件或者鉴定能力、是否符合执业规则或者相关技术要求，鉴定用途是否合法或者违背社会公德，决定受理委托时限是否符合规定；

4）鉴定材料的接收、提取、保管、使用，以及现场勘查、身体检查和样本取证等是否符合鉴定要求；

5）鉴定人的资质、数量等是否符合鉴定要求，是否存在需要回避情形；

6）鉴定过程是否实时记录并签名，记录是否载明主要的鉴定方法和过程，是否载明检验结果、检测数据以及仪器设备等使用情况，记录的内容是否真实、客观、准确、完整，鉴定过程的各种文书是否符合文本格式要求；

7）是否属于重新鉴定、补充鉴定，是否存在终止鉴定等情形；

8）是否在规定或约定时限内完成鉴定；

9）鉴定程序是否符合法律、法规、规章及相关规定的其他要求。

对鉴定意见的复核包括以下内容：

1）司法鉴定意见书（送核稿）的文本格式、形式要件等是否完整、准确、恰当，制作是否规范；

2）技术标准、技术规范和技术方法的遵守和采用是否符合要求；

3）鉴定过程的描述是否全面、准确，是否载明人员、时间、地点、内容，鉴定材料及其选取和使用等情况，是否载明适用的技术标准、技术规范和技术方法，检验、检测所使用的仪器设备、方法和主要结果等（有特殊要求的除外）；

4）分析说明是否通过鉴定材料和检验结果、检测数据、专家意见等进行鉴别和判断；

5）鉴定意见表述是否清晰、完整、准确；

6）鉴定意见是否符合法律、法规、规章及相关规定的其他要求。

5.3.5 鉴定文书出具

司法鉴定意见书应当加盖司法鉴定机构的司法鉴定专用章。一式四份，三份交委托人收执，一份由司法鉴定机构存档。司法鉴定机构应当按照有关规定或者与委托人约定的方式，向委托人发送司法鉴定意见书。

司法鉴定意见书出具后，发现有下列情形之一的，可以进行补正：

1）图像、谱图、表格不清晰的；

2）签名、盖章或者编号不符合制作要求的；

3）文字表达有瑕疵或者错别字，但不影响司法鉴定意见的。

补正在原司法鉴定意见书上进行，由至少一名司法鉴定人在补正处签名。必要时，可以出具补正书。对司法鉴定意见书进行补正，不得改变司法鉴定意见的原意。

需要退还鉴定材料的，应复印或拍照存档，如不便复印或拍照存档的，应在归档材料中予以说明。司法鉴定机构应当严格按照已建立的鉴定材料管理制度，办理并监控鉴定材料的退还。

5.3.6　归档整理

环境损害司法鉴定机构应指派专/兼职档案管理人员，承担档案管理职责。

环境损害司法鉴定的档案资料应装订成册，主要内容包括：

——案卷封面；

——卷内目录；

——司法鉴定委托书（司法鉴定风险提示书、司法鉴定告知书）；

——案件受理审批表；

——司法鉴定协议书（可附合同）；

——鉴定材料流转单（鉴定检材、资料、样品流转记录）；

——鉴定过程实时记录（如图表、图片、数据等）；

——讨论、研究鉴定事项的会议记录；

——专家会鉴意见；

——鉴定文书正本（包括附件）；

——鉴定文书底稿；

——补充鉴定的相关材料；

——收费凭据或复印件；

——与鉴定有关的其他材料等（如复核意见、送达凭证等）。

鉴定人应根据文书归档的有关规定详细整理相关的鉴定资料，并将整理好的档案材料及时移交档案管理员，并作好有关的交接记录。鉴定机构的档案管理员应按照有关规定详细核对和整理有关鉴定评估档案资料，将整理好的档案材料装订成册，并按机构质量管理体系要求做好档案管理。

5.4　鉴定人出庭作证

5.4.1　鉴定人出庭作证义务

鉴定意见不同于其他证据，因其带有科技因素或专门知识，一般人理解起来相对困难，更需要鉴定人出庭作证对其予以说明、解释。如果当事人对鉴定意见存在异议、涉及专门性问题无法澄清，鉴定人又不出庭作证，其异议就不能得到有效解决，往往需要重新鉴定。这样既浪费鉴定资源，也影响诉讼效率。因此，司法鉴定人出庭作证是鉴定意见适用的一项重要制度①，这一质证程序是实现法庭甄别鉴定意见科学可靠性的重要途径。

---

① 霍宪丹. 司法鉴定学［M］. 2 版. 北京：中国政法大学出版社，2016：143－149.

《全国人民代表大会常务委员会关于司法鉴定管理问题的决定》和其他有关鉴定人的规章、规范性文件等均明确规定鉴定人出庭接受质证,并将其作为鉴定人的一项法定义务。

鉴定人出庭接受法官以及控辩双方的质询,是保证案件公平、公正审理的关键环节[①]。鉴定意见只有在法庭上接受当事人的质证,经过法定程序查证属实,才能作为定案的证据。

5.4.2 基本要求

我国2012年《刑事诉讼法》和《民事诉讼法》修订之后,对鉴定人出庭问题都提出了明确的规定,通过明确鉴定人必须出庭的情形和不出庭的后果改善鉴定意见的质证效果,并通过"有专门知识的人"与鉴定人进行对质,提高鉴定意见质证的对抗性[②],确保鉴定意见可信度的有效审查判断[③]。此后,2019年《民事诉讼证据规定》对鉴定人出庭作证的必要情形、出庭费用承担、出庭接受询问的答复方式、不出庭作证的法律后果等做了更为详细的规定,完善了鉴定人的作证义务,也保障鉴定人作证时的相关权利。

《司法鉴定程序通则》第四十三条至第四十六条明确了司法鉴定人出庭作证的基本要求,"经人民法院依法通知,司法鉴定人应当出庭作证,回答与鉴定事项有关的问题。司法鉴定机构接到出庭通知后,应当及时与人民法院确认司法鉴定人出庭的时间、地点、人数、费用、要求等。司法鉴定机构应当支持司法鉴定人出庭作证,为司法鉴定人依法出庭提供必要条件。司法鉴定人出庭作证,应当举止文明,遵守法庭纪律"。鉴定人是否出庭应当以人民法院的出庭通知书作为依据,这也是鉴定人出庭作证的法律凭证。2019年10月,司法部发布《鉴定人出庭作证规定(征求意见稿)》,对鉴定人出庭的权利与义务、应当出庭作证的情形进行了明确。

表5-5 鉴定人出庭有关规定要求

法律文件	内容要求
《全国人民代表大会常务委员会关于司法鉴定管理问题的决定》	十一、在诉讼中,当事人对鉴定意见有异议的,经人民法院依法通知,鉴定人应当出庭作证。 十三、经人民法院依法通知,鉴定人或者鉴定机构拒绝出庭作证的,由省级人民政府司法行政部门给予停止从事司法鉴定业务三个月以上一年以下的处罚;情节严重的,撤销登记。
《民事诉讼法》	第八十一条:当事人对鉴定意见有异议或者人民法院认为鉴定人有必要出庭的,鉴定人应当出庭作证。经人民法院通知,鉴定人拒不出庭作证的,鉴定意见不得作为认定事实的根据;支付鉴定费用的当事人可以要求返还鉴定费用。

① 赵丹,包建明.鉴定人出庭作证规则研究[J].中国司法鉴定,2019(3):62-68.
② 陈邦达.科学证据质证程序研究——基于中美两国的比较[J].现代法学,2017,39(4):150-165.
③ 刘铭.刑事诉讼证据新规则对鉴定意见的影响[J].中国司法鉴定,2015(2):86-91.

续　表

法律文件	内容要求
《刑事诉讼法》	第一百九十二条：公诉人、当事人或者辩护人、诉讼代理人对鉴定意见有异议，人民法院认为鉴定人有必要出庭的，鉴定人应当出庭作证。经人民法院通知，鉴定人拒不出庭作证的，鉴定意见不得作为定案的根据。
《司法鉴定人登记管理办法》	第二十二条：司法鉴定人应当依法出庭作证，回答与鉴定有关的询问。 第三十条：经人民法院依法通知，非法定事由拒绝出庭作证的，由省级司法行政机关给予停止执业三个月以上一年以下的处罚；情节严重的，撤销登记；构成犯罪的，依法追究刑事责任。

5.4.3　出庭前的准备

2020 年 5 月，司法部发布《关于进一步规范和完善司法鉴定人出庭作证活动的指导意见》，指出"取得司法鉴定人执业证的司法鉴定人经人民法院依法通知，在法庭上对自己作出的鉴定意见，从鉴定依据、鉴定步骤、鉴定方法、可靠程度等方面进行解释和说明，并在法庭上当面回答质询和提问"。人民法院出庭通知已指定出庭作证鉴定人的，要由被指定的鉴定人出庭作证；未指定出庭作证的鉴定人时，由鉴定机构指定一名或多名在司法鉴定意见书上签名的鉴定人出庭作证。对于复杂、疑难案件或有重大影响的案件，可指派多名鉴定人共同出庭，就出具的结果报告接受法庭质询。

出庭前，鉴定人可以做好以下准备工作：

1）全面熟悉案件涉及的有关法律、法规；

2）熟悉案件，了解、查阅与鉴定事项有关的情况和资料；

3）全面掌握鉴定文书的有关情况，如鉴定程序、检材、鉴定过程和方法、鉴定分析和主要依据等；

4）准备与鉴定有关的展示资料，如现场照片、记录、数据等；准备翔实的个人资料，如鉴定人的执业证书、身份证件、个人履历（特别是有关鉴定的实践经历）及鉴定评估机构的资质证书等；

5）了解出庭的相关信息和质证的争议焦点，分析庭上可能提出的问题和出现的状况，做好相应的应对准备。

5.4.4　出庭内容应对

在庭审活动中，当事人（控辩）双方及其辩护人、诉讼代理人以及专家辅助人均可以就鉴定意见向鉴定人询问、质疑①，鉴定人则需要对针对鉴定意见的询问、质疑作出回答、说明。

一般而言，鉴定人面临的询问或质疑可能围绕以下内容展开：鉴定人的资格、鉴定意

① 专家辅助人是指具有专门知识的人员或专业人员。

见的科学依据、鉴定意见的可信程度、鉴定方法的可靠性、鉴定程序的合法性、鉴定标准的规范性以及鉴定意见依据、理由的合理性等。

涉及的具体内容包括：鉴定人的自然情况和鉴定能力、水平等；有关鉴定资料的内容，包括检材、鉴定文书资料来源的可靠性和真实性；提供鉴定资料的人（如证人等）的情况；检材数量、质量、保有时间、保存条件和方法以及提取和处理的方法；鉴定的方法、步骤和过程；对鉴定方法有国家或行业标准的，其鉴定的检验方法、实验程序、步骤是否符合国家标准或行业标准；对无国家标准也无行业标准以及法定程序的，应当分析鉴定方法、步骤的可靠程度，鉴定意见的数据、理由和根据，科学检验、实验过程中的变化以及得出的数据，其提供的意见的理由和根据等。

一般情况下，鉴定人对以下情形有权拒绝回答：① 发问内容与鉴定无关的；② 发问内容重复的；③ 发问内容威胁鉴定人的；④ 发问内容损害鉴定人人格尊严的；⑤ 发问内容有损鉴定人合法利益的其他情形。因此，凡是与鉴定无关的询问，鉴定人无须回答，也有权拒绝回答；对于在询问程序中侵犯其人身权、人格权的行为，有权要求法官予以制止；对不符合条件的询问，法官也应当及时制止，以保证鉴定人询问程序顺利进行。

在庭上鉴定人应遵守以下基本行为规范：

1）着装规范：着装整洁，不宜着便装。男士以着正装为宜，女士以着职业装为宜。

2）举止规范：严格遵守法庭纪律，言行举止得体；尊重法庭，不得当庭评论审判人员。

3）语言规范：回答问题应说普通话，语言规范，不过多使用专业术语。口齿清楚，语气平和而果断，音量适中。

4）内容规范：遵守法律、法规，恪守职业道德，实事求是，尊重科学，尊重事实；鉴定人在出庭作证时，要如实回答与本人及其所执业鉴定机构执业资格和执业范围有关的问题、与鉴定活动及其鉴定意见有关的问题、其他依法应当回答的问题。对于涉及国家机密、个人隐私及与委托鉴定事项无关的内容，鉴定评估人可以向法庭说明理由并拒绝回答。

5）法庭质证中，鉴定人无法当庭回答质询或者提问的，经法庭同意，可以在庭后提交书面意见。

5.4.5 其他要求

人民法院通知鉴定人到庭作证后，有下列情形之一的，鉴定人可以向人民法院提出不到庭书面申请：

1）未按照法定时限通知到庭的；

2）因健康原因不能到庭的；

3）路途特别遥远，交通不便难以到庭的；

4）因自然灾害等不可抗力不能到庭的；

5）有其他正当理由不能到庭的。

经人民法院同意，未到庭的鉴定人可以提交书面答复或者说明，或者使用视频传输等技术作证。

鉴定人退庭后，要对法庭笔录中鉴定意见的质证内容进行确认。经确认无误的，应当签名；发现记录有差错的，可以要求补充或者改正。

发现鉴定人存在经人民法院依法通知，拒绝出庭作证情形的，要依法给予其停止从事司法鉴定业务三个月以上一年以下的处罚；情节严重的，撤销登记。

5.5　终止鉴定

鉴定过程中有下列情形之一的，可以终止鉴定：

1）发现有本通则第十五条第二项至第七项规定情形的；

2）鉴定材料发生耗损，委托人不能补充提供的；

3）委托人拒不履行司法鉴定委托书规定的义务、被鉴定人拒不配合或者鉴定活动受到严重干扰，致使鉴定无法继续进行的；

4）委托人主动撤销鉴定委托，或者委托人、诉讼当事人拒绝支付鉴定费用的；

5）因不可抗力致使鉴定无法继续进行的；

6）其他需要终止鉴定的情形。

终止鉴定的，司法鉴定机构应当书面通知委托人，说明理由并退还鉴定材料。

5.6　补充鉴定和重新鉴定

5.6.1　补充鉴定

补充鉴定是指在原鉴定的基础上对其中的个别问题进行复查、修正、补充或解释，以使原鉴定意见更加完备而进行的鉴定。

根据《司法鉴定程序通则》第三十条的规定，鉴定过程中有下列情形之一的，司法鉴定机构可以根据委托人的要求进行补充鉴定：

1）原委托鉴定事项有遗漏的；

2）委托人就原委托鉴定事项提供新的鉴定材料的；

3）其他需要补充鉴定的情形。

补充鉴定是原委托鉴定的组成部分，应当由原司法鉴定人进行。

5.6.2　重新鉴定

重新鉴定是指委托人对初次鉴定的鉴定意见经审查后认为鉴定意见不可靠，而就同一鉴定事项再次进行的鉴定。

根据《司法鉴定程序通则》第三十一条的规定，鉴定过程中有下列情形之一的，司法鉴定机构可以接受办案机关委托进行重新鉴定：

1）原司法鉴定人不具有从事委托鉴定事项执业资格的；

2）原司法鉴定机构超出登记的业务范围组织鉴定的；

3）原司法鉴定人应当回避没有回避的；

4）办案机关认为需要重新鉴定的；

5）法律规定的其他情形。

重新鉴定应当委托原司法鉴定机构以外的其他司法鉴定机构进行；因特殊原因，委托人也可以委托原司法鉴定机构进行，但原司法鉴定机构应当指定原司法鉴定人以外的其他符合条件的司法鉴定人进行。

接受重新鉴定委托的司法鉴定机构的资质条件应当不低于原司法鉴定机构，进行重新鉴定的司法鉴定人中应当至少有一名具有相关专业高级专业技术职称。

第6章　环境损害司法鉴定意见的审查

6.1　鉴定意见的证据属性

司法鉴定活动形成的鉴定意见是多种证据形式中的一种，在环境司法活中扮演着重要角色。以刑事诉讼活动为例，从证据的形成过程来看，一般会伴随以下几个阶段的变化。首先，伴随着犯罪行为发生，随即形成自然证据。侦查的重要职责就是最大限度地发现和收集自然证据，实现原初状态的自然证据向诉讼领域的证据材料的第一次转变。其次，侦查、起诉、审判各环节都要对收集在案的证据材料进行审查，依法排除不具有证据能力的证据材料，实现证据材料向诉讼证据的第二次转变。最后，经过控辩双方当庭举证、质证，法庭经过审查判断，依法采信那些具有证明力的诉讼证据，并以之为基础认定案件事实，实现诉讼证据向定案证据的第三次转变。由自然证据到证据材料，再到诉讼证据，最终成为定案的根据，证据的诉讼之旅才告完成[①]。

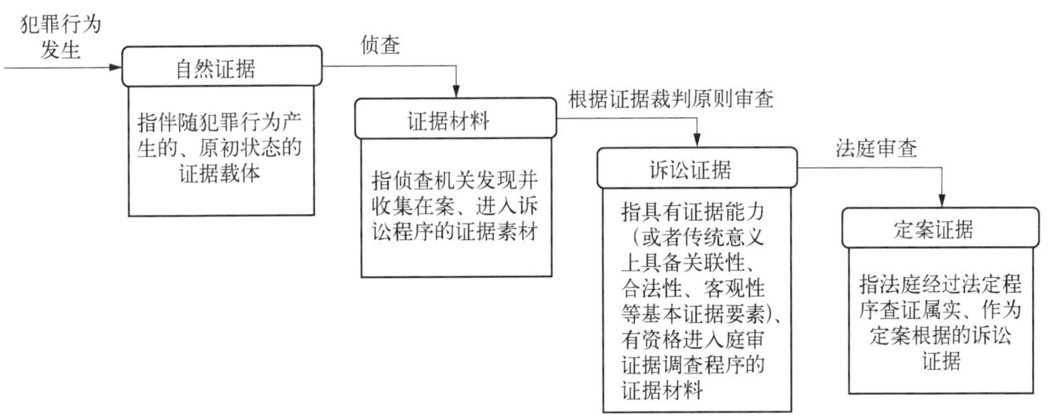

图6-1　证据的演变过程

我国现行的三大诉讼法关于证据形式的规定不完全相同。由于三大诉讼法不同的诉讼性质，对证据的分类略有不同，如图6-2所示，但三大诉讼法都将“鉴定意见”规定为法

① 刘静. 证据审查规则与分析方法——原理规范实例[M]. 北京：法律出版社，2018：4-5.

定的证据形式之一，且三大诉讼法均规定了“以上证据必须查证属实，才能作为认定事实的根据”。因此，环境损害司法鉴定意见作为法定的证据形式之一，和其他证据一样具有一般的证据属性，也必须符合一般的证据形式要求。

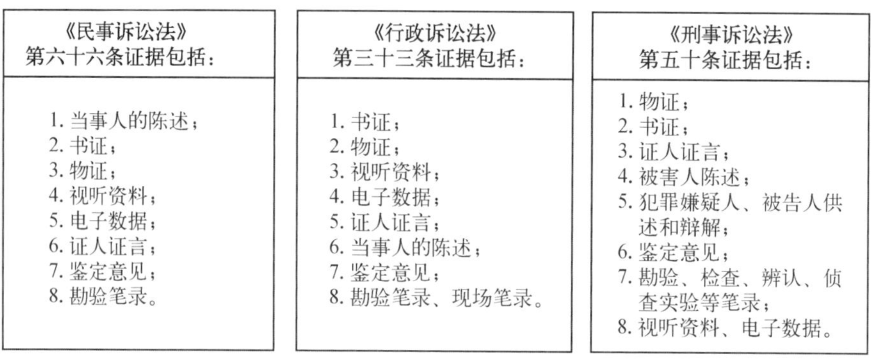

图 6－2　三大诉讼法的证据内容

6.1.1　证据能力

证据能力是指某一具体的证据材料能够成为法律上“证据”的能力。司法鉴定意见的证据能力，即指司法鉴定意见能够在诉讼活动中进入证明过程，成为判定案件事实真相并作为定案依据的资格，其构成要件主要包括实体要件、程序要件和形式要件三个方面，如图 6－3 所示。当然，鉴定意见的证据能力并不是各基本要素合法性的简单加和，而是

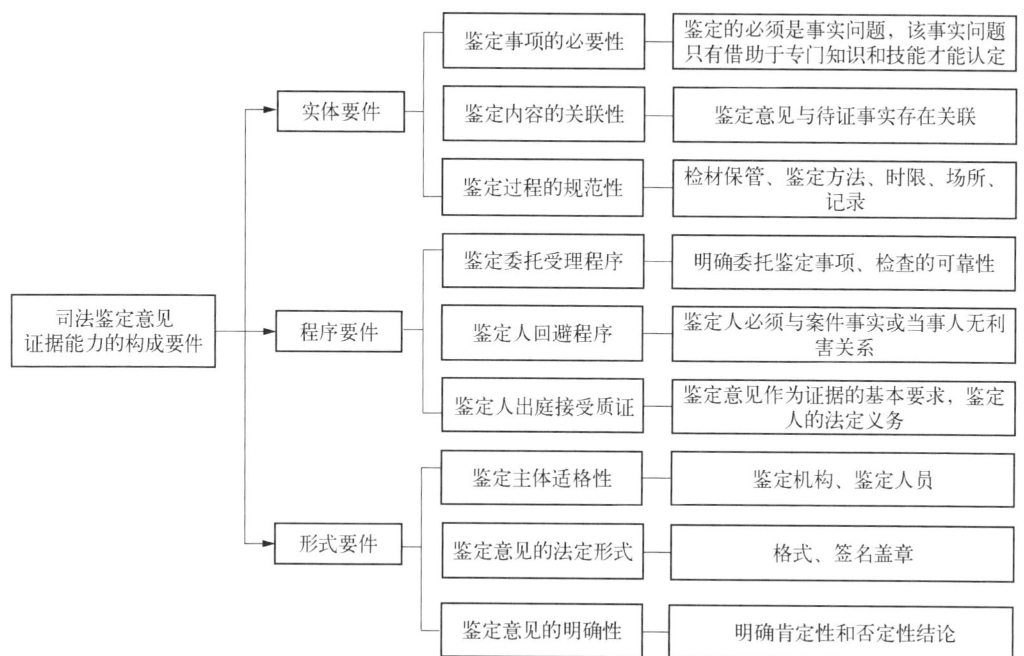

图 6－3　司法鉴定意见证据能力的构成要件

各个要素在鉴定活动中的有机结合,在合乎法律规定的范围内协调一致,保障鉴定意见的科学性、客观性、合法性。其中任何一个要素存在瑕疵,都可能影响到鉴定意见的证据能力,即鉴定意见作为证据进入法庭调查、作为证据证明案件事实的资格将会受到不同程度的限制。

环境司法鉴定意见具有证据能力,是环境侵权诉讼中裁判对其予以采信的基本前提。一般来说,环境司法鉴定意见证据能力的影响因素主要有下几点:鉴定事项的专门性、鉴定机构和鉴定人的资质和资格、鉴定意见书内容的完整性、鉴定意见是否经过开庭质证以及鉴定人出庭接受质询情况。

6.1.2　证明力

我国《民事证据规定》第六十四条规定了法官审核证据的内容和方式,要求法官应按照法定程序全面、客观地审核证据的证明力。然而,实践中一般做法是,法官对鉴定意见证明力不加审查就予以认定,其实质是认为鉴定意见的证明力一定大于其他证据形式,这导致了环境侵权诉讼中环境司法鉴定意见在维护被害人合法权益方面具有至关重要的作用。

证明效力即证明力,是指证据对案件待证事实的证明效果和作用,它是从实质内容上判断证据对待证事实有无证明作用以及证明作用的大小强弱程度,主要涉及证据的客观性与关联性,前者是指证据的载体和所表达的事实信息都是可信的和可靠的,后者则是指证据所证明的事实信息与案件事实之间具有逻辑上的联系。

鉴定意见的证明力,是指鉴定意见能够证明待证事实存在或不存在的力度。与其他任何证据一样,环境损害司法鉴定意见要成为法庭定案的根据,也必须同时具备证据能力和证明力。在一个案件中,当出现多份鉴定意见时,应当综合考虑鉴定人的中立性、特定鉴定事项的专业能力和水平、鉴定方法和依据等因素,分析鉴定意见的科学性、可靠性和有效性,并结合全案其他证据进行比较分析确定证明力大小。应当明确的是,现行法律确立的补充鉴定和重新鉴定制度,并不是对原有鉴定意见的彻底排除,而是对存在瑕疵的鉴定意见进行程序补正。其中,补充鉴定的作用主要在于补救原有鉴定意见的证明力,而重新鉴定的作用则是对那些证明力存在缺陷的鉴定意见,委派新的鉴定机构和鉴定人提供一份更具有证明力的鉴定意见①。

6.2　证 明 标 准

证明标准作为一项诉讼法制度,在法官判断案件事实过程中起到重要作用。当负举

① 陈瑞华. 鉴定意见的审查判断问题[J]. 中国司法鉴定,2011(5):1－6.

证责任之当事人的证明使法官的心证程度达到法律规定的证明标准时，法官认定待证事实存在[①]。因此，证明标准为法官自由心证设立了标尺，在事实确认判决和证明责任判决之间划定了边界[②]。我国三大诉讼法领域对证明标准的规定差异较大，而且每一类诉讼制度体系内部也已发展出各自的多元化、多层次的证明标准[③④]。

6.2.1 民事诉讼证明标准

《民事诉讼法》并未明确规定证明标准，但第六十四条第三款要求人民法院全面客观地审查证据，以实现事实清楚的证明目标。第一百五十三条则允许法院在部分事实清楚的情况下先行判决。因此，在民事诉讼程序中，法官要依法全面客观地审查证据，以达到“事实清楚”的证明标准。为此，2001 年颁布的《最高人民法院关于民事诉讼证据的若干规定》（简称《民事证据规定》）第七十三条规定，“双方当事人对同一事实分别举出相反的证据，但都没有足够的依据否定对方证据的，人民法院应当结合案件情况，判断一方提供证据的证明力是否明显大于另一方提供证据的证明力，并对证明力较大的证据予以确认。”然而，这一规定因可能导致真伪不明时的裁判困难而受到批评。该条意味着双方证据的证明力相当，在诉讼证明手段穷尽情况下，通常属于待证事实真伪不明的情形，人民法院应当根据举证责任分配规则作出证据裁判，而并非进行证明力衡量。

2015 年《最高人民法院关于适用〈中华人民共和国民事诉讼法〉的解释》（简称《民诉法解释》）提出了“高度盖然性”证明标准，其第一百零八条明确规定：“对负有举证证明责任的当事人提供的证据，人民法院经审查并结合相关事实，确信待证事实的存在具有高度可能性的，应当认定该事实存在。对一方当事人为反驳负有举证证明责任的当事人所主张事实而提供的证据，人民法院经审查并结合相关事实，认为待证事实真伪不明的，应当认定该事实不存在。”这一规定区分了负有举证责任的当事人和反驳方的不同举证标准：对于负有举证证明责任的当事人，其所举的证据须达到高度可能性标准，而对于反驳方，其所举证据只要达到使待证事实真伪不明的状态[⑤]。

2019 年 12 月新修订的《民事证据规定》不再保留原第七十三条的内容，也没有重复《民诉法解释》关于“高度盖然性”的规定，而是强调法官通过综合审查证据以认清案件事实的自由心证原则。新规定第八十五条保留了旧规定第六十五条的精神，要求法官全面、客观地审核证据，独立判断证据的证明力，并公开判断理由和结果。这与《民诉法解释》第一百零五条的原则性规定相一致，共同构成了自由心证原则的基础。自由心证原则要

---

① 徐庭祥. 论建构我国行政诉讼的一般证明标准[J]. 政治与法律，2019(12)：124－139.

② 吴泽勇. 中国法上的民事诉讼证明标准[J]. 清华法学，2013，7(1)：73－88.

③ 霍海红. 提高民事诉讼证明标准的理论反思[J]. 中国法学，2016(2)：258－279.

④ 邓楚开. 行政诉讼证明标准再思考[J]. 法治论丛，2010，25(3)：90－96.

⑤ 参见谢琪武建设工程分包合同纠纷再审审查与审判监督民事裁定书.(2017)最高法民申 4769 号.

求法官根据案件所有证据和事实，形成对待证事实的内心确信，并以此作为事实认定的终极依据。这一原则的实施，既体现了法官对案件证据的直接了解，也考虑到了法定证据规则无法涵盖所有案件情形的局限性。通过自由心证，法官能够更全面、深入地分析证据，确保司法裁判的准确性和公正性。

6.2.2　行政诉讼证明标准

行政行为对事实的认定，要达到证据确凿的程度，才能被法院认为真实。《行政诉讼法》第六十九条明确指出，只有当行政行为的证据确凿、适用法律正确且符合法定程序时，人民法院才会驳回原告的诉讼请求。学界进一步阐释了"证据确凿"的概念，将其与法官内心确信为真的原则相联系，强调法官应通过客观化工具形成确信，并使该确信能够公开审查，避免主观恣意。

行政诉讼中的一般证明标准在行政程序法中也多有体现，如《行政处罚法》第三十条规定，"公民、法人或者其他组织违反行政管理秩序的行为，依法应当给予行政处罚的，行政机关必须查明事实；违法事实不清的，不得给予行政处罚。"此条确定了行政处罚程序中的"事实清楚"标准，该标准与行政诉讼法中"证据确凿"一般标准的共性在于，皆要求执法者和司法者通过客观化的工具来描述和表达对真实的内心确信状态。

《最高人民法院关于行政诉讼证据若干问题的规定》第五十五条和第五十六条进一步规定了法官对行政行为合法性、真实性的客观审查要求。此外，该规定第六十八条第一款第五项引入了表见证明规则，允许法庭根据日常生活经验法则直接认定某些事实，以减轻当事人的举证负担，并通过典型事实经过在自由心证范围内形成确信。第五十四条则要求法庭对所有证据进行全面、客观和公正的分析判断，确定证据与案件事实之间的关联性，排除无关证据，准确认定案件事实。行政诉讼的自由心证原则虽比民事诉讼更为严格，但两者均依赖法官的自由心证来综合审查证据，寻求事实真相。总体而言，民事诉讼和行政诉讼的证明标准均低于刑事诉讼中的排除合理怀疑标准，体现了不同诉讼领域对证据确凿性的不同要求。

6.2.3　刑事诉讼证明标准

我国刑事诉讼对于定罪的证明标准根据《刑事诉讼法》第五十五条规定，采用"案件事实清楚、证据确实充分、排除合理怀疑"说。排除合理怀疑是指证据必须将事实证明到理性的和盖然性的确定性程度①，它既针对证据的确实性，也针对充分性，它既可以应用于证据的综合判断，也可以在个别证据判断中使用，注重强化疑点审查的"消极思维"，以加强防错机制，它兼具证明标准与证明方法为一身，在运用中应和"疑点排除"的中国经

① 肖沛权. 排除合理怀疑及其中国适用[J]. 政法论坛，2015，33(6)：51－64.

验结合[①]。证据确实充分与排除合理怀疑往往是一物之两面[②③]：前者旨在积极建构，后者旨在消极解构，前者力求维护主观心证，后者力图客观印证，另外，证据确实充分是排除合理怀疑的充分条件，排除合理怀疑是证据确实充分的必要条件[④]。

6.3 鉴定意见的审查规则

根据司法部发布的《司法鉴定程序通则》《司法鉴定人登记管理办法》《司法鉴定机构登记管理办法》等规定，鉴定意见必须是由在司法鉴定行政主管部门审核登记的鉴定人按照法律规定的程序，根据相应的科学技术，对案件的专业问题经过检验、鉴别以后作出的符合法律规定形式的判定。鉴定意见可帮助法官识别和判断诉讼中的专门性问题，对于确定法律责任，甚至对于定罪量刑起着决定性作用[⑤]。2002 年最高人民法院颁布了《关于民事诉讼证据的若干问题规定》和《关于行政诉讼证据若干问题的规定》，为司法实践中法官对鉴定意见的审查提供了一定范围内的证据规则。针对环境损害鉴定意见这一新型鉴定意见的审查规则，司法行政部门和生态环境部门陆续通过一系列规范性文件，就鉴定主体、鉴定程序和鉴定责任予以规定；国家环境、海洋、农村农业等部门也出台了一系列科学技术指导标准，用以指导环境损害司法鉴定活动的开展；各诉讼程序法律与相关司法解释为环境损害司法鉴定之证据审查规则提供了一定的制度基础。

然而，在特定情形下，环境损害司法鉴定意见虽然为法庭提供了案件的全案科学事实，成为环境司法中的重要证据类型，但也存在一些问题，如"多头鉴定、重复鉴定、鉴定周期长、费用高、司法机关过度依赖司法鉴定"等。鉴定意见的采信和审查一直是法官所面临的重大难题。因为从认识论分析，诉讼中事实认定者遇有自己不能认知或解决的专门问题时才需要聘请具有专门知识的人提供鉴定意见，然后再由不能认知或解决专门问题的事实认定者依据一定的程序和方法判断鉴定意见是否正确，并作出是否采信与审查的选择，这样一种由无知者请有知者解决问题，再由无知者判断有知者解决问题的结论是否正确，显然存在认识逻辑的悖论[⑥]。因此，在环境案件司法审判中常会出现法庭过于依赖鉴定意见的现象，而对环境损害鉴定意见本身审查却关注极少，同时立法领域也一直缺乏专门针对环境损害司法鉴定意见的审查规则。

将事实认定者从制度的和认识的困境中解救出来的方法就是法庭对鉴定意见的证据

---

① 龙宗智. 中国法语境中的"排除合理怀疑"[J]. 中外法学，2012，24(6)：1124－1144.

② 张婧，杨春洪. 新刑事诉讼法排除合理怀疑规定评述[J]. 宜宾学院学报，2014，14(3)：64－70.

③ 易延友. 证据法学：原则　规则　案例[M]. 北京：法律出版社，2017：602－623.

④ 龙宗智. 中国法语境中的"排除合理怀疑"[J]. 中外法学，2012，24(6)：1124－1144.

⑤ 朱晋峰. 以审判为中心诉讼制度改革背景下科学证据审查的困境及出路[J]. 法律适用，2018(13)：113－123.

⑥ 贾治辉. 鉴定结论的认证[J]. 国家检察官学院学报，2009，17(5)：126－133.

审查规则。现有的法律、司法解释与部门联合出台的一些规范性文件显示，法庭对于鉴定意见的证据审查一般分为两步：第一步程序审查，以明确鉴定意见合法性问题，如果鉴定程序存在违法性，则应以此作为不采信或重新鉴定的理由，如果鉴定程序不存在违法性，则进入第二步，对鉴定意见的科学性进行审查。作为鉴定机构或鉴定人，应充分认识鉴定程序对鉴定意见合法性的价值，否则，不但会损害诉讼效率，而且还要承担因自身过错导致的经济处罚，甚至影响执业前景。下文将对三大诉讼法对环境损害鉴定意见的证据审查规则展开讨论。

6.3.1　民事诉讼中有关环境损害鉴定意见的证据审查规则

在当前我国《民事诉讼法》中，鉴定意见的质证和认证程序尚不完善，审查工作主要集中于合法性层面，这导致环境侵权诉讼中鉴定意见的证明力存在不稳定性。诉讼当事人常对法官采信鉴定意见的合理性表示质疑，并对如何准备具有说服力的鉴定意见感到困惑。在环境民事诉讼实践中，不同当事人可能基于自身利益选择不同的鉴定机构或鉴定人，而鉴定机构为提高自己的业务与收入来源也愿意为委托人做出有利鉴定。而法院正因为这种原因只信赖由自己委托的鉴定机构所做出的鉴定意见，这种审查通过率极高。因此，对于环境损害鉴定意见，应立足于对合法性、关联性、科学可靠性的审查①。为此，提高法官对鉴定意见的主导权并保障当事人质证权十分必要②。

在民事诉讼中，鉴定意见的证明力并不当然高于其他形式的证据，也非必须采信的证据。证据审查的主要依据是最高人民法院 2002 年施行的《关于民事诉讼证据的若干问题规定》。2019 年 12 月，最高人民法院对旧版规定进行了全面修订，颁布了新版《民事证据规定》③，这一新规定体现了扩大法官职权和加强自由心证的民事证据理念。

新版《民事证据规定》对鉴定意见的相关制度进行了全面重整，使之更加综合和全面。具体规定涵盖了鉴定申请、鉴定人选任、鉴定材料质证、鉴定意见提交以及重新鉴定等各个环节。这些规定确保了鉴定程序从开始到结束，包括鉴定的撤销和重新鉴定，都在法官的掌控之中。通过加强审判人员对鉴定程序的参与和管理，新规定旨在解决审判实践中的诸多问题，如法院对鉴定申请的审查不严、委托鉴定事项不明确、缺乏对鉴定过程的监督等，这些问题曾导致鉴定程序冗长和鉴定意见缺乏针对性。

在鉴定人的选任方面，法官扮演着关键角色。鉴定人的确定通常有两种方式：当事人申请鉴定时，由法院组织双方协商确定具备资格的鉴定人；协商不成时，由法院指定。在法院依职权委托鉴定的情形下，法官在征询当事人意见后指定鉴定人。无论哪种情形，

---

① 田亦尧，张迪，张北．论环境损害鉴定意见的审查规则［J］．中国矿业大学学报（社会科学版），2020，22（3）：69－82.

② 刘梦天．论环境侵权诉讼中鉴定意见的采信［J］．贵州警官职业学院学报，2019，31（3）：66－71.

③ 法释［2019］19 号。

法院都会出具委托书，明确鉴定事项、范围、目的和期限[①]。鉴定人有义务如期提交鉴定书，逾期未提交且无正当理由的，当事人可以申请重新鉴定，原鉴定人收取的费用应退还[②]。《民事证据规定》还对鉴定人实行承诺制，并对故意作虚假鉴定者规定了严厉的处罚措施，包括退还鉴定费用和承担妨碍民事诉讼的责任。对于鉴定人在法院采信其意见后擅自撤销的行为，也规定了相应的处罚措施，以确保鉴定意见的客观性和公正性。

对于鉴定资格问题，《最高人民法院关于审理环境侵权责任纠纷案件适用法律若干问题的解释》第八条明确规定，“对查明环境污染案件事实的专门性问题，可以委托具备相关资格的司法鉴定机构出具鉴定意见或者由国务院环境保护主管部门推荐的机构出具检验报告、检测报告、评估报告或者监测数据”。实践中，司法部认定的司法鉴定机构和生态环境部推荐的三批鉴定机构都有为诉讼提供鉴定意见的资格。

在委托鉴定完成后，双方当事人在法院组织下对于鉴定材料进行质证。未经质证的材料，不得作为鉴定的根据[③]。《民事证据规定》第六十条规定，“当事人在审理前的准备阶段发表过质证意见的证据，视为质证过的证据。”因此，对于鉴定材料的真实性、完整性、充分性、获取过程的合法性有疑虑的，当事人都可能提出质证意见，一旦提出意见，就是完成质证程序。

在鉴定书制作完毕之后，首先由法院审查鉴定书是否具备以下内容：（一）委托法院的名称；（二）委托鉴定的内容、要求；（三）鉴定材料；（四）鉴定所依据的原理、方法；（五）对鉴定过程的说明；（六）鉴定意见；（七）承诺书。鉴定书中是否有鉴定人的签名或者盖章，是否附鉴定人的相应资格证明。委托机构鉴定的，鉴定书应当由机构盖章，并由从事鉴定的人员签名[④]。此后，人民法院应将鉴定书副本送交当事人，当事人在法庭指定期间内对鉴定书的内容提出书面形式的异议。对于当事人的异议，鉴定人应作出解释、说明或者补充。对于当事人未提出异议的内容，法院认为有必要的，可以要求鉴定人也予以解释、说明或者补充[⑤]。如果当事人收到答复后还有异议，法院应当通知有异议的当事人预交鉴定人出庭费用，并通知鉴定人出庭。有异议的当事人不预交鉴定人出庭费用的，视为放弃异议。双方当事人对鉴定意见均有异议的，分摊预交鉴定人出庭费用[⑥]。当然，鉴定人出庭费用最终是由败诉方负担的[⑦]。此项规定也体现了与鉴定相关的诉讼费用预交纳制度与当事人的举证和质证权利的紧密关联性。

在质证环节中，第四十一条规定，“对于一方当事人就专门性问题自行委托有关机构或者人员出具的意见，另一方当事人有证据或者理由足以反驳并申请鉴定的，人民法院应

① 《民事证据规定》第三十二条。
② 《民事证据规定》第三十五条。
③ 《民事证据规定》第三十四条。
④ 《民事证据规定》第三十六条。
⑤ 《民事证据规定》第三十七条。
⑥ 《民事证据规定》第三十八条。
⑦ 《民事证据规定》第三十九条。

予准许。”此项规定保障了双方当事人的举证权和质证权的实现。由人民法院依职权调查收集的证据，由审判人员对调查收集证据的情况进行说明后，听取当事人的意见[①]。对于法院依职权委托鉴定的鉴定书，应当通知鉴定人出庭作证[②]。《民事诉讼法》第七十八条规定，“当事人对鉴定意见有异议或者人民法院认为鉴定人有必要出庭的，鉴定人应当出庭作证。经人民法院通知，鉴定人拒不出庭作证的，鉴定意见不得作为认定事实的根据；支付鉴定费用的当事人可以要求返还鉴定费用”。《民事证据规定》第七十九条为鉴定人出庭作证提供规范基础，即“人民法院应当在开庭审理三日前将出庭的时间、地点及要求通知鉴定人。委托机构鉴定的，应当由从事鉴定的人员代表机构出庭。”对于鉴定人不出庭作证的后果，《民事证据规定》第八十一条规定，“鉴定意见不得作为认定案件事实的根据。人民法院应当建议有关主管部门或者组织对拒不出庭作证的鉴定人予以处罚。当事人要求退还鉴定费用的，人民法院应当在三日内作出裁定，责令鉴定人退还；拒不退还的，由人民法院依法执行。当事人因鉴定人拒不出庭作证申请重新鉴定的，人民法院应当准许”。此项规定通过对鉴定人不出庭作证课以严格的负面评价和返还鉴定费，实为确保鉴定意见在庭审过程中被双方当事人充分理解，最终帮助法庭识别和认定案件事实。

对当事人申请重新鉴定的条件，除了鉴定人拒不出庭作证、鉴定人未按时提交鉴定书情形以外，尚有若干情形法院应当准许重新鉴定，并且原鉴定意见不得作为认定案件事实的根据：（一）鉴定人不具备相应资格的；（二）鉴定程序严重违法的；（三）鉴定意见明显依据不足的；（四）鉴定意见不能作为证据使用的其他情形。对鉴定意见的瑕疵，应以最小的成本补足或修正，如可以通过补正、补充鉴定或者补充质证、重新质证等方法解决[③]。

关于鉴定意见的法庭审核认定问题，《民事证据规定》的总体思路遵循了《民事诉讼法》第六十四条第三款的“人民法院应当按照法定程序，全面地、客观地审查核实证据。”这一要求。《民事证据规定》第八十五条规定，“人民法院应当以证据能够证明的案件事实为根据依法作出裁判。审判人员应当依照法定程序，全面、客观地审核证据，依据法律的规定，遵循法官职业道德，运用逻辑推理和日常生活经验，对证据有无证明力和证明力大小独立进行判断，并公开判断的理由和结果。”《民事证据规定》还为这项证据审查原则提供了若干客观依据。

对于单一证据的审查，法庭应对（一）证据是否为原件、原物，复制件、复制品与原件、原物是否相符；（二）证据与本案事实是否相关；（三）证据的形式、来源是否符合法律规定；（四）证据的内容是否真实；（五）证人或者提供证据的人与当事人有无利害关系进行

---

① 《民事证据规定》第六十二条。

② 《民事证据规定》第六十九条第三款。

③ 《民事证据规定》第四十条。

审查①。针对鉴定意见,根据此条规定,法庭可以审查鉴定意见的真实性、合法性、关联性,还可以审查鉴定人是否有应当回避的法定情形。对于全部证据的审查,法庭应从各证据与案件事实的关联程度、各证据之间的联系等方面进行综合审查判断②。对于出庭作证的鉴定人的证人证言,法庭可通过对证人的智力状况、品德、知识、经验、法律意识和专业技能等的综合分析作出判断③。另外,在环境民事公益诉讼中,对于环境损害鉴定意见的审查,法庭还会结合《环境民事公益诉讼司法解释》的第十三条、第十四条、第十五条、第十六条和第三十条规定,分别对不利于被告的推定、法院主动收集证据、专家意见经质证后可作为定案根据、原告对己不利的自认和环境民事公益诉讼案件已生效判决在后续诉讼中的使用等五个方面考虑证据适用问题④。

总而言之,鉴定是一种发现事实的证明方法,不仅涉及当事人的举证责任,也涉及法院在民事诉讼中的事实认定和收集证据的职权,因此,鉴定制度被嵌套在整个民事诉讼真相发现机制之中⑤。现阶段,我国诉讼制度愈加重视司法审判的中心位置,对于环境损害鉴定必要性的确认、鉴定委托、鉴定人选择、鉴定书质证、重新鉴定的申请等方面,法官都具有主导权,可以说,对鉴定意见审查规则的掌握,于鉴定机构顺利开展鉴定业务至关重要。

6.3.2 行政诉讼中有关环境损害鉴定意见的证据审查规则

《行政诉讼法》(2017 年修正)第三十三条规定,证据包括鉴定意见,证据经法庭审查属实,才能作为认定案件事实的根据。在行政诉讼中负举证责任的是被告行政机关,法院虽有调查取证权,但其不得为证明行政行为的合法性调取被告作出行政行为时未收集的证据⑥。在证据审查的标准上,《行政诉讼法》要求“证据应当在法庭上出示,并由当事人互相质证。法院应当按照法定程序,全面、客观地审查核实证据。对未采纳的证据应当在裁判文书中说明理由。以非法手段取得的证据,不得作为认定案件事实的根据”⑦。行政诉讼对于鉴定意见的审查标准要高于民事诉讼,从审查要求的规范性上可见一斑。

在行政诉讼中,有关鉴定意见的审查规则主要集中于最高人民法院于 2002 年 7 月发布的《最高人民法院关于行政诉讼证据若干问题的规定》(以下简称“《行政诉讼证据规

---

① 《民事证据规定》第八十七条。

② 《民事证据规定》第八十八条。

③ 《民事证据规定》第九十六条。

④ 杜鸣晓.《环境民事公益诉讼司法解释》的证据学分析[J].河北科技大学学报(社会科学版),2016,16(3):59-66.

⑤ 曹志勋.书证真伪鉴定的必要及费用分配——从新《证据规定》再出发[J].中国法律评论,2020(3):197-206.

⑥ 《行政诉讼法》第三十四条、第四十条。

⑦ 《行政诉讼法》第四十三条。

定》”）。鉴于我国 2014 年修订《行政诉讼法》时已将“鉴定结论”更改为“鉴定意见”，而《行政诉讼证据规定》是 2002 年最高人民法院颁布并实施的司法解释。因此，本书采用“鉴定意见”的目前通说，放弃“鉴定结论”的说法。

行政诉讼中，被告对行政行为合法性承担举证责任，法庭对于涉及社会公共利益的行政行为的合理性也会适当审查。在环境污染行政案件中，被告向人民法院提供的在行政程序中采用的鉴定意见，应当载明委托人和委托鉴定的事项、向鉴定部门提交的相关材料、鉴定的依据和使用的科学技术手段、鉴定部门和鉴定人鉴定资格的说明，并应有鉴定人的签名和鉴定部门的盖章。通过分析获得的鉴定结论，应当说明分析过程①。因此，如果鉴定机构接受的是行政机关的鉴定委托，应在鉴定书中载明上述事项。原告或者第三人如有证据或者有正当理由表明被告据以认定案件事实的鉴定结论可能有错误，在举证期限内书面申请重新鉴定的，人民法院应予准许②。

不同于民事诉讼中鉴定意见与其他证据材料具有同等证明效力的情况，行政诉讼中，如果证明同一事实有数个证据的，各种证据的证明效力依情形不同存在差异：鉴定结论的证明效力优于其他书证、视听资料和证人证言；法定鉴定部门的鉴定结论优于其他鉴定部门的鉴定结论；法庭主持勘验所制作的勘验笔录优于其他部门主持勘验所制作的勘验笔录；出庭作证的证人证言优于未出庭作证的证人证言③。因此，一份由法院委托的、经司法鉴定部门出具的、并经过鉴定人出庭作证和接受质证询问过的鉴定结论，可采信程度较高。

法庭对于自行委托或指定的鉴定部门出具的鉴定书审查核实的重点在于：（一）鉴定的内容；（二）鉴定时提交的相关材料；（三）鉴定的依据和使用的科学技术手段；（四）鉴定的过程；（五）明确的鉴定结论；（六）鉴定部门和鉴定人鉴定资格的说明；（七）鉴定人及鉴定部门签名盖章④。当事人如果对法院委托的鉴定部门作出的鉴定意见有异议申请重新鉴定的，法庭应当审查以下问题，属实的，则应允许启动重新鉴定：（一）鉴定部门或者鉴定人不具有相应的鉴定资格的；（二）鉴定程序严重违法的；（三）鉴定结论明显依据不足的；（四）经过质证不能作为证据使用的其他情形⑤。因此，行政诉讼中的鉴定意见的证据能力是围绕鉴定机构主体资质、程序合法性、鉴定依据充分程度、质证中发现的其他问题为要素进行判断的。在诉讼质证环节中，当事人应当围绕证据材料的关联性、合法性和真实性，针对证据材料有无证明效力以及证明效力大小，进行质证。经法庭准许，当事人可以交叉询问，澄清事实。向鉴定人发问时，问题应当与案件事实有关联，不得采用引

---

① 《行政诉讼证据规定》第十四条。

② 《行政诉讼证据规定》第二十九条。

③ 《行政诉讼证据规定》第六十三条。

④ 《行政诉讼证据规定》第三十二条第一款。

⑤ 《行政诉讼证据规定》第三十条。

诱、威胁、侮辱等语言或者方式①。

行政诉讼中,法院应当以证据证明的案件事实为依据,做出裁判②。行政诉讼同民事诉讼一样,也坚持对全案证据综合审查的原则。法庭应当对经过庭审质证的证据和无须质证的证据进行逐一审查和对全部证据综合审查,遵循法官职业道德,运用逻辑推理和生活经验,进行全面、客观和公正的分析判断,确定证据材料与案件事实之间的证明关系,排除不具有关联性的证据材料,准确认定案件事实③。但是不同于民事诉讼证据审查标准的地方在于,行政诉讼除了对证据的合法性、真实性设计了审查标准外,还蕴含着非法证据排除规则的内容。

法庭在审查证据合法性时,主要考察:(一)证据是否符合法定形式;(二)证据的取得是否符合法律、法规、司法解释和规章的要求;(三)是否有影响证据效力的其他违法情形④。对于证据真实性的审查,法庭将从(一)证据形成的原因;(二)发现证据时的客观环境;(三)证据是否为原件、原物,复制件、复制品与原件、原物是否相符;(四)提供证据的人或者证人与当事人是否具有利害关系等方面检视和认定⑤。在非法证据排除原则的适用中,《行政诉讼证据规定》第五十七条、第五十八条规定了若干种证据材料不能作为定案依据的情形,其中包括严重违反法定程序收集的证据材料,当事人无正当事由超出举证期限提供的证据材料,以及以违反法律禁止性规定或者侵犯他人合法权益的方法取得的证据,都不能作为定案依据。

6.3.3 刑事诉讼中有关环境损害鉴定意见的证据审查规则

《刑事诉讼法》第五十条规定,可以用于证明案件事实的材料,都是证据,证据包括鉴定意见,证据必须经过查证属实,才能作为定案的根据。在刑事诉讼程序中鉴定事项多、鉴定范围广。这是因为,刑事司法鉴定不仅仅要解决刑事案件中的专门性问题,同时还承担着证明相关证据真实性的任务。《刑事诉讼法》第一百四十六条规定,“为了查明案情,需要解决案件中某些专门性问题的时候,应当指派、聘请有专门知识的人进行鉴定。”这是刑事司法对鉴定必要性的法律规定。但是根据2017年2月最高人民法院《关于全面推进以审判为中心的刑事诉讼改革的实施意见》中第二十七条规定,“通过勘验、检查、搜查等方式收集的物证、书证等证据,未通过辨认、鉴定等方式确定其与案件事实的关联的,不得作为定案的根据。”因此,鉴定也成为物证、书证真实性的验证手段。

为防止司法鉴定难以满足法庭事实调查的实际需要,2012年发布的《最高院关于适用〈中华人民共和国刑事诉讼法〉的解释》(以下简称“《刑诉司法解释》”)第八十七条规

① 《行政诉讼证据规定》第三十九条。
② 《行政诉讼证据规定》第五十三条。
③ 《行政诉讼证据规定》第五十四条。
④ 《行政诉讼证据规定》第五十五条。
⑤ 《行政诉讼证据规定》第五十六条。

定,"对案件中的专门性问题需要鉴定,但没有法定司法鉴定机构,或者法律、司法解释规定可以进行检验的,可以指派、聘请有专门知识的人进行检验,检验报告可以作为定罪量刑的参考。"该规定以检验报告作为一种补充性鉴定,但是其证据效力仅是定罪量刑的参考。但是实际上,这与"定案根据"的区别有多大,法律无从解释。因此,检验报告也具有可采性。与此后,最高院在 2015 年发布的《关于审理环境侵权责任纠纷案件适用法律若干问题的解释》中第八条规定,"对查明环境污染案件事实的专门性问题,可以委托具备相关资格的司法鉴定机构出具鉴定意见或者由国务院环境保护主管部门推荐的机构出具检验报告、检测报告、评估报告或者监测数据。"2016 年,"两高"发布的《关于办理环境污染刑事案件适用法律若干问题的解释》中第十四条规定,"对案件所涉的环境污染专门性问题难以确定的,依据司法鉴定机构出具的鉴定意见,或者国务院环境保护主管部门、公安部门指定的机构出具的报告,结合其他证据作出认定。"以上三个司法解释的规定旨在扩大环境污染案件中科学证据的范围,使得环境损害鉴定意见并非唯一证据材料,生态环境部、公安部等政府行政机关认可或其指定机构出具的检验报告、检测报告、评估报告或者监测数据,甚至具有专门知识的人的检验报告,都可作为替代的科学证据材料,以此解决审判中科学事实认定难问题。此外,行政机关在行政执法过程中收集的鉴定意见符合法定要求的,也可作为刑事诉讼程序中的证据使用,其具体规定体现于: 2018 年修正的《刑事诉讼法》第五十四条第二款规定,"行政机关在行政执法和查办案件过程中收集的物证、书证、视听资料、电子数据等证据材料,在刑事诉讼中可以作为证据使用。"2012 年《公安机关办理刑事案件程序规定》第六十条规定,"公安机关接受或者依法调取的行政机关在行政执法和查办案件过程中收集的物证、书证、视听资料、电子数据、检验报告、鉴定意见、勘验笔录、检查笔录等证据材料,可以作为证据使用。"2019 年 12 月最高检发布的《人民检察院刑事诉讼规则》第六十四条第二款规定,"行政机关在行政执法和查办案件过程中收集的鉴定意见、勘验、检查笔录,经人民检察院审查符合法定要求的,可以作为证据使用。"行政机关的鉴定意见虽然可以一定程度上减轻一方的举证负担,但是,鉴于行政执法证据与民事或者刑事诉讼证据存在证据效力的证明标准不同,行政调查收集的证据会因收集程序、检验标准不同等而影响其作为刑事诉讼证据的证明效力。尤其是在环境案件查处部门将案件移送公安机关后,其提供的能够证明构成环境犯罪的证据不充分、不规范和不可靠而导致大量涉嫌环境犯罪的案件无法得到公安机关的认定①。

因鉴定适用范围广,鉴定意见本身与其替代性证据材料形式种类多样,刑事诉讼中,法庭对鉴定意见的审查选择了广泛审查和严格排除的态度。《刑诉司法解释》第八十四条、第八十五条、第八十六条分别对鉴定审查的重点、证据排除规则做了具体规定。《刑诉法解释》第八十四条明确规定了对鉴定意见审查的内容,包括鉴定机构和鉴定人资质、是

① 汪劲. 论生态环境损害赔偿诉讼与关联诉讼衔接规则的建立——以德司达公司案和生态环境损害赔偿相关判例为鉴[J]. 环境保护,2018,46(5): 35-40.

否有应当回避情形、检材、鉴定意见的形式合法性、鉴定程序、鉴定过程、方法等;第八十五条则从消极方面明确规定鉴定意见不得作为证据的情形,如鉴定机构或鉴定人不具备相应资质、检材受污染、程序违反规定、鉴定意见与案件待证事实没有关联等。上述规定为法庭审查鉴定意见提供了依据并指明了方向,但是审查多是仅仅停留在对证据形式、证据形成过程、鉴定程序等形式审查层面①,这是法律专业人士因知识领域所限无法进行实质内容审查而退而求其次的权宜之计②。鉴定意见"不能作为定案的根据"的证据资格排除的消极条件与其他证据种类相比,条目最多,而且鉴定意见不可以通过补正、解释等弥补瑕疵后继续使用。

鉴定意见在刑事诉讼中除了要经历最为严格的审查之外,还要经历多方质证,为了帮助非专业人士理解鉴定意见的科学专业内容,相关规定设置了专家辅助人制度。《刑事诉讼法》第一百九十七条第二款规定,"公诉人、当事人和辩护人、诉讼代理人可以申请法庭通知有专门知识的人出庭,就鉴定人作出的鉴定意见提出意见。"2017 年最高法发布的《人民法院办理刑事案件第一审普通程序法庭调查规程(试行)》第十三条第二款明确规定,控辩双方对鉴定意见有异议,申请鉴定人或者有专门知识的人出庭,人民法院经审查认为有必要的,应当通知鉴定人或者有专门知识的人出庭。2019 年最高检发布的《人民检察院刑事诉讼规则》第三百三十四条规定,"人民检察院对鉴定意见有疑问的,可以询问鉴定人或者有专门知识的人并制作笔录附卷"。据此,具有专门知识的人可以辅助控辩双方理解和检验鉴定意见所涉及的专业问题或科学问题,也可以帮助其检验鉴定意见的真实性、合法性、关联性。专家辅助人制度的设立,让科技专家在诉讼中发挥了重要作用,他们不但提供技术支持,还会对科技问题予以解答。科技专家在诉讼中提供的意见对一些案件的定性起着关键性的作用③。

有关鉴定意见的证据审查标准,可以参考最高人民法院、最高人民检察院、公安部、国家安全部、司法部五部门于 2016 年发布的《关于推进以审判为中心的刑事诉讼制度改革的意见》中第二条的规定,公检法部门应当"严格按照法律规定的证据裁判要求,没有证据不得认定犯罪事实。侦查机关侦查终结,人民检察院提起公诉,人民法院作出有罪判决,都应当做到犯罪事实清楚,证据确实、充分。侦查机关、人民检察院应当按照裁判的要求和标准收集、固定、审查、运用证据,人民法院应当按照法定程序认定证据,依法作出裁判。人民法院作出有罪判决,对于证明犯罪构成要件的事实,应当综合全案证据排除合理怀疑,对于量刑证据存疑的,应当作出有利于被告人的认定。"这是刑事诉讼中排除合理怀疑证据审查标准在我国司法制度中的重申和强调。随后,最高法于 2017 年发布《人民法院办理刑事案件第一审普通程序法庭调查规程(试行)》,其中第三十条规定,"法庭应当

---

① 朱晋峰. 以审判为中心诉讼制度改革背景下科学证据审查的困境及出路[J]. 法律适用,2018(13):113-123.

② 刘铭. 刑事诉讼证据新规则对鉴定意见的影响[J]. 中国司法鉴定,2015(2):86-91.

③ 张大维. 司法鉴定人与科技专家的衔接[J]. 中国律师,2011(10):65-67.

重视对证据收集合法性的审查，对证据收集的合法性有疑问的，应当调查核实证明取证合法性的证据材料。对于被告人及其辩护人申请排除非法证据，依法提供相关线索或者材料，法庭对证据收集的合法性有疑问，决定进行调查的，一般应当先行当庭调查。”

6.3.4 小结

鉴定意见的证据审查规则，法庭当以合法性审查为要务，兼顾科学性审查。这是因为鉴定意见是跨学科的证据种类，既有科学内涵又有法律价值。为满足法庭审查的要求，一份鉴定意见就应在法学和科学各自学科体系下，形成一个彼此嵌入的证据形态。鉴定意见的本质属性在于其科学性，而科学性包含了证据的“客观性”和“关联性”，因而其科学性是其成为证据的基础①。虽然我国司法鉴定领域并不存在“科学可靠性标准”概念，但是根据《刑诉法司法解释》第八十五条“鉴定过程和方法不符合相关专业的规范要求的，不得作为定案的根据”，法庭应当注重审查鉴定意见所依据的学科原理、检验方法、标准、程序、检材及样本的数量和质量等是否到达相应的国家标准、地方标准、行业标准，或至少在相关专业领域达到普遍接受的程度②，这也是鉴定意见法庭质证的重点③。在环境污染案件中，鉴定意见客观上往往不可能是案件的单一证据，而且鉴定意见本身也具有不同程度的主观性，或基于鉴定技术和设备所限、环境污染后果呈现的延迟性等原因而产生的一定程度的事实偏差，因此，法庭应对全案证据进行综合审查，将鉴定意见置于与其他证据互相印证的地位当中，每个或每类证据所传达的案件事实信息如果存在矛盾，则必然存在证据有误或证据不充分的事实④，借此可实现排除合理怀疑，证据综合印证对于鉴定意见的科学性审查十分必要⑤。

---

① 贾治辉. 鉴定结论的认证[J]. 国家检察官学院学报，2009，17(5)：126－133.

② 易延友. 证据法学：原则　规则　案例[M]. 北京：法律出版社，2017：268－270.

③ 刘道前. 基于学科维度的鉴定意见采信问题研究[J]. 中国司法鉴定，2020(2)：74－84.

④ 同①。

⑤ 《刑事诉讼法》第五十五条第二款规定：“证据确实、充分，应当符合以下条件：（一）定罪量刑的事实都有证据证明；（二）据以定案的证据均经法定程序查证属实；（三）综合全案证据，对所认定事实已排除合理怀疑。”

技　术　篇

第 7 章　污染物性质鉴定

本章内容主要以环境刑事诉讼要求为基础，介绍《刑法》第三百三十八条、第三百三十九条涉及的污染物性质鉴定的具体要求和实务技术方法，为污染环境罪的认定提供证据。

7.1　污染物性质鉴定的范围

我国目前对于有毒有害物质的管理散见于各类法规中，例如早在 1979 年制定的《环境保护法》第十六条就有提到，"积极防治工矿企业的和城市生活的废气、废水、废渣、粉尘、垃圾、放射性物质等有害物质和噪声、震动、恶臭等对环境的污染和危害"；1983 年国务院发布《防止船舶污染海域管理条例》，对船舶排放油类、油性混合物、废弃物和其他有毒物质作出规定；1984 年《水污染防治法》第六十条对"水污染""污染物""有毒污染物"进行定义；1987 年《大气污染防治法》第十六条提及"有毒有害气体"和"放射性物质"……随后颁布的《农药管理条例》《危险化学品安全管理条例》《防治海洋工程建设项目污染损害海洋环境管理条例》等一系列文件也逐步对农药、化学品、海域等有毒物质管理和风险防范作出具体规定。这些文件虽然在具体环节对预防污染提出了原则性要求，但从物质的生命周期管理来看，缺乏整体性统筹考虑，导致各管理环节之间的衔接不够①。

在环境污染案的办理中，《环境污染犯罪解释》对刑法三百三十八条规定的"有毒物质"进行了列举式规定，所涉物质属性既有"废物"状态，又有"污染物"和"物质"等多种状态描述，但这些规定并未与我国环保基本法中相关定义进行一一对应，同时我国当前对于环境污染涉案物质性质的认定暂时缺少相关的标准及技术规范，这使得环境污染审判中对污染物属性的认定存在较大争议。

在此，我们结合当前法律法规体系下的相关规定对易混淆概念进行说明，对其进行梳理整合，以期为未来出台系统性的有毒有害物质控制法或相关鉴定技术标准的制定提供参考。

---

① 刘纯新，聂晶磊，杨力，等. 我国化学品环境管理的历史沿革和现状[J]. 现代化工，2010，30(5)：7 - 10，12.

7.1.1 概述

在环境损害司法鉴定实践中,《刑法》第三百三十八条涉及的污染物性质鉴定主要有以下四个方面(如表7-1所示):判定待鉴定对象是否为① 放射性的废物;② 含传染病病原体的废物;③ 有毒物质;④ 有害物质,主要涉及“废物”“物质”“污染物”等多种物质状态属性,在这种列举模式下,这几个对象在概念上并没有完全的从属关系,也并未或无法形成严密的逻辑关系。

表7-1 污染物性质鉴定相关文件依据

一级分类	二级分类	三级分类	依据
物品、物质	需要认定为“废物”	放射性的废物	《刑法》第三百三十八条,《放射性污染防治法》
		含传染病病原体的废物	《刑法》第三百三十八条,《传染病防治法》
		固体废物	《刑法》第一百五十二条、第三百三十九条,《固体废物污染防治法》;《环境污染犯罪司法解释》;《走私犯罪解释》;是危险废物认定的前提
		危险废物	《刑法》第三百三十八条,《固体废物污染防治法》;《环境污染犯罪司法解释》第十七条
	不需要认定为“废物”	《关于持久性有机污染物的斯德哥尔摩公约》附件所列物质	《刑法》第三百三十八条,《环境污染犯罪司法解释》第十七条
		含重金属的污染物	《刑法》第三百三十八条,《环境污染犯罪司法解释》第十七条
		其他具有毒性,可能污染环境的物质	《刑法》第三百三十八条,《环境污染犯罪司法解释》第十七条
	其他有害物质	工业危险废物以外的其他工业固体废物	《刑法》第三百三十八条;最高人民法院、最高人民检察院、公安部、司法部、生态环境部《关于办理环境污染刑事案件有关问题座谈会纪要》
		未经处理的生活垃圾	
		有害大气污染物、受控消耗臭氧层物质和有害水污染物	
		在利用和处置过程中必然产生有毒有害物质的其他物质	
		国务院生态环境保护主管部门会同国务院卫生主管部门公布的有毒有害污染物名录中的有关物质等	

根据某一物质所处产生环节不同、利用方式不同,某一物质既可以被认定为废物也可以被认定为产品,如果该物质进入本不该进入的环境后,该物质也有可能被认定为污染物;当然,还有通过长时间大量科学研究证明的具有环境健康风险较高的物质,它们本身

可能暂不具有废物属性或污染物属性,但出于风险防控角度考虑,仍需进行严格管理(图 3-4)。正如有论者所指出的"有毒物质并非都是废物,对环境造成严重污染的也不光是废物和有毒物质,还有其他有害物质"①。

因此,鉴定实务工作中,要密切关注鉴定的委托事项,明确鉴定对象是什么,进行相关信息搜集,并进行合理性甄别,对可鉴定、在鉴定能力范围内的对象才可以接受委托从而开展鉴定,而不能一味地将所有涉事鉴定对象都纳入鉴定范围内。

7.1.2 放射性的废物

放射性一般指不稳定同位素的原子核自发地放射出 α 射线、β 射线、β^+射线或 γ 射线的性质,这些射线往往具有使气体电离、使物质发出荧光、使照相底片感光、贯穿物质、使吸收射线的物质发热、杀死细胞和微生物、对人体造成伤害的特性②。放射性污染的来源主要有天然来源和人为来源,其中可能对环境安全和人体健康造成危害的主要是人工放射性污染③。

2003 年 6 月 28 日第十届全国人民代表大会常务委员会第三次会议通过《中华人民共和国放射性污染防治法》④,并于 2003 年 10 月 1 日起施行。其中第六十二条明确了"放射性污染"及"放射性废物"的相关概念及定义,即放射性污染是指"由于人类活动造成物料、人体、场所、环境介质表面或者内部出现超过国家标准的放射性物质或者射线",放射性废物是指"含有放射性核素或者被放射性核素污染,其浓度或者比活度大于国家确定的清洁解控水平,预期不再使用的废弃物"。第四十条也规定"向环境排放放射性废气、废液,必须符合国家放射性污染防治标准"。可见,刑法第三百三十八条规制的"放射性的废物"主要是《中华人民共和国放射性污染防治法》规定的核能、核技术相关活动产生的废物。这些相关活动不仅涉及核动力厂和其他反应堆等核设施反应产生的含有天然放射性同位素的废物、辐照裂变产物废物、辐照后产生的活化产物废物,还涉及开矿、矿石加工、医疗、科学研究和教学等领域制造和使用放射性产品后产生的废物⑤。放射性废物的安全管理除遵循一般有毒、有害废物的管理要求外,还必须遵守针对电离辐射的各项特殊要求⑥。

2012 年 3 月 1 日起实施的《放射性废物安全管理条例》对放射性废物的处理、贮存和处置及其监督管理等活动进行了相关规定,并明确我国对放射性废物实行分类管理,根据

---

① 喻海松. 环境资源犯罪实务精释[M]. 北京: 法律出版社,2017: 43.

② 杨新兴,李世莲,尉鹏,等. 环境中的放射性污染及其危害[J]. 前沿科学,2015,9(1): 4-15.

③ 李锦,张艳霞,韩福春,等. 我国放射性污染处置工作现状及对策研究[J]. 中国辐射卫生,2013(6): 734-737.

④ 该法是为了防治放射性污染,保护环境,保障人体健康,促进核能、核技术的开发与和平利用而制定,适用于中华人民共和国领域和管辖的其他海域在核设施选址、建造、运行、退役和核技术、铀(钍)矿、伴生放射性矿开发利用过程中发生的放射性污染的防治活动。

⑤ C. H. 福克斯. 放射性废物[M]. 柯普译. 北京: 原子能出版社,1981: 4-10.

⑥ 赵亚民,吴浩,刘华,等. 放射性废物管理中值得关注的一些新概念[J]. 辐射防护,2002(1): 26-30.

放射性废物的特性及其对人体健康和环境的潜在危害程度,现行的《放射性废物分类》(2018 年 1 月 1 日起施行)将放射性废物分为极短寿命放射性废物、极低水平放射性废物、低水平放射性废物、中水平放射性废物和高水平放射性废物等五类,根据其放射性废物活度浓度不同需要采取不同的管理方式和处置方式。

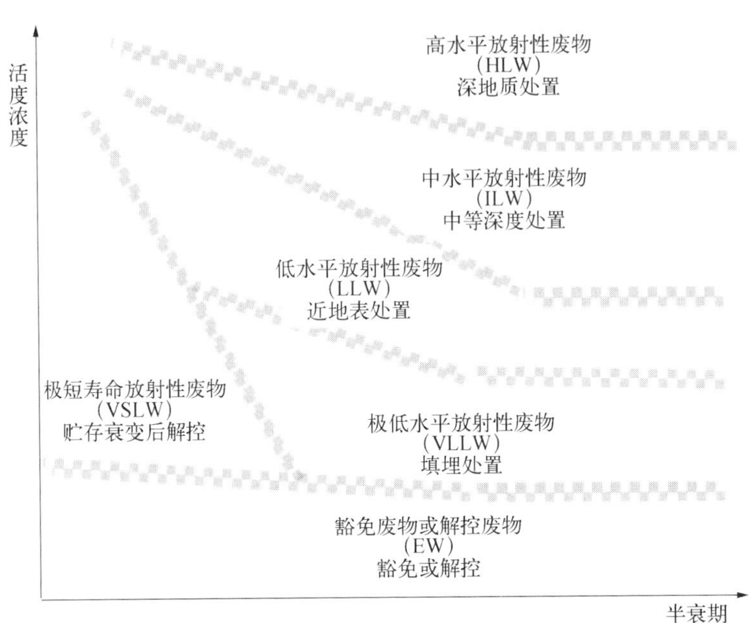

图 7-1 放射性废物分类体系概念示意图

根据"放射性废物"的法律定义,其属性鉴定应首先判定其"废物"属性,该类废物可能是固体、液体和气体废弃物。其次应判断该类废物的放射性核素含量是否超过国家放射性污染防治标准限值。这类物质的认定过程较为专业复杂,在司法鉴定实践中,虽然其专有的"放射性"特征在属性判断时一般争议不大,但其"放射性"却不容易发现,放射性看不见摸不着,大多固体废物鉴别经验丰富的专业人士也没有放射性鉴别经验,而且当前具备污染物性质鉴定资质的环境损害司法鉴定机构或司法鉴定人,大多并不具备放射性废物的鉴定能力。因此,在开展相关鉴定委托时,需要加以重视,应由专业的具有放射性从业经验的检测机构或鉴定机构进行分析判断①。根据《环境损害司法鉴定执业分类规定》,涉及放射性废物性质或损害鉴定的,在对司法鉴定机构和司法鉴定人进行登记准入时应细分到"污染性质鉴定"分类下的二级分类,或与声、光、热、辐射类物理性损害鉴定一起纳入环境损害司法鉴定其他环境损害鉴定范畴。

另外,《环境污染问题解释》2013 版、2016 版及 2023 版都未对"放射性的废物"的具

① 《中华人民共和国放射性污染防治法》第十四条:国家对从事放射性污染防治的专业人员实行资格管理制度;对从事放射性污染监测工作的机构实行资质管理制度。从事放射性污染监测的机构应执行《放射性监测机构资质管理办法》有关规定,相关人员分别执行监测上岗证、注册核安全工程师等注册管理办法。

体范围进行规定，也未对其做排除性规定。根据现有审判实例来看，法律适用存在争议的现象仍然会有，例如办案人员在不具备相关专业知识的情况下，容易将相关概念等同或混淆，而使得相关罪名构成的法律适用错误。

某稀土废渣倾倒案①中，被告人在2016年4月至7月期间，在一电厂储灰池内倾倒稀土废渣650吨左右，经对稀土废渣取样检测，确定被告人所倾倒的稀土废渣中含有放射性元素钍（^{232}Th），且超标13.9倍，后该报告经当地省级环保厅认定合法有效。公诉机关以《环境污染问题解释（法释〔2016〕29号）》第一条（五）项、第三条（二）项规定认定被告人构成犯罪，辩护人则认为公诉人适用法律错误，并且提到“环保局《涉嫌环境违法犯罪案件移送书》中适用的是旧司法解释第一条（二）项的规定”，新旧司法解释中以重量作为定罪标准的只有“倾倒”危险废物的行为，“在庭审中，公诉人认定的被告人倾倒的是放射性废物，而不是危险废物。亦没有认定构成犯罪的相关证据”。经法院查明事实后认为，该案的司法解释的适用仍然遵循的是刑法从旧兼从轻原则，应当适用法释〔2013〕15号司法解释，属于法释〔2013〕15号司法解释第一条第（四）项的情形。

7.1.3　含传染病病原体的废物

1989年2月21日第七届全国人民代表大会常务委员会第六次会议通过《中华人民共和国传染病防治法》，分别于2004年8月28日和2013年6月29日经过两次修订。2003年“非典”②防治期间，为依法惩治妨害预防、控制突发传染病疫情等灾害的犯罪活动，保障预防、控制突发传染病疫情等灾害工作的顺利进行，切实维护人民群众的身体健康和生命安全，最高人民法院和最高人民检察院于2003年5月14日联合发布了《关于办理妨害预防、控制突发传染病疫情等灾害的刑事案件具体应用法律若干问题的解释》，其中第十三条明确指出“违反传染病防治法等国家有关规定，向土地、水体、大气排放、倾倒或者处置含传染病病原体的废物、有毒物质或者其他危险废物，造成突发传染病传播等重大环境污染事故，致使公私财产遭受重大损失或者人身伤亡的严重后果的，依照刑法第三百三十八条的规定，以重大环境污染事故罪定罪处罚”。

含传染病病原体的废物具体是指带有病菌、病毒等病原体的废物。其中传染性是指由致病性的各种病原体引起的可在适宜传播途径下对人群有传播可能的感染，与《医疗废物分类目录》中所指“感染性废物”在本质上应指同一类废物。由于此类物质的认定有较强的专业性，一般应由传染病学、医学、生命科学等领域的专业人士加以认定，或送至具有

① （2017）内0207刑初49号。

② SARS事件是指严重急性呼吸综合征，惯称“非典型肺炎”，并简称作“非典”。于2002年在中国广东顺德首发，并扩散至东南亚乃至全球，直至2003年中期疫情才被逐渐消灭的一次全球性传染病疫潮。

检测能力或相应资质的医疗机构或鉴定机构进行认定。

考虑到这类废物具有感染性（传染性）的危险特性，为防范其环境风险，我国环境管理部门早在1998年就将医院临床废物、医药废物、废药物药品三大类医疗废物列入《国家危险废物名录》管理，并在《国家危险废物名录（2016）》第三条明确“医疗废物属于危险废物。医疗废物分类按照《医疗废物分类目录》执行”。2020年5月新修订的《固体废物污染环境防治法》新增医疗废物的相关管理规定，以法律形式再次明确“医疗废物按照国家危险废物名录管理”。从实践中来看，当发生这类含传染病病原体的废物引起的环境污染时，此类物质应当开展何种类别的鉴定，应由何种鉴定机构来开展，以及如何开展如何认定，在我国当前鉴定制度体系下并未具体明确。医疗废物虽然可以通过《国家危险废物名录》进行识别，但主要适用于前端（产生环节）相关主体的污染预防性活动。至于此类废物造成的环境污染问题，究竟是按照“含传染病病原体的废物”进行鉴定，还是按照“危险废物”进行鉴定，仍然缺乏相关规定。此外，对于无法直接通过名录识别的情形，由于现行相关法律法规和技术规范中均缺少相关鉴别程序及“感染性”检测鉴别标准，也极易形成鉴定“模糊地带”。无论最终是鉴定为“含传染病病原体的废物”还是“危险废物”，虽然二者都可作为刑事证据，但若鉴定程序不当很有可能使鉴定意见不被法官采纳并对定罪量刑造成较大影响。

在鉴定实务中，这类废物引起的环境问题，通常第一时间是由环境管理部门介入，所以常常“被要求”进行“危险废物鉴定”。但从鉴定机构能力来看，具备危险废物鉴定能力的机构不一定具有含传染病病原体的废物鉴定能力，当前环境下不一定能满足实际鉴定需求。这类废物兼具医疗卫生管理和环境管理双重属性，从事此类鉴定工作的鉴定机构不仅要有卫生毒理学分析的场所、设备和专业技术人员，还要具备环境管理及危险废物鉴定专业知识技术人员。从我国环境损害司法鉴定机构当前的发展情况来看，同时具备卫生毒理分析条件和环境相关专业能力的并不多见，但这类物质不可分割的卫生毒理与环境管理属性，必须引起相关部门重视。在今后的环境损害司法鉴定执业活动细分时，也应考虑严肃严格对待准入门槛，另外也可以加强多类别鉴定机构之间的合作，以更有效地解决此类综合性专业问题。

《传染病防治法》第三条规定传染病分为甲类、乙类和丙类。

甲类传染病是指：鼠疫、霍乱。

乙类传染病①是指：传染性非典型肺炎、艾滋病、病毒性肝炎、脊髓灰质炎、人感染高致病性禽流感、麻疹、流行性出血热、狂犬病、流行性乙型脑炎、登革热、炭疽、细菌性

① 2020年1月20日，经国务院批准，中华人民共和国国家卫生健康委员会将新型冠状病毒感染的肺炎纳入《中华人民共和国传染病防治法》规定的乙类传染病，并采取甲类传染病的预防、控制措施。将新型冠状病毒感染的肺炎纳入《中华人民共和国国境卫生检疫法》规定的检疫传染病管理。

和阿米巴性痢疾、肺结核、伤寒和副伤寒、流行性脑脊髓膜炎、百日咳、白喉、新生儿破伤风、猩红热、布鲁氏菌病、淋病、梅毒、钩端螺旋体病、血吸虫病、疟疾。

丙类传染病是指：流行性感冒、流行性腮腺炎、风疹、急性出血性结膜炎、麻风病、流行性和地方性斑疹伤寒、黑热病、包虫病、丝虫病，除霍乱、细菌性和阿米巴性痢疾、伤寒和副伤寒以外的感染性腹泻病。

随着我国相关法律、法规的陆续出台和实施，传染病病原体引起的各种犯罪活动也逐步得到有效遏制。但是随着我国环境管理及环境司法发展过程中表现出的新样态来看，长久以来由于我国相关法规政策的欠缺，以及监管不到位等问题，在医疗废物[①]的管理和收集处置方面还存在着很大的安全漏洞。医疗废物若处理不当，对环境造成严重污染，成为疫病流行的源头。近几年来，频发的医疗垃圾违规倾倒、处置案也加大了人们对此类物质环境污染问题的关注。

截至 2023 年 6 月，在中国裁判文书网中，以“医疗废物”和“污染环境罪”为关键词，案由选择“刑事”，共搜索到 2013 年以来的相关裁判文书 246 份。经逐一阅读后发现，对于医疗废物这类物质的入罪对象的属性判定，各不相同，从而使得相关罪名构成的法律适用及定罪标准也有出入。例如，对于输液瓶、输液袋、注射器等医疗废物违规回收加工的环境污染犯罪案例，关于最终“污染环境罪”的构成对象，有的以“非法处置含传染病病原体的医疗废物三吨以上，严重污染环境[②]”表述；有的以“违反国家规定，倾倒、处置含传染病病原体废物，严重污染环境[③]”表述；有的则以“违反国家规定，处置含传染病病原体的医疗废物，严重污染环境[④]”判断其行为构成污染环境罪，即前者是将医疗废物认定为“危险废物”，满足“危险废物三吨”的入罪标准，而后二者则是作为“含传染病病原体的废物”入罪。

从现有规定来看，具有感染性或毒性的医疗废物可以“危险废物”入罪，但只具有毒性的医疗废物不一定能以“含传染病病原体的废物”入罪。我国目前对于医疗废物的属性认定主要依据名录列举式的规定，实践中不免会出现各种物质混合犯罪的情形，相关鉴定则依据国家规定的危险废物鉴别标准和鉴别方法进行认定。

7.1.4　固体废物

1995 年 10 月 30 日第八届全国人民代表大会常务委员会第十六次会议通过《固体废

---

① 《医疗废物管理条例》第二条第一款规定，“本条例所称医疗废物，是指医疗卫生机构在医疗、预防、保健、以及其他相关活动中产生的具有直接或者间接感染性、毒性以及其他危害性的废物。”根据《医疗废物分类目录》的规定及《卫生部关于明确医疗废物分类有关问题的通知》的规定，使用后的一次性医疗器械属于医疗废物。

② (2018)湘 04 刑终 361 号。

③ (2016)皖 1324 刑初 405 号。

④ (2017)赣 0203 刑初 325 号。

物污染环境防治法》,后来于2004年经过一次修订,又分别于2013年、2015年、2016年经过三次修正。2019年6月25日,十三届全国人大常委会第十一次会议分组审议了固体废物污染环境防治法修订草案。人大常委会组成人员围绕生活垃圾分类制度、危险废物处置等问题提出意见建议,并于2020年4月29日由中华人民共和国第十三届全国人民代表大会常务委员会第十七次会议修订通过,自2020年9月1日起施行。

根据《固体废物污染防治法》第一百二十四条,固体废物是指“在生产、生活和其他活动中产生的丧失原有利用价值或者虽未丧失利用价值但被抛弃或者放弃的固态、半固态和置于容器中的气态的物品、物质以及法律、行政法规规定纳入固体废物管理的物品、物质。经无害化加工处理,并且符合强制性国家产品质量标准,不会危害公众健康和生态安全,或者根据固体废物鉴别标准和鉴别程序认定为不属于固体废物的除外”。这一定义从保障人体健康,维护生态安全,促进经济社会可持续发展等多角度体现了这类“废物”样态之丰富、覆盖领域之广,辐射范围之大,另一面也恰恰反映出要对这类物质进行准确、科学、合理的属性判定实属不易。

为防范境外进口固体废物带来的环境风险,我国从20世纪90年代起逐步建立了较为完善的固体废物进口管理制度体系。2006年原国家环境保护总局成立固体废物管理中心,同期颁布的《固体废物鉴别导则(试行)》便成为我国固体废物鉴别不可或缺的技术依据。随着相关规定的不断完善,现已初步形成了此类进口固体废物属性鉴别的工作依据:《中华人民共和国固体废物污染环境防治法》《中华人民共和国进出口商品检验法》《固体废物进口管理办法》《进口废物管理目录》《固体废物鉴别标准　通则》(GB 34330)、《中华人民共和国进出口税则》《国家危险废物名录》。2008年原环保部、海关总署、质检总局联合公布了三家固体废物属性鉴别的专门机构,2017年12月因实际情况需要又新增了18家单位①,在对百余例固体废物属性鉴别案例进行归纳总结后,结合我国当前形势,同年发布了《固体废物鉴别标准　通则》,随着2018年12月《进口货物的固体废物属性鉴别程序》的发布,至今已形成了较为完善的进口固体废物鉴别程序和主体要求。

近年来,各地区、各有关部门不仅在打击洋垃圾走私、加强进口固体废物监管方面做了大量工作,也在打击涉危险废物环境违法犯罪专项行动取得一定成效。根据《危险废物鉴别标准　通则》(GB 5085.7—2007)鉴别程序的要求,“4.1依据《中华人民共和国固体废物污染环境防治法》《固体废物鉴别导则》判断待鉴别的物品、物质是否属于固体废物,不属于固体废物的,则不属于危险废物”。可见,固体废物属性的鉴别是进行危险废物鉴别的基础判断依据。

随着《关于办理环境污染刑事案件适用法律若干问题的解释》(法释〔2013〕15号)的

① 环境保护部,海关总署,质检总局.关于推荐固体废物属性鉴别机构的通知[EB/OL].(2017-12-29). https://www.mee.gov.cn/gkml/hbb/bh/201801/t20180111_429497.htm.

修订,我国危险废物类环境污染案件不断增多,但我国当时尚未建立此类样品采集与制备的相关标准、技术规范和技术指南等,2007 年发布的《危险废物鉴别技术规范》和危险废物鉴别系列标准的相关要求也并不完全适用,导致环境污染案件危险废物鉴别的采样、检测等均缺乏明确要求,对案件办理时的证据能力和证明效力造成巨大影响。为适应我国危险废物环境管理和鉴别的新需求,《危险废物鉴别标准　通则》和《危险废物鉴别技术规范》于 2018 年进行了修订,并于 2019 年 11 月发布修订后的《危险废物鉴别标准　通则》(GB 5085.7—2019)和《危险废物鉴别技术规范》(HJ 298—2019),本次修订增加了环境事件涉及的固体废物危险特性鉴别程序和技术要求,提高了固体废物非法转移、倾倒、贮存、利用、处置等环境事件涉及的固体废物以及突发环境事件及其处理过程中产生的固体废物属性鉴别工作的合理性。

总之,在当前法律法规及技术文件规范的指导下,无论是对进口固体废物鉴别,还是对环境涉及的污染物进行固废鉴别,其工作目的主要就在于依据《固体废物鉴别标准　通则》判定鉴定对象是否属于固体废物。

7.1.5　有毒物质

1. *危险废物*

1995 年通过的《固体废物污染环境防治法》中最早明确了危险废物的概念,具体是指“列入国家危险废物名录或者根据国家规定的危险废物鉴别标准和鉴别方法认定的具有危险特性的固体废物”。为防止危险废物对环境的污染,加强对危险废物的管理,1996 年制定了部分危险废物鉴别标准,如腐蚀性、急性毒性初筛、浸出毒性鉴别标准;1998 年原国家环保局、国家经贸委、外经贸部、公安部颁布《国家危险废物名录》,至今仍在不定期修订。直到 2007 年,原国家环保局与国家质量监督检验检疫总局联合发布《危险废物鉴别标准　通则》等 7 项标准,我国危险废物鉴别领域才有了较为完整的技术依据。

我国现行的《国家危险废物名录》于 2020 年 11 月 5 日由生态环境部部务会议修订通过,包括 46 大类,467 种物质,基本涵盖了《巴赛尔公约》①所列物质。我国危险废物名录的动态修订重点关注的是固体废物的毒性危险特性评价,主要采用环境风险评价方法②,即根据风险评价的结果(风险值),确定该种废物是否因具有毒性而纳入名录。具体评价时,通过对固体废物产生工艺、有害物质分析,初步识别其腐蚀性、易燃性和反应性。如果具有这三种危害特性中的任何一种,需要根据相应的鉴别标准判定是否具有腐蚀性、易燃性和反应性。如果不具有这三种危害特性,则开展下一步毒性判别工作。如果具有这三

① 孙绍锋,郝永利,许涓,等. 解析《国家危险废物名录》[J]. 中国环境管理,2013(2): 49－51.

② 固体废物环境风险评价方法主要包括: 废物中特征污染物识别;暴露场景、途径分析与建立;暴露评价;风险表征(风险值计算)。

种危害特性，但不含有毒物质的，可直接纳入名录；如果具有这三种危害特性，又含有有毒物质的，则需要进一步开展环境风险评价工作。环境风险评价的最终结果是计算获得风险值，根据一个确定风险可接受度来判定该固体废物是否具有毒性。如果风险值大于确定的风险可接受度（如致癌风险值大于 10^{-6}、危害商大于 1 视为不可接受，说明它将对人类健康产生不利的影响，并且危害商的数值越大，对人类健康的危害就越大①），则该固体废物可判定为具有毒性，应纳入名录，反之则不纳入名录②。

需要说明的是，《国家危险废物名录》中明确了危险特性包括腐蚀性、毒性、易燃性、反应性和感染性。浸出毒性本身不是危险废物的危险特性，而是作为废物毒性危险特性的鉴别方法，因为大多危险废物最终通过填埋进行处置，故其鉴别以保护地下水为目标来间接保护人类健康和生态环境③，模拟不规范填埋并受酸雨影响条件下的有毒物质浸出情况，来确定该固体废物在填埋处置时浸出的毒性物质含量，从而确定其是否表现毒性特征（急性、慢性危害）。我国《危险废物鉴别标准　浸出毒性鉴别》（GB 5085.3—2007）中的浸出项目主要以《地下水质量标准》《地表水环境质量标准》《污水综合排放标准》为制定依据，涉及指标 50 类，其标准值则以"地下水质量标准、地表水环境质量标准、污水综合排放标准、WHO 推荐的饮用水质量标准"的次序，乘以稀释倍数确定④。在我国未来的环境污染案件应用中，对浸出毒性这类评价指标，也需进一步加强衔接研究，根据涉事环境介质或对象的保护目标进行科学合理、系统化的鉴定。

此外，我国的毒性物质含量鉴别标准和急性毒性初筛鉴别标准是从化学品的管理演变而来，《危险废物鉴别标准　急性毒性初筛》（GB 5085.2—2007）采用《化学品毒性鉴定技术规范》中的毒性试验方法和其毒性物质的划分标准，从保护人类健康和生态环境的角度出发，最终以动物实验经口 $LD_{50} \leqslant 500$ mg/kg、经皮 $LD_{50} \leqslant 2\ 000$ mg/kg 和吸入 $LC_{50} \leqslant 2$ mg/L 作为固废的急性毒性判断指标，并以此为依据制定了《危险废物鉴别标准　毒性物质含量鉴别》（GB5085.6—2007）⑤。

《危险废物鉴别标准　毒性物质含量鉴别》（GB5085.6—2007）中包含剧毒物质 39 种、有毒物质 143 种、致癌性物质 63 种，致突变性物质 7 种、生殖毒性物质 11 种、持久性有机污染物 11 种。在其制定过程中除了参考以上的毒性实验和分类方法，主要参考了欧盟的"危险废物毒性物质鉴别标准"的方法学和思路，即通过含量鉴别标准和物质列表结合对毒性物质进行分级管理，通过检测分析方法确定其在废物中的含量，即可明确其有毒、剧毒物质或致癌性、致畸性和致突变性等，现行的分类及相应标准如表 7－2 所示。至于鉴别的标准值的制定原则，主要是依据毒性物质风险与安全评价确定。当然，对于长期

① 张丽颖，黄启飞，王琪，等. 危险废物毒性评价方法研究［J］. 环境科学研究，2005，18（S1）：37.

② 杨玉飞. 固体废物鉴别与管理［M］. 郑州：河南科学技术出版社，2016：65.

③ 黄启飞，段华波，张丽颖，等. 危险废物毒性鉴别指标体系研究［J］. 能源环境保护，2006（1）：2－5，41.

④ 杨玉飞. 固体废物鉴别与管理［M］. 郑州：河南科学技术出版社，2016：96－97.

⑤ 同上。

毒性试验重点考虑的是三致性质，往往需要经过1~5年的毒性试验才能评估对人体和环境的影响，我国未来的危险废物鉴别标准也有待结合化学品领域的发展进行下一步完善和更新。

表7-2　毒性物质含量鉴别标准

毒性物质类别	含量标准(质量分数)	附　录
剧毒物质	≥0.1%	GB 5085.6—2007附录A(39种)
有毒物质	≥3%	GB 5085.6—2007附录B(143种)
致癌性物质	≥0.1%	GB 5085.6—2007附录C(63种)
致突变性物质	≥0.1%	GB 5085.6—2007附录D(7种)
生殖毒性物质	≥0.5%	GB 5085.6—2007附录E(11种)
持久性有机污染物	≥50 mg/kg(多氯二苯并对二噁英、多氯二苯并呋喃≥15 μg TEQ/kg)	GB 5085.6—2007附录F(11种)

我国毒性物质分级指标依据中华人民共和国公共安全行业标准《剧毒物品分级、分类与品名编号》(GA 57—93)，分为剧毒和有毒两个等级，在《剧毒化学品目录》(2002年版)中就列出335种剧毒化学品。目前我国没有专门对“三致”毒性物质制定分类标准，也没有列出清单，仅在《化学品毒性鉴定技术规范》中明确其定义和检测分析试验方法。

另外，我国早在《常用危险化学品的分类和标志》(GB 13690—1992)中列出了997种常用危险化学品分类明细表，后被《化学品分类和危险性公示　通则》(GB 13690—2009)代替。《化学品分类和危险性公示　通则》(GB 13690—2009)和《基于GHS的化学品标签规范》(GB/T 22234—2008)均是依据《全球化学品统一分类和标签制度》(GHS)，根据物质的物理化学危险性、健康有害性、环境有害性进行分类分级区分示意，其中对健康危险就分作急性毒性、皮肤腐蚀/刺激、生殖细胞致突变性、致癌性、生殖毒性等10类。

故总结现有相关定义和内容，有毒物质、剧毒物质、致癌性物质等概念与区别内容如下：

有毒物质：指进入机体后，累积达一定的量，能与体液和器官组织发生生物化学作用或生物物理学作用，扰乱或破坏机体的正常生理功能，引起某些器官和系统暂时性或持久性的病理改变，甚至危及生命的物质。有毒物质动物试验中，经口摄入半数致死量：固体LD_{50}≤500 mg/kg；液体LD_{50}≤2 000 mg/kg；经皮肤接触24 h，半数致死量LD_{50}≤1 000 mg/kg；粉尘、烟雾及蒸汽吸入半数致死量LC_{50}≤10 mg/L。

剧毒物质：指少数侵入机体，短时间内即能致人、畜死亡或严重中毒的物质。剧毒物质动物试验中，经口摄入半数致死量 $LD_{50} \leqslant 50$ mg/kg 的固体、液体；经皮肤接触半数致死量 LC≤2 mg/L 的固体或液体，以及吸入的半数致死浓度符合下述标准的液体或其他：V≥LC（V 为 20℃ 时标准大气压下的饱和蒸汽浓度，mL/m^3）和 LC≤300 mg/m^3。

致癌性物质：指能引起肿瘤发生率和/或类型增加、潜伏期缩短效应的物质。

致突变性物质：指能引起原核或真核细胞、实验动物遗传物质发生结构和/或数量改变效应的物质。

致畸性物质：指能在胚胎发育期引起胎仔永久性结构和功能异常效应的物质。

我国正在通过完善危险废物名录、豁免和排除管理制度逐步建立危险废物分级管理体系。由于危险废物的性质、进入环境的数量和方式以及所进入的环境条件不同，其最终的影响或后果也不一样，对环境风险大的危险废物需要采用危险废物名录管理实行优先控制，而对产生量小、分散、风险小的危险废物则可以采用豁免方式进行管理，对明确环境风险是可接受的废物采用排除的方式进行管理①。这些管理层面的优化也有待与未来的毒性分级分类评价进行有机结合。

根据《危险废物鉴别标准　通则》（GB 5085.7—2019）和《危险废物鉴别技术规范》（HJ 298—2019）等相关标准及鉴别方法，危险废物涉及的范围及其鉴定依据主要有：

《中华人民共和国固体废物污染环境防治法》

《固体废物鉴别标准　通则》（GB 34330）

《危险废物鉴别标准　通则》（GB 5085.7）

《国家危险废物名录》

《医疗废物分类目录》

《危险化学品名录》

《危险废物豁免管理清单》

《危险废物鉴别技术规范》（HJ 298）

《危险废物鉴别标准　反应性鉴别》（GB 5085.5）

《危险废物鉴别标准　易燃性鉴别》（GB 5085.4）

《危险废物鉴别标准　腐蚀性鉴别》（GB 5085.1）

《危险废物鉴别标准　浸出毒性鉴别》（GB 5085.3）

---

① 生态环境部. 关于对《危险废物排除管理清单》建议的回复[EB/OL].（2017-05-09）[2020-02-16]. http://www.mee.gov.cn/hdjl/hfhz/201705/t20170509_413753.shtml.

《危险废物鉴别标准　毒性物质含量鉴别》(GB 5085.6)
《危险废物鉴别标准　急性毒性初筛》(GB 5085.2)
《工业固体废物采样制样技术规范》(HJ/T 20)

根据《环境污染犯罪解释》(法释〔2023〕7 号)第十五条和第十六条,环境污染犯罪中涉及的危险废物鉴定工作,依据出具意见主体的不同可以分为两类,一类可称作为“危险废物认定”,这类工作主要是以生态环境主管部门、公安机关等为意见出具主体,结合相关文证材料无须经鉴别标准测试分析即可作出认定意见,此处的主体包括但不限于生态环境主管部门、公安机关,对于列入《医疗废物分类目录》的医疗废物,也可以由卫生行政部门出具书面意见[①]。另一类可称作“危险废物鉴定”或“危险废物鉴别”,这类工作主要是以司法鉴定机构或者国务院生态环境主管部门、公安部门指定的机构为意见出具主体,除了可结合相关文证材料出具意见,按照相关技术规范要求,在必须开展鉴别标准测试时,也可以综合文证材料和测试分析结果出具最终意见。

在实践中也有人认为,物质的属性不应简单通过名录比对出具意见,应根据物质的实际鉴别检测结果加以判定,如果检测结果表明未超过相关鉴别标准限制,此类物质就不应该作为“危险废物”看待。此类问题也是危险废物鉴别鉴定工作中的一个常见争议点,此时应明确,危险废物鉴别工作是基于源头风险管控的角度,在现行的法律法规体系要求下,依据**特定的鉴定程序**展开的一种认定方式。《危险废物鉴别标准　通则》(GB 5085.7—2007)第 4.2 节明确“经判断属于固体废物的,则首先依据《国家危险废物名录》判断。凡列入《国家危险废物名录》的,属于危险废物,不需要进行危险特性鉴别(感染性废物根据《国家危险废物名录》鉴别);未列入《国家危险废物名录》的,应按照第 4.3 条的规定进行危险特性鉴别。”在 2018 年的《危险废物鉴别标准　通则》征求意见稿编制说明中,也有人提出建议“《名录》中危险特性不明确的危险废物可以鉴别”,编制组认为根据《固体废物污染环境防治法》,《名录》和特性鉴别均是确定固体废物管理属性的依据,即列入《名录》中的固体废物即属于危险废物,不需要再次通过鉴别来进行确定。因此,该条意见未予以采纳。针对部分固体废物可能不具有危险特性但列入《名录》的问题,可结合《名录》修订工作解决。此条程序规定也是防止危害特性鉴别分析被滥用,并在《危险废物鉴别标准　通则》(GB 5085.7—2019)中得到延承。

需要明确的是危险废物鉴定或危险废物鉴别只能出具是否属于危险废物的结论。

《环境污染犯罪解释》(法释〔2023〕7 号)第十五条“对国家危险废物名录所列的废物,可以依据涉案物质的来源、产生过程、被告人供述、证人证言以及经批准或者备

① 喻海松. 环境资源犯罪实务精释[M]. 北京:法律出版社,2017:138.

案的环境影响评价文件、排污许可证、排污登记表等证据,结合环境保护主管部门、公安机关等出具的书面意见作出认定。对于危险废物的数量,依据案件事实,综合被告人供述,涉案企业的生产工艺、物耗、能耗情况,以及经批准或者备案的环境影响评价文件等证据作出认定。”

《环境污染犯罪解释》(法释〔2023〕7号)第十六条“对案件所涉的环境污染专门性问题难以确定的,依据鉴定机构出具的鉴定意见,或者国务院环境保护主管部门、公安部门指定的机构出具的报告,结合其他证据作出认定。”

2.《关于持久性有机污染物的斯德哥尔摩公约》附件所列物质

持久性有机污染物(POPs)由于其环境持久性、生物蓄积性、远距离迁移性和毒性4大特性,对于人类健康和环境构成了严重威胁。2001年5月23日,联合国环境规划署在瑞典斯德哥尔摩召开了外交全权代表大会,通过了《关于持久性有机污染物的斯德哥尔摩公约》(以下简称《公约》),自2004年11月11日对我国正式生效。公约是国际化学品管理领域的重要法律文件,其宗旨是在全球范围内削减、消除和预防持久性有机污染物的污染,保护人类健康和生态环境①。

《公约》在附件A(消除类)、附件B(限制类)和附件C(无意产生类)清单中共列明了首批12种类持久性有机污染物,分别提出淘汰、限制或限排等管控要求。此外,允许在《公约》附件中增列经持久性有机污染物审查委员会审查并缔约方大会审议决定增列的化学物质。截至目前,《公约》附件所列化学物质已增至34种。目前,公约受控物质总数达到23种,即艾氏剂、α-六氯环己烷、β-六氯环己烷、氯丹、十氯酮、狄氏剂、异狄氏剂、七氯、六溴联苯、六溴二苯醚和七溴二苯醚、六氯代苯、林丹、灭蚁灵、五氯苯、多氯联苯、四溴二苯醚和五溴二苯醚、毒杀芬、硫丹、六溴环十二烷、滴滴涕、全氟辛基磺酸及其盐类和全氟辛基磺酰氟、多氯二苯并对二噁英和多氯二苯并呋喃(合称二噁英)。此外六氯丁二烯、五氯苯酚及其盐类和酯类、多氯萘、十溴二苯醚、短链氯化石蜡等5种类持久性有机污染物(POPs)于2023年6月6日对我国生效②,实施禁止或限制措施。

在我国当前环境污染刑事案件中,以此类物质入案的情形虽然较少发生,但其认定标准的缺失仍会影响司法审判的公正客观性。例如某医用回收塑料清洗废水直排环境案③

---

① 中国人大网.中国批准《关于持久性有机污染物的斯德哥尔摩公约》两修正案[EB/OL].(2013-08-30).http://www.npc.gov.cn/zgrdw/npc/cwhhy/12jcwh/2013-08/30/content_1805074.htm.

② 生态环境部.关于多氯萘等5种类持久性有机污染物环境风险管控要求的公告[EB/OL].(2023-06-06).https://www.mee.gov.cn/xxgk2018/xxgk/xxgk01/202306/t20230606_1032939.html.

③ (2017)渝0116刑初604号,(2017)渝05刑终926号。

中，环境监测部门对清洗池里的废水取样监测，两个清洗池水样中检出二噁英[①]含量分别为2.7 pg TEQ/L和0.85 pg TEQ/L，经查，二噁英系《关于持久性有机污染物的斯德哥尔摩公约》附件所列物质，属有毒物质，最终法庭以此认为"违反国家规定，利用暗管非法排放有毒物质，构成严重污染环境"。此案中，其污染物性质认定且不论检出物在环境中本身是否客观存在，是否是排污活动的特征污染物，办案人员不仅未对废水的其他主要成分做检测说明，也未对其检出含量进行比较性评价，未与环境或健康风险阈值进行比较评价，仅通过"默认在名录即是有毒物质"的直接比对方式进行水污染物的认定，无论是从科学角度还是法律角度来看似有不妥，在现有的环境刑法体系下扩大了其应有的规制范围，有"认定不当""以刑代行"之嫌。另外，《持久性、生物累积性和毒性物质及高持久性和高生物累积性物质的判定方法》（GB/T 24782—2009）中明确了相关物质的判断标准，即"含有具持久性、生物累积性和毒性特征或高持久性和高生物累积性特征的成分，且该成分的含量达到80%或以上的物质"。而当时执行的《危险废物鉴别标准　毒性物质含量鉴别》（GB 5085.6—2007）明确，附录F的11种持久性有机污染物中任何一种含量≥50 mg/kg才作为危险废物管理。故环境污染案件中涉及的此类物质的鉴定，应结合检测技术进行含量分析予以判定，不宜检出即认定为"有毒物质"。

3. 含重金属的污染物

前述的"放射性的废物""含传染病病原体的废物""固体废物""危险废物"均有可能成为含重金属的污染物，在实践中，往往优先进行上述类别判定。

2011年2月，国务院正式批复《重金属污染综合防治"十二五"规划》，确定了"十二五"期间重点防控的重金属污染物是铅（Pb）、汞（Hg）、镉（Cd）、铬（Cr）和类金属砷（As）等，兼顾镍（Ni）、铜（Cu）、锌（Zn）、银（Ag）、钒（V）、锰（Mn）、钴（Co）、铊（Tl）、锑（Sb）等其他重金属污染物，该规划主要是根据我国重金属污染的严重程度确定了重点防控范围，其他对环境和人体也能造成严重伤害的重金属污染物，也需要进行防控。《环境污染犯罪解释》（法释〔2016〕29号或法释〔2023〕7号）第一条第三项、第四项明确，"排放、倾倒、处置含铅、汞、镉、铬、砷、铊、锑的污染物，超过国家或者地方污染物排放标准三倍以上"，或者"排放、倾倒、处置含镍、铜、锌、银、钒、锰、钴的污染物，超过国家或者地方污染物排放标准十倍以上的"，应当认定为"严重污染环境"[②]。上述规定主要依据各类重金属在毒害性程度方面存在的现实差异，对重金属在污染物超标标准上进行区分。此种设计思路本质反映出以"毒性分级"区别对待的管理逻辑，对于刑法规制的危险废物、有毒有害物质也可借鉴该思路进行系统性规定。

实践过程中也发现，在当前案发形态多样化的情况下，鉴定对象的属性也十分丰富，

---

① 《生活饮用水卫生标准》（GB 5749—2006）中二噁英（2，3，7，8－TCDD）限值为0.03 ng/L，根据HJ 77.1—2008经单位换算即30 pg TEQ/L。

② 缐杰，吴峤滨．最高人民法院、最高人民检察院《关于办理环境污染刑事案件适用法律若干问题的解释》理解与适用［J］．人民检察，2017（5）：21－26.

《环境污染犯罪解释》(法释〔2016〕29号或法释〔2023〕7号)虽然明确了“有毒物质”的范围,但对于具体规定如“含重金属的污染物”和“其他具有毒性,可能污染环境的物质”并无更细化的规定或缺少相关认定技术规范,究竟含重金属达到何种程度可认定为“含重金属的污染物”,如果含有重金属即入罪,则无疑扩大了入罪范围,特别是自然界有些物质本身就含有一定量的重金属,这样认定显然不太合适。有学者认为此类“含重金属的污染物”,由于国家允许达标排放含重金属的污染物,故不应认为只要污染物中含有重金属即属“有毒物质”,而应限于浓度超过相应标准的含重金属的污染物①。此种情形下,则不得不考虑物质形态。按污染物的形态可分为气态污染物、液态污染物和固态废物,其中,气态污染物可以比对国家、地方以及相应的各行业的大气污染物排放标准,液态污染物若为废水可以比对国家、地方的水污染物排放标准,但固体废物和被纳入固体废物管理的液态废物往往是作为污染源,仅有部分对象规定了特定情形下的污染物控制标准而没有相关的排放标准,又如何说明此类物质就是满足“含重金属的污染物”或“其他具有毒性,可能污染环境的物质”的“有毒物质”呢。

通过实践经验,总结出此类物质的认定应主要把握两个方面:一是作为污染源本身或其次生污染物含有重金属且满足超标排放情形;二是不满足超标排放情形时,分析其对环境介质造成的污染后果,即相应的地表水、土壤或地下水等环境介质受到损害,存在污染物由污染源向环境介质扩散迁移的情况。

(1)是否含重金属的判定

待鉴定物质是否含重金属的判定依据主要为样品检测数据,可依据《工业固体废物采样制样技术规范》(HJ/T 20)、《危险废物鉴别技术规范》(HJ 298)、《突发环境事件应急监测技术规范》(HJ 589)、《地表水和污水监测技术规范》(HJ/T 91)、《污水监测技术规范》(HJ 91.1—2019)、《固体化工产品采样通则》(GB/T 6679)及《化工产品采样总则》(GB/T 6678)等采样技术规范对待鉴定物质进行采样,并根据规定的检测方法对重金属指标进行检测分析,依据样品检测结果即可判定待鉴定物质是否含有重金属。

(2)是否为污染物的判定

对于液态或气态类物质,可以通过比对相关标准或环境背景来判断某物质的排放是否会对生态环境造成不利影响,进而判断该物质是否为污染物。例如,畜禽养殖废水因有机质含量高,经处理满足《农田灌溉水质标准》(GB 5084)和《畜禽养殖业污染物排放标准》(GB 18596)后可回田利用,用于农业生产。此种情况下,畜禽养殖废水作为有机肥料,对农作物生长有利。相反,若畜禽养殖废水未经处理,在不满足《农田灌溉水质标准》(GB 5084)和《畜禽养殖业污染物排放标准》(GB 18596)的情况下,直接进行农业灌溉,则其中高浓度的盐分、菌群数则会对农作物生长产生不利影响,甚至可能致使农田土壤环境质量严重下降。此种情况下,未经处理达标的畜禽养殖废水应作为污染物

---

① 喻海松.环境资源犯罪实务精释[M].北京:法律出版社,2017:133.

管理。

对于固态物质,还可通过其渗滤液或浸出液等次生污染物的指标浓度比对相关标准或环境背景,来判断某该物质的排放是否会对生态环境造成不利影响,进而判断该物质是否为污染物。从污染物检测角度来看,不论是什么物质形态,相应检测结果只存在有标准的指标和无标准的指标两种情形,对于缺乏标准值又恰恰是特征污染物的指标,可以通过其毒理学、生态学特征,通过风险评估等方式确定其危害、毒害特性。

4. 其他具有毒性,可能污染环境的物质

根据以上分类,在进行危险废物鉴别时,若废物相应的浸出毒性、毒性含量或急性毒性分别超出 GB 5085. 3、GB 5085. 6、GB 5085. 2 的标准限值,则可直接判断其具有相应危险特性,但废物相应的浸出毒性、毒性含量或急性毒性若分别小于 GB 5085. 3、GB 5085. 6、GB 5085. 2 的标准限值,则缺少明确判定规则。若鉴定对象含有重金属,则可判断其是否满足“含重金属的污染物”;若不含重金属,则应判断其是否满足“其他具有毒性,可能污染环境的物质”。

目前关于“可能污染环境的物质”缺乏相关的判定依据,对于“具有毒性”缺乏相关标准规定,实践中可以结合国内外文献调研、毒性数据库分析或毒性试验等多种方式进行确认。这些问题需要鉴定人结合专业知识进行判断,值得后续深入思考和方法探索。

7.1.6　有害物质

针对“有害物质”这一类别,无论是从环境科学还是毒理学来看,大多是作为物质的毒害特性进行整体性研究,并未出现过单独描述或严格分类。《刑法》第三百三十八条提出“有害物质”,但《环境污染犯罪解释》(法释〔2016〕29 号或法释〔2023〕7 号)又并未对其组成内容做出明确界定,可以看出“其他有害物质”与放射性的废物、含传染病病原体的废物、有毒物质并列,更多是作为司法管理上的污染物“兜底项”。由于当前环境司法实务中缺乏有毒有害物质的认定技术规范,相关的认定工作也只能是在实践中摸索着前行,但是也不能武断认为除了放射性的废物、含传染病病原体的废物、有毒物质之外,其他的物质都属于无害物质。

针对当时办理环境污染刑事案件遇到的突出困难,2019 年 2 月,最高人民法院、最高人民检察院、公安部、司法部、生态环境部联合印发《关于办理环境污染刑事案件有关问题座谈会纪要》,关于有害物质的认定,会议认为,“办理非法排放、倾倒、处置其他有害物质的案件,应当坚持主客观相一致原则,从行为人的主观恶性、污染行为恶劣程度、有害物质危险性毒害性等方面进行综合分析判断,准确认定其行为的社会危害性”,并列举出实践中常见的有害物质主要有“工业危险废物以外的其他工业固体废物;未经处理的生活垃圾;有害大气污染物、受控消耗臭氧层物质和有害水污染物;在利用和处置过程中必然产生有毒有害物质的其他物质;国务院生态环境保护主管部门会同国务院卫生主管部门公布的有毒有害污染物名录中的有关物质等”。此种列举方式虽然解决了实践中部分物质难以认定的问题,可以填补现有的标准无法涵盖所有的有害物质的固有缺陷[①],但并不代表以上所列举的类别就一定属于《刑法》中的“有害物质”范畴,仍需要结合前述物质分类,基于损害后果、毒性分级或风险评价等方式方法进行综合判定。

1. 工业危险废物以外的其他工业固体废物

此类物质虽然限定了不是危险废物,但并不能排除它就不是《环境污染犯罪解释》(法释〔2023〕7号)第十七条“有毒物质”的(二)、(三)、(四)情形。

以印染污泥类环境污染事件为例,印染污泥这类物质往往是在印染废水处理过程中产生的固体废物,未列入《国家危险废物名录》,通过对涉事固体废物采样检测分析,有的认定意见表述为“涉案固体废物含铬、铜、锌、镍、铅、锡、砷、汞等重金属,属于有毒物质”,并在法律适用解释时表述为“非法倾倒毒害性物质”[②];有的经检测后被判定为“危险废物”[③];有的则由于不同现场样品检测结果不同,既出现“危险废物”又有“未检测出具有浸出毒性”的情况,又因为作案人员为同一批人,在一审判决时认为构成“违反国家规定,倾倒、处置有毒有害物质,后果特别严重”[④],二审时法院查明事实认为原判定罪及适用法律正确,维持原判,但在罪名构成表述时却为“违反国家规定,排放、倾倒或者处置有害物质”[⑤]。

2. 未经处理的生活垃圾

在此类污染物性质鉴定实务工作中,也存在类似现象,即同一分类范畴的物质对应多种污染物属性,可能主要是因为此类物质本身就是多种废弃物的混合物,来源多样且广泛,其化学组成会极大地受到源头垃圾种类及污染物成分的影响,因而出现危险废物、有毒物质、有害物质甚至是有毒有害物质的几类结论。

例如,笔者在查阅近几年的几十余例生活垃圾环境污染刑事案件后发现,司法实践中,对生活垃圾究竟是有毒物质还是有害物质,或究竟是何种属性如何判定其属性并未形成统一的认识。角直垃圾倾倒案[⑥]中,法院最终仅认定渗滤液为有毒物质,采纳“生活垃圾不属有毒物质的辩护意见”,而对“公诉机关认为本案四被告人利用渗坑倾倒有毒物质的意见”不予采纳;在太湖西山岛垃圾倾倒案[⑦]中,法院认定涉案垃圾系“有害废物”。在无锡华东跨界倾倒生活垃圾案[⑧]中,法院则认为涉案生活垃圾中含有铅等重金属,虽不属危险废物,但会对土地、大气、水体造成危害,污染环境,故应认定为“有毒有害物质”。而

---

① 楼梦琳.污染环境罪之“有害物质”的认定[J].河北环境工程学院学报,2020,30(1):53-57.
② (2018)苏1302刑初869号。
③ (2019)皖1822刑初40号。
④ (2016)浙0522刑初711号。
⑤ (2017)浙05刑终216号。
⑥ (2017)苏0508刑初52号,(2016)苏0508刑初297号。
⑦ (2017)苏0508刑初115号,(2017)苏05刑终933号。
⑧ (2016)锡法环刑初字第00001号。

在广东佛山某垃圾倾倒案[①]中，最终认定“生活垃圾及其所产生的渗滤液属于含传染病病原体的废物、有毒物质或者其他有害物质”。

3. 有害大气污染物、受控消耗臭氧层物质和有害水污染物

（1）有毒有害大气污染物名录

《大气污染防治法》第七十八条规定“国务院生态环境主管部门应当会同国务院卫生行政部门，根据大气污染物对公众健康和生态环境的危害和影响程度，公布有毒有害大气污染物名录，实行风险管理”。2019年1月生态环境部会同卫生健康委制定并发布了《有毒有害大气污染物名录（2018年）》（表7－3）。

表7－3　有毒有害大气污染物名录（2018年）

序　号	污染物
1	二氯甲烷
2	甲醛
3	三氯甲烷
4	三氯乙烯
5	四氯乙烯
6	乙醛
7	镉及其化合物
8	铬及其化合物
9	汞及其化合物
10	铅及其化合物
11	砷及其化合物

（2）中国受控消耗臭氧层物质清单

为履行《关于消耗臭氧层物质的蒙特利尔议定书（伦敦修正案）》，加强对我国消耗臭氧层物质的进出口管理，1999年12月原国家环保局印发《消耗臭氧层物质进出口管理办法》，现行文件于2014年1月由原环境保护部、商务部和海关总署共同发布，2010年6月1日起施行的《消耗臭氧层物质管理条例》第二条明确“本条例所称消耗臭氧层物质，是指对臭氧层有破坏作用并列入《中国受控消耗臭氧层物质清单》的化学品”。实施上诉管理办法期间分别于2000年1月、2001年1月、2004年2月、2006年2月、2009年12月、2012年12月共发布六批《中国进出口受控消耗臭氧层物质名录》。2016年10月，议定书第28

① （2018）粤0607刑初321号。

次缔约方大会达成了《〈关于消耗臭氧层物质的蒙特利尔议定书〉基加利修正案》（以下简称《修正案》），18 种氢氟碳化物（HFCs）被纳入议定书管控范围，成为第九类受控物质。2021 年 9 月 15 日，经国务院批准，《修正案》对我国正式生效①。现行的《中国受控消耗臭氧层物质清单》于 2021 年 10 月 8 日印发施行，主要包括 9 大类，如表 7－4 所示；2021 年 11 月 1 日起，原六批《中国进出口受控消耗臭氧层物质名录》废止，以新修订版本为准，如表 7－5 所示。

表 7－4　中国受控消耗臭氧层物质清单

类　别	代　码	化学名称	化学式	异构体数目	备　注
第一类 全氯氟烃（氯氟化碳）	（CFC－11）	$CFCl_3$	三氯一氟甲烷		全面禁止生产和使用
	（CFC－12）	CF_2Cl_2	二氯二氟甲烷		
	（CFC－113）	$C_2F_3Cl_3$	三氯三氟乙烷		
	（CFC－114）	$C_2F_4Cl_2$	二氯四氟乙烷		
	（CFC－115）	C_2F_5Cl	一氯五氟乙烷		
	（CFC－13）	CF_3Cl	一氯三氟甲烷		
	（CFC－111）	C_2FCl_5	五氯一氟乙烷		
	（CFC－112）	$C_2F_2Cl_4$	四氯二氟乙烷		
	（CFC－211）	$C_3F_1Cl_7$	七氯一氟丙烷		
	（CFC－212）	$C_3F_2Cl_6$	六氯二氟丙烷		
	（CFC－213）	$C_3F_3Cl_5$	五氯三氟丙烷		
	（CFC－214）	$C_3F_4Cl_4$	四氯四氟丙烷		
	（CFC－215）	$C_3F_5Cl_3$	三氯五氟丙烷		
	（CFC－216）	$C_3F_6Cl_2$	二氯六氟丙烷		
	（CFC－217）	C_3F_7Cl	一氯七氟丙烷		
第二类 哈龙	（哈龙－1211）	CF_2BrCl	一溴一氯二氟甲烷		全面禁止生产和使用
	（哈龙－1301）	CF_3Br	一溴三氟甲烷		
	（哈龙－2402）	$C_2F_4Br_2$	二溴四氟乙烷		
第三类 四氯甲烷	CTC	CCl_4	四氯化碳		全面禁止生产和使用

① 生态环境部. 关于发布《中国受控消耗臭氧层物质清单》的公告［EB/OL］.（2021－10－08）. https://www.mee.gov.cn/xxgk2018/xxgk/xxgk01/202110/t20211011_956086.html.

续　表

类　别	代　码	化学名称	化学式	异构体数目	备　注
第四类 甲基氯仿		$C_2H_3Cl_3$ **	1,1,1-三氯乙烷(非1,1,2-三氯乙烷)		全面禁止生产和使用
第五类 含氢氯氟烃	(HCFC-21)***	$CHFCl_2$	二氯一氟甲烷	1	按照《议定书》含氢氯氟烃加速淘汰调整案规定,2013年生产和使用分别冻结在2009和2010年两年平均水平,2015年在冻结水平上削减10%,2020年削减35%,2025年削减67.5%,2030年实现除维修和特殊用途以外的完全淘汰
	(HCFC-22)***	CHF_2Cl	一氯二氟甲烷	1	
	(HCFC-31)	CH_2FCl	一氯一氟甲烷	1	
	(HCFC-121)	C_2HFCl_4	四氯一氟乙烷	2	
	(HCFC-122)	$C_2HF_2Cl_3$	三氯二氟乙烷	3	
	(HCFC-123)	$C_2HF_3Cl_2$	二氯三氟乙烷	3	
	(HCFC-123)***	$CHCl_2CF_3$	1,1-二氯-2,2,2-三氟乙烷	—	
	(HCFC-124)	C_2HF_4Cl	一氯四氟乙烷	2	
	(HCFC-124)***	$CHFClCF_3$	1-氯-1,2,2,2-四氟乙烷	—	
	(HCFC-131)	$C_2H_2FCl_3$	三氯一氟乙烷	3	
	(HCFC-132)	$C_2H_2F_2Cl_2$	二氯二氟乙烷	4	
	(HCFC-133)	$C_2H_2F_3Cl$	一氯三氟乙烷	3	
	(HCFC-141)	$C_2H_3FCl_2$	二氯一氟乙烷	3	
	(HCFC-142)	$C_2H_3F_2Cl$	一氯二氟乙烷	3	
	(HCFC-142b)***	CH_3CF_2Cl	1-氯-1,1-二氟乙烷	—	
	(HCFC-151)	C_2H_4FCl	一氯一氟乙烷	2	
	(HCFC-221)	C_3HFCl_6	六氯一氟丙烷	5	
	(HCFC-222)	$C_3HF_2Cl_5$	五氯二氟丙烷	9	
	(HCFC-223)	$C_3HF_3Cl_4$	四氯三氟丙烷	12	
	(HCFC-224)	$C_3HF_4Cl_3$	三氯四氟丙烷	12	
	(HCFC-225)	$C_3HF_5Cl_2$	二氯五氟丙烷	9	
	(HCFC-225ca)***	$CF_3CF_2CHCl_2$	1,1-二氯-2,2,3,3,3-五氟丙烷	—	
	(HCFC-225cb)***	CF_2ClCF_2CHClF	1,3-二氯-1,1,2,2,3-五氟丙烷	—	
	(HCFC-226)	C_3HF_6Cl	一氯六氟丙烷	5	

续 表

类 别	代 码	化学名称	化学式	异构体数目	备 注
第五类 含氢氯氟烃	(HCFC－231)	$C_3H_2FCl_5$	五氯一氟丙烷	9	按照《议定书》含氢氯氟烃加速淘汰调整案规定，2013 年生产和使用分别冻结在 2009 和 2010 年两年平均水平，2015 年在冻结水平上削减 10%，2020 年削减 35%，2025 年削减 67.5%，2030 年实现除维修和特殊用途以外的完全淘汰
	(HCFC－232)	$C_3H_2F_2Cl_4$	四氯二氟丙烷	16	
	(HCFC－233)	$C_3H_2F_3Cl_3$	三氯三氟丙烷	18	
	(HCFC－234)	$C_3H_2F_4Cl_2$	二氯四氟丙烷	16	
	(HCFC－235)	$C_3H_2F_5Cl$	一氯五氟丙烷	9	
	(HCFC－241)	$C_3H_3FCl_4$	四氯一氟丙烷	12	
	(HCFC－242)	$C_3H_3F_2Cl_3$	三氯二氟丙烷	18	
	(HCFC－243)	$C_3H_3F_3Cl_2$	二氯三氟丙烷	18	
	(HCFC－244)	$C_3H_3F_4Cl$	一氯四氟丙烷	12	
	(HCFC－251)	$C_3H_4FCl_3$	三氯一氟丙烷	12	
	(HCFC－252)	$C_3H_4F_2Cl_2$	二氯二氟丙烷	16	
	(HCFC－253)	$C_3H_4F_3Cl$	一氯三氟丙烷	12	
	(HCFC－261)	$C_3H_5FCl_2$	二氯一氟丙烷	9	
	(HCFC－262)	$C_3H_5F_2Cl$	一氯二氟丙烷	9	
	(HCFC－271)	C_3H_6FCl	一氯一氟丙烷	5	
第六类 含氢溴氟烃		$CHFBr_2$	二溴一氟甲烷	1	按照《议定书》及相关修正案规定，除特殊用途外，禁止生产和使用
	(HBFC－22B1)	CHF_2Br	一溴二氟甲烷	1	
		CH_2FBr	一溴一氟甲烷	1	
		C_2HFBr_4	四溴一氟乙烷	2	
		$C_2HF_2Br_3$	三溴二氟乙烷	3	
		$C_2HF_3Br_2$	二溴三氟乙烷	3	
		C_2HF_4Br	一溴四氟乙烷	2	
		$C_2H_2FBr_3$	三溴一氟乙烷	3	
		$C_2H_2F_2Br_2$	二溴二氟乙烷	4	
		$C_2H_2F_3Br$	一溴三氟乙烷	3	
		$C_2H_3FBr_2$	二溴一氟乙烷	3	
		$C_2H_3F_2Br$	一溴二氟乙烷	3	
		C_2H_4FBr	一溴一氟乙烷	2	

续　表

类　别	代　码	化学名称	化学式	异构体数目	备　注
第六类 含氢溴氟烃		C_3HFBr_6	六溴一氟丙烷	5	按照《议定书》及相关修正案规定，除特殊用途外，禁止生产和使用
		$C_3HF_2Br_5$	五溴二氟丙烷	9	
		$C_3HF_3Br_4$	四溴三氟丙烷	12	
		$C_3HF_4Br_3$	三溴四氟丙烷	12	
		$C_3HF_5Br_2$	二溴五氟丙烷	9	
		C_3HF_6Br	一溴六氟丙烷	5	
		$C_3H_2FBr_5$	五溴一氟丙烷	9	
		$C_3H_2F_2Br_4$	四溴二氟丙烷	16	
		$C_3H_2F_3Br_3$	三溴三氟丙烷	18	
		$C_3H_2F_4Br_2$	二溴四氟丙烷	16	
		$C_3H_2F_5Br$	一溴五氟丙烷	8	
		$C_3H_3FBr_4$	四溴一氟丙烷	12	
		$C_3H_3F_2Br_3$	三溴二氟丙烷	18	
		$C_3H_3F_3Br_2$	二溴三氟丙烷	18	
		$C_3H_3F_4Br$	一溴四氟丙烷	12	
		C_3H_4FBr	三溴一氟丙烷	12	
		$C_3H_4F_2Br_2$	二溴二氟丙烷	16	
		$C_3H_4F_3Br$	一溴三氟丙烷	12	
		$C_3H_5FBr_2$	二溴一氟丙烷	9	
		$C_3H_5F_2Br$	一溴二氟丙烷	9	
		C_3H_6FBr	一溴一氟丙烷	5	
第七类 溴氯甲烷		CH_2BrCl	溴氯甲烷	1	按照《议定书》及相关修正案规定，除特殊用途外，禁止生产和使用
第八类 甲基溴		CH_3Br	一溴甲烷		按照《议定书》规定，除特殊用途外，应在2015年前实现除特殊用途外所有甲基溴的生产和使用淘汰

续　表

类　别	代　码	化学名称	化学式	异构体数目	备　注
第九类 氢氟碳化物	(HFC－134)	CHF_2CHF_2	1,1,2,2－四氟乙烷		按照《议定书》及相关修正案规定,2024年生产和使用应冻结在基线水平,2029年在冻结水平上削减10%,2035年削减30%,2040年削减50%,2045年削减80%。基线水平为2020—2022年HFCs平均值加上HCFCs基线水平的65%,以二氧化碳当量为单位计算
	(HFC－134a)	CH_2FCF_3	1,1,1,2－四氟乙烷		
	(HFC－143)	CH_2FCHF_2	1,1,2－三氟乙烷		
	(HFC－245fa)	$CHF_2CH_2CF_3$	1,1,1,3,3－五氟丙烷		
	(HFC－365mfc)	$CF_3CH_2CF_2CH_3$	1,1,1,3,3－五氟丁烷		
	(HFC－227ea)	CF_3CHFCF_3	1,1,1,2,3,3,3－七氟丙烷		
	(HFC－236cb)	$CH_2FCF_2CF_3$	1,1,1,2,2,3－六氟丙烷		
	(HFC－236ea)	CHF_2CHFCF_3	1,1,1,2,3,3－六氟丙烷		
	(HFC－236fa)	$CF_3CH_2CF_3$	1,1,1,3,3,3－六氟丙烷		
	(HFC－245ca)	$CH_2FCF_2CHF_2$	1,1,2,2,3－五氟丙烷		
	(HFC－43－10mee)	$CF_3CHFCHFCF_2CF_3$	2,3－二氢十氟戊烷		
	(HFC－32)	CH_2F_2	二氟甲烷		
	(HFC－125)	CHF_2CF_3	五氟乙烷		
	(HFC－143a)	CH_3CF_3	1,1,1－三氟乙烷		
	(HFC－41)	CH_3F	一氟甲烷		
	(HFC－152)	CH_2FCH_2F	1,2－二氟乙烷		
	(HFC－152a)	CH_3CHF_2	1,1－二氟乙烷		
	(HFC－23)	CHF_3	三氟甲烷		

表7－5　中国进出口受控消耗臭氧层物质名录

序号	商品编号	商　品　名　称	代　号	单位	备　注
1	2903140010	四氯化碳(受控用途)	CTC	千克	禁止进出口
2	2903140090	四氯化碳(用于受控用途除外)	CTC	千克	禁止进口/出口许可证管理
3	2903771000	三氯氟甲烷	CFC－11	千克	许可证管理

续　表

序号	商品编号	商 品 名 称	代　号	单位	备　注
4	2903772011	二氯二氟甲烷	CFC－12	千克	许可证管理
5	2903772016	一氯三氟甲烷	CFC－13	千克	许可证管理
6	2903772013	三氯三氟乙烷(受控用途)	CFC－113	千克	许可证管理
7	2903772012	三氯三氟乙烷(用于受控用途除外)	CFC－113	千克	许可证管理
8	2903772014	二氯四氟乙烷	CFC－114	千克	许可证管理
9	2903772015	一氯五氟乙烷	CFC－115	千克	许可证管理
10	2903191010	1,1,1－三氯乙烷/甲基氯仿(受控用途)	TCA	千克	禁止进口/出口 许可证管理
11	2903191090	1,1,1－三氯乙烷/甲基氯仿(用于受控用途除外)	TCA	千克	许可证管理
12	2903760010	溴氯二氟甲烷	Halon－1211	千克	许可证管理
13	2903760020	溴三氟甲烷	Halon－1301	千克	许可证管理
14	2903791011	二氯一氟甲烷	HCFC－21	千克	许可证管理
15	2903710000	一氯二氟甲烷	HCFC－22	千克	许可证管理
16	2903720000	2,2－二氯－1,1,1－三氟乙烷	HCFC－123	千克	许可证管理
17	2903791012	2－氯－1,1,1,2－四氟乙烷	HCFC－124	千克	许可证管理
18	2903791013	一氯三氟乙烷	HCFC－133	千克	许可证管理
19	2903730010	1,1－二氯－1－氟乙烷	HCFC－141b	千克	许可证管理
20	2903730090	二氯一氟乙烷(1,1－二氯－1－氟乙烷除外)	HCFC－141	千克	许可证管理
21	2903740010	1－氯－1,1－二氟乙烷	HCFC－142b	千克	许可证管理
22	2903740090	一氯二氟乙烷(1－氯－1,1－二氟乙烷除外)	HCFC－142	千克	许可证管理
23	2903750030	3,3－二氯－1,1,1,2,2－五氟丙烷、1,3－二氯－1,1,2,2,3－五氟丙烷	HCFC－225ca HCFC－225cb	千克	许可证管理
24	2903399020	溴甲烷/甲基溴		千克	许可证管理
25	2903791090	其他含氢氯氟烃类物质(这里的烃是指甲烷、乙烷及丙烷)		千克	许可证管理
26	3824710021	二氯二氟甲烷与二氟乙烷的混合物 一氯二氟甲烷与一氯五氟乙烷的混合物 三氟甲烷与一氯三氟甲烷的混合物	R－500 R－502 R－503	千克	许可证管理
27	3824710022	一氯二氟甲烷与二氯二氟甲烷的混合物 二氟甲烷与一氯五氟乙烷的混合物 二氯二氟甲烷与一氯一氟甲烷的混合物 一氯一氟甲烷与二氯四氟乙烷的混合物 二氯二氟甲烷与二氯四氟乙烷的混合物	R－501 R－504 R－505 R－506 R－400	千克	许可证管理

续 表

序号	商品编号	商 品 名 称	代 号	单位	备 注
28	3824740011	一氯二氟甲烷、二氟乙烷和一氯四氟乙烷的混合物	R－401	千克	许可证管理
29	3824740012	五氟乙烷、丙烷和一氯二氟甲烷的混合物	R－402	千克	许可证管理
30	3824740013	丙烷、一氯二氟甲烷和八氟丙烷的混合物	R－403	千克	许可证管理
31	3824740014	一氯二氟甲烷、二氟乙烷、一氯二氟乙烷和八氟环丁烷的混合物	R－405	千克	许可证管理
32	3824740015	一氯二氟甲烷、2－甲基丙烷和一氯二氟乙烷的混合物	R－406	千克	许可证管理
33	3824740016	五氟乙烷、三氟乙烷和一氯二氟甲烷的混合物	R－408	千克	许可证管理
34	3824740017	一氯二氟甲烷、一氯四氟乙烷和一氯二氟乙烷的混合物	R－409	千克	许可证管理
35	3824740018	丙烯、一氯二氟甲烷和二氟乙烷的混合物	R－411	千克	许可证管理
36	3824740019	一氯二氟甲烷、八氟丙烷和一氯二氟乙烷的混合物	R－412	千克	许可证管理
37	3824740021	一氯二氟甲烷、一氯四氟乙烷、一氯二氟乙烷和2－甲基丙烷的混合物	R－414	千克	许可证管理
38	3824740022	一氯二氟甲烷和二氟乙烷的混合物	R－415	千克	许可证管理
39	3824740023	四氟乙烷、一氯四氟乙烷和丁烷的混合物	R－416	千克	许可证管理
40	3824740024	丙烷、一氯二氟甲烷和二氟乙烷的混合物	R－418	千克	许可证管理
41	3824740025	一氯二氟甲烷和八氟丙烷的混合物	R－509	千克	许可证管理
42	3824740026	一氯二氟甲烷和一氯二氟乙烷的混合物		千克	许可证管理
43	3824740090	除上述含氢氯氟烃物质外，其他含氢氯氟烃混合物（这里的烃是指甲烷、乙烷及丙烷）		千克	许可证管理
44	2903799021	其他溴氟代甲烷、乙烷和丙烷		千克	许可证管理
45	2903772017	五氯一氟乙烷 四氯二氟乙烷	CFC－111 CFC－112	千克	许可证管理
46	2903772018	七氯一氟丙烷 六氯二氟丙烷 五氯三氟丙烷 四氯四氟丙烷 三氯五氟丙烷 二氯六氟丙烷 一氯七氟丙烷	CFC－211 CFC－212 CFC－213 CFC－214 CFC－215 CFC－216 CFC－217	千克	许可证管理
47	2903799022	溴氯甲烷		千克	许可证管理
48	2903772090	其他仅含氟和氯的甲烷、乙烷及丙烷的全卤化物		千克	许可证管理

续　表

序号	商品编号	商品名称	代号	单位	备注
49	3824710090	其他仅含氟和氯的甲烷、乙烷及丙烷的全卤化物的混合物		千克	许可证管理
50	2903399041	一氟甲烷(甲基氟)	HFC－41	千克	许可证管理
51	2903399042	二氟甲烷	HFC－32	千克	许可证管理
52	2903399043	三氟甲烷	HFC－23	千克	许可证管理
53	2903399044	1,1－二氟乙烷	HFC－152a	千克	许可证管理
54	2903399045	1,1,1－三氟乙烷	HFC－143a	千克	许可证管理
55	2903399046	1,1,1,2－四氟乙烷	HFC－134a	千克	许可证管理
56	2903399047	五氟乙烷	HFC－125	千克	许可证管理
57	2903399048	1,1,1,3,3－五氟丙烷	HFC－245fa	千克	许可证管理
58	2903399049	1,1,1,3,3－五氟丁烷	HFC－365mfc	千克	许可证管理
59	2903399051	1,1,1,2,3,3－六氟丙烷	HFC－236ea	千克	许可证管理
60	2903399052	1,1,1,3,3,3－六氟丙烷	HFC－236fa	千克	许可证管理
61	2903399053	1,1,1,2,3,3,3－七氟丙烷	HFC－227ea	千克	许可证管理
62	2903399054	1,1,1,2,2,3－六氟丙烷	HFC－236cb	千克	许可证管理
63	2903399059	其他的无环氢氟烃		千克	许可证管理
64	3824780010	HFC－125 和 HFC－32 的混合物,混合比例(质量比)为 50：50,主要用作制冷剂	R410A	千克	许可证管理
65	3824780020	HFC－32,HFC－125 和 HFC－134a 的混合物,混合比例(质量比)为 23：25：52,主要用作制冷剂	R407C	千克	许可证管理
66	3824780030	HFC－125,HFC－143a 和 HFC－134a 的混合物,混合比例(质量比)为 44：52：4,主要用作制冷剂	R404A	千克	许可证管理
67	3824780040	HFC－125 和 HFC－143a 的混合物,混合比例(质量比)为 50：50,主要用作制冷剂	R507A	千克	许可证管理
68	3824780050	其他氢氟碳化物(HFCs),但不含全氯氟烃(CFCs)或氢氯氟烃(HCFCs)的混合物		千克	许可证管理

(3) 有害水污染物

《水污染防治法》第三十二条"国务院环境保护主管部门应当会同国务院卫生主管部门,根据对公众健康和生态环境的危害和影响程度,公布有毒有害水污染物名录,实行风险管理。排放前款规定名录中所列有毒有害水污染物的企业事业单位和其他生产经营者,应当对排污口和周边环境进行监测,评估环境风险,排查环境安全隐患,并公开有毒有害水污染物信息,采取有效措施防范环境风险”。2019 年 7 月生态环境部会同卫生健康委制定了《有毒有害水污染物名录(第一批)》(表 7-6)。

表 7-6 有毒有害水污染物名录(第一批)

序 号	污染物名称	CAS 号
1	二氯甲烷	75-09-2
2	三氯甲烷	67-66-3
3	三氯乙烯	79-01-6
4	四氯乙烯	127-18-4
5	甲醛	50-00-0
6	镉及镉化合物	—
7	汞及汞化合物	—
8	六价铬化合物	—
9	铅及铅化合物	—
10	砷及砷化合物	—

注:CAS 号(CAS Registry Number),即美国化学文摘社(Chemical Abstracts Service,缩写为 CAS)登记号,是美国化学文摘社为每一种出现在文献中的化学物质分配的唯一编号。

4. *在利用和处置过程中必然产生有毒有害物质的其他物质*

2008 年 8 月 29 日第十一届全国人民代表大会常务委员会第四次会议通过《循环经济促进法》,于 2018 年 10 月 26 日第十三届全国人民代表大会常务委员会第六次会议修正,第十九条明确“从事工艺、设备、产品及包装物设计,应当按照减少资源消耗和废物产生的要求,优先选择采用易回收、易拆解、易降解、无毒无害或者低毒低害的材料和设计方案,并应当符合有关国家标准的强制性要求。对在拆解和处置过程中可能造成环境污染的电器电子等产品,不得设计使用国家禁止使用的有毒有害物质。禁止在电器电子等产品中使用的有毒有害物质名录,由国务院循环经济发展综合管理部门会同国务院生态环境等有关主管部门制定。”

2016 年 12 月 14 日,为贯彻落实《中国制造 2025》和《工业绿色发展规划(2016—2020 年)》,引导企业持续开发、使用低毒低害和无毒无害原料,减少产品中有毒有害物质含量,从源头削减或避免污染物产生,工业和信息化部、科技部、环境保护部组织编制发布了《国家鼓励的有毒有害原料(产品)替代品目录(2016 年版)》[1],明确了 74 类产品中有毒

---

① 工业和信息化部,科学技术部,环境保护部. 三部委关于发布《国家鼓励的有毒有害原料(产品)替代品目录(2016 年版)》的通告[EB/OL]. (2016-12-26). https://www.miit.gov.cn/zwgk/zcwj/wjfb/tg/art/2020/art_dc43629922e941628a7c065dad0214d6.html.

有害原料的替代品，涉及塑料、陶瓷、油漆、树脂合成、橡胶制品、食品包装、日化、纺织、汽车、石油开采、医疗、家用电器等各个方面。

目前，工业和信息化部还会同发展改革委、科技部、财政部、环境保护部、商务部、海关总署、国家市场监督管理总局组织编制了《电器电子产品有害物质限制使用达标管理目录（第一批）》和《达标管理目录限用物质应用例外清单》，自 2019 年 3 月起施行。纳入目录的产品，铅、汞、镉、六价铬、多溴联苯和多溴二苯醚的含量应该符合电器电子产品有害物质限制使用限量要求等相关标准，并纳入电器电子产品有害物质限制使用合格评定制度管理范围，列入《达标管理目录限用物质应用例外清单》的可暂不按本要求执行。

5. 国务院生态环境保护主管部门会同国务院卫生主管部门公布的有毒有害污染物名录中的有关物质等

化学品在日常生产生活中广泛应用，在经济社会发展中发挥着重要作用。为加强化学品管理，有效防范化学品危害事件，国家陆续制定出台了一系列专项法规制度，如《危险化学品安全管理条例》《中华人民共和国监控化学品管理条例》《易制毒化学品管理条例》等，对危险化学品安全、监控化学品、易制毒化学品等实施专项管理。

在新化学物质环境管理方面，自 2003 年起开始实施新化学物质环境管理登记制度，颁布实施《新化学物质环境管理办法》（环境保护部令第 7 号），建立源头管理的“防火墙”，防止生产和进口对环境和健康存在不合理风险的新化学物质。针对有毒化学品环境管理，严格履行《关于持久性有机污染物的斯德哥尔摩公约》《关于汞的水俣公约》《关于在国际贸易中对某些危险化学品和农药采用事先知情同意程序的鹿特丹公约》等国际化学品领域相关公约，限制或淘汰了一批公约管制的有毒有害化学物质。严格实施有毒化学品进出口环境管理制度，确保相关化学品进出口活动符合国际公约履约要求。

对于现有化学品环境风险评估与管控，2017 年 12 月，原环境保护部会同工业和信息化部、卫生计生委制定发布了第一批《优先控制化学品名录》，包含 22 种化学物质，通过纳入排污许可制度管理，实行限制措施，实施清洁生产审核及信息公开制度等措施，最大限度降低高环境风险化学品的生产、使用对人类健康和环境的不利影响。目前生态环境部正在组织开展《化学物质环境风险评估与管控条例》（以下简称《条例》）的制定工作。《条例》在借鉴发达国家管理经验和分析我国化学物质环境管理存在问题的基础上，确立了我国化学物质环境管理的立法目的、适用范围、管理原则和主要制度，包括：环境风险评估、基本信息报告、环境风险筛查、化学物质赋存情况调查监测、优先控制化学物质名录、严格限制和禁止化学物质名录、化学物质进出口管控、新化学物质环境管理登记等。

2019 年 11 月，生态环境部发布《有毒有害化学物质名录（第二批）》（征求意见稿），在其编制说明中提到，为进一步体现名录中化学物质的环境和健康危害特性，结合正在制定的《化学物质环境风险评估与管控条例》，经研究，将《优先控制化学品名录（第二批）》

更名为《有毒有害化学物质名录(第二批)》(2020 年 5 月的征求意见稿又改为"优先控制化学品名录"①),于 2020 年 11 月 2 日正式印发。该名录重点关注环境和健康危害较大,环境中可能长期存在的,并可能对生态环境和人体健康存在不合理风险的化学物质,重点筛选符合以下标准的化学物质开展环境风险分析与评估:

一是由于环境或健康风险原因,已被至少一个发达国家禁止或严格限制的,且在我国有大量生产使用的化学物质;

二是在我国有大量生产使用或潜在环境暴露高,且具有持久性、生物累积性和毒性(PBT)属性的化学物质;其中,PBT 属性的判定标准为《持久性、生物累积性和毒性物质及高持久性和高生物累积性物质的判定方法》(GB/T 24782);

三是已被国际组织或国内外官方机构确认具有 1A 类致癌性、致突变性或生殖毒性(CMR),并且在我国有大量生产使用的化学物质;其中,致癌性、致突变性或生殖毒性类别按照我国《化学品分类和标签规范》(GB 30000)系列标准进行识别确定;

四是受国外水、气环境标准管控,具有 PBT 或 CMR 1A 危害的化学物质;

五是曾造成环境污染事件,群众反映强烈的化学物质。

此外,在满足上述条件的情况下,将优先考虑同时满足多个标准的化学物质,以及已出台相关排放标准且具备管控条件的化学物质②。

新污染物是指排放到环境中的具有生物毒性、环境持久性、生物累积性等特征,对生态环境或者人体健康存在较大风险,但尚未纳入管理或者现有管理措施不足的有毒有害化学物质。我国是化学物质生产使用大国,近年来,随着国家对新污染物管控工作的重视,生态环境部联合多部门公布《重点管控新污染物清单(2023 年版)》(生态环境部令第 28 号),主要包括四类 14 种类新污染物,对列入清单的新污染物,应当按照国家有关规定采取禁止、限制、限排等环境风险管控措施。这不仅是深化环境污染防治,保护国家生态环境安全的必然要求,对于防范环境与健康风险意义重大③。

表 7-7 优先控制化学品名录(第一批和第二批)

编　号	化学品名称	CAS 号
	第一批	
PC001	1,2,4-三氯苯	120-82-1
PC002	1,3-丁二烯	106-99-0

① 生态环境部. 关于征求《优先控制化学品名录(第二批)(征求意见稿)》意见的通知[EB/OL]. (2020-05-07). http://www.mee.gov.cn/xxgk2018/xxgk/xxgk06/202005/t20200507_778051.html.

② 同①.

③ 生态环境部. 重点管控新污染物清单(2023 年版)[EB/OL]. (2022-12-30). https://www.mee.gov.cn/xxgk2018/xxgk/xxgk02/202212/t20221230_1009167.html.

续　表

编　号	化学品名称	CAS 号
PC003	5-叔丁基-2,4,6-三硝基间二甲苯(二甲苯麝香)	81-15-2
PC004	N,N′-二甲苯基-对苯二胺	27417-40-9
PC005	短链氯化石蜡	85535-84-8 68920-70-7 71011-12-6 85536-22-7 85681-73-8 108171-26-2
PC006	二氯甲烷	75-09-2
PC007	镉及镉化合物	7440-43-9(镉)
PC008	汞及汞化合物	7439-97-6(汞)
PC009	甲醛	50-00-0
PC010	六价铬化合物	
PC011	六氯代-1,3-环戊二烯	77-47-4
PC012	六溴环十二烷	25637-99-4 3194-55-6 134237-50-6 134237-51-7 134237-52-8
PC013	萘	91-20-3
PC014	铅化合物	
PC015	全氟辛基磺酸及其盐类和全氟辛基磺酰氟	1763-23-1 307-35-7 2795-39-3 29457-72-5 29081-56-9 70225-14-8 56773-42-3 251099-16-8
PC016	壬基酚及壬基酚聚氧乙烯醚	25154-52-3 84852-15-3 9016-45-9
PC017	三氯甲烷	67-66-3
PC018	三氯乙烯	79-01-6
PC019	砷及砷化合物	7440-38-2(砷)
PC020	十溴二苯醚	1163-19-5

续 表

编 号	化学品名称	CAS号
PC021	四氯乙烯	127－18－4
PC022	乙醛	75－07－0
	第二批	
PC023	1,1－二氯乙烯	75－35－4
PC024	1,2－二氯丙烷	78－87－5
PC025	2,4－二硝基甲苯	121－14－2
PC026	2,4,6－三叔丁基苯酚	732－26－3
PC027	苯	71－43－2
PC028	多环芳烃类物质,包括:	
	苯并[a]蒽	56－55－3
	苯并[a]菲	218－01－9
	苯并[a]芘	50－32－8
	苯并[b]荧蒽	205－99－2
	苯并[k]荧蒽	207－08－9
	蒽	120－12－7
	二苯并[a,h]蒽	53－70－3
PC029	多氯二苯并对二噁英和多氯二苯并呋喃	—
PC030	甲苯	108－88－3
PC031	邻甲苯胺	95－53－4
PC032	磷酸三(2－氯乙基)酯	115－96－8
PC033	六氯丁二烯	87－68－3
PC034	氯苯类物质,包括:	
	五氯苯	608－93－5
	六氯苯	118－74－1
PC035	全氟辛酸(PFOA)及其盐类和相关化合物	335－67－1(全氟辛酸)
PC036	氰化物*	—
PC037	铊及铊化合物	7440－28－0(铊)

续　表

编　号	化学品名称	CAS 号
PC038	五氯苯酚及其盐类和酯类	87－86－5 131－52－2 27735－64－4 3772－94－9 1825－21－4
PC039	五氯苯硫酚	133－49－3
PC040	异丙基苯酚磷酸酯	68937－41－7

注：* 指氢氰酸、全部简单氰化物(多为碱金属和碱土金属的氰化物)和锌氰络合物，不包括铁氰络合物、亚铁氰络合物、铜氰络合物、镍氰络合物、钴氰络合物。

表 7－8　重点管控新污染物清单(2023 年版)

编　号	新污染物名称	CAS 号
1	全氟辛基磺酸及其盐类和全氟辛基磺酰氟(PFOS 类)	1763－23－1 307－35－7 2795－39－3 29457－72－5 29081－56－9 70225－14－8 56773－42－3 251099－16－8
2	全氟辛酸及其盐类和相关化合物[1](PFOA 类)	—
3	十溴二苯醚	1163－19－5
4	短链氯化石蜡[2]	85535－84－8 68920－70－7 71011－12－6 85536－22－7 85681－73－8 108171－26－2
5	六氯丁二烯	87－68－3
6	五氯苯酚及其盐类和酯类	87－86－5 131－52－2 27735－64－4 3772－94－9 1825－21－4
7	三氯杀螨醇	115－32－2 10606－46－9
8	全氟己基磺酸及其盐类和相关化合物[3](PFHxS 类)	—
9	得克隆及其顺式异构体和反式异构体	13560－89－9 135821－03－3 135821－74－8

续 表

编 号	新污染物名称		CAS 号
10	二氯甲烷		75－09－2
11	三氯甲烷		67－66－3
12	壬基酚		25154－52－3 84852－15－3
13	抗生素		—
14	已淘汰类	六溴环十二烷	25637－99－4 3194－55－6 134237－50－6 134237－51－7 134237－52－8
15		氯丹	57－74－9
16		灭蚁灵	2385－85－5
17		六氯苯	118－74－1
18		滴滴涕	50－29－3
19		α－六氯环己烷	319－84－6
20		β－六氯环己烷	319－85－7
21		林丹	58－89－9
22		硫丹原药及其相关异构体	115－29－7 959－98－8 33213－65－9 1031－07－8
23		多氯联苯	—

注：主要环境风险管控措施详见原文件。

1. PFOA 类是指：(i) 全氟辛酸(335－67－1)，包括其任何支链异构体；(ii) 全氟辛酸盐类；(iii) 全氟辛酸相关化合物，即会降解为全氟辛酸的任何物质，包括含有直链或支链全氟基团且以其中(C_7F_{15})C 部分作为结构要素之一的任何物质(包括盐类和聚合物)。下列化合物不列为全氟辛酸相关化合物：(i) $C_8F_{17}-X$，其中 X＝F, Cl, Br；(ii) $CF_3[CF_2]n-R'$涵盖的含氟聚合物，其中 R'＝任何基团，n>16；(iii) 具有≥8 个全氟化碳原子的全氟烷基羧酸和膦酸(包括其盐类、脂类、卤化物和酸酐)；(iv) 具有≥9 个全氟化碳原子的全氟烷烃磺酸(包括其盐类、脂类、卤化物和酸酐)；(v) 全氟辛基磺酸及其盐类和全氟辛基磺酰氟。

2. 短链氯化石蜡是指链长 C_{10} 至 C_{13} 的直链氯化碳氢化合物，且氯含量按重量计超过 48%，其在混合物中的浓度按重量计大于或等于 1%。

3. PFHxS 类是指：(i) 全氟己基磺酸(355－46－4)，包括支链异构体；(ii) 全氟己基磺酸盐类；(iii) 全氟己基磺酸相关化合物，是结构成分中含有 $C_6F_{13}SO_2^-$ 且可能降解为全氟己基磺酸的任何物质。

4. 已淘汰类新污染物的定义范围与《关于持久性有机污染物的斯德哥尔摩公约》中相应化学物质的定义范围一致。

7.1.7 污染物理化性质

污染物理化性质鉴定是指运用物理学、化学等相关原理、技术和方法对污染物进行定性、定量分析。任何物质都有区别于其他物质的特征和特性，对于环境污染物的复合多样性，只有明确物质的典型特征才能准确识别并判断其类别。该部分鉴定内容可以单独开展，也可以作为上述有毒、有害物质鉴定的前置工作，主要起到辅助与基础数据支撑作用。

实践中，这些典型特征可能表现在物质的外观、物理性质、化学结构等方面，因此，应对鉴定对象的外观特征、物理特性、化学特性进行综合观察，并通过观察、检测、结构表征等手段进行科学描述。可以将其鉴定结果狭义地理解为物质的物理化学性质检测结果的综合性报告。

1. 外观特征

外观特征主要包括物质形态、形状大小、颜色、气味、厚度、硬度、混合度、包装特征等可由人感官感受到的外在特征，应在人员访谈、现场踏勘和样品采集阶段形成相关记录。

物质形态，主要是分辨对象是固态、气态、液态还是混合态，以及干湿程度、黏稠等质地特征，区分是水溶液、乳化液、还是油状液体。

形状大小，主要是描述物理直观感受的形状，如粉末、粒状、块状、碎屑、条状、片状、球状、丝状、带状、纤维状、多孔状等。

颜色，主要是描述颜色的种类及混合情况，如单色、杂色还是混合色，是鲜艳、黯淡还是无色透明，可采用门塞尔比色卡比色。颜色描述可采用双名法，主色在后，副色在前，如黄棕、灰棕等。颜色深浅还可以冠以暗、淡等形容词，如浅棕、暗灰等。常见特征离子固体废物颜色如表 7－9 所示，可通过肉眼观察含有不同特征离子的污染物呈现出不同的颜色，对污染物类别做出初步判断。

表 7－9　常见特征离子固体废物颜色

特征离子	GB 5085.6—2007 附录中毒性物质	颜色
Cr^{6+}	铬酸钠	黄色、黑色、红褐色
Cr^{3+}	氢氧化铬、氧化铬	墨绿色
Cd^{2+}	氧化镉、硫化镉、氯化镉、铬酸镉、氟化镉、硫酸镉	黄色、黑色
Cu^{2+}	氰化铜、氢氧化铜、氧化铜	棕黑色、棕色、蓝绿色
Ni^{2+}	氧化镍、氢氧化镍、硫化镍	墨绿色
Ag^{+}	氰化银、氯化银	白色，浅褐色
Pb^{2+}	氧化铅、醋酸铅、烷基铅、磷酸铅	红褐色、黄褐色
F^{-}	氟化钙、氟化锌、氟化钠、氟化铝	白色、黄褐色、灰褐色

气味，主要是描述无味、霉味、氨味、酸味、恶臭、刺激性气味或强烈刺激性气味、其他异味等。如多种挥发性污染物会有特征气味，SO_2、NH_3 等有刺激性气味，H_2S 有臭鸡蛋味，可初步确定特征因子，为进一步研判手段奠定基础（表 7－10）。

表 7-10 常见有特征气味的污染物

气 味	污 染 物
刺激性气味	SO_2、NH_3、HCl、HBr、HI、HF、NO、NO_2、SO_3、HNO_3(浓)、乙醛(l)、甲醛、丙酮、F_2、Cl_2、Br_2(g)、丙烯腈、二甲苯、乙酸、苯酚、甲醇、乙醇
苦杏仁味	HCN、氰化物(KCN、NaCN)、硝基苯、苯甲醛
鱼腥味	三甲胺、二甲胺、乙二胺、丁二胺、精胺
不愉快气味(恶臭)	甲硫醇、甲硫醚、二甲基二硫、二硫化碳(老化)、$COCl_2$、苯胺
芳香味	苯、甲苯、氯苯、三氯甲烷、低级酯类(乙酸乙酯、乙酸甲酯等)、吲哚类
臭鸡蛋味	硫化氢

硬度，主要是针对非气态物质描述其软硬度和强度，是柔软、有弹性、易拉伸、易碎、易断裂，还是非常坚硬等。

包装特征，主要是描述是否有包装物、包装物特征及信息、是否规范包装、散装散放、还是破损包装、杂乱包装等。

2. 物理特性

物理特性一般可结合其来源及现场识别的外观特征，从而有选择性地进行相应指标分析。如以灰分、可燃成分(挥发分、烧失率、总有机碳含量)，区分有机组分含量等；以水分(含水率、湿度等)区分干湿状态判断污泥来源或物质分离过程；以粒径分布、颗粒形貌、比表面积等区分不同晶相或生产工艺等；以过滤残余物、垃圾组分比等占比分布分析产生来源等。其他物理参数如强度性能(如拉伸强度、断裂伸长率、定伸应力、硬度等)、比重(相对密度、容重、堆密度)、热值、黏度、馏程、熔点、沸点、水溶解性、渗透速率、孔隙率、磁性、总固体残渣等①，也可作为识别物质种类和性质的依据。

3. 化学特性

任何化学物质都可以用一组参数来表述，这些参数决定了它在环境中的分配、迁移转化行为等，还有一组不同的参数来描述人体和环境毒性。当还不能依据样品的外观和物理特征确定物质的属性时，需对其基本化学特性进行分析测试，以确定物质的内在化学特性，从而评估其风险特征，根据现有法律法规及管理政策要求，确定对应的管理分类属性。分析内容主要集中在化学组成(化学元素或成分)及其含量分析、物质的结构(化学结构、晶体结构、空间分布)、存在形态(价态、配位态、结晶态)、危险特性(易燃性、反应性、腐蚀性、浸出毒性、毒性物质、急性毒性，此处侧重于检测分析)、燃烧性能、酸值、溶解性、挥发性、分子量分布等。

① 周炳炎，王琪，于泓锦，等. 固体废物鉴别原理与方法[M]. 北京：中国环境出版社，2016：148.

7.2　鉴定的主要程序和方法

7.2.1　现状及注意事项

1. 明确是否需要对“废物”属性进行认定

依据鉴定程序来看，需鉴定的对象具体可分为需要认定为“废物”类的、不需要认定为“废物”类的和“其他有害物质”三大类，如表 7－1 所示。因此，在涉及“废物”的法律对象进行鉴定时，必须优先判断鉴定对象是否满足“废物”属性规定；而对于不需要进行“废物”认定的类别，可依据各类名录、各类标准及环境健康风险评价等手段进行综合分析。

2. 明确不同入罪标准的认定区别

《环境污染犯罪解释》（法释〔2023〕7 号）不同入罪标准对行为对象的认定要求区分：

1）针对含铅、汞、镉、铬、砷、铊、锑、镍、铜、锌、银、钒、锰、钴的大气或水污染物，其鉴定内容只需确定污染物种类及浓度即可；通过物理、化学仪器检测可定性分析确认污染物种类，通过定量分析可确认污染物含量，最后与相应国家或者地方污染物排放标准比对。

2）对于涉及危险废物鉴定的，则需根据《危险废物鉴别标准　通则》和《危险废物鉴别技术规范》中规定的程序和方法进行分析判断，其鉴定内容不仅需要首先对鉴定对象进行固体废物属性鉴定，还需要结合《国家危险废物名录》进行比对判断，可能也需要通过检测鉴别的方式确定污染物种类及浓度，依据不同情形而定。

3）对于其他类型的“有毒物质”或“有害物质”鉴定，其鉴定内容首要的就是确定污染物种类及浓度，即首先解决是什么物质的问题，再确定对环境造成的污染或损害情况，或结合法律法规、标准规范、文献资料或实验数据等分析待鉴定物质对环境及人体健康的毒害特性。

上述三类对象在鉴定内容、鉴定程序和鉴定方法上均有不同要求，但至今缺少统一成文的技术文件来指导鉴定工作，因此，实践中，对于固体废物、危险废物等具有明确鉴别依据的需按照规定的程序和方法开展鉴定，而对于除此之外的，则依据鉴定人的专业知识和该领域多数专家认可的技术方法进行综合分析判断。

3. 注意事项

现有的法律法规及技术规范仅对固体废物鉴别、危险废物鉴别进行了较为系统的规定，但对于有毒有害物质的鉴定仍然缺乏科学技术层面的相关规定指引，同时现有的相关监测及鉴别技术规范均未对环境污染事故的采样、检测、判断做出具体规定，这仍然给此类物质的属性鉴定工作及相关案件的定罪量刑带来一定的困难和阻碍。如此一来，交由鉴定方进行自由判断把握的情况下，便会出现同一物质多种鉴定结果的情况，对其定罪量刑产生较大影响。

综合来看,在污染物性质鉴定实务工作中,有必要遵循一定的鉴定流程和程序,不能仅凭构成要件文字表述的符合性就贸然对物质属性进行判定。此类认定应当以物质的实质化学组成及其危害特性为基础,通过溯源与检测分析相结合,综合法律与管理文件要求,进行全面、科学、合理的分析判定,在现有规定下适用"符合性条款"的排除原则,直到确定完全不属于①"放射性的废物、含传染病病原体的废物、有毒物质"任一类别的,但未按国家规定操作使得其仍具有一定环境健康风险的可认定为"有害物质"。

另外,在技术标准有限的情况下,也不能贸然将所有涉案物质都纳入有毒有害物质之列,环境污染刑事案件中的污染物性质鉴定目的就是要判断其是否能构成刑法意义上的"有毒物质"或"有害物质"。应结合物质本质的物理、化学、生物特征进行深层次分析,无论最终结论是判定为废物或非废物,都要有充分的法律法规及科学理由支持,也包括管理政策上的理由,形成一个较为完整的证据链,而不是看重单一的环境污染风险因素。当前也有学者正在开展"环境污染物综合毒性判定标准研究",有望为污染物性质鉴定提供技术支撑。对于科研人员或从业者而言,应对环境问题建立全面的认识,在实践中可结合前述物质分类,基于损害后果、毒性分级或风险评价等方式方法对污染物性质进行综合判定。

综上可见,在当前法律规定下,亟待基于物质生命周期,明确其系统性的鉴定程序和方法,以消除鉴定技术随意分散、不统一的现象,从而保证司法公正性。

7.2.2 污染物性质鉴定程序

笔者根据当前司法解释规定,对于《刑法》第三百三十八条涉及的有毒物质和有害物质的鉴定程序进行梳理整合,主要划分为污染识别、现场采样、环境污染风险分析三个阶段,如图 7-2 所示。

与委托方确定委托鉴定事项和鉴定对象后,即可开展第一阶段调查,通过资料收集、现场踏勘和人员访谈,对鉴定对象的污染特性进行识别与分析,确定来源或相关产生工艺。

1) 第一阶段应以溯源分析为重点,当识别出鉴定对象为《关于持久性有机污染物的斯德哥尔摩公约》附件所列物质时,或经判断属于固体废物且在《国家危险废物名录》内的,即可直接进入第三阶段,并给出鉴定意见。

2) 当鉴定对象属性无法判断时,应进入第二阶段调查工作。第二阶段调查以采样分析为主,主要目的是确定特征污染因子,为鉴定对象的有毒有害特性或危险特性分析提供数据支撑,主要内容分为初步采样和详细采样。

3) 当通过溯源、现场快速检测、专家研判等手段可以确认检测因子的,可以直接进入详细采样分析阶段。

---

① 指根据前期调查及经验判断得出,而非完全不计成本的全检测判断。

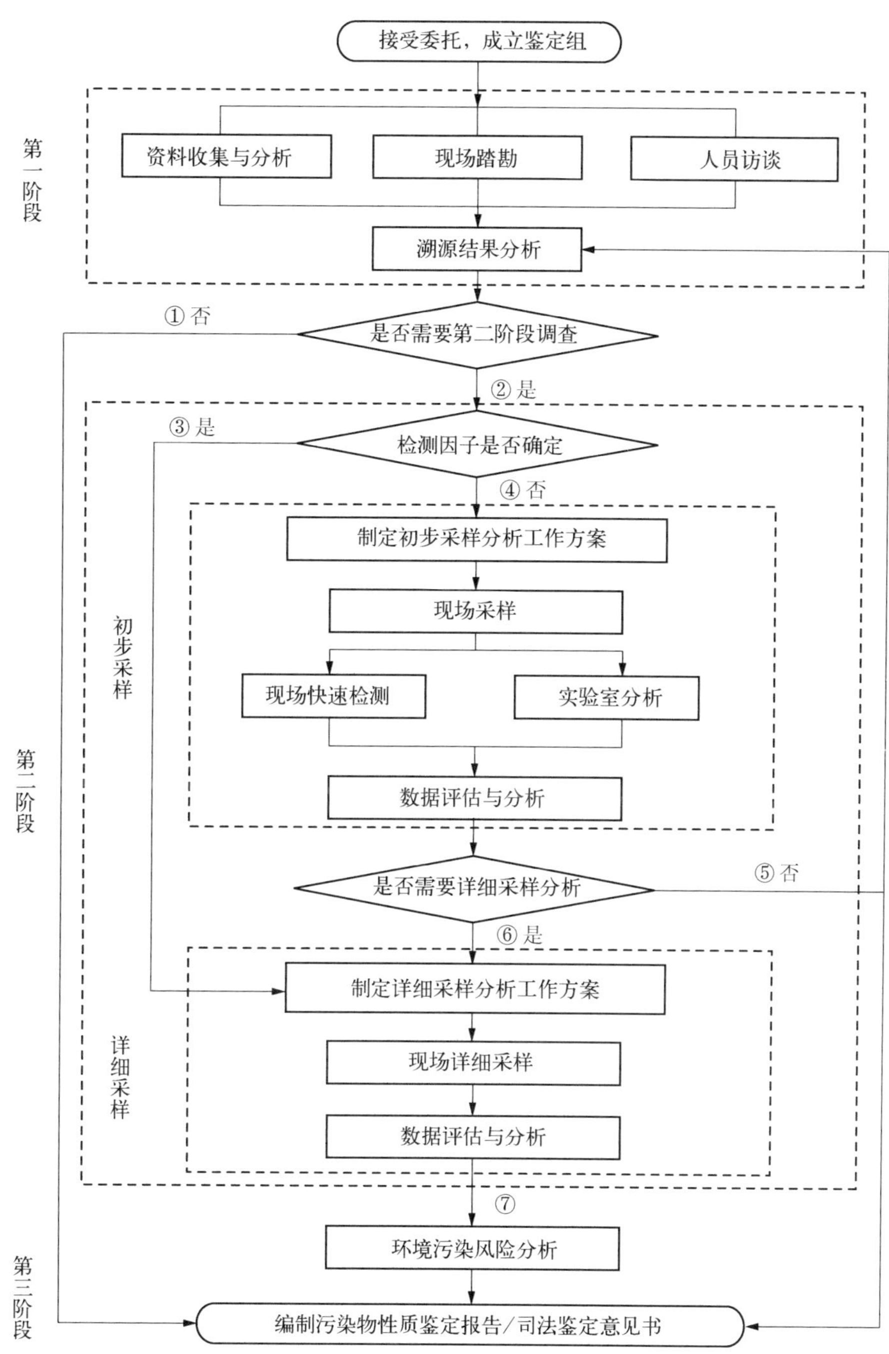

图 7－2　污染物性质鉴定工作程序

4）当检测因子无法确认时，结合现场踏勘所见鉴定对象的外观、气味、颜色等物理特性以及现场环境特征等，制定科学合理的初步采样方案，采集具有典型性、代表性的样品，进行全成分元素分析和水分、有机分、灰分三成分分析，根据分析结果确定详细采样调查阶段的检测因子。初步采样是对鉴定对象及其次生污染物进行现场初步采样，并开展现场快速检测的定性半定量分析或实验室定量检测。

5）当初步采样数据评估与分析结束后，可能具有危险特性的，结合溯源研判可以确定危险废物属性的，即可出具危险废物鉴定意见。

6）不确定危险特性的，或仍需进入详细采样调查阶段的，分别参照 HJ 25.1、HJ 25.2、HJ 91、HJ/T 164、HJ/T 166、HJ 905、HJ/T 55、HJ/T 194、HJ/T 397、GB 5085.7 和 HJ 298、HJ/T 20、CJ/T 313 的采样分析要求，制定详细采样方案。

7）第三阶段，根据检测结果进行相应的环境污染风险分析，编制污染物性质鉴定报告/司法鉴定意见书。

7.2.3 涉危险废物的鉴别程序

危险废物的鉴别应按照以下程序进行：

1）依据法律规定和 GB 34330，判断待鉴别的物品、物质是否属于固体废物，不属于固体废物的，则不属于危险废物。

2）经判断属于固体废物的，则首先依据《国家危险废物名录》鉴别。凡列入《国家危险废物名录》的，属于危险废物，不需要进行危险特性鉴别。

3）未列入《国家危险废物名录》，且无法根据 GB 5085.7 的第五、第六条相关判定规则判别属性，但不排除具有腐蚀性、毒性、易燃性、反应性的固体废物，依据 GB 5085.1、GB 5085.3、GB 5085.4、GB 5085.5 和 GB 5085.6，以及 HJ 298 进行鉴别。凡具有腐蚀性、毒性、易燃性、反应性中一种或一种以上危险特性的固体废物，属于危险废物，并按照《国家危险废物名录》的有关规定确定废物类别和代码。

4）对未列入《国家危险废物名录》且上述鉴别程序无法鉴别的固体废物，由国务院生态环境行政主管部门认定。

7.3 鉴定内容和要求

7.3.1 资料收集与分析

1）分析或查明污染来源、生产历史、生产工艺和污染物产生环节、位置，污染物堆放和处置区域现状及历史演变，历史污染事故及其处理情况；对于突发环境事件，应查明事件发生的时间、地点，可能产生的污染物的类型和性质、排放量（体积、质量），污染物浓度等资料和情况。

2）明确污染物排放方式、排放时间、排放频率、排放去向，特征污染物类别、浓度，可能产生的二次污染物类别、浓度等资料和情况；污染源排放的污染物进入外环境生成次生污染物种类、数量和浓度等信息。

3）搜集生产经营和行政批复等相关信息，明确产生行业或单位，分析污染物可能的产生源头和工艺等环节；对照企业环境影响评价等文件，通过现场勘测、类比、物料衡算等手段，核实企业产品方案、生产工艺、污染物产生的实际情况、主要原辅材料及其理化性质等；分析产生被鉴别废物过程中的污染物迁移。

4）搜集自然环境与社会经济信息，调查区域的地形地貌、水文、气候气象资料；地质和水文地质资料；调查区域的历史、现状和规划信息；环境敏感区分布信息；生态服务功能；地方法规、政策与标准等；已有的相关监测数据或清理处置等信息。

5）搜集并总结关于污染物理化性质及其健康与生态毒性影响、影响区域基线信息等相关文献。

鉴定机构可派员首先对污染现场开展资料收集与分析，应当有委托人指派或者委托的人员在场见证并在资料流转清单上签名。

7.3.2　现场踏勘与人员访谈

经委托人同意，鉴定机构可派员对污染现场开展现场踏勘和人员访谈，派员应当由不少于二名该机构的适格人员进行，其中至少一名应为该鉴定事项的司法鉴定人。开展以上工作时，应当有委托人指派或者委托的人员在场见证并在现场踏勘表或人员访谈表上签名，最终作为意见书或报告的附件。

1. 现场踏勘

1）现场踏勘的目的是通过对污染现场及影响区域的实地调查，观察污染现状，核实资料搜集的准确性，获取与污染物性质有关的线索。

2）在现场踏勘前，根据具体情况掌握相应的安全卫生防护知识，并装备必要的防护用品。

3）现场踏勘时采用 GPS 等定位系统或软件记录事发现场的准确地理位置；调查污染现场及周围区域当前利用现状，污染物种类。

4）确认调查范围边界及可能影响的环境介质；通过录像或拍照（包括航拍）等形式记录事发现场现状，对于不同区域或不同类别的污染物都应有相应记录，可以反映出现场踏勘时污染物的实际分布情况，并记录下污染物的气味、颜色、质地等外观特征、包装标识等信息。

5）核实并确认鉴定对象，通过实地勘察核准相关资料的真实性、准确性、合理性。

6）可根据需要开展必要的现场快速检测，并记录相关的样品点位、数量、外观特征、检测结果等信息，辅助识别污染物性质。常用的便携式仪器包括检测挥发性气体的光离子化检测仪（PID）、检测重金属的 X 射线荧光分析仪（XRF）等。

实际操作时，可根据便携仪器的测量值，确定具体的采样位置。对于固态物质，一般可用洛阳铲、手动螺旋钻等在采样点处凿孔，并使用便携仪器测定污染物组分的浓度；在初步采样和详细采样认定的污染较重的区域，可采用便携仪器进行加密检测。

2. 人员访谈

1）人员访谈可以采取当面交流、电话交流、电子或书面调查表等方式进行。

2）访谈对象可以为行政人员、领域专家、场地所有者、企业人员、第三方、受害方或其他知情人。

3）访谈内容一般为环境污染或生态破坏发生时间、地点、原因等，调查区域历史现状及规划情况，鉴定对象来源及属性特征，事件处置过程及进展情况，以及调查过程中涉及的疑问、信息补充、资料考证等。

7.3.3 初步采样分析

1）初步采样分析的目的主要是确定检测因子，尽可能减少详细采样分析阶段不必要的采样和分析工作量。

2）鉴定机构应根据已知待鉴别/鉴定污染物的产生特性和污染特性，编制工作方案。

3）根据已掌握的资料信息、现场踏勘和人员访谈情况，识别污染物的组成、种类及分布情况，应分类开展鉴定或鉴别。

4）每种类别采集3~5份典型代表样，开展快速检测分析（如pH试纸、PID气体探测仪测VOC、手持XRF测重金属、水质指标如溶解氧、pH、电导率、色度、浊度等）或初步实验室定量分析，对检测结果进行分析。在污染物属性不明确时可结合结构组分表征测试进一步明确物质类别，如X射线衍射分析（XRD）、X射线光电子能谱分析（XPS）、电子显微镜、光谱等物理结构测试分析，有机元素分析仪（EA）、X射线荧光分析（XRF）、气相色谱-质谱联用仪（GC－MS）、液相色谱-质谱联用仪（LC－MS）、离子色谱仪（IC）等化学组成分析。如遇污染物表观明显异常而常规检测项目无法识别时，可采用生物毒性测试方法进行筛选判断；如遇有明显异臭或刺激性气味，而项目无法检测时，应考虑通过恶臭指标等进行筛选判断。

5）前期资料搜集或现场踏勘阶段若可以明确污染物类别和特征污染因子，则可将初步采样分析与详细采样分析工作合并进行。

7.3.4 详细采样分析

在初步采样分析的基础上制定详细采样分析工作计划。详细采样分析工作计划主要包括：评估初步采样分析工作计划和结果，制定采样方案，以及制定样品分析方案等。通常采样量在满足单介质指标分析量要求的情况下，还需综合考虑其他分析测试技术的破坏性和分析顺序。

7.3.5 样品采集

1. 采集对象

1）目标样品：明确采集对象的空间范围和调查时间范围，根据前期调查工作确定采集对象的种类，包括固体废物、废液或废水（渗滤液等次生污染物）、废气。必要时开展溯源采样，根据环保和公安调查情况，确定污染物来源企业及产生环节，在具备采样的条件下采集企业相关样品 3~5 份。

2）受污染环境介质：与污染物直接接触的环境介质样品，根据水体、气体、污染地块污染物的扩散特征和环境调查结果分类采样。

3）对照样品：根据确定的受污染环境介质确定对照样品类型。

2. 采样方法

1）初步采样时，一般不进行大面积和高密度的采样，采用判断布点方法，在污染识别的基础上选择典型区域进行布点。

详细采样时，根据污染物现存分布状态及场所、前期确定的地理位置、调查边界及各阶段工作要求，确定布点范围，在所在调查区域地图或示意图中标注出点位布设情况。

2）气态物质参照 HJ/T 194 进行样品采集，污水按照 HJ 91.1 要求进行样品采集。受污染物环境介质的点位布设参照 HJ 91.1、HJ/T166、HJ/T 194、HJ 25.2 进行。

3）固体废物样品的采样工具、采样程序、盛样容器、采样记录参照 HJ/T 20 或 HJ 298 的要求进行。

4）在采样过程中应采取措施防止毒害成分的损失、交叉污染和二次污染。

5）生活垃圾的采样和物理组分分析按照 CJ/T 313 执行；不明来源的固体废物参照 HJ/T 20 和 HJ 298 对应状态进行采样；对于堆积或填埋深度大于 0.5 m 的，应分层采取样品，采样深度根据地球物理勘探或现场钻芯取样目视判断确定。

6）对于体量大于 1 000 t 且应急处置已部分开展情况，分区域以现场采样结合堆存仓库采样的方式进行；未开展相关施工工作区域，以钻芯采样的方式进行样品采集。

7）根据确定的受污染环境介质确定对照样品点位布设，利用未受污染环境或破坏生态行为影响的相似现场数据确定。

8）采样时应做好安全防护及二次污染防控等基本措施，按规范要求进行；须有影像记录，对采样点经纬度、固体废物性状、采样深度，颜色、气味、状态等感官指标进行描述记录，并由采样人、项目负责人、委托方代表在场签字确认。

3. 样品的保存与流转

目标固体废物样品的保存与流转应按照 HJ/T 20 及 HJ 298 的要求进行。土壤样品的保存与流转应按照 HJ 25.2 和 HJ/T 166 的要求进行。地下水样品的采集、保存与流转应按照 HJ/T 164 的要求进行。地表水样品的采集、保存与流转应按照 HJ 91、HJ 493 的要求进行。气体样品的采集、保存与流转应按照 HJ/T 194 进行。

7.3.6　样品检测与分析

1. 检测因子

检测因子确定依据：根据被鉴别物的性质，污染物的来源、产生过程和原辅材料等情况，结合快速检测分析数据及对应标准技术规范中的指标确定检测因子。

若进行危险特性鉴别，则对照 GB 5085.1~6 确定必要的检测因子，经综合分析，确定被鉴别物不存在、不产生的有害物质或特性,相应鉴别项目可不进行检测,但必须逐项说明理由。被鉴别物检测因子无法确定的,须对被鉴别物进行全分析,确定所涉固体废物的产生源特性和危险废物特性鉴别检测的具体项目。

2. 实验室样品分析

检测工作应由具备计量认证(CMA)资质和实验室认可(CNAS)资质的专业机构完成。

1) 目标固体废物样品及其次生废水样品应按照 GB 5085、HJ 298 和 HJ/T 91 中的指定方法进行测试分析。

2) 受污染环境介质和对照样品:土壤样品关注污染物的分析测试应参照 GB 36600 和 HJ/T 166 中的指定方法。土壤的常规理化特征土壤 pH、粒径分布、密度、孔隙度、有机质含量、渗透系数、阳离子交换量等的分析测试应按照 GB 50021 执行。污染土壤的危险废物特征鉴别分析,应按照 GB 5085 和 HJ 298 中的指定方法。地下水样品、地表水样品、环境空气样品的分析应分别按照 HJ/T 164、HJ/T 91、HJ/T 194、GB 14554 中的指定方法执行。

3) 其他方法:样品分析方法首选国家标准和规范中规定的分析方法,其次可参照行业标准和技术规范。对国内没有标准分析方法的项目,可以参照国外的方法,或参照该专业领域多数专家认可的技术方法。

7.3.7 质量控制与质量保证

1. 书证质量控制

书证提取原件优先,由提供单位加盖公章并对材料的真实性负责。笔记、录音、录像、拍照等音像记录资料,检查、检验、检测结果,以及仪器设备使用情况等相关文本资料应当存入档案。鉴定机构应当建立鉴定材料管理制度,严格监控鉴定材料的接收、保管、使用和退还,防止其被污染、破坏、遗失。

鉴定过程中,涉及复杂、疑难、特殊技术问题的,可以向本机构以外的相关专业领域的专家进行咨询,专家提供咨询意见应当签名,并存入鉴定档案。

2. 现场和实验室质量控制

采样人员应受过专门培训,应熟悉相应采集对象的性状,掌握采样技术、懂得安全操作的有关知识和处理方法。采样时,应由 2 人以上在场进行操作。

现场采样质量控制样一般包括现场平行样、现场空白样、运输空白样、清洗空白样等,且质量控制样的总数应不少于总样品数的 10%。规范采样记录:将所有必需的记录项制成表格,并逐一填写。采样送检单必须注明填写人和核对人。

设置实验室质量控制样。主要包括:空白样品加标样、样品加标样和平行重复样。

7.3.8 数据分析和结果判断

1. 检测数据分析

实验室检测结果和数据分析主要包括:

1）分析数据是否满足相应的实验室质量保证要求。

2）通过采样过程中了解的污染物分布情况、水文地质、污染物的物理化学特性等情况，分析数据的代表性。

3）分析数据的有效性和充分性，确定是否需要进行补充采样。

4）根据检测结果，分析污染物种类、浓度水平和空间分布。数据的处理应参照 HJ 298、HJ/T 166、HJ/T 164、HJ/T 194、HJ 91 中的相关要求进行。

2. 检测结果判断

1）可根据污染物的物理或化学组成分析，结合专业知识经验判断物质类别的基本特征归属。

2）对于危险特性鉴别，应根据 GB5085. 1～7 和 HJ 298 相关规定，确定被鉴别物是否属于危险废物。

7.3.9　环境污染风险分析

对于毒害特性不明确的物质，应关注其迁移暴露途径，综合毒理学、生态学、人体暴露、环境暴露查证数据，讨论物质的毒性，包括对环境污染或生态破坏的影响、对动植物或人体生长、发育、生殖的影响。

7.3.10　不确定性分析

应列出调查过程中遇到的限制条件和欠缺的信息，及对调查工作和结果的影响。

7.4　实　　例

7.4.1　某不明来源固体废物倾倒事件污染物性质鉴定案

1. 基本案情

2016 年 8 月，某县环保局接到举报称该县某镇相关区域堆放有不明固体废物。经调查，发现两处固体废物违规倾倒掩埋场所，分别位于某村废弃宕口（记为 1#地块）和某山高速挂线旁（记为 2#地块）；此外还查处一处固体废物违规处置场所，位于某家村内（记为 3#地块），该场所水泥固化地面上堆放有 5 堆固体废物。2017 年 4 月，受该县环境保护局委托，鉴定机构对该事件涉及的固体废物进行调查评估，确定固体废物毒害特性。

2. 鉴定要点

【鉴定事项】

对本次事件中涉及的 1#、2#、3#三地块的固体废物进行调查评估，确定固体废物毒害特性。

【鉴定过程】

（1）鉴定依据

《中华人民共和国环境保护法》《中华人民共和国固体废物污染环境防治法》《中华人民共和国水污染防治法》《土壤污染防治行动计划》《水污染防治行动计划》《突发环境事件调查处理办法》《××省突发事件应对条例》《××省环境污染防治条例》《××省固体（危险）废物跨省转移许可（规程）》《关于办理环境污染刑事案件适用法律若干问题的解释》（法释〔2016〕29号）、《环境损害鉴定评估推荐方法（第Ⅱ版）》《突发环境事件应急处置阶段环境损害评估推荐方法》《突发环境事件应急监测技术规范》（HJ 589—2010）、《固体废物鉴别导则（试行）》《国家危险废物名录》（2016版）、《危险废物鉴别标准　通则》（GB 5085.7—2007）、《一般工业固体废物贮存、处置场污染控制标准》（GB 18599—2001）、《危险废物贮存污染控制标准》（GB 18597—2001）、《危险废物填埋污染控制标准》（GB 18598—2001）和《危险废物鉴别标准　毒性物质含量鉴别》（GB 5085.6—2007）等相关法律法规、部门规章及技术规范。

（2）现场踏勘

1）1#地块概况

倾倒地位于县道旁，该区域原为山林，经开山采土采石形成宕口，现已废弃。现场固体废物主要集中在图1所示的两块区域，倾倒区域A区域面积约3 000 m^2（包括池塘面积），倾倒区域B区域面积约1 200 m^2。据了解，相关责任人在宕口违规倾倒掩埋固体废物过程中，分批倾倒，零散堆放，覆土掩埋。两块区域土质酥松，以黄沙土为主。两块场地均有大量场地积水，形成池塘。池塘水体呈绿色，无异味，未与其他地表水体直接相连。

图1　1#地块宕口固体废物倾倒场地

现场固体废物为泥状，呈红棕色，部分已转变成深棕色，无异味，均袋装堆放，部分包装袋破裂，部分袋装固体废物浸泡于池塘水体中。前期该县环保局的应急监测结果表明，固体废物样品中含有大量的铁（Fe）、铜（Cu）、锌（Zn）、镍（Ni）、铬（Cr）等重金属，具体检测结果见表1。

表 1　1#地块宕口固体废物应急监测结果

样品编号	检测结果(mg/kg)				
	Pb	Ni	Cr	Cd	氰化物
1	51.02	0.04×10^4	1.90×10^4	0.44	ND
2	37.61	0.07×10^4	1.99×10^4	0.81	ND
3	88.65	0.12×10^4	0.60×10^4	105.8	ND
4	447.2	0.45×10^4	2.00×10^4	374.0	ND
5	95.31	0.48×10^4	0.65×10^4	251.2	ND

2）2#地块概况

2#地块周边无地表水体，以林地土壤为主，有小块未种植作物的农田。现场共有三堆固体废物，均堆放于某山高速挂线旁，每个堆体约堆积固体废物 50 m^3。固体废物物理性状与 1#地块宕口固体废物类似，泥状，呈红棕色，无异味。

图 2　2#地块宕口固体废物倾倒场地

3）3#地块概况

3#地块水泥固化地面上共堆放有 5 堆固体废物，固体废物堆体大小从 1～20 m^3 不等。固体废物呈细小粉末状，无异味。

（3）样品采集

开展调查工作时至鉴定报告出具前，事件中涉及的固体废物来源尚未明确，故难以判

图 3 3#地块固体废物倾倒场地

断是否列入《国家危险废物名录》，需依据《危险废物鉴别标准》（GB 5085.1—GB 5085.6）进行鉴别。然而，当时我国缺乏环境污染事件中的固体废物采样监测技术规范，并且《危险废物鉴别技术规范》（HJ/T 298—2007）也不适用于环境污染事故产生的危险废物鉴别，故主要参照《工业固体废物采样制样技术规范》（HJ/T 20—1998）、《危险废物鉴别技术规范》（HJ/T 298—2007）[①]和《突发环境事件应急监测技术规范》（HJ 589—2010）的相关原则性要求进行典型样品采集。

【分析说明】

（1）固体废物属性认定

《中华人民共和国固体废物污染防治法》和《固体废物鉴别导则（试行）》中对固体废物的定义为："固体废物，是指在生产、生活和其他活动中产生的丧失原有利用价值或者虽未丧失利用价值但被抛弃或者放弃的固态、半固态和置于容器中的气态的物品、物质以及法律、行政法规规定纳入固体废物管理的物品、物质。"

经以上调查分析结合现场踏勘分析，本次鉴定的 1#、2#、3#三地块倾倒的固体废物属于固体废物。

（2）名录对比

截至报告编制完成时，倾倒的固体废物的数量及来源尚未调查明确，须依据《危险废物鉴别标准》（GB 5085）的相关要求进一步检测分析，以明确其危险特性。

① 2020 年 1 月 1 日起，环境事件涉及的固体废物的危险特性鉴别可依据《危险废物鉴别技术规范》（HJ 298—2019）的要求进行。

（3）固体废物检测结果

1）1#地块

采集的 6 份固体废物样品中，所有样品中的重金属 Cd、Cr、Ni、Cu、Zn 均有检出，检出含量分别介于 10.4～39.4 mg/kg、452～1.12×10^4 mg/kg、182～318 mg/kg、30.6～65.9 mg/kg 及 1.10×10^4～4.31×10^4 mg/kg 之间；5 份样品中的 Pb 有检出，检出含量介于 18～28 mg/kg 之间；2 份样品中 Hg 有检出，含量均为 0.02 mg/kg。

2）2#地块

采集的 3 份样品中，所有样品中的重金属 Pb、Hg、Cd、Cr、Ni、Cu、Zn 均有检出，检出含量分别介于 40～79 mg/kg、0.86～1.09 mg/kg、69.0～555 mg/kg、1.50×10^3～3.82×10^3 mg/kg、2.47×10^3～3.83×10^3 mg/kg、1.45×10^4～3.13×10^4 mg/kg 及 2.06×10^4～2.50×10^4 mg/kg 之间。

3）3#地块

采集的 5 份固体废物样品中，所有样品中的重金属 Pb、Hg、Cr、Ni、Cu、Zn 均有检出，检出含量分别介于 145～4.82×10^3 mg/kg、0.12～1.32 mg/kg、33～1.54×10^3 mg/kg、125～2.20×10^4 mg/kg、3.01×10^4～9.28×10^4 mg/kg 及 1.18×10^4～7.91×10^4 mg/kg 之间；5 份样品中 Cd 有检出，检出含量介于 28.9～147 mg/kg 之间。

累积毒性计算过程依据《危险废物鉴别标准　毒性物质含量鉴别》（GB 5085.6—2007），在此省略相关说明。

【鉴定意见】

1）1#地块采集的 6 份固体废物样品中，5 份样品的毒性物质（铬酸铬）含量超过了《危险废物鉴别标准　毒性物质含量鉴别》（GB 5085.6—2007）规定的标准限值 0.1%；所有样品的累积毒性均超过了《危险废物鉴别标准　毒性物质含量鉴别》（GB 5085.6—2007）规定的标准限值，建议按照危险废物进行管理。

根据《最高人民法院、最高人民检察院关于办理环境污染刑事案件适用法律若干问题的解释》（法释〔2016〕29 号）第十五条的相关规定，倾倒掩埋于 1#地块的固体废物可认定为“有毒物质”。

2）2#地块采集的 3 份样品的毒性物质（铬酸铬、一氧化镍）含量及累积毒性均超过了《危险废物鉴别标准　毒性物质含量鉴别》（GB 5085.6—2007）规定的相关标准限值，建议按照危险废物进行管理。

根据《最高人民法院、最高人民检察院关于办理环境污染刑事案件适用法律若干问题的解释》（法释〔2016〕29 号）第十五条的相关规定，倾倒堆放于 2#地块的固体废物可认定为“有毒物质”。

3）3#地块在固体废物堆体 F 中采集的 10#样品的毒性物质（铬酸铬、一氧化镍）含量及累积毒性超过了《危险废物鉴别标准　毒性物质含量鉴别》（GB 5085.6—2007）规定的相关标准限值，建议按照危险废物进行管理；其他 4 份样品的毒性物质含量及累积毒性未超过《危险废物鉴别标准　毒性物质含量鉴别》(GB 5085.6—2007)规定的相关标准限值。

根据《最高人民法院、最高人民检察院关于办理环境污染刑事案件适用法律若干问题的解释》(法释〔2016〕29号)第十五条的相关规定,倾倒堆放于3#地块的固体废物可认定为"有毒物质"。

3. 处理结果

2017年4月14日,法院以污染环境罪,先对于某某、黄某某倾倒44.3吨电镀污泥的行为提起公诉。同年7月,鉴定机构对700余吨固体废物作出鉴定,该批固体废物均为重金属含量超标的有毒物质,法院又对二人追加起诉。另外,对于二人行为造成的公私财产损失,法院依法提起刑事附带民事诉讼。经法院公开开庭审理,于2017年9月21日作出判决,以污染环境罪,分别判处黄某某、于某某有期徒刑三年六个月、有期徒刑三年,并判决二人支付应急处置费用与检测评估费用共计119万余元。

4. 案例评析

该案件反映了来源不明污染物跨区域转移倾倒类案件的调查难点:倾倒点分散,防控难,破坏广,取证难度大。针对多地多批不明来源固体废物倾倒案件,在鉴定调查过程中最关键的就是做到"一地一测一调查",通过多种手段识别固体废物的组成和种类。此类情形下,可将同一地点同一类别的固体废物作为一个调查单元,并根据现场踏勘、现场检测等方式确定鉴定空间范围。对于来源不明,无法直接通过比对名录确定鉴定对象属性的,须通过检测分析手段来明确其物理化学特征,对于固体废物类物质还可参照《危险废物鉴别标准》(GB 5085)的相关要求进一步检测分析,以判断其危险特性。

该案由检察院接到群众举报而发现,检察院第一时间指派检察干警奔赴现场,发现危及当地河流生态情形,遂提前介入,并向县环保局发出检察建议督促移送犯罪线索。后会同公安、环保等部门现场查看,在确定了侦查思路和方向后,办案检察官分作两组,一组由侦查监督部门牵头配合公安部门,积极查清污染物来源,另一组由民行检察部门牵头配合环保部门,针对专业性问题寻找合法鉴定机构开展鉴定调查,这种合作协作机制也对确定污染物来源及性质起到了关键性作用。

7.4.2 生活垃圾倾倒事件污染物性质鉴定案

1. 基本案情

2016年7月1日,某镇有关部门接到群众举报,称有人在某水域某废弃宕口堤岸(以下简称"堤岸")非法倾倒固体废物,导致倾倒区域土壤、地下水及湖岛环境质量受到威胁,而且堤岸距离该镇取水口直线距离仅2 km,邻近取水口,一旦发生水体污染扩散,将严重影响附近区域的饮用水安全。当天下午,该镇组织公安、海事、城管等部门赶赴现场实地调查取证,发现该地确实存在未经批准擅自倾倒固体废物的违法行为,并且仍有8艘船只正欲向堤岸偷倒固体废物。随后市区环保局委托鉴定机构对本次外来固体废物非法倾倒事件中涉及的固体废物毒害属性进行鉴定调查。

2. 鉴定要点

【鉴定事项】

对本次外来固体废物非法倾倒事件中涉及的固体废物的危害特性或特征污染因子进行调查评估,以明确固体废物的毒害属性。

【鉴定过程】

（1）鉴定依据

《中华人民共和国环境保护法》《中华人民共和国水污染防治法》《中华人民共和国固体废物污染环境防治法》《关于办理环境污染刑事案件适用法律若干问题的解释》(法释〔2013〕15 号)、《城市建筑垃圾管理规定》(建设部令第 139 号)、《××省固体废物污染环境防治条例》《××市生活垃圾分类促进办法》《××市××区生态红线区域保护规划》《生活垃圾采样和分析方法》(CJ/T 313—2009)、《工业固体废物采样制样技术规范》(HJ/T 20—1998)、《突发环境事件应急监测技术规范》(HJ 589—2010)、《土壤环境监测技术规范》(HJ/T 166—2004)、《地表水和污水监测技术规范》(HJ/91—2002)、《危险废物鉴别标准-毒性物质含量鉴别》(GB 5085.6—2007)、《危险废物鉴别标准-浸出毒性鉴别》(GB 5085.3—2007)、《地表水环境质量标准》(GB 3838—2002)等相关法律法规、部门规章及技术规范。

（2）现场踏勘

接受委托后,鉴定机构立即组织具有相关资质的专业技术人员开展现场踏勘及调查工作。本次固体废物非法倾倒地点位于××市××区××镇××村辖境的风景管理区域内,具体地理位置如图 1 所示。

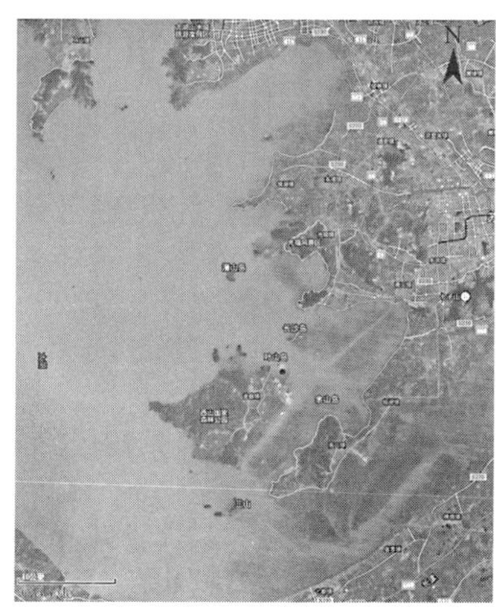

图 1　垃圾倾倒位置示意图

非法倾倒区域原为某湖岛宕口堤岸,倾倒区南侧固体废物堆体直接与宕口水体相连,并且有地表水流经倾倒区域,冲刷固体废物堆体后汇入宕口水体,整个倾倒区域边界呈不规则多边形。现场大部分固体废物直接裸露在地表，现场恶臭异味强烈。据估测，已倾倒在岸上的固体废物约有 2 万 t，占地 2 400 m^2，船上尚未来得及倾倒的固体废物约 4 000 t，实际需处置量应以选定的固体废物处置终端最终过磅重量为准。结合当地有关部门对相关责任人的询问，初步判定本次事件中倾倒填埋的固体废物以建筑垃圾和生活垃圾为主。

图 2　现场踏勘情况

（3）资料分析

该岛是《××市××区生态红线区域保护规划》明确划定的生态红线区，类型为风景名胜区，保护范围为：全岛及周围岛屿（含×湖风景名胜区×山景区的陆域），包含×湖×山国家地质公园，皆为二级管控区，有着丰富的山林、动植物、古村落资源。

根据《××市××区生态红线区域保护规划》规定：二级管控区内禁止开山、采石、开矿、开荒、修坟立碑等破坏景观、植被和地形地貌的活动；禁止修建储存爆炸性、易燃性、放射性、毒害性、腐蚀性物品的设施；禁止在景物或者设施上刻画、涂污；禁止乱扔垃圾；不得建设破坏景观、污染环境、妨碍游览的设施；在珍贵景物周围和重要景点上，除必需的保护设施外，不得增建其他工程设施；风景名胜区内已建的设施，由当地人民政府进行清理，区别情况，分别对待；凡属污染环境，破坏景观和自然风貌，严重妨碍游览活动的，应当限期治理或者逐步迁出；迁出前，不得扩建、新建设施。

（4）污染源采样监测

在接到群众举报后，当地区环境监测站立即组织人力物力开展应急监测工作，对倾倒区域固体废物和场地渗滤液进行采样分析，以确定其危险属性或主要危险因子。

【分析说明】

（1）固体废物物理组成分析

根据《生活垃圾采样和分析方法》（CJ/T 313—2009）采样分析，证明涉案垃圾主要成分为建筑垃圾（金属、砖瓦陶瓷、灰土）和生活垃圾（纸类、塑料、竹木、纺织类），生活垃圾占有一定比例。

（2）固体废物检测结果

采集分析的 3 份典型固废样品浸出液中检出了微量的间和对-二甲苯、甲苯、乙苯、邻-二甲苯，但未达到《危险废物鉴别标准　浸出毒性鉴别》（GB 5085.3—2007）中规定的限值；固废样品中检出了微量的 1，3 -二氯苯、萘和苯乙烯，但未达到《危险废物鉴别标准　毒性物质含量鉴别》（GB 5085.6—2007）中规定的限值。

（3）渗滤液检测结果

通过对现场堆体下方约 3 m 处采集的 11 个点位的渗滤液检测，参照国家《地表水环境质量标准》（GB 3838—2002）确定检测因子和检测方法，采集的 11 个点位的渗滤液挥发酚均明显超过Ⅱ类水质标准限值，部分点位样品超标 50～185 倍。

（4）环境污染风险分析

1）已有法律法规等规定

《江苏省固体废物污染环境防治条例》（2012 年修订）第五十二条之规定，“有害废物，是指不属于危险废物但含有毒有害物质，或在利用和处置过程中必然产生有毒有害物质的废物”。

2）客观损害后果

通过对比，倾倒区域地表水样品中挥发酚浓度显著高于背景值（背景地表水浓度），且超过背景值（基线）20%以上。依据《生态环境损害鉴定技术指南　总纲》中有关生态环境损害确定原则的规定，可以确认固体废物倾倒区域的生态环境已遭到损害。

3）参考同类案件

参考 2016 年 7 月 25 日针对吴中区生活垃圾非法倾倒事件中关于所倾倒垃圾的推断与定性发布的《关于“生活垃圾毒害性”的专家意见》，其中引述国家环保总局办公厅给山西省运城市公安局的复函（环办〔1998〕5 号）：挥发酚属于具有挥发性的酚类物质，《中国百科全书环境科学卷》中“酚污染对健康的影响”词条解释如下：“酚及其化合物是一种中等毒性的物质，高浓度的酚类及其化合物进入人体会引起急性中毒，甚至造成昏迷和死亡。”专家意见认为挥发酚具有毒性，且该案中渗滤液检出挥发酚，且含量超标，并依据此认为案中所涉及垃圾是含有有毒物质的固体废物，具有毒害性。

【鉴定意见】

综上分析，根据《刑法》第三百三十八条及《关于办理环境污染刑事案件适用法律若干问题的解释》（法释〔2013〕15 号）的相关规定，本案中混入的生活垃圾为含有有害物质的固体废物。

3. 处理结果

2016 年初，工程介绍人孙某某虚构能帮助承揽××省×湖××所（以下简称×所）×山岛宕口填埋工程的事实，将供土工程转包给某建筑工程有限公司负责人王某某、陆某某，并帮助两人取得戒毒所盖章的《接收土方证明》一份。同期，孙某某还向王某某、陆某某推荐宕口北侧的 3 个鱼塘填埋工程，并称可用部分建筑垃圾填埋。2016 年 5 月至 6 月期间，王某某、陆某某通过变造该证明，擅自接收来自外省市的生活垃圾和建筑垃圾混杂物并倾倒至宕口内，至案发时，已倾倒垃圾 23 336. 3 t，另有 8 艘满载垃圾的船只因被及时查获而未倾倒。经鉴定，倾倒现场采集的 11 个渗滤液样品均检出有毒物质挥发酚，且含量明显超出标准限值。此次垃圾倾倒事件严重污染当地环境、破坏景观和自然风貌。×山岛全岛及周边岛屿为生态红线二级管控区域，涉案×山岛宕口距××区××镇取水口直线距离仅 2 km，且邻近××取水口，一旦发生水体污染扩散，将严重影响相关范围内的饮用水安全。涉案污染行为造成公私财产损失 828 万余元，已产生环境修复费用 22 万余元。

2017 年 10 月 31 日，当地人民法院作出一审判决，以污染环境罪判处王某某、陆某某有期徒刑、并处罚金；以诈骗罪判处孙某某有期徒刑、并处罚金。一审判决后，三人向当地中院提起上诉；当地中级人民法院于 2017 年 12 月 29 日作出二审判决，检察机关对原审判决是否应当采用《地表水环境质量标准》中的二类水质标准，作为判断涉案垃圾渗滤液中挥发酚超标的依据，是否应当认定涉案的建筑垃圾、生活垃圾系“有害废物”等六个争议焦点进行逐一答辩。中院审理认为，一审判决认定事实清楚，证据确实、充分，定罪和适用法律正确，量刑适当，审判程序合法。当庭作出终审判决：驳回三人上诉请求，维持原判。认定王某某、陆某某的行为均已构成污染环境罪，且属后果特别严重；上诉人孙某某的行为已构成诈骗罪，且属数额巨大，维持一审判决。

4. 案例评析

污染物性质鉴定属于环境损害司法鉴定的主要内容，对明确环境损害因果关系及赔偿义务人的赔偿责任具有至关重要的意义。在我国当前的环境损害司法鉴定体系中，污染物性质鉴定主要包括危险废物鉴定、有毒物质鉴定和污染物物理化学等性质鉴定三大方面。其中危险废物由于具备较为完善的鉴别标准和技术规范，认定起来相对较为容易，而污染环境事件中其他类型的固体废物尤其是混合固体废物的属性认定技术仍在不断探索研究中。由于环境污染物往往具有迁移扩散转化的特点，在此类案件调查时除关注固体废物自身所含污染物，同时还应关注其次生污染物的相关信息。若对此现象认识不足，便会出现将“垃圾”和“渗滤液”分开认定或仅部分认定的情况，从而使得属性认定工作不全面。

本案中的固体废物堆体直接与宕口水体相连，并且有地表水流经倾倒区域，冲刷固体废物堆体后汇入宕口水体，使得污染物浓度发生衰减而不能准确反映实际污染程度，这在一定程度上给污染物性质认定带来难度。另外，案发地点属于×湖流域一级保护区，并且×湖×山岛是《省政府关于印发××省生态红线区域保护规划的通知》中明确划定的生态红线区，类型为风景名胜区，属于×湖风景名胜区×山景区，×山全岛及周边岛屿皆为二级管控区。根据区域规划，可采用国家《地表水环境质量标准》（GB 3838—2002）Ⅱ类水质标准来评价涉案垃圾渗滤液的污染程度。

最终，本案从鉴定评估技术上，基于相关法律法规和垃圾自身的污染行为及物理化学性质提出垃圾属于“有害废物”的鉴定意见，同时在全国率先将破坏西山国家风景名胜景观和自然风貌作为危害后果，为后续同类案件的鉴定和处理提供依据，也为垃圾随意倾倒的违法行为敲响警钟。

案发后，当地各级政府均高度重视，迅速做出反应，科学编制环境应急处置方案，合理制定垃圾清理转运环保技术方案，对涉案垃圾的处置方式亦是当时的最优选择，有效控制并降低了涉案垃圾对当地生态环境的破坏，处置过程也最大限度地避免了二次污染的发生。涉案垃圾量经当地某正规生活垃圾填埋场的地磅称重认定，更加科学、精确。在应急处置过程中产生的各项费用，均是在当时的情境下，为防止污染扩大、消除污染而采取必要合理措施所产生的费用。原审判决依据相关司法解释规定的公私财产损失范畴，结合相关费用的在案证据，认定的损失金额正确。本案系最高人民检察院挂牌督办案件，其线索主要来自群众举报和网络舆情，相关部门的及时介入和相互配合，对案件的调查取证、立案监督和污染控制有重要意义，也为及时高效地出具鉴定意见提供了有力保障。

7.4.3　某污染场地遗留填埋物污染物性质鉴定案

1. 基本案情

2017 年某遗留场地拆迁后欲重新开发，准备开展道路施工。相关单位组织现场踏勘及调查工作，发现该地块东南部有建筑垃圾堆放，其中有袋装固体废物，具体表现为黑色粉末状。2018 年 8 月，当地环保局委托有资质单位对涉事固体废物进行应急处置分拣，最终分拣出黑色粉末状及受污染的固体废物共 722.2 吨。经调查，该地块原为某化工公司，该公司成立于 1992 年，其营业执照（2012 年 3 月 22 日发）显示该厂经营范围为活性炭、富马酸制造，化工原料及产品（除危险品及易制毒化学品）销售。根据该公司 2017 年 5 月的“整改报告”，该公司于 2015 年停产。2018 年 10 月，当地环保局委托鉴定机构对该地块堆置的黑色粉末及块状混合固体废物进行污染物性质鉴定。

2. 鉴定要点

【鉴定事项】

对该化工公司原厂址地块堆置的黑色粉末及块状混合固体废物进行污染物性质鉴定，以明确固体废物的毒害属性。

【鉴定过程】

（1）鉴定依据

《中华人民共和国环境保护法》《中华人民共和国固体废物污染环境防治法》《关于办理环境污染刑事案件适用法律若干问题的解释》（法释〔2013〕29 号）、《关于办理环境污染刑事案件适用法律若干问题的解释》（法释〔2016〕29 号）、《江苏省固体废物污染环境防治条例》《国家危险废物名录》（2016 版）、《危险化学品名录（2015 版）》、《重点环境管理危险化学品目录》（2014 年）、《固体废物鉴别标准　通则》（GB 34330—2017）、《危险废物鉴别标准　通则》（GB 5085.7—2007）、《危险废物鉴别技术规范》（HJ/T 298—2007）、《工业固体废物采样制样技术规范》（HJ/T 20—1998）、《危险废物鉴别标准　腐蚀性鉴别》(GB 5085.1—2007)、《危险废物鉴别标准 浸出毒性鉴别》(GB 5085.3—2007)、《危险废物鉴别标准 毒性物质含量鉴别》(GB 5085.6—2007)等相关法律法规、部门规章及技术规范。

(2) 现场踏勘

鉴定机构组织鉴定人员进行现场踏勘,如图1所示,可见涉事区域的堆置物主要表现为砖块、石块等建筑垃圾和黑色粉末状及块状物质的混合物,并混有塑料编织袋等残余废弃物。应急处置单位将现场混合物分拣收集并运送至仓库暂存,分拣出活性炭及受污染的固体废物过磅称重共计722.2 t。

图1 现场踏勘

(3) 资料分析

1) 地块及企业概况

根据委托方提供的资料了解到,地块拆除前为工业用地,东临某金属制品公司;南侧为小路,隔路为某机械公司;西侧和北侧为某化工公司。目前地块周边区域已基本拆迁,在周边实施道路建设工程。涉事区域为该公司原活性炭车间及活性炭和富马酸仓库东南部区域,原为河塘,2013年4~6月期间河塘被填平,2013年12月建成活性炭和富马酸仓库。2011~2012年间产生的废活性炭移交至相关危废处置单位处置;2013~2015年间产生的废活性炭均堆放在厂内危险废物储存库未处置。该厂区后于2017年因道路建设而拆迁。

2) 原辅材料及工艺分析

根据该公司2003年编制的"富马酸建设项目环境影响报告表"知悉,其富马酸生产线涉及的主要原辅材料为顺丁烯二酸酐、硫脲和活性炭,其中顺丁烯二酸酐、硫脲两种物质均被列入《危险化学品名录(2015版)》。生产工艺流程中,硫脲是生产过程的催化剂,活性炭主要起吸附脱色的作用。过滤工艺中产生的母液收集后回用,压滤工艺中产生的活性炭渣收集后送有资质的工业废弃物处置中心焚烧处理。

(4) 样品采集

该地块的相关固体废物经应急处置分拣后,分别暂存于两处规范贮存仓库。在委托方相关工作人员的协助下,由具备采样资质的采样员开展样品采集工作。鉴于涉事固体废物与建筑垃圾混合、分布不均的特点，参照《工业固体废物采样制样技术规范》(HJ/T 20—1998)和《危险废物鉴别技术规范》(HJ/T 298—2007)等标准的要求，分别于两处暂存点采集 5 份和 40 份样品，共计 45 份。

【分析说明】

(1) 固体废物属性认定

1) 化学组成及物相分析

a) 元素含量分析

本次事件中，采集的堆置物主要为黑色粉末状及块状物质，于两个仓库随机共选取 4 份样品，采用能谱仪(Energy Dispersive Spectrometer, EDS)进行元素含量分析表征，得到具体化学组分数据。从分析结果可知，采集的 4 份样品含碳量为 24.77%~66.24%，平均含量为 43.77%，具有活性炭的基本组成特征。

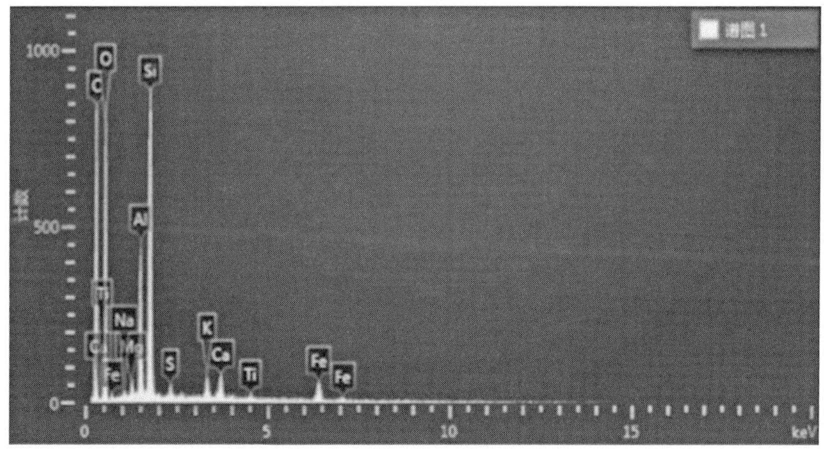

图 2 典型样品的能谱分析图谱(之一)

表 1 典型样品的能谱分析结果(之一)

元素	线类型	表观浓度	*k* 比值	*wt%*	*wt%* Sigma	标准样品标签	厂家标准
C	K 线系	9.10	0.090 99	48.75	0.99	C Vit	是
O	K 线系	12.46	0.041 91	33.00	0.79	SiO_2	是
Na	K 线系	0.09	0.000 39	0.16	0.07	Albite	是
Mg	K 线系	0.22	0.001 43	0.42	0.06	MgO	是
Al	K 线系	1.89	0.013 60	3.48	0.13	Al_2O_3	是
Si	K 线系	4.08	0.032 37	7.47	0.20	SiO_2	是
S	K 线系	0.19	0.001 66	0.36	0.06	FeS_2	是

续 表

元素	线类型	表观浓度	k 比值	$wt\%$	$wt\%$ Sigma	标准样品标签	厂家标准
K	K 线系	0.56	0.004 74	0.98	0.09	KBr	是
Ca	K 线系	0.67	0.006 00	1.21	0.10	Wollastonite	是
Ti	K 线系	0.14	0.001 38	0.30	0.10	Ti	是
Fe	K 线系	1.74	0.017 37	3.89	0.28	Fe	是
总量				100.00			

b）物相组成分析

上述选取的 4 份黑色粉末状及块状样品，采用 X 射线衍射分析仪（XRD，X-ray diffraction）分析样品的物相构成，得到具体检测结果，4 份样品的主要物相构成为二氧化硅（SiO_2）和钙长石（$CaAl_2Si_2O_8 \cdot 4H_2O$，钙铝硅酸盐矿物）。

2）固体废物属性认定

《中华人民共和国固体废物污染防治法》和《固体废物鉴别标准　通则》中对固体废物的定义为："固体废物，是指在生产、生活和其他活动中产生的丧失原有利用价值或者虽未丧失利用价值但被抛弃或者放弃的固态、半固态和置于容器中的气态的物品、物质以及法律、行政法规规定纳入固体废物管理的物品、物质。"

根据《固体废物鉴别标准　通则》（GB 34330—2017）第 5.1 节中"利用和处置过程中的固体废物鉴别"规定，在任何条件下，固体废物按照以下任何一种方式利用或处置时，仍然作为固体废物管理：d）倾倒、堆置。

经以上调查分析结合现场踏勘分析，本次鉴定的该地块堆置的黑色粉末状及块状混合物属于固体废物。

（2）名录对比

按照我国现行相关法规文件，化工行业生产过程中产生的废活性炭被列入《国家危险废物名录》（2016 年），废物类别为"HW49 其他废物"，废物代码为 900－039－49，具有毒性的危险特性。由于《国家危险废物名录》（2016 年）自 2016 年 8 月 1 日起施行，而该事件中废活性炭堆置事件发生于 2016 年前，故需对照《国家危险废物名录》（2008 年）做进一步比对判断。

《国家危险废物名录》（2008 年）中涉及废活性炭的类别主要为 HW02 医药废物、HW18 焚烧处置残渣、HW29 含汞废物和 HW49 其他废物四大类，但 HW49 中仅将"其他无机化工行业生产过程产生的废活性炭"列入名录，经溯源分析，本次事件中涉及的废活性炭主要来源于富马酸生产工艺，故未列入《国家危险废物名录》（2008 年），须依据《危险废物鉴别标准》（GB 5085）的相关要求进一步检测分析，以明确其危险特性。

（3）固体废物检测结果

根据委托方提供的前期场地调查相关检测结果，结合随机采样初筛检测结果，和现行检测技术方法及规范，重点关注固体废物中的重金属物质和石油溶剂。采集分析的45份黑色粉末及块状混合固体废物样品的腐蚀性pH范围为7.51～7.98；浸出液中仅检出锌、铅和砷，均未超出《危险废物鉴别标准　浸出毒性鉴别》（GB 5085.3—2007）标准限值；毒性物质含量检测结果中，检出铜、锌、铅、镍、铬、砷、汞和六价铬，其含量分别介于8.83～87.73 mg/kg、88.35～1305.15 mg/kg、2.63～59.58 mg/kg、7.89～262.69 mg/kg、12.96～211.75 mg/kg、1.62～9.7 mg/kg、0.06～1.79 mg/kg、0.30～0.60 mg/kg，对应的累积毒性计算结果均未超出《危险废物鉴别标准　毒性物质含量鉴别》（GB 5085.6—2007）第4节中规定的标准值。

（4）环境污染风险分析

1）已有法律法规等规定

《江苏省固体废物污染环境防治条例》（2017年修正）第五十一条之规定，“有害废物，是指不属于危险废物但含有毒有害物质，或在利用和处置过程中必然产生有毒有害物质的废物”。

2）客观损害后果

现状条件下采集分析的黑色粉末及块状混合固体废物样品，均不同程度检出铜、锌、铅、镍、铬、砷、汞和六价铬等污染物。对照该地块土壤环境①背景值（委托方提供材料），铜、锌、铅、镍、铬、砷、汞的超标率分别为28.9%、100%、31.1%、8.9%、2.2%、4.4%和86.7%，分别超出土壤环境背景值的1.04～2.78倍、1.01～14.85倍、1.08～2.51倍、1.21～7.30倍、2.09倍、1.10～1.13倍和1.19～16.17倍。

另外，鉴定评估调查区域采集分析的土壤样品中，铜、锌、铅、镉、汞、锑和总石油烃等也均不同程度超出土壤基线20%以上。上述废弃后的固体废物暴露于自然环境中堆置且无任何污染防控措施，对周边土壤环境介质带来污染风险。

【鉴定意见】

通过现场踏勘、走访调查和资料收集等工作，结合检测分析结果、我国法律法规、相关司法解释和溯源分析结果，可认定该地块堆置的黑色粉末及块状混合固体废物为“有害物质”。

3. 处理结果

经审理查明，2013年10月期间，被告单位为扩大生产用地进行鱼塘填埋施工过程中，被告人黄某甲作为公司法定代表人指使他人将该公司在生产富马酸过程中产生的废

---

① 此处固体废物与土壤的重金属含量检测方法原理、预处理、仪器测量条件及结果计算内容均一致，此处进行结果比较，不作为固体废物造成土壤环境损害后果的判定依据，通过对照土壤环境背景值仅为了解固体废物中重金属污染物的浓度水平；固体废物造成土壤环境损害后果的判定需采集对应调查区域的土壤样品与该区域的土壤基线水平进行分析比对。

活性炭与其他建筑垃圾一起倾倒进鱼塘填埋并用水泥固化地面，后在该处地面上建造生产车间。2017 年 12 月该公司拆迁，2018 年 4 月该区域道路工程施工过程中，在该公司原址地块上挖掘出上述倾倒填埋的废活性炭混合固体废物。经鉴定，上述废活性炭混合固体废物为有害物质，本次事件的应急处置费用（即公私财产损失）包括污染控制费用 369 444 元，污染清理费 1 083 300 元，合计 1 452 744 元。2019 年 1 月 18 日，当地人民法院作出一审刑事判决，被告单位为单位利益违反国家规定，非法倾倒有害物质，致使公私财产损失 100 万元以上，后果特别严重，构成污染环境罪。

4. 案例评析

确定污染物性质最基本的技术手段就是溯源分析，通过资料搜集、走访调查、人员访谈、检测分析等综合确定污染源的来源途径及产生特点，不仅可以快速确定该物质的管理属性，还可以减少不必要的采样分析，降低检测费用。在缺少相关国家标准时，采用行业内大多数专家认可的方法，可以有效解决各种新型污染物或非常规污染物的检测认定问题，在鉴定使用一定要加以高质量文献辅助说明“行业内大多数专家认可的方法”的合理性。

2016 年 8 月 1 日《国家危险废物名录》实施后，原环境保护部、国家发展和改革委员会发布的《国家危险废物名录》（环境保护部、国家发展和改革委员会令第 1 号）同时废止。如何在未决案件中适用相关标准，是司法鉴定实务中需要注意的问题。危险废物处置行为发生在 2016 年 8 月 1 日之后的，毫无疑问应当适用新《国家危险废物名录》，危险废物处置行为发生在 2016 年 8 月 1 日之前，应当适用旧《国家危险废物名录》。

随着我国产业结构调整的深入推进，大量工业企业被关停并转、破产或搬迁，腾出的工业企业场地作为城市建设用地被再次开发利用。但一些重污染企业遗留场地的土壤和地下水受到污染，环境安全隐患突出。《国务院关于加强环境保护重点工作的意见》（国发〔2011〕35 号）提出“被污染场地再次进行开发利用的，应进行环境评估和无害化治理”，《关于保障工业企业场地再开发利用环境安全的通知》（环发〔2012〕140 号）对相关要求做了进一步明确。2014 年场地调查等系列导则的发布虽然为规范调查工作提供了有效的技术支撑，但在实践中仍存在填埋物及残留物的属性鉴定技术力量不足的问题。因此，准确全面①地开展污染物性质鉴定工作，可为场地调查、历史遗留填埋物及残留物等后续合理合规处置，以及环境损害赔偿等相关工作提供科学有力的技术支撑与衔接，同时也对保障工业企业场地再开发利用的环境安全，维护人民群众的切身利益具有重大意义。

---

① 并非指不计成本代价按照最全指标进行鉴定，而是在符合鉴定科学合理性原则下，兼顾《危险废物鉴别技术规范》（HJ 298—2019）对环境事件涉及的固体废物的危险特性鉴别技术要求，在满足最少采样份数要求下，分类鉴定。

第8章　地表水和沉积物环境损害鉴定

随着社会经济的快速发展,水污染问题在不断增加,这进一步加剧了水资源的短缺,由此引发的水环境污染治理、水生态环境损害赔偿便日益成为焦点。而水生态环境损害赔偿的重要依据即为水生态环境损害鉴定,其鉴定结果的正确与否以及赔偿力度是否精确,直接关系到他人合法的环境权益,关系到水环境的恢复,以及水污染后的损害赔偿在水资源保护领域的未来发展前景。

2020 年 12 月,《生态环境损害鉴定评估技术指南　环境要素　第 2 部分：地表水和沉积物》(GB/T 39792.2—2020)发布,明确了地表水和沉积物环境损害鉴定范围主要包括因污染环境或破坏生态导致的涉及地表水和沉积物的生态环境损害鉴定评估。本章内容主要介绍涉及地表水和沉积物环境损害鉴定的主要工作内容和程序,以及鉴定过程中经常采用的技术方法。

8.1　地表水和沉积物环境损害概述

8.1.1　基本概念

近年来,各类水污染事件频发,既有因为安全生产事故或交通运输事故等导致的突发性水环境污染事件,也有由于个别企业长期偷排或污染企业群无序发展所导致的累积性水环境污染事件。

水污染是指水体因某种物质的介入,而导致其化学、物理、生物或者放射性等方面特性的改变,从而影响水的有效利用,危害人体健康或者破坏生态环境,造成水质恶化的现象①。突发水污染事件是指生产和生活中使用的危险品,在其运输、工作使用、储存和废物处置的过程中,由于自然灾害、工作人员的疏忽或者错误、不当操作等因素,导致在短时间内出现大量剧毒或污染性高的物质流入水体环境中的现象,对自然环境、人类生存环境造成严重的污染和破坏、给人民群众的生命安全和国家财产安全带来巨大威胁和损失的污染事件②。

---

① 见《水污染防治法(2017 年 6 月 27 日修正)》第一百零二条。

② 裴倩楠. 突发水环境事件水生态环境损害量化方法与应急对策研究[D]. 郑州：郑州大学,2018.

地表水生态环境事件是指由于人类活动或各类突发事件引起污染物进入水环境，或由于非法捕捞、非法采砂、违规工程建设、侵占围垦、物种入侵等生态破坏，造成地表水和沉积物环境质量下降、水生态服务功能减弱甚至丧失的事件。根据事件原因的不同分为水环境污染事件和水生态破坏事件。地表水生态环境损害主要指因污染环境、破坏生态造成地表水、沉积物等环境要素和水生生物等生物要素的不利改变，及上述要素构成的水生态功能退化和服务减少①。

8.1.2 水污染成因

由于水体本身具有自净能力，在一定范围内，水的各种自净作用可使受污染的水体恢复到原来的良好状况，但如果水中的污染物量超过其自净能力时，水质便会受到污染。造成水体污染的原因可分为自然因素和人为因素，受到自然影响一般较少，而人为影响较多且情况复杂，主要包括以下几个方面：

1）工业生产废水。随着改革开放的不断扩展，我国工业产业突飞猛进，相应产生大量的工业废水，成为水污染的主要原因。其中冶金、化工、电镀、造纸、印染、制革等行业对水体污染影响极大。工业生产过程中的原料、中间产品、副产品，均可能形成不同的污染物，造成水污染。

2）农业生产废水。一方面，由于土地翻耕造成土壤表面疏松，在受到雨水冲刷和风力输送作用后，大量的泥沙流入河湖中使悬浮物增加，造成水质下降。另一方面，在农业生产过程中，禽畜粪便的不规范管理以及农药化肥的滥用，其中的有毒有害物质随雨水冲刷进入水体中，进而造成地表水和地下水的污染。

3）居民生活污水。近年来，由于城市化进程的加快，人类生活污水排放量大幅度增长。由于污水集中处理体系不完善，其中含有的杂菌和有机污染物等未经达标处理直接排入水体，此外部分地区居民生活垃圾的不当掩埋、堆放、倾倒等，其渗滤液渗透至水环境中，均会造成水污染。

8.1.3 水污染物类型及危害

水是生命之源，人类的生存与发展离不开水。水体污染对人体健康的危害体现在多个方面，涉及生物、化学和物理等各种污染因素②：

1. 水体中生物物质污染

1）病原体。水中生物性病原体主要包括致病细菌、致病病毒、寄生虫、真菌、沙眼衣原体、钩端螺旋体等。人体接触了被致病性微生物污染的水体后，会引发与水有关的疾病。

---

① 见《生态环境损害鉴定评估技术指南　环境要素　第2部分：地表水和沉积物》（GB/T 39792.2—2020）。

② 于玲红，王越，李卫平，等．水污染对人体健康的损害[J]．安徽农业科学，2015，43（13）：224－225．

2）藻类毒素。例如，人体接触了微藻毒素污染的水体后，会出现皮肤发炎、眼过敏、胃肠炎等症状，严重者可发生中毒性肝炎。

2. 水体中化学物质污染

1）金属类。金属类污染物中具有代表性的主要为汞、镉、铬、铅、锰等。汞对人体的损害以慢性神经毒性居多，水俣症（即甲基汞中毒）也是对人体危害极为严重的汞中毒病症。镉在人体内代谢较慢，对肾脏损害最重，且易导致骨质疏松和软化，日本曾因镉中毒出现“痛痛病”。长期摄入含铬物质，会引起皮肤过敏和溃疡、鼻腔的炎症及坏死，甚至肺癌。铅及其化合物进入机体后会对神经、造血、消化、肾脏、心血管和内分泌等多个系统造成危害，此外还有致癌、致畸及致突变作用。锰是人体必需的微量元素，但过量则会导致神经系统衰弱，出现精神病症状。

2）非金属类。非金属类污染物中具有代表性的主要为砷。人体摄入过多的砷，会使细胞发生病变。砷还可直接损伤小动脉和毛细血管壁，并作用于血管舒缩中枢，导致血管渗透性增加，引起血容量降低，加重脏器损害。

3）有机物。有机污染物中具有代表性的主要为酚、多氯联苯、农药等。环境中被酚污染的水，进入人体的量若超过正常人体解毒功能时，便会蓄积在体内各脏器组织中，造成如头痛、皮疹、精神不安等各种神经系统症状以及食欲不振、呕吐和腹泻等慢性消化道症状。多氯联苯（PCBs）对人体皮肤和肝脏有很大危害，还可导致免疫力下降以及生育缺陷。农药主要是通过呼吸和消化道侵入人体，其中有机磷农药是一种神经毒物，主要导致神经功能紊乱，有机氯主要在人体的脂肪内蓄积，它广泛地损害人体的内分泌系统、免疫系统、生殖机能等。

3. 水体中物理物质污染

1）热物质。主要为发电厂类工业企业排放的冷却水。大量废水持续排入水体后导致水温上升，易造成水中原有毒物毒性增强、细菌分解能力增强以及水体富营养化，此外还增加了水中悬浮物的沉降速度，影响河流自身排污能力。

2）放射性物质。放射性物质不但在外部对人体可以直接辐射，它还可以通过食物链和呼吸道进入人体，进而对人体健康造成损害。例如，^{235}U 损害肝脏、骨髓和造血系统，^{90}Sr 可引起骨肿瘤和白血病。

8.2　鉴定工作程序和内容

地表水和沉积物环境损害鉴定主要依据《生态环境损害鉴定评估技术指南　环境要素　第 2 部分：地表水和沉积物》（GB/T 39792. 2—2020），基本工作程序包括：鉴定准备、损害调查确认、因果关系分析、环境损害实物量化、环境损害价值量化、鉴定意见书编制、恢复效果评估，具体工作内容如下。

8.2.1 鉴定准备

根据搜集到的事件基本情况，结合鉴定委托要求，明确要开展的地表水和沉积物环境损害鉴定工作内容、范围和方法，编制工作方案。详细准备内容如下所示：

1. 基本情况调查

（1）污染环境或破坏生态行为调查

1）对于水环境污染事件，了解水域及周边区域排污单位、纳污沟渠及农业等其他面源污染等分布情况，分析或查明污染来源、生产历史、生产工艺和污染物产生环节、位置，污染物堆放和处置区域，历史污染事故及其处理情况；对于突发水环境污染事件，还应查明事件发生的时间、地点，可能产生的污染物的类型和性质、排放量（体积、质量）、浓度等资料和情况。

2）对于水生态破坏事件，了解破坏事件性质、破坏方式、发生时间、地点等基本情况，查明破坏生态行为的开始时间、结束时间、持续时长、频次、破坏面积、破坏量等情况。

（2）污染源调查

1）涉及排污单位的，应调查其生产工艺、生产原料和辅料、产品和副产品、副产物等使用或产生情况，包括主要产品、设计产量及实际产量；所使用的主要材料的来源、使用量、运输及储存方式；主要产污节点及特征污染物；污染处理的工艺；污染处理设施的运行状况等。调取排污单位环境影响评价、排污许可、自行监测、清洁生产、环境质量体系认证资料等相关技术和审批文件，历史相关监测数据等资料。

2）对于排放污水的，应调查污水排放来源，属于点源还是非点源，点源应该标明监测点位名称、排放口的属性（总外排口、车间排口）、平面位置、排放方向、排放流量；非点源应该标明排放方式、去向（有组织汇集、无组织漫流等）；调查外排废水中的主要污染物（特别是特征污染物）、排放规律（稳定连续排放、周期性连续排放、不规律连续排放、有规律间断排放、不规律间断排放等）、排水去向、排放量、污水处理工艺及处理设施运行情况；GB 8978 规定的第一类污染物是否在车间有处理设施或专门另设了污染物处理设施等。

3）对于产生固体废物的，调查固体废物种类、形态、数量、特性、所含主要污染物，其属性是否属于危险废物；固体废物产生时间、产生环节、产生形式，贮存及处置方式（露天堆存、专用危险废物库内堆存、渣棚内堆存）；固体废物去向；尾矿库情况；防扬散、防雨、防洪、防渗漏、防流失等污染防治措施。

（3）环境污染或生态破坏基本情况调查

掌握受污染或破坏水生态系统的自然环境（包括水文地貌、水环境质量）、生物要素和服务功能受损害的时间、方式、过程和影响范围等信息。

对于水环境污染事件，了解污染物排放方式、排放时间、排放频率、排放去向、排放数量，特征污染物类别、浓度；污染物进入地表水和沉积物环境生成的次生污染物种类、数量和浓度等信息。

（4）事件应对基本情况调查

了解污染物清理、防止污染扩散等控制措施，实施地表水和沉积物生态环境治理修复以及水生态恢复的相关资料和情况，包括实施过程、实施效果、费用等相关信息。

掌握环境质量与水生生物监测工作开展情况及监测数据。

2. 自然环境与水功能信息收集

调查收集影响水域以及水域所在区域的自然环境信息，具体包括：

1）水域历史、现状和规划功能资料；

2）水域地形地貌、水文以及所在区域气候气象资料；

3）水域及其所在区域的地质和水文地貌资料；

4）地表水与沉积物历史监测资料；

5）影响水域内饮用水源地、生态保护红线、自然保护区、重要湿地、风景名胜区及所在区域内基本农田、居民区等环境敏感区分布信息，以及浮游生物、底栖生物、大型水生植物、鱼类等游泳动物、水禽、哺乳动物及河岸植被等主要生物资源的分布状况。

3. 社会经济信息收集

收集影响水域所在区域的社会经济信息，具体包括：

1）经济和主要产业的现状和发展状况；

2）地方法规、政策与标准等相关信息；

3）人口、交通、基础设施、能源和水资源供给、相关水产品、水资源价格等相关信息。

4. 工作方案制定

根据所掌握的监测数据、损害情况以及自然环境和社会经济信息，初步判断地表水和沉积物生态环境及水生态服务功能可能的受损范围与类型，结合鉴定委托事项，明确要开展的鉴定工作内容和具体方法，设计工作程序，通过调研、专项研究、专家咨询等方式，确定鉴定评估工作的具体方法，编制工作方案。

8.2.2　损害调查确认

按照工作方案要求，组织开展地表水和沉积物的布点采样分析，并对水生态服务功能、水生生物种类与数量开展调查；必要时收集水文地貌资料。通过历史数据查询、对照区调查、标准比选等方式，确定基线，通过对比确认地表水和沉积物生态环境及水生态服务功能是否受到损害。具体调查步骤如下：

1. 确定调查对象与范围

包括污染源、污染物性质、可能涉及的环境介质、污染物的扩散分布范围、污染物在水体、沉积物、生物体中的迁移转化行为及其可能产生的二次污染物、水生态服务功能、水生生物受损程度和时空范围。

2. 确定调查指标

根据事件类型特点，选择相关指标进行调查、检测与分析，包括特征污染物、水文地貌、水生生物、水生态系统服务功能指标的筛选与确定。

3. 水文地貌调查

了解调查区域地表水的流速、流量、水下地形地貌、流域范围、水深、水温、气象要素、地层沉积结构、与周边水体水力联系等信息，获取污染物在环境介质中的扩散条件，判断事件影响可能的影响范围，掌握污染物在地表水和沉积物中的迁移情况、采砂等活动对水文水力特性、地形地貌的改变情况，为地表水和沉积物损害状况调查分析提供技术参数，为水生态服务功能受损情况的量化提供依据。

4. 污染状况调查

主要通过布点采样的方式，分为初步调查和系统调查两个阶段。初步调查阶段的目的是初步判断污染物类型和浓度、污染范围、水功能变化和水生生物受损情况。以色味观测、现场快速检测为主，实验室分析为辅；可根据实际情况选择现场或实验室分析方法，或两者同时开展。对于易挥发、易分解、易迁移转化的污染物应尽快采用现场快速监测手段进行监测，对于污染团明显的难溶性污染物，可结合遥感图、影像图进行辅助判断。按环境要素，监测的紧迫程度通常为地表水>沉积物>生物。系统调查阶段的目的是在初步调查基础上，通过开展系统的布点采样和定量分析，确定污染物类型和浓度、污染范围、水生生物受损程度，为损害确认提供依据。调查内容主要包括对污染源、地表水、沉积物、生物及其他可能受损害生态环境要素。

针对损害行为发生在过去，如废水污染物超标排放，收集污染物历史排放在线监测数据。

5. 基线水平调查

优先采用历史数据和对照区调查数据，当利用历史数据和对照区调查数据不能确定基线时，推荐采用环境标准法或通过专项研究推导确定基线。

6. 损害确认

当事件导致以下一种或几种后果时，可以确认造成了地表水和沉积物的生态环境损害：

1）地表水和沉积物中特征污染物的浓度超过基线，且与基线相比存在差异；

2）评估区指示性水生生物种群特征（如密度、性别比例、年龄组成等）、群落特征（如多度、密度、盖度、丰度等）或生态系统特征（如生物多样性）发生不利改变，超过基线；

3）水生生物个体出现死亡、疾病、行为异常、肿瘤、遗传突变、生理功能失常、畸形；

4）水生生物中的污染物浓度超过相关食品安全国家标准或影响水生生物的食用功能；

5）损害区域不再具备基线状态下的服务功能，包括支持服务功能（如生物多样性、岸带稳定性维持等）的退化或丧失、供给服务（如水产品养殖、饮用和灌溉用水供给等）的退化或丧失、调节服务（如涵养水源、水体净化、气候调节等）的退化或丧失、文化服务（如休闲娱乐、景观观赏等）的退化或丧失。

8.2.3　因果关系分析

基于生态环境损害调查结果，分析污染源与地表水和沉积物环境质量损害、水生生物损害、水生态服务功能损害之间的因果关系。

1. 污染环境行为导致的损害

对污染源进行解析，开展污染介质、载体调查，开展特征污染物从污染源到受体的暴露评估，并通过暴露路径的合理性、连续性分析，对暴露路径进行验证，构建迁移和暴露路径的概念模型；基于污染源分析和暴露评估结果，分析污染源与地表水和沉积物环境质量损害、水生生物损害、水生态服务功能损害之间的因果关系。

同时满足以下条件，可以确定污染源与地表水、沉积物以及水生生物和水生态系统服务功能损害之间存在因果关系：

1）存在明确的污染源；

2）地表水与沉积物环境质量下降，水生生物、水生态系统服务功能受到损害；

3）排污行为先于损害后果的发生；

4）受体端和污染源的污染物存在同源性；

5）污染源到受损地表水与沉积物以及水生生物、水生态系统之间存在合理的暴露路径。

根据需要，分析其他原因对地表水生态环境损害的贡献。

2. 生态破坏行为导致的损害

分析非法捕捞、湿地围垦、非法采砂等破坏生态行为导致水生生物资源和水生态服务功能以及地表水环境质量受到损害的作用机理，建立破坏生态行为导致水生生物和水生态服务功能以及地表水环境质量受到损害的因果关系链条。

同时满足以下条件，可以确定污染源与地表水、沉积物以及水生生物和水生态系统服务功能损害之间存在因果关系：

1）存在明确的破坏生态行为；

2）水生生物、水生态服务功能受到损害或水环境质量下降；

3）破坏生态行为先于损害的发生；

4）根据水生态学和水环境学理论，破坏生态行为与水生生物资源、水生态服务功能损害或水环境质量下降具有关联性。

根据需要，分析其他原因对水生生物资源、水生态服务功能损害或水环境质量下降的贡献。

8.2.4　损害实物量化

筛选确定地表水和沉积物环境及水生态系统服务功能损害评估指标，对比相关指标的现状与基线的差异，确定地表水和沉积物环境及水生态系统服务功能损害的范围和程度,计算地表水和沉积物环境损害实物量。

1. 损害程度量化

损害程度量化主要是对地表水和沉积物中特征污染物浓度、水生生物量、种群类型、数量和密度、水生态系统服务功能超过基线水平的程度进行分析。

(1) 污染物浓度

基于地表水与沉积物中特征污染物浓度与基线水平,确定超过基线点位地表水和沉积物的受损害程度,根据以下公式计算:

$$K_i = |T_i - B_i| / B_i$$

式中,K_i ——某评估点位地表水与沉积物中特征污染物或相关理化指标的受损害程度;

T_i ——某评估点位地表水和沉积物中特征污染物的浓度或相关理化指标;

B_i ——地表水和沉积物中特征污染物浓度或相关理化指标的基线水平。

基于地表水、沉积物中特征污染物浓度或相关理化指标超过基线水平的区域面积或体积占评估区面积或体积的比例,确定评估区地表水和沉积物的受损害程度:

$$K = N_0 / N$$

式中,K——超基线率,即评估区地表水、沉积物中特征污染物浓度或相关理化指标超过基线水平的区域面积或体积占评估区面积或体积的比例;

N_0——评估区地表水、沉积物中特征污染物浓度或相关理化指标超过基线水平的区域面积或体积;

N——地表水、沉积物评估区面积或体积。

(2) 水生生物量

根据区域水环境条件和对照点水生生物状况,选择具有重要社会经济价值的水生生物和指示生物,参照 GB/T 21678,采用下式估算:

$$Y_i = \sum D_i \times R_i \times A_p$$

式中,Y_i——生物资源(包括鱼、虾、贝等水产品)损失量,kg 或尾;

D_i——近 3 年内同期第 i 种生物资源密度,kg/km^2 或尾/km^2;

R_i——第 i 种生物资源损失率,%;

A_p——受损害面积,单位为 km^2。

生物资源损失率按下式计算:

$$R = \frac{\overline{D} - D_p}{\overline{D}} \times 100\% - E$$

式中,R——生物资源损失率,%;

$\overline{D}$——近 3 年内同期水生生物资源密度，kg/km^2 或尾/km^2；

D_p——损害后水生生物资源密度，kg/km^2 或尾/km^2；

E——回避逃逸率，%，取值参考 GB/T 21678。

（3）水生生物多样性

从重点保护物种减少量、生物多样性变化量两方面进行评价。

1）重点保护物种减少量（ΔS）

$$\Delta S = NB - NP$$

式中，NB、NP 分别是基线水平和损害影响范围下的重点保护物种数。

2）生物多样性变化

$$\Delta BD_i = BD_i0 - BD_i$$

式中，ΔBD_i、BD_{i0} 和 BD_i 分别是第 i 类生物多样性指数（如鱼类、浮游动物、大型底栖动物、两栖动物等）变化量、基线水平和损害发生后的生物多样性指数。

生物多样性指数可以采用香农-威纳指数来计算：

$$H = - \sum (P_i)(\ln P_i)$$

式中，H——群落物种多样性指数；

P_i——第 i 种物种的个体数占总个体数的比例；如总个体数为 N，第 i 种个体数为 n_i，则 $P_i = n_i/N$。

（4）水生态系统服务功能

根据水生态系统服务功能的类型特点和评估水域实际情况，选择适合的评估指标（如支持功能、产品供给功能、调节功能、文化功能），确定水生态系统服务功能的受损害程度或损害量。

$$K = |S - B| / B$$

式中，K——水生态系统服务功能的受损害程度；

B——水生态系统服务功能的基线水平；

S——损害发生后水生态系统服务功能的水平。

$$K' = |S' - B'|$$

式中，K'——水生态系统服务功能的受损量；

B'——水生态系统服务功能量的基线水平；

S'——损害发生后水生态系统服务功能量。

2. 损害范围量化

根据各采样点位地表水与沉积物、水生生物、水生态系统损害确认和损害程度量化的结果,确定生态环境损害的时间和空间范围,包括损害可能持续的时间。

8.2.5 损害价值量化

根据 GB/T 39791.1、GB/T 39791.2 等相关标准规范,地表水和沉积物损害价值量化方法主要包括以下五种。

1. 实际治理成本法

本方法主要针对水污染或破坏水生态行为发生后,为减轻或消除污染或破坏对生态环境的危害而发生的污染清除费用,以实际发生费用为准。主要适用情形包括两类,对于突发水环境污染事件,如果地表水和沉积物中的污染物浓度在应急处置阶段内恢复至基线水平,水生生物种类、形态和数量以及水生态服务功能未观测到明显改变时,采用实际治理成本法统计应急处置费用;对于其他地表水生态环境损害,已经或正在开展水环境治理或水生态恢复时,适用实际治理成本法。

本方法可通过收集实际发生的费用信息,并对实际发生费用的必要性和合理性进行判断,实际治理成本基础数据的统计与校核参见《突发环境事件应急处置阶段环境损害评估推荐方法》和《突发生态环境事件应急处置阶段直接经济损失核定细则》。

2. 恢复费用法

本方法针对当受损生态环境及其服务功能可恢复或部分恢复时,应制定生态环境恢复方案,采用恢复费用法量化生态环境损害价值。恢复方案的确定包括如下步骤:

1)首先通过文献调研、专家咨询、专项研究、现场实验等方法,评价受损地表水生态环境及其服务功能恢复至基线的经济、技术和操作的可行性。

2)当评价结果显示具备经济、技术和操作可行性时,考虑恢复周期等因素,若自生态环境损害发生到恢复至基线的持续时间大于一年的,应计算期间损害,制定基本恢复方案和补偿性恢复方案;小于等于一年的,仅制定基本恢复方案。需要实施补偿性恢复的,同时需要评价补偿性恢复的可行性。特别地,对于突发性水环境污染事件,如果地表水和沉积物中的污染物浓度不能在应急处置阶段恢复至基线水平,或者能观测或监测到水生生物种类、形态、质量和数量以及水生态服务功能明显改变,对于能够恢复的,制定基本恢复方案,恢复周期超过 1 年的,需要制定补偿性恢复方案。

3)当评价结果显示不具备经济、技术和操作可行性时,地表水和沉积物及其生态服务功能应恢复至维持其基线功能的可接受风险水平;可接受风险水平与基线之间不可恢复的部分,可以采取适合的替代性恢复方案,或采用环境价值评估方法进行价值量化。

基本恢复方案和补偿性恢复方案的实施时间与成本相互影响,应考虑损害的程度与范围、不同恢复技术和方案的难易程度、恢复时间和成本等因素,确定备选基本和补偿性恢复方案。参照 GB/T 39791.1 中恢复方案制定的相关内容,统筹考虑地表水和沉积物环境质量、水生生物资源以及其他水生态服务功能的恢复,根据不同方案的社会效益、经济效益和公众满意度等因素对备选综合恢复方案进行筛选,确定最佳综合恢复方案。

（1）基本恢复方案

基本恢复的目标是将受损的地表水生态环境恢复至基线水平。对于受现场条件或技术可达性等原因限制的，地表水和沉积物生态环境不能完全恢复至基线水平，根据水功能规划，结合经济、技术可行性，确定基本恢复目标。

对于水生态受到影响的事件，选择具有代表性的水生生物相关指标表征水生态损害；对于没有水生生物受到损害的，选择水资源供给量、航运量、休闲旅游人次等水生态服务功能作为恢复目标。按照以下原则制定基本恢复方案：

1）对于突发水环境污染事件，应急处置方案为基本恢复方案。

2）对于累积水环境污染事件以及污染在应急处置阶段没有消除或存在二次污染的突发水环境污染事件，根据污染物的生物毒性、生物富集性、生物致畸性等特性，分析受损地表水和沉积物生态环境自然恢复至基线的可能性，并估计“无行动自然恢复”的时间，对于不能自然恢复的，制定水环境治理、水生态恢复基本方案。

3）对于水生态破坏事件，分析受损水生态服务功能自然恢复至基线的可能性，并估计“无行动自然恢复”的时间，对于不能自然恢复的，制定水生态恢复基本方案。

基本恢复方案达到预期恢复目标的持续时间为地表水生态环境损害持续时间。涉及产品供给服务、水源涵养等调节服务、休闲旅游等文化服务功能以及航运交通和栖息地等支持功能的，分析地表水环境治理方案、水生态恢复方案实施对产品供给、水源涵养、航运交通、生物栖息地、休闲舒适度、旅游人次等生态服务功能影响的持续时间，确定损害时间范围。

没有适合的基本恢复方案时，为永久性生态环境损害。

（2）补偿性恢复方案

补偿性恢复的目标是补偿受损地表水和沉积物生态环境恢复至基线水平期间的损害。当采用资源类指标表征期间损害时，原则上补偿性恢复目标与基本恢复目标采用相同的表征指标；当采用服务类指标表征期间损害时，利用服务指标表征补偿性恢复规模，并根据实际需要选择其他资源类指标表征服务水平。

补偿性恢复方案可以与基本恢复方案在不同或相同区域实施，包括恢复具有与评估水域类似水生生物资源或服务功能水平的异位恢复，或使受损水域具有更多资源或更高服务功能水平的原位恢复。比如，对于受污染沉积物经风险评估无须修复，可以异位修复另外一条工程量相同的被污染河流沉积物，或通过原位修建孵化场培育较基线种群数量更多的水生生物，或通过修建公共污水处理设施替代受污染的地表水自然恢复损失等资源对等或服务对等、因地制宜的水环境、水生生物或水生态恢复方案。

（3）恢复技术筛选

基本恢复方案和补偿性恢复方案可以是一种或多种地表水和沉积物恢复技术的组合。

地表水和沉积物损害的恢复技术包括地表水治理技术、沉积物修复技术、水生生物恢复技术、水生态服务功能修复与恢复技术。在掌握不同恢复技术的原理、适用条件、费用、成熟度、可靠性、恢复时间、二次污染和破坏、技术功能、恢复的可持续性等要素的基础上，参照类似案例经验，结合地表水和沉积物污染特征、水生生物和水生态服务功能的损害程度、范围和特征，从主要技术指标、经济指标、环境指标等方面对各项恢复技术进行全面分析比较，确定备选技术；或采用专家评分的方法，通过设置评价指标体系和权重，对不同恢复技术进行评分，确定备选技术。提出一种或多种备选恢复技术，通过实验室小试、现场中试、应用案例分析等方式对备选恢复技术进行可行性评估。基于恢复技术比选和可行性评估结果，选择和确定恢复技术。

常用地表水生态环境修复和恢复技术适用条件与技术性能参见 GB/T 39791.2 附录 B。

3. 环境资源价值法

对于受损地表水和沉积物生态环境不能通过实施恢复措施进行恢复或完全恢复到基线水平，或不能通过补偿性恢复措施补偿期间损害的，基于等值分析原则，采用环境资源价值评估方法对未予恢复的地表水生态环境损害进行计算。具体根据评估区的水生态服务功能，采用直接市场法、揭示偏好法、效益转移法、陈述偏好法等方法，对不能恢复或不能完全恢复的生态服务功能及其期间损害进行价值量化，具体如下：

1）对于以水产品生产为主要服务功能的水域，采用市场价值法计算水产品生产服务损失；

2）对于以水资源供给为主要服务功能的水域，采用水资源影子价格法计算水资源功能损失；

3）对于以生物多样性和自然人文遗产维护为主要服务功能的水域，建议采用恢复费用法计算支持功能损失，当恢复方案不可行时，采用支付意愿法、物种保育法计算；

4）对于砂石开采影响地形地貌和岸带稳定的情形，采用恢复费用（实际工程）法计算岸带稳定支持功能损失；

5）对于航运支持功能的影响，建议采用市场价值法计算航运支持功能损失；

6）对于洪水调蓄、水质净化、气候调节、土壤保持等调节功能的影响，建议采用恢复费用法计算，当恢复方案不可行时，建议采用替代成本法计算调节功能损失；

7）对于以休闲娱乐、景观科研为主要服务功能的水域，建议采用旅行费用法计算文化服务损失，当旅行费用法不可行时，建议采用支付意愿法计算；

8）常见水生态服务功能价值量化方法参见 GB/T 39792.2 附录 A。对于采用非指南推荐的方法进行环境资源价值量化评估的，需要详细阐述方法的合理性。

4. 水资源非使用价值法

本方法主要针对超过地表水环境质量基线，但没有超过地表水环境质量标准并影响水生态功能，即无须开展修复的情况。根据损害发生地的水资源非使用基准价值和根据超过基线倍数确定的水资源非使用基准价值调整系数计算水资源受损价值，调整系数见

表 8－1。地表水资源非使用基准价值为损害发生地水资源费或水资源税的 1/2；当损害涉及多个地方时，根据多个地方的水资源税费和水量加权计算确定。

表 8－1　水资源非使用基准价值调整系数

地表水环境质量超基线的倍数	调 整 系 数
≤5 倍	0.2
>5-≤20 倍	0.4
>20-≤100 倍	0.6
>100-≤1 000 倍	0.8
>1 000 倍	1.0

特别地，对于超过地表水环境质量标准并影响水生态功能的情况，如果计算得到的水生态功能损害价值小于受损的水资源非使用价值，可以以受损的水资源非使用价值作为计算结果，但两者不能相加，以避免重复计算。

5. *虚拟治理成本法*

本方法主要针对向水体排放污染物的事实存在，但由于生态环境损害观测或应急监测不及时等原因导致损害事实不明确或无法以合理的成本确认地表水生态环境损害范围和程度或量化生态环境损害数额的情形，采用虚拟治理成本法计算生态环境损害。具体参照 GB/T 39793.2。

8.2.6　鉴定意见书编制

根据委托要求，基于鉴定过程所获得的数据和信息，编制地表水和沉积物环境损害司法鉴定意见书，同时建立完整的鉴定工作档案。

8.2.7　恢复效果评估

生态环境恢复方案实施后，通过采样分析、问卷调查等方式，定期跟踪地表水和沉积物生态环境恢复情况，全面评估恢复效果是否达到预期目标；如果未达到预期目标，应进一步制定补充性恢复方案，直到达到预期目标。对于补充性恢复方案不可行或无法达到预期效果的，采用环境资源价值量化方法计算相应的损失，且补充性恢复完成后，也应该开展恢复效果评估。

评估内容包括恢复过程的合规性和恢复效果的达标性，即恢复方案实施过程是否满足相关标准规范要求，是否产生了二次污染，并根据基本恢复、补偿性恢复、补充性恢复方案中设定的恢复目标，分别对基本恢复、补偿性恢复、补充性恢复的效果进行评估。

地表水恢复效果通常采用一次评估，沉积物与水生态服务功能恢复效果通常需要结合污染物特征、恢复方案实施进度、水生态服务功能恢复进展进行多次评估,直到沉积物环境质量与水生态服务功能完全恢复至基线水平,至少持续跟踪监测 12 个月。

8.3 鉴定技术方法

基线是确认环境损害的基础,基线确定是环境损害鉴定评估的关键技术环节和重要前提。因果关系判定是环境损害鉴定评估的重点和难点,直接决定着因环境污染而遭受损害的环境资源的经济损失能否得到赔偿,相应的环境污染行为能否得到法律的制裁。本节针对地表水和沉积物环境损害鉴定评估的主要部分,即基线确定、因果关系分析、损害价值量化等阶段常用的技术方法作介绍。

8.3.1 基线确定方法

1. 历史数据法

查阅相关历史档案或文献资料,包括针对调查区开展的常规监测、专项调查、学术研究等过程获得的文字报告、监测数据、照片、遥感影像、航拍图片等结果,获取能够表征调查区地表水和沉积物环境质量和生态服务功能历史状况的数据。选择考虑年际、年内水文节律等因素的历史同期数据。应对历史数据的变异性进行统计描述,识别数据中的极值或异常值并分析其原因确定是否剔除极值或异常值,根据专业知识和评价指标的意义确定基线,确定原则参照 GB/T 39791. 1 中基线确认的相关内容。

2. 区域对照法

调查区地表水和沉积物环境质量以及水生态服务功能历史状况的数据无法获取的,可以选择合适的对照区,以对照区的历史或现状调查数据作为基线水平。对照区数据应对评估区域具有较好的时间和空间代表性,且其数据收集方法应与评估区域具有可比性,并遵守评估方案的质量保证规定。

对照区的水功能区、气候条件、自然资源、水文地貌、水生生物区系等性质条件应与评估水域近似。对照区的具体采样布点要求参照 GB/T 39791. 2 中布点采样的相关内容执行。利用对照区数据确定基线的原则参照 GB/T 39791. 1 中基线确认的相关内容。

3. 参照标准法

如果无法获取历史数据和对照区数据,则根据调查区地表水和沉积物的使用功能,查找相应的地表水和沉积物环境质量标准或基准,如 GB 3838、GB 5084、GB 11607 等。如果存在多个适用标准,应该根据评估区所在地区技术、经济水平和环境管理需求选择标准。

4. 专项研究法

如果无法获取历史数据和对照区数据,且无可用的水环境质量标准时,应开展专项研究。对于污染物指标，根据水质基准制定技术指南，如 HJ 831、HJ 837、HJ 838，推导确定基线水平。

8.3.2　因果关系分析方法

根据污染水环境或破坏水生态行为导致损害的因果关系判定依据，主要通过分析时间、空间和污染物三个维度来衡量和确定。

1. 时间维度

在时间维度，要求排污或破坏生态行为与地表水和沉积物环境损害间存在先后顺序，即排污或破坏生态行为发生在前，环境损害发生在后；反之，则不存在因果关系。

可通过收集直接或间接证据，如物证、书证、证人证言、笔录、视听资料等，证明排污或破坏生态行为与地表水和沉积物环境损害间的先后顺序。

2. 空间维度

在空间维度，要求污染源到受损地表水和沉积物以及水生生物、水生态之间存在合理的暴露路径。暴露评估的主要方法如下：

（1）暴露性质、方式和持续时间

暴露评估的目的是评估潜在受影响的水体和水生生物暴露于污染源的方式、时间和路径。

暴露评估需要考虑的因素包括环境暴露的性质或方式、暴露的时间、与其他环境因素的关系（溶解氧浓度的日变化、水文水动力因素）、暴露的持续性（急性与慢性、连续与间歇、生物代暴露等）以及影响暴露的局部水文、地球化学或生态因素等。

（2）暴露路径分析与确定

基于前期调查获取的信息，对污染物的传输机理和释放机理进行分析，初步构建污染物暴露路径概念模型，识别传输污染物的载体和介质，提出污染源到受体之间可能的暴露路径的假设。

传输的载体和介质包括水体、沉积物和水生生物。

涉及地表水和沉积物的污染物传输与释放机理主要包括：地表水径流与物理迁移扩散，沉积物-水相的扩散交换，悬浮颗粒物和沉积物的物理吸附、解吸，沉积物的沉积、再悬浮和掩埋；污染物在暴露迁移过程中发生的沉淀、溶解、氧化还原、光解、水解等物理化学反应过程。

涉及生物载体的污染物传输与释放机理主要包括：水生生物从地表水和沉积物介质摄取污染物的过程（经鳃吸收、摄食等），生物体内传输代谢和清除过程（鳃转移、组织分布、代谢转化、排泄、生长稀释等），生物受体之间的食物链传递与生物放大作用。

建立暴露路径后，需要对其是否存在进行验证，即识别组成暴露路径的暴露单元，对每一单元内的污染物浓度，污染物的迁移机制和路线以及该单元的暴露范围进行分析，以此确定各个暴露单元是否可以组成完整的暴露路径，将污染源与生物受体连接起来。

（3）二次暴露

污染物在地表水和沉积物中发生反应并产生副产物，则发生二次暴露。污染物可以直接发生二次物理、化学和生物效应。对于具有生物累积性的污染物可以通过食物网的传递发生二次暴露。

（4）关联性证明

建立暴露路径，识别污染物与损害结果的关联后，进一步通过文献回顾、实验室实证研究和模型模拟方法对损害关联性进行证明。

首先，基于现有文献，对污染物与损害之间的暴露-反应关系进行研究判断；其次，采用实验与模型模拟研究方法，对污染物与损害之间的暴露-反应关系进行验证判断。通过对与评估区暴露条件类似的损害与暴露关系进行实验室研究，来确定实际评估区的暴露-反应关系，该方法可单独使用，也可以与模型模拟方法配合使用。

针对特征污染物的理化特性以及在水体中的迁移转化过程，可采用水动力模型和水质模型模拟预测水环境污染事件发生后污染物在水体中的暴露迁移过程；河流、湖库、入海河口等不同类型地表水体污染物的常用水动力模型和水质模型包括河流/湖库均匀混合模型（零维模型）、纵向一维模型、河网模型（河流）、垂向一维模型（湖库）、平面二维模型、立面二维模型、三维模型等，参照 HJ 2.3 常用数学模型基本方程及解法。

针对特征污染物的理化特性、暴露在不同介质的传输分布以及与生物受体之间的相互作用，可采用环境逸度模型模拟预测污染物在气、水、沉积物、生物体等环境介质中的分布动态与归趋，例如，模拟地表水-沉积物暴露归趋的 QWASI 模型、模拟水生生物富集和食物链传递的 FISH 模型和 FOOD WEB 模型；采用生态模型模拟水生态综合效应，如 AQUATOX 模型。

3. 污染物维度

在污染物维度，要求受体端与污染源的污染物存在同源性。可通过人员访谈、现场踏勘、空间影像识别等手段和方法，分析潜在的污染源，开展进一步的水文地貌与水生生物调查。根据实际情况选择合适的检测和统计分析方法，通过分析污染物或次生污染物与环境中污染物的种类、物理形态、化学性质、元素成分的异同，确定污染源。常用的检测和统计分析方法如下：

（1）指纹特征比对法

采集潜在污染源和受体端地表水、沉积物和生物样品，分析污染物类型、浓度、组分、比例等情况，采用指纹法进行特征比对，判断受体端和潜在污染源的同源性，确定污染源。

北京化工大学的王燕等①开展了采用指纹法对超标偷排污水进行溯源的研究，其工作流程主要包括两部分：首先，通过用 ICP-MS、IC、GC-MS 和 3D-EEM 分析方

---

① 王燕，李彩鹦，莫恒亮，等. 超标偷排污水溯源的物证分析技术研究[J]. 北京化工大学学报（自然科学版），2014，41(1)：39-45.

法快速全面测得涉污企业外排污水的污染物信息及河水背景值,并从中挑选出经过高倍稀释仍可检辨的特征污染物和典型特征物,构筑涉污企业化学指纹;然后,对采集的超排水样进行分析,测取其中含量明显高于河水背景值的物质信息,通过与相关涉污企业的化学指纹进行分析比对与排查溯源,最终锁定超标排污单位。

(2) 同位素分析法

对于损害时间较长,且特征污染物为铅、镉、锌、汞等重金属或含有氯、碳、氢等元素的有机物时,可采用同位素技术,对地表水和沉积物样品进行同位素分析,根据同位素组成和比例等信息,判断受体端和潜在污染源的同源性,确定污染源。

中国地质大学的高永娟等人①建立了铬同位素化学分离与纯化流程以及 Cr 同位素的热电离同位素质谱测定方法。应用所建立的方法,对湖北省某化工厂周围 11 个水样进行了测定。结果表明,Cr 同位素比值能较好地显示当地水体 Cr 污染的空间分布规律,并能根据铬同位素分馏程度对水体自净能力进行定量评估。

(3) 多元统计分析法

采集潜在污染源和受体端地表水和沉积物样品,分析污染物类型、浓度等情况,采用相关性分析、主成分分析、聚类分析、因子分析等统计分析方法分析污染物或样品的相关性,判断受体端和潜在污染源的同源性,确定污染源。

湖北省环境科学研究院的张强②通过采用相关性分析技术手段证实了某生猪养殖企业废水未经处理流入企业附近泥塘中,经渗漏与渗透等途径进而对周边区域地下水和地表水造成了损害的事实,为我国探索污染源与损害受体之间暴露途径的确认方法提供了典范。

8.3.3　损害价值量化方法

1. 恢复费用法

(1) 费用明细法

恢复方案较明确,各项具体水环境恢复工程措施及其规模比较具体,所需要的设施、材料、设备、人工等比较明确,且对恢复方案各要素的成本比较清楚的情况下,可采用此方法。按照国家和地方工程投资估算的规定列出,恢复方案的各项具体工程措施、各项措施

① 高永娟,马腾,凌文黎,等. 铬稳定同位素分析技术及其在水污染研究中的应用[J]. 科学通报,2009,54(6):821－826.

② 张强. 某养殖废水污染环境案损害暴露途径鉴定 1 例[J]. 中国司法鉴定,2019(6):108－110.

的规模,明确需要的设施以及需要用到的材料和设备的数量和规格、能耗等内容,根据各种设施、材料、设备、能耗的单价,列出恢复工程费用明细,包括工程费、设备及材料购置费、替代工程建设所需的土地、水域等购置费用和工程建设费用及其他费用。工程投资费用宜采用概算定额法,按照地区或行业有关工程造价定额标准编制,若无法采用概算定额法,也可采用类比已建或在建的相似恢复工程,计算恢复工程费用。

(2)指南或手册参考法

恢复技术有确定的工程投资手册可以参照的情况下,可采用此方法。根据确定的恢复工程量,参照相关指南或手册,计算恢复工程费用,如水利部出台的水利工程(河道工程)设计概算编制规定。

(3)承包商报价法

恢复方案比较明确,各项具体工程措施及其规模比较具体、所需要的设施、材料、设备等比较确切,但对方案各要素的成本不清楚或不确定的情况下,可采用此方法。承包商报价法应选择 3 家或 3 家以上符合要求的承包商,由承包商根据恢复目标和恢复方案提出报价,对报价进行综合比较,确定合理的恢复工程费用。

(4)案例对比法

恢复技术不明确的情况下,可采用此方法。通过调研与本项目规模、损害特征、生态环境条件相类似且时间较为接近的案例,基于类似案例的恢复费用,计算恢复工程费用。

2. *虚拟治理成本法*

参照 GB/T 39793.2,该方法适用于非法排放或倾倒废水或固体废物(包括危险废物)等排放行为事实明确,但损害事实不明确或无法以合理的成本确定地表水生态环境损害范围、程度和损害数额的情形。本方法不适用于突发环境事件中实际发生的应急处置费用或治理费用明确、通过调查和评估可以确定的生态环境损害的鉴定评估。

地表水环境损害虚拟治理成本法的鉴定评估程序如图 8-1 所示。

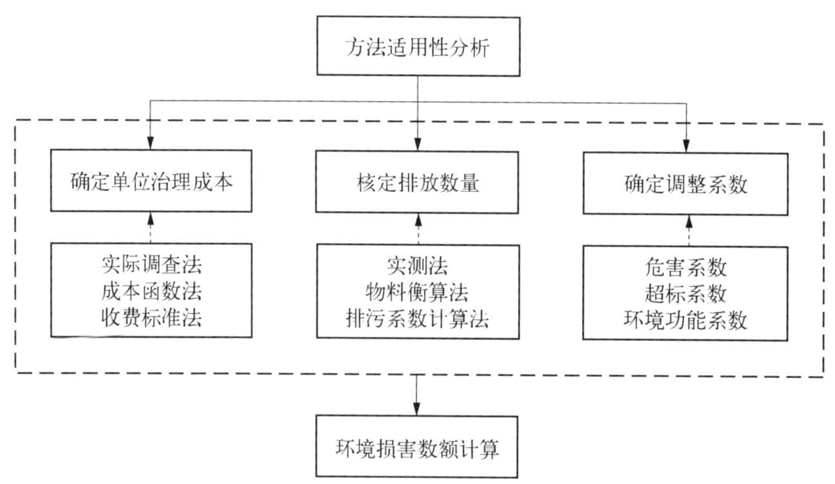

图 8-1 水污染虚拟治理成本法鉴定评估程序

(1) 单位治理成本

单位治理成本指工业生产企业或专业污染治理企业治理单位体积或质量的废水或固体废物所产生的费用,一般包括能源消耗、设备维修、人员工资、管理费、药剂费等处理设施运行费用、固定资产折旧费用及治理过程中产生的废物处置等有关费用,不包括固体废物综合利用产生的效益。

1) 实际调查法

优先采用实际调查法确定单位治理成本。通过实际调查,获得相同或邻近地区、相同或相近生产工艺、产品类型、处理工艺的企业,治理相同或相近污染物,能够实现稳定达标排放的平均单位污染治理成本;其中,相同产品类型、能够实现稳定达标排放为首要考虑因素,相同或邻近地区为次要考虑因素,其次为生产工艺和处理工艺。

调查企业数量原则上不少于 3 家,单位治理成本需考虑废水治理设施的折旧和运行成本。

特别地,当废水来源明确且来源单位具有自有处理设施,满足以下条件之一的,可采用来源单位自行核算的治理成本:

① 在近三年内有正常运行记录,废水可以达标排放;

② 近三年未运行,但已有资料可以充分证明处理工艺有效,废水可达标排放。

并且,应对来源单位提供的成本核算资料进行合理性评估,在支出成本项目构成、单价和数量等方面合理的情况下,来源单位自行核算的治理成本可作为废水的单位治理成本。对废水治理成本不明确的情况,可以采用专业废水治理企业提供的单位治理成本核算数据。

2) 成本函数法

当调查样本量足够大时,通过调查数据建立典型行业废水污染物的治理成本函数模型,以达到排放标准的单位治理成本平均值作为最终使用的单位治理成本。

3) 收费标准法

根据《关于虚拟治理成本法适用情形与计算方法的说明》(环办政法函〔2017〕1488 号),提出了单位治理成本确定的收费标准法、实际调查法和成本函数三种方法,并建议优先选择收费标准法。在应用过程中,由于环境治理行业市场化程度逐渐提高,各地区的污水处理和危险废物处置收费不再简单根据收费标准确定,而是更多根据废水、废物性质和市场情况确定,收费标准的应用范围在逐渐降低。另外,收费标准本身包括了污染治理单位的利润,不符合虚拟治理成本法"治理成本"的思想。由于没有明确定义,实际使用过程中,也存在着对"收费标准"概念的滥用。所以在《生态环境损害鉴定评估技术指南　基础方法　第 1 部分:水污染虚拟治理成本法》(GB/T 39793.2—2020),单位治理成本确定方法有实际调查法和成本函数法两种,删除了争议较大、证据选择范围依据不够明确的收费标准法。但笔者认为,针对生活污水等处理工艺相对固定的污染物,政府有关部门出台指导价格的情况,其收费标准仍可以适用。例如应税水污染物的环境保护税适用税额标准。

（2）排放数量

在生态环境管理部门批准的排污口超标排放废水并进入地表水体的，排放数量为超标排放的废水或特征污染物总量。其他偷排、倾倒废水的，排放数量为排放的废水或特征污染物总量。向地表水体排放、倾倒固体废物的，排放数量为排放、倾倒的固体废物总量。

排放数量的计算方法包括实测法、物料衡算法和排污系数计算法。对于废物或废液倾倒、违法违规排污类事件，废水或固体废物排放量一般通过现场排放量核定、人员访谈、生产或运输记录获取相关资料数据，根据实际情况选择合适的计算方法；对于突发环境事件，一般通过实测法与物料衡算法相互验证的方法进行测算。

（3）调整系数

调整系数为危害系数、超标系数和环境功能系数的乘积。

1）危害系数

确定废水危害系数时应当将超标污染物指标全部纳入危害系数计算，并根据地表水环境功能根据 GB 30000.18、GB 30000.28 中物质的分类标准和混合物的分类标准，对污染物的不同危害类型确定危害系数值。地表水环境为多种用途的，危害系数取最大值。

2）超标系数

确定废水中污染物超过国家或地方行业排放标准、综合排放标准的超标倍数。当废水中多个污染物存在超标时，根据所有检测样品中各项污染物的最大超标倍数确定超标系数。

3）环境功能系数

根据排放行为发生地点或排放影响情况，确定相应的环境功能系数取值。

（4）环境损害数额

地表水生态环境损害数额以废水治理达到相关标准所需的成本为基础，同时考虑废水物质或污染物的危害性、浓度以及地表水环境功能等因素进行损害数额计算。即地表水生态环境损害数额等于单位治理成本、排放数量和调整系数的乘积。

8.4 实　　例

8.4.1 超标排污污染长江水环境生态环境损害鉴定案[①]

1. 基本案情

2019 年 1 月，某地环境监察支队执法人员对某农化公司进行调查时发现该公司在生

① 司法部. 司法部发布 2021 年度十大环境损害司法鉴定指导案例[EB/OL].（2022-06-06）. https://www.moj.gov.cn/pub/sfbgw/fzgz/fzgzggflfwx/fzgzggflfw/202206/t20220606_456695.html.

产过程中以超过国家规定的标准排放水污染物。进一步调取该公司 2017~2019 年污水排放连续监测日平均值月报表，核实其期间存在多次超标排污行为。2019 年 10 月，受当地生态环境局的委托，某司法鉴定中心对该农化公司排放废水造成长江水域生态环境损害进行鉴定。由于明确该公司存在污染物超标排放事实，但并未在其发生超标排污行为的当下进行受纳长江水体的监测，导致损害事实不明确，故本案采用虚拟治理成本法进行鉴定评估。

根据该公司 2017~2019 年在线监测数据，结合该公司排污许可证中相关内容可知，厂区所涉排污口的总磷许可排放浓度限值为 0.5 mg/L，在 2017~2019 年期间，其厂区所涉排污口共存在累计 18 次总磷日均排放浓度值超标行为，所涉超标排放废水总量共 99 471.39 t。鉴定人员自企业外排口至入江口沿污水排放管道进行路径核实，最终明确该公司厂区污水排放路径为从该公司厂区外排池通过泵排方式自地下穿过长江大堤后直接排放进入相邻的长江干流水体。2017~2019 年期间，该公司厂区所涉排污口超标废水总磷浓度范围在 0.51~0.83 mg/L 之间，废水总量共计 99 471.39 t。基于本案超标废水总磷浓度和目标排放浓度（0.5 mg/L），除磷效率达到 40%条件下即可满足排放标准要求。通过调研核算，在该目标排放浓度和目标处理效率下的总磷单位治理成本大致为 1.20 元/m^3，计算得到 2017~2019 年期间该农化公司排放总磷超标废水的基本处理费用为 119 365.67 元。

根据涉事单位所在地省生态环境厅发布的 2017 年、2018 年《××省环境质量状况》和当地生态环境局发布的环境质量月报，综合考虑总体以Ⅲ类水质来表征本案所涉排污的 2017~2019 年期间受纳环境长江干流江段的现状水平。根据虚拟治理成本法的环境功能敏感系数推荐值，取 5 倍作为本事件的生态环境损害的虚拟倍数值，计算得到本案所涉农化公司排放总磷超标废水造成长江干流生态环境损害的数额为：119 365.67 元×5 = 596 828.35 元。

2. 鉴定要点

本案采用虚拟治理成本法进行鉴定的要点如下：一是要明确该方法的适用情形，即只有在排放污染物的事实存在，由于生态环境损害观测或应急监测不及时等原因导致损害事实不明确或生态环境已自然恢复；或是不能通过恢复工程完全恢复的生态环境损害；或是实施恢复工程的成本远远大于其收益的情形。二是环境功能敏感系数推荐值应当是基于污染物受纳环境的现状功能。

3. 案例评析

本案系直接向长江干流水域超标排污案件，为典型的虚拟治理成本法的适用范围，为类似排污案件造成的生态环境损害鉴定提供借鉴和指导意义。本案发生于 2019 年，适用《关于虚拟治理成本法适用情形与计算方法的说明》（环办政法函〔2017〕1488 号）中规定的虚拟治理成本法相关参数。通过本次鉴定和案件办理，严厉打击了涉事企业的违法排污行为，有效保障了长江水生态环境公共利益，切实保护了长江流域生态环境安全，有助于营造全社会保护长江流域生态环境的良好氛围,为长江流域生态环境安全提供了有力司法保障。

8.4.2 河道非法采砂致河流生态环境损害鉴定案①

1. 基本案情

2016 年 3 月开始,顾某等人在未取得采矿许可证的情况下,以清淤为名,在当地某河段非法采砂。该河是防洪蓄洪的重要河道,非法采砂行为将导致河道大量河砂流失、河道生态环境遭到破坏,危及堤防汛期安全,影响河道排洪防洪。为此,当地人民检察院委托某司法鉴定中心对本次河道非法采砂导致河流生态环境损害进行司法鉴定。

鉴定人员对河流环境功能、上下游流势和采砂区域环境生态状况等进行了勘验和调查,确定了非法采砂河流水环境功能为环境功能过渡区,水质目标为Ⅳ~Ⅲ类,即水质由Ⅳ类过渡到Ⅲ类。河流河床基本分为两级台阶,上部河道台阶目前被部分农作物(玉米等)覆盖,底部流水河床弯曲,变形,部分被杂草覆盖,部分河床受到挖沙破坏。根据委托鉴定函和审讯笔录等鉴定材料,确认非法采砂量为 19 010 m^3,根据现场勘验调查,非法采砂深度约 1.0 m,非法采砂面积确定为 1.9 hm^2。非法采砂河段是防洪蓄洪的重要河道,非法采砂造成了河床下切,使堤身相对高度加大,岸坡变陡,引起堤岸坍塌,危及堤防汛期安全,影响河道排洪防洪。因此,非法河道采砂将影响防洪安全,还会影响河流河势稳定。河道在其自身演变过程中,形成了相对稳定的河床形态,非法采砂破坏了河床形态,改变了局部河段泥沙输移的平衡,引起河势的局部变化和岸线的崩退,破坏局部河段的河势稳定,也将影响区域农田供、灌、排水体系的正常运行,对河段区域生态环境造成一定破坏。

采砂从 2016 年 3 月开始,持续时间约 4.5 年。河道修复,勘察设计和修复工程实施仍需相当时间,参考某河综合治理工程规划,该河的整治修复需要约 1.5 年。因此,非法采砂河流期间生态损害年限确定为 6.0 年。经过分析计算,本次非法采砂造成期间河流生态损失 20 976 元。根据检察院提供的笔录等鉴定材料,确认河砂的价格,以此计算材料费。根据山东省定额核算出运输、回填以及平整的费用,综合得出河流非法采砂生态修复费用为 127.13 万元。

2. 鉴定要点

本次评估生态环境损害造成的费用主要包括两部分:一是期间生态系统服务功能损害损失,即非法采砂行为开始至修复完成期间的生态系统服务功能损害造成的损失费用;二是采砂破坏河道的修复费用,即通过人工填砂或补砂,进行河道综合整治和河道生态环境修复,使河道内的生态环境恢复至原貌所需要的费用。生态修复费用包括采砂区域修复到原貌所需要的河砂材料费和河砂运输、回填和平整费用。

---

① 司法部. 司法部发布 2021 年度十大环境损害司法鉴定指导案例[EB/OL]. (2022-06-06). https://www.moj.gov.cn/pub/sfbgw/fzgz/fzgzggflfwx/fzgzggflfw/202206/t20220606_456695.html.

3. 案例评析

本案例属自生态环境损害发生到恢复至基线的持续时间大于一年的情形，应计算期间损害，环境资源价值法和恢复费用法相结合，计算事件造成的生态环境损害费用。

8.4.3 油墨废水直排致河流生态环境损害鉴定案①

1. 基本案情

自 2017 年 12 月至 2021 年 8 月，某生活污水处理厂利用夜间时间，将污水处理厂还未处理的泥水混合物绕开在线监测装置非法通过厂区应急管道，经强排泵站和该污水处理厂总排口直接排入某河，总排泥水量约 7 000 t。最终经某河某镇总排口直接排放泥水混合物至某断面，该排污口段至某镇段属于纳污段，为Ⅳ类地表水体；某镇段至某断面为Ⅲ类地表水体。鉴定过程中，根据污染情况现场踏勘及资料收集，进行地表水和沉积物的布点与采样，布设采样点（含对照点，厂区排水管排污口上游相对干净地点作为对照点），根据该生活污水处理厂的环境影响报告表和污水处理指南（HJ 1083—2020），依据城镇生活污水处理厂监控指标确定监测因子。结合检测结果，并通过基于 Matlab 二维稳态混合衰减模式的数学模型和 MIKE 21 模型模拟，模拟计算污染物通过排污口向纳污河流的扩散范围，并结合两种模拟结果进行校正。

2. 鉴定要点

本案件采用模型模拟结合实测的方式对受影响水环境的范围进行模拟计算。建立水质模型追溯污染时的影响范围是还原案件对河流影响的有效解决途径，并对比两种不同类型的水质模型的预测结果，分析其差异性，探讨在河流环境损害实物量化确认中水质模型的应用情况，推动环境损害实物量化工作的顺利进行。

3. 案例评析

水质模型可应用于地表水、地下水等环境损害鉴定评估的各个方面，如因果关系判定时，针对特征污染物的理化特性以及在水体中的迁移转化过程，可采用水动力模型和水质模型模拟预测水环境污染事件发生后污染物在水体中的暴露迁移过程，明确污染环境行为与水生态损害的关联性。如损害空间范围确定时，对于突发水环境污染事件，缺少实际调查监测数据的生态环境损害，可以通过收集污染排放数据、水动力学参数等，模拟污染物在地表水和沉积物中的迁移扩散情况，不同位置的污染物浓度及其随时间的变化，确定损害空间范围。

---

① 许瑞臣. 地表水和沉积物的生态环境损害鉴定评估关键技术实践探索[D]. 沈阳：辽宁大学，2023.

第9章　空气污染环境损害鉴定

近些年,随着我国城市化和工业化进程加快,对环境的污染也日益加重,其中空气污染是目前环境污染中最为突出的问题之一,在“坚决打赢蓝天保卫战,推进空气质量进一步提升”目标引领下,空气污染问题越发受到全社会的广泛关注,相关空气污染案件也不断增加,开展空气污染环境损害鉴定评估工作,追究污染环境者的损害赔偿责任,对于应对环境挑战具有深远意义。

空气污染环境损害鉴定,主要是指因环境污染造成的环境空气损害,以及由于空气污染导致的生物资源和生态系统服务的损害鉴定。本章内容主要介绍涉及空气污染环境损害鉴定的主要工作内容和程序,以及鉴定过程中经常采用的技术方法。

9.1　空气污染环境损害概述

9.1.1　空气污染事件

空气污染环境损害鉴定关注的是环境空气污染行为及室内空气污染行为引起的受体损害,相对于“室内”概念而言,前者所指的“环境空气”主要是指“室外的”、暴露于自然环境之中的,因此相应的鉴定内容在受体损害确认对象上略有差异。环境空气污染往往来源于工业生产活动或交通事故中气态污染物的排放,室内空气污染主要来源于建筑物、建材装修材料,及建筑施工活动中气态污染物的释放。

9.1.2　空气污染成因

造成空气污染的原因很多,可分为自然因素和人为因素,就目前来看,空气污染多是由于人为因素导致的。主要归纳为以下几点内容:

1）人类生产活动。如工业化生产过程中的废气排放,会对空气环境造成非常严重的污染。

2）居民供暖和用电。我国的供暖和用电以煤炭为主要的能源,由于技术限制,当前煤炭的燃烧依然会产生很多的气体污染物,进而造成空气污染。

3）交通和社会建设。如交通工具的尾气排放、各项工程建设所产生的粉尘等,也是造成空气污染的主要原因。

4）绿化面积减小。城市化建设以及其他的人类活动，使得林木、植物的绿化面积大幅度减小，削弱了其对大气污染物的过滤作用，进而加剧了空气污染。

9.1.3 空气污染危害

空气是支撑人类生存的主要环境要素，空气质量的好坏，将直接影响人类的生命安全和身体健康，以下将就空气污染的危害作简要介绍：

1. 破坏生态环境平衡

例如，当大气污染会导致出现酸雨现象，酸雨会直接影响水质与植物生长，严重破坏自然生态系统。

2. 导致大气臭氧层出现漏洞

在地球表面外有一层保护膜，即臭氧层，可以保护地球免遭紫外线伤害。人类的持续活动使大量的化学物质被释放出来，导致臭氧层破损，如果人类失去臭氧层，那么太阳就会直接照射到地球，人体受到核辐射影响，身体将会产生一系列不良反应。

3. 危害生物健康发展

人类的呼吸系统非常脆弱，若空气质量急剧下降，会引发人体的呼吸系统疾病，当超过人体机能承受范围时，可能还会出现癌变反应。同时，空气污染严重也会给动植物带来极大危害，动物同样会出现呼吸系统疾病，植物的生长受限，进而影响农作物产量，甚至会出现大面积死亡的现象。

为确保环境空气的优良质量及保护公众健康，2019 年 1 月，生态环境部与卫生健康委联合发布《有毒有害大气污染物名录(2018 年)》，其中包含二氯甲烷、甲醛、三氯甲烷、三氯乙烯、四氯乙烯、乙醛、镉及其化合物、铬及其化合物、汞及其化合物、铅及其化合物、砷及其化合物共 11 种物质，为今后大气环境实行源头风险管控提供科学指导。

9.2 鉴定工作内容和程序

空气污染环境损害鉴定的基本工作程序包括：鉴定准备、空气污染环境损害确认、空气污染环境损害因果关系分析、空气污染环境损害实物量化、空气污染环境损害价值量化、鉴定意见书编制，具体工作内容如下：

9.2.1 鉴定准备

初步掌握污染环境行为以及空气污染环境损害的基本情况和主要特征，确定空气污染环境损害鉴定的内容、范围和方法，编制鉴定工作方案。详细准备内容如下：

1. 基本情况调查

(1) 污染环境行为调查

分析或查明污染来源、生产历史、生产工艺和污染物产生环节、位置,历史污染事故及其处理情况;对于突发大气环境污染事件,应查明事件发生的时间、地点,可能产生的污染物的类型和性质、排放量(体积、质量),污染物浓度等资料和情况。

(2) 污染源调查

1) 涉及排污单位的,应调查生产及污染处理工艺,包括主要产品、设计产量及实际产量;所使用的主要材料的来源、使用量、运输及储存方式;主要产污节点及特征污染物;污染处理的工艺;污染处理设施的运行状况等。调取排污单位环境影响评价、排污许可、自行监测、清洁生产、环境质量体系认证资料等相关技术和审批文件,历史相关监测数据等资料。

2) 对于排放废气的,应调查废气排放来源,属于固定源还是移动源。固定源应该标明污染物排放监控位置、排气筒高度等,移动源应该标明移动源类型、燃油类型、排量等;调查外排废气中的主要污染物、排放规律(稳定连续排放、周期性连续排放、不规律连续排放、有规律间断排放、不规律间断排放等)、排气去向、排放量、废气处理工艺及处理设施运行情况等。

(3) 空气污染基本情况调查

掌握受污染大气生态系统的自然环境(包括气候气象、大气环境质量)和服务功能受损害的时间、方式、过程和影响范围等信息。

对于空气污染环境事件,了解污染物排放方式、排放时间、排放频率、排放去向,特征污染物类别、浓度;污染源排放的污染物进入大气环境生成的次生污染物种类、数量和浓度等信息。

(4) 事件应对基本情况调查

了解污染物清理、防止污染扩散等控制措施,包括实施过程、实施效果、费用等相关信息。

掌握监测工作开展情况及监测数据。

2. 自然环境信息收集

调查收集评估区域的自然环境信息,具体包括:

1) 空气环境现状和规划功能资料;

2) 地形地貌以及所在区域气候气象资料;

3) 空气历史监测资料;

4) 居民区、生态保护红线、自然保护区、风景名胜区等环境敏感区分布信息以及主要生物资源的分布状况。

3. 社会经济信息收集

收集评估区域的社会经济信息,具体包括:

1）经济和主要产业的现状和发展状况；

2）地方法规、政策与标准等相关信息；

3）人口、交通、基础设施、能源等相关信息。

4. 工作方案制定

根据所掌握的监测数据、损害情况以及自然环境和社会经济信息，初步判断大气环境及其生态服务功能可能的受损范围与类型，结合鉴定委托事项，明确要开展的鉴定工作内容和具体方法，编制工作方案。

9.2.2 损害调查确认

按照工作方案要求，组织开展鉴定区域污染大气行为以及大气环境质量状况调查或相关资料收集，通过比对历史数据、对照区状况、相关质量标准等方式，确定大气环境及其生态服务功能是否受到损害。具体调查步骤如下：

1. 确定调查对象与范围

包括污染源、污染物性质、可能涉及的环境介质、污染物的扩散分布范围、污染物在大气中的迁移转化行为及其可能产生的二次污染物、大气环境及其生态系统服务功能受损程度和时空范围。

2. 确定调查指标

根据事件类型特点，选择相关指标进行调查、检测与分析，包括特征污染物、大气环境及其生态系统服务功能指标的筛选与确定。

3. 污染状况调查

包括造成调查区域大气生态环境损害的所有污染源数量、位置、污染排放情况、特征污染物种类、排放量、排放浓度等信息。通过开展系统的布点采样和定量分析，确定污染物类型和浓度、污染范围等。针对损害行为发生在过去的，如大气污染物超标排放情形，收集污染物历史排放在线监测数据。

4. 基线水平调查

包括调查区域和补偿性恢复备选区域的大气环境介质、生物、生态服务功能等表征指标的基线水平。

优先利用评估区污染环境或破坏生态行为发生前的历史数据确定基线。当缺乏评估区的历史数据或历史数据不满足要求时，可以利用未受污染环境或破坏生态行为影响的“对照区域”的历史或现状数据确定基线。当利用历史数据或对照数据确定基线不可行时，可参考适用的国家或地方环境质量标准或环境基准确定基线；当标准和基准同时存在时，优先适用环境质量标准；当缺乏适用的标准或基准时，可参考国外政府部门或国际组织发布的相关标准或基准。必要时应开展专项研究，按照相关环境基准制定技术指南，推导环境基准作为基线；也可以构建生态环境质量与生物体的毒性效应、种群密度、物种丰度、生物多样性等评价指标之间的剂量-反应关系确定基线。

5. 损害确认

对比评估区生态环境及其服务功能现状与基线，必要时开展专项研究，确定评估区生态环境损害的事实和损害类型。空气生态环境损害确定应满足以下任一条件：

1）评估区环境空气中特征污染物浓度或相关理化指标超过基线；

2）评估区环境空气中物质的浓度足以导致生物毒性反应；

3）评估区生物个体发生死亡、病变、行为异常、肿瘤、遗传突变、生理功能失常、畸形；

4）评估区生物种群特征（如种群密度、性别比例、年龄组成等）、群落特征（如多度、密度、盖度、频度、丰度等）或生态系统特征（如生物多样性）与基线相比发生不利改变；

5）与基线相比，评估区生态服务功能降低或丧失；

6）造成生态环境损害的其他情形。

9.2.3 因果关系分析

空气污染环境行为与生态环境损害间因果关系分析的内容包括：

1）时间顺序分析。分析判断空气污染环境行为与生态环境损害发生的时间先后顺序。空气污染环境行为应发生在生态环境损害之前。

2）污染物同源性分析。采样分析污染源、环境介质和生物中污染物的成分、浓度、同位素丰度等，采用稳定同位素、放射性同位素、指纹图谱、多元统计分析等技术方法，判断污染源、空气环境介质和生物中的污染物是否具有同源性。

3）迁移路径合理性分析。分析评估区气候气象、地形地貌等自然环境条件，判断污染物从污染源迁移至环境介质的可能性；造成生物损害的，进一步判断污染物到达生物的可能性。建立从空气污染源经环境介质到生物的迁移路径假设，识别划分迁移路径的每一个单元，利用空间分析、迁移扩散模型等方法分析污染物迁移方向、浓度变化等情况，分析判断各个单元是否可以组成完整的链条，验证迁移路径的连续性、合理性和完整性。

4）生物暴露可能性分析。识别生物暴露于空气污染物的暴露介质、暴露途径和暴露方式，结合生物内暴露和外暴露测量，判断生物暴露于污染物的可能性。

5）生物损害可能性分析。通过文献查阅、专家咨询和毒理实验等方法，分析污染物暴露与生物损害间的关联性，阐明污染物暴露与生物损害间可能的作用机理；建立污染物暴露与损害间的剂量-反应关系，结合环境介质中污染物浓度、生物内暴露和外暴露量等，分析判断生物暴露水平产生损害的可能性。

6）分析自然和其他人为可能的因素的影响，并阐述因果关系分析的不确定性。

9.2.4 损害量化

损害实物量化：筛选确定大气环境及生态系统服务功能损害评估指标，对比相关指标的现状与基线的差异,确定大气环境损害的范围和程度,计算大气环境损害实物量。

根据各采样点位空气损害确认和损害程度量化的结果,通过模型模拟预测等方法,确定大气生态环境损害的时间和空间范围,包括损害可能持续的时间。

损害价值量化:由于大气环境的流动性和自净能力,大气环境损害无法得到完全恢复,或者实施恢复工程的成本远远大于其收益,或无法以合理的成本确定大气生态环境损害范围、程度和损害数额,一般采用虚拟治理成本法对受损的大气环境进行价值评估。

9.2.5　鉴定意见书编制

根据委托要求,基于鉴定过程所获得的数据和信息,编制空气污染环境损害鉴定意见书,同时建立完整的鉴定工作档案。

9.3　鉴定技术方法

针对大气污染环境损害鉴定评估的基线确定、损害价值量化等阶段常用的技术方法作如下介绍。

9.3.1　基线确定方法

大气污染受到气象条件、地形和地球生物能量交换等多重影响,以及大气污染物成分构成的复杂性,大气污染所导致的环境损害,表现出了区域的关联性、潜伏性、复杂性等特征,以及生态系统状态的不确定性和不可预测性也增加基线确定的难度。参考《生态环境损害鉴定评估技术指南　总纲和关键环节　第一部分:总纲》(GB/T 39791.1—2020)基线的确定方法。在大气环境损害鉴定过程中,基线的确定方法可采用历史数据法、区域对照法、参照标准法和利用模型法 4 类,其确定程序及优缺点见表 9－1①。

表 9－1　大气污染环境损害鉴定评估基线确定的常用方法

方　法	依　　据	确 定 程 序	优　缺　点
历史数据法	大气污染事件发生前评估区域的生态环境水平	基础调研→历史数据收集→筛选、分析和评估→确定基线	方法较准确;历史数据难获取,不能直接利用
区域对照法	相似条件、未受大气污染事件影响的历史数据或现场数据	基础调研→现场踏勘→对照区域确定→深入调查分析→确定基线	方法直接、客观;对照区域确定难度较大

① 陈秋兰,陈璋琪,洪小琴,等.基于虚拟治理成本法的大气污染环境损害量化评估探讨[J].环境与可持续发展,2018,43(2):27－30.

续 表

方 法	依 据	确 定 程 序	优 缺 点
参照标准法	国内外环境空气质量标准、大气污染物排放标准等环境标准值	基础调研→相关环境标准比较分析→执行相关环境标准依据→确定基线	方法简单;标准具有时效性,且国内外有差异
利用模型法	大气污染物剂量反应预测模型	基础调研→数据收集→剂量模型构建和优化→深入调查、分析和评估→确定基线	方法可靠;可用模型少,需大量数据构建大气污染与生态系统之间响应关系

1. 历史数据法

历史数据的来源包括常规监测、专项调查、学术研究等能反映评价区域发生污染事件前的历史状态。

但对于大气污染事件,历史数据法存在许多不足之处:首先,在大气污染事件发生前,很少有单位或部门长期持续地对生物资源水平进行监测记录,因而评估区域的历史数据难以获取;其次,大气污染物种类众多,历史数据难以覆盖所有污染物,受此限制,历史数据较难直接应用;最后,城市规模的迅速扩张以及经济产业结构调整引发的评估区域生态环境变化,大气环境随机变化导致的部分物质浓度不断变化,均会导致历史数据难以使用。此外,考虑到历史技术水平的局限性、采样方法的差异、统计结果的不合理等因素,历史数据可能无法真实地反映背景情况,因而不能直接用于确定基线。

2. 区域对照法

利用未受污染事件影响的区域作为对照,利用对照区域的历史数据或现场数据确定基线。在空气污染环境损害鉴定评价中,对照区域的选择应考虑对照区域没有受到大气污染事件的影响,在地理特征、气象条件、生态环境特征等与评估区域相似或相同,两者之间具有可比性,若满足条件的对照区域距离评估区域较近,对照区域应位于评估区域主导风向的上风向。

区域对照法较直接和客观,但需要进行大量和长期的调查分析,且对照区域的确定难度较大,无法判断场地间的差异是由污染事件导致的还是由其他因素引起。

3. 参照标准法

采用适用的环境标准作为判定损害的参照,即把地方或国家法规和相关环境基准值作为基线水平。环境标准作为基线水平是环境基线确定最简单方便的方法,但需注意以下问题:首先,环境标准是动态变化的,且具有一定时效性,会随着科学技术的进步和经济社会的发展不断提高和完善;其次,我国大气环境标准种类繁多,在实际应用中要注意环境标准之间的关系,选用合适的环境标准,确保损害评价结果的准确。

4. 利用模型法

利用模型确定基线的核心就是运用大量数据,通过构建污染物浓度与生物量、生物丰度等指标之间的模型,预测或模拟未发生污染状态下生态环境原有状态水平。该法比较可靠,但国内外关于大气污染物剂量反应模型尚未成熟,大量研究集中在大气污染物对人体健康风险方面,针对大气污染物对生态环境损害生物指标间的剂量反应关系的研究较少。

9.3.2 因果关系分析方法

针对空气污染行为与环境损害之间的因果关系,可通过时间、空间和污染物三个维度来衡量和确定①。

1. 时间维度

大气污染行为与环境损害间存在先后顺序,即大气污染行为发生在前,环境损害发生在后;反之,大气污染行为与环境损害间不存在因果关系。

可通过收集直接或间接证据,如物证、书证、证人证言、笔录、视听资料等,表明污染源存在明确的污染排放行为导致环境损害发生。

2. 空间维度

在空间维度,要求污染源到受损大气环境和生态系统之间存在合理的暴露路径。根据评估区域的气候气象、地形地貌等自然条件,判断大气污染物从污染源迁移至评估区域的可能,大气污染物迁移路径与污染源排放途径一致;若污染物不可能从污染源扩散至评估区域,则大气污染行为与环境损害间不具有关联性。

大气污染物到达评估区域可基于以下两种方式进行分析: ① 从污染源出发,通过模型预测污染物的影响范围,并判断环境损害区域是否在其影响范围内;如利用大气 SCREEN3 估算模型对火灾事故产生的 HF 进行数值模拟,结果发现 HF 的最大影响距离不超过 500 m,从而判定火灾和果木(距污染源 740 m)减产的因果关系不存在②。② 从受体出发,利用受体中污染物监测数据、气象观测资料、卫星遥感资料等,结合后向轨迹模式,模拟污染物的运移、扩散过程,追溯大气污染物的来源。如利用地面监测数据,结合卫星遥感、气象数据和后向轨迹模式,初步探索重污染条件下大气污染物来源③。

3. 污染物维度

污染物维度考虑环境污染物与大气污染源的同源性和大气污染物发生环境损害的可能性。

---

① 陈秋兰,陈璋琪,董冬吟. 浅谈大气污染环境损害鉴定评估因果关系的判定[J]. 环境与可持续发展,2018,43(6): 104-107.

② 杨淑英,孙娟,沈浩松,等. 大气估算模型在我国环境污染损害司法鉴定中的应用[J]. 中国司法鉴定,2016(5): 24-31.

③ 周雯,陈建文,王斌,等. 成都大气污染物在焚烧秸秆时的溯源初步探究[J]. 中国环境监测,2014,30(3): 47-54.

(1) 污染物的同源性分析

同源性分析是通过分析污染物或次生污染物与环境中污染物的种类、物理形态、化学性质、元素成分的异同,初步判定污染物是否来源于大气污染行为。具体做法为:对事件发生地排放或泄漏的污染物进行检测,并对评估区域的污染状况展开调查,分析两者之间是否具有同源性。

同源性分析的方法包括源成分谱分析法、因子分析法、同位素分析法和卫星遥感技术等,分别介绍如下:

1) 源成分谱分析法:通过对污染源采样、分析,建立相应的成分谱数据,通过分析化学组分,确定污染源的化学组成特征和标识元素;污染源成分谱表征排放源污染物化学组成和各污染组分排放相对贡献,是识别排放源示踪和估算污染物的重要信息。

周静博等人利用单颗粒物气溶胶质谱仪对石家庄三类污染源排放的颗粒物粒径进行分析,获取了各排放源颗粒物的典型质谱信息和粒径分布特征,为石家庄大气中颗粒物的在线来源解析提供了有效准确的识别依据①。

2) 因子分析法:由美国 Blifford 等人在气溶胶研究中首先提出的,此后在大气污染物尤其是大气颗粒物源解析中得到广泛应用。因子分析法包括主因子、正矩阵因子、目标识别因子等分析法。基本原理是确认与污染源有关的变量间存在着某种相关性②,即通过分析污染元素之间的相关性分析,确定其同源关系,成因相似的大气污染物之间常有较好的相关性。

赵东风等人利用 SPSS 软件对某石化企业的污染物进行主成分及因子分析判断污染物的具体生产工艺来源③。

3) 同位素分析法:依据是自然的和人为的化学反应会产生同位素分馏,从而导致有机物和无机物具有不同的同位素组成,因此同位素组成能标识生物地球化学的变化,也能作为研究源的一种有效的技术手段。近年来,同位素测量方法在大气污染物的源解析时起到的作用日益突出,而且具有测量精密度高、测量结果对源解析的准确性高和测量误差小等特点。

4) 卫星遥感技术:在运用卫星遥感技术进行大气污染物源解析时,往往可以获取大气污染物浓度和分布遥感图像,利用遥感图像获得污染物浓度按地理分布的等值线图,更

---

① 周静博,张涛,李治国,等. 利用 SPAMS 构建石家庄市 $PM_{2.5}$ 固定排放源成分谱库[J]. 河北工业科技,2015,32(5):443-450.

② 金蕾,华蕾. 大气颗粒物源解析受体模型应用研究及发展现状[J]. 中国环境监测,2007(1):38-42.

③ 赵东风,陈璐,薛建良,等. 石油化工企业周围环境中大气污染物的分布特征及源解析[J]. 石油学报(石油加工),2014,30(3):561-567.

加方便、直观和连续的反映出动态变化,结合大气取样监测分析,可以鉴别出主要污染物及其空间分布,再根据长期观察,即可获取大气污染物的时空分布和变化规律,从而判断污染物来源。

(2) 污染物发生环境损害的可能性分析

可能性分析主要是大气污染物暴露与环境损害间的关联性,环境损害的机理可由生物学、毒理学等理论作出合理的解释,大气污染物暴露与环境损害间的关联性在不同时间、地点和研究对象中得到重复性验证。方法主要包括:

1) 文献查阅法:查阅已有相关文献,归纳和总结大气污染物对生物资源(如种群密度、死亡率、癌症、疾病、生理障碍等)的影响及其表现症状,调查损害的状况,通过比较调查结果与查阅结果来确定污染物与损害的关联性。在确定同源性后,文献查阅可以有效地判断信息,是可单独使用也可同其他方法共同使用的重要方法。

朗建等人在判定某玻璃制品厂排放的含氟废气是否对其周边区域内农作物造成损害,通过查阅气态氟化物对植物的影响症状,从而确定它们的关联性①。

2) 专家咨询法:利用专家的知识、经验和分析判断能力无疑是一种简单易行,应用方便的方法;全国首例大气污染案,在没有确切的证明大气污染环境导致环境损害的客观事实,通过专家表述"SO_2、NO_x 及烟粉尘是酸雨的前导物,超标排放肯定会对财产及人身造成损害,进而对生态环境造成损害"②,证明了超标排放 SO_2、NO_x 及烟粉尘行为与环境损害之间存在着关联性。

3) 生态实验法:通过在实验室内模拟损害评估区域类似的条件,观察在不同质量浓度的大气污染物胁迫下生物资源的症状表现,如以植物的叶受损症状、叶绿素含量等生理生态为指标,建立大气污染物暴露与环境损害间的剂量-反应关系,结合环境介质中大气污染物浓度、环境损害的表面症状,分析判断大气污染物浓度水平产生损害的可能性。生态实验法是一种有效的方法,但在实际验证过程中会受到大气污染物动态性以及实验室模拟条件局限性的限制。

9.3.3 损害价值量化方法

空气污染环境损害价值量化通常采用虚拟治理成本法。参照 GB/T 39793.1,该法适用于向大气污染物排放事实明确,但损害事实不明确或无法以合理的成本确定大气生态环境损害范围、程度和损害数额的情形。不适用于突发环境事件中实际发生的应急处置费用或治理费用明确、通过调查和评估可以确定的生态环境损害的鉴定评估。爆炸、焚烧

① 郎建,张卫东,李红卫,等. 浅谈环境损害司法鉴定[J]. 中国司法鉴定,2016(2):24-30.

② 周建勋. 试论环境公益损害的地位、特征及其证明的必要性——兼评全国首例大气污染案[J]. 西安电子科技大学学报(社会科学版),2017,27(1):56-62.

等情形的大气污染损害评估可参照使用。

大气污染虚拟治理成本法的鉴定评估程序如图 9－1 所示。

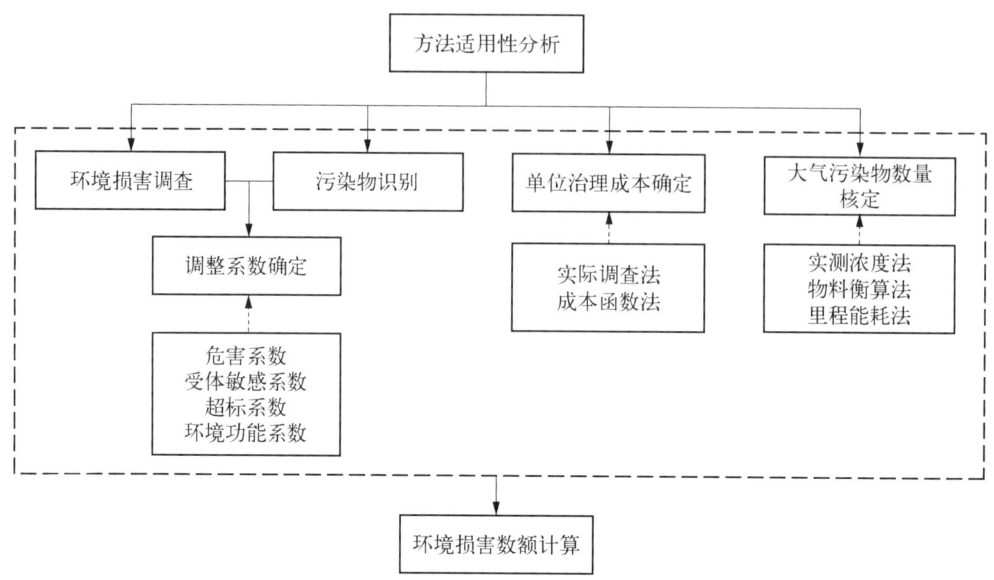

图 9－1　大气污染虚拟治理成本法鉴定评估程序

1. 方法适用性分析

通过现场勘察、资料核实、卷宗调阅等，明确大气污染物排放的事实，掌握大气污染物的来源或所属行业、排放规律、排放去向、排放地点、排放数量、排放浓度和排入大气环境功能等，分析虚拟治理成本法的适用性。

2. 污染物识别

通过资料分析、现场踏勘、人员访谈等方式，根据大气污染物产生的技术工艺、燃料特点、工况条件，确定关注污染物类型。

一般情况下，须通过独立污染治理设备和工艺处理的大气污染物均应作为关注污染物，并分别计算虚拟治理成本；可通过同一污染治理设备、工艺处理的多种大气污染物可选取其中一种主要污染物作为虚拟治理成本法计算的关注污染物。

3. 大气污染物数量核定

（1）大气污染物数量确认原则

在生态环境管理部门批准的排放口超标排放废气并进入大气环境的，排放数量为超标排放的废气总量。其他非法排放的，排放数量为排放的废气总量。

固定源大气污染物数量核定优先选择实测浓度法，在监测数据缺乏必要参数的情况下可利用行政处罚书、环评报告、排污许可报告、可行性研究报告、询问笔录、案件卷宗等相关资料中污染物排放信息进行分析核定。

对于同一污染源同时存在超标排放和超总量排放的情形，大气污染物数量取两种情形的计算结果最大值。

（2）实测浓度法

实测浓度法基于大气污染物监测数据计算大气污染物数量，主要适用于固定污染源大气污染物数量核定。大气污染物监测数据包括连续的在线监测系统数据、生态环境部门提供的监督性监测数据和市场监督部门提供的产品质量检测数据。污染物超标排放情形的污染物数量和超总量排放数量计算可参考 GB/T 39793.1。

（3）物料衡算法

物料衡算法依据质量守恒定律，根据原料、产品与大气污染物之间的定量转化关系计算大气污染物数量，主要适用于固定污染源大气污染物超总量排放量核定。

（4）里程能耗法

里程能耗法根据大气污染物移动源行驶里程和污染物排放浓度或燃料中污染物含量计算大气污染物排放量，主要适用于移动源大气污染物超标排放量核定。

4. 单位治理成本确定

与地表水污染的虚拟治理成本法相似，单位治理成本确定的方法包括实际调查法和成本函数法。

优先选择实际调查法。通过实际调查，获得相同或邻近地区、相同或相近生产规模、生产工艺、产品类型、处理工艺的企业，治理相同或相近大气污染物，能够实现稳定达标排放的单位污染治理成本；或取得符合上述条件的污染物治理方案的预测成本。在上述因素中，相同产品类型、规模、能够实现稳定达标排放为首要考虑因素，相同或邻近地区为次要考虑因素，其次为生产工艺和处理工艺。

基于样本量足够大的实际调查或利用污染源普查、环境统计等数据库，可建立典型行业的主要大气污染物单位治理成本函数。

同样地，笔者认为针对处理工艺相对固定的大气污染物，政府有关部门出台指导价格的情况，例如应税大气污染物的环境保护税适用税额标准等收费标准仍可以用于确定单位治理成本。

5. 调整系数

调整系数为危害系数、受体敏感系数、超标系数和环境功能系数的乘积。危害系数、超标系数和环境功能系数与地表水污染虚拟治理成本法相似，根据污染物的不同危害类型，超标程度和污染源排放区域环境功能系数取值。受体敏感系数根据大气污染源与下风向区域中人群集聚地的最近距离确定。

6. 大气环境损害数额

综上，以现行技术方法治理等量大气污染物所需的成本为基础，综合考虑大气污染物的危害、周边敏感点、污染物超标情况、影响区域环境功能类别等因素，根据公式进行损害数额计算。

$$D = E \times C \times \gamma$$

$$\gamma = (\alpha \times \beta + \omega) \times \tau$$

式中：D——大气污染生态环境损害，元；

E——大气污染物数量，t；

C——大气污染物单位治理成本，元/t；

γ——调整系数；

α——危害系数；

β——受体敏感系数；

ω——环境功能系数；

τ——超标系数。

9.4 实　　例

9.4.1 废气超标排放致大气环境损害鉴定案

1. 基本案情

某电厂于2005年7月建成投产，垃圾焚烧设备采用循环流化床工艺，日处理生活垃圾1200吨。由于该厂建厂较久，原有烟气净化系统已经无法满足国家现行排放标准《生活垃圾焚烧污染物排放标准》（GB 18485—2014）要求，二氧化硫、氮氧化物、颗粒物等废气污染物无法实现达标排放。受法院委托，某司法鉴定机构对造成的生态环境损害及生态环境修复方案开展相关鉴定评估工作。

依据《中华人民共和国环境保护税法》（2018年1月1日实施）中规定的氮氧化物、二氧化硫、颗粒物的污染当量值（0.95、0.95、2.18），计算得到三种污染物的污染当量数分别为40 287.79、96 449.24、116 081.10。单位污染物虚拟治理成本按该污染物应征收的排污费（2018年1月1日之前）或环境保护税（2018年1月1日之后）标准计。依据该电厂所在省份和城市关于排污费和环境保护税的相关规定，该电厂超标废气中单位污染物虚拟治理成本2017年以3.6元/污染当量计算，2018年以4.8元/污染当量计算。最终计算得到2017年1月19日至2018年7月31日该电厂氮氧化物、二氧化硫、颗粒物超标排放造成的虚拟治理成本共计1 843 355.02元。

该电厂所在区域为二类环境空气功能区，虚拟治理成本乘以环境功能区敏感系数3作为生态环境损害数额。最终计算该电厂超标排放二氧化硫、氮氧化物、颗粒物造成的生态环境损害数额=虚拟治理成本×3=5 530 065.06元。

2. 鉴定要点

该污染物超标排放事件符合《环境损害鉴定评估推荐方法（第Ⅱ版）》虚拟治理成本法中

“对于环境污染行为所致生态环境损害无法通过恢复工程完全恢复、恢复成本远远大于其收益或缺乏生态环境损害恢复评价指标的情形”，以及《关于虚拟治理成本法适用情形与计算方法的说明》中“排放污染物的事实存在，由于生态环境损害观测或应急监测不及时等原因导致损害事实不明确或生态环境已自然恢复的情形”。由于该事件中的生态环境损害发生在过去，难以对当时被污染的大气进行生态环境修复。因此，选用替代性修复的方式对周边生态环境的补偿与修复，提出植树造林方案作为可持续性改善大气环境质量的方案。

3. 案例评析

废气污染物超标排放主要可能会通过大气降尘对周边生态环境带来负面环境影响。本案中烟气排放源部分处于技改达标和停产状态，通过对厂区下风向及主导风向区域的土壤、农产品开展实地调查和分析检测，未发现调查区土壤、农产品遭受生态损害影响，暂不需要开展代价较为昂贵的环境修复性工程及修复措施。结合相关文献与案例可行性，提出常见的生态环境替代性修复方案，以计算得到的生态环境损害数额作为植树造林方案预算，补偿超标排放造成的环境损害，有效发挥植被绿化持续防污效应。通过降低大气有害气体浓度、吸滞粉尘、减少空气含菌量及放射性物质含量、衰减噪声、改善小气候等多种途径持续有效改善厂区周边大气环境。

9.4.2 机动车检测造假致大气环境损害鉴定案

1. 基本案情

2021 年 5 月以来，某市某机动车检测公司在车辆检验过程中使用尾气检测串口作弊器，通过篡改汽车尾气数据，并将篡改后的“合格”数据上传至省机动车排放监管平台，使大量尾气排放不合格车辆未经维修整改，违规通过检验检测得以上路行驶，对大气环境造成损害。办案机关委托相关机构对作弊器进行源码分析，根据发动机尾气排放特征以及测量仪器相应特性，在标准规定的稳态加载工况下，根据存在污染物浓度周期性重复和污染物浓度呈现陡然下降特征两个筛选条件，得到疑似作弊车辆数据。根据《生态环境损害鉴定评估技术指南　基础方法　第 1 部分：大气污染虚拟治理成本法》(GB/T 39793.1—2020)，本案件情形符合大气污染物超标排放事实明确，但损害事实不明确或无法以合理的成本确定大气生态环境损害范围、程度和损害数额的情形，适用大气污染虚拟治理成本法。鉴定过程中，通过排放浓度计算值与排放标准的差值可得到污染物超标排放浓度，同时结合机动车行驶里程和发动机排放数据，计算大气污染物数量。参照《江苏省人民代表大会常务委员会关于大气污染物和水污染物环境保护税适用税额的决定》，大气污染物税额标准某市为每污染当量 6 元。根据不同种类污染物危害系数、受体敏感系数、超标程度、受影响环境功能等确定其调整系数。最终计算得到两千余辆车造成的生态环境损害数额共计约 300 万元。

2. 鉴定要点

综合考虑本案件情况，涉及车辆品牌与型号较多、行驶年限差别较大，实际调查法和成本函数法可操作性较差,因此,选用收费标准法确定单位治理成本。收费标准参考《中华人民共和国环境保护税法》《中华人民共和国环境保护税法实施条例》相关规定。

3. 案例评析

移动源造成的空气污染环境损害鉴定在采用虚拟治理成本法时,由于车辆、行驶情况、受影响环境等因素较多,可在一定程度内做简化,从而形成便捷的计算模型,计算因大气污染物超标排放造成的生态环境损害数额,进而得以提起生态环境公益诉讼,有力震慑机动车检测领域的环境违法行为,倒逼和引导机动车检测机构和从业人员进一步规范从业行为,助力打造公平有序的生态环境服务市场环境。

第10章 土壤与地下水环境损害鉴定

我国近几年来因废水排放、固体废物倾倒、堆置、填埋等行为引起的土壤与地下水环境污染问题十分突出，在环境损害鉴定评估案件中，此类案件引起的鉴定评估需求占比最高[①]。在涉及土壤与地下水环境的诉讼活动中，鉴定对象、鉴定范围等相关概念的准确定义直接影响到鉴定意见的可靠性，并且在土壤与地下水的生态环境损害鉴定评估过程中，由于土壤与地下水环境介质的污染损害与其水文地质条件息息相关，具有独特性。在开展损害调查确认、因果关系分析、损害实物量化等工作时，涉及内容广泛且复杂，需要结合我国当前土壤和地下水污染防治管理工作要求同步进行。

2018年12月21日，生态环境部印发《生态环境损害鉴定评估技术指南　土壤和地下水》，规定了鉴定评估的内容、程序和技术要求，自此，涉及土壤与地下水的生态环境损害鉴定评估工作有了技术依据。2020年12月，《生态环境损害鉴定评估技术指南　环境要素　第1部分：土壤和地下水》(GB/T 39792.1—2020)发布，明确了土壤与地下水环境损害鉴定范围主要包括因环境污染或生态破坏导致的土壤与地下水环境质量损害的鉴定、生态服务功能损害鉴定。本章内容主要围绕鉴定评估的工作内容和程序展开分析，为司法鉴定实务中的相关工作开展提供参考或指导。

10.1 土壤与地下水环境损害概述

10.1.1 土壤环境

1. 土壤概念

土壤是自然环境的重要组成，是人类赖以生存的、最重要的生产资料。土壤是指由矿物质、有机质、水、空气及生物有机体组成的地球陆地表面上能生长植物的疏松层。其主要功能包括，提供植物生长的场所和植物生长必需的养分；提供各种生物及微生物的生存空间，具有环境净化的作用；提供建筑物的基础和工程材料等。

2. 土壤污染及其特点

2018年8月31日，十三届全国人大常委会第五次会议全票通过了《中华人民共和国

---

① 於方，赵丹，王膑，等.《生态环境损害鉴定评估技术指南　土壤与地下水》解读[J]. 环境保护，2019，47(5)：21－25.

土壤污染防治法》，自 2019 年 1 月 1 日起施行，第二条明确“土壤污染，是指因人为因素导致某种物质进入陆地表层土壤，引起土壤化学、物理、生物等方面特性的改变，影响土壤功能和有效利用，危害公众健康或者破坏生态环境的现象”。与水体和大气污染相比，土壤污染往往具有以下特点：

一是隐蔽性和滞后性。土壤污染从产生污染到出现问题通常会滞后较长的时间，感官难以直接发现，往往要通过土壤样品分析、农作物检测，甚至人畜健康的影响研究才能确定。

二是累积性。土壤中污染物不容易迁移，难扩散、稀释，容易在土壤中不断累积，往往土壤污染具有鲜明的地域性。

三是不均匀性。由于土壤性质差异较大，不同类型土壤中污染物的迁移速率、吸附效果不同，导致土壤污染具有非均质性的特点，空间分布差异性较大。另外，由于气候条件、水文地质等条件变化，土壤中污染物在长时间维度也难具有均质性。

四是难可逆性。重金属具有难以降解的特性，环境中很难通过稀释作用和自净作用来消除，由重金属导致的土壤污染基本上是一个不可完全逆转的过程。许多有机污染物环境中自然降解也需要较长的时间周期①。

五是治理艰巨性。土壤污染一旦发生，仅仅依靠切断污染源的方法则很难减轻污染或损害恢复。总体来说，治理土壤污染的成本高、周期长、难度大。

3. 土壤环境管理体系

2016 年 5 月 28 日，国务院印发《土壤污染防治行动计划》，成为当前及今后一个时期全国土壤污染防治工作的行动纲领，文件明确指出我国的土壤污染防治体系要“坚持预防为主、保护优先、风险管控，突出重点区域、行业和污染物，实施分类别、分用途、分阶段治理”。2018 年 8 月 31 日，十三届全国人大常委会第五次会议通过了《中华人民共和国土壤防治法》，再次明确了上述原则，同时对土壤污染风险管控和修复的内容、实施主体等进行了法律约束。

表 10-1 土壤环境管理文件汇总

类　别	名　称
法律法规	《中华人民共和国土壤污染防治法》(2019.01.01 施行)
	《国务院关于印发土壤污染防治行动计划的通知》(国发〔2016〕31 号)
部门规章及规范性文件	《土壤污染防治行动计划》(“土十条”)
	《农用地土壤环境管理办法(试行)》(2017.11.01 施行)
	《污染地块土壤环境管理办法(试行)》(2017.07.01 施行)
	《工矿用地土壤环境管理办法(试行)》(2018.08.01 施行)

① 王夏晖. 以法为基，全面推进土壤环境管理制度体系建设[J]. 环境保护，2018，46(18)：7-10.

续 表

类　别	名　称
标准及技术规范	《土壤环境质量建设用地土壤污染风险管控标准(试行)》(GB 36600—2018)
	《土壤环境质量农用地土壤污染风险管控标准(试行)》(GB 15618—2018)
	《土壤环境监测技术规范》(HJ/T 166—2004)
	《土地利用现状分类》(GB/T 21010)
	《农田土壤环境质量监测技术规范》(NY/T 395—2012)
	《农用污泥污染物控制标准》(GB 4284—2018)
	《农用地土壤环境质量类别划分技术指南(试行)》
	《建设用地土壤污染状况调查技术导则》(HJ 25.1—2019)
	《建设用地土壤污染风险管控和修复监测技术导则》(HJ 25.2—2019)
	《建设用地土壤污染风险评估技术导则》(HJ 25.3—2019)
	《建设用地土壤修复技术导则》(HJ 25.4—2019)
	《污染地块风险管控与土壤修复效果评估技术导则(试行)》(HJ 25.5—2018)
	《污染地块地下水修复和风险管控技术导则》(HJ 25.6—2019)
	《地块土壤和地下水中挥发性有机物采样技术导则》(HJ 1019—2019)
	《建设用地土壤污染风险管控和修复术语》(HJ 682—2019)
	《工业企业场地环境调查评估与修复工作指南(试行)》

(1) 农用地

根据《土壤污染防治行动计划》、《农用地土壤环境管理办法(试行)》、《农用地土壤环境质量类别划分技术指南(试行)》和《土壤环境质量　农用地土壤污染风险管控标准(试行)》(GB 15618—2018),农用地按污染程度划为三个类别,未污染和轻微污染的划为优先保护类,轻度和中度污染的划为安全利用类,重度污染的划为严格管控类,以耕地为重点,分别采取相应管理措施,保障农产品质量安全①(表 10 - 2,图 10 - 1)。

表 10 - 2　农用地划分依据

质量类别	名　称
优先保护类	未污染和轻度污染的农用地划分为优先保护类
	轻度和中度污染的农用地划分为安全利用类且农产品不超标

① 生态环境部. 国务院关于印发土壤污染防治行动计划的通知[EB/OL]. (2016 - 05 - 31). http://www.mee.gov.cn/zcwj/gwywj/201811/t20181129_676582.shtml.

续 表

质量类别	名称
安全利用类	轻度和中度污染的农用地划分为安全利用类且农产品轻度超标
	重度污染的农用地划分为严格管控类且农产品不超标
严格管控类	重度污染的农用地划分为严格管控类且农产品超标
	轻度和中度污染的农用地划分为安全利用类且农产品严重超标

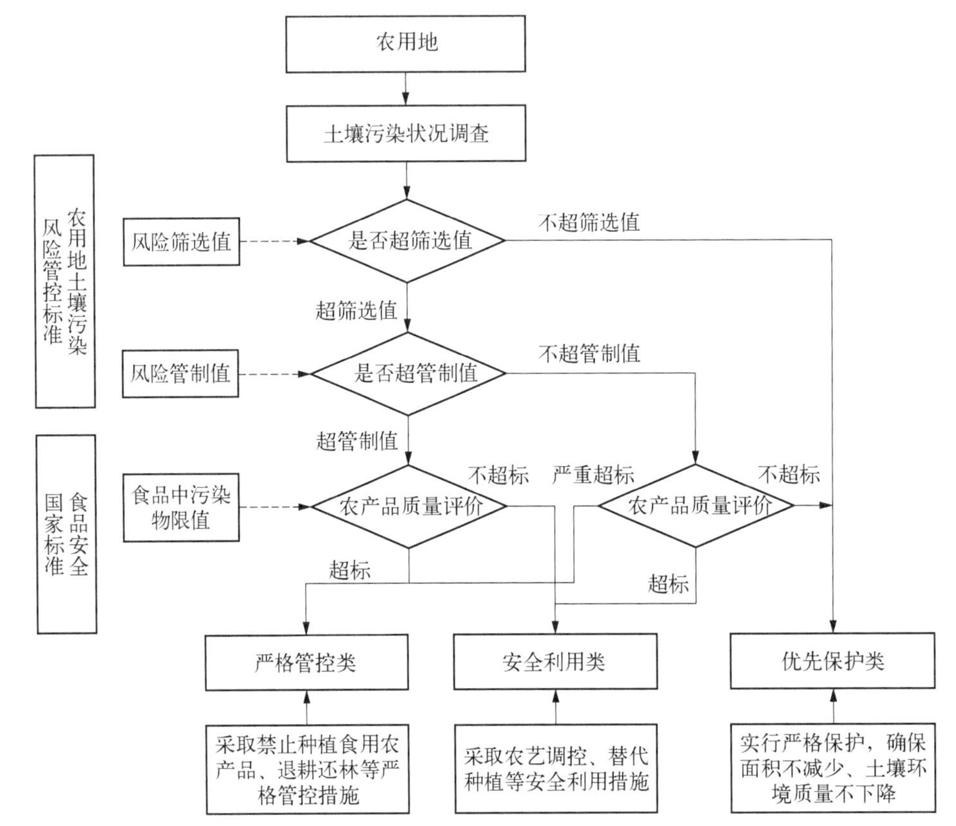

图 10-1 农用地管理流程图

（2）建设用地

《土壤环境质量 建设用地土壤污染风险管控标准（试行）》（GB 36600—2018）中明确建设用地是指“建造建筑物、构筑物的土地，包括城乡住宅和公共设施用地、工矿用地、交通水利设施用地、旅游用地、军事设施用地等”。根据《污染地块土壤环境管理办法（试行）》《工况用地土壤环境办法（试行）》等地块管理办法，重点关注的建设用地主要包括疑似污染地块和工矿地块。土壤环境调查过程中，建设用地根据保护对象暴露情况的不同，可划分为第一类用地和第二类用地；基于保护人体健康设置建设用地土壤污染风险筛选值和管制值，根据土壤中污染物含量比对风险筛选值和管制值的不同情况，采取相应的管理手段和修复措施(图 10－2,图 10－3)。

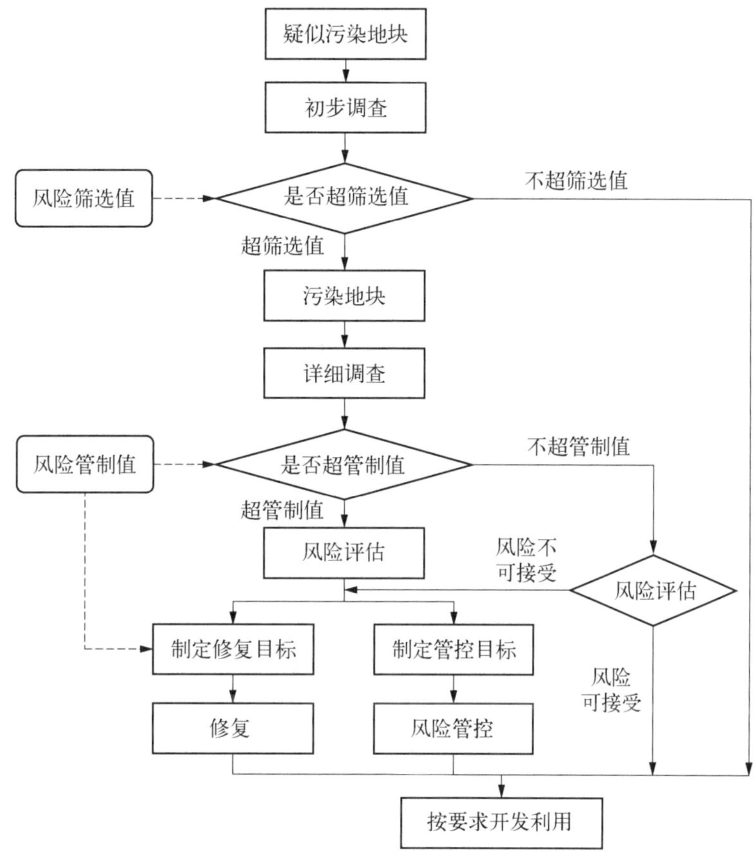

图 10－2　建设用地管理流程图

(3) 未利用地

未利用地是指农用地和建设用地以外的土地,主要包括荒草地、盐碱地、沼泽地、沙地、裸土地、裸岩等。根据土地未利用原因可划分为未利用土地(荒草地、盐碱地、沙地、裸土地和裸岩石砾地)和其他未利用地(其他土地、河流水面、湖泊水面、苇地、冰川与永久积雪)。若未来有开发利用规划,须根据《中华人民共和国土地管理法》《中华人民共和国土地管理法实施条例》完成审查报批工作。

10.1.2　地下水环境

1. 地下水概念

《地下水环境监测技术规范》(HJ 164—2020)中关于地下水的定义"狭义指埋藏于地面以下岩土孔隙、裂隙、溶隙饱和层中的重力水,广义指地表以下各种形式的水"。地下水往往具有水量稳定、水质好、分布广、便于开采等特征,是生活饮用水、工农业生产用水的重要来源。

地下水的形成必须具备:补给来源、储水空间、地质条件。地下水的补给来源包括大

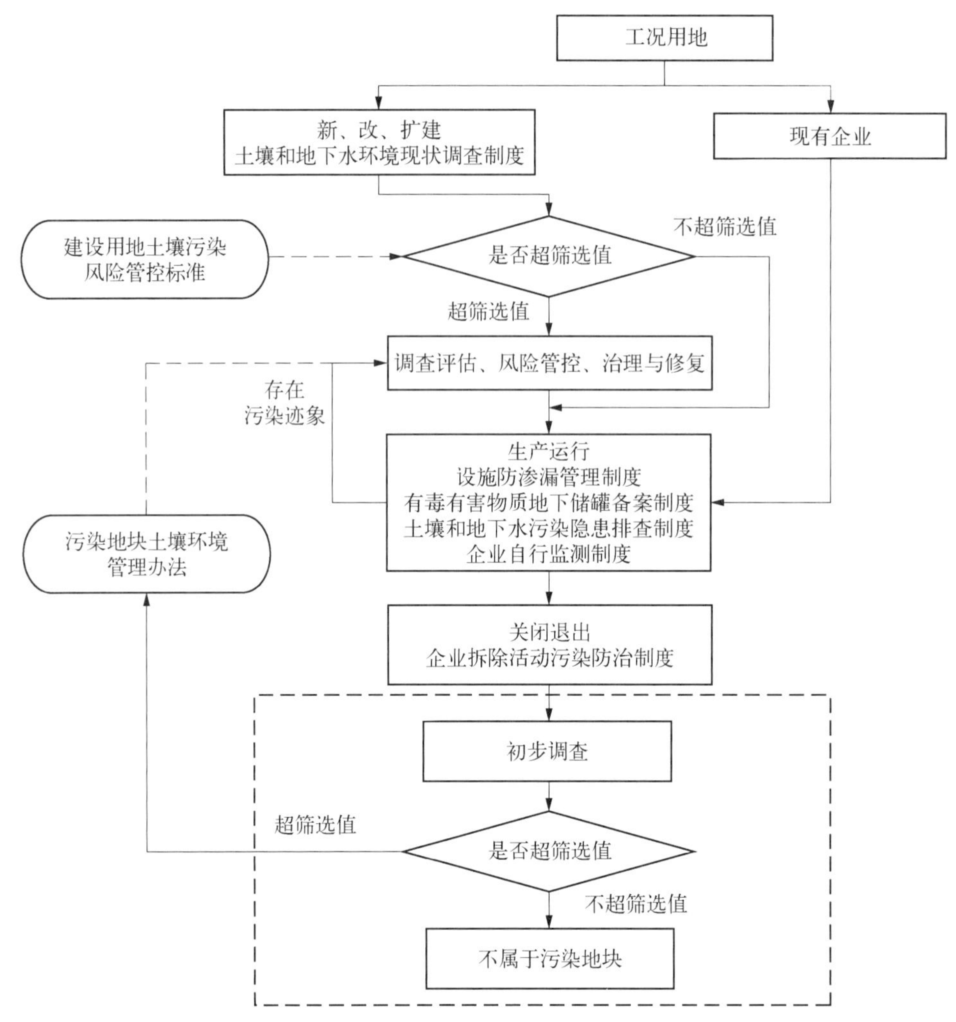

图 10－3　工况用地管理流程图

气降水、冰雪融水、地表河流、湖泊、凝结水等。土壤和岩石中存在大量的不同大小的孔隙、裂隙、溶隙,甚至可以形成非常巨大的地下暗河和溶洞,这些空间就是地下水储存的空间。地下水储存空间大小、连通性以及空间分布等影响地下水的分布与运动特性。

2. 地下水污染及其特点①

(1) 地下水污染特点

判定地下水是否污染一般具备两个条件,第一,在人类活动影响下;第二,地下水水质朝着恶化的方面发展。地下水污染一般具有以下特点:

一是隐蔽性与延缓性。污染物一般通过土壤迁移、积累在地表以下的孔隙介质中,表观上很难识别。污染物在潜水含水层、承压含水层转移、扩散相对缓慢。

① 生态环境部. 地下水污染的来源、途径与特点[EB/OL]. (2019－12－04). https://mp.weixin.qq.com/s/7QSJER0h_Yjjz8aYdGxucg.

二是难以逆转性。土壤孔隙介质对很多污染物具有吸附作用,天然条件下靠地下水自净作用稀释、降解污染物较难,过程复杂,恢复周期长。

三是治理艰巨性。受现有修复技术水平制约和水文地质条件的复杂性影响,地下水修复周期长,成本高,治理具有艰巨性。

(2) 地下水污染源

引起地下水污染的污染物来源称为污染源。地下水污染源包括工业污染源、农业污染源和生活污染源等。如矿山、油气田开采和工业生产过程中产生的各种废水、废气和废渣的排放和堆置,农业生产施用的肥料和农药、污水(或再生水)灌溉,市政污水管网渗漏、垃圾填埋的渗漏等。

随着土壤和地表水环境污染的加剧,量大面广的污染土壤(层)和受污染的江河湖泊已成为地下水的持续污染源,使地下水污染与土壤和地表水污染产生了密不可分的联系。

(3) 地下水污染羽

地下水污染羽是指污染物随地下水运动所形成的空间范围。其空间分布及动态变化受污染源输入强度、地下水运动状态、污染物的衰减作用等影响。地下水污染羽的监测识别是地下污染修复和风险管控的重要基础工作。

(4) 地下水污染途径

地下水污染途径是指污染物从污染源进入到地下水中所经过的路径,主要包括入渗型、越流型、径流型和注入型(图 10-4)。

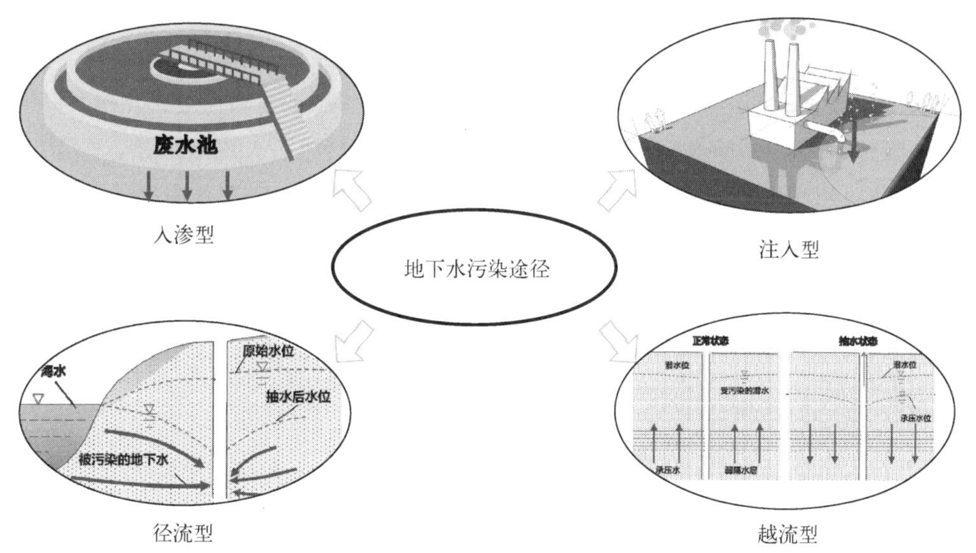

图 10-4　地下水污染扩散途径

入渗型包括间歇入渗型和连续入渗型。固废堆积、土壤污染等通过降水或灌溉等间歇性(周期或非周期)渗入含水层为间歇入渗型;废水渠、废水池、渗坑渗井等以及受污染的地表水体渗漏造成地下水污染为连续入渗型。

越流型是指已污染的浅层地下水在水头压力差的作用下,通过弱透水的隔水层、水文地质天窗及废弃的开采井等向邻近的深部含水层越流,造成邻近含水层污染。很多地区出现的浅层地下水污染向深层扩散,多是这种污染途径导致。

径流型则是指污染物通过地下水径流的方式进入含水层,包括岩溶发育通道的径流、废水处理井的径流和咸水入侵等。

注入型是一些企业或单位通过构建或废弃的水井违法向地下水含水层注入废水,已成为需要高度关注的地下水污染途径。

3. 地下水环境管理体系

地下水环境保护与管理既具有水资源管理特点,又具有水环境质量管理特点,又与地质结构组成相关,同时要考虑到区域性差异①。我国当前主要依据《中华人民共和国水法》、《中华人民共和国水土保持法》、《中华人民共和国水污染防治法》和《中华人民共和国土壤污染防治法》对地下水资源和地下水环境质量进行综合管理。不仅是环境污染行为,过度开采、地下工程建设等行为都有可能引起地下水生态系统的损害,因此,开展"土壤与地下水环境损害鉴定"与"生态系统环境损害鉴定"在生态服务功能类型确认等内容上既有区别又有联系。

为贯彻落实《全国地下水污染防治规划(2011—2020年)》,推进我国地下水污染防治工作,增强地下水环境状况调查评价工作的科学性和规范性,2014年,原环境保护部发布《地下水环境状况调查评价工作指南(试行)》《地下水污染模拟预测评估工作指南(试行)》《地下水污染健康风险评估工作指南(试行)》《地下水污染防治区划分工作指南(试行)》等相关文件,以有效指导地下水的污染调查及恢复治理工作,至今仍可作为地下水损害量化的重要依据。2019年1月1日正式实施的《土壤法》中明确,土壤污染状况调查报告、土壤污染风险评估报告、风险管控措施、修复方案中都应当包括地下水的污染情况及污染防治的内容,因此我国当前的地下水污染状况调查和监测等工作主要依据土壤环境 HJ 25 的系列导则进行。这些文件也都是我国当前地下水损害鉴定评估的主要依据(表10-3)。

表 10-3 地下水环境管理文件汇总

类　别	名　　称
法律法规	《中华人民共和国水法》
	《中华人民共和国水土保持法》
	《中华人民共和国水污染防治法》
	《中华人民共和国土壤防治法》

① 李敏,赵丽娜,王宏洋,等.我国地下水环境管理现状及管理制度构建研究[J].环境保护科学,2016,42(5):7-11.

续　表

类　别	名　称
法律法规	《国务院关于印发水污染防治行动计划的通知》(国发〔2015〕17 号)
	《中华人民共和国水污染防治法实施细则》(国务院令第 284 号)
部门规章及规范性文件	《水污染防治行动计划》(水十条)
	《饮用水水源保护区污染防治管理规定》
标准及技术规范	《地下水质量标准》(GB 14848—2017)
	《地下水环境监测技术规范》(HJ 164—2020)
	《地下水监测规范》(SL 183—2005)
	《地下水污染地质调查评价规范》(DD 2008—01)
	《污染场地土壤和地下水环境调查与风险评估技术规范》(DD 2014—06)
	《地下水污染防治重点区划定技术指南(试行)》(环办土壤函〔2019〕770 号)
	《地下水环境状况调查评价工作指南》(环办土壤函〔2019〕770 号)
	《地下水污染模拟预测评估工作指南》(环办土壤函〔2019〕770 号)
	《地下水污染健康风险评估工作指南》(环办土壤函〔2019〕770 号)
	《建设用地土壤污染状况调查技术导则》(HJ 25.1—2019)
	《建设用地土壤污染风险管控和修复监测技术导则》(HJ 25.2—2019)
	《建设用地土壤污染风险评估技术导则》(HJ 25.3—2019)
	《建设用地土壤修复技术导则》(HJ 25.4—2019)
	《污染地块风险管控与土壤修复效果评估技术导则(试行)》(HJ 25.5—2018)
	《污染地块地下水修复和风险管控技术导则》(HJ 25.6—2019)
	《地块土壤和地下水中挥发性有机物采样技术导则》(HJ 1019—2019)
	《建设用地土壤污染风险管控和修复术语》(HJ 682—2019)
	《工业企业场地环境调查评估与修复工作指南(试行)》

鉴于地下水污染模拟的成果可以为地下水污染风险预测和地下水修复(管控)方案评估提供技术支持,其实践需求也日益增加,有待依据生态环境部等五部门联合印发《地下水污染防治实施方案》,进一步完善配套法规及标准规范体系的建设,提升相应文件效力,增强其约束性①。

① 魏亚强,陈坚,文一,等.中国地下水污染模拟预测标准体系研究现状[J].环境污染与防治,2019,41(11):1387－1392.

10.2 鉴定的主要内容和程序

根据《生态环境损害鉴定评估技术指南　环境要素　第1部分：土壤和地下水》，土壤和地下水环境损害鉴定评估工作程序包括鉴定评估准备、土壤和地下水损害调查确认、土壤和地下水损害因果关系分析、土壤和地下水损害实物量化、土壤和地下水损害恢复或价值量化、土壤和地下水恢复效果评估共六部分内容。

由于实践中土壤和地下水的环境损害鉴定工作几乎是与地块调查工作同时发生或先后进行，并且二者在点位布设原则、样品检测分析方法、风险管控和修复方案制定等方面具有高度一致性，故在涉及诉讼赔偿的污染地块调查工作中，需十分注意环境损害鉴定评估与地块调查间的联系与区别，根据第三章第七节所述“修复”和“恢复”内容，建立全局性的认识，区分“基于恢复方案的价值量化”和“纯粹的货币量化”。另外，根据国内外现有经验，实现“恢复至原状”的土壤和地下水修复工程技术条件往往有限，我国近年来的土壤和地下水污染修复思路，已从完全清除转化为风险管理，在实际开展环境修复工程时往往以可控制风险水平为目标。但是从当前的法律赔偿责任和损害鉴定评估技术角度而言，对于受损无法修复或无须修复的部分仍需量化其“损失”，追究其责任人的货币赔偿责任。对于鉴定人而言，也需要十分明确这其中的风险管理要求和法律赔偿要求，以实现准确完整的损害量化，避免遗漏或夸大相关评估内容，或将其他责任人应当承担的赔偿责任转嫁到调查事件的直接责任人身上。

本节内容主要结合二者同时进行的技术要点进行相关阐述，具体如下：

10.2.1 鉴定评估准备

鉴定人在准备阶段应通过现场查勘、资料收集和文献查阅等方法掌握案件基本信息和受污染地块环境损害的基本情况，具体内容如表10－4所示。

表10－4　鉴定评估准备内容

调查方法	分　类	调　查　内　容
基本情况调查	污染源	污染物来源、类型
		污染物排放时间、总量、路径
		污染物最终去向、影响对象
		污染物清理、控制信息
	生态破坏情况	受损区域现状
		受损物种类型、数量

续　表

调查方法	分　类	调 查 内 容
基本情况调查	地块相关记录	生产原辅料、工艺、平面布置图、历史监测数据、污染源相关记录（倾倒面积、埋深、种类等）、环评等
自然环境信息	自然条件	地形地貌、气候气象、水文地质等
	地块利用变迁资料	卫星影像、土地使用和规划、功能区划
	地块环境资料	生态红线等环境敏感点信息、主要生物资源分布、专项调查、学术研究等资料
社会经济信息	经济现状和发展状况	区域所在地的经济和主要产业
	政策标准	地方法规、政策与标准等
	其他	人口、疾病统计、交通、基础设施、能源和水资源供给等信息
现场踏勘	调查区域现状与历史	调查区域与污染、生态服务功能损害有关的活动内容
	相邻区域的现状与历史	相邻区域的可能对调查区域产生同类损害后果的相关活动情况
	调查区域水文地质	提供污染物迁移路径信息
人员访谈	行政人员	与问题发现、进展、管理等各方面有关问题
	调查区域所有者、工作人员	与受损区域来龙去脉有关信息
	实际或潜在受害人	与受损区域来龙去脉有关信息
	相关领域行业专家	与损害调查、鉴定评估有关的各类专业性问题

鉴定人根据所掌握的案件基本信息、损害基本情况和收集到的自然环境和社会信息，结合鉴定评估具体委托事项，初步判断地块环境受损范围，明确环境损害鉴定评估的调查范围，确定鉴定评估的基本内容和方法，编制环境损害鉴定评估工作方案。

10.2.2　鉴定评估工作内容

1. 环境损害调查

(1) 污染状况调查

首先通过资料收集、现场踏勘、人员访谈等手段初步判断地块的可能污染源，对污染源进行识别，在识别污染的基础上进行土壤、地下水样品的采集及分析工作。土壤及地下水污染状况调查工作主要参考《建设用地土壤污染状况调查　技术导则》(HJ 25.1—2019)、《建设用地土壤污染风险管控和修复监测技术导则》(HJ 25.2—2019)和《地下水环境状况调查评价工作指南》(环办土壤函〔2019〕770 号)等技术规范进行，另外根据用地性质及调查对象的类型分别选择合适的检测方法，主要流程如图 10－5 所示。

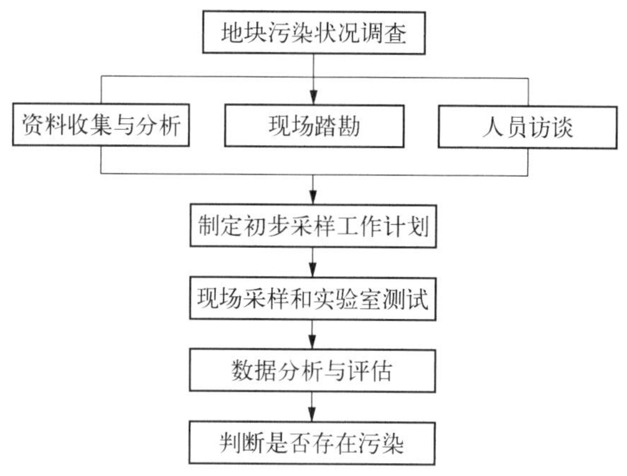

图 10－5　污染状况调查工作流程

（2）生态服务功能调查

1）土壤生态服务功能

通过查找土地利用类型图、国土规划资料等方式获取土地使用历史、当前土地利用状况、未来土地利用规划等信息，确定土壤损害发生前、损害期间、恢复期间评估区的土地利用类型，如耕地、园地、林地、草地、商服用地、住宅用地、工矿仓储用地、特殊用地（如旅游景点、自然保护区）等类型。

如用地类型为耕地、园地、林地、草地，需查明或计算主要的种植或养殖物类型和产量等信息；如用地类型为商服用地、住宅用地、工矿仓储用地，需查明或计算用地的价值；如用地类型为旅游景点，需查明或计算旅游休闲服务价值；如用地类型为自然保护区，需查明或计算指示性物种的结构与数量等信息。

2）地下水生态服务功能

获取调查区域水资源使用历史、现状和规划信息，查明地下水损害发生前、损害期间、恢复期间评估区地下水的主要生态服务功能类型，如饮用水水源、农业灌溉用水、工业生产用水、居民生活用水、生态用水等供给支持服务，并查明或计算开采量、用水量、水资源价值等信息。

（3）基线水平调查

常用的基线确定方法包括历史数据法、参考点位法、环境标准法和模型推算法，各类方法详见表 10－5①，方法选用根据实际情况而定。若地块调查与环境损害鉴定评估工作一同进行，建议在开展地块调查时考虑加入环境损害评估中的基线水平调查内容，避免多主体跨时段重复调查或评价标准不统一。另需要特别说明的是，2024 年 1 月 15 日发布《生态环境损害鉴定评估技术指南　总纲和关键环节　第 4 部分：土壤生态环境基线调查与确定》，进一步细化和规范了土壤生态环境损害鉴定评估的土壤生态环境基线调查与确定工作。

① 龚雪刚，廖晓勇，阎秀兰，等. 环境损害鉴定评估的土壤基线确定方法［J］. 地理研究，2016(35)：2040.

表 10－5　基线常用方法汇总

方　法	依　据	工 作 步 骤	优　点	缺　点
历史数据法	受损害区域历史信息	基础调研→历史数据收集→数据筛选、分析与评估→确定基线	损害评估结果准确	受历史数据资料限制，较难直接应用
参考点位法	相似条件未受污染的参考区域数据	基础调查→选定参考点位或者区域→深入调查分析→确定基线	直接、客观	需要参考区域开展大量和长期调研分析
环境标准法	环境标准值	基础调研→相关环境标准比较分析→确定基线	简单、方便	部分现行标准难以满足实际应用需求
模型推算法	模型	基础调查→数据收集→模型构建和优化→深入调查、分析和评估→基线水平预测和确认	易于控制，可将现象简化、放大或缩小	需要大量数据，模型不确定性程度难以确定，且可用模型较少

注：根据《生态环境损害鉴定评估技术指南　环境要素　第 1 部分：土壤和地下水》6.4 节由上至下选择。

（4）损害确认

按照评估工作方案的要求，参照《水文地质调查规范（1：50 000）》（DZ/T 0282）等相关规范性文件，开展地质和水文地质调查，掌握土壤性质、地层岩性及构造分布、地下水赋存条件、地下水循环等关键信息；在此基础上，结合土壤地下水现状调查结果，当土壤和地下水存在明显颜色或气味异常，或特征污染物超出基线水平，或因污染造成评估区生物受到损害等情形，满足《生态环境损害鉴定评估技术指南　环境要素　第 1 部分：土壤和地下水》6.5 损害确认条件，可确认造成了土壤和地下水环境或生态服务功能损害。

2. 因果关系分析

因果关系分析的前提是具备明确的污染环境行为和生态破坏行为，并且需要首先建立行为与损害结果时间先后顺序的逻辑关系。然后由鉴定人根据前期鉴定评估准备以及损害调查确认阶段获取的损害事件特征，结合上述损害确认结果，通过多种技术手段，建立"源头"到"受体"的致害机理分析。对于污染类致害，可根据区域环境条件、水文地质调查、模型构建分析、同位素示踪等多种方法，提出特征污染物从污染源到受体的迁移路径假设，并通过迁移路径的合理性、连续性分析，对迁移路径进行验证。对生态破坏类致害，可通过文献查阅、遥感影像分析、生态学调查、地质学调查等方法，分析破坏生态行为与土壤和地下水环境及其生态服务功能损害之间的关联性，并排除其他因素（图 10－6）。

3. 损害实物量化

（1）损害程度量化

损害程度量化主要是对土壤和地下水中特征污染物浓度、生物种群数量和密度等相关指标超过基线水平的程度进行分析，为生态环境恢复方案的设计和后续的费用计算、价值量化提供依据。受损程度计算参照《生态环境损害鉴定评估技术指南　环境要素　第 1 部分：土壤和地下水》第 8.1.1 章节。

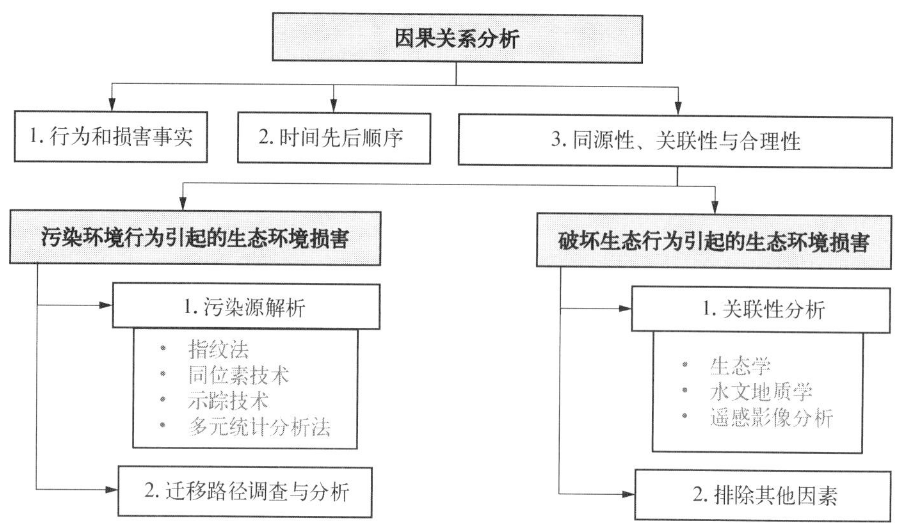

图 10-6　土壤和地下水生态环境损害因果关系分析

（2）损害范围量化

1）基于环境质量的损害范围确认

根据《生态环境损害鉴定评估技术指南　总纲和关键环节　第 1 部分：总纲》5.3 生态环境损害确定的规定“评估区环境空气、地表水、沉积物、土壤、地下水、海水中特征污染物浓度或相关理化指标超出基线”，则可确定生态环境损害的发生。可以看出，此处强调的是调查点位所能代表区域的“平均浓度”。故在土壤和地下水环境损害范围确认时，应根据各采样点位土壤和地下水损害确定和损害程度量化的结果，分析受损土壤和地下水点位的位置和深度。可基于前期获取的水文地质和地勘资料，构建评估区域污染概念模型，采用空间插值法，模拟未采样点位生态环境损害情况，获得受损环境介质的二维、三维空间分布。或根据迁移扩散模型模拟出评估时间段内受损地下水的体量。

2）基于生态系统服务的损害范围确认

如果土壤和地下水的生态服务功能受损，根据生态服务功能的类型特点和区域实际情况，选择适合的评估指标，分析不同类型生态服务功能的损害范围和程度。如采用资源对等法，可用指示性生物物种种群数量、密度、结构，群落组成、结构，生物物种丰度等指标表征；如采用服务对等法，可用面积、体积等指标表征。

4. 损害价值量化

土壤和地下水生态环境损害价值量化主要是针对造成了土壤和地下水生态损害的责任人应履行赔偿责任的修复行动或货币化体现。依据导则，价值量化可基于实际发生费用、恢复费用和其他方法开展。而土壤和地下水生态环境损害价值量化的内容既包括生态环境修复费用，也包括生态环境修复期间服务功能的损失，以及生态环境功能永久性损害造成的损失。而这三部分内容只是不同损害情形的部分价值量化体现，并不代表价值量化内容的全部。其中“生态环境修复费用”主要是指土壤和地下水恢复费用中，为实现可接受风险水平可通过实施修复工程所花费相关费用的总和;其有无主要取决于有无可行的土壤和地下水人工恢复措施。“生态环境修复期间服务功能的损失”主要是指受损环境的生态系统服务功能体现出来的期间损失;其有无主要取决于该受损环境是否存在对应用地类型或地下水功能类型的生态系统服务功能损失。“生态环境功能永久性损害造成的损失”则是指无论采取什么措施都难以恢复至基线水平的情形,既有可能是受损范围中部分的永久性损害,也有可能是全部的永久性损害。

进行土壤与地下水生态环境损害价值量化的四种情形如下:

1) 污染水平>基线水平>基于风险的修复目标

在此情形下,由当前污染责任者 A 引起的损害恢复应恢复至基线水平,并对恢复至基线水平承担相应的恢复(修复)责任,需要制定恢复(修复)方案,计算恢复费用 A1。对于污染场地的最终恢复目标,还应以风险可控水平为准,需要进一步确认承担基线水平与基于风险的环境修复目标值之间损害的责任方 B,要求责任方采取措施将风险降低到可接受水平。

2) 污染水平>基于风险的修复目标>基线水平

在此情形下,由当前污染责任者 A 引起的损害恢复应恢复至基于风险的修复目标,需要制定恢复(修复)方案,并计算两部分费用,即根据基于风险的修复目标制定的恢复(修复)方案费用 A1,和基于风险的环境修复目标值与基线水平之间的损害费用 A2。

3) 基于风险的修复目标>污染水平>基线水平

在此情形下,由当前污染责任者 A 引起的损害不需要修复,但需要计算污染水平与基线水平之间的损害费用 A3。

4) 不同调查区域兼具以上三种情形的两种或多种

根据调查结果,分区进行讨论计算。

(1) 恢复费用计算(A1)

确定恢复方案是展开恢复费用计算的基础,恢复目标则是恢复方案技术方法的选择和决定依据,直接关系到实施恢复工程的“总预算”。

因此,对于土壤与地下水环境质量的损害,首先应围绕用地性质确定其恢复目标,结合地块调查中的风险评估方法,确定是否需要启动人工修复措施。由于我国当前的《土壤法》及地块调查系列标准规范中,仅明确了建设用地的修复启动条件,故在与环境损害评估相衔接的修复目标、修复方案制定等问题中,暂以建设用地类型进行讨论。涉及农用地的损失及修复费用计算可参考《农业环境污染损害司法鉴定操作技术规范》(SF/Z JD0606001—2018)和《农业环境污染事故司法鉴定经济损失估算实施规范》(SF/Z JD0601001—2014)。

根据《生态环境损害鉴定评估技术指南　环境要素　第 1 部分: 土壤和地下水》《环境损害鉴定评估推荐方法(第Ⅱ版)》《生态环境损害鉴定评估技术指南　总纲和关键环节　第 1 部分: 总纲》及《土壤环境质量　建设用地土壤污染风险管控标准(试行)》(GB 36600—2018)和 HJ 25.1~6,建设用地的土壤与地下水损害的恢复方案制定及损害价值量化程序如图 10-7 所示。

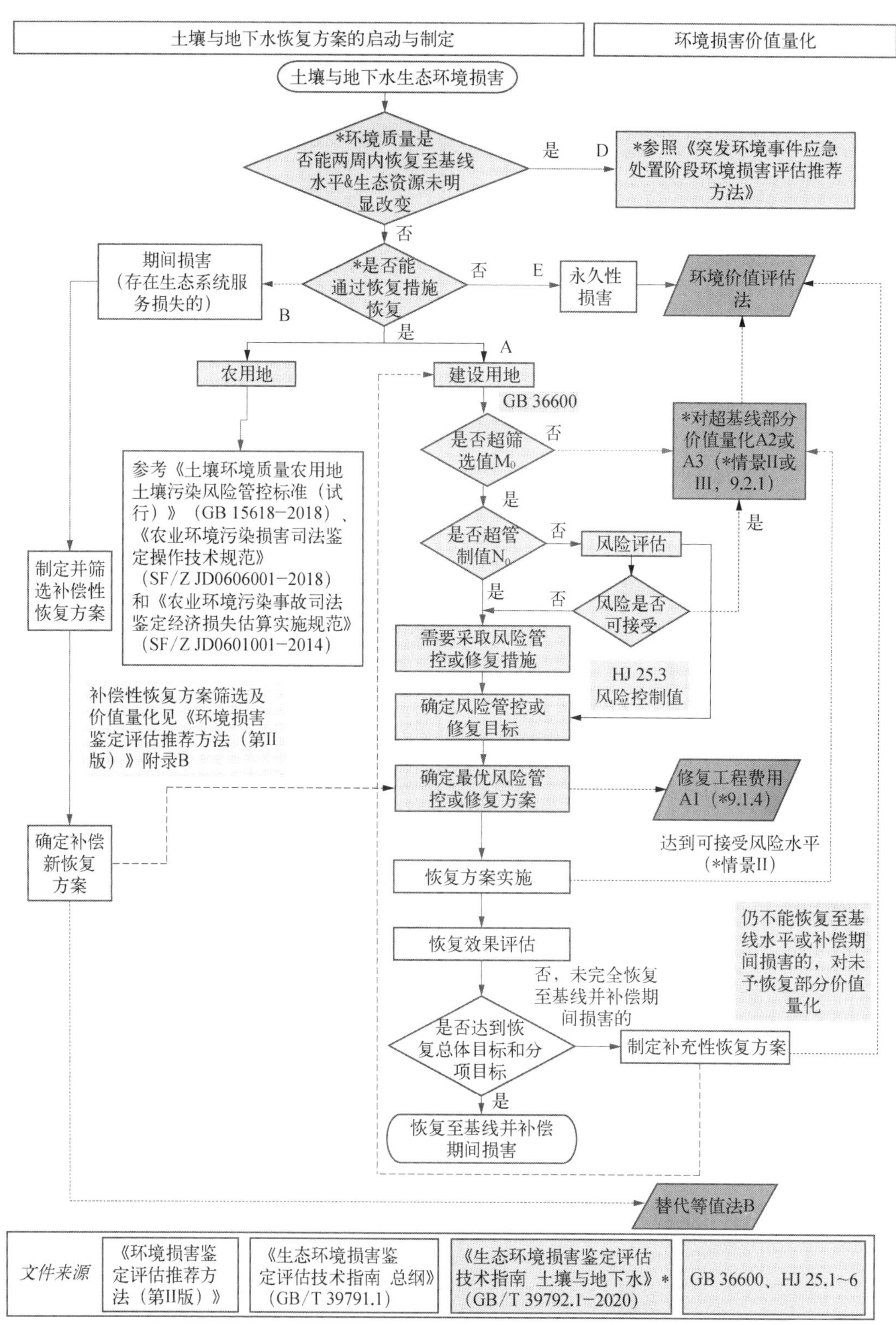

注：本框架暂以“可接受风险水平>基线水平”为例说明

图 10－7　建设用地的土壤与地下水损害的恢复方案制定及损害价值量化程序

根据恢复方案的制定主体及恢复工程发生时间范围,《生态环境损害鉴定评估技术指南　环境要素　第 1 部分:土壤和地下水》中 9 土壤和地下水损害价值量化,选择合适方法进行恢复费用计算,对可通过人工恢复(修复)措施将损害恢复至恢复目标的,其计算方法如表 10－6 所示,所得费用应为基本恢复(修复工程)费用。

表 10－6　基于恢复方案的费用计算汇总

类　别	适用条件	内　　容
实际费用统计法	事件正在发生或已经完成修复时	对实际发生费用的合理性进行审核后,将统计得到的实际发生费用作为恢复费用
费用明细法	恢复方案比较明确,工程措施等具体,且鉴定评估机构对方案各要素的成本比较清楚的情况	费用明细具体包括投资费、运行维护费、技术服务费、固定费用。投资费包括场地准备、设施安装、材料购置、设备租用等费用;运行维护费包括检查维护、监测、系统运行水电消耗和其他能耗、废弃物和废水处理处置等费用;技术服务费包括项目管理、调查取样和测试、质量控制、试验模拟、专项研究、恢复方案设计、报告编制等费用;固定费用包括设备更新、设备撤场、健康安全防护等费用
承包商报价法	恢复方案比较明确,工程措施等具体,且鉴定评估机构对方案各要素的成本不清楚或不确定的情况	选择 3 家或 3 家以上符合要求的承包商,由承包商根据恢复目标和恢复方案提出报价,对报价进行综合比较,确定合理的恢复费用
指南或手册参考法	已经筛选确定恢复技术,但具体恢复方案不明确的情况	基于所确定的恢复技术,参照相关指南或手册,确定技术的单价,根据待恢复土壤与地下水的量,计算恢复费用
案例比对法	恢复技术和恢复方案均不明确的情况	调研与本项目规模、污染特征、环境条件相类似且时间较为接近的案例,基于类似案例的恢复费用,计算本项目可能的恢复费用

根据确定的恢复技术,可以选择一种或多种恢复技术进行组合,制定备选的综合恢复方案。综合恢复方案可能同时涉及基本恢复方案、补偿性恢复方案和补充性恢复方案,对应环境损害价值量化如下:

1) 制定基本恢复方案,计算基本恢复费用 A1;

2) 制定基本恢复方案+补偿性恢复方案,计算基本恢复费用 A1+期间损害费用 B(补偿性恢复费用);

3) 制定基本恢复方案+补偿性恢复方案+补充性恢复方案,计算基本恢复费用 A1+期间损害费用 B(补偿性恢复费用)+补充性恢复费用 C。

(2) 其他价值量化方法

1) 两周内损害恢复至基线水平情形(D)

损害情况发生后,如果土壤与地下水中的污染物浓度在两周内恢复至基线水平,生物种类和丰度及其生态服务功能未观测到明显改变,参照《突发环境事件应急处置阶段环境损害评估推荐方法》(环发〔2014〕118 号)、《突发生态环境事件应急处置阶段直接经济损失评估工作程序规定》和《突发生态环境事件应急处置阶段直接经济损失核定细则》中的方法和要求进行污染清除和控制等实际费用的统计计算,该部分价值量化所得费用,即图 10－7 中的 D 情形,须根据不同法律要求判断是否应纳入赔偿范围。

2）未修复到基线水平损害的量化方法(A2\A3)

根据基于风险的环境修复目标值或现状污染水平与基线水平对应的土地或地下水利用类型是否相同,按照以下方法进行量化(图 10－8)：

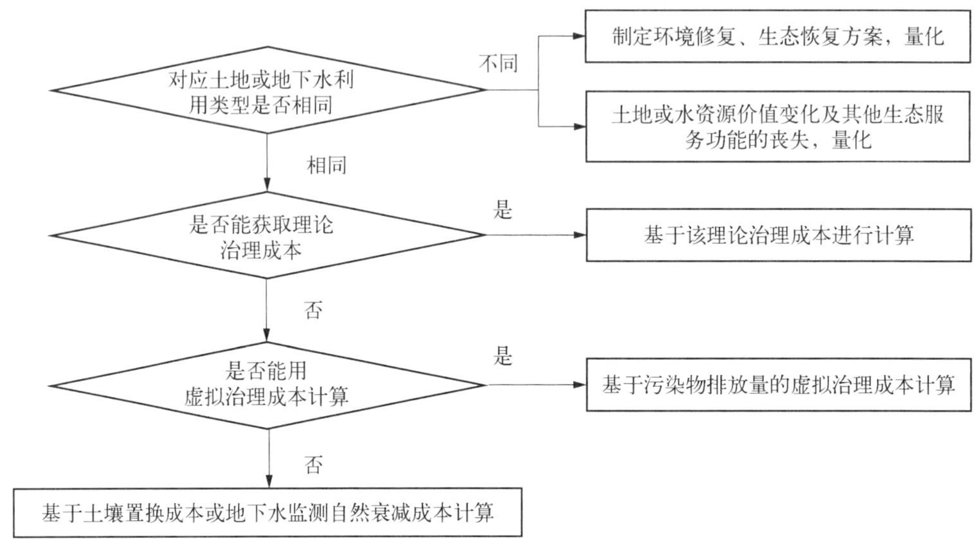

图 10－8　未修复到基线水平损害的量化方法

3）采用环境价值评估方法量化情形(E)

对于以下三种情形可以根据环境价值评估方法进行损害价值量化：

a）永久性损害量化：由于某些限制原因,受损的环境及生态服务功能不能通过恢复工程完全恢复,采用环境价值评估方法评估生态环境的永久性损害,即图 10－7 中的 E 情形；

b）对于可通过恢复措施部分实现恢复目标的,对未予恢复部分量化：如果受损的土壤与地下水环境及生态服务功能无法通过实施恢复措施恢复到基线水平,或不能通过补偿性恢复补偿期间损害,则采用环境价值评估方法对未予恢复的受污染地块环境及生态服务功能损失进行计算。

c）对于《生态环境损害鉴定评估技术指南　环境要素　第 1 部分：土壤和地下水》中 9.3.2 无法恢复的损害量化方法,需要根据土壤和地下水提供的服务功能,利用直接市场价值法、揭示偏好法、效益转移法、陈述偏好法等方法进行价值量化。

各种生态环境价值量化方法及其适用条件参阅《环境损害鉴定评估推荐方法(第Ⅱ版)》附录 A,部分内容如表 10－7 所示,其中城镇土地价值建议参照 GB/T 18508 计算,如果采用非指南推荐的方法进行生态环境价值量化评估,需要详细阐述方法的合理性。

表 10－7　土壤与地下水环境价值评估方法

损害前用地类型	计算内容	计算方法
耕地、园地、林地或草地	土地资源功能损失	土地影子价格法
	种植或养殖物生产服务损失	市场价值法
商服用地、住宅用地	土地资源功能损失	市场价值法
	工商业生产服务损失	市场价值法
旅游景点等特殊用地	旅游休闲服务损失	旅行费用法
自然保护区等特殊用地	生物多样性维持功能损失	支付意愿调查法
工矿仓储用地	土地资源功能损失	市场价值法或参考周边土地利用类型
	工业生产服务损失	市场价值法
未利用地	土地资源功能损失计算	参考周边土地利用类型
地下水资源用途改变或水资源量减少	水资源服务功能损失	水资源影子价格法

10.3　鉴定评估与地块调查的区别与联系

《生态环境损害鉴定评估技术指南　环境要素　第 1 部分：土壤和地下水》是在《生态环境损害鉴定评估技术指南　总纲和关键环节　第 1 部分：总纲》的基础上制定的，其工作内容和基本程序与《生态环境损害鉴定评估技术指南　总纲和关键环节　第 1 部分：总纲》保持一致，是生态环境损害鉴定评估技术方法在土壤与地下水及其生态服务领域的具体化。《生态环境损害鉴定评估技术指南　环境要素　第 1 部分：土壤和地下水》规定了涉及土壤与地下水的生态环境损害鉴定评估的工作程序，以及各个工作环节的主要技术要点，包括鉴定评估准备、损害调查确认、因果关系分析、损害实物量化、损害恢复、恢复效果评估等[①]。其中，针对土壤与地下水环境质量的调查方法则是在污染地块调查的技术方法上发展而来，实践中二者工作程序及技术方法上虽部分交叉，但其工作目的不同，因而在程序要求及工作内容上有所不同。

常见问题：

1. 土壤与地下水生态环境损害鉴定评估与常规的污染调查评估有什么区别？

① 生态环境部. 生态环境部法规与标准司、环境规划院负责人就《生态环境损害鉴定评估技术指南土壤与地下水》有关问题答记者问[EB/OL].(2018－12－26). http://www.mee.gov.cn/xxgk2018/xxgk/xxgk15/201812/t20181226_686051.html.

2. 涉及土壤与地下水的生态环境损害恢复，与土壤与地下水修复是什么关系？

3.《生态环境损害鉴定评估技术指南》与现有的场地、土壤与地下水相关技术规范和标准是如何衔接的？

4. 环境损害评估与地块污染调查的相关技术导则之间有什么关系？

解答汇总如表 10－8 所示。

表 10－8　土壤、地下水环境损害鉴定评估与污染地块环境调查的区别与联系

<table>
<tr><th colspan="2">类　别</th><th>环境损害鉴定评估</th><th>污染地块环境调查</th></tr>
<tr><td rowspan="2">相通之处</td><td>布点采样</td><td colspan="2">土壤及地下水环境的布点、采样、检测等调查工作均参考《建设用地土壤污染状况调查技术导则》(HJ 25.1—2019)、《建设用地土壤污染风险管控和修复监测技术导则》(HJ 25.2—2019)、《土壤环境监测技术规范》(HJ/T 166—2004)、《地下水环境监测技术规范》(HJ 164—2020)等文件开展</td></tr>
<tr><td>启动修复</td><td colspan="2">对于建设用地，在判断是否需要进行环境介质的修复时，均以《土壤环境质量建设用地土壤污染风险管控标准》(GB 36600—2018)、《土壤环境质量农用地土壤污染风险管控标准》(GB 15618—2018)、《地下水污染修复(防控)工作指南(试行)》《地下水质量标准》(GB/T 14848—2017)等文件中的相关规定为依据</td></tr>
<tr><td rowspan="9">不同点</td><td>技术文件目标</td><td>保护生态环境，维护生态环境安全，指导环境损害鉴定评估工作</td><td>保护生态环境，保障人体健康，加强污染场地环境监督管理，规范地块环境调查</td></tr>
<tr><td>工作目的</td><td>赔偿污染导致的环境损害和资源损失</td><td>削减对人类健康和环境风险</td></tr>
<tr><td>工作范围</td><td>污染物性质鉴定、损害类型程度界定、污染行为鉴定、损害事实鉴定、生态恢复方案筛选、损害价值量化</td><td>土壤、地下水调查、监测与修复</td></tr>
<tr><td>工作目标</td><td>将土壤与地下水环境及其生态服务功能恢复至基线水平并补偿期间损失，如果没有达到预期的恢复效果，还需要实施补充性恢复</td><td>将土壤与地下水中污染物的浓度降低到环境风险可接受水平</td></tr>
<tr><td>行动要求</td><td>恢复自然资源服务能力</td><td>控制污染源</td></tr>
<tr><td>比对标准</td><td>基线水平</td><td>筛选值、管制值</td></tr>
<tr><td>对照区布点采样</td><td>如需通过对照区采样确定土壤基线，土壤基线布点严格执行 GB/T 39791.4—2024，第一阶段至少布设 5 个点位；如第一阶段调查结果变异系数 CV>1，应开展补充调查</td><td>依据 HJ 25.2—2019 土壤对照点可选取在地块外四个垂直轴向上，每个方向等间距布设 3 个采样点，分别进行采样分析，根据实际情况可调整</td></tr>
<tr><td>工作内容</td><td>除了包含环境污染调查、风险评估、修复方案设计等环节，还包含因果关系分析、损害价值量化、恢复方案设计等工作内容</td><td>包含环境污染调查、风险评估、修复方案设计等环节</td></tr>
<tr><td>决定因素</td><td>由于基本恢复方案和补偿性恢复方案的实施时间与成本相互影响，因此损害鉴定评估恢复方案决策的首要考虑因素是基本恢复方案和补偿性恢复方案的恢复时间、恢复成本以及社会效益等因素</td><td>土壤与地下水修复方案决策应同时考虑修复时间、修复成本、修复技术的成熟度、可靠性、二次污染、经济效益、环境效益和社会效益等因素</td></tr>
<tr><td colspan="2">联系</td><td colspan="2">损害评估中制定的恢复目标往往是基线水平，其恢复内容既包括土壤、地下水环境质量的修复工作，也包括生态系统服务功能的恢复。污染地块环境调查获得的往往是土壤和地下水环境质量，可看作是广义上环境损害调查及恢复工作内容的一部分</td></tr>
</table>

10.4　实　　例

10.4.1　某公司管道破损废水违规排放致土壤和地下水环境损害案

1. 基本案情

根据委托方提供的相关资料，2018 年 5 月，当地环保局接到 12369 问题反映，称某公司在当地××桥下面的排污口排放污水，随即环保局会同区公安分局组织执法人员和有关专家对该公司进行全面检查。同期，环保局组织环境监测站对现场废水和周边水体环境质量开展了应急监测工作，并对车间相关废气和固体废物（废液）进行采样送检分析，同时对该公司东西厂区废水和雨水排放情况进行跟踪监测。经调查发现该公司存在废水渗漏排入河道的现象。2018 年 6 月至 9 月，当地环保局委托鉴定机构对该公司废水违规排放环境污染事件造成的土壤和地下水生态环境损害进行鉴定评估，为本次生态环境污染事件的损害赔偿和责任认定提供依据。

2. 鉴定评估要点

【鉴定事项】

对废水违规排放环境污染事件造成的土壤和地下水生态环境损害进行鉴定评估，明确事件造成的环境损害数额。

【鉴定过程】

（1）鉴定评估依据

《中华人民共和国环境保护法》（2015 年 1 月 1 日）；

《中华人民共和国水污染防治法》（2018 年 1 月 1 日）；

《中华人民共和国固体废物污染环境防治法》（2016 年 11 月 7 日）；

《关于办理环境污染刑事案件适用法律若干问题的解释》（法释〔2016〕29 号）；

《江苏省地面水水域功能类别划分》（苏政复〔2003〕29 号文）；

《苏州市人民政府关于印发苏州市主体功能区实施意见的通知》（苏府〔2014〕157 号）；

《环境损害鉴定评估推荐方法（第Ⅱ版）》（环办〔2014〕90 号）；

《生态环境损害鉴定评估技术指南　总纲》；

《生态环境损害鉴定评估技术指南　损害调查》；

《突发环境事件应急处置阶段环境损害评估推荐方法》（环办〔2014〕118 号）；

《场地环境调查技术导则》（HJ 25.1—2014）；

《场地环境监测技术导则》（HJ 25.2—2014）；

《土壤环境监测技术规范》（HJ/T 166—2004）；

《地下水环境监测技术规范》（HJ/T 164—2004）；

《土壤环境质量　建设用地土壤污染风险管控标准（试行）》（GB 36600—2018）；

《地下水质量标准》(GB/T 14848—2017);

《江苏省高级人民法院关于生态环境损害赔偿诉讼案件的审理指南(一)》;

《污染场地土壤修复技术导则》(HJ 25.4—2014);

《工业企业场地环境调查评估与修复工作指南(试行)》。

(2)现场初步调查

2018 年 5 月至 6 月期间,当地环保局会同区公安分局组织执法人员和有关专家通过人工调查、仪器探查、实验检测等对该公司进行全面检查,排查发现,该公司现场雨水管道有多处破损、渗漏现象,镀铜车间管沟地槽内的废水以及该管沟地槽内微蚀排水管渗漏的废水是经厂房西侧外废水集水池前道管沟地槽和墙体连接处的断裂缝隙渗漏排入地下土壤,最终从驳岸反滤排水管泄水口渗排入河道。其间,鉴定机构司法鉴定人在委托方及该公司负责人的见证下开展了现场踏勘工作。

环境监测站对现场废水和周边水体环境质量开展了应急监测工作,监测结果表明,西厂区的西北侧及北侧(废水流经区域)共 8 个监测点位 pH 范围为 1.70~5.34,且化学需氧量、总铬、总镍、总铜、总锌和总锰分别不同程度超出污染物排放限值,分别超标 1.92~24.8 倍、1.08~18.4 倍、1.76~31.2 倍、2.2~402 倍、1.1~3.3 倍和 1.15~1.56 倍。参照厂区废水排放执行标准,西厂区的西北侧及北侧共 8 个监测点位进入外环境废水的 pH 超出废水执行标准排放限值,且化学需氧量、总铬、总镍和总铜分别不同程度超出废水执行标准排放限值,分别超标 1.17~2.48 倍、1.06~1.23 倍、1.19~15.6 倍和 1.1~201 倍。

(3)废水污染源调查

本次废水违规排放环境污染事件主要发生在西厂区 C 栋厂房及北侧区域,对其涉及相关工艺、产物环节及原辅料进行分析,其潜在特征污染物主要为重金属类污染物铜、镍、锡、铅等。

(4)土壤和地下水环境调查

2018 年 6 月至 8 月,根据相关标准规范对涉事区域内的土壤和地下水进行布点采样,共布设 31 个土壤监测点(含 4 个对照点),9 个地下水监测点(含 2 个对照点),由具备国家认证认可监督管理委员会检验检测机构资质认定证书(CMA 认证)的检测单位进行测试分析。同期对区域水文地质条件进行调查,了解地下水流场。

【分析说明】

(1)生态环境损害确认

1)基线确认

根据《生态环境损害鉴定评估技术指南　总纲》,利用未受污染环境或破坏生态行为影响的相似现场数据确定基线,即在厂区外部区域采集人为影响相对较小部分具有工业用地性质的土壤作为对照点,具体于厂区外部四个方向共设 4 个土壤对照点。

通过地下水监测井及地下水水位等值线模拟,发现该地块潜水层(4.5 m)地下水流向大致呈自西向东方向;微承压水(18 m)流向均大致呈自西南向东北方向。利用未受污染环境或破坏生态行为影响的相似现场数据确定基线，参照《地下水环境监测技术规范》(HJ T 164—2004)，对照监测井应尽量远离城市居民区、工业区、农药化肥施放区、农灌区及交通要道，即在邻近区域非污染地段厂区上游设置 2 个地下水对照监测井。

2）损害确认

根据《生态环境损害鉴定评估技术指南　总纲》规定，“评估区域空气、地表水、沉积物、土壤、地下水等环境介质中特征污染物浓度超过基线 20%以上”即可确认评估区域的生态环境受到了损害。

a）土壤损害确认

土壤检测结果显示，评估区域采集分析的 27 个土壤监测点不同深度样品中，检出的铜、镍和锡的含量分别为 4.6~31 300 mg/kg、8.9~1 490 mg/kg 和 5.02~329 mg/kg，各指标不同程度超过基线水平 20%，分别超过背景值 1.002~993 倍、1.004~52.3 倍、1.191~35.6 倍不等。可确认评估区域的土壤生态环境受到了损害，特征污染物为铜、镍、锡。

b）地下水损害确认

地下水检测结果显示，评估区域采集分析的 7 个地下水监测点不同深度样品中，各指标不同程度超过基线水平 20%的指标，可确认评估区域的地下水生态环境受到了损害，结合检测结果及其相关工艺及原辅料进行分析，与本次事件直接相关的潜在特征污染物主要为重金属类污染物铜、镍、锡、铅。

（2）水文地质调查

该公司所在区域地下 20 m 以内的地下水主要分为潜水和微承压水。基于现场土壤钻孔记录，该地块潜水主要赋存于杂填土中，初见水位埋深在 1 m 左右，主要接受大气降水及地表径流补给；微承压水主要赋存于粉砂中，该含水层顶部埋深在 7.5 m 左右，其富水性及透水性一般，主要补给来源为浅部地下水的垂直入渗及地下水的侧向径流，以民井抽取及地下水侧向径流为主要排泄方式。

通过地下水监测井及地下水水位等值线模拟，发现该地块潜水层(4.5 m)地下水流向大致呈自西向东方向；微承压水(18 m)流向均大致呈自西南向东北方向。

（3）因果关系分析

根据调查材料，污染源主要来自镀铜车间。该公司发生相关废水违规排放事件后，涉事厂房西侧及北侧管线沟槽区域及相关雨水井废水检出化学需氧量、总铬、总镍、总铜、总锌和总锰均不同程度超出污染物排放限值，并且相关区域的土壤和地下水均检出特征污染物铜、镍、锡，与污染源检出的污染物具有同源性。现场踏勘调查材料显示，涉事车间的管沟墙面存在裂缝等泄漏隐患，且根据水文地质调查情况，存在由废水集水池迁移至土壤、地下水等环境介质的可能。即存在合理的迁移路径。

（4）生态环境损害实物量化

1）土壤损害量化

根据测算及模拟，涉事土壤损害总面积为 3 400~4 675 m^2，涉及铜、镍、锡的平均污染深度分别为 1.9 m、4.1 m、5.1 m。

2）地下水损害量化

根据废水排放相关区域地下水污染情况，其污染范围难以准确判断，截至意见书编制完成时暂未对受损地下水水量进行估算。

（5）生态环境损害恢复方案

根据《环境损害鉴定评估推荐方法（第Ⅱ版）》，受损生态环境具体恢复过程可先修复至可接受风险水平再恢复至基线、或在修复至可接受风险水平的同时恢复至基线状态。《生态环境损害赔偿制度改革方案》中明确指出"环境有价，损害担责：体现环境资源生态功能价值，促使赔偿义务人对受损的生态环境进行修复。生态环境损害无法修复的，实施货币赔偿，用于替代修复"。替代性修复是指无法或没有必要在原地原样对受损生态环境进行修复的情况下，合理采取异地和（或）他样方式进行生态环境治理、建设，保障受损生态环境在区域性或流域性范围内得到相应补偿的修复方式。

故针对××公司土壤和地下水等环境介质的不同损害情况，依据《工业企业场地环境调查评估与修复工作指南（试行）》《污染场地土壤修复技术导则》（HJ 25.4—2014）和《污染场地修复技术目录（第一批）》，开展详细调查及风险评估后，在具备修复条件的基础上，综合考虑技术可行性、修复周期、修复效果与经济成本，对需要修复的土壤挖掘后选择"水泥窑协同处置技术"进行处置。替代性修复方式建议结合当地生态环境补偿需求及可行性进行选择，常见的替代性修复方式有植树造林和人工湿地等。

表 10－9　生态环境损害恢复方法

受损环境介质	恢 复 区 域	恢 复 方 法
土壤	超过筛选值需修复区域	挖掘回填，异位水泥窑协同处置
	受损不需修复区域	风险管控，替代性修复
地下水	受损区域	替代性修复

注：其中"筛选值"指 GB 36600—2018 第二类用地筛选值，根据地块调查系列导则及规范开展详细调查及风险评估以确认需要采取修复措施的区域范围。

（6）生态环境损害价值量化

1）生态环境恢复费用

本次计算主要考虑土壤环境恢复费用，受损不需要修复区域可按水泥窑协同处置理论治理成本计算。本次事件土壤恢复以将受污染土壤恢复至接近周边土壤环境背景值为目标，基于《环境损害鉴定评估推荐方法（第Ⅱ版）》和《生态环境损害鉴定评估技术指南　总纲》的价值-成本法，则基本恢复费用为全部受损区域实施恢复方案的总预算。按照有利于责任人原则，以最小污染深度 1.9 m 计，根据市场价值法确定水泥窑协同处置技术的最低应用成本为 500 元/m^3，算得本次废水违规排放事件造成的土壤生态环境恢复[①]费用约 3 230 000 元(大写：叁佰贰拾叁万元整)。

2）应急处置费用

根据《突发环境事件应急处置阶段环境损害评估推荐方法》(环办〔2014〕118 号),应急处置费用包括应急处置阶段各级政府与相关单位为预防或者减少突发环境事件造成的各类损害支出的污染控制、污染清理、应急监测、人员转移安置等费用。应急处置费用按照直接市场价值法评估。截至报告编制完成前,暂未产生人员转移安置费和污染清理费,故本次事件的应急处置费用主要为污染控制和应急监测费用。

根据最高人民法院、最高人民检察院《关于办理环境污染刑事案件适用法律若干问题的解释》(法释〔2016〕29 号)第十七条的规定,"公私财产损失"包括"直接造成财产损毁、减少的实际价值,为防止污染扩大、消除污染而采取必要合理措施所产生的费用,以及处置突发环境事件的应急监测费用"。

针对本次废水违规排放环境污染事件,主要开展了挖掘调查、专家排查、仪器探查、注水试验、闭水试验、围堰抽水排查及应急监测等工作,故本次事件中的公私财产损失数额即为应急处置费用。通过对委托方提供资料的完整性和合理性进行评价,主要选取计算涉及的合同、报价单或费用说明等相关费用证明材料进行评估,由于废气废液的监测与本次事件无直接联系,故此部分费用不纳入计算。为防止污染扩大、消除污染而采取必要合理措施所产生的费用为 943 183 元(大写：玖拾肆万叁仟壹佰捌拾叁元整),应急监测费用共计 89 739 元(大写：捌万玖仟柒佰叁拾玖元整)。

3）事务性费用

根据《环境损害鉴定评估推荐方法(第Ⅱ版)》,事务性费用主要包括环境监测、信息公开、现场调查、执行监督等费用。其中已发生的费用主要有土壤与地下水环境质量现状调查产生的费用、用水及排水核算费用,共计 386 000 元(大写：叁拾捌万陆仟元整)。

【鉴定评估意见】

调查区域土壤和地下水环境受到损害,特征污染物为铜、镍、锡,环境损害与废水违规排放行为存在因果关系。建议采用水泥窑协同处置技术对受污染的土壤进行处置修复;对于无法或没有必要在原地原样对受损土壤进行修复的情况下,建议采用植树造林或人工湿地的替代性修复方案对受损害土壤进行生态环境的恢复。

该事件造成的应急处置费用合计为 1 032 922 元(大写：壹佰零叁万贰仟玖佰贰拾贰元整),造成的土壤生态环境恢复费用约 3 230 000 元(大写：叁佰贰拾叁万元整),事务性费用共计 386 000 元(大写：叁拾捌万陆仟元整)。

---

① 该案于 2018 年 6 月至 9 月开展的评估,2018 年 12 月后的同类评估依据《生态环境损害鉴定评估技术指南 土壤与地下水》进行,土壤环境恢复费用,包括超过筛选值开展实际恢复工程的土壤恢复费用和超过基线但不需要修复部分的土壤恢复费用。

3. 处理结果

2018 年 5 月 23 日,当地环保局接到对该公司涉嫌偷排废水的投诉后,与公安分局成立专案组,查实了该公司渗排的电镀废水流入河道造成生态环境损害,经司法鉴定评估,损害数额为 622 万元。2018 年 10 月 4 日当地政府办公厅印发生态环境损害赔偿制度改革实施方案配套文件。为贯彻落实文件精神,切实做好生态环境损害赔偿制度改革工作,2019 年 6 月以来,该企业所在开发区管理委员会与该公司开展了三轮磋商,签约了生态环境损害赔偿磋商协议,并向法院申请司法确认。目前,该案件的赔偿金已交付,修复工作已基本完成。

4. 案例评析

本案的鉴定评估难点在于损害范围的确认。虽然排污事实确定,但由于该厂区存在多个厂房,且对应的生产工艺及所用原辅材料不同,使得对应受损区域环境介质中的污染物种类分布不同。前期场地土壤和地下水环境质量调查工作中,针对整个厂区进行了较大范围及较为全面的指标分析,对比基线时,有多个指标都超出了基线 20%,但仅有这些检测数据,并不能说明这些区域都是因为本次废水排放引起的损害,也不能说明这些指标都是本次废水排放事件的特征污染物,还需要对因果关系做进一步分析调查,只有与本次委托事项直接相关的区域才是需要调查评估的范围。

在本案的环境损害司法鉴定工作中,从委托事项确定,到取证调查,到修复方案确定,再到磋商解决方案制定等内容,多方协调联动,对破解鉴定时间长、鉴定难、鉴定费用高等问题具有重大意义。通过环保、技术专家等多方力量,确定了该案的污染源及其泄漏排放路径。通过资料收集,梳理相关生产工艺流程,并分析主要原辅材料和主要产污环节,确定具有直接因果关系的相关特征污染物,为准确进行生态环境损害价值量化提供科学依据。

10.4.2 某宅基地石油泄漏事件土壤环境损害案①

1. 基本案情

2016 年 6 月,某仲裁委员会(以下简称委托方)委托某环境损害司法鉴定机构,对申请人王某与被申请人某油气集输总厂财产损害赔偿纠纷一案中土壤环境修复费用进行司法鉴定。

委托方提供的申请材料显示,2014 年 12 月,被申请人某油气集输总厂使用、管理的输油管线原油发生泄漏,泄漏的原油从申请人王某宅基地西北角的房间内溢出,致使申请人王某位于某地的宅基地范围内的土壤受到污染。

---

① 中国法律服务网. 对王某宅基地石油泄漏事件土壤环境污染损害司法鉴定[EB/OL]. (2017-12-12). http://alk.12348.gov.cn/Detail? dbID=56&dbName=SJYW&sysID=174.

2. 鉴定评估要点

【鉴定过程】

（1）现场调查

2016 年 7 月，在委托方、申请人、被申请人及双方代理律师共同在场的情况下，该环境损害司法鉴定机构司法鉴定人、专家和工作人员前往鉴定区域进行了现场调查。现场调查情况如下：

申请人王某宅基地位于某省某县，占地面积约为 760 m^2，宅基地东西长约 19 m，南北长约 40 m，海拔高度约 6.70 m。申请人王某宅基地南北各有一个庭院，庭院内土质类型为砂壤土。宅基地南院东西两侧均建有住房（中间隔有狭窄小道），南院南墙外为道路（中间隔有水渠），宅基地北院以西种有蔬菜，北屋以北以东为杂草丛。

申请人王某宅基地范围内房间总计 13 间，房间地面均已进行了水泥硬化，其中 12 间房间内留有石油痕迹，地面呈黑色。南北两院的地面未进行硬化，有被过挖掘和清理的痕迹，较房屋地面明显偏低，院内未发现水井。南院两侧分别堆放有油槽、油桶及其他杂物，北院长有少量杂草，一些低洼处仍残留有少量黑色油状物质和积水。石油从北屋西北角的一根黑色橡胶管流出。整块宅基地的地势为北高南低，西高东低。

（2）采样监测

1）布点原则

根据《场地环境监测技术导则》（HJ 25.2—2014）中关于“场地内土地使用功能不同及污染特征明显差异的场地，可采用分区布点法进行监测点位的布设”的规定，结合鉴定区域中房间地面均进行了水泥硬化，南北两院内的土壤进行过挖掘和清理的实际情况，故本次采样监测的布点方法选择采用分区布点法。

2）监测对象

监测对象包括鉴定区域内所布设点位的表层土壤和深层土壤。表层土壤的采样深度为 0~20 cm，深层土壤的采样深度根据现场实际情况确认为 30~150 cm。

3）监测项目

监测项目为总石油烃。

4）现场采样

2016 年 9 月，在委托方、申请人、被申请人及双方代理律师共同在场的情况下，本中心组织工作人员开展了现场监测采样，监测点位共 22 个，采集的土壤表层样品和土壤深层样品共计 53 个，监测点位的平面分布示意图见图 10－9。

5）检测方法

由于我国现行的《土壤环境质量标准》（GB 15618—1995）中未列入总石油烃，也没有相应的检测分析方法，目前仅可参考《展览会用地土壤环境质量评价标准（暂行）》（HJ 350—2007）附录 E 中的相关要求，使用气相色谱法（毛细管柱技术）对土壤样品中总石油烃的含量进行检测。

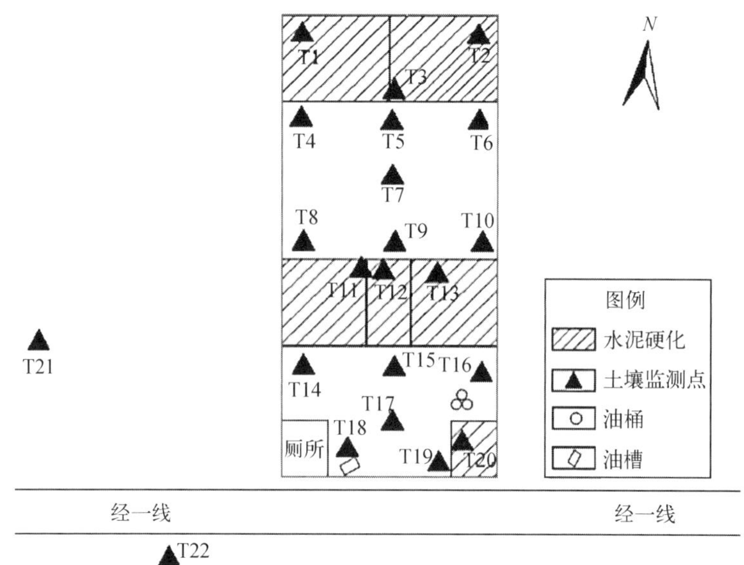

图 10－9 监测点位平面分布示意图

【分析说明】

(1) 鉴定分析

1) 检测数据分析

a) 土壤背景检测结果

本次鉴定在申请人王某宅基地西侧约 30 m 处以及南侧马路对面各布设了一个土壤背景对照点,每个点位分别采集了表层(0~20 cm)、50 cm、100 cm 处的剖面土壤样品。检测结果(表 1)显示,对照区域的土壤背景值中总石油烃含量均低于方法检出限。

b) 硬化层下土壤检测结果

申请人王某宅基地范围内土壤中总石油烃含量检测结果(表 10－9)显示,漏油点 T1 深度约 50 cm 处总石油烃含量为 3.16×10^4 mg/kg,深度约 130 cm 处含量为 858 mg/kg;T2、T3、T11、T12、T20 点位的水泥硬化层下均检出总石油烃,含量分别为 T2 点位 30 cm 处 29.4 mg/kg、T3 点位 20 cm 处 380 mg/kg,T11 点位 20 cm 处 26.9 mg/kg、T12 点位 30 cm 处 5.998×10^3 mg/kg、T20 点位 40cm 处 1.63×10^3 mg/kg。

c) 庭院内土壤检测结果

申请人王某宅基地范围内土壤中总石油烃含量检测结果(表 1)显示,北院、南院土壤均检出总石油烃,部分受石油污染的土壤深度超过 120 cm,其中北院 7 个监测点位共 19 个监测样品中土壤总石油烃含量最高可达 7.65×10^3 mg/kg,南院 6 个监测点位共 16 个监测样品中土壤总石油烃含量最高可达 1.38×10^3 mg/kg。

2) 受石油泄漏影响土壤的危险特性

在《危险化学品目录(2015 版)》中,石油原油是危险化学品,其 CAS 号为 8002－

05－9。

《国家危险废物名录(2016 版)》中规定,由危险化学品、危险废物造成的突发环境事件及其处理过程中产生的废物为危险废物。石油原油属于《危险化学品目录(2015 版)》中列明的物质,因此,本次鉴定区域内受石油泄漏事件影响的土壤属于《国家危险废物名录(2016 版)》中规定的危险废物,其废物代码为 HW49 900－042－49,即“由危险化学品、危险废物造成的突发环境事件及其处理过程中产生的废物”。

(2) 土壤环境损害

1) 基线的确认

根据《生态环境损害鉴定评估技术指南　总纲》(环办政法〔2016〕67 号)中“5. 2. 1 基线的确认方法”,利用未受污染环境或破坏生态行为影响的相似现场数据确定基线,即“对照区域”数据。因此,本次鉴定选择对照区域的土壤背景值中总石油烃含量水平作为基线进行污染土壤体积和环境修复费用的估算。

2) 受石油泄漏影响土壤体积估算

本次鉴定区域为 19 m×40 m 的宅基地,经测算,鉴定区域受石油泄漏影响的土壤体积约为 589. 17 m^3。

3) 修复费用估算

a) 场地条件

根据现场调查情况,鉴定区域场地性质为居民居住用地,敏感受体为与土壤接触的居民。受石油泄漏影响土壤为申请人王某宅基地院内土壤及部分水泥硬化层下土壤,土质类型为砂壤土,在现场采样过程中发现部分区域土壤中含有黑色油状物。

b) 修复目标

委托方提出的修复目标为清除申请人王某宅基地范围内受石油泄漏影响的土壤,防止申请人王某宅基地范围外泄漏的石油对王某宅基地持续侵害。修复对象为本次鉴定区域内受石油泄漏影响的土壤,经模拟计算,需修复的土壤体积约 589. 17 m^3。

c) 修复要求

经与受石油泄漏影响的场地利益相关方进行沟通,对方要求修复周期短、无残留、防止周边污染物继续污染侵害、避免影响周围其他居民。

综合考虑污染场地条件、修复目标和修复要求等因素,本次鉴定选用“清挖+污染物处置+污染阻隔+新土回填”的修复模式。即对申请人王某宅基地范围内受石油泄漏影响的土壤进行清挖并按国家有关规定进行处置,同时对申请人王某的宅基地进行污染阻隔和新土回填处理。

【鉴定意见】

1) 申请人王某宅基地范围内受石油泄漏事件影响的土壤属于《国家危险废物名录(2016 版)》中规定的危险废物,其废物代码为 HW49 900－042－49 即“由危险化学品、危险废物造成的突发环境事件及其处理过程中产生的废物”。申请人王某宅基地范围内受石油污染的土壤体积约为589.17 m^3。

2）针对申请人王某宅基地范围内受石油泄漏影响的土壤，本鉴定选择采用“清挖+污染物处置+污染阻隔+新土回填”的修复模式。经估算，土壤环境修复费用约为1 961 789.27元(大写：壹佰玖拾陆万壹仟柒佰捌拾玖元贰角柒分整)。

3. 案例评析

本案污染物来源明确，检测指标清晰，并且损害调查区域土壤用地性质明确，是典型的工业污染源所致土壤环境损害。在前期的现场踏勘、采样布点、检测分析等工作内容中，可以根据《生态环境损害鉴定评估技术指南　总纲》的基本要求，密切联系污染地块调查系列导则要求开展相关工作。2018年12月后开展的土壤环境损害鉴定评估，还可参照《生态环境损害鉴定评估技术指南　土壤与地下水》进行全面的损害价值量化。

对于受污染土壤需要进行异位处置的，自2019年1月1日起，根据《土壤污染防治法》第四十一条“修复施工单位转运污染土壤的，应当制定转运计划，将运输时间、方式、线路和污染土壤数量、去向、最终处置措施等，提前报所在地和接收地生态环境主管部门。转运的污染土壤属于危险废物的，修复施工单位应当依照法律法规和相关标准的要求进行处置。”本案中，明确受污染土壤的危险废物性质，不仅对相关修复技术方法的选择和修复费用计算具有重要意义，同时也对后期污染防治和分类管理提出明确要求。

第 11 章　近海海洋与海岸带环境损害鉴定

随着人们对海洋资源的开发利用，以及垃圾倾倒、海上事故等环境污染问题的频发，海洋环境问题越来越严峻，海洋环境质量和海洋生态系统的损害风险也在增加。2019 年，全国法院共受理海上、通海水域污染损害责任纠纷达到 84 件，受理船舶污染损害责任纠纷达到 18 件①。在海洋生态损害赔偿、诉讼中，由于海洋的广阔性和流动性，其对调查取证、损害确认、价值量化等专业性问题的调查方法和鉴定评估方法有些也不同于陆地的生态损害评估。本章主要概述海洋环境损害鉴定涉及的主要内容和技术方法，为理解海洋环境损害及其鉴定过程奠定基础。

11.1　海洋环境损害概述

11.1.1　海洋环境问题

海洋环境问题是指由自然和人为因素造成对海洋生态系统及其生物和非生物因素产生有害影响和危害的海洋环境变化。海洋环境司法鉴定中的主要研究对象为人类生产活动造成的次生海洋问题，依据发生原因的不同分为两类：一类为投入性，即由人类直接或间接向海洋排入超过其自净能力的物质或能量而造成的海洋环境质量下降甚至污染；另一类为取出性，即由人类不合理开发、过度索取物质或能量而造成的海洋恢复和增殖能力破坏②。

《联合国海洋法公约》中将海洋环境污染定义为“人类直接或间接把物质或能量引入海洋环境，其中包括河口湾，以致造成或可能造成损害生物资源和海洋生物、危害人类健康、妨碍包括捕鱼和海洋的其他正当用途在内的各种海洋活动、损坏海水使用质量和减损环境优美等有害影响”。作为一个完整且互通的水体，海洋环境污染具有污染源广、污染物质种类多、扩散范围广等特点，常见污染物有化学品、辐射、固体废物、人为沉积物、热能、噪声、原油泄漏及生物污染③。

---

① 最高人民法院．中国环境资源审判(2019 年)[EB/OL].(2020-05-08). http://www.court.gov.cn/zixun-xiangqing-228341.html.

② 马英杰，何伟宏．中国海洋环境保护法概论[M]．北京：科学出版社，2018.

③ Noone K J. Managing ocean environments in a changing climate: sustainability and economic perspectives[M]. Managing Ocean Environments in a Changing Climate, 2013.

海洋环境污染根据污染源分为陆源海洋污染、海源海洋污染及空源海洋污染三大类。陆源海洋污染,是指污染物直排入海或通过地表径流等方式进入海洋而导致的污染,是海洋环境污染最主要的因素,占海洋污染物总量的80%。海源海洋污染,主要包括海上船舶海上交通事故、海洋油气开采和管道爆炸等造成的油污和化学品泄漏。海源海洋污染主要是海洋油类污染,主要有以下特点:持续时间长、扩散性强、不易分解等。空源海洋污染,主要是陆地上污染物质通过降水或大气交换进入海洋而引发的污染。

11.1.2 海洋污染事件

随着海洋资源的开发和利用力度逐步加大,各类海洋环境污染事件不断增加,海洋环境面临巨大的威胁。海洋环境污染事件是指由于人类活动直接、间接改变海域自然条件或者向海域排入污染物质、能量,而造成的对海洋生态系统及其生物因子、非生物因子有害影响的事件。海洋环境污染事件主要包括溢油、危险品化学品泄漏、核污染水排放、陆源排污、海洋倾废等类型。海洋环境污染事件按照发生规律,分为常规型和突发型。

常规型海洋污染事件是指发生周期有规律,能够通过监测、计算、推断等手段大致预测到的海洋污染事件,如近年来在黄海区域暴发的绿潮海洋污染。

突发型海洋污染事件是指具有很强的瞬时性和突发性,发生难以预料的强影响力的海洋污染事件,主要包含油轮交通事故、输油管道破裂等导致的海上溢油事故、危化品泄漏事故和核污染水排放事故,由于此类突发型海洋污染事件具有新鲜性、显著性和接近性等,对海上养殖捕捞业和海洋生物资源造成急性重大损失,易快速传播,加上权威机构的污染调查的不确定性、滞后性,引起巨大社会关注、恐慌和失序等综合因素,很受社会关注。例如,2010年4月美国墨西哥湾的半潜式钻井平台爆炸漏油事故。

11.1.3 海洋环境污染的特点

海洋污染与大气、陆地污染有很多不同,海洋污染的特点表现为空间上的广泛性和跨界性、时间上的持续性和跨度性、程度上的积累性和破坏性以及污染的难治理性和不可逆性。海洋污染的特殊性对环境损害的鉴定评估提出了极大挑战,深入理解海洋污染的特点,可以更贴近实际、更准确、更科学合理地评估海洋环境损害。

1)空间的广泛性和跨界性。其污染物来源广泛,人类在海洋、陆地的活动和其他活动方面所产生的污染物,均能通过江河径流、大气扩散和雨雪等降水形式汇入海洋,对海洋生态造成威胁;并且能通过海流、潮汐等的运动,扩散到其他各个海域。其污染空间的广泛性和跨界性对确定污染的范围造成了困难,海洋污染事件发生后,如不能及时处理,污染物将迅速蔓延,污染范围迅速扩大。因此损害的实际范围将很难调查,建立污染扩散模型来模拟和预测需考虑更多的因素,如海洋气象、水团、洋流、潮汐运动等。

2)时间的持续性和跨度性。海洋污染的持续性强,不能溶解和不易分解的污染物一旦进入海洋后,很难消除,最终在海洋中越积越多,有些污染物还能通过食物链传递,对人类健康造成潜在威胁。污染物还可能在一段时间的积累后暴发,当前时间内海洋环境未表现出损害现象并不代表以后就足够安全。比如海水富营养化,在长时间的积累下最终会导致赤潮暴发。其污染时间的持续性和跨度性大大影响了污染控制和修复的速度及难度,间接影响了海洋环境损害鉴定的工作效率和评估费用。特别是事件涉及的污染物品种多、毒性大、数量大时,污染导致的环境持续性影响,损害鉴定时难以识别。

3）程度的积累性和破坏性。由于海洋容量大,人类当前的活动对海洋的污染损害不会立刻显现,当污染物在海洋中积累到一定量,超过了海洋自身的净化能力,就会严重地损害海洋环境,并表现出强烈的破坏性。其污染程度的积累性和破坏性更是对损害程度的鉴定方法和技术提出了巨大的考验,例如,鉴定过程中会遇到所监测的海洋生物体内污染物浓度未超过相关标准,但经过一段时间后,会在食物链前端的生物中积累,导致大型海洋生物的病理变化、死亡等不利影响,此类海洋环境损害将难以在鉴定报告中得以体现;还有,一些危险性或毒性较强的污染物进入海洋后,经过长时间的迁移转化,会导致海洋生态中某些生物的直接灭绝或异变等,甚至导致某类微海洋生态系统的消失,这些破坏性巨大的污染现象在损害鉴定中难以量化。

4）污染的难治理性和不可逆性。由于海洋污染的综合性、跨界性、跨度性、积累性等,污染防治非常困难,而且海洋污染一旦造成将不可逆转,其影响剧烈,难以消除,后果严重,代价惨痛。这种污染的难治理和不可逆性对于损害的鉴定评估也是一道难题。例如,在海洋生态损害价值评估的过程中,需要基于生态修复措施的费用进行计算,并且要考虑恢复期的海洋生态损失的费用,当污染难以治理时,就必须考虑更先进、更昂贵的方法;再者,无法修复的污染,需采用替代性措施进行修复,进行何种方式、何种程度的替代修复才能达到原有的损害量级,也同样备具挑战。

11.1.4　海洋生态损害

海洋生态损害是一个广泛的概念,是指由于人类活动直接、间接改变海域自然条件或者向海域排入污染物质、能量,对海洋生态系统及其生物、非生物因子造成的有害影响。具体表现为海洋生物资源的损失、海洋生境的改变、海洋环境功能的损失。引起海洋生态损害的原因众多,包括自然原因和人为原因,前者指由海啸和风暴潮等自然灾害引起的损害,后者主要包括填海、围海、开放式用海等的各类海洋开发利用活动,以及非法捕捞、非法采挖、非法采矿等人为活动,以及突发性的溢油等污染事件,以及陆源污染排放引起的损害。在我国现行的法律中,《中华人民共和国海洋环境保护法》(以下简称《海洋环境保护法》)中第二条规定"本法适用于中华人民共和国管辖海域。在中华人民共和国管辖海域内从事航行、勘探、开发、生产、旅游、科学研究及其他活动,或者在沿海陆域内从事影响海洋环境活动的任何单位和个人,应当遵守本法。在中华人民共和国管辖海域以外,造成中华人民共和国管辖海域环境污染、生态破坏的,适用本法相关规定"。同时《海洋环境保护法》中规定了海洋环境污染的含义,海洋生态损害与海洋环境污染有着紧密的联系,可以以此为路径具体分析海洋生态损害的定义,《海洋环境保护法》第九十四条第 1 款规定:“海洋环境污染损害,是指直接或者间接地把物质或者能量引入海洋环境,产生损害海洋生物资源、危害人体健康、妨害渔业和海上其他合法活动、损害海水使用素质和减损环境质量等有害影响”。

通常而言,人类行为对于海洋生态环境造成的破坏呈现出多种形式,包括非法采矿、非法捕捞等破坏海洋生物资源、海洋倾废、船舶油污损害海洋生态环境等。海洋生态破坏也表现出各种形式,譬如海洋生物多样性的减少、鸟类栖息地破坏、红树林的破坏、海岛生态环境的破坏等。我国的《海洋环境保护法》在条文中使用了海洋生态一词,列举了“红树林、珊瑚礁、滨海湿地、海岛、海湾、入海河口、重要渔业水域”等典型的生态系统。

海洋生态损害作为一种新型的损害,结合生态损害和海洋环境的特点进行分析,可以得出海洋生态损害具有以下特征:

第一,海洋生态损害的主体具有广泛性。海洋生态损害具有污染源多的特点可能是船舶污染、陆源污染、海洋工程建设污染等等,同时海洋生态损害即使只有一个污染源,也可能涉及多个法律主体,这导致了致害主体十分广泛。

第二,海洋生态损害具有扩张性。污染发生在海洋环境时,因为海洋是一个水体相互交换的整体,污染通过海流等方式极易扩散,造成污染规模的扩大,如果对海洋环境污染的扩散置之不理,不仅可能引发赤潮等次生灾害,还可能进一步间接引发损害人身健康和财产权益的后果。

第三,海洋生态损害具有不可逆转性。当生态系统发展到成熟的稳定阶段它的能量和物质输入、输出,生物种类的组成以及各个种群的数量比例处于长期相对稳定的状态。海洋生态系统是一个相对动态的生态平衡系统,一旦发生海洋污染,势必会破坏这种平衡,会往不利于人类方向的新平衡状态转化,即使生态修复也无法恢复到原先的状态,所以海洋生态损害具有不可逆转性。

第四,海洋生态损害的利益具有多元性和难以量化性。海洋生态损害不仅会造成海洋生态价值的减损,还会造成其审美价值、文化价值、经济价值等多重价值的逸失,价值的减损还具有长期性,而这些价值难以像财产损失一样给出明确的金额,需要建立成熟的鉴定评估机制来对这种损害予以量化,为下一步的赔偿工作提供科学依据。

第五,海洋生态损害往往是大规模的、严重的损害。这种大规模的、严重的损害往往引起巨额的赔偿。

11.1.5 海洋生态环境管理体系

2018 年,国家发布《中共中央关于深化党和国家机构改革的决定》及《国务院关于机构设置的通知》(国发〔2018〕6 号)等文件,推进生态环境和自然资源等相关机构进行改革。海洋环境管理体系随之大改,目前而言,海洋生态环境管理方面原则上主要由生态环境部负责,但部分职能也涉及其他机构,主要包括自然资源部、农业农村部以及交通运输部。

表 11－1　我国海洋环境管理体系

部门	下属机构	主要涉及海洋环境管理的职能	备注
生态环境部	海洋生态环境司	全国海洋生态环境监管，全国及重点海域海洋生态环境政策、规划、区划、法律、行政法规、部门规章、标准及规范制定，海洋生态环境调查评价，海洋污染损害的生态环境保护，海岸和海洋工程建设项目环评审批等	地方相关行政单位：海洋处、海洋生态环境处
	生态环境监测司	海洋环境质量监测与评估及预警预报和相关环境质量公告、信息发布等	
	生态环境执法局	海洋生态环境领域监督执法，跨区域跨流域环境污染纠纷协调等	
	海河流域北海海域生态环境监督管理局	北海海域海洋生态损害国家赔偿，排海污染物总量控制、陆源污染物排海监督、重点海域综合治理，监督管理围填海、海洋石油勘探开发等海洋工程建设项目和海洋倾废生态环境保护工作等	
	珠江流域南海海域生态环境监督管理局	南海海域海洋生态损害国家赔偿，排海污染物总量控制、陆源污染物排海监督、重点海域综合治理，监督管理围填海、海洋石油勘探开发等海洋工程建设项目和海洋倾废生态环境保护工作等	
	太湖流域东海海域生态环境监督管理局	东海海域（以及黄海南部）海域海洋生态损害国家赔偿，排海污染物总量控制、陆源污染物排海监督、重点海域综合治理，监督管理围填海、海洋石油勘探开发等海洋工程建设项目和海洋倾废生态环境保护工作等	
自然资源部	海洋战略规划与经济司	海洋强国建设重大战略，海洋经济发展、海岸带综合保护利用、海域海岛保护利用、海洋军民融合发展等规划并监督实施，海水淡化与综合利用、海洋可再生能源等海洋新兴产业发展等	地方相关行政单位：海洋海岸带规划管理处
	海域海岛管理司	海域使用和海岛保护利用政策与技术、海域海岛监视监测和评估等	
	海洋预警监测司	海洋观测预报和海洋科学调查政策和制度，海洋生态预警监测、灾害预防、风险评估和隐患排查治理，海洋科学调查与勘测等	
	国际合作司	资源勘探开发争议、岛屿争端、海域划界等谈判与磋商等	
	北海局	辽宁、河北、天津、山东 4 个省（市）沿海毗邻的我国管辖海域，海洋自然资源有关法律法规以及自然资源部规章、制度和标准规范海洋自然资源的调查监测评价，海洋自然资源合理开发利用、海岸带综合保护利用、海域海岛保护利用，海洋生态保护修复工作等	
	东海局	江苏、上海、浙江、福建 4 个省（市）沿海毗邻的我国管辖海域，海洋自然资源有关法律法规以及自然资源部规章、制度和标准规范海洋自然资源的调查监测评价，海洋自然资源合理开发利用、海岸带综合保护利用、海域海岛保护利用，海洋生态保护修复工作等	
	南海局	广东、广西、海南 3 个省（区）沿海毗邻的我国管辖海域，海洋自然资源有关法律法规以及自然资源部规章、制度和标准规范 海洋自然资源的调查监测评价，海洋自然资源合理开发利用、海岸带综合保护利用、海域海岛保护利用，海洋生态保护修复工作等	
农业农村部	渔业渔政管理局	重大涉外渔事纠纷处理，国家海洋管辖水域渔业权益，管理远洋渔业，资源环保等	

续 表

部门	下属机构	主要涉及海洋环境管理的职能	备注
交通运输部	海事局	安全监督管理、船舶及相关水上设施检验和登记、防治船舶污染和航海保障的方针、政策、法规和技术规范、标准制定,管理水上交通安全和防治船舶污染,调查、处理水上交通事故、船舶污染事故及水上交通违法案件,指导船舶污染损害赔偿工作等	
	中国海上搜救中心	重大海上溢油有关政策法规,重大海上溢油应急处置工作和重要通航水域清障工作,重大海上溢油应急反应机制	

11.2 鉴定的依据和范围

11.2.1 鉴定依据

海洋环境损害司法鉴定必须依据现有法律法规、部门规章、技术规范、司法解释、相关条例等进行,必要时可参照国际公约、国外立法、相关研究。

海洋环境损害司法鉴定以《海洋环境保护法》(2023 年 10 月 24 日修订)为最基本依据,结合实际情况,充分考虑涉及相关部门制定的政策、规划、区划、法律、行政法规、部门规章、标准及规范,对海洋环境损害范围、程度及因果关系等进行鉴定评估。例如发生重大海上船舶溢油事故,进行海洋环境损害评估时,搜集资料和相关信息可能涉及生态环境部海洋生态司、生态环境部环境监测司、生态环境部相关海域生态环境监督管理局,自然资源部相关海域局,以及交通运输部海事局和中国海上搜救中心等。如果溢油事件导致跨区域污染还可能涉及自然资源部国际合作司。这也是海洋生态损害评估与陆上生态损害评估较大区别的地方。

2011 年 5 月,最高人民法院发布的《关于审理船舶油污损害赔偿纠纷案件若干问题的规定》(法释〔2011〕14 号,以下简称“船舶油污损害赔偿司法解释”),对我国海域范围内的船舶油污损害赔偿纠纷进行了补充说明,船舶油污作为海洋环境损害的一部分,这也是我国早先对海洋污染损害类环境损害事件的赔偿责任和赔偿范围作出明确规定的文件。“船舶油污损害赔偿司法解释”中指出,船舶油污损害赔偿范围包括:为防止或者减轻船舶油污损害采取预防措施所发生的费用,以及预防措施造成的进一步灭失或者损害;船舶油污事故造成该船舶之外的财产损害以及由此引起的收入损失;因油污造成环境损害所引起的收入损失;对受污染的环境已采取或将要采取合理恢复措施的费用。“船舶油污损害赔偿司法解释”中还提到对环境损害的赔偿应限于已实际采取或者将要采取的合理恢复措施的费用。恢复措施的费用包括合理的监测、评估、研究费用。

2017 年 12 月,最高人民法院发布的《关于审理海洋自然资源与生态环境损害赔偿纠纷案件若干问题的规定》(法释〔2017〕23 号,以下简称“海洋环境损害赔偿司法解释”)中指出,在海上或者沿海陆域内从事活动,对中华人民共和国管辖海域内海洋自然资源与生态环境造成损害,由此提起的海洋自然资源与生态环境损害赔偿诉讼,由损害行为发生地、损害结果地或者采取预防措施地海事法院管辖。"海洋环境损害赔偿司法解释"中还指出,未来修复必然发生的合理费用和恢复期间损失,可以根据有资格的鉴定评估机构依据法律法规、国家主管部门颁布的鉴定评估技术规范作出的鉴定意见予以确定,但当事人有相反证据足以反驳的除外。

根据自然资源部发布的《自然资源现行标准目录(截至 2020 年 1 月)》,目前关于海洋环境损害评估的国家标准主要是《海洋生态损害评估技术导则》(GB/T 34546. 1～2—2017),其次是行业标准《海洋溢油生态损害评估技术导则》(HY/T 095—2007)。按照《行业标准管理办法》规定"行业标准在相应的国家标准实施后,即行废止",因此《海洋溢油生态损害评估技术导则》(HY/T 095—2007)已由《海洋生态损害评估技术导则　第 2 部分: 海洋溢油》(GB/T 34546. 2—2017)替代。海洋生态损害评估技术导则包括《海洋生态损害评估技术导则　第 1 部分: 总则》(GB/T 34546. 1—2017)和《海洋生态损害评估技术导则　第 2 部分: 海洋溢油》(GB/T 34546. 2—2017)。《海洋生态损害评估技术导则　第 1 部分: 总则》中规定了海洋生态损害评估的工作程序、工作方案编制、状况调查、工作内容、技术方法及报告编制格式等。《海洋生态损害评估技术导则　第 2 部分: 海洋溢油》对海洋溢油类海洋污染事件进一步细化和具体化,对溢油源调查、溢油油品性质调查、溢油量调查、溢油扩散过程调查及报告编制格式等方面进行了补充。

11.2.2　鉴定范围

笼统的海洋环境损害可能起源于一切对海洋环境造成不利影响的事物,其领域范围可能包括海岸、沙滩、潮间带、近海、海湾及远海等。海洋环境司法鉴定与其他海洋环境损害司法鉴定与其他类的环境损害司法鉴定有明确的界限,海洋环境损害司法鉴定主要依据《海洋环境保护法》(2017 年修正),该法中对环境损害的情况进行了总结列举,也是对海洋环境损害范围的基本界定。《海洋环境保护法》(2023 年修正)列举了 4 种对海洋环境污染损害的情况,包括陆源污染物对海洋环境的污染损害、工程建设项目对海洋环境的污染损害、废弃物倾倒对海洋环境的污染损害、船舶及有关作业活动对海洋环境的污染损害。工程建设项目包括海岸工程建设项目和海洋工程建设项目。其中,海岸工程建设项目主要是指新建、改建、扩建的海岸工程项目。例如,沿海陆域内新建的工业生产项目、海岸露天开采、岸上打井开采项目等。海洋工程建设项目主要指在海上进行的工程建设项目。例如,海洋石油勘探、石油钻井、钻井平台、采油平台等海上设施的建设。废弃物倾倒是指通过向浅的大陆架或深海倾倒的方法处置的一些由于经济和技术原因在陆地难于处理的废物。船舶及有关作业活动是指船舶装卸、过驳、清舱、洗舱、油料供受、修造、打捞、拆解、污染危害性货物装箱、充罐、污染清除以及其他水上水下船舶施工作业等活动。此外,海洋生态环境损害还包括非法捕捞、非法采矿、非法采挖等人类活动造成的海洋生态破坏。

值得关注的是,《海洋生态损害评估技术导则》(GB/T 34546.1~2—2017)中指出海洋生态环境损害是“人类活动直接、间接改变海域自然条件或者向海域排入污染物质、能量,对海洋生态系统及其生物、非生物因子造成的有害影响”。与其他类型的环境损害鉴定相比,造成海洋损害的客体对象多了“能量”损害。这些损害类型的多样性也决定了海洋生态环境损害鉴定评估关注的内容不同。此外,司法部和生态环境部联合印发的《环境损害司法鉴定执业分类规定》,将海洋环境损害司法鉴定评估工作归类为近岸海洋和海岸带环境损害鉴定,可以看出我国当前的海洋类司法鉴定范围主要是围绕“近岸海洋”和“海岸带”开展相关调查评估,如近年来深海采矿的生态环境损害问题都需要关注。结合《海洋生态损害评估技术导则》(GB/T 34546.1~2—2017)和《环境损害司法鉴定执业分类规定》的相关规定来看,海洋环境损害司法鉴定的范围主要包括因环境污染或生态破坏导致的海洋环境质量损害的鉴定和生态系统损害的鉴定。

11.3 鉴定的主要内容和程序

11.3.1 鉴定内容

海洋生态损害的量化是海洋生态损害赔偿的前提和基础,海洋生态环境损害实物量化的核心是确定海洋生态环境损害的类型、范围和程度。因此,海洋生态环境损害鉴定的目标是要确定损害的对象、范围及程度,然后进行损害确认、因果关系分析、实物量化、价值量化以后作为司法鉴定的意见。

(1) 损害确认

海洋生态损害鉴定中的损害确认,主要包括海水水质损害、海洋沉积物损害、海洋生物损害、水动力和冲淤损害及生态系统损害。

(2) 因果关系分析

海洋生态损害鉴定中的因果关系分析,包括特征污染物识别、环境污染物(污染源、环境要素、生物要素)的同源性分析、污染物迁移路径的合理性分析、生物暴露的可能性分析和生物发生损害的可能性分析。

(3) 实物量化

对海洋生态环境质量的损害,一般以特征污染物浓度为量化指标;对海洋保护区、典型海洋生态系统(如珊瑚礁、海草床、滨海滩涂、盐沼地、红树林等)、珍稀和濒危海洋动植物及其栖息地,海洋渔业海域等生态敏感区的损害。识别濒危物种、优势物种、特有物种等指示物种。一般选择指示物种种群密度、种群数量、种群结构、生物多样性等指标作为量化指标。

(4) 价值量化

海洋生态损害价值是指将海洋生态系统修复到接近基线水平所需的费用作为首要的海洋生态损害价值评估的方法,并且包括恢复期的海洋生态的损失费用。具体包括消除和减轻损害等措施费用、海洋生态修复费用、恢复期生态损失费用等其他合理费用。恢复期生态损失费用主要包括恢复期海洋环境容量的损失价值量和恢复期海洋生物资源的损失价值量(图 11－1)。

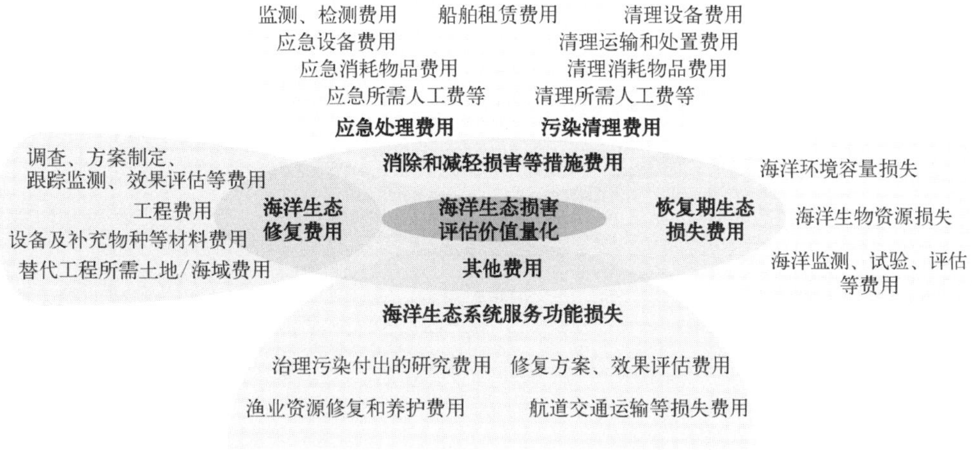

图 11－1　海洋生态损害评估价值量化

11.3.2　鉴定的程序

1. 海洋生态环境损害评估

海洋生态环境损害评估的程序应根据海洋生态损害事件的类型启动不同的评估程序,涉及跨国海域的海洋生态环境损害事件还应综合考虑相关国际合作部门的规定及意见进行。海洋生态环境损害评估程序一般分四个阶段进行,包括准备阶段、调查阶段、分析评估阶段和报告编制阶段。

鉴定评估流程如图 11－2 所示。

(1) 准备阶段

准备阶段主要工作是搜集海洋生态损害发生海域的背景资料,开展现场踏勘,初步判断事件类型,进行下一步相应程序;分析海洋生态损害事件的基本情况和生态损害特征,确定海洋生态损害评估的内容;初步甄别出主要生态损害评估因子、生态敏感目标,确定海洋生态损害评估的调查范围和评估方法;编制海洋生态损害评估工作方案,明确下阶段海洋生态损害评估工作的主要内容。需要搜集的资料及资料来源方式如下:

1) 海洋生态损害事件发生的地理位置、事件、损害方式,可通过现场 GPS 定位或者询问相关人员获得;

2) 海洋生态损害事件的类型、性质和影响范围,可通过现场踏勘,并对照《海洋生态损害评估技术导则　总则》中的内容进行确定;

3) 生态敏感目标分布情况,可通过遥感影像、航拍等方式获得;

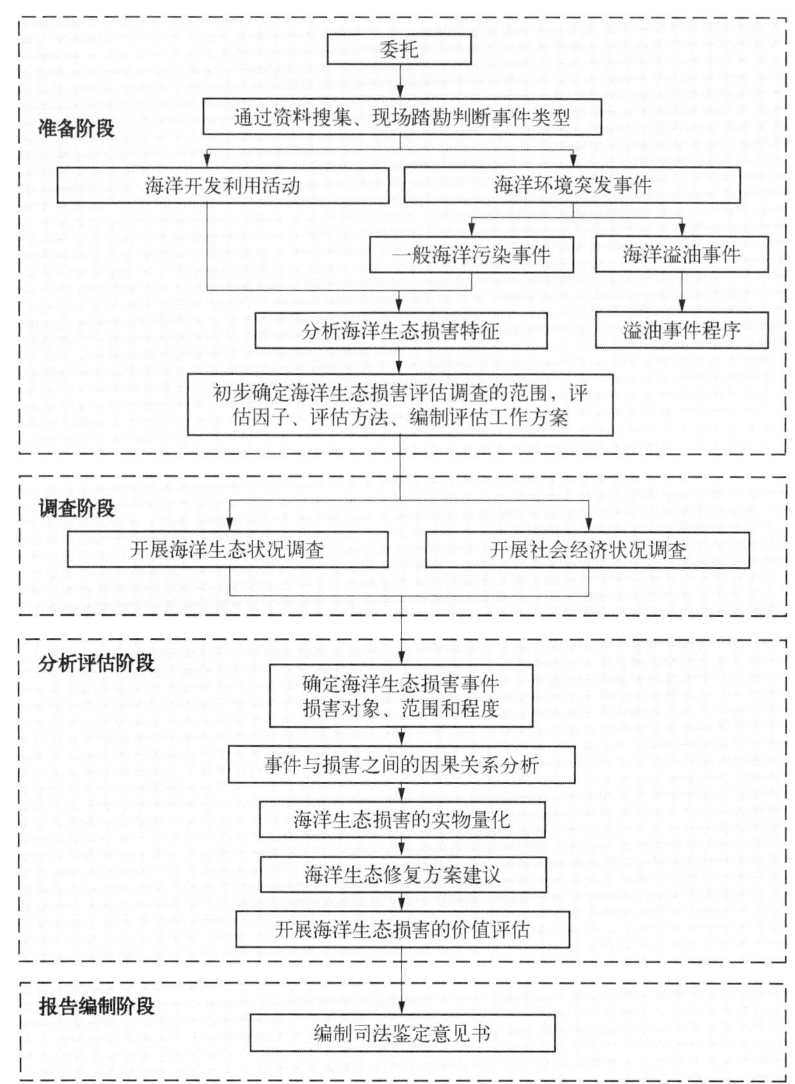

图 11－2　海洋生态损害鉴定评估流程

4）海洋生态环境资料，包括水文气象、海洋地质地貌、海水水质、沉积物环境质量、海洋生物与生态背景等资料，可通过查询中华人民共和国自然资源部或属地海域主管部门统计数据获得；

5）海洋资源及其开发现状，可通过当地政府部门的规划文件及统计年报等资料获得；

6）海域利用方式、范围和面积、占用海岸线和滩涂，可通过属地海域主管部门的规划文件及统计年报等资料获得；

7）海洋生态损害事件发生后采取的措施和控制情况，以及有关部门和单位对海洋生态损害事件进行的调查取证资料；

8）其他与海洋生态损害事件及评估工作相关的资料。

资料搜集工作应在委托方的协助下完成，并根据事件的实际情况，尽可能地寻求职责相关部门的帮助。对于环境应急事件,资料搜集工作应尽快完成,并进入工作方案编制阶段。评估工作方案编制尽量将前期搜集到的资料进行总结,其中应包括评估工作的背景及目的,评估工作的时间与人员安排,调查方案与调查内容,评估范围、评估因子及评估方法,后续工作安排和建议等。

(2) 调查阶段

调查阶段包括海洋生态状况调查和经济状况调查。对于不同类型的海洋生态损害调查时应有所偏重点,调查重点主要有水质环境、沉积物环境、生态和生物资源环境、地形地貌与冲淤环境、水文动力环境。具体情形调查重点可参考表 11－2。

表 11－2　不同类型海洋生态损害事件调查重点

行为分类		调查重点				
		水质环境	沉积物环境	生态和生物资源环境	地形地貌与冲淤环境	水文动力环境
海洋开发利用活动	填海造地用海(建设填海造地、农业填海造地、废弃物处置填海造地、人工岛式油气开采、非透水构筑物)	★	★	★	★	★
	透水构筑物用海(跨海桥梁、海底隧道、平台式油气开采)	★	★	★	⊙	⊙
	围海用海	★	★	★	☆	★
	开放式用海(海砂等矿产开采、倾倒区、取/排水口、专用航道、锚地、海底电缆管道、污水达标排放、养殖用海)	★	★	★	☆	★
	其他	依据实际情况确定				
海洋环境突发事件	溢油	★	★	★	★	☆
	危险化学品泄漏	★	★	★	★	☆
	其他污染物排放	★	★	★	★	☆

注:★代表海洋生态损害价值评估的重点内容,☆代表依据具体情况可选的一般调查内容,⊙代表重要程度介于前两者之间。

经济状况调查主要包括受影响海域开发利用与经济活动的资料;商品化的海洋生物的市场价格;受影响海域已开展或已完成的生态建设、生态修复工程建设投资费用;受影响海域环境基础设施建设工程的规划方案与投资费用等。

(3) 分析评估阶段

在资料搜集和基本情况调查完成后,利用现场踏勘、环境监测、生物监测、模型预测或遥感分析等方法分析确定海洋生态损害的范围与程度,在此基础上开展生态损害确认和因果关系判定。

海洋生态损害的范围与程度明确后，应按要求编制修复方案报告，并根据实际情况予以实施。然后开展海洋生态损害价值评估工作，评估工作应符合以下原则：

1）海洋生态损害价值应采用基于生态修复措施的费用进行计算，即将海洋生态系统恢复到接近基线水平所需的费用作为首要的海洋生态损害价值评估的方法；同时，应包括恢复期的海洋生态的损失费用。

2）无法原地修复的，应采取异地修复；无法修复的，应采用替代性的措施实现修复目标。

3）恢复期的海洋生态损失费用，应包括恢复期海洋环境容量损失价值量、恢复期海洋生物资源损失价值量等。

评估的内容主要包括消除和减轻损害等措施费用、海洋生态修复费用、恢复期海洋环境容量的损失价值量、恢复期海洋生物资源的损失价值量以及其他合理费用。对于开发利用型海洋生态损害事件无消除和减轻损害等措施项费用。

（4）鉴定意见书编制

海洋生态损害司法鉴定意见书应参照《海洋生态损害评估技术导则　第 1 部分：总则》及《司法部关于印发司法鉴定文书格式的通知》要求的格式编制，编制过程严格遵循相关标准和规范进行。编制完成后应邀请相关专家评审，针对评审意见和专家建议进行修改和完善，最后按规定加盖司法鉴定专用章方可作为案件的鉴定依据。

海洋生态损害司法鉴定意见书中应包括海洋损害事件基本情况、搜集的相关资料摘要、海洋生态损害鉴定过程、海洋生态损害情况分析说明、基于损害结论给出的鉴定意见，以及所涉及的材料形成的附件。

1）损害事件基本情况

项目的委托情况（委托单位或人及委托时间和事项）；海洋环境污染或生态破坏事件的发生位置、时间、规模、性质等；现场事态状况、环境污染状况等。

2）搜集的相关资料摘要

涉及事件的海域或地域历史情况资料；涉及事件的项目环评、工程设计、施工、验收报告等；涉及事件的前期调查、应急处理、修复等报告资料。

3）海洋生态损害鉴定过程

海洋生态损害鉴定的背景；海洋生态损害鉴定的原则和依据（所采用的相关法规条例和技术标准）；海洋生态损害鉴定的范围（时间范围和空间范围）和内容；特征污染物的识别和基线的确定、海洋生态损害的确定（相关指标的监测分析方法和结果）；因果关系分析、海洋生态损害实物量化和价值量化的技术方法和结果。

4）海洋生态损害情况分析说明

涉事区域的海洋生态状况调查分析；事件对海洋生态的污染损害范围和程度分析；海洋生态修复方案或替代方案的建议；实物量化、价值量化的结果汇总分析。

5）基于损害结论给出的鉴定意见

基于前面技术方法得出的结果以及利用专业知识的分析结果，对海洋生态损害鉴定的目标给出相应的结论,形成相应的鉴定意见。结论涉及污染事件的损害范围、程度结果,主要污染物及受影响对象识别,事件与损害之间的因果关系,事件的生态损害量化结果等。

6）所涉及的材料形成的附件

司法鉴定过程中所采用的材料应列入附件,包括调查过程中的口供笔录、图片、影像等资料;费用单据发票(减少海洋生态损害所需的应急交通、材料、人员等费用的单据,处理处置污染物涉及的运输、材料、人员等费用单据,以及其他合理发生费用的单据);相关单位或个人的有效说明等。

2. 海洋溢油生态损害评估

海洋溢油指因海洋油气勘探开发、海底输油管道、石油运输、船舶碰撞以及其他突发事故造成的石油或其制品泄漏入海。在海洋生态损害事件判定为溢油生态损害事件时启动溢油生态损害评估程序,海洋溢油生态损害评估分三个工作阶段进行,包括准备阶段、调查评估阶段和报告编制阶段。

鉴定评估流程如图 11－3 所示。

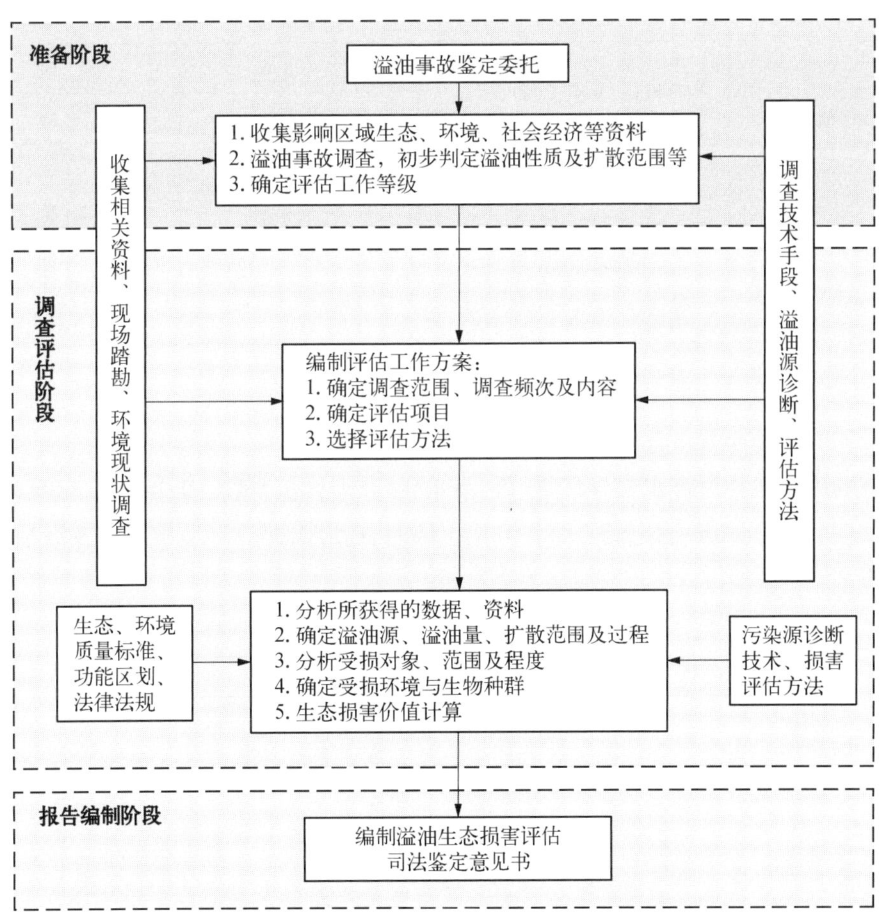

图 11－3　海洋溢油生态损害鉴定评估流程

(1) 准备阶段

准备阶段主要工作是收集受溢油事故影响的海域生态、环境、社会经济等资料,启动现场踏勘、事故调查、样品采集、走访调查等工作。通过收集的资料,对溢油事故的油品性质、扩散范围及影响海域类型等进行初步了解,从而确定溢油生态损害评估工作的等级(工作等级分类见表 11－3),不同等级的评估工作调查的内容和重点不同。

表 11－3　溢油生态损害评估工作等级划分

油品性质	溢油扩散范围(A)	海域类型	评估等级
非持久性油类	A<100 km^2	所有海域	3 级
	100 km^2≤A<1 000 km^2	近岸海域	2 级
		远岸海域	3 级
	A≥1 000 km^2	近岸海域	1 级
		远岸海域	2 级
持久性油类	A<100 km^2	所有海域	3 级
	100 km^2≤A<1 000 km^2	近岸海域	2 级
		远岸海域	3 级
	A≥1 000 km^2	近岸海域	1 级
		远岸海域	1 级
事故溢油量>100 t			1 级
环境敏感海域或抵岸事故			可提高 1 级

注: 1~3 级工作要求见表 11－4;远岸海域为近岸以外其他海域。

(2) 调查评估阶段

调查的内容包括海洋水文、海洋气象、海水化学、海洋沉积物、海洋生物、岸滩,调查阶段根据前期的工作评级,制定调查工作方案。同时,还应对海洋环境敏感区及溢油污染源进行调查。

表 11－4　各级溢油生态损害评估调查内容

评估工作等级	调查内容					
	海洋水文	海洋气象	海水化学	海洋沉积物	海洋生物	岸滩
1 级	★	★	★	★	★	☆
2 级	★	★	★	☆	★	☆
3 级	★	☆	★	☆	☆	☆

调查完成后根据调查结果，对溢油事故的海域影响范围及损坏程度进行评估，进而对不同等级的评估工作计算相对应内容的生态损害价值（表 11－5），生态损害总价值等于恢复期海洋生态损失、海洋生态恢复费用及调查评估费用的总和。

表 11－5　各级溢油生态损害价值计算内容

评估工作等级	恢复期的海洋生态损失		海洋生态修复费用		其他费用
	海洋生态服务功能损失	环境容量损失	生境修复	生物种群恢复	调查评估费用
1 级	★	★	☆	☆	★
2 级	★	★	☆	☆	★
3 级	☆	★	☆	☆	★

注：★代表必选调查项，☆代表可选调查项。

（3）司法鉴定意见书的编制

海洋溢油生态损害评估司法鉴定意见书应参照《海洋生态损害评估技术导则　第 2 部分：海洋溢油》及《司法部关于印发司法鉴定文书格式的通知》要求的格式编制，编制过程严格遵循相关标准和规范进行。意见书编制完成后应邀请相关专家评审，并按照专家所提意见和建议进行修改和完善，最后按规定加盖司法鉴定专用章方可作为案件的鉴定依据。

海洋溢油生态损害司法鉴定意见书中应包括海洋溢油事件基本情况、搜集的相关资料摘要、海洋溢油生态损害司法鉴定过程、海洋溢油生态损害情况分析说明、基于溢油生态损害结论给出的鉴定意见，以及所涉及的材料形成的附件。

1）海洋溢油事件基本情况

项目的委托情况（委托单位或人及委托时间和事项）；海洋溢油事件的发生位置、时间、规模、性质等；现场事态状况、环境污染状况等。

2）搜集的相关资料摘要

涉及事件的海域或地域历史情况资料；涉及事件的船舶行程、运载、审批等文件；涉及事件的前期调查、应急处理、修复等报告资料。

3）海洋生态损害鉴定过程

海洋溢油生态损害鉴定的背景；溢油影响区域的资源与环境调查；海洋溢油事故调查；海洋溢油生态损害鉴定的原则和依据（所采用的相关法规条例和技术标准）；海洋生态损害鉴定的范围（时间范围和空间范围）和内容；溢油油品鉴定、溢油量估算、溢油漂移路径分析（相关监测方法和结果、模拟方法和结果）。

4）海洋生态损害情况分析说明

溢油区域的海洋生态状况调查分析；溢油事件对海洋生态影响范围及受损对象和受

损程度分析；溢油事件处理方案或修复方案建议；对受损对象价值量化的结果汇总分析。

5）基于损害结论给出的鉴定意见

基于前面技术方法、模型模拟及实际观测的结果，结合专业知识的分析结果，对海洋溢油生态损害鉴定的目标给出相应的结论，形成相应的鉴定意见。结论涉及事故调查结果、油品鉴别结果、溢油量估算结果、影响范围模拟结果、生态受损对象及程度、海洋生境与物种恢复结果、溢油生态损害的价值量化结果等。

6）所涉及的材料形成的附件

司法鉴定过程中所采用的材料应列入附件，包括调查过程中的口供笔录、图片、影像等资料；船舶的相关资质、通行证明、运输申报、出入货单等；相关单位或个人的有效说明等。

11.4 鉴定技术方法

在海洋环境损害鉴定中，需要相关行业的专业技术和方法作为支撑，方能顺利完成鉴定。根据上节提到的鉴定流程，本节主要介绍海洋环境损害的鉴定过程中涉及的鉴定技术方法、价值评估方法及因果关系判定方法。

11.4.1 调查方法

调查是海洋环境损害司法鉴定的核心和主要内容，调查涉及海洋生态污染的责任主体和污染范围及程度等的确定，也是海洋污染损害鉴定的必要前提。海洋环境损害鉴定涉及的调查方法包括资料搜集、人员访问、现场踏勘、卫星影像、海洋生态环境监测、海域勘探等。

1）资料收集

资料收集包括事件背景信息、涉事单位信息、涉事设施设备信息、污染源信息、溢油油品信息、油量监测信息、海域气象气候资料、海域地理信息、污染物信息、海域环境背景信息、海域环境历史资料等。实际操作时可寻求海域主管部门帮助或者通过政府部门网站获取。

2）人员访问

通过对主管部门人员、委托方、涉事单位人员、利益相关人员及知情人士进行询问，了解事件的基本概况、事情起因、涉事污染来源、事情发展态势及相关方关注重点等。

3）现场踏勘

组织专业人员前往现场，对事件的概况进行初步的了解，初步划定调查范围，判断污染类型，制定初步调查计划及调查方案等。

4）卫星影像

借助卫星影像进一步判定涉事污染范围，查看周边情况，判定敏感区域，也可通过历史影像对涉事地点历史情况进行了解。

5）海洋生态环境监测

通过监测手段对污染程度和范围进行科学判定。环境监测可委托有资质单位根据相关的技术标准和规范进行。监测的内容包括：海洋水动力、海洋大气、海水和沉积物环境质量（例如：pH、溶解氧、总碱度、活性硅酸盐、活性磷酸盐、硝酸盐、亚硝酸盐、总磷、总氮、总碳、氧化还原电位、叶绿素 a 等常规指标，以及重金属、石油类、危化品和放射性核素等特征污染物）、海洋生物指标（例如：浮游生物、底栖生物、鱼类、鱼卵及仔稚鱼和鸟类等）。

6）海域勘探

旨在对污染海域范围的海洋水文、海洋地质、海洋沉积物、海洋生物及生态状况进行了解，对污染范围和程度的鉴定提供参考。具体方式涉及海洋地球物理勘探、海洋生物调查及海洋生态调查等。海洋地球物理勘探需要使用专业的海洋勘探船和勘探仪器，具体方法有海洋重力测量法、海洋磁力测量法、海洋地震测量法、海底热流测量法和海洋物定位法等。

与陆地调查不同的是，在进行海洋环境调查时，必须要借助海洋调查船进行。海洋调查船是指专门从事海洋科学调查研究的船只，可以运载海洋科学工作者进入现场，并配备专业的观测和监测的仪器设备。在面对不同的事件时，可采用不同类型的海洋调查船。海洋调查船的类型分为水面调查船和水下调查船，水面调查船又分为沿海调查船、近海调查船、远海调查船；水下调查船又分为浅海调查船、中深海调查船、深海调查船、海底调查船。

11.4.2　海洋生态损害价值评估方法

1. 国外海洋生态环境损害评估方法

美国的海岸带生态环境治理与修复工作已有超过 60 年的历史，尤其是美国国家海洋和大气管理局（NOAA）在近 30 年的实践中，通过损害评估及修复计划（damage assessment, remediation, and restoration program, DARRP）的实施取得了良好的效果，其损害评估及修复经验值得学习和借鉴，可以为提高海岸带综合地质调查的科学性和综合性提供借鉴，使调查研究为管理和保护修复服务。

1989 年，美国发生了历史上最严重的瓦尔德斯号油轮原油泄漏事件，促使美国制定了《石油污染法》，并规定了联邦政府的主导作用和管理职责，明确要对污染后的自然资源实施损害评估和修复。NOAA 作为美国国家海岸带和海洋资源的主要“受托人”，成为该法的实施主体，依法制定自然资源损害评估和修复的实施规则。1992 年，NOAA 正式实施损害评估及修复计划（DARRP），由州、部落和联邦机构组成的团队联合开展工作，并吸引企业和社会公众参与。

DARRP 致力于评估、修复和保护海岸带，主要针对石油泄漏、危险废弃物释放、船只搁浅等造成自然资源和生态环境的损害进行调查、评估和修复。迄今已投入约 104.3 亿美元,用于在美国范围内修复各种类型的重要栖息地和自然资源,包括湿地、红树林、海滩、生物礁、珊瑚和海草床,以及船道和码头的改善,500 多个海岸废弃物场地的清理等工作,取得了显著的社会经济效益。

DARRP 使用自然资源损害评估(natural resources damage assessment, NRDA)的方法支撑海岸带自然资源损害评估及后续的修复工作。NRDA 方法充分吸收专家和公众的意见,并涉及法律、科学、经济、公共投入等方面。当海岸带损害事故发生时,NOAA 将同其他责任方一起确定事故发生对自然资源的影响及其损失,并由 NOAA 的专家确定受影响的程度,同时通过征求公众意见确定修复的最佳方法、数量和位置。而对海岸带受损程度的评估要进行严格的科学研究,其过程可能持续数年,但这一过程的严谨性确保了评估的客观性,进而确保了可充分修复海岸带及其自然资源。NRDA 方法的实施由 NOAA 与联邦、州及当地管理机构合作,对受损害的海岸带及其自然资源进行评估和修复,主要包括 3 个步骤:海岸带损害评估、海岸带修复方案制定、修复方案实施。其中,修复方案制定过程还包括污染者责任划分,一般通过协商或诉讼方式以确定造成损害的责任方需承担的责任。在整个过程中,公众的参与必不可少。

在海岸带损害程度的预评估阶段,首先,要确定是否对自然资源产生了影响或损害,并确定是否适合进一步采用 NRDA 方法。然后,收集具有时效性的数据,针对损害类型开展研究和评估,并确定可能受影响的物种及生境。例如,在海岸带遭受破坏时,组织专业的野外调查队伍采集空气、水、沉积物等样品,收集关键信息的空间数据,利用数据集成、可视化、挖掘和形成报告的方法,对收集的空间数据进行解译、成图,为后续的修复治理提供信息基础。若通过预评估确定了资源、生物及其环境受到重大影响或损害,则会进一步开展全面的损害评估。预评估的主要目的是将自然资源损害严重的事件筛选出来,保证后续阶段的顺利进行及提高后续工作的效率。损害评估阶段的目的是对海岸带自然资源和生态环境的破坏性质、程度和范围进行评价,为后续修复的必要性、类型和规模提供技术支撑。首先,为了制定后期修复方案,需要从科学研究的角度量化海岸带破坏的时间、空间和影响程度,厘清破坏的形成机制及海岸带受损的严重程度,包括将受破坏的海岸带的状况与基线进行比较来量化破坏程度。同时,从经济学研究的角度评价海岸带破坏对经济生活的影响。损害评估没有通用的方法,因此必须为每一种情况量身定制技术方法。例如,在对新泽西帕塞伊克河流域的超碱性区域进行修复时,对损害的时间、数量、频率及各种污染物对该区域造成的潜在风险等都进行了细致、全面的评估,并形成完整的自然资源与生态损害评价报告。在损害评估阶段特别要注重与利益相关方协作,加速向修复迈进。NRDA 规则要求 NOAA 通知损害责任方一起参与评估阶段的工作,如果这些责任方同意参加,那么这一过程被称为“合作 NRDA”。合作过程的目标是为了加速修复,并鼓励创新。合作评估鼓励协商,可以使各责任方在修复行动方面发挥应有的作用。与责任方合作评估还可以降低损害评估成本,降低诉讼风险,缩短损害与修复之间的时间。

2. 国内海洋生态环境损害评估方法

海洋环境污染事件对海洋生态的损害往往会出现难以直接修复至原始状态，加上海洋生态的多变性和复杂性，也难以进行补偿性恢复，在此情况下，按照《生态环境损害鉴定评估技术指南　总纲》中的要求，无法恢复和补偿恢复的损害，应采用环境价值评估方法进行永久性损害评估。近些年，海洋生态价值评估逐渐成为研究热点，从 1995～2015 年发文量呈明显的上升趋势。海洋生态价值主要包括外在价值和内在价值。对于海洋生态的外在价值的研究较少，目前也未被考虑在海洋生态损害的损失和赔偿范围之内，海洋生态的外在价值评估方法有直接市场法、替代市场法、假想市场法、成果参照法、能值分析法等。对海洋生态的内在价值主要基于对海洋生态服务价值的评估，海洋生态系统服务是通过海洋生态系统的功能结构和生态过程，以物品和服务等方式直接或间接地给人类提供的效用。海洋生态服务价值的评估方法主要有能值分析法、市场价值法、旅行消费法、影子工程法、费用支出法等。

1）能值分析法

将海洋生态系统中各种形式的能量转化为统一的单位，采用统一的能值标准，把系统中不同种类、不可比较的信息转化成同一标准的能值来衡量和分析，从而评价其在系统中的作用和地位，综合分析系统的能量流、物质流等，得出关于生态系统结构、功能和效率的能值分析指标，从而定量分析海洋生态系统的功能特征和生态、经济价值。

2）市场价值法

将生态环境作为一种生产要素，生态环境质量的变化将导致生产率和生产成本的变化，进而影响产量和利润的变化，以此来推算环境质量的改善或破坏带来的经济效益的影响。此方法可用来评估海洋生态的直接经济价值。

3）旅行消费法

利用目标点的旅行消费资料计算旅行消费者消费该生态旅游服务愿意支付的最高价格与该系统的实际市场价格之间的差额，从而估算该地的环境服务价值。该方法多用于娱乐型海洋生态区域，例如海水浴场、小型旅游岛屿等。

4）影子工程法

指使用与被破坏之前的海洋生态环境、功能等相似的其他工程替代该环境来计算其生态价值，此法多用于当事海域复杂而难以计算的情况，在《海洋生态损害评估技术导则　第 1 部分：总则》中推荐使用此法估算海洋生态容量的损失，即采用当地政府公布的水污染物排放指标有偿使用的计费标准或排污交易市场交易价格计算。

5）费用支出法

将采取各种合理措施使破坏的海洋生态环境恢复到原状所需的费用作为依据估算该生态环境的价值。此方法在环境损害评估中被广泛应用，但是海洋环境容量大、自我修复能力强，大部分污染事件除清污措施外不需要其他措施来帮助海洋生态恢复原状，使用此方法评估将导致污染事件责任主体逃脱海洋环境损害的赔偿,因此该方法是否适合用于海洋生态价值评估值得进一步研究。

6) 生境等价分析法

生境等价分析法(habitat equivalency analysis method, HEA)是近年来广泛应用的自然资源损害评估方法之一,2007 年始,国内有学者引入 HEA 方法研究矿产资源开发中的受损植被的生态补偿。近年来,有学者将 HEA 方法用于我国溢油生态损害评估,主要用于估算溢油、有害物质排放、船舶搁浅及其他开发方式造成的生物栖息地损害。当受损资源或服务主要是间接地被人类使用(例如生物栖息地),评估和衡量修复规模最适合的工具是生境等价分析法。

生境等价分析法的基本原理是:假定公众愿意接受在损失的服务和通过修复获得的服务之间一对一的权衡,通过确定需要实施的修复工程或计划,并基于修复工程提供的生态服务和受损生境的生态服务对等假设,估算修复工程的规模以对公众的损失进行补偿。HEA 方法的使用需要满足以下条件:① 损害为单一污染源或单一污染物质;② 有相对较短较确定的受损期;③ 完备的关于受损生境基线服务水平的信息;④ 一种受影响的服务;⑤ 类似生境容易建造或可就近选择修复工程的替代生境;⑥ 有相对确定或相对短的修复期。

11.4.3 因果关系分析方法

海洋环境损害的因果关系的判定关系到责任主体的责任大小及赔偿范围,对保证司法的公正性有重要作用。目前常用的因果关系分析方法主要有:溯源法、同源分析法、生物标志物法、排除法等。

1. 溯源法

利用模型预测技术、特征污染物对比技术、遥感监测技术、海航监测技术等对污染海域相关信息进行分析寻找污染的源头,确定导致污染的原因及相关责任主体。

2. 同源分析法

利用污染海域的相关指标的检测数据与污染源头的相关指标通过同位素分析技术、油指纹技术、统计分析技术等进行同源性对比从而确定海洋污染损害的责任主体。

3. 生物标志物法

利用生物监测技术、毒性与效应关系、损害情况模拟等技术判定责任主体的污染行为所造成的海洋环境损害。该方法适用于污染时间较长、损害较大的污染事件。

4. 排除法

通过对具体情况污染事件附近海域船只等事物进行逐一排查后,确定污染责任主体情况的"有且唯一"性来判定污染责任。该方法适用于小范围海域,如小型海湾、小型海岛等。

11.5 实　　例

11.5.1 对×××轮溢油事故舟山海域油指纹比对司法鉴定[①]

1. 基本案情

2013 年 12 月 6 日 09 时 34 分左右，从宁波梅山港驶往上海的韩国集装箱船××轮(装载 805TEU 集装箱货)与沿虾峙门航道进港的从俄罗斯驶往舟山市老唐山的中远“×××轮”(装载约 67 740 吨煤炭)在宁波舟山核心港区深水航道×××附近发生碰撞，导致×××轮船左旋第七货舱及邻近的机舱舱壁破裂，发生了大量燃油泄漏入海，给舟山海域海洋环境造成了严重污染。

舟山海域是我国最重要的渔场，当地广大渔民要求巨额的养殖物损害、损失索赔。为了科学、合理地进行经济损失赔偿，×××船东授权律师事务所委托山东海事司法鉴定中心进行海洋环境污染司法鉴定，并与代表养殖渔民的地方海洋与渔业行政主管部门商洽，配合司法鉴定专家进行科学现场勘验调查和取证工作。

山东某司法鉴定中心通过对溢油事故海域的水环境质量调查和监测，对×××船舶漏油、事故海域的残油、海水表层油类含量和油指纹比对等进行了科学鉴定，确定了溢油污染涉及的乡镇和污染范围、污染程度等。最终，双方达成和解，广大渔民顺利、及时得到了合理赔偿，圆满完成了本次溢油事故的司法鉴定工作，避免了潜在社会群体事件的发生。

2. 鉴定评估要点

【鉴定过程】

(1) 表层海水调查取样

2014 年 1 月 3 日至 2014 年 1 月 7 日期间，山东某司法鉴定中心组织鉴定人员在舟山事故海域布设了 86 个站位，其中海域水质调查站位 46 个，对照点站位 1 个，养殖区站位 39 个。调查表层海水的石油烃含量，并进行油指纹比对分析。

(2) 岸滩残留油样的调查取样及溢油源的采样

在舟山多个乡镇岸滩区域调查采集了 20 个残留油样。2014 年 1 月 7 日，山东某司法鉴定中心鉴定人获得了从×××轮货舱和燃油舱所取的 4 个油样品和从×××轮左右机舱取得的 2 个油样品。样品采集完成后，对调查所取的油样和超标站位的水样以及残留油样进行油指纹分析鉴定。

---

① 中国法律服务网. 对×××轮溢油事故舟山海域油指纹比对司法鉴定[EB/OL]. (2017-12-08). http://alk.12348.gov.cn/Detail? dbID=56&dbName=SJYW&sysID=114.

【分析说明】

（1）表层海水油指纹分析

在所监测的46个站位中，表层海水油类有6个站位超过国家《海水水质标准》（GB 3097—1997）二类的要求，即超过养殖和渔业用水标准，最大超标倍数8.94倍，站位超标率为13.04%；在所监测的39个养殖区站位中，海水油类有11个站位超过国家《海水水质标准》（GB 3097—1997）二类的要求，即超过养殖和渔业用水标准，最大超标倍数96.62倍，站位超标率为28.21%。即：除了对照站位外，在所监测的全部85个站位中，表层海水油类有17个站位超过国家《海水水质标准》二类的要求，即超过养殖和渔业用水标准，站位超标率为20.00%。

对17个超标站位的海水样品进行油指纹比对分析，根据站位海水样品和×××轮油样品质谱联用（GC－MS）谱图分析和特征参数比对分析，15个站位的海水样品油指纹与×××轮油样品指纹一致，2个站位的海水样品油指纹与×××轮油样品指纹基本不一致。

（2）岸滩残留油样油指纹分析

根据20个站位的养殖区残留油样样品与×××轮油样的质谱联用（GC－MS）谱图分析和特征参数比对分析，所有站位残留样品的油指纹与×××轮溢油油样指纹一致。

【鉴定意见】

（1）油指纹鉴定意见

舟山事故调查海域表层海水溢油样品油指纹与×××轮油样品指纹一致，养殖区残留油样样品与×××轮溢油油样指纹一致。

（2）石油烃含量鉴定意见

舟山事故海域海水受到了油类污染，表层海水油类最大超标倍数96.62倍，舟山某镇和某养殖区为重度污染区，舟山×××轮镇和×××轮养殖区为中度污染区，舟山×××轮镇养殖区为轻度污染区。

3. 案例评析

【案例分析】

本案件运用油指纹比对技术，通过鉴定溢油源油样、表层海水油样和岸滩残留油样，对各站位表层海水和岸滩中存在的油类进行溯源，以此确认轮船溢油污染的损害事实，并确定溢油污染涉及的乡镇和污染范围、污染程度。通过科学的鉴定技术完成了本案件的鉴定工作。

【典型意义】

本案是一起典型的事故海域油指纹比对司法鉴定案例，案件最终，双方达成和解，广大渔民顺利、及时得到了合理赔偿。

海洋溢油的发生使海水水质受到污染，严重危害了海洋生态系统，并对海滨旅游业造成影响。油指纹比对技术的应用为解决海洋溢油案件提供了科学的鉴定方法，更精准地对海洋溢油进行溯源。该案的鉴定对于在海上溢油司法鉴定过程中油指纹比对技术的推广应用起到了积极作用。

11.5.2 关于王某海洋非法倾倒生活垃圾事件

相较于蓬莱 19－3 油田溢油事件这种引得全社会关注的大型海上漏油事件，由货船运输固体废物至海上倾倒的案件更为常见，其环境污染损害鉴定相对应也更简单、耗时更短。

1. 基本案情

2016 年×月，中国海监广东省南沙大队和中国海监广东省总队直属二支队执法人员在珠江口主航道×号标以东海域巡查时，发现“粤××货 6243”轮正在进行倾倒废弃物作业，倾废作业地点约为东经 113°45. 224′，北纬 22°31. 905′。该轮为被告租赁的船舶，被告安排该轮进行倾倒废弃物作业。经登轮检查，“粤××货 6243”轮已通过停在该轮上的钩机将船上装载的生活垃圾约 200 吨倾倒入海，尚有 200 吨生活垃圾堆放在船舱内。

经过调查，王某系该轮的承租人，其未取得海洋倾倒许可证。司法鉴定机构对环境损害事实确认和环境损害量化后，公益诉讼人广东省广州市人民检察院对被告王某提起了污染海洋环境责任纠纷民事公益诉讼。

2. 鉴定评估要点

【鉴定事项】

依据广州市南沙区水务和环境保护局提供的相关资料和检测分析报告，对本次污染事件进行环境损害鉴定评估，对环境损害事实进行确认并且对环境损害进行量化。

【鉴定过程】

（1）鉴定依据

《中华人民共和国环境保护法》（2015 年 1 月 1 日起施行）

《中华人民共和国海洋环境保护法》（2016 年修正）

《中华人民共和国固体废物污染环境防治法》（2016 年 11 月 7 日起施行）

《关于办理环境污染刑事案件适用法律若干问题的解释》（法释〔2013〕15 号）

《生态环境损害鉴定评估技术指南》（环办政法〔2016〕67 号）

《环境损害鉴定评估推荐方法（第Ⅱ版）》（环办〔2014〕90 号）

《海水水质标准》（GB 3097—1997）

《渔业水质标准》（GB 11607—1989）

《生活垃圾填埋场污染控制标准》（GB 16889—2008）

《危险废物鉴别技术规范》（HJ/T 298—2007）

《工业固体废物采样制样技术规范》（HJ/T 20—1998）

《危险废物鉴别标准　腐蚀性鉴别》（GB 5085. 1—2007）

《危险废物鉴别标准　浸出毒性鉴别》（GB 5085. 3—2007）

《固体废物浸出毒性浸出方法硫酸硝酸法》（HJ/T 299—2007）

《地表水和污水监测技术规范》(HJ/T 91—2002)

《水质　65 种元素的测定　电感耦合等离子体质谱法》(HJ 700—2014)

《水质　32 种元素的测定　电感耦合等离子体发射光谱法》(HJ 776—2015)

《水质　汞、砷、硒、铋和锑的测定　原子荧光法》(HJ 694—2014)

《水质　挥发酚的测定　4—氨基安替比林分光光度法》(HJ 503—2009)

《水质　化学需氧量的测定　重铬酸钾法》(GB 11914—1989)

(2) 鉴定评估内容

1) 污染物性质

a) 固体废物属性认定

根据执法人员提供的资料,涉事倾倒物为生活垃圾。根据《中华人民共和国固体废物污染环境防治法》,可以判定生活垃圾属于固体废物。

b) 渗滤液检测

在收集池中采集到的渗滤液(样品为棕黑色液体,有臭味,明显悬浮物)的 pH 为 8.45,化学需氧量 COD_{Cr} 为 2.33×10^3 mg/L,氨氮为 878 mg/L,总磷为 9.60 mg/L,挥发酚(以苯酚计)为 0.15 mg/L,氰化物为 9×10^{-3} mg/L,硫化物为 4.20 mg/L,石油类为 2.50 mg/L,生化需氧量为 966 mg/L,氟化物为 0.25 mg/L,铜为 0.06 mg/L,锌为 0.56 mg/L,汞为 1.2×10^{-3} mg/L,砷为 6.0×10^{-3} mg/L。

对比《海水水质标准》、《渔业水质标准》和《生活垃圾填埋场污染控制标准》三个国家标准,渗滤液中共 11 指标,包括 COD、五日生化需氧量(BOD_5)、氨氮、总磷、挥发酚、氰化物、硫化物、石油类、铜、锌、汞存在不同程度的超标。

对比《海水水质标准》Ⅲ类限值,该垃圾渗滤液共有 7 项超标,其中 COD_{Cr}、BOD_5、氨氮、硫化物、石油类超标严重,若该渗滤液直接排放进入海域中,将对海水及周边生态环境带来严重污染。

对比《渔业水质标准》,该垃圾渗滤液有挥发酚、氰化物、硫化物、石油类、铜、锌、汞共 7 项超标,其中石油类、硫化物分别超标 49 倍和 20 倍,表明若该渗滤液直接倾倒排放进入海域,将会使该海域的渔业资源受到损害。

按照《生活垃圾填埋场污染控制标准》要求,国家规定作为处理生活垃圾的填埋场,需要控制污染物的排放,以减少其对周边环境造成的影响,避免污染环境。因此对于同一个检测指标而言,排放限值一般都会高于环境质量标准限值。而船只上的渗滤液即使采用《生活垃圾填埋场污染控制标准》进行评价,依然存在超标项目,包括化学需氧量、五日生化需氧量、氨氮、总磷、挥发酚和汞,表明该渗滤液的污染程度比垃圾填埋场的污染排放更为严重。

c) 固体废物有毒有害物质认定

根据中国广州分析测试中心对"粤××货 6243"轮上残存生活垃圾浸出液中的重金属浓度检测报告可知,船上残存生活垃圾中含有砷、铅、钡等有毒有害物质。根据《最高人民法院最高人民检察院关于办理环境污染刑事案件适用法律若干问题的解释》，该固废被认定为“有毒物质”。

2）环境污染损害事实确认

鉴于涉事固体废物为“有毒物质”，直接倾倒在环境中，会对环境造成污染。涉事固体废物产生的渗滤液中多个污染物指标的检测结果超过《海水水质》Ⅲ类限值、《渔业水质标准》和《生活垃圾填埋场污染控制标准》，倾倒在海洋中会对海水及周边生态环境带来污染，对渔业资源造成损害。

3）环境污染损害量化

本次事件造成环境污染损失包括生态环境损害量化及因本事件产生的事务性费用。

依据《环境损害鉴定评估推荐方法（第Ⅱ版）》，生态环境损害评估方法包括替代等值分析方法和环境价值评估方法。珠江口主航道×号标以东海域环境以提供生态系统服务为主，满足恢复的环境及其生态系统服务与受损的环境及其生态系统服务具有同等或可比的类型和质量，且恢复行动符合成本有效性原则，故选择替代等值分析方法中的服务等值分析方法进行生态环境损害量化核算。

根据“粤××货 6243”轮满载约 400 吨生活垃圾，其中已倾倒 200 吨生活垃圾在海里的污染损害来评估计算，得出：

a）渔业损失费用

垃圾倾倒于海域，覆盖在水面上，遮蔽阳光，使水的透明度降低；同时，垃圾中含有大量耗氧物质，尤其是有机物的耗氧降解及富营养化过程造成水中缺氧，导致水体溶解氧急剧下降，使得水体缺氧和水质恶化，从而引起鱼类及其他水中生物大量死亡；海底的植物由于没有了阳光，光合作用被阻碍，同样也会枯死；另比重大于水的倾倒物则沉入水底，覆盖原有的底质，原来生活的底栖生物也会随之被掩埋，迁移能力强的则迅速脱离，但是大部分底上生物（珊瑚、藻类等）都会被掩埋至死。此外，垃圾中含有的有毒有害物质如重金属等会迁移至水体中，会对鱼类的免疫、生理、基因等方面产生一系列的危害作用，使得鱼类易于得病和死亡。但在本次垃圾倾倒事件中，垃圾倾倒后并未及时启动监测调查，缺乏污染物浓度、影响面积及垃圾倾倒后该区域游泳生物资源的变化情况，且环境污染具有潜在性与渐进性，渔业资源损失难以量化。

b）垃圾清理打捞费用

垃圾一旦进入海洋便会具备持续性强和扩散范围广两个特点，这加大了海上船舶收集垃圾的难度，同时，海上收集垃圾时对船只的技术要求也很高。船只要能形成高速水流通道，同时还要具备翻斗设备和可升降聚集箱，才能将漂浮在海上的塑料垃圾聚集起来。经咨询专业的海域打捞公司，一艘打捞船一天能打捞的垃圾量约为 20 吨，打捞费用为每船次 9 000 元，本案倾倒入海的垃圾为 200 吨，即需要 10 船次，因此共需打捞费用 9 万元。

c）垃圾运输费用

倾倒至海域的垃圾全部打捞完成后，与船上剩余垃圾于南沙十九涌渔人码头一起运送至广州李坑垃圾焚烧厂进行焚烧处置。根据《广东省城市环境卫生作业综合定额》(2013),结合实际的站前收运、站后转运距离以及处理标准等进行分析,船只垃圾由南沙十九涌渔人码头运送至广州李坑垃圾焚烧厂所需费用为每吨320元,则400吨垃圾的运输费用为128 000元。

d)垃圾处置费用

倾倒垃圾全部打捞完成后与船上残存垃圾一起,由垃圾收集车运送至广州李坑垃圾焚烧厂处理,目前投入使用的是第一资源热力电厂,其垃圾处理成本价格为每吨364.29元,故400吨垃圾的垃圾处理费为145 716元。

e)渗滤液污染治理费用

同期发生在珠海海域的船舶垃圾倾倒事件中各船上所载的生活垃圾的含水率为10%~15.9%,因本事件与珠海海域倾倒事件发生时间及地点相近,且船上固体废物均为广东省内生活垃圾,因此通过类比法,取"粤××货6243"轮的垃圾平均含水率为12.95%。其产生的垃圾渗滤液按含水率的二分之一计算(由于倾倒在海里,降雨产生的渗滤液不考虑在内),故已倾倒到海里的渗滤液的量为12.95吨,按中国广州分析测试中心对"粤××货6243"轮中垃圾渗滤液检测分析,其COD的浓度为2 330 mg/L,垃圾倾倒区域执行《海洋水质标准》Ⅲ类,其COD的浓度限值为4 mg/L,故其受污染的水量约为12.95×2 330÷4-12.95=7 530.425 t。由于该倾倒地属于海洋保留区,为保留区域后备空间资源,专门划定的在区划期限内限制开发的海域,可参考工业用水和经营服务用水的标准。根据行业经验并参照《广州市城市污水处理费征收管理实施办法》,取污水处理费为每吨1.40元。故渗滤液环境损害额10 543元。

综上,倾倒海域修复方案的总费用估算需374 259元,即本次事件量化的海洋环境损害额。

3. 案例评析

【案例分析】

《中华人民共和国海洋环境保护法》第四条明确提出"国务院生态环境主管部门负责全国海洋环境的监督管理,负责海洋倾倒废弃物对海洋环境污染损害的环境保护工作",《中华人民共和国海洋倾废管理条例》第六条明确规定"任何单位和船舶、航空器、平台及其他载运工具,未依法经主管部门批准,不得向海洋倾倒废弃物。"海洋环资损害案件具有收集、提取、固定证据难和事实查明难的特点,该案依法采信公益诉讼起诉人提出的相关证据,采信具备海洋生态环境损害评估鉴定资质的研究所所作的鉴定意见,对污染损害事实进行客观、全面的认定,运用虚拟治理成本方式计算环境损害赔偿数额,对同类案件环境损害赔偿数额的计算具有借鉴意义。同时,强化了对侵权人的追责力度和对海洋及海岸带环境司法保护力度。

【典型意义】

本次事件如同大多数海洋环境污染事件一样,由于海洋的广阔性和流动性,同时,虽然海洋对于污染的稀释能力极强，但海洋中的污染物会不断累积损害海洋的生态环境，无法通过打捞倾倒物等工程完全恢复受到损害的环境（与案例一中的海洋溢油突发应急事件不同）。

因此，此类海洋环境污染损害司法鉴定一般采用替代等值分析方法和环境价值评估方法等虚拟成本治理法，通过综合考虑和计算固体废物打捞成本、垃圾运输费用及垃圾处置等费用对生态环境损害进行估算。

11.5.3　某输油管道爆炸事件海洋养殖污染损害司法鉴定①

1. 基本案情

2013 年 11 月 22 日，山东省青岛市某公司输油管线破裂，发生爆炸，事故共造成 62 人死亡、136 人受伤，大量原油进入胶州湾，造成胶州湾南部海区海洋环境严重污染损害。

爆炸事故发生后，习近平总书记作出重要指示，并于 2013 年 11 月 24 日下午专程来到青岛看望、慰问伤员和遇难者家属，听取汇报，并发表重要讲话。负责安全生产的国务委员在事故现场听取了山东省和青岛市有关人员的工作汇报后，指示成立了以省政府主要领导为总指挥的现场指挥部。2014 年 1 月 9 日，国务院事故调查组认定这是一起特别重大的责任事故。

为维护胶州湾南部海域广大海水养殖渔民的合法权益，科学、合理地赔偿海洋环境污染给养殖渔民造成的经济损失，地方海洋与渔业局委托山东某司法鉴定中心对海洋环境污染所造成的养殖损害和损失进行司法鉴定。

在科学、客观司法鉴定意见的基础上，双方就溢油事故污染损失达成和解，养殖户及时、足额得到了养殖经济损失赔偿。

2. 鉴定评估要点

【鉴定过程】

2013 年 12 月~2014 年 3 月，在多方共同参与、见证和监督下，山东某司法鉴定中心组织专家对污染海域内养殖池塘、底播养殖海区、滩涂养殖区等进行了现场勘验调查。

（1）养殖池塘勘验调查

现场勘验时在每个池塘随机布设 3 个取样点，潜水员在 1 m^2 生物框内采集生物样品。刺参养殖池塘，潜水员分别在参礁和池底进行取样，对参礁的取样，采取成堆或生物框等方式进行取样；对池底的取样，随机布设多个取样点，采用 1 m^2 生物框进行定量取样。

（2）底播海区养殖勘验

海区随机布设 46 个取样点，取样生物框面积为 1 m^2，潜水员在生物框内采集生物样品。

---

① 中国法律服务网. 对“11・22”输油管道爆炸事件海洋养殖污染损害司法鉴定[EB/OL]. (2017-12-08). https://alk.12348.gov.cn/Detail?dbID=56&dbName=SJYW&sysID=113.

对池塘和底播海区的样品进行采集后,在多方人员共同参与、见证和监督下,鉴定人员对采集的样品分别根据养殖物的种类计数活体和死体的数量,根据称量及计数结果,确定其重量规格及死亡率。

(3) 滩涂海区勘验调查

在远离污染区的滩涂海区设 18 个站位,其中采集 16 个沉积物样品,15 个生物体样品,6 个残油样品,在实验室进行石油烃含量和油指纹检测比对。

【分析说明】

(1) 池塘养殖物损害说明

通过勘验调查,池塘内盘鲍死亡率为 10.78%。盘鲍的密度为 16 062 只/亩①,重量规格为 11 只/斤,合 1 460.2 斤/亩;池塘活体刺参规格为 9 头/斤,活体刺参的密度为 1 970 头/亩,合 219 斤/亩,每亩池塘死亡刺参的数量为 26.7 斤。池塘生物体内石油烃含量超二类质量的比例为 23.8%。

(2) 底播海区养殖物损害说明

刺参的勘验密度为 0.543 5 头/m^2,规格为 5 头/斤。盘鲍的勘验密度为 0.543 5 只/m^2,盘鲍体重规格为 5 只/斤,壳长规格为 8.6 cm。新死盘鲍的比例为 20%。底播养殖生物体内石油烃含量超二类质量(大于 15 mg/kg)的比例为 10%。

(3) 滩涂海域损害说明

远离污染区的滩涂海区的 16 个沉积物样品油含量变化范围为 54.28~336.41 mg/kg,15 个生物体油类含量变化范围为 0~7.116 mg/kg。远离溢油点的滩涂 6 个站位样品的油指纹与中石化溢油样品不一致。

【鉴定意见】

胶州湾南部海域污染影响区参鲍养殖、刺参养殖池塘养殖总面积 339.06 亩,池塘养殖污染损失为 283.85 万元;底播海区养殖物损失为 314.6 万元;远离溢油点的滩涂养殖区基本没有受到溢油污染。

3. 案例评析

【案例分析】

本案通过对胶州湾南部受污染海域内养殖池塘、底播养殖海区、滩涂养殖区等进行现场勘验调查,并进行采样分析。对池塘养殖物、底播海区养殖物和滩涂海域损害进行了量化说明,最终确定了污染海域损害范围以及损害价值。

【典型意义】

本案是一起典型的输油管道爆炸海洋养殖污染损害司法鉴定案件。案件得出了科学、客观的司法鉴定意见,双方就溢油事故污染损失达成和解,养殖户及时、足额得到了养殖经济损失赔偿。本案维护了胶州湾南部海域广大海水养殖渔民的合法权益,科学、合理

---

① 1 亩≈666.67 m^2。

地赔偿了海洋环境污染给养殖渔民造成的经济损失。

11.5.4　某轮海洋溢油环境生态损害、渔业资源损害司法鉴定①

1. 基本案情

2010 年 5 月 2 日，香港籍散货船×××轮与利比里亚籍散货船×××轮在我国山东省威海市×××偏北约××海里处雾航中发生碰撞事故。由于剧烈撞击，利比里亚籍×××轮船头严重受损并进水，1 号货舱没入水中，碰撞致使×××轮当场沉没，8#和 9#货舱处断裂后的沉船艉部残骸形成倒竖状立于海底。香港×××轮为散货船，载重 178 739 t，船长 289 m，船宽 47 m，本航次载运矿砂 17 万 t，由澳大利亚丹皮尔驶往辽宁鲅鱼圈。利比亚籍散货船×××轮载重 25 132 t，船长 175 m，船宽 26 m，本航次载运钢材 2.75 万 t，由中国天津驶往智利。船舶碰撞后，造成大量燃油溢出，对事故海域造成了严重污染。

事发后，地方海洋与渔业局代表国家向肇事方进行海洋生态环境损害和海洋渔业资源损失索赔，并聘请律师委托山东某司法鉴定中心对该事故海域所造成的海洋环境质量、天然渔业资源损失、生态环境损害进行司法鉴定。

沉船点水深约 65 m，海区海流速度较大，海洋环境较复杂，给司法鉴定海洋调查勘验带来较大困难。由于我国法律制度和标准与国际海洋环境污染索赔制度存在着差异性，致使我国海洋环境污染生态损失一直难以得到充分的索赔，特别是外方给我国海洋环境造成的生态环境损失。本次溢油环境污染损害司法鉴定意见完全得到了法院的采信，国家获得了 3 000 多万元海洋生态环境和渔业资源的赔偿。

2. 鉴定评估要点

【鉴定过程】

山东某司法鉴定中心接受委托后，组织鉴定专家组，制定科学的现场勘验调查工作方案，根据事故海区海洋动力学条件和气象条件，在预判溢油可能的扩散、漂移方向和范围的前提下，布设海洋勘验调查站位。现场勘验调查取样分为三个小组，每组 4 人，分别为“环境质量与油指纹调查组”、“渔业资源调查组”和“海洋环境生态调查组”。

（1）事故海域环境质量调查

2010 年 8 月至 10 月期间，在事故海域共进行了两次勘验调查，第一次调查在事故海域共设 28 个水质、沉积物调查站位，第二次调查在事故海域共设 16 个水质调查站位。调查项目包括水样中的油类、无机氮、无机磷、化学需氧量、温度、溶解氧、pH 及沉积物中的油类等项目。

（2）生态环境与渔业资源勘验调查

2010 年 8 月，在事故海域布设了 23 个站位进行浮游植物、浮游动物、底栖生物和叶绿

① 中国法律服务网. 对×××轮海洋溢油环境生态损害、渔业资源损害司法鉴定[EB/OL].(2017-12-08). http://alk.12348.gov.cn/Detail? dbID=56&dbName=SJYW&sysID=91.

素 a 的调查采样。并在事故海域进行了鱼卵、仔稚鱼的资源调查,鱼卵、仔稚鱼调查采用口径 80 cm、长 270 cm、筛绢孔径为 0.505 mm 的大型浮游生物网进行水平拖曳取样,每次拖网 10 分钟,拖网速度 2 kn 左右。样品用 5%福尔马林溶液固定,带回实验室进行鉴定和分析。

【分析说明】

(1) 事故海域环境质量分析说明

溢油事故调查区,表层海水中油类最大站位超标倍数 2.12 倍,平均超标倍数 0.36 倍,站位超标率 78%;海洋沉积物油类不超标。根据表层海水油类污染分布,通过分析计算,本案溢油海水污染面积确定为: 314.0 平方公里。

(2) 生态环境损害鉴定分析说明

浮游植物影响分析: 将本次调查结果与该海域历史资料数据进行比较,分析溢油事故对浮游生物的影响情况。本次调查相对于历史数据,浮游植物的种类数降低了 66%、细胞数量平均值降低了 95%、多样性指数平均值降低了 52%、均匀度指数平均值降低了 17%,丰富度指数平均值降低了 21%。相对于历史数据,均有所下降。

浮游动物影响分析: 本次调查相对于历史数据,浮游动物的种类数降低了 54%、生物量平均值降低了 5%,丰富度指数平均值降低了 66%等。

底栖生物影响分析: 本次调查相对于历史数据,底栖生物的种类数降低了 18%,丰富度指数持平。

(3) 天然渔业资源经济损失评估说明

1) 游泳动物经济损失的评估

以 2006 年 7 月至 2006 年 8 月的拖网调查数据作为本底,同时考虑到游泳生物对环境污染有一定的回避能力,计算损失率时扣除游泳动物的回避逃逸率。根据以往溢油污染事故,游泳生物损失的调查情况,结合其他案例,确定本次溢油事故游泳动物的损失率。

2) 鱼卵、仔稚鱼经济损失评估

根据现场调查的污染海区与对照海区的数据,计算出对照海区与污染海区鱼卵、仔稚鱼密度的变化,确定鱼卵、仔稚鱼的损失量。根据《建设项目对海洋生物资源影响评估技术规程》,鱼卵和仔稚鱼折算鱼苗的换算比例,鱼卵生长到商品鱼苗成活率按 1%计算,仔稚鱼生长到商品鱼苗成活率按 5%计算。

【鉴定意见】

(1) 环境质量和油指纹比对鉴定意见

事故海域表层海水油类最大站位超标 2.12 倍,平均值超标 0.36 倍,沉积物油类不超标。海水油类污染面积为 314.0 km^2。

(2) 生态环境损害鉴定意见

事故海域生态环境质量下降,受到了损害,主要表现为对浮游植物的影响。浮游植物的种类数、细胞数量、多样性指数、均匀度指数及丰富度指数相对于历史数据,均有所下降。本次溢油事故造成的生态环境损害价值为 2 067.03 万元。

(3) 渔业资源经济损失鉴定意见

本次溢油事故造成渔业资源直接经济损失 501.10 万元;天然渔业资源的恢复费用 1 270.50 万元。总经济损失合计为 1 771.60 万元。

3. 案例评析

【案例分析】

本案通过调查事故海域环境质量、生态环境和渔业资源,对事故海域环境指标和生物指标进行了定量分析。确定了海水污染面积为 314.0 平方公里,浮游植物的种类数、细胞数量、多样性指数、均匀度指数及丰富度指数相对于历史数据均有所下降。最终确定本案生态环境损害价值为 2 067.03 万元,渔业资源总经济损失合计为 1 771.60 万元。

11.5.5　非法开采海砂致海洋生态损失进行环境损害司法鉴定案①

1. 基本案情

2018 年 5 月 9 日凌晨,山东省公安边防总队海警第二支队在海上成功截获一艘采砂船,该船没有《海域使用权证》《采矿许可证》,没有采砂资质,系某公司在青岛海域非法采砂作业船。该船先后 11 次到青岛前海锚地、大珠山海域大量盗采海砂,造成了海域环境生态损害。为此,某某检察院委托山东某司法鉴定中心对本次非法盗采海砂造成海洋生态的损失进行环境损害司法鉴定。

2. 鉴定评估要点

【鉴定过程】

鉴定人根据委托方提供的“相关询问(讯问)笔录”以及《发、破案经过》材料,查阅大量文献资料,对本次非法开采海砂的地理位置、采砂范围、采砂量、损害系数等进行确定,对采砂区域的敏感性及海砂开采生态影响进行分析。然后根据国家和山东省地方规范中的方法和标准,对其造成的海洋生态损失进行司法鉴定。

【分析说明】

海砂开采占用海域生态损失为占用海域的生物资源损失和生态系统服务损失的总和(生态系统服务价值本身就包含生物资源价值;海洋生态损失还应该包括采砂量本身的资源价值),根据采砂地理坐标,计算确定盗采海砂的影响面积为 104 hm^2。根据山东省地方规范,确定海洋生物资源基准值、海洋生态系统服务基准值等。非法开采海砂的作业海域完全位于青岛市文昌鱼水生野生动物自然保护区的核心区内,此区域属于禁采区(鉴于是重点水生野生动物自然保护区的核心区内的生态损害的特殊性,生态损害赔偿费用计算依据是否有别于一般水生生物资源的相关计算,应注明。且根据山东省地

① 中国法律服务网. 涉嫌非法采矿罪犯罪嫌疑人非法开采海砂致海洋生态损失进行环境损害司法鉴定案[EB/OL]. (2020-01-02). https://alk.12348.gov.cn/Detail? dbID=56&dbName=SJYW&sysID=13088.

方标准 DB 37/T448—2009：重点水生野生动物的生态损失价值还应由专家评估确定），砂的开采不仅破坏了文昌鱼的栖息环境，还会改变口门断面的形态和水质环境，破坏海域的海洋生态环境。因此确认采砂造成的海洋生物资源和生态系统服务损失是一次性损失。经过分析计算，非法采砂造成海洋生态损失 120.22 万元，其中，包括采砂期海洋生态损失 67.55 万元，恢复期海洋生态损失 52.67 万元。（计算的具体指标内容及相关依据，应注明；根据山东省地方标准 DB 37/T448—2009：一次性生物资源的损害赔偿应为一次性损害额三倍）

【鉴定意见】

本次非法采砂造成的海洋生态损失为 120.22 万元。

3. 案例评析

【案例分析】

本次评估生态环境损害造成的费用主要包括两部分：一是生态系统服务功能损害损失，即非法采砂行为所造成的生态系统服务功能损害的损失费用；二是恢复期海洋生态损失的费用。

【典型意义】

海砂是海洋生态环境要素的重要组成部分，是海洋区域生态环境稳定和健康状态的重要支撑。海砂的开采需要严格的环境评价和科学论证。非法采砂往往是不计后果地随意乱采乱窃，缺乏科学性，对海洋生态环境及功能会造成严重损害。本案例从事实出发，明确了司法鉴定过程、要点、程序和主要的鉴定内容，对于今后类似海洋非法采砂司法鉴定案件具有重要的参考指导作用。

11.5.6 李某兴等人非法采矿刑事附带民事公益诉讼案

1. 基本案情

2017 年 3 月 29 日至 5 月 11 日，被告李某兴、苏某冬、杨某春、苏某兰等人为牟取非法利益，在未取得海砂开采海域使用权证、采矿许可证的情形下，以航道清淤的名义，用采砂船多次在连云港市赣榆区海头镇东侧海域采挖海砂。

2. 鉴定评估要点

【鉴定过程】

江苏省连云港市灌南县人民检察院针对海床损害和海洋生物资源损害两方面分别委托两家专业鉴定机构 A 和 B 进行了鉴定。对李某兴等人行为破坏海床结构稳定性和水源涵养恢复，并对海洋生物资源和受损海床生物多样性造成期间损害进行鉴定。鉴定人根据委托方提供的“相关询问（讯问）笔录”以及材料，查阅大量文献资料，对本次非法开采海砂的地理位置、采砂范围、采砂量、损害系数等进行确定，对采砂区域的敏感性及海砂开采生态影响进行分析。然后根据国家和江苏省地方规范中的方法和标准，对其造成的海洋生态损失进行司法鉴定。

【分析说明】

采砂船多次在连云港市赣榆区海头镇东侧海域采挖海砂，累计采砂 22 944. 15 立方米，销售 22 200 立方米，销赃数额人民币 865 800 元，尚有 744. 15 立方米海砂（经鉴定价格为人民币 39 440 元）因被查处未能销售。被告时某某在明知苏某冬、李某兴等人系非法采矿的情况下，事前通谋，并以人民币 60 万元多次收购海砂 10 300 立方米用于销售。

【鉴定意见】

经鉴定，李某兴等人行为破坏海床结构稳定性和水源涵养恢复，并对海洋生物资源和受损海床生物多样性造成期间损害，损失共计 90. 8 万元。

3. 案例评析

【案例分析】

本次评估生态环境损害造成的费用主要包括生态系统服务功能损害损失，即非法采砂行为所造成的生态系统服务功能损害的损失费用，即非法采砂行为开始至修复完成期间的生态系统服务功能损害造成的损失费用。

【典型意义】

盗采海砂不仅会对海床造成破坏，而且破坏海洋浮游生物和微生物资源，会对脆弱的海洋生态造成毁灭性打击，损害社会公共利益。检察机关对盗采海砂行为造成的海洋生态损失进行调查，通过委托专业鉴定机构对盗采海砂造成的生态损害、盗采海砂行为与损害后果之间因果关系进行鉴定评估，制定科学合理的生态修复方案，依法提起刑事附带民事公益诉讼，由盗采海砂行为人对遭受破坏的海洋生态进行修复。本案例从事实出发，明确了司法鉴定过程，要点、程序和主要的鉴定内容，对于今后类似海洋非法采砂司法鉴定案件具有重要的参考指导作用。

11. 5. 7　非法捕捞破坏海洋生态损害鉴定案

1. 基本案情

2021 年 10 月 7~31 日，本案被告人陈某某驾船先后 11 次至连云港海域，使用拖曳水冲齿耙耙刺捕捞黄蚬。连云港市赣榆区人民检察院以陈某某犯非法捕捞水产品罪向灌南县法院提起公诉，并依法提起刑事附带民事公益诉讼，公益诉讼起诉人委托海洋渔业专家和海洋监测专家出具损害评估报告。

2. 鉴定评估要点

【鉴定过程】

本案公益诉讼起诉人先委托海洋渔业专家结合案涉渔获量，根据连云港海域中国蛤蜊基本规格、成活率等生长繁殖特性，计算得出案涉黄蚬最大生物量，再委托海洋监测专家出具《连云港海域中国蛤蜊碳汇评估报告》。

报告中以计算得出的案涉黄蚬最大生物量为计算基础，随机选取 10 个案涉贝类样品，分别测定其软体部和贝壳部碳储量来计算可移出碳汇，然后根据碳与二氧化碳的转化关系,计算其碳汇量。通过测算得出非法捕捞导致中国蛤蜊碳汇损失量,并将其折算成二氧化碳排放量。后以上海环境能源交易所发布的案涉非法捕捞同时间段全国碳市场成交数据为依据,通过该期间碳汇交易总成交额,与该期间碳排放配额总成交量的比值,得出该期间每吨碳排放量的均价,从而确定本案碳汇损失赔偿金额。

【分析说明】

2021 年 10 月 7 日~31 日,本案被告人陈某某驾船先后 11 次至连云港海域,使用拖曳水冲齿耙耙刺捕捞黄蚬 35.9 万余公斤,价值人民币 15 万余元。经相关部门评估,其使用的拖曳水冲齿耙耙刺为我国全面禁止使用的 13 种渔具之一,使用这种禁用渔具严重破坏海洋生物资源。此外,国家海洋环境监测中心对陈某某非法捕捞造成的海洋固碳服务功能开展评估测算,认定其非法捕捞行为导致海洋碳汇损失 60 余吨。

【鉴定意见】

陈某某承担海洋渔业资源修复费用 31 万余元,承担海洋固碳价值部分的服务功能损失赔偿金 2 808.82 元,这笔赔偿金用于认购海洋碳汇。

3. 案例评析

【案例分析】

本次评估生态环境损害造成的费用主要包括两部分:一是直接海洋渔业资源损失(蛤蜊)修复费用;二是导致生物资源从损失那刻起至完全恢复期间生态服务功能损失,即承担海洋固碳价值部分的服务功能损失费用。

【典型意义】

我国现阶段尚未建立全国性的海洋生态补偿机制,仅有部分地方规章和技术规范,本案例中蛤蜊等海洋贝类生物具有高效的碳汇功能和更长的碳汇周期,对于减少碳排放、维护生态环境有着不小的贡献。本案例对海洋生态服务功能损失部分的科学认定,不仅是实践层面的一次创新,其更深层次的意义在于,通过探索认购海洋碳汇的修复方式,有助于转变以往“捕多少、还多少”的修复理念,提升对海洋生态环境资源及功能的系统保护和修复意识。

第12章　生态系统环境损害鉴定

生态系统环境是指在一定的地域内生物与环境构成的统一整体，由生物因子和非生物因子组成，各种生物彼此间以及生物与非生物的环境因素之间互相作用，不断进行着物质的交换、能量的传递和信息的交流。任何外因作用导致系统中任何因子功能的失衡、消失，即构成对生态系统环境的损害。其促成生态改变的行为就是生态破坏行为，主要表现为乱砍滥伐、乱捕滥杀、非法占用、工程建设、资源过度开发等向环境过度索取物质和能量的行为。这些不合理利用自然环境的方式，破坏了生态系统原有的平衡，对生态系统造成损害。因此，生态系统环境损害鉴定主要对包括但不限于上述生态破坏行为引起的生物资源和生态系统损害的鉴定评估。

当生态系统损害类型为地表水、土壤、地下水、指示性生物等的损害时，鉴定评估工作中的鉴定准备、损害调查分析、因果关系分析均可参考此前的章节进行。但由于生态系统的复杂性和整体性，对其受到损害的价值进行量化成为鉴定过程中的难点和司法审判中的争议点。

12.1　生态系统环境损害概述

12.1.1　生态系统环境损害概念

生态系统环境损害主要是指因生态破坏行为引起的动物、植物、微生物损害和森林、草原、湿地、荒漠、海洋、河流、湖泊、冻原、农田及城市生态系统的损害，同时也包括矿产资源开采行为致矿山地质环境破坏、土地损毁及生态功能损害。

受损生态系统的结构和功能在自然干扰、人为干扰或者两者的共同作用下，发生了改变，打破了生态系统原有的平衡状态，使系统的结构和功能出现变化和障碍，并发生了生态系统的逆向演替。

生态系统环境损害通常易为人们忽视。其原因是生态系统提供的服务大都属于无市场价格的公共产品，生态损失难以货币化，使其不易与工程经济评价和财务评价的结果进行比较。

12.1.2　生态系统受损的主要形式

1. 突发性受损

突发性受损指生态系统在短时间内受到特别强烈的干扰，局部受损程度严重，受损后生态系统恢复能力弱，系统靠自然恢复的时间长，例如风暴潮、地震、海啸、滑坡、火山爆发、泥石流、森林大火或工业泄漏等典型的突发性灾害。

2. 跃变式受损

跃变式受损指生态系统在受到持续干扰作用下，最初无明显受损表现，随着干扰的持续，破坏性进一步累积，达到一定程度后突然剧烈变化的一种形式。这种损害通常是不可逆的，需要长时间才能恢复，甚至可能永久性地改变生态系统的结构和功能，例如大气污染胁迫下的森林生态系统、持续过度开发下的海洋生态系统等。

3. 渐变式受损

渐变式受损指生态系统损害是一个缓慢且持续的过程。生态系统受到干扰的强度较均衡，变化的速度较缓慢，受损程度呈逐渐加重趋势，但系统本身的恢复基础较好，是一个缓慢且持续的过程，例如由化肥施用引起的土壤退化、海岸侵蚀及泥沙淤积等灾害。

4. 间断式受损

间断式受损指生态系统因周期性的干扰而不定期受到损害的一种形式，损害事件之间有明显的间隔。当干扰存在时，系统受损，而干扰停止时，生态系统就开始逐步恢复，例如季节性的洪水或干旱，以及周期性的人类活动（如季节性的农业活动）可能导致生态系统的间断性受损。

5. 复合式受损

复合式受损指多种因素或损害类型同时或连续作用于生态系统，导致经历两种以上受损形式，例如生态系统可能同时遭受气候变化的影响、污染、过度开发和外来物种入侵等多重压力。

12.1.3 受损生态系统的基本特征和变化机制

受损的生态系统通常表现出物种多样性的变化、系统结构简化、食物网关系断裂、能量流动效率降低、物质循环不畅或受阻、系统生产力下降、系统稳定性下降等其他生态系统服务功能减弱的现象。

结构受损是导致功能衰退的基本原因，生态系统受损的各种变化均始于生态系统结构的改变。

胁迫方式是影响生态过程变化的决定因素，干扰强度和频率是制约系统恢复能力的重要因素。生态系统的关键组分和过程的状态决定系统的恢复能力和进程。

根据生态系统受损后的直接表现，可将受损生态系统划分为3种类型①。不同类型的退化机制和时间序列存在较大的差异。

1. 结构受损类型（structure-damaged type）

在自然或人为因素的作用下，生态系统的结构首先受到破坏，主要表现为生态系统

① 陈小勇，宋永昌. 受损生态系统类型及影响其退化的关键因素[J]. 长江流域资源与环境，2004，13（1）：78－83.

的组成成分发生变化，随后引起生态系统过程受阻、功能失调等其他后果。这种受损生态系统类型比较常见，例如砍伐林木、挖取药材、开采原料、病虫害等往往引发这种损害。环境污染引起敏感程度不同的物种先后从生态系统中消失导致的破坏也属于这种类型。

2. 景观受损类型(landscape-damaged type)

景观受损类型即生态系统内部结构上受到的影响较小，但支撑生态系统的面积减少，同时生态系统由成片连续分布变为不连续的斑块，连通性降低，斑块之间在空间上相对隔离。景观结构受到破坏而内部结构未受影响的类型相对少见，典型的例子是水电站在水电站库区，由于造坝需水，原有的山峰变成孤岛，连续的生态系统成了相对隔离的岛状斑块分布。

3. 复合受损类型(mixed type)

复合受损类型兼有以上两种类型，生态系统受损往往表现为结构和景观上同时发生变化，这一类型也是最为常见的。通常结构受损一定程度上会导致景观格局的变化，同样景观受损的生态系统内部生态系统结构、过程和功能也会发生变化。以上三种类型的划分有利于区分不同受损生态系统类型的主要作用机制，从而有利于针对性地开展受损生态系统的修复或恢复。

12.2　鉴定的主要内容与程序

12.2.1　鉴定的主要内容

生态系统环境损害鉴定主要关注的是生态破坏或环境污染行为引起的动植物资源及其功能用途损害，其鉴定内容主要包括：

1）生态破坏或环境污染行为调查确认；

2）动植物资源及其功能用途损害调查；

3）确定受损区域的损害时间、类型、面积、范围和程度；

4）判定生态破坏或环境污染行为与生态系统环境损害之间的因果关系；

5）生态系统环境损害范围和程度量化；

6）生态系统环境损害恢复与价值量化；

7）评估生态系统环境恢复效果。

12.2.2　生态系统服务价值化方法

生态系统服务价值的鉴别、量化和货币化通常比较困难，目前世界上尚无可广泛使用的成熟定价方法，多采用替代方法进行计算，由于不同地域、不同人群对参数选择的差异，评价结论往往有较大差异。1997 年，Costanza 等在 *Nature* 发表《全球生态系统服务价值和自然资本》,使生态系统服务价值估算原理及方法从科学意义上得以明确[①]。此后,该方法被迅速应用于评估各类生态系统的生态服务经济价值,取得了多方面的研究成果。2012年,朱春全提出把自然生态系统的生产总值(gross ecosystem product, GEP)即生态系统提供的最终产品和服务价值的总和纳入中国可持续发展的评估核算体系,该理念的提出以及项目的启动,又一次推动了国内生态系统服务价值评估的发展,对生态系统环境损害案例的鉴定评估也具有一定的指导意义。

(1) 生态系统服务类型划分和生态系统划分

Costanza等将生态系统服务分为气体调节、气候调节、干扰调节、水分调节、水分供给、侵蚀控制和沉积物保持、土壤形成、养分循环、废物处理、授粉、生物控制、栖息地庇护、食品、原材料、基因库、娱乐休憩、文化服务等生态17个类型。这17类生态系统服务功能的价值可归为两大部分:自然资产价值与人文价值。其中,自然资产价值可分为物质价值、过程价值和栖息地价值;人文价值则包括科研、教育、文化、旅游等[②]。

生态系统所提供的物质产品功能是最早为人类认识和利用的,其价值可通过市场价值法直接计算。随着环保产业的进步,过程价值也可以间接计算,如通过生物对氮磷的吸收量计算湿地的水质净化功能,与污水处理厂的建设费和运行费相比较,可以间接计算湿地水质净化的价值。生物多样性价值和人文价值目前尚未达成共识的计算方法。

(2) 生态系统服务功能价值评估

目前生态系统服务功能价值评估方法主要分为三类:直接市场评估法、替代市场法和模拟市场价值法。其中直接市场法包括费用支出法、市场价值法、机会成本法、恢复费用法、影子工程法、人力资本法等;替代市场法包括旅行费用法、享乐价格法等;假想市场法包括条件价值法、选择实验法等(表12-1)。

总体上,完善的基础资料是开展生态系统服务功能评价的基础。由于生态系统的整体性和层次性特征,需关注各种服务功能价值的细分和整合。

表12-1 生态系统服务功能价值评估主要方法特征[③]

方法类型	具体方法	方法介绍	适用范围	优缺点
直接市场评估法	市场价值法	使用市场价格充当货币价值的一种近似值指标,估计生态系统产品和服务价值	可以在市场上进行交易买卖的生态系统产品和服务	优点:① 明确反映个人的消费者偏好和真实支付意愿;② 数据易得;③ 可信度和认可度高 缺点:① 忽略间接效益,结果片面;② 难以准确计算产品新增价值

① Costanza R, Arge, Groot R D, et al. The Value of the World's Ecosystem Services and Natural Capital[J]. Nature, 1997, 387(15): 253-260.

② 王伟,陆健健.生态系统服务功能分类与价值评估探讨[J].生态学杂志,2005(11): 64-66.

③ 刘尧,张玉钧,贾倩.生态系统服务价值评估方法研究[J].环境保护,2017,45(6): 64-68.

续　表

方法类型	具体方法	方法介绍	适用范围	优　缺　点
直接市场评估法	生产效应法	利用生态系统服务或产品变化引起的生产率的变动来评估生态系统服务功能变化的经济价值	有实际市场价格的生态系统服务功能或产品，且当其变化主要反映在生产率变化时	优点：直观，可信度高 缺点：只考察直接使用价值，而不能反映缺乏市场价格的生态系统服务价值（即间接使用价值和非使用价值）
	费用支出法	以人们对某种环境效益的支出费用来表示该生态系统服务功能的经济价值	消费者产生实际花费时	优点：直观，可信度高 缺点：① 没有包括消费者剩余价值；② 不包含非使用价值；③ 支出费用的界定存在争议
替代市场评估法	机会成本法	以保护某种生态系统服务功能的最大机会成本（放弃的替代用途的最大收益）来估算该生态系统服务功能的价值	适用于对具有唯一性或不可逆转性特征的生态资源开发项目的评估	优点：简单实用，易接受 缺点：不包含非使用价值，外部性收益难以衡量
	重置成本法	以恢复或保护某种生态系统服务功能不被破坏所需要的费用作为该生态系统服务功能被破坏后的损失，来估计生态系统服务功能的经济价值	对生态系统服务功能经济价值的最低估计	优点：可评价难以估算支付意愿的生态系统服务价值 缺点：难以全面地估算生态系统服务功能多方面的效益
	替代成本法	根据现有的可用替代品的成本估计生态系统服务功能的经济价值	① 替代品能提供原产品的相同功能；② 替代品是最低成本；③ 对替代品的人均需求应与原产品完全一致	优点：可以根据替代品成本评价不具有市场性的服务价值 缺点：生态系统的很多服务功能是无法使用技术手段替代的，且难以准确计量
	防护支出法	以人们为防止环境质量下降、生态系统服务减少所准备支出的费用来估算该生态系统服务功能的经济价值	从消费者的角度，是环境质量下降、生态系统服务减少的最小成本	优点：可评价难以估算支付意愿的生态系统服务价值 缺点：不能评估非使用价值，且是该生态系统服务功能经济价值的最低估值
	旅行费用法（TCM）	用人们的旅行费用作为替代物衡量生态系统服务功能的经济价值	用于评估生态系统服务功能的游憩价值	优点：① 使用观察到的真实的消费者偏好和行为数据；② 可信度较高 缺点：① 其结果只是游憩使用价值的一部分；② 定义和衡量旅行时间成本的争议很大；③ 取样量大，易出现较大偏差
	享乐价格法（HPM）	用人们愿意为优质环境物品享受所支付的价格来推断环境质量的价值	用于估计影响市场商品的环境舒适度因素的价值	优点：以实际的市场数据为基础，数据易得 缺点：① 要求很高的经济统计技巧，需要大量精确数据；② 不能估算非使用价值；③ 会低估总体的生态系统服务功能
假想市场评估法	条件价值法（CVM）	一种直接调查方法，通过直接询问人们对某生态系统服务的支付意愿或对其损失的接受赔偿意愿来估计生态系统服务功能的经济价值	基于调查对象，适用于对那些非使用价值占有较大比重的服务功能价值评估	优点：唯一可以用来评估全部生态系统服务功能价值的比较成熟的方法 缺点：① 容易造成各自偏差；② 受被调查者自身影响大；③ 缺乏公信力

续 表

方法类型	具体方法	方法介绍	适用范围	优 缺 点
假想市场评估法	选择实验法(CE)	基于随机效用理论的非市场价值评估的揭示偏好技术，包括联合分析法(CA)和选择模型法(CM)	用于确定“复合物品”(由一系列有价值特征的物品组成)的某种特征的质量变化对价值的影响	优点：解决与服务功能价值评估相关的“成果参照”问题 缺点：方法仍处于发展、探索阶段，公信力弱

12.2.3 生态系统恢复费用估算方法

鉴于生态系统服务功能价值评价的结论争议较大，在环境损害案件赔偿与诉讼中的应用非常有限，实际工作中采用生态系统恢复费用估算其环境损害数额的方法更为常用。

美国和欧盟将生态环境修复成本（修复成本）方法作为生态环境损害评估的主要方法。在生态环境恢复工程措施技术上不可行的情况下，或者在生态恢复工程成本远高于预期收益的情况下，可以采取环境价值评估方法。在吸收了美国自然资源损害评估程序和欧盟的生态环境损害评估经验的基础上，以原环境保护部印发的《生态环境损害鉴定评估技术指南》系列文件建立了生态环境恢复成本方法导向的生态环境损害鉴定评估程序。

《最高人民法院关于审理环境民事公益诉讼案件适用法律若干问题的解释》及其相关司法实践使用生态环境修复和替代性修复的用语。《生态环境损害鉴定评估技术指南 总纲》中使用了生态环境恢复的术语。我国生态环境恢复概念借鉴了美国《石油污染法》中的恢复概念和欧盟《关于预防和修复环境损害的环境责任指令》中的修复概念。

1. 恢复成本法(治理成本法)

根据《生态环境损害鉴定评估技术指南 总纲》附录中介绍常用的环境价值评估方法，“治理成本是按照现行的治理技术和水平治理排放到环境中的污染物所需要的支出。治理成本法适用于环境污染所致生态环境损害无法通过恢复工程完全恢复、恢复成本远远大于其收益或缺乏生态环境损害恢复评价指标的情形。”

根据不同社会、经济、文化与生活需要，人们往往对退化的生态系统制定不同水平的恢复目标。但无论何种类型的受损生态系统，应该有一些基本的恢复目标和要求。例如，实现基底稳定，恢复植被和土壤、提高生物多样性、增强生态系统功能、提高生态效益、构建合理景观等。制定的修复目标不是返回到某一原始状态，也不是创造全新的生态系统，而是立足受损生态系统现状，充分利用生态学原理，充分利用生态系统自我恢复功能，辅以相应工程手段，逐步恢复生态系统服务功能，使其具有可持续性。

2. 采用替代性修复的案件的生态系统环境损害鉴定

《环境民事诉讼公益司法解释》中替代性修复的概念相当于《生态环境损害鉴定评估

技术指南　总纲》中“生态环境恢复”中的一种特殊的基本恢复方式[①]。其意图在于“等值重建或更换受损的生态环境”（rehabilitation or replacement of equivalent of injured eco-environment），意即提供某种与受损生态环境原有状态和功能大体相当的替代性生态环境，状态是生态环境要素的物理、化学和生物学意义上的形态，从而提供生态系统服务功能。

在生态环境恢复目标下，一方面，替代性修复提供的生态环境及其生态系统服务需要与原受损生态环境及其生态系统服务等值或大体相当，且位于同一个流域或生态区域；另一方面，需要制定和实施的生态环境替代性修复方案，估算出生态环境替代性修复工程量和工程费用，制定和实施生态环境替代性修复方案的费用加上监测和监管等费用，即为基于替代性修复方式的生态环境修复费用。

12.3　实　　例

12.3.1　某野生动物物种名称及保护级别司法鉴定案[②]

1. 基本案情

2018 年 8 月 14 日，为查明“8.13 非法运输珍贵、濒危野生动物案”，某市森林公安局委托广西某林业司法鉴定中心对查获的猴子和黄金蟒的物种及保护级别进行司法鉴定。

2. 鉴定评估要点

【鉴定过程】

2018 年 8 月 14~24 日，鉴定人员王××、孟×对委托鉴定的材料进行了查看、拍照和取样，采用动物外观形态特征比对的方法并查阅相关资料、图片，根据《中国兽类野外手册》《中国哺乳动物图鉴》《中国蛇类》等资料确定该动物的物种名称；根据《国家重点保护野生动物名录》（1988 年）、《濒危野生动植物种国际贸易公约》附录（CITES 附录，2017 年）确定物种保护级别。

【分析说明】

送检猴子体型较小，全身棕黄色，头顶具有黑色毛发形成的两边高中间略低的平顶，尾巴细长，尾毛稀疏。根据以上特征判定送检猴子为豚尾猴（*Macaca nemestrina*）。

送检蟒蛇体型略显粗壮，体色为纯净的象牙白色，腹部鳞片非常狭窄，尾极短。头部具有大型鳞片，唇鳞上有唇窝。根据以上特征判定为蟒蛇（*Python molurus*）的人工养殖白化种。

---

① 王小钢. 生态环境修复和替代性修复的概念辨正——基于生态环境恢复的目标[J]. 南京工业大学学报：社会科学版，2019，18(1)：35－43.

② 中国法律服务网. 对某野生动物物种名称及保护级别进行司法鉴定案[EB/OL].（2019－01－30）. http://alk.12348.gov.cn/Detail?dbID=56&dbName=SJYW&sysID=7014.

【鉴定意见】

送检的1只猴子为豚尾猴,10条黄金蟒为蟒蛇(*Python molurus*)的人工养殖白化种,全部属国家一级重点保护物种。

3. 案例评析

该案中通过对委托鉴定的动物进行外观形态特征比对,参考相关的学术资料与保护法规,确定了动物的物种及其保护级别,该方法依赖于丰富的物种识别经验和准确的物种辨识技能。

物种鉴定关注确定野生动物的具体种类和保护级别,是野生动物保护法实施的前提。不同的物种根据其濒危程度会受到不同级别的法律保护。生态环境损害鉴定评估人类活动对生态环境,包括野生动植物及其栖息地,造成的破坏程度和后果,为制订有效的生态恢复计划和赔偿提供依据,旨在修复由于非法猎捕、栖息地破坏等行为对生态系统造成的伤害。在全球范围内,物种鉴定和生态环境损害鉴定都是实施《濒危野生动植物种国际贸易公约》(CITES)和其他国际环保条约的重要组成部分。国家间的合作有助于共同监管野生物种的贸易。

12.3.2 走私蝴蝶的种属、保护级别及价值司法鉴定①

1. 基本案情

为了查明徐某某、魏某某走私珍贵动物制品案,有关部门委托司法鉴定机构对邮单号为RR010094360SB邮包内蝴蝶种属、保护级别及价值进行鉴定。

2. 鉴定评估要点

【鉴定过程】

1) 收到昆虫标本共79枚,经形态鉴定,79枚标本分属于5个形态种。对标本进行计数,拍照。

2) 从5个形态种中各随机挑取一只进行标本制作,分别编号为FSS00900至FSS00904,进入后续实验流程。

3) 取其右足用无水乙醇浸泡清洗,进行DNA提取。经检测符合分子生物学实验所需浓度和纯度标准。

4) 选择线粒体COI基因作为DNA条形码标准基因进行PCR扩增实验,均扩增成功。

5) 双向测序。获得五条序列。

6) 将DNA序列同基础核酸数据库GenBank和国际生命条形码数据库BOLD进行比对,结果如表1所示。

---

① 中国法律服务网. 对走私珍贵动物制品案中走私蝴蝶的种属、保护级别及价值等进行司法鉴定案例[EB/OL]. (2018-12-19). http://alk.12348.gov.cn/Detail? dbID=56&dbName=SJYW&sysID=638.

表 12 - 2　DNA 条形码检测结果

样品编号	数　量	COI 相似度 / GenBank ID	比　对　结　果	保护等级
FSS00900	15	90.62% / KT180083	*Ornithoptera* sp. 鳞翅目凤蝶科鸟翼凤蝶属	CITES Ⅱ
FSS00901	15	90.62% / KT180083	*Ornithoptera* sp. 鳞翅目凤蝶科鸟翼凤蝶属	CITES Ⅱ
FSS00902	22	99.66% / EF514422	*Ornithoptera aesacus Ney*, 1903 黄点鸟翼凤蝶	CITES Ⅱ
FSS00903	22	99.65% / EF514422	*Ornithoptera aesacus Ney*, 1903 黄点鸟翼凤蝶	CITES Ⅱ
FSS00904	5	99.08% / KF401753	*Papilio fuscus Goeze*, 1779 澳洲玉带凤蝶	

7）种属鉴定与保护级别认定结论：见表 12 - 2。

8）涉案价值计算：

a）根据最高人民法院、最高人民检察院、国家林业局、公安部、海关总署《关于破坏野生动物资源刑事案件中涉及的 CITES 附录Ⅰ和附录Ⅱ所列陆生野生动物制品价值核定问题的通知》(林濒发〔2012〕239 号)第一条规定“CITES 附录Ⅰ、附录Ⅱ所列陆生野生动物制品的价值,参照与其同属的国家重点保护陆生野生动物的同类制品价值标准核定;没有与其同属的国家重点保护陆生野生动物的,参照与其同科的国家重点保护陆生野生动物的同类制品价值标准核定。”

b）根据经国务院批准由原林业部、财政部、国家物价局《关于发布〈陆生野生动物资源保护管理费收费办法〉的通知》(林护字〔1996〕72 号)附录 2“捕捉国家重点保护野生动物资源保护管理费收费标准”,与同属凤蝶科的双尾褐凤蝶、三尾褐凤蝶、中华虎凤蝶的动物资源保护管理费均为 80 元/只。

c）根据原国家林业部《关于野生动物案件中如何确定国家重点保护野生动物及其产品价值标准》(林策通〔1996〕8 号文)的规定：国家二级保护陆生野生动物的价值标准,按照该种动物资源保护管理费的 16.7 倍执行。国家重点保护陆生野生动物具有特殊利用价值或者导致野生动物死亡的主要部分,其价值标准按照该种动物价值标准的 80%予以折算。

d）涉案价值计算如下：

80 元/只×16.7×80%×74 只=79 091.20 元(即：柒万玖仟零玖拾壹元贰角)。

【分析说明】

DNA 条形码基因 COI 比对中,鳞翅目中 2%以内的差异可视为种内差异。2%以上的差异无法确定物种。

【鉴定意见】

(1) 种属鉴定和保护等级

样品编号	数 量	物 种 名 称	保护等级
FSS00900	15	*Ornithoptera* sp. 鳞翅目凤蝶科鸟翼凤蝶属	CITES Ⅱ
FSS00901	15	*Ornithoptera* sp. 鳞翅目凤蝶科鸟翼凤蝶属	CITES Ⅱ
FSS00902	22	*Ornithoptera aesacus Ney*, 1903 黄点鸟翼凤蝶	CITES Ⅱ
FSS00903	22	*Ornithoptera aesacus Ney*, 1903 黄点鸟翼凤蝶	CITES Ⅱ
FSS00904	5	*Papilio fuscus Goeze*, 1779 澳洲玉带凤蝶	

(2) 涉案价值 79 091.2 元(即:柒万玖仟零玖拾壹元贰角)。

3. 案例评析

使用 DNA 条形码技术对蝴蝶标本进行种属鉴定,是生物科技在野生动物保护法律实践中的应用。该方法提供了高度精确的物种识别,有助于确保法律裁决的准确性。鉴定中涉及的 CITES 附录和国家保护级别的判定,体现了国际保护条约与国内法律在实际操作中的融合与执行。

价值评估依据了《陆生野生动物资源保护管理费收费办法》等具体规定,明确了捕捉、猎捕野生动物及其制品的资源保护管理费计算方式,计算方式清晰直接。使用固定的"捕捉保护管理费"作为基数,然后根据不同级别的保护动物,乘以相应的倍数(本案中为 16.7 倍),体现了对国家重点保护动物较高经济价值的认识。考虑到蝴蝶作为国家二级保护动物的特殊地位,计算中还包括了 80%的价值折算。一个反映生物多样性价值、稀有性和保护紧迫性的经济表达,为处罚和赔偿提供了依据。通常基于动物的稀有性、保护级别、市场需求等因素,可能包括固定的收费标准或倍数计算法。考虑生态环境损害赔偿可能要涉及更广泛的评估,包括生态服务价值的丧失、生态恢复成本、长期生态影响等。

12.3.3 非法采伐国家重点保护植物——植物物种司法鉴定案①

1. 基本案情

2017 年 5 月 9 日,某县森林公安局接到群众电话报警,某村××林区"×××山"(地名)有一棵楠木树被人砍伐,要求派员查处。

① 中国法律服务网. 对非法采伐国家重点保护植物罪犯罪嫌疑人砍伐植物物种进行司法鉴定案例[EB/OL]. (2019-01-30). http://alk.12348.gov.cn/Detail? dbID=56&dbName=SJYW&sysID=7016.

经查,××屯的村民李某于 2014 年 7 月擅自到该林区内砍伐一株林木,报案群众认为被砍伐的林木为二级保护植物楠木树。办案民警从伐桩的根部提取了一片带皮的木块,从根部萌芽的几个芽条中提取一根带叶片的枝条,从已经腐化的主杆上提取了一块木块作为检材送检。

2. 鉴定评估要点

【鉴定过程】

(1) 检材处理

委托人送来的检材系办案民警在现场提取的植物标本 3 份,包括枝条 1 份、树皮 1 份、木材 1 份。鉴定人使用放大镜、尺子对检材进行观察和测量,获取检材的主要特征并进行记录;使用数码照相机对检材进行拍照,获取影像。检材经鉴定后,登记造册并存放于植物标本室保存。

(2) 鉴定方法和程序

本次鉴定采用形态学分类鉴定方法,即以植物形态特征为主要分类标准对检材的物种名称进行分类鉴定。鉴定人根据自身掌握的植物分类学知识和经验,初步判断检材的科、属名称后,查阅《中国植物志》等权威文献的分类检索表及形态描述,结合广西某林业司法鉴定中心植物标本室馆藏标本比对,根据检材的形态特征确定具体物种名称。

【分析说明】

(1) 检材的分类学特征

树皮灰白色,质地软。木材淡黄色,略带香气;散孔材;弦切面导管明显;生长轮明显。取自伐桩上萌发的枝条圆柱形,绿色,小枝被毛。叶革质,披针形或倒披针形,大小变化较大,长 5~17.5 cm,宽 1.7~3.7 cm,先端渐尖或长渐尖,基部渐窄或楔形,下面被短柔毛,脉上被长柔毛,中脉于叶面凹下,在叶背凸起;侧脉 10~14 对,在叶面平坦或略下陷,在叶背凸起;网脉致密,在下面呈明显的网格状;叶柄长 0.5~0.8 cm。花、果未见。

(2) 检材分类地位判断

检材的形态特征与《中国植物志(第三十一卷)》(中国科学院中国植物志编辑委员会主编,科学出版社 1982 年出版)112~114 页关于闽楠(*Phoebe bournei*)的形态特征描述和墨线图所示特征吻合,据此确定样品的树种名称为闽楠。

(3) 保护级别

根据 1999 年 8 月 4 日由国务院批准并由国家林业局和农业部发布,1999 年 9 月 9 日起施行的《国家重点保护野生植物名录(第一批)》,闽楠(*Phoebe bournei*)的保护级别为国家一级。

【鉴定意见】

(1) 树种名称

1) 科属名: 樟科,楠属

2) 中文名: 闽楠(别名兴安楠木)

3）拉丁名：*Phoebe bournei*(Hemsl.) Yang

（2）保护级别

某县李某涉嫌非法采伐国家重点保护植物罪中被砍伐的植物物种名称闽楠属国家Ⅱ级重点保护野生植物。

3. 案例评析

此案例反映了法律、科技与社会责任在环境保护方面的紧密结合。该案的起点是群众报警，显示了社会公众对自然资源保护的责任感和参与意识。此案采用形态学分类鉴定方法，通过详细的植物形态特征观察与比对，结合权威文献《中国植物志》进行物种的精确识别，方法传统可靠。

12.3.4 某地块“可否耕种或何时可恢复耕种”的司法鉴定①

1. 基本案情

某地村民认为自己种植的水稻、大白菜等农作物重金属铅、镉超标，不能食用，怀疑是某电源制造公司污染所致。

据送检材料，某电源制造公司主要生产汽车铅酸蓄电池，生产用原辅材料主要为：铅锭、硫酸、沥青、煤等，生产过程中主要排放铅蒸气、铅尘及含铅废水。该公司未经环保部门审批，未履行环境影响评价，无废气、废水等污染防治设施。公司于 4 年前已停产搬迁。已有检测报告显示，人群健康受到明显影响。在送检的 637 人中有 42 人血铅浓度超过 100 μg/L，其中 12 人超过 250 μg/L。厂区周边环境、河道底泥、公司附近土地及局部农田土壤铅含量明显比对照点高，地下水未受到铅污染影响。镉含量基本正常。

2. 鉴定评估要点

【鉴定过程】

（1）现场勘察

某农业司法鉴定中心工作人员勘察了涉案地块、某电源制造公司原厂房，及周边环境，同时确认了对照点选定位置。

经勘察发现，某电源制造公司原厂房地处某地村委会西边，建于山坡之上。该厂已经停止生产，原厂房改作他用。涉案地块 A 位于厂房东侧，B 位于厂房西北侧，河流北岸沿线，C 位于厂房西北侧，河流南岸沿线。涉案地块主要种植水稻，面积约为 450 亩；其余为旱田，种植大白菜等蔬菜，面积约为 30 亩。通过肉眼观测，作物叶片、果实、根茎均无明显受害症状。涉案地块周围未发现其他污染企业。

（2）采样过程

按照《农田土壤环境质量监测技术规范》(NY/T395)、《农、畜、水产品监测技术规范》

① 中国法律服务网. 某环境污染侵权纠纷案涉案地块“可否耕种或何时可恢复耕种”的司法鉴定[EB/OL]. (2018-01-02). http://alk.12348.gov.cn/Detail? dbID=56&dbName=SJYW&sysID=209.

（NY/T398）的布点原则、方法，根据当地自然环境状况及涉案企业和农田作物种植分布情况等，分别于涉案区、对照区布设采样点，采集了土壤、水稻、蔬菜样品。整个样品采集过程在法院、双方当事人及其代表的见证下完成。

（3）检材处理和检测方法

按照《农田土壤环境质量监测技术规范》（NY/T395）、《农、畜、水产品监测技术规范》（NY/T398）要求，进行样品保存、运输、磨制等前处理。根据法院委托和污染物对农作物影响情况，选择特征污染物铅、镉，依照相关国家、行业标准进行样品检测。

土壤质量铅、镉的测定：石墨炉原子吸收分光光度法（GB/T 17141—1997）；

土壤中 pH 的测定：玻璃电极法（NY/T 1121.2—2006）；

食品中铅的测定：石墨炉原子吸收分光光度法（GB/T 5009.12—2003）；

食品中镉的测定：石墨炉原子吸收分光光度法（GB/T 5009.15—2003）。

（4）检测结果

1）土壤

a）涉案区土壤中铅含量范围在 24.8~55.5 mg/kg 之间，平均含量为 36.1 mg/kg。对照区土壤中铅含量平均值为 31.5 mg/kg。结果显示，涉案区所有土壤样品中铅含量均低于土壤环境质量二级标准值（250 mg/kg）。但从平均值看，涉案区土壤铅含量高于对照区 14.6%。

涉案区土壤镉含量范围在 0.131~0.540 mg/kg 之间，平均含量为 0.204 mg/kg。对照区土壤中镉含量范围在 0.185~0.701 mg/kg 之间，平均值为 0.369 mg/kg。结果显示，村西 C 地块、村东 A 地块和对照区的 5 个点，土壤镉含量超过了土壤环境质量二级标准值（0.3 mg/kg），其余未超过土壤环境质量二级标准值。从平均值看，涉案区镉含量远低于对照区。

b）某电源制造公司原厂房附近（由厂向东约 50 米处道路与居民房之间空地）区域（以下简称厂区外围）土壤中铅含量为 293 mg/kg，对照区土壤中铅含量平均值为 31.5 mg/kg。结果显示，厂区外围土壤中铅含量超过土壤环境质量二级标准值。从平均值看，厂区外围土壤铅含量约为对照区的 9.3 倍。

厂区外围土壤镉含量为 0.242 mg/kg，对照区土壤中镉含量平均值为 0.369 mg/kg。结果显示，厂区外围土壤中镉含量未超过土壤环境质量二级标准值。从平均值看，厂区外围土壤镉含量约为对照区的 65.58%。

2）稻米

涉案区稻米中铅含量范围在未检出~0.140 mg/kg 之间，平均含量为 0.062 mg/kg。对照区稻米中铅含量平均值为 0.08 mg/kg。结果显示，所有稻米样品铅含量均未超过食品中铅的限量标准值（0.2 mg/kg）。从平均值看，涉案区铅含量低于对照区 22.5%。

涉案区稻米中镉含量范围在 0.037~0.20 mg/kg 之间，平均含量为 0.098 mg/kg。对照区稻米中镉含量平均值为 0.08 mg/kg。结果显示，所有稻米样品镉含量均未超过食品中镉的限量标准值(0.2 mg/kg)。从平均值看,涉案区镉含量高于对照区 22.5%。

3）蔬菜

涉案区蔬菜中铅含量范围在未检出~0.13 mg/kg 之间,平均含量为 0.043 mg/kg。结果显示,所有蔬菜样品铅含量均未超过食品中铅的限量标准值【蔬菜(球茎、叶菜、食用菌类除外):0.1 mg/kg;球茎蔬菜:0.3 mg/kg;叶菜类:0.3 mg/kg】。涉案区蔬菜中镉含量范围在 0.003~0.120 mg/kg 之间,平均含量为 0.033 mg/kg。结果显示,所有蔬菜样品镉含量均未超过食品中镉的限量标准值【根茎类蔬菜(芹菜除外):0.1 mg/kg;叶菜、芹菜、食用菌类:0.2 mg/kg;其他蔬菜:0.05 mg/kg】。

【分析说明】

1）某电源制造公司原厂房附近土壤中的铅超过土壤二级标准值,表明原厂区附近土壤显著受到了铅污染。污染原因应该是该厂停产前生产过程中所产生的含铅气体、粉尘或东向排放的含铅废水污染所致。原厂区附近土壤中镉含量低于土壤二级标准值,表明原厂区附近土壤未受到镉污染。

2）涉案地块土壤中铅含量均低于 56 mg/kg,其平均值为 36.1 mg/kg,虽比对照区(铅含量的平均值 31.5 mg/kg)有所增加,但远低于土壤环境质量标准二级标准值。故涉案农田土壤虽已受到铅污染(平均值高于对照),但污染并未超过土壤环境质量标准二级标准值。稻米中铅含量均低于食品中铅的限量标准值,平均值为 0.062 mg/kg,低于对照区(铅含量的平均值 0.08 mg/kg),表明涉案农田种植的稻米并未受到铅污染。蔬菜铅含量均低于食品中铅的限量标准值,平均值为 0.043 mg/kg,表明涉案农田种植的蔬菜并未受到铅污染。

3）除 4 个采样点所代表的农田外,其余土壤中镉含量均低于土壤环境质量二级标准值。稻米中镉含量均低于食品中镉的限量标准值,其平均值为 0.098 mg/kg,略高于对照区(平均值为 0.08 mg/kg)。蔬菜镉含量均低于食品中镉的限量标准值。

C 地块与 A 地块中 4 个土壤样品镉含量超过土壤环境质量标准二级标准值,表明这 4 个土壤样品所代表的约 20 亩农田土壤已受到镉污染。

【鉴定意见】

1）鉴于某电源制造公司厂区外围、涉案地块和对照区铅含量的比对分析,涉案地块受到了某电源制造公司的铅污染,但污染程度未超过土壤环境质量二级标准值。

2）鉴于某电源制造公司厂区外围、涉案地块和对照区镉含量的比对分析,厂区外围、涉案地块和对照区分别有 0 个点、4 个点和 1 个点超过了土壤环境质量二级标准值,不能断定涉案地块土壤镉受到了某电源制造公司的污染。该区域共 5 个点超标,可能与土壤背景值有关。

3）鉴于所采集的全部农产品中铅、镉含量均未超过《食品中污染物限量》标准的情况,涉案地块种植的农产品可放心食用。

综上,依据《农产品产地安全管理办法》的有关规定,涉案地块可继续耕种。关于部分区域土壤镉含量超标的情况,望有关部门作进一步调查,并对所种植的农作物进行跟踪监测,以确保所种农产品符合相关标准。

3. 案例评析

【案例分析】

该案件涉及某村民与附近电源制造公司的污染争议,主要关注农田土壤受到重金属污染的情况,及其对农作物安全的影响。案件的核心在于评估污染的程度和农产品的安全性,以决定耕种活动的可行性。

对于该案例需强调后续监管和改进。鉴定结果虽然表明当前的农产品符合食品安全标准,但也建议对镉含量超标的土壤进行进一步调查和监控,确保长期的土壤健康和农产品安全。

【典型意义】

本案突出了在没有适当污染防治设施的情况下,工业活动对周边农业环境可能造成的影响,增强公众对环境保护和健康风险的意识。该案鉴定过程基本上确认了损害程度,对土壤污染的生态环境损害还需进行实物量化和价值量化,作为损害赔偿和修复的依据。结合治理修复需要,还推荐对土壤重金属含量较高的地块进行定期监测,并采取适当的土壤改良措施,以防未来潜在的风险,保障农产品的长期安全。

12.3.5　森林火灾涉案及损失情况进行司法鉴定案例①

1. 基本案情

段某于 2018 年 2 月 15 日,在固原市××镇××村退耕还林地内上坟烧纸不慎失火,引起森林火灾。原州区林业局为查明涉案林地面积、林种、林地类型、郁闭度(盖度)等,特委托宁夏某森林资源司法鉴定中心涉案相关事项进行司法鉴定。

2. 鉴定评估要点

【鉴定过程】

宁夏某森林资源司法鉴定中心接受委托,于 2018 年 2 月 26 日,指派司法鉴定人与原州区林政执法大队办案人员来到涉案现场,共同对段某失火一案涉案林地进行调查。调查过程本着科学、公平、公正的原则。按照国家森林资源调查技术规程和标准,对涉案林地进行现场调查。使用 GPS(西安 80 坐标系统)提取涉案林地外围拐点坐标,经计算涉案林地总面积 72.4 亩,涉案林地共计 1 块。

司法鉴定人调取了《原州区林地保护利用规划(2010~2020 年)》,两者数据进行叠加比对,确定段某失火案过火面积 72.4 亩,属于原州区××镇××村 0007 号林班 0003 号小班、0004 号小班及 0007 号小班内林地。

---

① 中国法律服务网. 对森林火灾涉案及损失情况进行司法鉴定案例[EB/OL]. (2018-12-19). http://alk.12348.gov.cn/Detail? dbID=56&dbName=SJYW&sysID=692.

【分析说明】

（1）检案调查说明：

段某于 2018 年 2 月 15 日，在××镇××村退耕林地内上坟烧纸不慎失火，引起森林火灾。过火总面积 72.4 亩。按森林类别分：地方重点公益林 70.4 亩，一般公益林地 2 亩；按权属分：均为××镇××村集体林地；按林地保护等级分：林地保护等级均为Ⅱ级；按林地类型分：灌木林地 70.4 亩，宜林地 2 亩；按林种分：防火林（水土保护林）70.4 亩。

（2）情况分析说明：

原州区××镇××村退耕林区是原州区地方公益林的重要组成部分，近年来国家投入了大量资金，使当地生态环境得到了有效的改善，保护了生物多样性，维护了生态安全，理应受到严格保护。现涉案林地原有林木植被已被烧毁，使水土保持性能降低，水土流失加重，生态环境不断恶化。

【鉴定意见】

（1）涉案失火林地总面积为 72.4 亩；

（2）涉案林地按森林（林地）类别划分，地方重点公益林 70.4 亩，一般公益林地 2 亩，林地保护等级均为Ⅱ级；

（3）按林地类型划分，灌木林地 70.4 亩，树种为柠条，覆盖度 55%，宜林地 2 亩；

（4）按林种划分，防护林（水土保持林）70.4 亩。

3. 案例评析

通过使用 GPS 技术准确测量涉案林地面秣，并与《原州区林地保护利用规划（2010—2020 年）》进行数据对比，保证了数据的准确性和调查的科学性。确定过火区域的森林类别和保护等级用于评估损失和决定责任。涉案区域主要为地方重点公益林和一般公益林地，这些林地通常具有高度的生态价值，包括生物多样性保护、水土保持、碳固定和空气净化等生态服务，显示了其生态价值和保护的重要性。火灾后的森林植被被烧毁，对水土保持功能的损失评估也关系到生态恢复策略。

12.3.6 重庆大足黄某盗伐林木案件生态环境损害鉴定评估

1. 基本案情

2018 年 11 月 1 日下午 3 点左右，黄某驾驶面包车行驶至重庆市大足区某镇附近山上，使用红色油锯砍伐杉树，砍伐时间约 2 小时，共砍伐杉树 33 株。2018 年 11 月 2 日 8 时左右，黄某带着 6 名工人驾驶面包车行驶至砍树处，协助黄某搬运杉树，随即被林场护林员发现，阻止黄某搬运杉树，并报警。黄某砍伐杉树未取得大足林场同意，且未办理砍伐手续，系盗伐林木。

2. 鉴定评估要点

【鉴定过程】

此次案件聘请第三方环境损害评估机构对案件造成的生态环境损害进行鉴定评估。

经调查,此次案件被砍伐 33 株杉树立木蓄积为 3.9139 m^3,小头直径 5～9 cm,平均 6.8 cm,尺长 6～10 m,平均 8.03 m。

【分析说明】

(1) 损害调查确认

黄某砍伐杉树未取得该林场同意,且未办理砍伐手续,系盗伐林木,该行为有大足区森林公安局针对黄某的调查询问笔录以及现场照片等作为证据,生态损害行为明确。

(2) 损害量化

1) 林木损失

该案件被砍伐杉树立木蓄积为 3.913 9 m^3,参考当时杉木市场价格,1 080 元/m^3,本次案件林木损失为:3.913 9×1 080＝4 227.012 元。

2) 生态环境修复费用

根据《中华人民共和国森林法实施条例》第三十八条:盗伐森林或者其他林木,以立木材积计算 0.5 立方米以上或者幼树 20 株以上的,由县级以上人民政府林业主管部门责令补种盗伐株数 10 倍的树木。因此,本次评估恢复方案需补种杉树 330 株。参照同类杉木苗木市场价格在为 10～20 元/株之间,取平均值 15 元/株,则 330 株合计:330×15＝4 950 元。

根据《重庆市生态环境损害赔偿制度改革实施方案》(渝委办发〔2018〕43 号),损害义务人黄某须赔付林木损失 4 227.012 元。可选择赔付补种杉树 330 株所需费用 4 950 元,由当地林业部门进行补种;也可以在林业部门指定地点自行补种杉树 330 株,设定 3 年的管护期限,3 年后栽植成活率达 85%以上;3 年后对补栽树木进行验收,对未成活树苗再进行补栽。

3) 生态环境损害鉴定评估费用

此次案件聘请第三方环境损害评估机构对案件造成的损害进行评估,鉴定评估费用按照主管部门与第三方环境损害评估机构实际签订的合同金额进行计算,共计 30 000 元。

【鉴定意见】

本次案件的损害量化数额为 39 177.012 元,其中生态环境损害量化数额 9 177.012 元,鉴定评估费用 30 000 元。

3. 案例评析

此案凸显了法律对于非法砍伐行为的严厉惩罚,不仅包括直接经济赔偿,还有对生态系统恢复责任,强调生态恢复工作的重要性和复杂性,不仅要求种植,还包括长期的管护和后续的成活率验收。案件要求黄某补种的树木数量多于被砍树木数量,恢复被砍伐区域的森林覆盖,同时意味着补偿因生态系统服务中断带来的间接损失。这种补种策略体现了对生态系统复杂性和恢复时间的考虑,也展示了生态恢复在实践中面临的挑战,如成活率的监控和后续的维护成本。

盗伐行为的直接经济影响通过市场价值进行了量化,而生态服务的恢复成本则通过补种和维护费用体现。这种经济评估方法为类似案件提供了一种可行的经济损失和赔偿计算模式,有助于确保赔偿和罚款的公正性和适当性。

12.3.7 某湖非法取土事件环境损害评估

1. 基本案情

2008 年 6 月至 12 月,薛某等人未经许可擅自在某湖东南部区域非法挖取湖区底土,填至其承揽的施工区域。2012 年,当地区检察院先后对薛某等人非法取土的行为进行侦查。区检察院委托地质调查单位对非法开采的黏土资源数量进行鉴定的结果显示,自 2008 年 6 月至 12 月,薛某、张某、邓某、费某等人在某湖东南部区域 664 343.63 m^2(折合 996.51 亩)范围内非法开采黏土 1 655 075.71 m^3,该黏土分类名称为粉质黏土,属非金属矿产。

2. 鉴定评估要点

【鉴定过程】

鉴定时空范围

时间范围:鉴定时间范围从薛某等人未经许可擅自在某湖东南部区域非法挖取湖区底土事件发生时开始,至涉事区域生态系统服务功能恢复至生态环境基线时为止,即自 2008 年 6 月至 12 月。

空间范围:鉴定评估的空间范围为非法取土区域,总开采面积 66.43 万 m^2,平均开采深度 2.49 m。

【分析说明】

(1) 损害调查确认

非法取土的湖区位于长江下游冲积平原,地势低平,湖荡众多。地层主要为厚度巨大的第四系和第三系泥、砂质建造,总厚约 300 m 左右。该湖湖底地层主要出露第四系上更新统滆湖组(Q_{3g}),第四系全新统地层极薄,根据 2012 年苏州市水利局湖泊勘测成果,该湖湖底淤泥平均厚度仅 5 厘米,且呈断续分布。非法开采区平面上呈北东至南西向的带状展布,南北总长约 2.4 km,东西宽 50~700 m 不等,总开采面积 66.43 万 m^2,折合 996.51 亩;平均开采深度为 2.49 m。

湖泊底栖动物是水生态系统重要的生态类群,既是鱼类、虾类、蟹类等渔业生物的天然食物资源,又在调节水生态系统的物质循环和能量流动中发挥着重要的功能。湖底淤泥为底栖生物提供赖以生存的栖息地,薛某某等人在该湖非法取土深度远大于湖底淤泥层厚度,导致涉事区域淤泥层和底栖生物生境破坏严重。而底栖生物是阳澄湖鱼类、虾类、蟹类等渔业生物的主要饵料,因此,阳澄湖渔业生态环境受到一定程度损害。

(2) 因果关系分析

根据当地区人民检察院调查材料,2008 年 6 月之前与 2009 年 1 月以后薛某、张某、邓某、费某等人非法取土相同区域没有其他人员开采行为。据此判定该湖涉事区域包括渔业生态环境损害和渔业财产损害在内的渔业环境损害与薛某、张某、邓某、费某等人于该湖非法取土行为存在因果关系。

【鉴定意见】

薛某等人于该湖涉事区域非法取土行为符合《生态环境损害鉴定评估技术指南　总纲》生态环境损害确认条件中“h 造成生态环境损害的其他情形”条款的描述，该行为造成了渔业生态环境损害。

3. 案例评析

底栖生物对水生生态系统至关重要，负责物质循环和能量流动。非法取土导致底栖生物栖息地丧失，直接影响渔业资源，尤其是对依赖这些生物为食的鱼类、虾类和蟹类。渔业生态环境遭受的损害减少了生物多样性，影响了渔业生产力和水体的自净能力。

非法取土行为的影响远超过直接的经济损失，如底泥或河沙的市场价值。涉及整个生态系统服务的损害和生物多样性的下降。因此，应对非法取土行为采取更为严格的法律和政策措施，加强监管和惩罚，以确保水体生态系统的长期健康和可持续性。

12.3.8　长江干流水域非法采砂致生态环境损害鉴定案

1. 基本案情

2016 年 5 月，某工程公司在未取得采砂许可证的情况下，组织三艘吸砂船和五艘运砂船在长江干流水域非法盗采江砂近 80 万 m^3，价值逾 1 800 万元。当地人民检察院就该非法采砂破坏长江生态环境案提起公益诉讼。受当地人民法院委托，湖北某生态环境损害司法鉴定中心对非法采砂行为造成的生态环境损害进行鉴定。鉴定人采用工程恢复法进行河道生境的理论恢复费用计算，主要为恢复采砂江段河床的原始结构，拟设计购买同等质地、同等体量的江砂回填至非法采砂区。受损江段生境恢复方面的损害价值通过理论上的恢复工程费用计算，一般包括采购江砂费用、陆运至码头的运输费、吊装费、船运至采砂区的相关费用等。根据案卷、笔录、价格认证、市场价格调研等鉴材和基础资料，基于已经确定的非法盗采江砂数量，采用工程造价软件中某地定额进行计算，综合得到本案非法采砂的恢复工程费用，即涉案江段生境的理论恢复费用约为 3 000 万元。同时，基于本案江段附近水域底栖动物种类、底栖生物密度、生物量和非法采砂面积，计算得到底栖生物资源的直接经济损失与恢复费用共计约 1 200 元。

2. 鉴定评估要点

由于本案非法采砂行为发生至鉴定时已逾五年，结合长江干流流量大、冲淤恢复能力强等特点，经过综合分析，认为采砂区域河床形态已通过冲淤回填逐渐自然恢复，无须开展实际人工修复工程。但此种情形下仍需对非法采砂造成的生态环境损害采用环境价值评估方法进行价值量化，故采用理论治理成本法，即以工程恢复法等量估算自然恢复行为的理论成本或价值。

3. 案例意义

河砂是河流生态系统重要的组成部分，有助于维持河道相对稳定和水砂动态平衡，是固着藻类和底栖动物等附着生物生存的物质基础。严厉打击长江流域非法采砂行为,对保护长江流域生态环境具有重要意义。本案损害发生至损害鉴定之间时间周期长,通过采用工程恢复法来进行河道生境的理论恢复费用计算,基于可取得的关于本案江段附近水域底栖动物资源的调查资料计算底栖生物资源的直接经济损失与恢复费用,为同类时间跨度大、已无须实际人工修复的水域损害价值评估提供办案思路。

12.3.9 盗伐林木致生态服务功能损失价值鉴定评估案

1. 基本案情

2020 年 2 月,某自然保护区管理站林班内林木被盗伐,导致林木生态系统所具有的涵养水源、固碳释氧和生物多样性等服务功能损失。受某检察院委托,当地林业科学研究院对被盗伐林木的生态服务功能损失价值进行鉴定评估。鉴定人通过资料收集、现场踏勘、样方调查、采集样本、生物多样性观测等收集相关参数,依据《森林生态系统服务功能评估规范》(LY/T 1721—2008)中确定的量化指标,计算出涵养水源功能评估价值为 35 481.76 元/a,保育土壤功能评估价值为 140.52 元/a,固碳释氧功能评估价值为 14 341.93 元/a,积累营养物质功能评估价值为 581.08 元/a,净化大气环境功能评估价值为 1 471.86 元/a,森林防护功能评估价值为 16 408.22 元/a,生物多样性保护功能评估总价值为 384.7 元/a,森林游憩功能评估价值 6 092.88 元/a。最终合计算出林木的生态服务功能损失总价值为 74 902.95 元/a。

2. 鉴定评估要点

非法盗伐林木事件时有发生,精准计算盗伐林木造成的生态服务功能损失为办理相关诉讼提供了证据。本案依据《森林生态系统服务功能评估规范》(LY/T 1721—2008)中 8 个类别量化指标对被盗伐林木生态服务功能损失进行评估,全面考虑相关技术参数,计算出了被盗伐林木生态服务功能损失总价值。

3. 案例意义

在环境损害司法鉴定案件中,对森林生态系统服务功能的评估一直是讨论热点,本案从社会公共参数、生态站长期监测参数、文献来源参数和有关部门公布的相关参数等获得评估数据来源,再对照《森林生态系统服务功能评估规范》(LY/T 1721—2008)中的量化指标,科学地评价了生态服务功能损失价值。

12.3.10 超标排污污染河水致养殖场鱼苗死亡鉴定案

1. 基本案情

2019 年 5 月,五家水产养殖场向某人民法院提起诉讼,主张位于其水源河流上游的生猪养殖场超标排污导致鱼苗死亡。受人民法院委托,当地某司法鉴定所对河流水质情况与五家水产养殖场所养殖的鱼苗死亡之间是否存在因果关系进行鉴定。生猪养殖场位于水产养殖场取水点上游,该河流为五家水产养殖场唯一取水源。河流水体特征污染物检测数据显示，氨氮、化学需氧量等水质指标均沿水流方向总体呈递增趋势，水体污染程度增加。生猪养殖场排污口位置分布在水产养殖场上游，污染物存在合理的迁移路径。对照《淡水水生生物水质基准—氨氮》（2020 年版）及《淡水水生生物水质基准技术报告—氨氮》（2020 年版）中鱼苗养殖氨氮长期致死浓度，水产养殖场水源水质氨氮指标明显偏高，长期使用该河水养育鱼苗会导致鱼苗死亡，从而确认河水水质与水产养殖场鱼苗死亡之间存在间接因果关系。

2. 鉴定评估要点

超标排污与鱼苗死亡之间是否存在因果关系需要全面判断。通过对河流水体特征污染物检测数据分析可知，河流水质指标氨氮浓度、化学需氧量浓度均随河道水流流向总体呈递增趋势，与生猪养殖场排污口分布情况相符，表明污染物存在合理的迁移路径。生猪养殖场位于五家水产养殖场取水点上游且为唯一取水来源，可认定生猪养殖场排污行为与水产养殖场污染源引入存在间接关系。对照《淡水水生生物水质基准——氨氮》（2020 年版）和《淡水水生生物水质基准技术报告——氨氮》（2020 年版），得出河水水质与水产养殖场鱼苗死亡之间存在间接因果关系。

3. 案例意义

本案是长江流域超标排污案件。通过案件办理，一是梳理了鉴定过程中的关键技术环节，为类似排污案件造成的生态环境损害鉴定提供借鉴和指导；二是为诉讼活动提供了证据支持，保障了相关企业的合法权益；三是有助于规范养殖企业的养殖行为，保护长江流域生态环境安全。

第13章 其他环境损害鉴定

除了以上因污染环境行为和破坏生态行为引起的五大类环境损害问题,还存在因噪声、振动、光、热、电磁辐射、电离辐射等由于能量超出接受程度引起的损害。司法实践中这类损害大多导致环境侵权诉讼,原告请求人身损害、财产损害赔偿的情形。2015年12月,司法部和原环境保护部颁布的《关于规范环境损害司法鉴定管理工作的通知》的鉴定范围中并未包括作为损害后果之一的人身损害方面的鉴定。2019年,生态环境部、司法部颁布《环境损害鉴定执业分类规定》,鉴定内容中对于上述能量污染、室内空气污染造成人身伤害鉴定事项作出了相应规定。2020年,司法部发布了《环境损害致人身伤害司法鉴定技术导则》和《生态环境风险评估技术指南》,对人身伤害鉴定事项提供了框架性指引。但由于环境损害致人身伤害鉴定制度尚未建立,针对此类损害受害人在实际维权时往往无法获得有效的鉴定意见。本章将简要介绍此类环境污染的基本概念、鉴定内容和鉴定技术方法。

13.1 其他环境损害鉴定概述

13.1.1 噪声损害概述

1. 噪声污染定义

《中华人民共和国噪声污染防治法》第二条第1款和第2款分别定义了噪声和噪声污染。噪声是指"在工业生产、建筑施工、交通运输和社会生活中产生的干扰周围生活环境的声音。"噪声污染是指"超过噪声排放标准或者未依法采取防控措施产生噪声,并干扰他人正常生活、工作和学习的现象。"

2. 噪声污染的危害和特点

持续的噪声能引起人的大脑皮层功能紊乱,导致抑制和兴奋平衡失调,出现头痛、头昏、烦躁、失眠、健忘、耳鸣、心悸等神经衰弱症①,还会对人的听力、语言交流、心脏功能、心理、工效、儿童发育等方面产生不良影响②。

① 郭桂梅,邓欢忠,韦献革,等.噪声对人体健康影响的研究进展[J].职业与健康,2016,32(5):713-716.

② 吴铭权.室内噪声的危害与控制[J].环境与健康杂志,2006(2):189-192.

不同于水污染和大气污染存在具体的污染物质，噪声污染是一种能量污染。并且一般的污染现象当污染源停止排放污染物，已经产生的污染物会随着环境介质扩散、稀释的现象，而噪声对环境的影响具有瞬时性，不会产生累积，传播距离有限，一旦声源停止发声，噪声也就随之消失，没有二次污染。此外，噪声主要由分散的点源产生，难以集中治理。

3. 噪声污染现状

随着我国城市化建设的不断推进，涉及噪声污染的纠纷日渐频发，噪声扰民投诉成为常态。根据生态环境部发布的《中国环境噪声污染防治报告 2023》，2022 年，全国声环境功能区昼间达标率为 96. 0%，夜间为 86. 6%，同比分别升高 0. 6 个和 3. 7 个百分点，但 4a 类功能区（道路交通干线两侧区域）和 1 类功能区（居住文教区）夜间达标率持续偏低。全国地级及以上城市各渠道各部门合计受理的噪声投诉举报约 450. 3 万件，从投诉类型来看，社会生活噪声投诉举报最多，占 67. 5%；建筑施工噪声次之，占 25. 1%；交通运输噪声占 4. 3%；工业噪声占 3. 1%。生态环境部门全国生态环境信访投诉举报管理平台（网络渠道）共接到公众投诉举报 25. 4 万余件，其中噪声扰民问题占全部生态环境污染投诉举报的 59. 9%，居各环境污染要素的第 1 位。

4. 鉴定依据

噪声损害鉴定除了遵守国家相关法律法规、规章等文件的规定外，还须依据相应的技术标准。2021 年，司法部发布《环境损害司法鉴定中居住环境噪声的测量与评价》（SF/T 0109—2021），规定了环境损害司法鉴定中居住环境噪声的测量方法、测量结果评价和鉴定意见。此外，国家现行环境噪声标准体系还包括声环境质量标准、环境噪声排放标准、产品噪声辐射标准、环境噪声监测标准和环境噪声管理标准。常见的涉噪声标准见表 13 - 1。

表 13 - 1　现行典型噪声环境标准

标准分类	标准名称
声环境质量标准	声环境质量标准（GB 3096—2008）
	机场周围飞机噪声环境标准（GB 9660—1988）
环境噪声排放标准	工业企业厂界环境噪声排放标准（GB 12348—2008）
	建筑施工场界环境噪声排放标准（GB 12523—2011）
	铁路边界噪声限值及其测量方法（GB 12525—1990）
	社会生活环境噪声排放标准（GB 22337—2008）
产品噪声辐射标准	汽车加速行驶车外噪声限值及测量方法（GB 1495—2002）
	汽车定置噪声限值（GB 16170—1996）

续 表

标准分类	标准名称
产品噪声辐射标准	摩托车和轻便摩托车加速行驶噪声限值及测量方法(GB 16169—2005)
	摩托车和轻便摩托车定置噪声排放限值及测量方法(GB 4569—2005)
	三轮汽车和低速货车加速行驶车外噪声限值及测量方法(GB 19757—2005)
环境噪声监测标准	机场周围飞机噪声测量方法(GB 9661—1988)
	声学机动车辆定置噪声测量方法(GB/T 14365—1993)
	环境噪声监测技术规范　城市声环境常规监测(HJ 640—2012)
	环境噪声监测点位编码规则(HJ 661—2013)
	环境噪声监测技术规范　噪声测量值修正(HJ 706—2014)
	环境噪声监测技术规范　结构传播固定设备室内噪声(HJ 707—2014)
	城市轨道交通(地下段)结构噪声监测方法(HJ 793—2016)
	功能区声环境质量自动监测技术规范(HJ 906—2017)
	环境噪声自动监测系统技术要求(HJ 907—2017)
	环境振动监测技术规范(HJ 918—2017)
环境噪声管理标准	环境影响评价技术导则　城市轨道交通(HJ 453—2008)
	环境影响评价技术导则　声环境(HJ 2.4—2009)
	环境噪声与振动控制工程技术导则(HJ 2034—2013)
	声环境功能区划分技术规范(GB/T 15190—2014)
	城市轨道交通环境振动与噪声控制工程技术规范(HJ 2055—2018)

13.1.2　振动损害概述

1. 振动和振动污染

振动属于物理学范畴,是指物体的往复运动,是自然界中普遍存在的现象。依据目前的技术水平,从人类自身利益衡量,振动现象危害甚多,只有少数领域应用振动技术造福人类[①]。如振动打桩、振动研磨、振动保健等。而振动一旦超过一定界限,其危害是多方面的,它损害或影响振动作业工人的身心健康和工作效率,干扰居民的正常生活,还影响和损害建筑物、精密仪器和设备、产生噪声等[②],表现为振动污染。

---

① 袁宏杰,姚军,李志强. 振动、冲击环境与试验[M]. 北京:北京航空航天大学出版社,2017:163.

② 杜翠凤,宋波,蒋仲安. 物理污染控制工程[M]. 2版. 北京:冶金工业出版社,2018:5.

2. 振动污染的特点和分类

振动污染一般具有主观性、局部性和瞬时性的特点。主观性是指振动污染是一种危害人体健康的感觉公害;局部性是指振动污染普遍情况下仅会涉及振动源邻近的地区或空间;瞬时性是指振动污染是一种瞬时性的能量污染,它在环境中无残余污染物,不积累,随着振源的停止,污染即会消失①。

振动污染按照污染源分为自然振源和人为振源。自然振源如地震、火山爆发等自然现象,往往难以避免,只有加强预测预报,尽量在其来临时减少损失。人为振源主要分为工厂振动源、工程振动源、道路交通振动源、低频空气振动源②。

3. 振动污染防治现状

我国目前针对振动污染的法律规定还比较缺乏,仅在《环境保护法》中有所提及,《环境保护法》第四十二条第 1 款规定"排放污染物的企业事业单位和其他生产经营者,应当采取措施,防治在生产建设或者其他活动中产生的废气、废水、废渣、医疗废物、粉尘、恶臭气体、放射性物质以及噪声、振动、光辐射、电磁辐射等对环境的污染和危害"。

噪声和振动密不可分,因为任何声音的产生都来源于物体的振动,只是并非所有的声音都能被人耳听到,人耳可以听到的振动频率在 20~20 000 Hz 区间内,因此振动产生的可被人体感知的声音通常按照噪声污染予以防治。《噪声污染防治法》对噪声污染防治作出规定,然而并不完全适用于振动污染。目前我国仅有 1988 年制定的《城市区域环境振动标准》(GB 10070—1988),对各种区域垂直振动允许标准作出规定。但是标准的制定距今已逾 30 年,已无法适应当前的振动污染形势。

13.1.3　光损害概述

1. 光污染的定义与分类

光污染的概念最早在 20 世纪 30 年代由国际天文界提出,认为光污染是城市室外照明使天空发亮,而造成对天文观测的光干扰。目前,有研究认为光污染存在狭义和广义之分。狭义的光污染指干扰光的有害影响。干扰光是指在逸散过程中,由于光量和光方向,使人的活动、生物等受到有害影响,即产生有害影响的逸散光。逸散光指从照明器具发出的,使本不应该照射的物体被照射到的光。广义光污染是指由人工光源导致的违背人的生理与心理需求或者有损于生理和心理健康的现象③。广义光污染的范围更大,现在也一般认为光污染指的是过量或不当的光辐射对人类的生存环境及人体健康造成不良影响的现象④。

---

① 梁吉艳,崔丽,王新主. 环境工程学[M]. 南京:中国建材工业出版社,2014:308.
② 同上。
③ 杜翠凤,宋波,蒋仲安. 物理污染控制工程[M]. 2 版. 北京:冶金工业出版社,2018:202.
④ 戴财胜. 环境保护概论[M]. 徐州:中国矿业大学出版社,2017:110.

目前,国际上一般将光污染分成三类,白光污染、人工白昼和彩光污染[①]。白光污染是指阳光照射强烈时,主要由城市里建筑物的玻璃幕墙、釉面砖墙、磨光大理石和各种涂料等装饰反射光线造成的光污染;人工白昼是指在夜间,各种广告灯、霓虹灯等炫彩夺目,使得夜间犹如白昼一般;彩光污染指各类旋转灯、荧光灯等闪烁的彩色光源引起的光污染。

2. 光污染的危害

(1) 损害人体健康

光污染对人体的损害首当其冲是眼睛和皮肤。专家研究发现,长时间在白色亮光污染环境下工作和生活的人,其虹膜和视网膜都会受到不同程度的损害,导致视力下降,加速眼部疾病的形成。光污染还会损害人的中枢神经系统,引起头昏脑涨、心烦意乱、注意力不集中,甚至失眠等神经衰弱的症状。

(2) 破坏公共环境

首先,最直观的表现为星空的消失。据天文学统计,在夜晚天空不受光污染的情况下,可以看到的星星约为 7 000 个,而在路灯、背景灯、景观灯乱射的大城市里,只能看到 20~60 个星星[②]。此外,美国一份调查研究显示,夜晚的华灯造成的光污染现象使世界上五分之一的人对银河系"视而不见"。

其次,影响道路安全。阳光下玻璃幕墙的反光、夜晚闪烁的华灯,会影响司机的视觉,使其对交通信号灯等重要信息形成误判,甚至会引发交通事故。突然的强光也会造成对行人的视觉冲击,出现暂时性失明现象,引发灾祸。

最后,光污染现象可能会引发城市热岛效应。大面积的玻璃幕墙对太阳光进行反射,导致气温升高,形成光热污染。

(3) 危害生态平衡

光污染会影响自然界的生长规律,从而危害到整个生态系统的平衡。植物如果在夜间受到过多的人工光源的照射,其生命周期会受到干扰,影响其正常生长,造成粮食减产、植物枯死等后果。同样地,动物在受到过多人工光线的照射时,生物钟被打乱,新陈代谢紊乱,生殖周期遭到破坏,影响正常的繁殖。比如候鸟会因为光污染现象而迷失方向,造成死亡率增加;夜间农田附近的人工照明会吸引昆虫,危害自然环境和生态平衡。

3. 光污染防治现状

我国现有法律体系内尚未设置专门的光污染防治法[③],也没有关于光污染的法律界定。相关法律规制也只是散见于其他各类法律法规中,如《环境保护法》第四十二条第 1 款规定"排放污染物的企业事业单位和其他生产经营者,应当采取措施,防治在生产建设

---

① 杜翠凤,宋波,蒋仲安. 物理污染控制工程[M]. 2 版. 北京:冶金工业出版社,2018:202.

② 戴财胜. 环境保护概论[M]. 徐州:中国矿业大学出版社,2017:110.

③ 江必新,何东宁,叶阳,等. 最高人民法院指导性案例裁判规则理解与适用:侵权赔偿卷二[M]. 北京:中国法治出版社,2014:309.

或者其他活动中产生的废气、废水、废渣、医疗废物、粉尘、恶臭气体、放射性物质以及噪声、振动、光辐射、电磁辐射等对环境的污染和危害”;《物权法》第九十条规定,“不动产权利人不得违反国家规定弃置固体废物,排放大气污染物、水污染物、噪声、光、电磁波辐射等有害物质”。

实际上,为防范城市产生的光污染,我国有关部门已制定发布了一些标准、技术规范。住房城乡建设部印发的《绿色建筑评价标准》规定“建筑及照明设计避免产生光污染”“玻璃幕墙可见光反射比不大于 0. 2”“室外夜景照明光污染限值符合现行行业标准”。《城市夜景照明设计规范》(JGJ/T 163—2008)对建筑物、构筑物和特殊景观元素、商业步行街、广场和公园等照明设施的照明度、亮度、均匀度等提出要求,并设专章对照明节能和限制光污染做出规定,如对夜景照明设施在居住建筑窗户产生的照度、朝居室方向的强度、对汽车驾驶员及行人等产生的炫光设定了明确限值①。而一些地方法规中也对建筑外墙反光材料的使用标准、灯光照明不得影响他人生活作出规定,如《山东省环境保护条例》第五十六条,《珠海市环境保护条例》第七十条、第七十一条等。

13. 1. 4　热损害概述

1. 热污染概念

众所周知,能源在利用的过程中是无法被完全有效利用的,而这部分未能被利用的能源如果不加以回收,往往以热量的形式排放到环境中,造成热污染。《中国大百科　环境科学》中将热污染定义为“由于人类某些活动使局部环境或全球环境发生增温,并可能形成对人类和生态系统产生直接或间接、即时或潜在的危害的现象”。

虽然《环境保护法》第四十二条没有将热污染列举进来,但是根据环境学、物理学乃至社会经验都可以推定,热污染属于环境污染的一种类型。另外,我国《海洋环境保护法》第三十六条针对海洋热污染作出明确规定,“向海域排放含热废水,必须采取有效措施,保证邻近渔业水域的水温符合国家海洋环境质量标准,避免热污染对水产资源的危害”。

2. 热污染危害

热污染通过环境的介质作用,影响着人类健康和动植物的正常繁衍生息。按照污染对象的不同,可以将热污染分为大气热污染和水体热污染。

(1) 大气热污染

向大气中排放热能(包括含热废气、热蒸汽),导致大气升温的现象称为大气热污染。大气热污染对生态环境和人类带来各种不利影响。比如排放过多的热量引起的热岛效应,导致气温升高、空调能耗增加等不利于资源节约和环境友好的结果。暴雨、台风等极

---

① 环境保护部. 关于政协十二届全国委员会第四次会议第 2080 号(资源环境类 154 号)提案答复的函[EB/OL]. (2016 - 08 - 15). http://www.mee.gov.cn/gkml/sthjbgw/qt/201610/t20161028_366401_wh.htm.

端天气的发生越来越频繁等,都直接或者间接影响着人类的生活。

(2)水体热污染

火力发电厂、核电站和钢铁厂的冷却系统排出的热水,以及石油、化工、造纸等工厂排出的生产性废水中均含有大量废热。向水体中排放含热废水、冷却水,导致水体在局部范围内水温升高,使水质恶化,影响水生生物和人类生产生活活动时,称为水体热污染①。

水体热污染直接使水质变差。随着水温的升高,水中的溶解氧减少,而有些化学物质如重金属离子的溶解度提高。当淡水温度从 10℃ 升高至 30℃ 时,溶解氧的浓度会从 11.3 mg/L 降低到 7.6 mg/L,水中溶解氧的减少可使水生生物由于缺氧而导致代谢紊乱,发育受阻甚至死亡。而重金属离子浓度的升高,使其毒害性增加,进一步造成对水生生物生存的威胁。除此以外,水温升高时,藻类和湖草大量繁殖,消耗水中的溶解氧。在 20℃时,硅藻占优势,在 30℃时,绿藻取代硅藻成为优势菌群,在 35~40℃时,蓝藻占优势。蓝藻气味难闻,并且能分泌致癌物质藻毒素,对人体健康产生不良影响。

13.1.5 辐射损害概述

自然界中存在的各类物体,均无时无刻地以电磁波和粒子的形式向外传递能量,这种现象称之为辐射。根据辐射的本质,可以将其分为电磁辐射和粒子辐射;依据辐射能量的差异,辐射可分为电离辐射与非电离辐射。电磁辐射和电离辐射相互交叉,有的电磁辐射是电离辐射,取决于辐射量是否可以使作用物质发生电离现象;有的电离辐射是电磁辐射,取决于是否以波的形式传递能量。

1. 电磁辐射

电磁辐射是一种由电场和磁场周期性变化产生,通过空间传播的能量,看不见、摸不着。由于来源的不同,包括天然电磁辐射(地热辐射、太阳热辐射等)及人为电磁辐射两种类型。人为电磁辐射污染源产生于人类制造的若干系统、电子设备与电气装置,主要来自广播、电视、雷达、通信基站及电磁能在工业、科学、医疗和生活中的应用设备。影响电磁环境质量的人工电磁辐射源主要为射频电磁设施和工频电磁设施。工频场源(我国工频频率为 50 Hz,有些国家如美国为 60 Hz)中,以大功率输电线路所产生的电磁污染为主,同时也包括若干种放电型场源。射频场源主要指由于无线电设备或射频设备工作过程中所产生的电磁感应与电磁辐射。

电磁辐射对生物体的作用机制可以分为热效应与非热效应两类。热效应主要是生物体内极性分子在电磁辐射的高频电场作用下剧烈摩擦生热,使机体升温。当电磁辐射强度超过一定限度时,将使人体体温或局部组织温度急剧升高,破坏热平衡而损害人体健康。非热效应是指电磁辐射作用于人体后,人体固有的处于平衡状态的微弱电磁场被破坏的现象。对电磁波的非热效应,还缺乏深入研究。已有的研究表明,微波可能会干扰生

---

① 郭春梅.环境工程概论[M].青岛:中国石油大学出版社,2018:208.

物电（如心电、脑电、肌电、神经传导电位、细胞活动膜电位等）的节律，会导致心脏活动、脑神经活动及内分泌活动等一系列障碍①。

2. 电离辐射

电离辐射是指量子水平达到 12 eV 以上，作用于物质并能使其发生电离现象的辐射。包括 X 射线、γ 射线、宇宙射线、α 射线、β 射线、中子和质子等。电离辐射也可以分为天然辐射和人工辐射两类。环境中的天然电离辐射源主要包括来自外层空间的宇宙射线及宇生放射性核素和地壳中的原生放射性核素。人工辐射主要来源于医学照射、大气核试验、职业照射、核电站事故和核燃料循环。根据 UNSCEAR 2008 年报告，在人工电离辐射照射来源中，医学放射诊断占绝大多数，所致全世界人均年有效剂量远高于所有其他人工源好几个数量级。各种类型的电离辐射均被世界卫生组织国际癌症研究机构列为一类致癌物质，过量照射可导致各类放射病，从而引起系统性的病变，对生物体具有较大的危害②。

3. 辐射监测

目前，我国环境监测开展的电磁辐射监测项目主要为频率范围为 30~3 000 MHz 的综合电场强度；监测的宇生放射性核素包括氚和铍-7，原生放射性核素主要为一些半衰期较长的核素，如铀-238、钍-232、镭-226、钾-40、铅-210、钋-210 等。除了以上依靠自动监测站现场监测的项目外，为了监测环境中人工放射性核素含量，以评价核设施正常运行或应急情况下排放的放射性物质对环境、公众健康的影响，还须采集各种环境样品进行实验室分析。根据《2022 年全国辐射环境质量报告》，2022 年全国辐射环境质量总体良好。其中环境电离辐射水平处于本底涨落范围内，环境电磁辐射水平低于国家规定的电磁环境控制限值。

13.2　鉴定工作内容

13.2.1　噪声损害鉴定

噪声损害鉴定的内容包括识别噪声源，评估噪声强度和影响范围；确定噪声致野生或养殖动物（包括家禽、家畜、水产、特种、娱乐或种用等养殖动物）及人体健康等损害（如死亡、减产、疾病等）数量和程度；判定噪声污染与野生或养殖动物及人体健康等损害之间的因果关系；制定噪声污染治理方案建议，评估损害数额，评估治理效果等。

13.2.2　振动损害鉴定

振动损害鉴定的内容包括识别振动源，评估振动强度和影响范围；确定振动致野生

① 杜翠凤，宋波，蒋仲安. 物理污染控制工程[M]. 2 版. 北京：冶金工业出版社，2018：10.

② 尚丽新，朴丰源. 环境有害因素的生殖和发育毒性[M]. 郑州：河南科学技术出版社，2017：76.

或养殖动物及人体健康等损害的数量和程度;判定振动污染与野生或养殖动物及人体健康等损害之间的因果关系;制定振动污染治理方案建议,评估损害数额,评估治理效果等。

13.2.3 光损害鉴定

光损害鉴定的内容包括识别光污染源,评估光污染强度和影响范围;确定光污染致野生或养殖动物及人体健康等损害的数量和程度;判定光污染与野生或养殖动物及人体健康等损害之间的因果关系;制定光污染治理方案建议,评估损害数额,评估治理效果等。

13.2.4 热损害鉴定

热损害鉴定的内容包括识别热污染源,评估热污染强度和影响范围;确定热污染致野生或养殖动物及人体健康等损害的数量和程度;判定热污染与野生或养殖动物及人体健康等损害之间的因果关系;制定热污染治理方案建议,评估损害数额,评估治理效果等。

13.2.5 电磁辐射损害鉴定

电磁辐射损害鉴定的内容包括识别电磁辐射源,评估电磁辐射强度和对环境的影响范围;确定电磁辐射致野生或养殖动物及人体健康等损害的数量和程度;判定电磁辐射与野生或养殖动物及人体健康等损害之间的因果关系;制定电磁辐射污染治理方案建议,评估损害数额,评估治理效果等。

13.2.6 电离辐射损害鉴定

电离辐射损害鉴定的内容包括识别电离辐射源,评估电离辐射强度和对环境的影响范围;确定电离辐射致野生或养殖动物及人体健康等损害的数量和程度;判定电离辐射与野生或养殖动物及人体健康等损害之间的因果关系;制定电离辐射污染治理方案建议,评估损害数额,评估治理效果等。

13.3 鉴定技术方法

13.3.1 调查方法

对于物理损害的调查方法主要有资料收集、现场踏勘、人员访谈、环境监测、模型预测或遥感分析等。

开展资料收集、现场踏勘和人员访谈,主要是为了对损害的类型、范围和程度进行判断和分析,为损害确认和损害量化提供基础信息。人身损害调查主要包括个体的姓名、性别、年龄等基本信息,个体死亡、伤残、疾病、病理改变或功能异常等人身损害的检查与诊断,群体水平人身损害发生频率的流行病学调查和空间聚集性的分析,个体或群体特征污染物或次生污染物暴露水平的综合评价以及暴露途径、路径的调查等,医疗费、误工费、护理费、交通费、住宿费、住院伙食补助费等费用调查。财产损害调查内容包括对遭受财产损害的所有人或者机构基本信息调查,对固定资产、流动资产,以及种植业、畜禽业、渔业、林业等生物性财产损害的调查,对农具渔具的清污费用工厂清理受污染工业设备的费用、水厂清理管道和生产设备的支出费用的调查。

监测分析是环境损害司法鉴定中普遍应用的方法,其目的是分析环境质量现状、变化趋势的原因,确定污染来源和受体的损害程度。对于噪声、振动、光、热等新型污染现象,与传统的环境污染监测不同,其监测分析的一般过程为制定监测方案、优化布点、现场测试,一般不涉及采样和样品运输。针对不同的物理损害类型,采用对应的仪器设备进行现场监测。以噪声损害鉴定为例,主要依据噪声监测数据是否超出国家噪声排放标准来判断噪声损害的事实,监测数据的获得需遵循相关质量和排放标准中规定的监测技术方法以及环境噪声监测技术规范要求。

分析遥感影像也逐渐成为环境损害司法鉴定中的常见手段。环境条件的变化大多会引起地球波谱特征的变化,而地球波谱特征的差异正是遥感识别地物最根本的依据。其中红外遥感的主要领域之一是温度记录法: 表面温度绘图,或称为表面温度辐射度学,可以应用于湖泊、河流和沿海岸区的热污染的确定。

13.3.2　因果关系

针对涉及其他环境损害的新型侵权案件,我国相关的法律文件还缺少明确的规定,致使因果关系的认定成为当前新型环境侵权诉讼案件中的难点所在。证明噪声、振动、光、热、辐射污染和损害之间的关联性,需要结合生物学等理论作出合理的解释,通常涉及文献查阅、专家咨询、实验模拟等方法,关键环节包括能量检测、时间序列分析、同源性分析、流行病学研究。

噪声、振动、光、热、辐射等能量与损害之间的因果关系判定建立在对能量监测的基础上,监测过程需要对任何潜在影响的能量源进行屏蔽,并获取背景值监测数据。

时间序列分析包括记录污染物释放时间以及发现受害方损害的时间;分析污染事件发生前后受害方环境质量或健康状况的变化,判断损害是否与污染事件在时间上相关联。

同源性分析包括化学指纹分析、物理性质分析、模型模拟等。化学指纹分析通过分析污染物的化学成分和特征(如同位素比值、分子标记等),将污染源与受污染区域的污染物进行比对,确认是否为同一来源。物理特性分析主要针对噪声污染、振动污染以及光污染,通过频谱分析、光谱分析确定污染源与受污染区域的能量源是否为一致。模拟统计利用环境科学模型模拟污染物/能量的扩散路径和浓度/强度变化，判断污染物/能量是否从污染源传播到受污染区域。

流行病学分析通过将受影响的人群或动物与未受影响区域的人群或动物进行对照研究，分析健康差异，使用统计方法（如回归分析、相关分析）分析相应能量污染与健康结果之间的关系，判断是否存在显著相关性。

13.3.3 损害数额评估

人身损害赔偿数额按《最高人民法院关于审理人身损害赔偿案件适用法律若干问题的解释》计算；精神损害抚慰金按《最高人民法院关于确定民事侵权精神损害赔偿责任若干问题的解释》计算。

财产损失包括固定资产损失、流动资产损失、农产品财产损失、林业损失以及清除财产污染的额外支出。

1）固定资产损失。由能量污染造成固定资产损毁或价值减少带来的损失，采用修复费用法或重置成本法计算。如果完全损毁，采用重置成本法计算；如果部分损毁，采用重置成本法或修复费用法计算。

2）流动资产损失。指生产经营过程中参加循环周转，不断改变其形态的资产，如原料、材料、燃料、再制品、半成品、成品等的经济损失。流动资产损失按不同流动资产种类分别计算并汇总。

3）农产品财产损失。指由能量污染导致的农产品产量减少和农产品质量受损的经济损失，按照《农业环境污染事故司法鉴定经济损失估算实施规范》（SF/ZJD 0601001）、《渔业污染事故经济损失计算方法》（GB/T 21678）和《农业环境污染事故损失评价技术准则》（NY/T 1263）计算。

4）林业损失。指由于环境污染或生态破坏造成林产品和树木损毁或价值减少，对林业资源本身的损害列入生态环境损害评估。林产品和树木损毁的损失利用直接市场价值法计算，评估方法参见农产品财产损失计算方法。

5）清除财产污染的额外支出。包括工厂清理受污染工业设备的费用支出、水厂清理管道和生产设备的费用支出、渔民清理渔具的费用支出以及其他清除财产污染的费用。对于清除财产污染的额外支出，通过审核额外支出费用的票据后进行计算。

13.4 实　　例

13.4.1 辛某、王某、热电公司与房产开发公司排除妨害纠纷

1. 基本案情

辛某和王某系夫妻关系。2011 年 8 月 2 日，辛某同沈阳某房产开发有限公司签订

《商品房买卖合同》一份,约定辛某购买该公司开发的位于沈阳某区房屋。辛某入住后在该房内经营超市至今。辛某、王某房屋的地下一层安装有该小区的地源热泵管网设备,辛某、王某入住后发现该供暖设备产生噪声,由此影响了辛某、王某的生活及生产经营。双方协商无果,辛某、王某诉至沈阳市经济技术开发区人民法院。请求法院判令:① 房产开发公司将安装在辛某、王某房屋楼下地下一层的地源热泵管网设备移除并排除妨害;② 房产开发公司对安装在辛某、王某房屋地下一层的地源热泵管网设备立即采取降低噪声措施;③ 热电公司、房产开发公司向辛某、王某支付赔偿金 5 万元;④ 热电公司、房产开发公司承担本案的诉讼费。

2. 鉴定评估要点

2014 年 12 月 11 日,经河北某环境污染损害司法鉴定中心鉴定,其出具的监测结果表明:"供暖期间涉案房屋地下一层热交换站及管网运行时,室内噪声按《工业企业厂界环境噪声排放标准》(GB 12348—2008)结构传播固定设备室内噪声 3 类区 B 类房间排放标准进行鉴定:室内噪声(等效连续 A 声级):各监测点位昼间上午和下午检测结果达标;夜间一楼 17 号门(▲5#)、一楼 17 号门北侧(▲6#)、二楼 17 号门(▲2#)、二楼 17 号门北侧(▲3#)监测结果超标,其他点位达标。

室内噪声(倍频带声压级):昼间上午和下午监测结果一楼 17 号门(▲5#)下午、一楼 17 号门北侧(▲6#)上午、二楼 17 号门(▲2#)、二楼 17 号门北侧(▲3#)监测结果超标,其他点位达标;夜间监测结果各点位超标。

供暖期间涉案房屋地下一层热交换站及管网运行时,铅垂向 Z 振级按《城市区域环境振动标准》(GB 10070—88)工业集中区标准要求进行鉴定:铅垂向 Z 振级:昼间上午和下午监测结果:一楼 17 号门北侧(▲6#)、二楼 17 号门北侧(▲3#)监测结果超标,其他点位达标;夜间一楼 17 号门南侧(▲4#)、一楼 17 号门北侧(▲6#)、二楼 17 号门北侧(▲3#)超标,其他点位达标。"发生鉴定费 6 万元。

2015 年 3 月 16 日,河北某环境污染损害司法鉴定中心鉴定做出补充说明。该中心鉴定时依据的是该建设项目环保验收时,当地市环境保护局经济技术开发区分局出具的《关于〈××公司××一期工程建设项目〉环境保护验收意见》〔经环分验字(2010)22 号〕中执行《工业企业厂界环境噪声排放标准》(GB 12348—2008)3 类区声环境噪声排放标准。其中 3 类区按《声环境质量标准》(GB 3096—2008)指工业区,振动执行《城市区域环境振动标准》(GB 10070—88)工业集中区标准是考虑振动与噪声的执行标准功能区应保持一致。此外,17 号门具体超标情况如下:检测期间,供热设备正常运行时,室内噪声(等效连续 A 声级)一楼、二楼夜间均超标;室内噪声(倍频带声压级)昼、夜间一楼、二楼均超标。

3. 处理结果

一审和终审法院均认为:公民依法享有安静生活的权利。辛某、王某居住的房屋地下一层的热交换站及管网运行时产生的噪声经鉴定超标,供暖期间在一定程度上影响了辛某、王某的正常生产经营活动。热电公司作为设备的使用者和管理者,应对噪声超标问题承担侵权责任,应对辛某、王某的损失承担赔偿责任。但辛某、王某未提供证据证明房产开发公司与侵权行为有关联,故房产开发公司不应对辛某、王某承担侵权责任。关于辛某、王某主张的鉴定费问题,该费用系辛某、王某实际支出,且辛某、王某提供了鉴定费票据,法院予以支持。关于辛某、王某主张赔偿金 50 000 元的问题,因该房为门市房,辛某、王某用于经营超市,侵权问题仅在取暖期时出现,结合本案侵权持续的期限、污染程度及对辛某、王某经营造成的影响,原审法院酌情支持辛某、王某 50 000 元的损失费。关于辛某、王某主张将安装在辛某、王某房屋楼下地下一层的地源热泵管网设备移除的问题,因该设备涉及辛某、王某房屋所在的整个园区的供暖问题,不宜因解决辛某、王某个人利益而对园区其他业主的利益进行损害,故法院对辛某、王某的该项主张不予支持。关于辛某、王某要求热电公司、房产开发公司采取降低噪声措施的问题,该主张合理,热电公司应当采取措施将噪声降到符合法定标准的程度。

4. 案例评析

【案例分析】

科学的监测和分析是解决噪声侵权案件必不可少的环节,而选择何种标准对判定噪声是否超标具有重要作用,进而影响到法院最终的裁决。本案例中按《工业企业厂界环境噪声排放标准》(GB 12348—2008)结构传播固定设备室内噪声 3 类区 B 类房间排放标准进行鉴定,因为此前当地市环境保护局经济技术开发区分局出具的《关于〈××公司××一期工程建设项目〉环境保护验收意见》中对此进行了相应的规定,给本次鉴定提供了标准执行依据。

【典型意义】

公民依法享有安静生活的权利,在本案例中不仅仅体现在夜间休息,同时也包括昼间正常的生产经营。在责任划分上,法院将噪声超标的责任明确归于设备的使用者和管理者——热电公司,同时因为缺乏证据,房产开发公司没有被追究责任,表明在环境损害诉讼中,责任主体的确定需要确凿的证据支持。此外,法院在处理辛某、王某要求移除设备的诉求时,考虑了整个园区的供暖问题,体现了在环境纠纷中对公共利益的权衡,而法院支持了采取降噪措施的诉求,则体现了对合理诉求的保护。

13.4.2 赵某、沈某等与苏州某高速公路有限公司噪声污染责任纠纷

1. 基本案情

1997 年 1 月,赵某、沈某等的家经政府批准在位于苏州市某村翻建三楼三底楼房,2005 年 6 月随着苏州绕城高速公路建成通车,赵某、沈某等生活、居住受到严重影响。赵某、沈某等的家为二层楼房,其房屋北面仅隔 17 米即为苏州绕城高速公路桥梁,车辆行驶声、灯光使赵某、沈某等终日在噪声、光气污染中度过,为此赵某、沈某等向相关部门反映,后绕城高速公司在部分路段安装隔音音障,但随着车流量的急剧攀升,噪声污染仍未得到改善。赵某、沈某等委托专业机构对噪声进行检测,检测结果为昼间噪声接近国家规定的

《声环境质量标准》(GB 3096—2008),夜间噪声超过国家规定的《声环境质量标准》(GB 3096—2008)8.4 dB(A)(房屋东西平均值),在绕城高速公司未安装音障前,其噪声污染远远超过现有检测标准。赵某、沈某等认为其房屋建造在前,绕城高速公路通车后的噪声排放处于持续状态,给赵某、沈某等的正常生活造成严重影响。绕城高速公司作为苏州绕城高速公路的管理者、经营者有责任采取措施减少交通给赵某、沈某等造成的相关损失,并赔偿赵某、沈某等因此造成的损失,还赵某、沈某等一个安宁的生活、居住环境。为维护赵某、沈某等合法权益,故诉至法院,请求法院依法判决绕城高速公司将噪声排放降至国家《声环境质量标准》(GB 3096—2008)以下;判决绕城高速公司赔偿赵某、沈某等各噪声污染损失费 452 400 元(自 2005 年 6 月 1 日至绕城高速公司把噪声排放降至规定标准以下之日止,暂计至 2015 年 6 月);判决绕城高速公司承担检测费 1 500 元;由绕城高速公司承担本案诉讼费用。

2. 鉴定评估要点

原审法院依法委托江苏某环境科学研究院对涉案房屋进行噪声检测,该研究院于 2015 年 9 月 18 日出具司法鉴定报告,鉴定意见为:当事人赵某等居住的建筑物距离绕城高速公路隔声屏最近距离约 12.5 m,小于执行 4a 类声环境标准规定的距离绕城高速公路边界最小范围 30 m,应执行 4a 类环境噪声限值;根据《声环境质量标准》(GB 3096—2008),结合苏州市某检测技术有限公司出具的监测报告,在绕城高速公路正常运营,同时避开节假日且天气情况符合检测要求的情况下,对赵某、沈某等居住的建筑物处布设的 9 个噪声监测点位进行噪声监测,结果显示,绕城高速公司运营管理的苏州绕城高速涉案路段当事人居住的建筑物处,7 个监测点位存在夜间环境噪声超标现象,8 个监测点位存在夜间突发噪声最大声级超过环境噪声限值的幅度高于 15 dB(A)现象。赵某、沈某为此支付检测费 60 000 元。

3. 处理结果

法院认为,环境是人类生存和发展的基本条件,国家保护和改善人民的生活环境和生态环境。污染环境造成他人损害的,应当承担民事赔偿责任。《中华人民共和国公路安全保护条例》第十一条规定,属高速公路的,公路控制区的范围从公路用地外缘起的距离标准不少于 30 m。但本案中赵某、沈某等居住的房屋距离高速公路隔声屏最近距离约 12.5 m,其噪声污染标准限制应当按照村庄或居民区的标准确定;赵某、沈某等居住的房屋建造在前,绕城高速公路于 2005 年通车在后,涉案房屋被迫坐落于交通干线旁,根据原审法院依法委托江苏某环境科学研究院出具的司法鉴定报告结论显示,夜间环境噪声超过了国家规定的环境噪声排放标准,赵某、沈某等的室外声环境遭到了严重的破坏,给赵某、沈某等的日常生活造成了妨害,且该损害后果处于持续状态。判决绕城高速公司于本判决生效之日起两个月内采用修建隔音墙或其他有效控制环境噪声措施将赵某、沈某等居住的涉案房屋夜间室外噪声降到 55 dB 以下,并赔偿赵某、沈某等因噪声污染所造成的损失和鉴定费用。

4. 案例评析

【案例分析】

本案例中受损人在诉讼之前对绕城高速公司产生的噪声进行了检测,对噪声损害的事实有了基本了解。法院审理过程中,委托司法鉴定机构再次对噪声污染进行监测,并且确定执行的噪声污染标准限制应当按照村庄或居民区的标准确定,最终确定噪声排放超标的事实。

【典型意义】

近年来,随着我国经济社会快速发展、城镇化不断提升,高速公路等大型基础设施不断完善,随之而来的噪声污染扰民事件不断呈现。当噪声源为高速公路时,尽管采取了降噪措施,由于高速公路和受影响房屋均具有固定性,高速公路日常运营过程中产生的噪声依然会对涉及的房屋及在住人群产生影响。笔者认为,除了赔偿必要的损失和支付鉴定费用外,是否应该支付相应的补偿费用,倒逼高速建设运营单位执行规定的边界最小范围,也是环境损害制度和司法理论研究中值得注意的问题。

13.4.3 某公司对××村户内疑似噪声污染情况进行环境物证司法鉴定案①

1. 基本案情

2015 年 9 月 14 日,福建××抽水蓄能有限公司(以下简称"蓄能电站")工程通过项目竣工环保验收(闽环评验〔20××〕×号)后正式投入运行至今,陆续有村民(××县××乡××村)向乡政府反映受到蓄能电站运行的噪声影响。为查明事实,××人民政府于 2018 年 7 月 31 日委托福建 A 司法鉴定所对该案件进行环境物证司法鉴定。

2. 鉴定评估要点

【鉴定过程】

1) 2018 年 8 月 10 日,福建 A 司法鉴定所司法鉴定人到达鉴定地点,并在委托人代表的配合下对××村、电站和疑似受污染民房进行鉴定前的全面勘察和选点。

2) 2018 年 8 月 12 日,福建 A 司法鉴定所司法鉴定人代表、蓄能电站代表、××村村民代表、委托人代表、××县环保局代表等多方代表参加××人民政府召开的司法鉴定协调会议,明确各方责任和义务,确保司法鉴定工作顺利进行。

3) 2018 年 8 月 12 日,福建 A 司法鉴定所司法鉴定人以及本案特聘专家,××乡司法所所长等委托人代表,以及前洋村村民代表、蓄能电站代表等 37 人到达前洋村。根据蓄能电站的高压管道走向以及村民反映的日常感官情况,现场选取了前洋村具有代表性的 24 栋民房进行检验监测,并对 24 栋民房进行鉴定前的逐间细勘,对房间内的监测点位进行标识标记,以保证监测时不会偏移。细勘中共选择 A 类房间 23 间、B 类房间 7 间。

---

① 司法部. 对某抽水蓄能有限公司对前洋村户内疑似噪声污染情况进行环境物证司法鉴定案[EB/OL]. (2019-02-27). http://alk.12348.gov.cn/Detail? dbID=56&dbName=SJYW&sysID=6865.

4）2018 年 8 月 12 日晚 22:30 至 2018 年 08 月 13 日中午 12:00，福建 A 司法鉴定所根据委托书要求及电站调度的实际情况，分四个时段对 24 栋民房进行入户检验监测，六个鉴定小组分别对民房内的昼夜噪声值和背景值进行工况下的数据监测和证据固定。

具体做法如下：

1）检验鉴定前由乡政府和村委负责将村民家养禽畜和猫狗等带出所测村庄，并在村道设置卡口限制车辆通行，尽量减少其他噪声干扰，保证检验鉴定的数据安全可靠。

2）各鉴定小组根据既定路线与村民代表、电站代表在各自点位就位。每次检验鉴定前均由三方确认是否切断电源或关闭所有家电噪声源（如电视机、空调机、排气扇以及镇流器较响的日光灯、运转时出声的时钟等）并关闭门窗，停止人为活动等噪声干扰。经村民代表与电站代表共同确认电站运行工况后进行鉴定。

3）每次检验鉴定前均使用声校准仪校准声级计，对所选取的房间进行连续等效 A 声级、倍频带声压级监测，倍频带中心频率为 31.5 Hz、63 Hz、125 Hz、250 Hz、500 Hz。

4）启动声级计后，现场人员迅速离开被测房间并关闭房门。测量开始，连续检测稳态噪声 1 分钟。监测结束后，三方在采样记录单上签字确认。

5）测点的布设均距任一反射面至少 0.5 m 以上、距地面 1.2 m、距外窗 1 m 以上，所有测点均符合布点要求。

6）测量结果根据 GB 12348—2008《工业企业厂界环境噪声排放标准》及 HJ 706—2014《环境噪声监测技术规范　噪声测量值修正》进行数据修约。

【分析说明】

1）检验鉴定标准：根据委托书的要求选择 GB 12348—2008《工业企业厂界环境噪声排放标准》，同时根据《关于福建××抽水蓄能电站工程环境影响评价标准的函》（闽环监函〔20××〕××号）和《福建××抽水蓄能电站工程环境影响报告书（报批稿）》确认本次鉴定前洋村为声环境 1 类标准适用区，并依据该标准进行现场实测、数据修约及确定限量值。

2）检验鉴定时段：本次检验监测时段是根据委托书的要求，并结合蓄能电站的实际运行和配合情况来确定。具体监测时段如下：

日　期	检 测 时 段	检测内容	运 行 工 况
2018 - 08 - 13	02:00~04:05	夜间噪声	蓄能电站抽水蓄能
2018 - 08 - 13	08:00~09:30	噪声背景值	蓄能电站停止运行
2018 - 08 - 13	10:00~12:00	昼间噪声	蓄能电站发电放水

意见书评判依据：本鉴定意见书是根据《工业企业厂界环境噪声排放标准》（GB 12348—2008）中 4.2 结构传播固定设备室内噪声排放限值的表 2 和表 3 的标准限值作为本鉴定意见书的执行和评判依据。具体评判依据如下：

结构传播固定设备室内噪声排放限值(等效声级)

房间类型	A类房间		B类房间	
噪声敏感时段 建筑物所处 声环境功能区类别	昼间	夜间	昼间	夜间
1	40	30	45	35

说明:
A 类房间是指以睡眠为主要目的,需要保证夜间安静的房间,包括住宅卧室、医院病房、宾馆客房等。
B 类房间是指主要在昼间使用,需要保证思考与精神集中、正常讲话不被干扰的房间,包括学校教室、会议室、办公室、住宅中卧室以外的其他房间等。

结构传播固定设备室内噪声排放限值(倍频带压声级)

噪声敏感建筑所处声环境功能区类别	时段	倍频程中心频率 Hz / 房间类型	室内噪声倍频带声压级限值				
			31.5	63	125	250	500
1	昼间	A 类房间	76	59	48	39	34
		B 类房间	79	63	52	44	38
	夜间	A 类房间	69	51	39	30	24
		B 类房间	72	55	43	35	29

工况条件说明:监测时,蓄能电站的工况条件是否能还原到日常工况条件是保证检验鉴定数据科学性的一个重要条件,也是重塑现场、还原现场、模拟现场的必备要素。水力发电机组的导叶开度大小是影响发电机组过水数量和发电功率,水是蓄能电站的生产原料,发电功率是蓄能电站的产能,所以开度大小就意味着工况大小。在本次检验鉴定中,司鉴所充分考虑了工况条件的重要性,多次要求蓄能电站应保证工况条件的完全满足,也要求委托人督促保证工况条件的落实。在检验鉴定过程中,司鉴所在蓄能电站的机房设置噪声长期监测点位,并在各测点配置村民代表和蓄能电站代表各一名,监测前由各代表对工况条件进行签字确认。

本次检验鉴定具体工况条件如下表,表中参数为检验监测时蓄能电站机房的显示屏所显示参数。

机组	工况参数	昼间(发电放水)	夜间(抽水蓄能)
1#机组	电压(kV)	15.93	16.02
	电流(A)	10 815	11 303~11 348
	频率(Hz)	50.00	49.99~50.03

续　表

机　组	工 况 参 数	昼间(发电放水)	夜间(抽水蓄能)
1#机组	励磁电压(V)	237.19	264.34～265.27
	励磁电流(A)	1 248.0	1 342.7～1 357.7
	开度(%)	80.13	73.17～74.54
	转速(%)	99.80	99.68～99.87
	流量(m^3/s)	79.06	79.05～79.08
	主变油温 1(℃)	46.46	46.01～52.64
	主变油温 2(℃)	46.71	45.86～52.81
	尾水管进压(bar)	6.88	7.41～7.71
	压力钢管水压(bar)	48.80	49.80～50.56
2#机组	电压(kV)	15.94	15.81～15.82
	电流(A)	10 808	11 198～11 258
	频率(Hz)	50.00	49.99～50.03
	励磁电压(V)	231.80	236.17～239.30
	励磁电流(A)	1 256.7	1 223.0～1 284.1
	开度(%)	79.97	74.67～74.70
	转速(%)	99.77	99.71～99.77
	流量(m^3/s)	79.16	79.16
	主变油温 1(℃)	45.83	43.34～52.42
	主变油温 2(℃)	45.06	42.97～52.00
	尾水管进压(bar)	6.60	6.77～7.02
	压力钢管水压(bar)	49.99	49.85～50.52
3#机组	电压(kV)	15.95	15.84～15.85
	电流(A)	10 913	11 220～11 310
	频率(Hz)	50.00	49.99～50.03
	励磁电压(V)	239.18	243.55～250.74
	励磁电流(A)	1 273.6	1 237.3～1 300.9
	开度(%)	80.70	72.46～73.65
	转速(%)	100.13	100.19～100.31
	流量(m^3/s)	78.50	78.51

续 表

机 组	工 况 参 数	昼间(发电放水)	夜间(抽水蓄能)
3#机组	主变油温 1(℃)	45.49	43.74~51.33
	主变油温 2(℃)	45.80	44.25~51.75
	尾水管进压(bar)	6.56	6.86~6.96
	压力钢管水压(bar)	49.36	49.63~50.31
4#机组	电压(kV)	15.89	15.77~15.78
	电流(A)	8 145	11 093~11 160
	频率(Hz)	50.00	49.99~50.03
	励磁电压(V)	204.02	220.55~239.30
	励磁电流(A)	1 125.5	1 261.6~1 281.6
	开度(%)	62.53	71.32~72.72
	转速(%)	99.90	100.02
	流量(m^3/s)	79.16	79.13~79.16
	主变油温 1(℃)	45.06	39.82~50.36
	主变油温 2(℃)	45.12	39.72~50.37
	尾水管进压(bar)	6.86	6.76~7.03
	压力钢管水压(bar)	49.53	50.01~50.49

参与鉴定人员及分组：本次检验鉴定点位较多，为了保证检验监测数据的科学性和有效性，本次鉴定监测将现场参与人员共分成6组，每组共配置2名注册司法鉴定人，1名鉴定助理、1名村民代表、1名蓄能电站代表和两名乡镇现场维保人员。

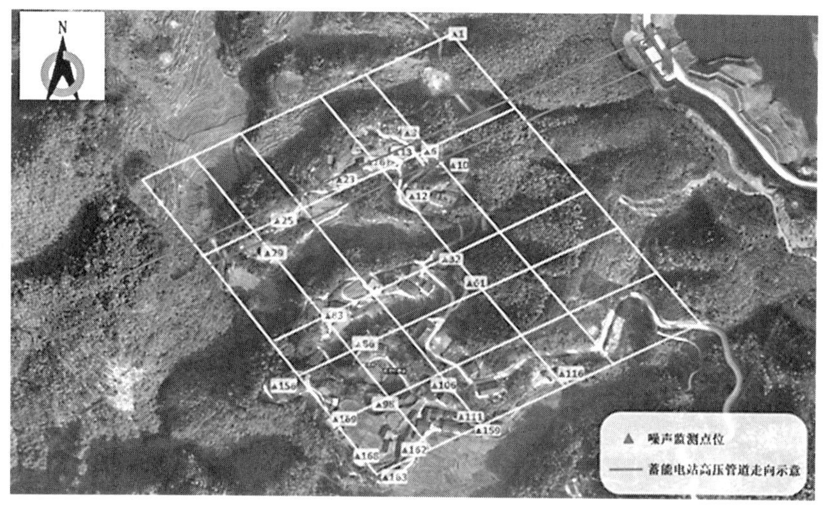

噪声检验鉴定点位的确认：通过前期现场勘察并结合《福建××抽水蓄能电站工程环境影响报告书（报批稿）》（以下简称《环评报告》）得知，蓄能电站共有二根高压管道从前洋村地表-10 米以下贯穿，根据《环评报告》并结合现场施工遗留下的大量废石情况综合分析，蓄能电站输水系统洞线上覆岩体较厚，围岩为弱风化新鲜的致密坚硬凝灰熔岩，大多数为Ⅰ~Ⅱ类，岩体完整。因此，福建力普司法鉴定所根据以上资料和村民反映的声源感受及村庄的民房布局，并根据委托人代表和村民代表的建议，采用匀散式布点方式，在高压管道经过的地表附近选择具有代表性的 24 幢民房进行布点和监测。蓄能电站各主体枢纽工程及前洋村区位和检验监测点位分布图详见上图。

【鉴定意见】

1）以上超标民房内的居民会不同程度受到噪声污染的影响。

2）前洋村村民户内结构传播固定设备室内噪声污染是福建××抽水蓄能有限公司在抽水蓄能和发电放水时高压管道的噪声、振动经过岩石结构传播所致。

3. 案例评析

【案例分析】

监测过程需要对任何潜在影响的噪声源进行屏蔽，并获取背景值监测数据。本案例涉及点位较多且相对分散，鉴定过程中对昼夜噪声值和背景值进行工况下的数据监测和证据固定，多手段减少其他噪声干扰，确保检验鉴定的数据安全可靠。主要做法包括：① 将村民家养禽畜和猫狗等带出所测村庄，并在村道设置卡口限制车辆通行。② 每次检验鉴定前均确认是否切断电源或关闭所有家电噪声源（如电视机、空调机、排气扇以及镇流器较响的日光灯、运转时出声的时钟等）并关闭门窗，停止人为活动等噪声干扰。③ 每次检验鉴定前均使用声校准仪校准声级计。④ 声级计启动后，现场人员迅速离开被测房间并关闭房门。⑤ 所有测点均符合布点空间要求。

【典型意义】

该案例凸显了环境司法鉴定的规范性和严谨性：如通过全面勘察和选点，从而确保监测点的代表性和数据的准确性；鉴定过程为多方参与和协调，以保证鉴定过程的公开透明，避免争议；此外，本案例涉及严格的监测过程（包括移除干扰因素、确认运行工况、标准化的测量方法和数据修约），最终确保监测数据的真实性和可靠性。